D1628732

Beeldonderwijs en didactiek

Beeldonderwijs houdt zich bezig met de communicatieve competentie van de mens: met het verbeelden van gedachten, ervaringen, gevoelens en bedoelingen, met het scheppen van eigen werkelijkheid en met het begrijpen van beelden.
Een visietekst

Beeldonderwijs en didactiek

Ben Schasfoort

Derde, geheel herziene druk

Wolters-Noordhoff Groningen | Houten

Ontwerp omslag: G2K Designers, Groningen/Amsterdam

Omslagillustratie: Nelya Schasfoort

Illustraties: werkstukken van kinderen, verzameld door de auteur

Wolters-Noordhoff bv voert voor het hoger onderwijs de imprints Wolters-Noordhoff, Stenfert Kroese, Martinus Nijhoff en Vespucci.

Eventuele op- en aanmerkingen over deze of andere uitgaven kunt u richten aan: Wolters-Noordhoff bv, Afdeling Hoger Onderwijs, Antwoordnummer 13, 9700 VB Groningen, e-mail: info@wolters.nl

Met betrekking tot sommige teksten en/of illustratiemateriaal is het de uitgever, ondanks zorgvuldige inspanningen daartoe, niet gelukt eventuele rechthebbende(n) te achterhalen. Mocht u van mening zijn (auteurs)rechten te kunnen doen gelden op teksten en/of illustratiemateriaal in deze uitgave dan verzoeken wij u contact op te nemen met de uitgever.

0 1 2 3 4 5 / 11 10 09 08 07

© 2007 Wolters-Noordhoff bv Groningen/Houten, The Netherlands.

Behoudens de in of krachtens de Auteurswet van 1912 gestelde uitzonderingen mag niets uit deze uitgave worden verveelvoudigd, opgeslagen in een geautomatiseerd gegevensbestand of openbaar gemaakt, in enige vorm of op enige wijze, hetzij elektronisch, mechanisch, door fotokopieën, opnamen of enige andere manier, zonder voorafgaande schriftelijke toestemming van de uitgever. Voor zover het maken van reprografische verveelvoudigingen uit deze uitgave is toegestaan op grond van artikel 16h Auteurswet 1912 dient men de daarvoor verschuldigde vergoedingen te voldoen aan Stichting Reprorecht (postbus 3060, 2130 KB Hoofddorp, www.cedar.nl/reprorecht). Voor het overnemen van gedeelte(n) uit deze uitgave in bloemlezingen, readers en andere compilatiewerken (artikel 16 Auteurswet 1912) kan men zich wenden tot Stichting PRO (Stichting Publicatie- en Reproductierechten Organisatie, postbus 3060, 2130 KB Hoofddorp, www.cedar.nl/pro).

All rights reserved. No part of this publication may be reproduced, stored in a retrieval system, or transmitted, in any form or by any means, electronic, mechanical, photocopying, recording, or otherwise, without the prior written permission of the publisher.

ISBN 978-90-01-70228-1
NUR 153

Inhoud

Verantwoording *7*

1. Beeldonderwijs *9*
2. Ontwikkeling *25*
3. Geschiedenis en zijn uitwerking *65*
4. Doelen en doelstellingen *89*
5. Het lesmodel *117*
6. Beeldbeschouwen met kinderen *165*
7. Orde op zaken bij beeldonderwijs *203*
8. De rijke praktijk *231*
9. Hoe ontwikkel je creativiteit? *253*
10. Begrippen bij beeldonderwijs *271*
11. Materiaal en gereedschap *297*

Literatuurlijst *323*

Register *342*

'Als je wilt leren, geef dan les'
Seneca

Verantwoording

Voor wie?
Beeldonderwijs en didactiek is gemaakt voor studenten aan opleidingen voor leraar basisonderwijs, maar het boek is ook een rijke bron van informatie voor anderen. Voor een schoolteam dat erover denkt cultuureducatie of onderdelen ervan in de verschillende groepen opnieuw te organiseren, voor consulenten die door scholen gevraagd worden op dit terrein hulp te bieden en voor individuele leraren in het basisonderwijs die zichzelf willen bijscholen.

Beeldonderwijs
'Beeldonderwijs' is de verzamelterm voor alle activiteiten die te maken hebben met het gebruik van beelden en beeldende vakken: tekenen, handenarbeid, textiele werkvormen, fotografie en film, kunstzinnige oriëntatie en cultuureducatie. Het boek gaat over vakinhouden en vakdidactiek, psychologie en pedagogie. Theorie is in het boek aanschouwelijk gemaakt door illustraties en praktijkvoorbeelden. Het boek geeft geen aanwijzingen voor het maken van beeldend werk op eigen niveau. Een hoofdstuk kunstgeschiedenis om de student inzicht te verschaffen in stromingen en stijlen is evenmin aanwezig. In de literatuurlijst is wel een geannoteerde verzameling boeken en beeldbronnen hiervan opgenomen.

Gebruiksaanwijzing
Beeldonderwijs en didactiek is een bijdragen aan de vakbekwaamheid en competentie van leraren. Het is geen methode voor een specifiek pabo-opleidings-concept, maar vormen van competentiegericht onderwijs zijn wel een leidraad geweest voor de organisatie van de inhoud. In de vier elementen waaruit de opleiding aan de pabo bestaat (hoorcollege, workshop/practicum, zelfstudie en stage) zullen onderdelen van de studie een door de docent/opleider vastgestelde plaats krijgen, al of niet modulair. Opleidingen kiezen ook voor een van de mogelijkheden van aanbieden van de beeldende vakken: afzonderlijk of geïntegreerd of iets daartussenin. Opleiders zullen vanuit die keuzes dit boek op verschillende manieren laten gebruiken. Het is niet de bedoeling voor te schrijven hoe dat moet gebeuren. Om de uitgangs-punten van beeldonderwijs, de visie die in dit boek wordt gehanteerd, te begrijpen, is het echter wel nodig eerst hoofdstuk 1 te lezen.

Verder is gestreefd naar een logische opeenvolging van hoofdstukken, maar opleiders kunnen gemakkelijk zelf keuzen maken wat betreft inhoud en volgorde.

Voor *Beeldonderwijs en didactiek* is een eigen website 🌐 gemaakt waarin de student hulpteksten, verdiepingsmateriaal en andere hulpmiddelen kan vinden: **www.beeldonderwijsendidactiek.wolters.nl**

Oostwold, mei 2007
Ben Schasfoort

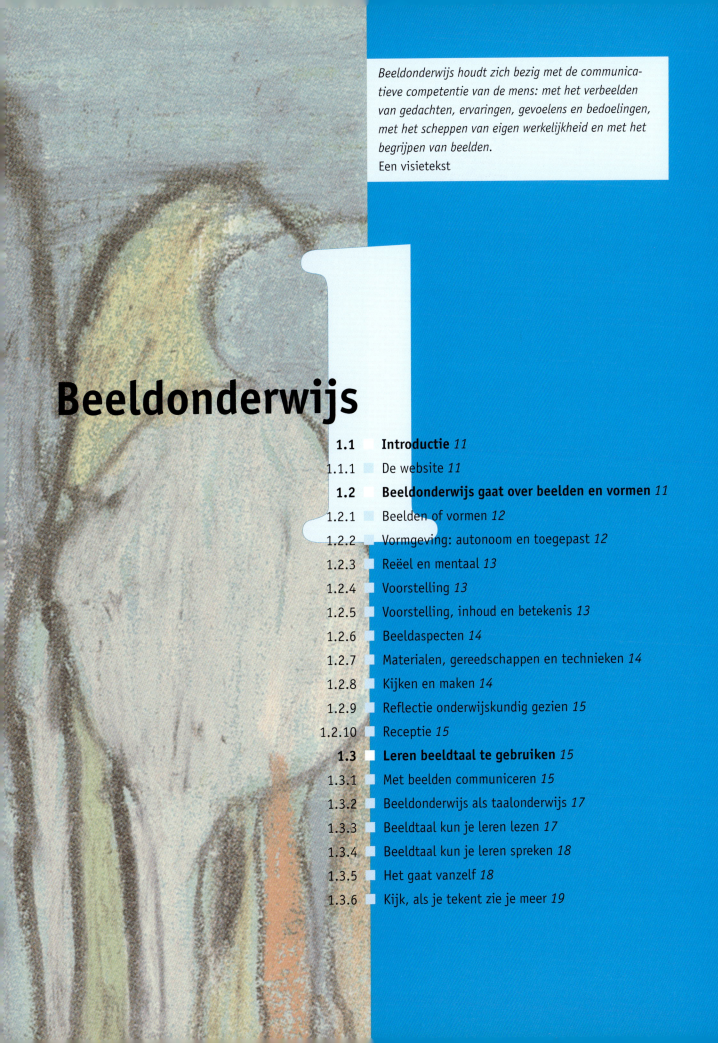

Beeldonderwijs houdt zich bezig met de communicatieve competentie van de mens: met het verbeelden van gedachten, ervaringen, gevoelens en bedoelingen, met het scheppen van eigen werkelijkheid en met het begrijpen van beelden.
Een visietekst

1 Beeldonderwijs

1.1	**Introductie** *11*	
1.1.1	De website *11*	
1.2	**Beeldonderwijs gaat over beelden en vormen** *11*	
1.2.1	Beelden of vormen *12*	
1.2.2	Vormgeving: autonoom en toegepast *12*	
1.2.3	Reëel en mentaal *13*	
1.2.4	Voorstelling *13*	
1.2.5	Voorstelling, inhoud en betekenis *13*	
1.2.6	Beeldaspecten *14*	
1.2.7	Materialen, gereedschappen en technieken *14*	
1.2.8	Kijken en maken *14*	
1.2.9	Reflectie onderwijskundig gezien *15*	
1.2.10	Receptie *15*	
1.3	**Leren beeldtaal te gebruiken** *15*	
1.3.1	Met beelden communiceren *15*	
1.3.2	Beeldonderwijs als taalonderwijs *17*	
1.3.3	Beeldtaal kun je leren lezen *17*	
1.3.4	Beeldtaal kun je leren spreken *18*	
1.3.5	Het gaat vanzelf *18*	
1.3.6	Kijk, als je tekent zie je meer *19*	

1.4 **Ontwikkeling is de leidraad voor leerprogramma's** *19*
1.5 **Beeldonderwijs en de pabostudent** *19*
1.5.1 Portfolio *20*
1.6 **Beeldonderwijs op de basisschool doe je zelf** *21*
1.6.1 Het vak achter het schoolvak *21*
1.7 **Een didactisch concept** *22*
Vragen en opdrachten *23*

1.1 ■ Introductie

Hoe in de opleidingen de beeldende vakken worden aangeboden, is niet van zodanige invloed geweest op de samenstelling van dit boek dat er een keus gemaakt is voor een bepaalde visie. Je kunt de inhoud ervan in alle situaties gebruiken. Is je studie gericht op competentiegericht leren, dan kan dat hiermee uitstekend, want deze manier van leren is als een rode draad door de inhoud gevlochten. Wil je een portfolio maken: geen probleem. Zie je beeldonderwijs als afzonderlijke vakken (tekenen, handenarbeid, textiele werkvormen, fotografie), geïntegreerd, in samenhang met elkaar of in samenhang met andere vakken: je kunt je met de inhoud van dit boek op alles voorbereiden.

Dit hoofdstuk is een inleiding op je studie. Aan de hand van een aantal stellingen begin je met het bepalen van je eigen standpunt. Je leert het een en ander over je eigen subjectieve concept en je maakt kennis met de grondslag en de basisstructuur van twee kunstvakken: tekenen en handvaardigheid.

In dit boek staan drie opvattingen centraal:
- Beeldonderwijs gaat over beelden en vormen.
- Het leren omgaan met beelden en vormen is leren beeldtaal te gebruiken.
- Ontwikkeling is de leidraad voor leerprogramma's.

In de loop van je studie leer je deze drie opvattingen inhoud te geven. Je leert de achtergronden ervan en wat de inhoud ervan is. Je leert er zo veel van dat je in je eigen onderwijs kunt laten zien wat deze drie opvattingen voor jou betekenen en je leert hoe je ze met je leerlingen kunt gebruiken. Maar omdat deze opvattingen van fundamenteel belang zijn voor de visie die uit dit boek spreekt, ga je er in de volgende paragrafen meteen al iets dieper op in. Met dit eerste hoofdstuk schep je voorwaarden om dit boek zo goed mogelijk te gebruiken en om te leren goed les te geven.

1.1.1 ■ De website ⊕
Bij dit boek hoort een website waarin je allerlei zaken vindt waardoor je je studie op een slimme manier kunt verdiepen. Je wordt er nu meteen al naar verwezen, want je eerste taak is het invullen van een formulier met daarop een aantal stellingen. Probeer daarop zo eerlijk mogelijk te reageren, zonder eerst de rest van het hoofdstuk (of andere hoofdstukken) te lezen. Het gaat erom vast te stellen hoe je nu ergens over denkt. Dat is een goede start om met een studie te beginnen. Als je de lijsten later nog eens doorneemt, krijg je in de gaten hoe opvattingen (die van jezelf en die van anderen) door onderwijs kunnen veranderen. Dat helpt om je leerlingen bij beeldonderwijs later duidelijk te maken waar het werkelijk om gaat.

Misschien heb je tekenen en handenarbeid nooit leuk gevonden op school of misschien juist wel en heb je het zelfs als examenvak gekozen. Als dat laatste het geval is, zul je van die keus nu ongetwijfeld plezier hebben. In elk geval ga je nu ontdekken hoe je het voor je toekomstige leerlingen leuk, zinvol en leerrijk kunt maken.
⊕ Nu eerst naar de website.

1.2 ■ Beeldonderwijs gaat over beelden en vormen

Als iemand je zou vragen waar beeldonderwijs over gaat, zou je misschien niet zo gemakkelijk een antwoord weten. Toch is het antwoord niet moeilijk.

Voor een deel gaat beeldonderwijs over beelden zoals dit van de tienjarige Jantina. Ze heeft een park met bomen gezien en zich daarvan een mentaal beeld gemaakt. Vervolgens heeft ze dat mentale beeld (haar visie) verwerkt in bovenstaande voorstelling: 'veel hoge bomen, verschillende kleuren...' Zulke beelden maken, bekijken, vergelijken met die van anderen. Maar beeldonderwijs gaat ook over vormen.

Beeldonderwijs gaat over beelden en vormen. Omdat je bij beeldonderwijs voortdurend met deze begrippen te maken hebt, worden ze van elkaar onderscheiden. Een beeld is niet hetzelfde als een vorm.

1.2.1 ■ Beelden of vormen

Beelden noemen we al die vormgevingen die door mensen gemaakt zijn en die ergens naar *verwijzen*. Een tekening van een appel is een beeld omdat het *verwijst* naar een appel. Een fiets is geen beeld, het is een vorm. Een foto van een fiets is weer wel een beeld, want het verwijst naar een fiets. Van alles wat een mens ziet, maakt hij zich een innerlijk beeld, een innerlijke voorstelling. Omdat zo'n innerlijk beeld in je geest ontstaat, noemen we het wel een *mentaal beeld*. Een materiële weergave daarvan, een werkstuk in klei of een tekening op papier, noemen we ook een beeld. Misschien ken je het beroemde beeld van Magritte: een schilderij van een pijp met daaronder geschreven *'Dit is geen pijp'*. Hij had gelijk. Het is geen pijp, het verwijst naar een pijp. Een porseleinen beeldje van een hond is geen hond, maar het verwijst naar een hond. Een tekening van een verkeersongeluk is geen verkeersongeluk.
Een vormgeving zonder verwijsfunctie noemen we een *vorm*. Een vaas verwijst nergens naar, het is een vorm die je, als hij goed gemaakt is, ergens voor kunt gebruiken. Een vaas is dus in deze opvatting geen beeld.
Maar een schilderij met daarop een bos bloemen is toch een *vormgeving*? Je zegt toch niet dat het een beeldgeving is? Dat is waar, en je spreekt ook wel van *beeldende vormgeving*. Je kunt het zo zien: je werkt met vormen om een beeld of een vorm te maken.
Samengevat: een beeld verwijst, een vorm verwijst niet.

1.2.2 ■ Vormgeving: autonoom en toegepast

De begrippen *beeld* en *vorm* worden in het dagelijks spraakgebruik niet zo onderscheiden als wij dat hier doen. In het kader van beeldonderwijs is het echter beslist noodzakelijk dat je dit onderscheid tussen beeld en vorm onthoudt. Als je dieper ingaat op beeldbeschouwing, krijg je er veel mee te maken.
In dit boek zullen we echter niet steeds spreken van *beelden en vormen*. We doen dat alleen als het onderscheid van belang is om de tekst te begrijpen. In de meeste gevallen spreken we van *beelden*. Als we spreken van *beeldonderwijs* en *beeldbeschouwing* sluiten we niet uit dat het ook over vormen gaat. Ook zullen we

Eerst was er de tekening van een kind: een autonome vormgeving, een beeld van een dokter of verpleger. Toen maakte de vormgever er een toegepaste vormgeving van: een postzegel met een kindertekening erin verwerkt. Het ontwerpen van een postzegel is voor oudere kinderen een boeiende opdracht.
Je kunt postzegelverzamelaars meteen beeldbeschouwend leren reflecteren op hun collectie.

in plaats van *tekenen* en *handvaardigheid* meestal het woord *beeldonderwijs* gebruiken.
Met vormen kun je je net zo intensief bezighouden als met beelden. Als jouw leerlingen bij beeldonderwijs de vorm van een bloem bestuderen, doen ze dat echter niet om uit biologisch oogpunt de stamper van de meeldraden te onderscheiden maar om lengte, de uitstulpingen, de buigingen enzovoort te leren zien omdat je ze die bloem wilt laten boetseren, tekenen, schilderen of laten toepassen op een affiche.
Door mensen gemaakte beelden verwijzen. Door mensen gemaakte vormen verwijzen niet. Vaak zijn ze om te gebruiken: een postzegel om te frankeren, een vaas om bloemen in te zetten, een armband ter versiering, een

aantal grijze platte stenen vierkanten om op te lopen, een hoed om status te verlenen, een auto om in te rijden en een kantoorgebouw om in te wonen. In die gevallen spreek je van *toegepaste vormgeving*.
Soms worden vormen en ook beelden niet voor een speciaal gebruiksdoel gemaakt, dan zijn ze er gewoon voor zichzelf, vanwege zichzelf. Zo kun je een stapeling van kubussen op een rotonde aantreffen, een bronzen naakt in een beeldentuin, een schilderij boven het bankstel of samenstel van kleurige glasplaten aan een wand. In die gevallen spreken we van *autonome vormgeving*. Autonome vormgeving is vormgeving die is gemaakt zonder direct aanwijsbaar gebruiksdoel. Een kindertekening is dus – of er nu een beeld of een vorm op voorkomt –, evenals veel beeldende kunst, autonome vormgeving.

1.2.3 ■ Reëel en mentaal

Het zien speelt een belangrijke rol bij beeldonderwijs, ook al werk je veel met je handen en kun je met je ogen dicht heel goed een ruimtelijk werk aftasten om te ervaren welke vormen het heeft en hoe de textuur is. We spreken van visuele beelden om ze te onderscheiden van beelden die je niet kunt zien, geluidsbeelden bijvoorbeeld. Maar geluidsbeelden kun je weer wel visualiseren. We zeggen ook dat we iets visualiseren als we het in zichtbare beelden willen omzetten.
Als je kijkt, heb je een *reëel beeld* of een *reële vorm* voor je. Dat wat je ziet, wordt als *mentaal beeld* (een verwijzing naar een beeld of een vorm) in je geheugen opgeslagen. Ook van iets dat je niet direct voor je ziet, kun je je een voorstelling (beeld) maken. Je kunt dat doen door goed te luisteren naar een beschrijving die iemand geeft, of door gebruik te maken van eerdere voorstellingen (beelden) die je in je geheugen hebt opgeslagen.
Er zijn dus twee soorten beelden:
- mentale of innerlijke beelden: verbeeldingen, fantasiebeelden, innerlijke voorstellingen;
- reële of werkelijke, of materiële beelden: afbeeldingen, voorstellingen, beelden op papier of ergens anders op, voorstellingen in klei, brons en dergelijke.

Over die beelden (en vormen) gaat het bij beeldonderwijs. Over hoe ze ontstaan: hoe je ze in je binnenste kunt oproepen, hoe je ze op papier of in ander materiaal kunt maken, hoe ze door anderen worden gemaakt en met wat voor doel ze zijn gemaakt.

1.2.4 ■ Voorstelling

Je kunt voor het raam zitten en op straat een groepje honden zien en als je goed kunt boetseren, kun je meteen een beeldje maken (naar de waarneming) van dat groepje honden. Zolang je dat beeldje honden kunt herkennen, spreken we van een (naturalistische) voorstelling. Altijd als er in een beeld iets te zien is dat in werkelijkheid bestaat, kun je spreken van een voorstelling. Een beeldje van een groepje honden is dus een voorstelling van een groepje honden. Wanneer jij op straat een groepje honden ziet, maak je ook een innerlijk beeld van die honden. Ook dat is een voorstelling. Als je een goede scan gemaakt hebt van wat je zag (die honden) en als je een goed geheugen hebt, kun je een week later een beeldje boetseren van honden naar de voorstelling.

1.2.5 ■ Voorstelling, inhoud en betekenis

Van een beeld kun je zien dat het ergens naar verwijst. De voorstelling van een bos bloemen in een vaas verwijst naar een echte vaas met echte bloemen. Die echte vaas met bloemen is door de schilder vertaald naar die voorstelling. Je kunt elke visueel waarneembare entiteit (vorm, wezen) in een beeld vertalen.

Kom je in een museum een beeld als dit tegen, dan besef je dat het meer inhoud moet hebben dan *zittende vrouw*. Je hebt wel hulp nodig om te begrijpen wat de maker met dit beeld wilde zeggen, anders kun je er te weinig betekenis aan geven.

Maar ook een gevoel kun je in een beeld vertalen. Als je blij bent kun je daarvoor het beeld van een lichtgroene, zonovergoten wei met paardenbloemen oproepen, om maar eens iets te noemen. Om aan anderen je blijheid duidelijk te maken kun je daar een schilderij van maken. De voorstelling verwijst naar een zonovergoten wei, vol paardenbloemen, dat kan iedereen zien. Jij hebt dat werk gemaakt om te laten zien hoe blij je bent. Dat is de *inhoud* die je aan dat schilderij meegeeft. De vraag is natuurlijk of iemand anders in de gaten heeft dat jij die inhoud aan dat werk meegeeft.

Als ik naar jouw schilderij kijk, dan kan het zijn dat ik er de *betekenis* aan geef van: *'Die schilder wilde zeker laten zien hoe blij hij was.'* Het kan ook zijn dat ik denk: *'Die heeft zeker de pest aan studeren en wil liever in het gras liggen.'* Dan geef ik dus een geheel andere betekenis aan dat werk. Mijn buurman krijgt bij het zien van diezelfde wei echter de pest in, want hij is veehouder en een wei met paardenbloemen is niet goed voor zijn koeien. Betekenis is niet iets wat aan een beeld vastzit. Betekenis krijgt een beeld pas doordat de beschouwer het verleent aan een beeld. Daarom horen er bij een beeld ook vaak verschillende betekenissen en kan de betekenis van een beeld in de loop der tijd veranderen. Daarover gaat het ook bij beeldonderwijs: over de inhoud van beelden en bovenal over betekenis die men aan beelden kan geven.

Zoals het belangrijker is wát je begrijpt als je iemand hoort praten dan dat hij de juiste spelling of zinsbouw hanteert, zo is bij de beelden die je van iemand ziet belangrijker wát je uit de beelden opmaakt dan dat ze een perfecte vormgeving hebben of dat het juiste materiaal gebruikt is. Daarom moet beeldonderwijs vooral over die aspecten gaan.

Tekenen en handvaardigheid in het onderwijs lijken helaas vaak alleen maar te gaan over materialen/technieken en over beeldaspecten. Die horen er natuurlijk ook bij, maar ze zijn ondergeschikt.

1.2.6 ■ Beeldaspecten

Wat je ziet, kun je alleen maar zien omdat er licht is waardoor je vormen en kleuren onderscheidt. Vorm en kleur noemen we *aspecten* van beelden en vormen, *beeldaspecten*. (Wie het beeldende aspecten noemt, bedoelt hetzelfde.) Andere beeldaspecten die in meer of mindere mate aanwezig zijn in beelden zijn: lijn, vlak (een platte vorm), compositie, ruimte en textuur. Hoofdstuk 10 is bijna geheel gewijd aan beeldaspecten.

1.2.7 ■ Materialen, gereedschappen en technieken

Om een innerlijk beeld te maken, heb je (slechts) twee ogen en een stukje van je hersens nodig. Daarmee maak je een beeld in je binnenste. Om een materieel beeld (plat of ruimtelijk) te maken, heb je materiaal nodig (papier, zink of een computerscherm), gereedschap (potlood, soldeerbout, een pc en software) en een techniek of werkwijze (dunne lijnen trekken met dat potlood, staafjes aan elkaar solderen, het gebruik van software).

Materialen, gereedschappen, technieken en werkwijzen hebben invloed op beeldaspecten. In hoofdstuk 11 vind je meer over materialen.

1.2.8 ■ Kijken en maken

Wat kun je met beelden doen? Je kunt ernaar kijken en je kunt ze zelf maken. Bij tekenen en handvaardigheid denk je meestal direct aan het maken van tekeningen, het maken van een plakwerk, een vouwwerkje en poppetjes of potjes van klei. Dat is nog maar de helft van het beeldonderwijs. Behalve over het leren maken van beelden gaat het bij beeldonderwijs ook over leren zien, het vertellen wat je ziet en welke betekenis datgene wat je ziet voor jou heeft. Het laten formuleren van meningen is ongeveer het mooiste wat je bij beeldonderwijs wilt bereiken. Daarbij zijn niet alleen de eigen tekeningen en ruimtelijke vormen onderwerp, maar alles wat door mensen gemaakt is en daarmee zichtbaar is. De eigen tekening, het werk van

Ook als je vier jaar bent, kun je belangstelling voor motoren hebben. Guiseppe vertelt in klei, driedimensionaal, hoe hij van plan is weg te scheuren. Het beeld is samengesteld uit afzonderlijke vormen.

groepsgenoten, het werk van vormgevers en kunstenaars, de gemanipuleerde natuur (tuinarchitectuur), met behulp van dat alles kan geleerd worden. Dat is wat je mag verstaan onder *beeldbeschouwing*.

Een andere benaming voor beschouwing is *reflectie*. (Het maken van beelden wordt *productie* genoemd.) Neem reflecteren gerust heel breed. Al het reageren op beelden valt eronder. Het betekent onder andere dat veel ontwikkelingsmateriaal voor kleuters, vooral als dat te maken heeft met visuele ontwikkeling, opgenomen kan worden bij beeldonderwijs. Kleuters leren immers door te reageren op dat materiaal. Reflectie gaat ook over het kritisch bekijken van hoe je zelf iets gemaakt hebt, hoe je een proces hebt gepland en doorlopen. *Evalueren,* het beoordelen van wat leerlingen doen en maken bij beeldonderwijs, is ook een vorm van reflecteren. Op verschillende plaatsen in dit boek merk je hoe alles met elkaar samenhangt. Het schema geeft ook een indruk.

	Inhoud en betekenis	Beeld-aspecten	Materialen en technieken
Maken (Productie)			
	Visuele beelden en vormen		
Beschouwen (Reflectie)			

1.2.9 ■ Reflectie onderwijskundig gezien

Productie en reflectie zijn bij de beeldende vakken al heel lang gevestigde begrippen maar ook elders wordt de term reflectie gebruikt. Onderwijskundigen bedoelen er meestal mee dat de lerende, de student, zijn eigen manier van leren bekijkt. Reflectie is daarbij meer gericht op het handelen dan op producten. In alle gevallen gaat het om hetzelfde: het kritisch beschouwen van wat ontstaan is en hoe het ontstaan is. Het maakt niet uit of het om een kartonnen huis of om kennis en vaardigheden gaat.

1.2.10 ■ Receptie

Voor de volledigheid noemen we hier ook het begrip *receptie*. Sommigen noemen schouwburg- en tentoonstellingsbezoek receptie. Receptie heeft daarbij de betekenis van iets opnemen, ondergaan, consumeren. Receptie zonder reflectie is echter nauwelijks denkbaar, want je reageert meestal wel op iets dat je ziet of hoort. De kwaliteit van reflectie kan echter verschillen. Bij beeldonderwijs leer je zinvol reflecteren op receptie.

1.3 ■ Leren beeldtaal te gebruiken

In het voorgaande heb je geleerd dat beeldonderwijs gaat over beelden en vormen. Onze maatschappij maakt zo veelvuldig gebruik van beelden dat het, om *beeldanalfabetisme* te voorkomen, absoluut nodig is kinderen te leren met beelden om te gaan. In de volgende paragrafen leer je dat je het gebruik van beelden net zo kunt beschouwen als het gebruik van taal.
'Beeldonderwijs gaat over beelden' en 'beeldonderwijs is (beeld)taalonderwijs', zijn twee fundamentele uitspraken over het vak.

1.3.1 ■ Met beelden communiceren

Een beeld is een communicatiemiddel. Net als woorden en zinnen hebben beelden van de makers inhoud meegekregen. Met woorden en zinnen maak je woordtaal. Met beelden maak je beeldtaal. Wie beeldend vormgeeft (tekent of modelleert), geeft er blijk van dat iets hem bezighoudt en dat hij daar een mededeling over wil doen. Iemand die een door een ander gemaakt beeld ziet, zou daaruit een boodschap kunnen opmaken, zoals je een boodschap haalt uit een woord, een zin of een artikel. De beelden hebben inhoud, de beschouwer denkt die te ontdekken en geeft er betekenis aan.
Maar dan komen de problemen:
- Je begrijpt absoluut niet wat de maker bedoeld kan hebben omdat je zijn taal niet kent.
- De maker is er zich zelf niet altijd van bewust dat hij iets kan uitbeelden.
- Soms wil de maker iets helemaal niet uitbeelden, hij wil het zelfs verborgen houden. Maar de beschouwer heeft hem door en ziet precies wat de maker niet wilde zeggen, maar toch zegt: het beeld als spiegel van de ziel.
- Soms ziet een beeld er zodanig uit dat de overeenkomst met de visueel waarneembare werkelijkheid heel groot is. In dat geval hoor je wel zeggen: *'Je kunt precies zien wat het voorstelt. Het is*

Ofschoon je door dit boek veel te weten komt over de codes die kinderen in hun beeldtaal gebruiken, zul je, net als bij het kijken naar kunst, soms meer informatie nodig hebben om een beeld volledig te kunnen begrijpen. Hier komt die informatie. De zesjarige Jossy tekende op Curaçao in de verkiezingstijd een rij mensen voor een stemhokje. (17 × 13 cm)

net echt.' Het kan zijn dat de maker dat ook precies bedoelde, maar kan het ook zijn dat hij iets anders bedoelde. Denk aan de uitspraak: *'Hoge bomen vangen veel wind.'* De bedoeling kan letterlijk zijn, je kunt de bomen in de storm zien bewegen. Maar het is ook mogelijk dat het als beeldspraak bedoeld is.

- Stel dat een vormgeving is opgebouwd uit eerder waargenomen beelden die de waarnemer/maker heeft onthouden, uit combinaties van die beelden of delen ervan. *'Wat een fantasie!'*, is dan soms het terechte compliment. Het beeld verrast door zijn persoonlijke, originele en rijke vormgeving. Maar begrijp je de boodschap ook?
- Als de maker alleen kleuren en vormen gebruikt om iets mee te delen, spreken we van *abstract* (non-figuratief is een betere benaming). Ook aan non-figuratieve beelden kan een beschouwer betekenis hechten. Een rond wit bord met een rode rand is bepaald niet figuratief, maar als het bij de ingang van een zijstraat staat laat het je niet koud. Je hecht er de betekenis aan: *Niet inrijden*.
- Pools is voor de meesten van ons een volkomen onbegrijpelijke taal. Toch gebruiken Polen ook woorden en zinnen en ze begrijpen elkaar. Realiseer je dus maar dat je niet altijd alles hoeft te begrijpen wat iemand in zijn beeldtaal heeft gezegd. Met beelden kan men ook voor jou volkomen onbegrijpelijke talen spreken.

- Bij een tekening, een foto of een beeld van een groep mensen kun je gemakkelijk aan taal denken. Bij een asbak of een kantoorgebouw denk je niet in de eerste plaats aan taal. Daarom onderscheiden we beelden die verwijzen, en vormen die dat niet doen. Ofschoon de vorm van een asbak en de architectuur van een kantoorgebouw geen verwijzing naar iets zijn, delen ze soms wel iets mee, over het tijdperk van ontstaan bijvoorbeeld en over hoe de architect denkt over woongenot.

1.3.2 ■ Beeldonderwijs als taalonderwijs

Door te tekenen of door ruimtelijke beelden te maken kun je iemand dus iets mededelen net als met taal. Daarom spreken we van *beeldtaal*. Bij taal mag je vragen naar de grammatica, naar de woordenlijst en de zinsbouw (syntaxis). Het gaat bij taal over inhoud en vorm. Er is technisch lezen, begrijpend lezen en creatief taalgebruik. Is dat bij beeldtaal ook zo? Kent die ook zoiets als spreekwoorden en literatuur? Hoe zit het bij beeldtaal met het verschil tussen proza en gedichten? In al die zaken is beeldtaal te vergelijken met woordtaal. Die vergelijking gaat nog verder op.
De taal van woorden begint bij kinderen al heel vroeg. Eerst spelen ze met klanken, dan maken ze zinnen van slechts één woord, vervolgens rijgen ze woorden aaneen tot zinnen. Kinderen leren taal op school beter te hanteren. Om te leren lezen moet het kind weten dat tekens verwijzen naar klanken en dat samengevoegde klanken verwijzen naar betekenissen. Kinderen leren beter lezen (de informatie die anderen in taal gestopt hebben begrijpen) en schrijven (zelf informatie overdragen door woorden en zinnen). In het aanleren van die taal gebruikt de leraar bepaalde systemen, methoden. Taalonderwijs vinden we heel gewoon. Dat kinderen de beeldtaal voor ze naar school gaan op ongeveer gelijke wijze gebruiken en vervolgens op school beter kunnen leren gebruiken, vinden we veel minder gewoon. Maar dat is wel wat er bij beeldonderwijs gebeurt.
De taal van beelden begint bij kinderen al heel vroeg. Dat lees je in hoofdstuk 2. Kinderen leren op school die beeldtaal beter te hanteren. Om te leren lezen in beeldtaal moet het kind weten dat beeldtekens verwijzen naar inhoud. Kinderen leren informatie die anderen in hun beelden hebben gestopt begrijpen (lezen) en leren zelf informatie over te dragen in beelden (spreken, schrijven).

Het is misschien een beetje verwarrend dat dit allemaal gebeurt in vakken die we tekenen en handvaardigheid noemen, maar daar wen je wel aan. Je kunt natuurlijk ook consequent de term beeldonderwijs gebruiken.

1.3.3 ■ Beeldtaal kun je leren lezen

Lezen, schrijven en spreken moet ieder mens kunnen, dat lijdt geen twijfel. Dat ieder mens ook beeldtaal moet kunnen begrijpen, daarover kunnen we het ook nog wel eens worden. Je denkt dan misschien aan verkeerstekens, aan grafieken wasmerkjes en aan het instructieboekje bij je nieuwe dvd-speler. Vaak zijn beelden vervangers van woorden. In de middeleeuwse kerken waren de afbeeldingen in vensters en op kapitelen de bijbel van de gewone man. Die kon immers de woordtaal niet lezen, maar de beeldtaal wel. Beelden

'Je mag alleen maar die kant uit', wist de achtjarige Kim te vertellen, 'en als je de andere kant op gaat kun je tegen mekaar opknallen.' Ook de beeldtaal van verkeersborden moet je leren verstaan, omdat ze berust op afspraken die door anderen gemaakt zijn.

zijn vaak bedoeld om ze kijkend te begrijpen, zoals woorden bedoeld zijn om ze lezend of luisterend te begrijpen.

Wie meer van beeldtaal wil weten, moet zich verdiepen in wat er aan gewoontes en afspraken golden en gelden. Daar komt beeldbeschouwing om de hoek kijken.
Het gaat bijvoorbeeld over de tekening op het nieuwe T-shirt van een van de leerlingen, over de plaatjes in het leesboekje, over de ronde vormen van de olifant, over de hoed van karton en textiel van een medeleerling.
(In hoofdstuk 6 meer over beeldbeschouwing.)
De beeldtaal van (jonge) kinderen krijgt in dit boek veel aandacht omdat die voor volwassenen niet zo direct duidelijk is. De beeldtaal van jonge kinderen kent eigen codes, die we moeten leren verstaan (ontrafelen, decoderen). Alleen als je de beeldtaal van kinderen verstaat en weet hoe die zich ontwikkelt, kun je daarop aansluitend kinderen verder helpen.

1.3.4 Beeldtaal kun je leren spreken

Tekenen en handvaardigheid in het basisonderwijs zijn vaak niet meer dan *iets leuks maken*. Bovendien wordt meestal alleen aandacht geschonken aan het product (de tekening, het weefwerk), terwijl het proces van leren maken toch belangrijker is. Je bent namelijk bezig met onderwijs, en in dat onderwijs leren kinderen hoe ze iets kunnen maken en hoe ze dat op een betere manier kunnen doen. Het gaat over vaardigheden die leerlingen moeten verwerven: vaardigheden in het organiseren: *'Hoe pak ik dat aan?'*, vaardigheden in het handelen: *'Hoe krijg ik dat vast?'*, vaardigheden in het uiten: *'Hoe bereik ik dat anderen ook zien dat mijn hoed bij iets treurigs hoort?'*. Dat je om beelden te maken ook kennis van de beeldtaal nodig hebt en dat een betere beheersing van die beeldtaal tot betere beelden leidt, lijkt heel logisch. Het is nog waar ook, maar leren in de zin van leren tekeningen te maken, leren een beeld van klei te maken ontmoet in het onderwijs nog heel wat weerstand. Veel mensen denken nog steeds dat je daarvoor talent moet hebben. Het is waar dat de een het beter kan dan een ander, maar dat geldt ook voor spreken en schrijven. Dat geldt eigenlijk voor alles. Moet je er daarom helemaal van afzien?
Ik zal op de 100 meter bij benadering geen Olympische tijd neerzetten, maar dat weerhoudt mij niet een sprintje te maken om de tram te halen. Ik haal die tram en ben blij dat ik zo nu en dan wat aan mijn conditie doe.

Maar vergis je niet. *Al doende leert men* mag dan een gevleugelde uitdrukking zijn, het is maar ten dele waar. Hier gaat een andere veel beter op: *Denk aleer gij doende zijt, en doende denk dan nog*. Wie de hele dag rebbelt hoeft nog geen literator te worden. Zo is de kwaliteit van het beeldend werk ook niet gegarandeerd met het produceren van veel werk. Je moet het ook kritisch begeleiden.

1.3.5 Het gaat vanzelf

> Renuka uit groep 3 weet bijna altijd gedaan te krijgen wat ze wil. Zij bespeelt de gevoelens van haar groepsgenoten en die van haar leraar op een zodanige manier dat het haar steeds weer lukt haar zin te krijgen. Als je kijkt hoe ze dat doet, zie je dat ze daar woorden en gebaren bij gebruikt. Bewust of onbewust kiest ze bepaalde woorden. Daarbij buigt ze haar stem, trekt een gezicht en gebaart op subtiele wijze. Zo geeft ze vorm aan de inhoud: haar wens, dat wat ze graag wil. In de dramalessen leert Renuka *bewust* gebruik te maken van stem, taal, houding, beweging en mimiek.

De vraag of leerlingen voordat ze aan een werkstuk beginnen, weten wat zij ermee willen uitdrukken is niet zonder meer met ja of nee te beantwoorden. Je kunt het vergelijken met een ander aspect van menselijk gedrag waar kinderen dingen soms vanzelf lijken te doen en

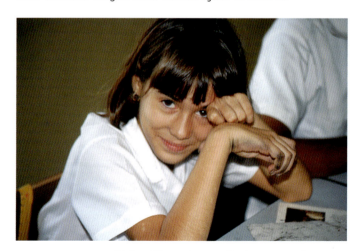

Kinderen? Je moet ze van alles leren, maar wie kinderen wil onderwijzen, moet ze daarbij niet onderschatten, ze zijn tot heel wat in staat, jawel. (groep 6)

soms over die vanzelfsprekendheid iets leren. Zoals bij Renuka het geval is.

In beeldonderwijs zie je iets dat vergelijkbaar is. Leerlingen hebben vaardigheden om beeldaspecten te gebruiken en ze kunnen daarmee inhoud geven aan hun beelden. Bij beeldonderwijs leren ze daarmee bewuster om te gaan en hun vaardigheden te vergroten. Beeldonderwijs is erop gericht inhoudsrijke beeldtaal te leren gebruiken (productief) en te leren verstaan, te leren er betekenis aan te hechten (reflectief).

1.3.6 ■ Kijk, als je tekent zie je meer

Iets dat je gelezen of geleerd hebt, begrijp je beter als je het in je eigen woorden probeert uit te leggen aan een ander. Iets dergelijks is met het maken van beelden ook het geval. Je leert iets dat je ziet (het maakt niet uit of het een uiterlijk of innerlijk beeld is) beter kennen als je het in je eigen beelden vormgeeft. Aan deze opvatting heeft het tekenonderwijs een gevleugelde uitdrukking te danken: *'Kijk, als je tekent zie je meer.'* (Voor handvaardigheid geldt hetzelfde.) Waarom je meer zou moeten zien? Dat heeft te maken met een theorie over kennisverwerving. Van de verschillende theorieën over hoe mensen kennis vergaren, is de *fenomenologie* bij beeldonderwijs het meest populair. De fenomenologie is een stroming in de kennistheorie die ervan uitgaat dat de dingen die wij waarnemen, eigenlijk niet onafhankelijk van de waarnemer bestaan. Iets bestaat voor ons pas omdat en doordat wij het waarnemen. Leren waarnemen is daarom bij beeldonderwijs belangrijk omdat daardoor kennis ontstaat.

1.4 ■ Ontwikkeling is de leidraad voor leerprogramma's

Je weet het nog uit je eigen schooltijd en je merkt het onmiddellijk als je de speelplaats van een basisschool op stapt: kinderen zijn verschillend. Het zijn meisjes of jongens, groot of klein, dun of dik. Ze zijn verschillend gekleed en kijken verschillend uit hun ogen. Maar er zijn ook verschillen die je pas merkt als je er in de groep mee te maken krijgt. Dan blijken ze ook te verschillen in sociaal, relationeel, cognitief, emotioneel en motorisch opzicht. Die verschillende eigenschappen zijn nog niet geheel uitgegroeid, ze zijn nog in ontwikkeling. Jij gaat

Reflecterend op beelden legt Johan de kaartjes kleur bij kleur. Later zal hij ook nog ordenen op soort en komen vissen, vogels, vlinders en bloemen onder elkaar. Geen school die dit beschouwt als beeldonderwijs, maar het is het wel.

hun ontwikkeling op die verschillende gebieden begeleiden en stimuleren, ook bij beeldonderwijs. Je gaat ze niet alleen wat leren (cognitief ontwikkelen): *'Om iets engs te tekenen moet je koude kleuren gebruiken, Rembrandt is een beroemde schilder uit de zeventiende eeuw.'* Je probeert zo met ze om te gaan dat ze zich in alle opzichten ontwikkelen. Zo worden ze niet alleen knapper maar ook slimmer, handiger, sociaal vaardiger, zelfstandiger, nieuwsgieriger, creatiever, flinker, vrijer enzovoort.

In dit boek is gekozen voor beeldonderwijs dat nauw aansluit bij ontwikkelingsgericht onderwijs. Twee ontwikkelingen die bij beeldonderwijs speciaal aandacht krijgen zijn de ontwikkeling van het beeldend vermogen en de ontwikkeling van het beschouwend vermogen. Daarover gaat het volgende hoofdstuk.

1.5 ■ Beeldonderwijs en de pabostudent

Er zijn veel manieren waarop je je als student kunt voorbereiden op je toekomstige tak als leraar basisonderwijs, maar als je eenmaal op een opleiding zit heb je niet veel keus. De opleiding heeft de plannen al klaar. Waarschijnlijk komen ze aardig overeen met de ideeën in dit boek.

Leren op de pabo gaat het beste als je de gelegenheid krijgt heen en weer te pendelen tussen drie gebieden.

Visuele prikkels kun je meestal niet ontwijken (als je dat al zou willen), maar je kunt wel leren hoe je ermee om moet gaan. Dat is een taak van beeldonderwijs.

Ze hebben veel met elkaar te maken, ze hangen samen, ze beïnvloeden elkaar, maar soms ben je meer bezig met het een dan met het andere.

- Het subjectieve concept. De eigen kennis, ervaring en gevoelens, (jij als subject, als onderwerp). Kennis en vaardigheid die je eventueel al verworven hebt, ga je uitbreiden met voor dit doel specifieke kennis en vaardigheden. Wat heb je al geleerd voordat je op de opleiding kwam, wat moet je op het productieve en wat op het reflectieve gebied bijleren? Welke competenties bezit je op bepaalde momenten van je studie?
- Het objectieve concept. De informatie: het onderwerp, de theorie in dit boek, de begeleiding van je leraar en van je mentor.
- *De praktijk*: het zelf maken van werk en het lesgeven op de stageschool. Begeleiding van je vakdocent (en van de mentor in de stage) is ook daarbij onontbeerlijk.

Het is jammer dat er in de opleiding waarschijnlijk niet veel tijd besteed kan worden aan het zelf beeldend bezig zijn. Het leren van de student op het gebied van het productieve gebeurt door het zelf te doen, te tekenen, te schilderen, door te boetseren, te solderen en te weven, door collages en linoleumsneden te maken, kortom, door beelden te maken. Daarbij is de relevantie voor het basisonderwijs ook een criterium. Met andere woorden: als het in het basisonderwijs aan bod zou kunnen komen, moet jij ermee leren werken. En denk niet dat je na het maken van één kleipotje competent bent om kinderen met klei te laten werken en adequaat te begeleiden.

Je opleiding duurt een aantal jaren. In die jaren kom je stap voor stap dichter bij je doel: een professional worden. Weliswaar leer je daarna (hopelijk) nog heel veel in de praktijk van alledag, maar je bent na je opleiding in elk geval startbekwaam. Om die startbekwaamheid te definiëren zijn eisen geformuleerd waarin redelijk nauwkeurig is opgesomd welke competenties je moet bezitten om jezelf een professional te mogen noemen. Je kunt er zelfs wettelijk op worden aangesproken. De set competenties voor leraren basisonderwijs houden we in dit boek goed voor ogen en soms wordt er ook naar verwezen. Je kunt dus stellen dat je dit boek goed kunt gebruiken bij competentiegericht onderwijs, onderwijs dat zich ook richt op de bekwaamheidseisen voor een startende leraar. Je kunt meteen al beginnen aan een competentie te werken, aan deze bijvoorbeeld:
De leraar onderschrijft zijn verantwoordelijkheid voor zijn eigen professionele ontwikkeling. Hij werkt planmatig aan de ontwikkeling van zijn bekwaamheid, op basis van een goede analyse van zijn competenties. Met andere woorden: je weet dat je het zelf moet doen. Ga maar eens na wat je nu al weet (wat je van dit hoofdstuk geleerd hebt) en maak een plan om dit hoofdstuk geheel onder de knie te krijgen.

1.5.1 ■ Portfolio

🌐 Een portfolio is bijzonder nuttig voor je studie. Je hebt ze in twee uitvoeringen: werkelijk bestaand en virtueel (digitaal). In het eerste geval is het een grote of kleine map waarin alle resultaten zijn opgenomen op het gebied van je eigen vordering in deskundigheid in je studie beeldonderwijs. Het kan gaan om werkstukken, voltooide opdrachten, lesvoorbereidingen, evaluaties (eventueel met leerlingenwerk erbij) certificaten, diploma's, bewijzen van deelname aan cursussen of studiedagen, enzovoort.
Een digitale (virtuele) portfolio is een folder in je laptop of een ander digitaal opslagmedium. Daarin kun je dezelfde stukken gedigitaliseerd bewaren.

1.6 ■ Beeldonderwijs op de basisschool doe je zelf

In het basisonderwijs is kunstoriëntatie onderdeel van het onderwijs in alle groepen. Beeldonderwijs is onderdeel van *kunstzinnige oriëntatie*. (Kijk op de ⊕ website hoe dat precies zit.) De consequentie is dat de opleiding iedere student zal moeten toerusten om de opdracht van verantwoord beeldonderwijs uit te kunnen voeren. Zijn er dan niet veel scholen waar de lessen beeldonderwijs gegeven worden door kunstenaars? Jawel, helaas zijn die er, maar gelukkig niet veel, want kunstenaars gaan uit van een geheel andere opvatting dan competente groepsleraren. Een competente groepsleraar kan echter wel een kunstenaar inschakelen om zo nu en dan met hem samen te werken. Er zijn ook collega's die zich in beeldonderwijs gespecialiseerd hebben. Zij hebben een gelijke competentie als die van de groepsleraar plus nog iets erbij. Als je de kans hebt, werk je met hen samen in de lessen beeldonderwijs want als groepsleraar ken je jouw leerlingen immers beter dan een leraar die de kinderen maar eens in de week ziet.

1.6.1 ■ Het vak achter het schoolvak

Als iemand je vraagt welke vakken je hebt, weet je dat ze vragen naar de schoolvakken. Maar als iemand je vraagt wat je vak is, weet je dat er naar je beroep gevraagd wordt. Jouw toekomstig beroep is: *leraar basisonderwijs*. In het basisonderwijs ben jij de professional. Het is een veelomvattend beroep. Je moet er van veel markten thuis zijn. Wat kinderen op de basisschool leren, zijn algemene vaardigheden die nodig zijn om in de maatschappij mee te kunnen doen. Om zich in de maatschappij te kunnen handhaven hebben mensen een aantal basisvaardigheden nodig en jij begeleidt kinderen in het leggen van fundamenten voor hun verdere leven. Omgekeerd geredeneerd kun je stellen dat de basisvaardigheden die kinderen op school leren, zijn gebaseerd op wat in de maatschappij (wetenschappelijk) wordt beoefend. Journalistiek, taalkunde en literatuur begint met leren luisteren en voorlezen aan kleuters.

Sommige basisvaardigheden kunnen iemand beter liggen dan andere. Dat kan zo sterk zijn dat iemand van zo'n voorkeur zijn specialiteit maakt. Hij gaat er in door, hij maakt er zijn vak van. Gelukkig maar, want specialisten

De jonge schilder die hier een beeld produceert, krijgt commentaar van een vriendje dat op zijn beeld reflecteert. Voorlopig lijkt het hem koud te laten. Voor de leraar is het belangrijk te weten te komen wat het commentaar inhield en wat de jonge schilder ervan dacht. Dat geeft de leraar kennis omtrent kinderen in relatie tot beeldend vormgeven.
Let op de grote stukken papier tegen het morsen van verf op de kleding. Gebruikelijk bij jonge kinderen is bedrijfskleding in de vorm van jasschorten of oude overhemden van vader, met ingekorte mouwen, achterstevoren aan. Maak er klittenband aan in plaats van knopen.

zijn op elk gebied en in elke gradatie nodig.
Als je zoekt naar professionals die een beroep uitoefenen dat met beeldonderwijs te maken heeft, kom je er een heleboel tegen: beeldende vormgevers als beeldhouwers, architecten, schilders, reclameontwerpers, filmmakers, tekenaars, grafici, reclameontwerpers, bloemschikkers, modeontwerpers, kalligrafen en illustratoren, maar ook kunsthistorici, restaurateurs en kunsttherapeuten.

1.7 ■ Een didactisch concept

Hoe je met beeldonderwijs omgaat, hoe je tekenen en handvaardigheid leert aan kinderen is voor een deel afhankelijk van het didactisch concept dat je gaat hanteren. Meestal heeft de basisschool als geheel daar al voor gekozen. Een didactisch concept kan ontleend zijn aan opvattingen van het Jenaplan- en Montessorionderwijs of zijn ontstaan uit afspraken en mogelijkheden van de leraren gezamenlijk. In hoofdstuk 7 ga je daar dieper op in. Daar vind je ook uitleg over lesmodellen en onderdelen ervan.

Opleidingen voor leraren basisonderwijs hanteren ook verschillende concepten. Hier werkt men met modules, elders met gelijke thema's voor alle vakken. Op de ene pabo zijn tekenen, handenarbeid en textiele werkvormen drie duidelijk herkenbare vakken. Op een andere worden de beeldende vakken geïntegreerd aangeboden en op een derde zijn ze geïntegreerd in de kunstvakken. Wat ze gemeen hebben is dat er competentiegericht gewerkt wordt. Dat is een direct gevolg van het *Besluit bekwaamheidseisen onderwijspersoneel* dat per 1 augustus 2006 in werking is getreden. (Meer hierover op de website.)⊕

Vragen en opdrachten

1. In dit hoofdstuk komt een aantal begrippen voor waarvan sommige voor jou waarschijnlijk nieuw zijn. Alle begrippen staan per hoofdstuk op de 🌐 website alfabetisch gerangschikt. Aan jou de opdracht om er daar een korte uitleg achter te schrijven. Kun je dat zonder de tekst nog eens te raadplegen, dan ben je aardig competent wat dit hoofdstuk betreft.

2. Vorm een groep van drie studenten. Verzamel van alle studiegenoten de gegevens uit de ingevulde lijsten met stellingen op de 🌐 website en maak er een overzicht van. Misschien kun je er met behulp van de computer een diagram of grafiek van maken. Kun je uit de uitslag opmaken of in jouw studiegroep bepaalde meningen overheersen?

3. 🌐 Nadat je de stellingen van commentaar hebt voorzien door het zetten van kruisjes, kies je in overleg met een paar medestudenten uit elke groep een of twee stellingen om te bespreken. Bedenk eerst zelf argumenten waarom je gelijk zou kunnen hebben of waarom je geen gelijk zou kunnen hebben. Dat kan heel boeiende discussies opleveren omdat jullie ongetwijfeld verschillende meningen hebben. Het gaat er nu niet om wie er gelijk of ongelijk heeft. Het gaat erom dat je je bewust wordt van wat er onder andere bij beeldonderwijs een rol kan spelen. Maak een verslag van het geheel en voeg dat in je portfolio.

4. Heb je nog tekeningen en handenarbeidwerkstukken van jezelf uit je kleutertijd, uit je basisschooltijd of uit de tijd dat je in het voortgezet onderwijs zat? Verzamel ze zoveel mogelijk, probeer erachter te komen hoe oud je was toen je ze maakte en schrijf dat erbij. Maak foto's van de werkstukken en bewaar die met de tekeningen in een map. Je kunt ze later gebruiken om jouw werk te vergelijken met dat van kinderen nu.

5. Verzamelden je ouders tekeningen van jou? Kreeg je vroeger thuis materiaal om mee te tekenen? Kreeg je alleen schoon materiaal of mocht je ook lekker kliederen? Noteer ook je commentaar op de antwoorden.

6. Neem precies een half uur de tijd om een beeldje van klei te maken. Je mag zelf de grootte bepalen. Noteer direct daarna in woorden wat er allemaal in je omging toen je eraan bezig was. Bespreek je werk en je notities met klasgenoten die hetzelfde deden. Wat waren gelijke ervaringen en welke waren verschillend? Maak een foto van het beeldje (of bak het). Bewaar alles, je kunt het later gebruiken.

7. Noteer opnieuw wat je opvattingen zijn met betrekking tot de stellingen uit het begin van dit hoofdstuk. Vergelijk het met je eerder ingevulde lijst. Houd in het vervolg vooral die stellingen in de gaten waarover je nu al anders denkt.

8. Noteer wat je in dit hoofdstuk het meest verraste.

9. Je hebt ongetwijfeld vragen waarop je in dit hoofdstuk nog geen antwoord tegenkwam. Noteer de vraag die jij het belangrijkst vindt. Bespreek die met je leraar. Waarschijnlijk weet hij in welk hoofdstuk van het boek jouw probleem wordt behandeld.

10. Verzamel beelden die de plaats innemen van woorden (zoals een wasvoorschrift). Doe ze in een map. Je kunt ze later gebruiken in je eigen onderwijs.

11. Het woord vakkennis kan in relatie tot dit hoofdstuk meer dan één betekenis hebben. Kun je dat uitleggen?

12. Waarvan is de betekenis van een beeld afhankelijk: van de maker, van het beeld zelf of van de beschouwer?

13. Wat is het verschil tussen beelden en vormen?

14. In groep zeven gaan ze binnenkort werken met een digitale camera. Jij krijgt de opdracht het gebruik ervan te visualiseren. Hoe pak je dat aan?

15. Als je wat verder bent met je studie ga je zelf activiteiten voor beeldonderwijs ontwerpen. Op de 🌐 website zie je daarvan ook voorbeelden. Om aan leerlingen het verschil tussen door mensen gemaakte beelden en andere beelden te leren, staat er bijvoorbeeld een doe-het-zelfopdracht voor leerlingen bij. Kun je nu al zelf zoiets bedenken?

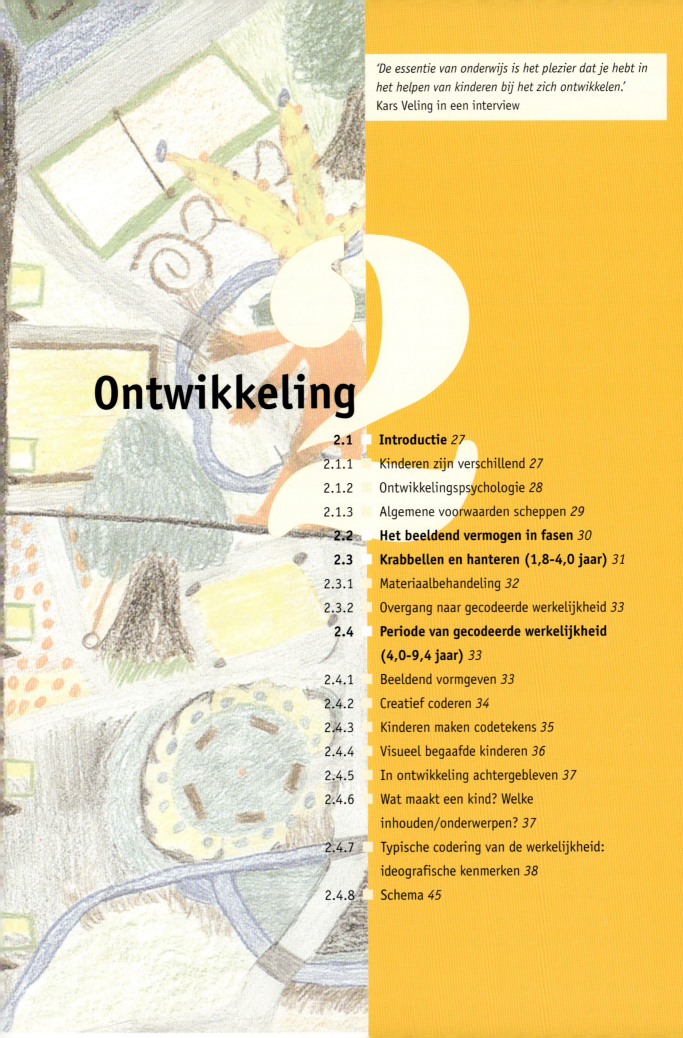

'De essentie van onderwijs is het plezier dat je hebt in het helpen van kinderen bij het zich ontwikkelen.'
Kars Veling in een interview

Ontwikkeling

2.1	**Introductie** *27*	
2.1.1	Kinderen zijn verschillend *27*	
2.1.2	Ontwikkelingspsychologie *28*	
2.1.3	Algemene voorwaarden scheppen *29*	
2.2	**Het beeldend vermogen in fasen** *30*	
2.3	**Krabbelen en hanteren (1,8-4,0 jaar)** *31*	
2.3.1	Materiaalbehandeling *32*	
2.3.2	Overgang naar gecodeerde werkelijkheid *33*	
2.4	**Periode van gecodeerde werkelijkheid (4,0-9,4 jaar)** *33*	
2.4.1	Beeldend vormgeven *33*	
2.4.2	Creatief coderen *34*	
2.4.3	Kinderen maken codetekens *35*	
2.4.4	Visueel begaafde kinderen *36*	
2.4.5	In ontwikkeling achtergebleven *37*	
2.4.6	Wat maakt een kind? Welke inhouden/onderwerpen? *37*	
2.4.7	Typische codering van de werkelijkheid: ideografische kenmerken *38*	
2.4.8	Schema *45*	

2.5		**Periode van zichtbare werkelijkheid (9,4-15 jaar)** *48*
2.5.1		Harmonisch maar kritisch (9- en 10-jarigen) *49*
2.5.2		Chaos (11-15 jaar) *50*
2.5.3		Ordening *53*
2.6		**Volkomen zelfstandigheid** *53*
2.7		**Samenvatting** *53*
2.8		**Beeldbeschouwen** *54*
2.8.1		Het beeld als uitgangspunt *54*
2.8.2		Uitgaan van de beschouwer *54*
2.9		**De theorie van Michael Parsons** *55*
2.9.1		Beeldbeschouwen in fasen *55*
2.9.2		Vijf brillen, vijf stadia *56*
2.9.3		Stadium 1: associatie *56*
2.9.4		Stadium 2: voorstelling *57*
2.9.5		Stadium 3: expressie *58*
2.9.6		Stadium 4: leerbaar *59*
2.9.7		Stadium 5: Eigen mening *59*
2.10		**Algemene richtlijnen voor de praktijk** *60*
		Vragen en opdrachten *62*

2.1 ■ Introductie

Dit hoofdstuk gaat over hoe kinderen die je in het basisonderwijs meemaakt, veranderen naarmate ze ouder worden en hoe ze van elkaar verschillen. Uiteraard gaat het in het bijzonder over de normale ontwikkeling van bij ieder mens aanwezige vermogens om zintuiglijke indrukken te organiseren. Het gaat ook over de normaal aanwezige vaardigheid om beelden te maken op het platte vlak en in de ruimte en over de vaardigheid om beelden te leren begrijpen. Beelden dus, verwijzingen naar realiteiten (zie hoofdstuk 1).
Let op: het gaat hier niet over techniek, niet over leerlijnen van weven, boetseren of potloodtekenen, niet over wanneer je met solderen kunt beginnen. Het gaat over wat er gebeurt bij kinderen en hoe kinderen reageren bij het waarnemen, het vertalen van

Uit een onderzoekje in een groepje van dertig leraren (basisschool) kwam als probleem naar voren dat ze beeldonderwijs niet zagen als *onderwijs*, maar meer als *bezig zijn*. Ze hadden nauwelijks zicht op de ontwikkeling van het beeldend vermogen bij kinderen. Ze waren ook te weinig op de hoogte van wat ze van hun leerlingen konden verwachten op beeldend gebied. Ze wisten dus ook niet welke eisen ze moesten stellen, met het gevolg dat ze helemaal geen eisen stelden (het was immers ook geen echt onderwijs).
Op grond van eerdere ervaringen en gegevens uit andere bronnen mag je stellen dat deze vrij kleine groep, wat beeldonderwijs betreft, representatief is voor een groot deel van het basisonderwijs. De betreffende leraren spiegelden zichzelf voor dat het allemaal prima ging. Dat lijkt ook vaak zo, vooral als je jongere kinderen hebt, die tekenen wel en durven elke vormgeving aan. Voor hun directe spontaniteit zijn wij volwassenen vol bewondering, maar voor de tekeningen van de elfjarigen kunnen we minder belangstelling opbrengen. Het naïeve en spontane is eruit, constateren we. Dat klopt, de onbevangenheid is niet meer aanwezig. Dat valt niet alleen de beschouwer op. Ook de tien-, elf-, twaalfjarige maker is vaak ontevreden over zijn eigen werk. Hij probeert natuurgetrouw te tekenen (dat lukt niet), hij tekent na van plaatjes of eigent zich een specialisme toe en kan daarbij zelfs een bewonderd virtuoos worden. In hoeverre houdt hij daardoor zichzelf en anderen voor de gek? Met handenarbeid heeft hij minder moeite, tenminste, zolang het niet gaat om naturalistische uitbeeldingen. Constructieve problemen pakt een bovenbouwer graag aan, maar als je hem vraagt een paard te boetseren, zie je de twijfel in zijn ogen.

'Nee, het is gewoon de weerspiegeling van de zon', legt de elfjarige Yvette uit aan haar klasgenoten tijdens de nabespreking. Yvette hoopt door die nabespreking en door aanwijzingen van haar leraar beter te leren tekenen, want ze tekent graag. Kun jij zien of haar werk 'doorsnee' is voor groep 8? Kun jij haar helpen?

waarnemingen in beelden en over het begrijpen van beelden.
Waarnemingen waar het hier over gaat zijn in hoofdzaak visueel, soms ook tactiel en een enkele maal zelfs auditief. Je kunt ze allemaal omzetten in beelden.

2.1.1 ■ Kinderen zijn verschillend
Je merkt het als je het schoolplein op stapt op weg naar je eerste stage: allemaal verschillende kinderen. Er zijn

meisjes en jongens, grote en kleine kinderen, stille en drukke. Sommige lijken nog kleuters en andere zou je al in de brugklas van de havo verwachten.
In groep 1 waar je naartoe moet, lijken de verschillen mee te vallen: alle kinderen ongeveer even oud en even groot, ze doen dezelfde dingen en antwoorden op dezelfde vragen. Maar bij je tweede bezoek aan dezelfde groep merk je wel dat er nogal verschillende karakters in de groep zitten.
Bij je derde bezoek kun je al aardig met ze overweg. Je hebt je manier van uitleg geven en vragen stellen aangepast aan de groep en je weet al een beetje wat je kunt verwachten als je ze een opdracht geeft. Kom je vervolgens in een hogere of lagere groep terecht, dan kun je opnieuw beginnen. Wat blijkt? Ze zijn nog niet zover of ze zijn al veel verder. Ze denken anders, ze handelen anders, ze begrijpen meer of minder, ze zijn vaardiger of minder vaardig, ze vinden dingen leuker of ze interesseren zich er nog niet voor. Kortom: ze bevinden zich in een ander fase van ontwikkeling.
Dat is geen toeval. Het heeft met hun leeftijd te maken. Maar ofschoon het met hun leeftijd te maken heeft, is hun fase van ontwikkeling niet van hun leeftijd afhankelijk. Leeftijd bepaalt slechts in welke fase van ontwikkeling ze zouden kunnen verkeren als...
Ja, als wat?
Als ze de kans gehad zouden hebben hun vermogens te ontwikkelen. Nou, dan zorgen we er toch voor dat ze die kans krijgen. Precies, daar zijn opvoeding en onderwijs voor. Maar dan moet je als opvoeder en onderwijsgevende wel weten hoe dat nou precies zit met die ontwikkeling en hoe je kunt zorgen dat kinderen zich ontwikkelen.

2.1.2 Ontwikkelingspsychologie
Ontwikkeling gaat niet vanzelf, er moet iets gebeuren om ontwikkeling te doen ontstaan. Ontwikkeling ontstaat door interactie. Ervaringen opdoen, daar gaat het om. Ervaringen met de dingen om je heen en met mensen (sociale interactie). Ervaringen opdoen is meer dan van de juffrouw horen hoe het moet.

> Lisa ligt in de box. Ze trappelt met de beentjes en raakt op een gegeven moment per ongeluk een rammelaar die moeder die ochtend aan een koord in de box heeft gespannen. Onmiddellijk vallen de beentjes stil. Lisa kijkt, trappelt weer, en weer rammelt de rammelaar. Lisa blijft dit doen. Ze lijkt het leuk te vinden. Vader, die in de kamer de krant zit te lezen, vindt het echter irritant en hangt de rammelaar een beetje hoger. Als Lisa weer met de beentjes trappelt gebeurt er niets. Dan hijst Lisa zich aan de spijlen omhoog en geeft een ruk aan het koord.

De lerende ziet, hoort, voelt of ruikt iets, er overkomt hem iets, hij luistert naar een gesprek, ziet iets op de televisie of wat dan ook. Hij denkt er het zijne van (reflecteert op de interactie). Hij geeft een bepaalde betekenis aan zijn ervaring (hij construeert kennis). Dat is wat gebeurde bij Lisa. Het gebeurde toen jij leerde autorijden en het gebeurde toen Mozes met de stenen tafelen van de berg kwam. Mozes had waarschijnlijk liever niet willen leren dat zijn volk tot een gouden kalf aan het bidden was, maar doorgaans is leren iets dat mensen graag willen. Het komt voort uit een verlangen zaken met elkaar in overeenstemming te brengen: *ik kan iets niet wat ik wel wil kunnen, ik begrijp niet wat hij bedoelt en ik wil het wel begrijpen, het werkt niet zoals ik denk dat het zou moeten werken.*
Mensen kunnen soms niet alles leren wat ze wel zouden willen. Dat kan twee oorzaken hebben. Ze zijn er nog niet rijp voor of ze bezitten de capaciteiten niet. Dat laatste heeft met aanleg te maken (iedereen kan rekenen, maar slechts weinigen worden hoogleraar aan de technische universiteit), rijpheid heeft met ontwikkeling te maken.
De geestelijke ontwikkeling van mensen is erg afhankelijk van de omgeving waarin een kind opgroeit. De beste omgeving is die waarin een kind op het juiste moment geprikkeld wordt.

> De driejarige Robin draait op zijn driewielertje rondjes op het autoloze pleintje voor het huis. Zijn vader vindt dat hij eigenlijk zou moeten leren fietsen, maar zijn moeder denkt dat hij daarvoor nog veel te klein is. Op zijn vierde verjaardag krijgt Robin een fietsje met twee hulpwieltjes links en rechts. Hij kan nu proberen op twee wielen te fietsen, maar heeft zo nodig nog steun van een derde wiel.

Dat is wat je noemt een *stimulerende omgeving*. Zulke omgevingen in het onderwijs creëren, is *ontwikkelingsgericht onderwijs geven*. Maar hoe weet je nou wat in elke discipline, in elk vak het juiste moment en de juiste prikkel is? Daarvoor heb je ontwikkelingspsychologische kennis nodig en vakkennis.

Kennis omtrent ontwikkeling van kinderen zul je vooral verwerven tijdens de lessen algemene pedagogiek en onderwijskunde. Ervaringskennis doe je op in je stage. Specifieke kennis over de ontwikkeling van kinderen met betrekking tot aspecten van beeldonderwijs vind je in dit boek. Het gaat hier over:
- De ontwikkeling van het beeldend vermogen, het vermogen tot beeldend vormgeven, het vermogen om zelf beelden te maken, het vermogen beeldtaal te gebruiken (productief).
- De ontwikkeling van het vermogen om over beelden te oordelen, het vermogen beeldtaal te kunnen lezen (reflectief).

Beide ontwikkelingen, die van het beeldend vormgeven

Kinderen verkennen met graagte de grenzen van hun kunnen. Telkens iets proberen wat ze voordien nog niet onder de knie hadden. Bij voorkeur doen ze dat in een stimulerende omgeving. In een kleutergroep kunnen kinderen veel leren van wat anderen al eerder kunnen en demonstreren. Daarom kon Sebastiaan een stuk klei plat maken, er zijn hand in drukken, een plastic wand eromheen bouwen en een rietje erin steken. Het gips heeft hij zelf aangemaakt en in de mal gegoten. Dat je nu ook nog iets op je mouw krijgt, dat was niet gepland.

en die van het reflecteren op beelden, hebben te maken met hoe kinderen waarnemen en hoe ze omgaan met dat wat ze waarnemen. In dit hoofdstuk gaat het eerst over de ontwikkeling van het beeldend vermogen (het leren maken van beelden) en vervolgens over de ontwikkeling van het reflecteren op beelden (het leren kijken naar beelden).

2.1.3 Algemene voorwaarden scheppen

Het organiseren van zintuiglijke indrukken begint al op het moment dat kinderen in de gaten krijgen dat er verschil is tussen licht en donker, tussen warm en koud en op het moment dat ze geluiden onderscheiden. Dat is al heel vroeg dus. Maar het kunnen onderscheiden van licht en donker heeft nog weinig met vormgeven te maken.

Het prille begin van vormgeven is als kinderen merken dat iets dat ze vasthouden sporen kan nalaten en dat ze een object door aanraking kunnen verplaatsen (ruimtelijke ordening). Hoe zich dat vermogen tot beeldend vormgeven daarna ontwikkelt en tot hoe ver die ontwikkeling doorgaat, is vervolgens afhankelijk van twee factoren. De eerste factor is die van aard en aanleg. Een slimme doorzetter met een sterk gevoel voor vorm en kleur heeft andere mogelijkheden dan een zeer moeilijk lerende dromer voor wie er buiten muziek niets anders lijkt te bestaan.

De tweede factor is die van de omstandigheden. Daar kun je veel aan doen zodra een kind op school is. Daarvoor was het anders. In de voorschoolse periode zijn de omstandigheden immers niet voor elk kind gelijk. Er zijn vaak grote verschillen tussen hoe ouders met kinderen omgaan en in welke leefwereld de kinderen in die periode verkeren.

Met goed onderwijs probeer je de omstandigheden voor elk kind optimaal te maken.

Doe je dat ontwikkelingsgericht, dan bied je een inspirerende omgeving en stimuleer je kinderen telkens opnieuw met graagte de stap te doen naar een volgende fase in hun ontwikkeling.

2.2 ■ Het beeldend vermogen in fasen

De ontwikkeling van het beeldend vermogen is sinds 1900 door een aantal onderzoeken tamelijk duidelijk geworden. Gebleken is dat de ontwikkeling van het ene kind niet wezenlijk verschilt van die van andere kinderen. Er zijn lijnen waarlangs de ontwikkeling bij alle kinderen, zelfs in verschillende culturen, zich op gelijke wijze voltrekt. Cultuurverschillen zijn soms wel in details zichtbaar. Zo vallen ons bij Koreaanse en Chinese kindertekeningen de ver uit elkaar staande ogen op.

In dit hoofdstuk is de ontwikkeling beschreven zoals die in onze maatschappij min of meer vanzelf verloopt. Sommige onderzoekers hebben de ontwikkeling in fasen verdeeld. Deze koppeling van ontwikkelingsfasen aan leeftijden wordt ook hier gehanteerd. Bij een normale ontwikkeling zal een kind in staat zijn op een bepaalde

Het is moeilijk om uitspraken te doen over het verschil tussen tekeningen van jongens en meisjes zonder het verwijt te krijgen dat je rolbevestigende uitspraken doet, maar van één ding kun je vrij zeker zijn: meisjes houden meer van versieren dan jongens en ze zijn er ook beter in. Kindertekeningen bevestigen deze stelling telkens opnieuw. Het komt vooral tot uiting in de groepen 5 en 6. Op deze tekening heeft Marieke (tien jaar) rechtsboven een envelopje geplakt waarop de naam van de groep staat. De kinderband. (29 × 21 cm)

leeftijd de vaardigheden en eigenschappen te hebben die daarbij beschreven staan. De aangegeven leeftijden kun je beschouwen als richtgetallen, gemiddelden. Interpreteer ze dus niet al te absoluut. Er zijn namelijk factoren die tot gevolg kunnen hebben dat het beeldend vermogen van het ene kind zich sneller, langzamer of anders ontwikkelt dan het beeldend vermogen van een ander kind, bijvoorbeeld:

- Er zal verschil zijn tussen een kind van wie de vader beeldend kunstenaar is en de moeder kleuterleidster, en een kind van wie de vader stuurman is op de wilde vaart en de moeder in de politiek zit en ook al vaak van huis is.
- De ontwikkeling van de mensfiguur in de vormgeving is bij kinderen in orthodox-islamitische culturen, waarin het afbeelden van mensen taboe is, soms anders dan bij kinderen in een westerse (christelijke) maatschappij.
- Bij een aantal indianenstammen tekenen meisjes bij voorkeur gereedschap en landbouwwerktuigen en de jongens bloemen. Maar daar werken de meisjes op het land en niet de jongens.

Er zijn meer oorzaken die het moeilijk maken uitspraken te doen over de ontwikkeling van het beeldend vermogen. Het blijkt bijvoorbeeld dat kinderen wel eens terugvallen in een vorig stadium of dat de ontwikkeling sprongsgewijs plaatsvindt waarbij het soms lijkt of bepaalde stukken worden overgeslagen. Het is niet altijd zo dat een kind al vormgevend blijk geeft alle stadia te doorlopen van de ontwikkeling van het beeldend vermogen. Toch mogen we zeggen dat kinderen in het algemeen vormgeven zoals dat bij hun leeftijd past.

In de fase waarin het kind de fijne motoriek ontwikkelt, is er ook een ontwikkeling in ordeningsprincipes: een ontwikkeling in het organiseren van beelden op het platte vlak en in de ruimte. Beide ontwikkelingen samen hebben invloed op hoe een kind vormgeeft.

Wanneer het kind een jaar of tien is, zijn voor hem de inhouden van een werkstuk minder belangrijk dan de vormen. Hij gaat dan meer letten op hoe hij tekent dan op wat hij tekent; bij ruimtelijk werk is het technisch aspect het belangrijkst. In de puberteit verandert dat vaak weer ten gunste van de inhoud.

De ontwikkeling in grote lijnen is in bijgaand schema weergegeven.

Het schema is in eerste instantie gebaseerd op onderzoek naar de ontwikkeling van het beeldend vermogen in het platte vlak. Later is daar aan toegevoegd hoe kinderen met ruimtelijk beeldend materiaal omgaan. Er blijken nogal wat overeenkomsten te zijn.

Periode	Leeftijd	Vlak en ruimtelijk
Periode van krabbelen en materiaalhantering	Vanaf het laatste kwart van het tweede tot het eind van het vierde levensjaar: 1,8-4,0	- Krabbelen en hanteren - Overgang naar de gecodeerde werkelijkheid
Periode van de gecodeerde werkelijkheid	Van het begin van het vijfde tot het begin van het tiende levensjaar: 4,0-9,4	- Creatief coderen - Schematekenen en vormen
Periode van de zichtbare werkelijkheid	9-15 jaar	- Harmonie - Chaos - Ordening
Volkomen zelfstandigheid	Na de puberteit	

2.3 Krabbelen en hanteren (1,8-4,0 jaar)

De eerste grafische verrichtingen van kinderen op het platte vlak noemen we meestal krabbelen. Daar is vaak al iets aan voorafgegaan, namelijk de ontdekking dat je met materiaal iets kunt doen wat sporen nalaat (met een lepel voedsel op de tafel smeren en andere, minder frisse dingen). Twee fundamentele ontdekkingen overigens: het kind ontdekt dat die sporen door hem zelf gemaakt zijn en dat ze blijvend zijn.

Het krabbelen begint tegen het eind van het tweede levensjaar en gaat voort totdat het kind ongeveer vier jaar is. Wat na het krabbelen komt, noemen we tekenen. Niet omdat het een volgende fase is, maar omdat het kind zich daar bewust is van een beeld maken.

Het plezier dat een kind heeft in het ritmisch bewegen en in het onderzoeken van onbekend materiaal leidt tot de eerste grafische sporen op een vlak. De krabbels geven een geleidelijke overgang te zien van grof- naar fijnmotorisch werken. Achtereenvolgens onderscheiden we:

- Krassen, ontstaan door het slaan met potlood, viltstift of iets dergelijks op papier of op iets anders. De sporen ontstaan min of meer bij toeval. De aandacht is niet gericht op de actie (het maken van lijnen of iets dergelijks). Soms begeleidt het kind zijn bewegingen met geluiden als la la la.
- De grote enigszins gebogen horizontale zigzaglijn. De tekenbeweging ontstaat vanuit het middel terwijl het kind zit. Hieruit ontstaan soms lange, enigszins rechte lijnen vanuit schouder (meer horizontaal) en elleboog (meer verticaal).
- Doorlopende cirkelvormige lijnen (spiraal, kluwen). Schouder- en ellebooggewricht zijn dan middelpunt van een grote cirkelbeweging.
- Kleinere tekentjes, doelbewust neergezet. De beweging gaat hoofdzakelijk uit van de vingers en de pols.

Deze vormen komen doorgaans na elkaar voor. Maar het is mogelijk dat een kind terugvalt op eerdere vormen van krabbelen, als het boos is bijvoorbeeld of als het nieuw materiaal krijgt aangeboden.

Een zich ontwikkelende beheersing van de motoriek en het plezier dat daaraan beleefd kan worden, zijn factoren die het kind ertoe brengen gesloten vormen te maken. De pogingen om het einde van een lijn met het

Gesloten figuurtjes. Maria is twee jaar en zes maanden (2,6) als ze ontdekt dat er een (visuele) controle mogelijk is op de tekens die ze neerzet en haar motoriek is zodanig verfijnd dat er van beheersing gesproken kan worden. Het onderbreken van een lijn, het opnieuw beginnen en vooral het eindigen bij het oorspronkelijke begin van een lijn blijkt telkens buitengewoon spannend. Bij grof-motorische krabbels werden de lijnen nog tamelijk willekeurig over het vlak gestrooid. Bij het tekenen van gesloten vormen en lijntjes (fijne motoriek) komt er ruimte tussen de getekende onderdelen. Geen van deze tekens werd benoemd, ofschoon aan soortgelijke tekens later wel een naam werd gegeven. (32 × 24 cm)

begin te laten samenvallen, is niet alleen een vaardigheidstraining maar heeft ook te maken met een onbewuste poging zich van een beschermende afgesloten omgeving te voorzien. Werkend met klei legt een kind nu de rolletjes soms als cirkels neer. Behalve deze gesloten vormen kent dit (laatste) stadium in het krabbelen ook korte lijntjes.

Kinderen krijgen doorgaans niet de gelegenheid zich in de krabbelperiode bezig te houden met ruimtelijk materiaal als klei of plasticine. Wie daarover iets te weten wil komen en kinderen van deze leeftijd daarom klei geeft, merkt dat er verrassende overeenkomsten zijn met krabbelen.

2.3.1 ■ Materiaalbehandeling

Aanvankelijk behandelt een kind elk materiaal op gelijke wijze. Met een boekje gaat het niet anders om als met een knuffel of een blokje. Zo te zien, zit er geen opzet achter, het doet maar wat, lukraak. Dat verandert als het kind ongeveer twee jaar is. Het stadium van *materiaalspecifieke hantering* breekt aan.
Een stuk plasticine wordt vastgepakt, neergelegd, bekeken, aangeraakt, ingedrukt, beklopt, omhoog gegooid, met beide handen vastgepakt, geknepen, gerold, uit elkaar getrokken, in elkaar geduwd en met de vinger duwt het kind er een gat in of maakt lijnen in een platgeslagen stuk.

Papier wordt in elkaar gefrommeld, platgestreken, gevouwen, neergelegd, gevouwen, omhooggegooid en natgemaakt.

Houten ringen worden om een stok gelegd, figuurtjes in een open vorm gestopt.

Blokken worden gestapeld of in een rij gelegd.

Met water kun je eindeloos leuke dingen doen, met gekleurde draadjes ook, met zand, met stenen...

Wat het kind maakt (het product), is voor hemzelf niet belangrijk. Hij gooit zijn gestapelde blokken met veel plezier weer door elkaar om er iets anders mee te gaan doen. (Hij heeft immers ook niets gemaakt.)

De ervaring van visuele controle en beheerste motoriek is ook merkbaar bij andere handelingen (jas dichtknopen, veters strikken). Met de combinatie van gesloten vormen en lijnen komt een wezenlijk nieuw element naar voren. Daarmee staat het kind aan het begin van beeldend vormgeven in de zin van inhoud aan beelden toekennen.

2.3.2 ■ Overgang naar gecodeerde werkelijkheid

Een merkwaardig stadium in de ontwikkeling is bereikt wanneer het kind voor het eerst zijn tekeningetjes en ruimtelijke bouwsels gaat benoemen. Omdat we niet in de hoofdjes van de kinderen kunnen kijken, is het gissen wat zich daar afspeelt als ze tot benoemen overgaan. Waarschijnlijk vindt het eerste benoemen (wat altijd achteraf gebeurt) plaats onder invloed van vragen van anderen (volwassenen, zusjes, speelgenootjes). Kinderen die met klei werken, tonen hetzelfde gedrag: een vorm (die meestal geheel aan het grondvlak gebonden is en dus niet in de ruimte staat) kan een naam krijgen. Soms zijn de aanduidingen tamelijk verwarrend voor de volwassen beschouwer als ze weinig te maken hebben met het beeld dat wij ons van dat onderwerp gevormd hebben. Er is immers vaak een groot verschil tussen de werkelijkheid (papa, beertje, een huis) en de door het kind aangewezen weergave ervan. Het kind is ook niet altijd eenduidig in zijn beweringen. Tijdens het bezig zijn kan een figuur of bouwsel van naam veranderen. Een *hondje* kan *papa* worden of *een ding*. Uiteraard heeft hetzelfde (code)teken dan telkens een andere inhoud. Een niet zo wetenschappelijke uitleg (overigens wel legitiem) is, dat kinderen soms gewoon maar wat zeggen om een volwassene een plezier te doen. *Blijkbaar moet mijn tekening een naam hebben, vooruit dan maar.* Is het kind dan niet geïnteresseerd in wat het tekent, kleit of bouwt? Dat zou je kunnen zeggen zolang het kind nog niet de vooropgezette bedoeling heeft iets bepaalds te tekenen of te vormen met blokken, plasticine of andere ruimtelijke dingen.

Op een gegeven ogenblik blijkt het voor een kind zelf mogelijk overeenkomsten te ontdekken tussen een reeds door hem getekende of gebouwde vorm en een bepaalde eigenschap van een persoon of ding uit de hem omringende wereld. Dit is de laatste stap naar het eigenlijke beeldend vormgeven, naar echt tekenen en naar ruimtelijk vormgeven waarbij de gemaakte beelden ook echt als beelden, als verwijzingen gelden. Het is een enorme stap; het is het begin van het gebruiken van beeldtaal.

2.4 ■ Periode van gecodeerde werkelijkheid (4,0-9,4 jaar)

Het volgende stadium is de periode van de gecodeerde werkelijkheid. In deze periode van zo'n vijf jaar gebeurt een heleboel, zoals we in deze paragraaf aantonen. Je kunt het ook zelf ervaren en daardoor veel leren over kinderen in het algemeen en over bepaalde kinderen in het bijzonder. Door te observeren en je waarnemingen te interpreteren, merk je dat ieder kind uniek is in zijn ontwikkeling, maar dat je toch gebruik kunt maken van de hier geboden overzichten.

Een manier om erachter te komen hoe het met de ontwikkeling van het beeldend vermogen van de leerlingen in jouw groep gesteld is: laat ze allemaal een bepaald onderwerp tekenen. 'Ik fiets' bijvoorbeeld, of 'Ik zit op een olifant'. Deze is van een elfjarig meisje uit Mozambique.

2.4.1 Beeldend vormgeven

Een kind is aan het tekenen en ruimtelijk beeldend vormgeven als het beseft dat beeldtekens staan voor visuele beelden en voor inhouden. Voor de volwassene is de (in kinderogen vanzelfsprekende) analogie tussen de visuele informatie en de vormgeving vaak niet aanwezig; het kind ontwikkelt zijn eigen beeldtaal. Bij het spelen met blokken verandert het stapelen om het stapelen in een stapelen met een doel iets te maken: een huisje bijvoorbeeld, of een hek waarbinnen de dieren worden neergezet. Heeft een kind de gelegenheid gehad met kneedbaar materiaal te werken dan zal het tot nu toe willekeurige vormen hebben gekneed. Vanaf nu bepaalt het kind vooraf wat het gaat maken en gebruikt daarbij een eigen codering met aanvankelijk zeer eenvoudige tekens. Deze eenvoudige tekens (voor bijvoorbeeld een mannetje) zullen steeds rijker worden door toevoeging van details of doordat beweging wordt gesuggereerd. In het platte vlak komen langzamerhand ruimtesuggesties voor en werkend met ruimtelijke materialen merken we dat het aanvankelijk nogal platte, tekenachtige gebruik steeds meer plaatsmaakt voor driedimensionale werkwijzen. Boetserende kinderen leggen hun figuurtjes soms niet neer, maar houden het in de handpalm, wat erop duidt dat ze de ruimtelijkheid ervan ervaren. Een geboetseerde figuur die niet rechtop wil staan, houdt een kind met gemak omhoog door er een dikke prop klei achter te plakken. Wat ook opvalt is dat het kind in zijn ruimtelijke figuren veel minder details aanbrengt dan in de tekeningen. Dat lijkt, gezien de techniek die voor details vereist is, logisch.

Soms gaat deze groei niet verder omdat het kind voor een bepaald onderwerp een blijvende code heeft gevonden, wat zijn oorzaak kan hebben in ongeïnteresseerdheid of doordat het codeteken volledig ontwikkeld (en in kinderlijke ogen volmaakt) is.

2.4.2 Creatief coderen

In de periode van de gecodeerde werkelijkheid speelt zich een proces af van niet-gestuurd, spontaan en slechts zelden beïnvloed verwerven van beeldtaal. Op een gegeven moment kondigt het kind aan dat het iets of iemand gaat maken, het kind benoemt als het ware vooraf. We constateren ook dat het kind op een gegeven moment in staat is bepaalde beelden te herhalen. Er ontstaan zelfbedachte twee- en driedimensionale beelden die overeenkomst vertonen met eerdere beelden. Het kind blijkt ook in staat de beschikbare vormen op een tekenvlak of in de ruimte te organiseren. Het kan figuren op een vlak zo tekenen dat ze voor hem een bepaalde relatie aanduiden en het kan figuren bewust een plaats geven in de ruimte. In beide gevallen geldt dat voor zowel de zelfbedachte en zelfgemaakte vormgevingen als voor vormen die door volwassenen worden aangeboden. Het met cirkeltjes en vierkantjes laten volplakken van voorgedrukte figuren heeft echter niets met het ontwikkelen van beeldend vormgeven te maken. Je kunt er kinderen hooguit mee leren netjes te plakken.

De zichtbare overeenkomst tussen het beeld en wat het ziet, is voor het kind niet zo belangrijk. Daar maakt het zich pas zorgen over als het een jaar of tien, twaalf is. Maar het zou onjuist zijn te beweren dat het zien van het kind geen invloed heeft op het beeld. Kijken is een zintuiglijke activiteit. Door te kijken ontstaat een waarneming, die bijdraagt aan een gewaarwording. Zintuiglijke activiteiten zijn voorwaarden voor denken,

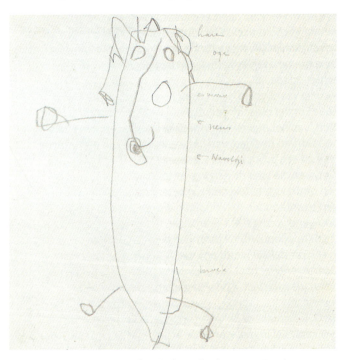

Mama, door Maria getekend toen ze 3,9 oud was. Armen en benen, haren, ogen, neus en mond (naast de neus) zijn eenvoudig te herkennen. Minder voor de hand liggend voor ons is het naveltje (direct onder de neus). Rechtsonder (bij het linkerbeen) is een gebogen streep getekend. Dat is een broekje. Zo liep haar moeder er niet bij, maar voor Maria was een klein badstoffen broekje het enige kledingstuk dat ze in de tropen, waar ze woonde, dagelijks droeg. (17 × 17 cm)

want zonder voelen, ruiken, proeven en zien ontstaan er geen gewaarwordingen, geen prikkels voor de hersenen. Daarom is het leren zien zo belangrijk. Maar hier zitten wij volwassenen met een probleem. Wij weten wel ongeveer wat een kind ziet (dat zien we immers zelf ook), maar wij weten nauwelijks hoe het denkt over wat het ziet. We weten weinig over hoe het kind datgene wat het ziet naar innerlijke beelden omzet, hoe het de werkelijkheid visualiseert.

We nemen aan dat er op deze leeftijd groot verschil is tussen wat een kind innerlijk aan voorstellingen opbouwt en wat het beeldend (vormgevend) realiseert. We spreken van *gecodeerde werkelijkheid*.

Als we naar drie- of vierjarige kinderen luisteren, kunnen we verbaasd staan over wat ze al begrijpen en blijkbaar gezien hebben. In het maken van vormgevingen lijken ze echter allerminst in de pas te lopen met hun geestelijke ontwikkeling. Dat is echter slechts schijn. De ontwikkeling van het beeldend vermogen is als taal weliswaar te vergelijken met die van de andere, de verbale taal, maar volgt zijn eigen weg, en daarbij bedient het kind zich nu van codes, waarbij het codebewustzijn geleidelijk groeit.

Het creatief coderen, het gebruiken van een zelfbedachte beeldtaal, begint na de krabbelperiode, meestal aan het eind van het vierde levensjaar, en gaat door tot ongeveer het negende levensjaar. Het gaat dus op voor kinderen van vijf tot acht jaar. Daarna begint het tweede (en laatste) deel van de periode van de gecodeerde werkelijkheid, het zogenoemde vormgeven in schema's, waarbij we voor tekenen het begrip *schematekenen* gebruiken.

2.4.3 ■ Kinderen maken codetekens

Om het vormgeven in deze periode een beetje te begrijpen moet je onthouden dat het kind niet tekent of boetseert wat het ziet, en ook niet wat het weet en dat het ook niet probeert naturalistisch te tekenen of te boetseren.

- Het kind tekent niet wat het ziet. Het kind ziet heus wel dat vader groter is dan het zusje, ook al tekent het dat niet. Als het zijn moeder zou tegenkomen zoals het die in klei heeft geboetseerd, zou het krijsend van angst wegrennen. De beeldtaal die het kind zelf ontwikkelt is in elk stadium van ontwikkeling voor dat kind bruikbaar. De relatie tussen het uiterlijke van het onderwerp zoals wij dat

Veranderingen in het afbeelden van mensen. Als Maria 3,11 is, heeft ze de gesloten mensfiguur losgelaten en komt er een hoofd (romp?) met daaraan twee armen. Daaronder twee horizontale strepen, met aan de onderste de benen. Het broekje is nog steeds aanwezig (onder de voeten). (7 × 7 cm)

met onze ogen zien en de door het kind gemaakte afbeelding is soms nauwelijks en soms in het geheel niet herkenbaar.
- Het kind tekent of boetseert niet wat het weet. Het kind weet immers heel goed dat moeder geen driehoekig lijf heeft.
- Het kind geeft ook geen versimpeling van wat het weet en evenmin vereenvoudigt het kind wat het van de te maken objecten ziet.
- Het kind probeert niet om naturalistisch te werken. In de eerste maanden (jaren) van het eigenlijke beeldend vormgeven veranderen de afbeeldingen van de voorstellingen weliswaar en zit er zeker een groei in, een ontwikkeling naar meer naturalisme, maar het kind zoekt niet bewust naar een naturalistische vormgeving.

Maar waarom tekent en boetseert het kind dan zo? Het kind werkt op deze manier omdat het een eenvoudige manier nodig heeft om de rijkdom en veelvormigheid aan ideeën, gedachten en voorstellingen beeldend te organiseren. Het kind geeft het onderwerp (object) in zijn werkstuk aan door een met zichzelf (bewust of onbewust) overeengekomen codeteken. Het maakt een afspraak: *Zo teken ik nu een huis,* of: *Dit teken is voor mij een meneertje.* Je kunt dit coderen vergelijken met de codes van woordtaal. Die berusten ook op afspraken.

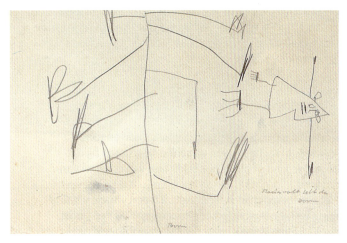

Maria valt uit de boom, vertelde Maria toen ze deze tekening gemaakt had. Ze was toen 4,1. Weer een andere mensfiguur. Actie is hier aangeduid doordat de vallende figuur horizontaal op het papier staat. Let op de lange armen, wijd uitgestrekt, waarmee ze zich niet meer kon vasthouden, evenmin als met haar (blote) voeten. Uit deze coderingen blijkt hoe belangrijk die lichaamsdelen op dat moment waren.

Maar bij woordtaal zijn de afspraken algemeen, bij beeldtaal gaat het, zeker bij kinderen, om afspraken die ze met zichzelf maken. Er ontstaat een persoonlijk codebewustzijn, soms ook symboolbewustzijn genoemd. Je kunt het werk van het ene kind door de gebruikte codes onderscheiden van die van een ander kind, maar er zijn ook overeenkomsten tussen codes van verschillende kinderen.
De codetekens fungeren vervolgens ook als communicatiemiddel, als beeldtaal. Het beeld, de tekening of het ruimtelijke beeld is een verwijzing; een verwijzing in code. Kinderen krijgen al snel in de gaten dat je beelden kunt gebruiken als een communicatiemiddel, dat het gaat om de inhoud van een tekening of vormgeving. Daarom wordt de vormgeving van hetzelfde object in het begin van het creatief coderen ook telkens anders. Het beeldteken (de code) voor een meneertje bijvoorbeeld kan van de ene dag op de andere nogal verschillen. Zelfs in één tekening kan een kind verschillende codes gebruiken voor eenzelfde begrip of eenzelfde code voor verschillende begrippen. Snelle veranderingen in het denken zijn daarvan de oorzaak. Het codeteken ontwikkelt zich. De mededeling wordt duidelijker, de uitdrukking sterker, de precisering groter.
Het kind is tevreden over zijn eigen coderingen, maar plaatst ons soms voor raadsels omdat wij volwassenen niet altijd weten welke afspraken het kind met zichzelf gemaakt heeft. Wij kunnen ernaar gissen en mogen de code proberen te ontraadselen. *Decoderen* zouden we dat kunnen noemen.

Het is niet vreemd dat kinderen rond het zesde, zevende jaar gevoelig worden voor leren lezen. Het symboliseren/coderen van begrippen hebben ze via tekenen zelf al ontdekt. Bij het lezen moeten ze zelf decoderen, uit de code van een groep letters een begrip halen.

2.4.4 ■ Visueel begaafde kinderen

Telkens weer duikt in de literatuur over dit onderwerp het fenomeen van de kortstondige visuele begaafdheid op. Aan de hand van een afgebeelde tekening wordt dan aangetoond dat er soms een fase in de ontwikkeling van het tekenen voorkomt waarin een kind verbluffend natuurgetrouw tekent. Niemand heeft echter met een reeks tekeningen van één kind kunnen aantonen, dat hier geen toeval in het spel was. Ik ben van mening dat deze geconstateerde naturalistische gelijkenissen op toeval berusten. Het kind heeft een krabbel gemaakt en zijn nog weinig gecoördineerde handbewegingen maken het onwaarschijnlijke mogelijk: de vormgeving lijkt net echt. De extreme overeenkomsten in uiterlijke vorm berusten echter op toeval.

Bij het boetseren werken sommige kinderen vanuit de massa waaruit ze vormen kneden terwijl andere een figuur opbouwen door er steeds losse vormen aan toe te voegen. De figuur, de stoel en de pan zijn elk uit een stuk geboetseerd en daarna zijn deze drie delen samengevoegd. De klei is gemengd uit restanten. Meisje, negen jaar.

Visuele vaardigheid is overigens niet bij ieder kind gelijk. Het is een complexe vaardigheid. Het houdt onder meer in: vaardigheid van het visueel waarnemen, van het maken van innerlijke beelden, van het vasthouden van beelden, van het waarnemen van een onderdeel uit een groot geheel van beelden. Kinderen die later de neiging vertonen de hele figuur in één omtreklijn te tekenen en die bij het werken met klei een figuur boetseren door vanuit de klomp klei te kneden en zo te veranderen, zijn beter in staat visuele beelden te onthouden dan kinderen die het zoeken in een bouwend vormgeven waarbij een figuur wordt samengesteld (opgebouwd) uit afzonderlijke vormen. Het tekenen in één omtreklijn en het vormgeven uit één stuk klei wordt ook wel *fysioplastiek* genoemd. Daartegenover heet het tekenen of het ruimtelijk gebruiken van samenstellende delen *ideoplastiek*. Men spreekt (in Duitse termen) ook van *Schauers* en *Bauers*. Bij de fysioplastici vind je, als de uiterlijke gelijkenis belangrijk wordt, de in de ogen van de doorsneeleraar, medeleerling en ouders *knappe tekenaars*. Het is een eenzijdige opvatting wanneer je denkt dat beeldend vormgeven uitsluitend het zoeken naar grondvormen inhoudt, maar het is ook eenzijdig te denken dat het uitsluitend zou gaan om het leren kijken naar contouren.

2.4.5 In ontwikkeling achtergebleven

Wanneer een kind van zes jaar nog in de krabbelperiode verkeert, zal dat niet het enige zijn wat opvalt. Het zal ook op andere gebieden achterstand hebben. Het beeldend vormgeven is immers slechts één van de uitingen waardoor we iets van kinderen te weten kunnen komen.

De ontwikkeling in de krabbelperiode is er een die vooral met de motoriek te maken heeft. Kinderen die niet de gelegenheid hebben gekregen voor het begin van het vierde of vijfde levensjaar beeldend bezig te zijn, hebben vaak een achterstand in de ontwikkeling van het beelden. Het is opvallend, dat zo'n achterstand in betrekkelijk korte tijd is weggewerkt wanneer het kind eenmaal in de gelegenheid is zich beeldend te uiten. Geestelijk is het immers wel verder dan zijn beeldende uitingen op dat moment doen vermoeden en ook motorisch is het al verder ontwikkeld. Omdat jongens in motoriek iets later rijpen dan meisjes, zitten in kleutergroepen vaak een paar vijfjarige jongetjes die nog krassen. Ook dit is niet alarmerend.

Ieder kind heeft zijn eigen coderingen. Bart (5,1) tekende De berg is jarig en er zijn indianen op visite. Linksboven de zon met stralende mond, neus, ogen en oren maar ook een pleister. Daaronder een sportvliegtuigje (Barts moeder had een sportbrevet). In het midden de maan en rechts een raket. De indianen (alle met ontbloot bovenlijf) kijken tv. (40 × 30 cm)

Adaptief onderwijs eist dat je kinderen van verschillende ontwikkeling samen in een groep ook individueel begeleidt. In de meeste gevallen zul je met goed beeldend onderwijs kunnen volstaan. Als je echter ontwikkelingen ziet waar je geen raad mee weet, is het raadzaam met je collega's te overleggen of de schoolpsycholoog te raadplegen.

2.4.6 Wat maakt een kind? Welke inhouden/onderwerpen?

Welk onderwerp de voorkeur heeft, hangt af van de affectieve betrekking die er bestaat. Over wat een kind niet interesseert, praat het niet en beeldtaal heeft het er ook niet voor nodig. Zijn er algemene aanwijzingen te geven voor wat kinderen interesseert? In elk geval moet je als leraar goed luisteren naar waar kinderen over praten, dat helpt bij het zoeken naar onderwerpen. Vaak heeft iets wat beweegt meer aantrekkingskracht dan iets wat stil is. Dat wil zeggen dat een kind eerder een hond dan een huis zal maken (met drie honden om mee te spelen was het voorspelbaar dat mijn kinderen eerst dieren tekenen).

Het onderwerp dat de voorkeur heeft, ontwikkelt zich ook het snelst, is eerder rijker van vorm dan een onderwerp dat niet zo in de belangstelling staat. Meestal komen eerst de mensfiguren aan bod. Daarna dieren, huizen en voertuigen. Bomen, bloemen en voorwerpen komen later. Zo'n volgorde is overigens

Elvis tekent voornamelijk in doorlopende omtreklijnen (fysioplastisch). Hij is twaalf jaar. Doorzichtigheid komt voor in de bar en ook veel overlapping. De afsnijding van het ijscokarretje suggereert dat de ruimte buiten het beeld doorloopt. Let op het bangko. De Spaanse uitspraak is bekend, maar de schrijfwijze niet. (26 × 17 cm)

slechts na te gaan als kinderen op jonge leeftijd in de huiselijke omgeving tot vormgeven komen. Een schoolse omgeving, hoe vrij ook, werkt beïnvloedend.

We merken ook op dat ieder kind voor eenzelfde motief een ander teken ontwikkelt, ook al zijn deze verschillende coderingen wel te groeperen. Zo zijn er bijvoorbeeld driehoekige mensen, langwerpige mensen en ronde mensen. Maar het blijven verschillen die horen bij dat bepaalde kind of bij die bepaalde fase van coderen van dat kind.

Het kind tekent niet wat het ziet, al is een visuele waarneming wel van invloed op een codeteken. Uit een onderzoek bij Egyptische kinderen kwam bijvoorbeeld naar voren dat die heel vaak een gesloten staande rechthoek als code voor *mens* gebruiken. Daar hebben de lange djellaba's die zowel mannen als vrouwen daar dragen wellicht wat mee te maken.

Het kind geeft een codeteken voor zijn relatie tot de werkelijkheid, maar het is daarin niet vrij. Het kan in deze periode nog geen afstand nemen van zijn werk en zeggen: Zal ik het nu eens heel anders doen? Het kind geeft gevolg aan een innerlijke drang om het zó vorm te geven en niet anders. Zo beschouwd laat het kind zichzelf ook kennen in zijn werk. Het zegt daarin wat over zichzelf. Maar wij zullen nog heel wat van dit geheimschrift moeten ontcijferen, wil het kind hierdoor voor ons een open boek worden. We moeten wel genoegen nemen met deze kind-eigen coderingen. Het is beslist verkeerd het kind deze eigen beeldtaal af te nemen en er een door ons bedachte voor in de plaats te geven.

In de volgende paragrafen geven we een aantal voorbeelden van kind-eigen manieren van vormgeven in deze periode.

2.4.7 Typische codering van de werkelijkheid: ideografische kenmerken

Kenmerkend voor de beeldende producten van jonge kinderen is dat ze geheel afwijken van de volwassen manier van beeldend vormgeven. Jonge kinderen zien veel meer het *wat* van de dingen dan het *hoe*. Dat een

tafel een ding is om iets op te zetten is belangrijk; dat het bovenblad een rechthoek is en dat er poten onder zitten misschien ook. Maar hoe groot precies en van welk materiaal en in welke kleur en welke stand de poten hebben, is bepalend voor het hoe van die tafel. Dat interesseert een kind pas later als onder invloed van ons cultuurpatroon het fotografisch zien in het waarnemen gaat overheersen en het kind afstand neemt van de dingen. Uiteraard zijn deze afwijkende manieren van vormgeven geen fouten die afgeleerd moeten worden. Om eerlijk te zijn, ze maken vaak juist de charme uit van het werk. Ze worden *ideografische kenmerken* genoemd omdat ze grafisch een idee (opvatting) weergeven dat opvallend (kenmerkend) is. De meeste ideografische kenmerken komen slechts tijdelijk voor en maken plaats voor andere coderingen wanneer het kind ouder wordt. Enkele van de hier beschreven coderingen komen ook in de periode van de zichtbare werkelijkheid nog voor. Een aantal van de bij kinderen voorkomende manieren van weergeven treffen we ook aan bij oude en zogenoemde primitieve culturen. Enkele zijn ook aanwijsbaar in de schilder- en beeldhouwkunst van naïeven en outsiders.
Bij bestudering van kindertekeningen blijkt dat verschillende manieren van weergeven vaak door elkaar in één tekening gebruikt worden of dat een manier niet overal consequent toegepast wordt. Het is boeiend om te zien hoe kinderen in het platte vlak de ruimte veroveren, hoe ze de derde dimensie uitbeelden in het tweedimensionale, platte vlak. Ruimte weergeven in het platte vlak is een probleem dat niet speelt bij het maken van ruimtelijke werkstukken. Vandaar dat veel van de hierna beschreven kenmerken alleen voor tweedimensionaal beeldend werk gelden. Hoe ruimte en onderlinge verhoudingen weer te geven, is natuurlijk wel een probleem bij ruimtelijke beelden. Deze vragen raken daar echter vaak in het gedrang omdat er een groter probleem speelt: *'Hoe blijft dit aan elkaar zitten?'*

Verschillende werkwijzen zijn zozeer aan elkaar verwant, dat ze nauwelijks apart vermeld behoeven te worden. Als dit hier toch gebeurt, is dat vanwege de volledigheid. Hoewel in onderstaande bespreking hier en daar een zekere chronologische volgorde voorkomt, mag je niet aannemen dat de beschreven werkwijzen in deze volgorde bij ieder kind voorkomen. Soms komt een werkwijze in het geheel niet voor.

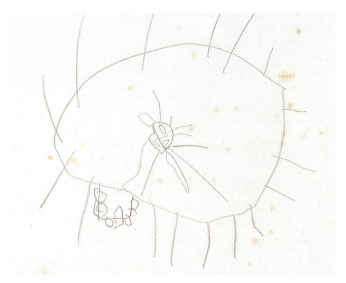

Maria (4,1) tekende haar broertje Bart in de box. Een duidelijke codering van Bart binnenin de box, de spijltjes rondom, het koord met de rammelaars. Maria maakte deze tekening op dezelfde dag dat ze zichzelf tekende dat ze uit de boom viel (blz. 36). Vergelijk de twee menscoderingen. (16 × 14 cm)

De kopvoeter

Een veel gehoorde veronderstelling is dat kinderen een kopvoeter (een rondje met strepen naar beneden) tekenen als eerste mensbeeld. Dat van die ronde vorm is soms waar, maar lang niet altijd. Wat er aan de hand is, is dit: het kind maakt een teken voor wat hij het belangrijkste vindt van de menselijke verschijning. Dat is het (sprekende) hoofd. Maar het beeldt dat hoofd niet uit als hoofd boven een romp, maar als aanduiding van mens en daarom kan dat hoofd even goed langwerpig zijn. Wat ook voorkomt is dat het kind de ruimte tussen de benen als bij het lichaam horend beschouwt. Daar kan dan plotseling een naveltje verschijnen.
Het is beslist niet waar dat een kopvoeter bij alle kinderen de eerste code voor mens is. Niet zelden wordt de mens gecodeerd als verticaal met breedte waaronder voeten en ergens bovenaan ogen en mond. Verbaas je nergens over maar geniet van de creatieve oplossingen die kinderen bedenken.

Wanordelijke plaatsing

In de eerste tekeningen staan de beelden verspreid over het blad. Het blad wordt tijdens het tekenen gedraaid. Als het blad niet wordt gedraaid, worden de figuren met het grootste gemak ook ondersteboven getekend. Deze wijze van tekenen is een soort analyse van een complexe gedachte. De objecten komen

Wanordelijke plaatsing. De eerste tekening van een kind dat met zes jaar voor het eerst naar school ging. In één opzicht komt deze tekening overeen met die van Astrid (blz. 46). Kun je het vinden? (16 × 13 cm)

achtereenvolgens bij het kind op en worden geregistreerd. Er blijkt geen enkele relatie tussen de objecten. Ook als het kind zichzelf tekent, is er nog geen relatie tussen hem en de dingen. Bij het kind is er nog geen besef van: *ik ben een deel van mijn omgeving*, of: *de dingen horen bij elkaar*. Hierop voortbordurend zou men misschien mogen stellen dat het leren lezen en schrijven, voor zover het berust op het visueel bijeenbrengen van letters en woorden, voor deze kinderen nog niet mogelijk is.

Eerste ordening

De volgende fase is dat een zekere orde in de plaatsing te ontdekken valt, waarbij de opmerkingen uit de vorige paragraaf ten dele nog gelden. Je kunt constateren dat het papier niet meer gedraaid wordt en dat alle objecten van één kant bekeken kunnen worden. Voor elk motief is de code boven/onder verwerkt. Hieruit kun je opmaken dat het kind een begin heeft gemaakt met het veroveren van de ruimte. Een paar relaties ziet het al.

Grondlijn

Doorgaans volgt op de periode waarin getekend wordt volgens de eigenschap van eerste ordening, de fase dat het kind een grondlijn gaat hanteren. Zodra het kind zich bewust is geworden: *ik ben op de grond, de auto is op de grond, de boom is...*, zal het dit ook uiten. Het ziet zichzelf nu ook meer als deel van een geordende samenleving. Het ziet dat sommige zaken met elkaar te maken hebben. In de sensomotorische ontwikkeling is het begrip boven/onder (al veel eerder) ook het eerst gekomen. Waarschijnlijk zullen leren lezen en leren schrijven nu ook beter gaan.

Aanvankelijk wordt de onderkant van het papier gebruikt als grondlijn; aan de bovenkant van het papier verschijnt dan meestal een smalle rand lucht. Daartussen is de open ruimte om te tekenen. Vervolgens ontstaat een zelfgetekende grondlijn: aanvankelijk onderaan op het papier, langzamerhand hoger, en dan betekent het soms: *verder weg*. Ook kan de grondlijn het aanzien van een landschap tonen, bij een berglandschap bijvoorbeeld. Mensen en bomen staan dan loodrecht op de schuine helling (*haaks contrast, omklapping*). Een schoorsteen staat loodrecht op het schuine dak. Meer grondlijnen evenwijdig aan elkaar, alle van links naar rechts over het hele blad lopend, komen voor als het kind op de onderste lijn niet alles kan tekenen wat het te vertellen heeft, of als het aan wil geven dat wat boven staat verder weg is. Het kan gebeuren dat tussen deze twee grondlijnen weer een lucht geprojecteerd wordt. Niet altijd is de grondlijn over de hele breedte van het papier getrokken. Soms zijn alleen de afzonderlijke objecten voorzien van een stukje grondlijn: het huis, de bomen met grasjes, enzovoort.

De zevenjarige Jossy had meerdere grondlijnen nodig; het water onder de boot kun je ook als zodanig beschouwen. (19 × 16 cm)

Deze tekening is vermoedelijk afkomstig uit groep 3. Op school wordt waarschijnlijk gewerkt met naamkaartjes (deur, lamp, bot, Fik) en ook zijn stripverhalen bekend (spreekballon). De schrijftaal levert hier en daar nog een probleem, maar kijk eens hoe rijk de beeldtaal is. (26 × 16 cm)

Kubistisch tekenen

Kinderen gebruiken beeldtaal om iets duidelijk te maken. Soms is wat ze duidelijk willen maken heel complex en dan zoeken ze naar eenvoudige oplossingen. De weergave van driedimensionale dingen op een plat vlak, is een van die problemen. Van de verschillende benamingen die men hiervoor gebruikt, koos ik de term *kubistisch tekenen*.

Het kubistisch tekenen is eigenlijk hetzelfde als het tekenen van een combinatie van de meest kenmerkende vormen. Als iemand je vraagt een neus of een auto te tekenen, zul je beide waarschijnlijk van opzij gezien uitbeelden, omdat dit de meest kenmerkende vorm is. Ook kinderen tekenen de meest kenmerkende vorm en wel zo, dat de typerende vormen van elk object voorkomen in één tekening. Ook al zou dat visueel onmogelijk waarneembaar zijn. Het komt voor dat het kind een mens als volgt tekent: het hoofd en profil, mond en ogen van voren, schouderpartij van voren, voeten van opzij enzovoort. We noemen dit *kubistisch tekenen* naar de wijze waarop onder anderen Picasso een tijdlang tekende. Hierbij wordt een combinatie van kenmerkende aanzichten gebruikt. Een voorwerp kan getekend worden alsof de tekenaar het van verschillende kanten bekeken heeft (van boven, van opzij, van voren) en al die aanzichten van het object wil weergeven. Zijn standpunt ten opzichte van het object is telkens gewijzigd en hij heeft genoteerd wat van belang is. Een kopje moet kunnen staan, dus recht van onder; er moet iets in, dus twee verticale streepjes; en van boven is het kopje rond, dus dan ook maar een rondje erbij. Laat kinderen in deze fase kennismaken met het werk van kunstenaars als Picasso en Lipchitz. Ze waarderen dit werk en het kan zijn dat ze er in een latere periode (die van de zichtbare werkelijkheid) aan terugdenken en zich realiseren: 'Het hoeft niet net echt'.

Plattegrond

De mogelijkheden om het ruimtelijke in het platte vlak weer te geven, zijn blijkbaar legio. Een ervan is het tekenen van een stuk landschap loodrecht van boven

De tienjarige André verliest bijna uit het oog dat hij het over Tijl Uilenspiegel wil hebben, zoveel heeft hij ons over het landschap te vertellen en alles moest in de meest kenmerkende vorm getekend worden. Het ruimteprobleem heeft hij overigens uitstekend opgelost. Er is sprake van overlapping, afsnijding en omklapping. Tussen de huizen door zien we het landschap als plattegrond. (23 × 31 cm)

Omklapping

Omklapping, ook wel *rabattement* genoemd, constateert men vooral bij acht- à negenjarige kinderen. Als deze kinderen een tekening maken waarin een plattegrond is verwerkt, gebruiken ze vaak de zijkanten van de wegen als grondlijn. Ook bij het tekenen van kringspelletjes en dergelijke is dit verschijnsel veelvuldig waar te nemen. Kringspelletjes blijken op verschillende manieren omgeklapt te worden. De tekenaar kan in gedachten midden in de kring staan. Dan liggen alle kinderen als het ware plat achterover. Hij kan ook rondom de kring lopen. Dan liggen ze allemaal met het hoofd naar elkaar toe. Meer van een afstand bekeken wordt een deel van de kinderen van voor en een deel van achter bekeken.

Doorzichtigheid

Een kind heeft een huis getekend. De mensen erin zijn zichtbaar alsof de muren doorzichtig zijn, want: er zijn toch mensen in dat huis. Doorzichtige auto's, vliegtuigen, fruitschalen, ruiters met twee benen aan een zijde van het paard: allemaal voorbeelden van wat we doorzichtigheid noemen. Doorgaans komt dit verschijnsel niet meer voor als kinderen negen jaar zijn.

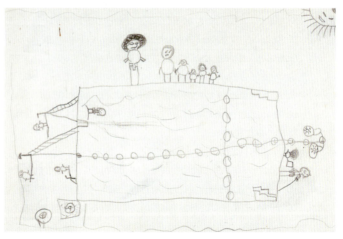

gezien. Als vervolgens de figuren, mensen, huizen en bomen in dat landschap ook in hun meest kenmerkende vorm getekend zijn (dus van opzij of van voren), ben je misschien geneigd aan kubistisch tekenen te denken. Je zou echter ook van *omklapping* kunnen spreken of van een late doorwerking van het principe van het *haakse contrast*. Het tekenen van de plattegrond is overigens een logische stap na het tekenen van een of meer grondlijnen. Een steeds groter gebied van de tekening wordt dan immers grond.

Wij doen pogingen het tekenen van kinderen te verklaren en geven termen en uitleg om dingen voor onszelf duidelijk te krijgen. Hoe zou het voor een kind zijn? Aha, plattegrond en omklapping, denken wij misschien bij het kijken naar deze tekening. Maar wat zou de zevenjarige Esther gedacht hebben? Misschien dit: Hier is het zwembad, het is recht, met hoeken. Ik weet het want ik loop er vaak omheen en ik zwem er ook in. De springplanken staan ook aan de rand en er zijn ook douches. Je kunt met trapjes het water in. Er liggen lijnen in aan kurken. Benny leert ons zwemmen, hij heeft een grote bos haar. We zijn met allemaal kinderen om te leren, grote en kleine. Een klein jongetje moet nog leren met een plankje. De zon schijnt. (25 × 16 cm)

Afzonderlijke plaatsing en stapeling. Een tekening uit 1941 (klas 3, groep 5). Het sprookje van Klein Duimpje verbeeld. Let op de manier waarop de bomen ruimtelijk zijn gemaakt. (31 × 18 cm)

Haaks contrast

In vroege coderingen speelt het principe van het haakse contrast. Richtingen tussen lijnen worden zo duidelijk mogelijk onderscheiden. Armen steken haaks uit het lijf en takken staan loodrecht op de stam van de boom, schoorstenen staan haaks op het schuine dak.

Afzonderlijke plaatsing

Afzonderlijke plaatsing wordt ook wel *juxtapositie* genoemd (juxta is *naast* in het Latijn). Het kind wil elk voorwerp helemaal tekenen. Het gaat uit van het standpunt dat waar één ding is, niet tegelijkertijd iets anders kan zijn. Bovendien druist het tegen zijn gevoel voor duidelijkheid in om van een mens of voorwerp delen weg te laten omdat die toevallig achter iets anders verborgen zijn. Omdat het coderingen zijn, kun je niet iets weglaten. Het is net als bij woordtaal: een half woord is geen woord. In het voortgezet onderwijs heet het naast elkaar tekenen van objecten *stapeling*.

Totdat kinderen een jaar of negen zijn, tekenen ze doorgaans geen overlappingen, maar als ze eenmaal doorhebben welke mogelijkheden dat biedt...
Drie vrouwen onder het kruis en de menigte in twee groepen. Jan (tien jaar) is nog niet zover dat hij de menigte ook de berg laat overlappen. De mensen blijven netjes binnen de bergcontour. (24 × 18 cm)

Overlapping en afsnijding

De coulisse-achtige overlapping (een boom half achter een andere boom bijvoorbeeld) komt pas na het achtste jaar. Daarvóór is het uitzondering, terwijl het bovendien niet abnormaal is als het kind ook bij het ouder worden nog lang doorgaat met het naast elkaar plaatsen, vanuit de redenering dat waar het één is, het andere niet kan

Exemplarisch voor de auteur van dit boek waren voor de tekenares zijn haren en bril. (40 × 32 cm)

zijn. Kleuters tekenen motieven soms door elkaar heen. Dat zou je een voorloper van de overlapping kunnen noemen, maar alleen via een gesprekje kom je erachter of dit per ongeluk of expres gebeurd is.

Van *afsnijding* spreken we als een figuur (mens, boom) buiten het kader van de tekening (niet zichtbaar) doorloopt. Een enkele keer zie je zoiets bij vijf-, zesjarigen, maar meestal komt dit pas voor bij oudere kinderen.

Exemplariteit

Aanvankelijk heeft een kind voor een bepaalde figuur slechts één codeteken. Maar ooit komt het dan in de problemen, want vader en moeder tekenen kan niet met dezelfde code. Dan gebruikt het kind iets wat *exemplarisch* is voor een bepaalde figuur. Het codeteken voor mens wordt voorzien persoonlijke attributen: bijvoorbeeld een pijp (vader) en lange haren (moeder).

Belang en verdringing

De visser heeft een arm nodig om een hengel vast te houden, de andere arm wordt weggelaten, die is onbelangrijk. Soms worden de belangrijke dingen groter weergegeven. Soms ook worden onderdelen expres weggelaten of weggekrast als een vorm van verdringing. Een meisje dat vaak last had van oorpijn, tekende mensfiguren altijd zonder oren. Een jongetje dat een infectieziekte aan zijn handen had, tekende handen juist enorm groot. Een meisje dat duidelijk wilde maken dat je in school niet mag praten, kraste in een tekening van zichzelf de mond weg. De boodschap was duidelijk.

Schrijfhelling

Soms lopen alle lijnen in een tekening enigszins schuin van links onder naar rechts boven. Het is een natuurlijke beweging van de rechtshandigen. Trek zelf maar eens een willekeurige lijn. Meestal loopt deze lijn schuin (als je linkshandig bent is het net andersom). Op deze natuurlijke beweging is het *schuinschrijven* gebaseerd (vandaar de naam schrijfhelling).

Kleuren in de codering

Het kind gebruikt kleuren eerst omwille van het grafische effect en om het onderscheidende effect. Dat betekent dat een kind graag felle kleuren heeft, omdat het daardoor goed zichtbaar lijnen kan tekenen en omdat bij het schilderen het ene kleurvlak goed moet afsteken tegen het andere. En dat is wat anders dan het gebruik van felle kleuren omdat het kind zo'n primair reagerend, vrolijk wezentje is, zoals wel beweerd wordt. Kinderen experimenteren ook graag en ze beleven er daarom een groot plezier aan als ze kleuren mogen mengen.

Voor de kleuren geldt later in de ontwikkeling hetzelfde als voor de grafische tekens. Ook hiermee codeert het kind de werkelijkheid en elk object kan dus willekeurige (voor ons althans) kleuren hebben. *Objectkleuren*, ook

Ilse (zes jaar) begon haar eerste zon allerlei kleuren te geven. Toen bedacht ze zich en maakte de rest rood. De andere twee zonnen werden geel. De lucht was al blauw. Objectkleuren dus. (30 × 20 cm)

wel *dingkleuren* genoemd, komen voor als vervolg op de *willekeurige kleuren*. Ze worden als code gebruikt als een kleur belangrijk is voor dat object, als een kleur bij dat object hoort. Als vader een rode auto heeft, wordt de auto van vader rood. Objectgebonden kleuren krijgen bij een verdere ontwikkeling de bijbehorende nuances. Wanneer objectgebondenheid zich niet ontwikkelt maar hetzelfde blijft, hebben we te maken met schemakleur. Het dak, dat eerst rood en paars en groen kon zijn, is rood of blauw geweest en blijft dan het onveranderlijke, stereotiepe schematische rood.

Kleuren kunnen evenals vormen een aanwijzing zijn voor (onbewuste) gedachten en gevoelens. Dat is echter een terrein waarop je je beter (uit voorzichtigheid) niet kunt begeven zolang je geen specialist bent op dat gebied.

2.4.8 ■ Schema

De codetekens veranderen vooral in het begin van de periode. Dan is de ontwikkeling het grootst. Als de kinderen een jaar of zes zijn, hebben ze de eigen coderingen zo ver ontwikkeld dat die niet meer opvallend veranderen. Wat er is, wordt gedetailleerder en er komen ook nieuwe tekens bij.

De ontwikkeling van het beeldend vermogen is een proces waarbij de geleidelijke voortgang gekenmerkt wordt door karakteristieke vormen van kinderlijke uitingen. In de verschillende leeftijdsfasen treden telkens andere uitdrukkingsvormen op de voorgrond. Maar ook al typeren deze op de voorgrond tredende vormen de periode, zij zijn slechts een deel van het totale proces. Op de achtergrond gebeurt meer. Zo is ook het gebruik van schema's slechts een deel van de totale ontwikkeling.

Het begrip *schema* houdt in: een bewuste vereenvoudiging of samenvoeging. Ik versta onder een schema bij het vormgeven van kinderen een niet meer veranderende (verstarde), stereotiepe herhaling van hetzelfde teken voor een bepaald object (ding, persoon, dier enzovoort). Men hoort de opmerking: *Hij maakt ... altijd hetzelfde*. De herhaling kan op één papier voorkomen, maar kan ook in een groot aantal tekeningen te vinden zijn of zich langdurig manifesteren in ruimtelijke werkstukken. Leraren stimuleren dat soms (hopelijk onbewust) als ze met de kinderen praten over *'de mannetjes'* die ze gemaakt hebben. Als kleuren en zelfs composities altijd hetzelfde blijken, zou je ook daar van schema's kunnen spreken.

Een bloemenschema beheerst deze tekening van de zevenjarige Angela. Nadat ze het huis (doorzichtigheid en nog geen objectkleur) met de boom (objectkleur) en nog een aantal figuren getekend had, heeft ze zich uitgeleefd in een decoratieve vulling van de achtergrond. (24 × 20 cm)

Automatische herhaling

Wanneer een schema steeds slordiger en simpeler wordt, spreken we van *automatische herhaling*. De tekenaar is dan in het geheel niet meer betrokken bij zijn werk. Er is geen sprake meer van een zich toe-eigenen van de werkelijkheid door waarnemen, coderen en vormgeven. Er is slechts een ongeïnteresseerd machinaal en moeiteloos neerzetten van tekens. In literatuur over kindertekenen wordt dit soms het *verstarde schema* genoemd. In dat geval gaat men ervan uit dat alle tekenen van kinderen schematiseren is. Dat is een opvatting die het kinderlijke coderen onrecht doet.

Oorzaken van het werken in schema's

Omdat het werken in schema's helemaal niet te rijmen is met het zich snel ontwikkelende denken en de emotionele beleving tijdens het aanvankelijk beeldend werken, zullen we schema's in die tijd nauwelijks aantreffen. Of beter: het aanvankelijk tekenen is voorbij als het tekenen in schema's begint. Er zijn voor het gebruik van schema's verschillende oorzaken, die soms gezamenlijk voorkomen. Hier volgt er een aantal.

■ De normale groei van het beeldend vermogen laat zien dat op een gegeven ogenblik een begrip (bijvoorbeeld mens) door een constant teken weergegeven wordt. Het kind probeert tot beheersing van de vorm te komen. Dit wordt positief beïnvloed

Op een gegeven ogenblik heeft een kind voor een bepaald object een vaste manier van tekenen. Dan is het in de fase gekomen dat de code een onveranderlijk teken, een schema is geworden (een dergelijk schema wordt elders, minder juist, wel eens verstard schema genoemd). Als de codes tot schema geworden zijn, is de periode van de gecodeerde werkelijkheid beëindigd en komt het kind in de volgende periode, die wij de periode van de zichtbare werkelijkheid noemen. Astrid tekende dit toen ze zes was. De kruisen zijn in haar Twentse woonplaats normaal op oudere huizen. (28 × 21 cm)

door het sterker wordende gevoel voor ritme dat om herhaling van vormen vraagt. Een negatieve invloed kan zijn dat kinderen op deze leeftijd vaak ongewoon hevig betrokken raken bij taal- en rekenkundige problemen: het léren schrijven, het léren klokkijken, het léren lezen enzovoort. De intellectuele groei wordt dan eenzijdig geforceerd ten nadele van het beeldend vermogen. Daardoor groeit het beeldend vermogen minder en vlucht het kind naar de zekerheid van beelden die het gemakkelijk beheerst.
- Het verlangen zich een moeizaam ontstaan begripsbeeld door herhaling eigen te maken, kan mede aanleiding zijn tot het repeteren van beeldtekens.
- Een kind kan zozeer betrokken zijn bij een bepaald probleem, dat het al zijn aandacht daarop richt, bewust of onbewust. In zijn beelden drukt het dit ook uit, en als de oplossing zich niet aandient, kan hierdoor het aantal beeldende producten dat telkens hetzelfde voorstelt, groot worden.
- Als het kind bij het zoeken naar andere vormen of kleuren, aangepast aan zijn snel wisselende denken, stuit op de hem door volwassenen geboden vorm- en kleurschema's, zal het deze schema's overnemen. Ze zijn vaak door volwassenen bedacht, inhoudsloos, niet-passend bij het kind, en meestal geheel van de zichtbare buitenwereld afgeleid. We kennen bij de

zesjarigen de vogels, de wolken, de paddenstoelen en de kersen uit het rekenonderwijs, en bij de elfjarigen de stripboekfiguren. Schematische dingkleuren komen voor als groene bomen, rode daken, enzovoort.
- Er kan specialisatie ontstaan als het kind op een leeftijd van elf à twaalf jaar niet kan voldoen aan de opgave die het zichzelf stelt: *Ik wil alles net echt uitbeelden* (naturalistisch). Wanneer het kind dan één bepaalde vorm onder de knie heeft (bijvoorbeeld vliegtuigen, auto's, tractoren bij jongens of star voor zich uitkijkende modieuze dames bij meisjes), blijft het deze herhalen. Vaak bereikt het hierin een hoge graad van (naturalistische) perfectie en we spreken van een *rijk schema*, maar het blijft een schema.
- De natuurlijke luiheid van de mens, zijn behoudzucht, angst voor het onbekende, voor het nieuwe, en de autoriteit van de volwassene kunnen aanleiding zijn tot het volharden in een schema.
- Misschien spreekt de *functioneerlust* ook een woordje mee of vindt het kind het een leuk kunstje (ook een bewustwording).
- Het gegeven dat taal en schrijven genoeg communicatiemogelijkheden bieden, maakt rijkere coderingen minder belangrijk. Het kind zal er niet naar op zoek gaan als jij het zoeken niet stimuleert.
- Kinderen worden soms zelfs gestimuleerd tot het gebruik van schema's, wanneer methoden gebruikt worden die het kind leren zich proportioneel, anatomisch, perspectivisch of anderszins 'correct' beeldend te uiten. Daarmee leert het kind immers schema's van volwassenen.

Laten gaan of aanpakken?

Kinderen hebben schema's nodig. Tenminste voor een bepaalde tijd. Zij vinden daarin bepaalde zekerheden die een ruggensteun zijn bij de voortgaande ontwikkeling. Ongewenst is het gebruik van schema's pas als het kind in zijn schema verstart, als het er niet meer van loskomt. Dan verdwijnt de gerichtheid op de omgeving. Er is geen sprake meer van beleven en kritisch waarnemen. De ontwikkeling stopt en meestal zie je het schema als *automatische herhaling* functioneren. Wanneer het gebruik van schema's het gevolg is van de normale ontwikkeling, zal het kind niet al te veel moeite hebben uit zichzelf de draad van de ontwikkeling weer op te nemen en het maken van schema's los te

Toen Hester elf jaar was heeft ze zich voorzien van een voorbeeld en is aan het natekenen gegaan. Geen oom of tante die haar niet zal prijzen. En ook klasgenootjes zijn vol bewondering. Dat het nagetekend is, accepteren ze zonder meer want zelfs natekenen is moeilijk.
Met kleine variaties hanteert Hester dit voorbeeld in bijna al haar tekeningen. Het gezicht en de lange golvende haren komen als schema telkens weer terug. (22 × 23 cm)

laten. Vooral creatieve kinderen zullen heel gauw weer met wat anders bezig zijn dan met schema's. Moeilijker is het als het gebruik van schema's voorkomt in andere perioden dan op de leeftijd van acht à negen jaar. Dan is dit niet het gevolg van een natuurlijke groei en zal het kind er ook minder gemakkelijk normaal van loskomen.

Liquidatie van een schema

Waar blijkt dat een kind verstard is in een schema, is het mogelijk dit schema te *liquideren,* ermee af te rekenen. Men kan de afzonderlijke schema's te lijf gaan door voor elk ervan een sterkere beleving te scheppen. De mannetjes kunnen iets gaan doen wat met de schemahouding niet weer te geven is. Een aardig onderwerp (voor jongere kinderen) is bijvoorbeeld dat de juf iets laat vallen en dat de tekenaar het op mag rapen. *'Teken of boetseer, dat je de muts van de juf opraapt.'* Een ander voorbeeld (voor oudere kinderen) is

Ronald (tien jaar) moest een huis in brand steken om zijn huisschema te doorbreken. Vergeefse moeite. Hij ontwikkelde er nog een schema bij: dat van de vlammen. Maar de hevigheid van de brand is er niet minder om. (26 × 16 cm)

dat van het statig drijvende schip, dat eens brandend ten onder zal moeten gaan om het kind van zijn schipschema te verlossen. Een bepaalde functie van de mond kan het mondschema doorbreken. Vogels die elkaar in de staart pikken, kunnen in de plaats komen van de V-vormige stereotypen. Er zijn mogelijkheden genoeg. Wanneer je in een groep laat werken in 'hoeken' of met 'tafelgroepen', zodat tegelijkertijd ruimtelijk en vlak wordt gewerkt, merken kinderen in de nabespreking dat een vormprobleem op veel verschillende manieren op te lossen is. Dat helpt ook een schema te liquideren. Fout is het in elk geval het kind te berispen vanwege luiheid, slordigheid, eentonigheid of omdat het niet goed gekeken zou hebben.

2.5 ■ Periode van zichtbare werkelijkheid (9,4-15 jaar)

De periode van de zichtbare werkelijkheid heb ik zo genoemd omdat er in deze periode bij kinderen een duidelijk verlangen is naar een naturalistische weergave.

Een verlangen om wat ze met de ogen waarnemen ook zoveel mogelijk gelijkend vorm te geven. Aanvankelijk ontwikkelt het kind zich nog heel harmonisch en lijkt ook in het beeldend werk alles goed te gaan. Dan komt de onzekerheid. Het technisch kunnen kan geen gelijke tred houden met het kritische intellect. *'Het lukt niet'*, zegt het kind of: *'Het is stom'*. Met een goede begeleiding komt het die probleemfase ook wel goed door. Die begeleiding lukt vaak als het een gemeenschappelijk reflecteren is. Je kunt (zou) daar al in groep 1 mee (moeten) beginnen. Wen kinderen eraan dat ze reflecteren op het door klasgenoten gemaakte werk. Laat ze er positieve dingen over zeggen en laat ze motiveren waarom ze ergens een negatieve mening over hebben. Er is een eind gekomen aan de periode van de zichtbare werkelijkheid als het kind zodanig afstand kan nemen van zijn werk en van de werkelijkheid, dat het mogelijk wordt de manier van uiten ondergeschikt te maken aan

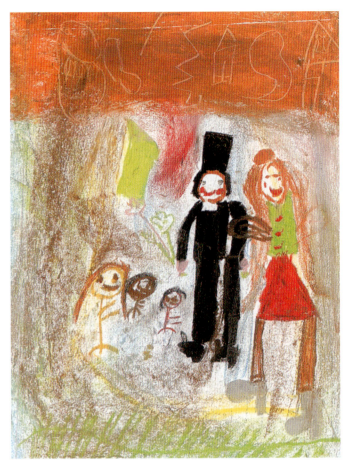

Wat is er met de negenjarige Ronald aan de hand geweest? Had hij al niet zoveel zin in tekenen? Moest de hele klas bruiloft tekenen en was dat nou net een onderwerp dat hij helemaal niet wilde? Of was hij al zover dat hij van zichzelf dacht: Ik kan niet tekenen? Even een zwarte vent en een meisjesschema ernaast. Toen nog even snel een paar draadfiguurachtige bruidsmeisjes erbij en met het vlakke krijtje erover omdat het hele papier vol moest. Zo gaat dat soms als er dertig kinderen in de klas zitten en als je als leraar niet zo goed raad weet met dit vak. (25 × 32 cm)

de persoonlijke opvattingen. Het verlangen de visueel zichtbare werkelijkheid zo getrouw mogelijk weer te geven is dan voorbij. De uiting kan volkomen zelfstandig zijn. Het kind noemen we dan al lang niet meer *kind* maar *leerling*.

2.5.1 ■ Harmonisch maar kritisch (9- en 10-jarigen)

Kinderen van deze leeftijd ontwikkelen zich nog heel harmonisch. Ook hun lichaamsbouw heeft nog alle kenmerken van een geleidelijke groei. Op deze leeftijd kan een kind zich over het algemeen goed concentreren en kan dus langere tijd ergens mee bezig zijn. Het durft ook wel iets; het is niet bang voor een experiment.

Het komt langzamerhand tot de ontdekking dat het een deel van de gemeenschap is. De omgeving van het kind wordt groter. Het ervaart ook dat het in de groep meer kan dan alleen. Dit is dan ook de leeftijd van de clubs en van de vrienden-door-dik-en-dun (zolang het duurt). Het is de meest geschikte tijd voor samenwerken en groepswerk in school. Langzamerhand begint het kind causaal te denken. Het zoekt naar oorzaken en verbanden. Het gaat vragen stellen over wat het tot nu toe als vanzelfsprekend heeft ervaren: *Waarom valt een vliegtuig niet naar beneden?*

Het kind begint kritisch te worden ten opzichte van anderen en van zichzelf. Het wordt ook kritisch ten aanzien van zijn eigen beeldend werk. Dat houdt in dat je zeker door moet gaan met het laten bespreken van het eigen werk, het bespreken van het werk van groepsgenootjes, het bespreken van het werk van kunstenaars en andere vormgevers. In voorgaande jaren heb je dat ook al gedaan, maar vrijblijvender. Hier begint het in eenduidig taalgebruik spreken met kinderen over *beeldtaal*, over beelden als verwijzingen. Je zult ernaar moeten streven dat kinderen hun eigen werk als waardevol blijven beschouwen. Dat wordt nu moeilijker omdat de uitbeeldingsmogelijkheden van het kind geen gelijke tred houden met zijn kritisch inzicht. In de jaren die volgen zal dit probleem steeds groter worden. Daarom is het eigenlijk een voorwaarde dat het

De tienjarige Robbie heeft, zich wel bewust dat het ene groen het andere niet is, het sportveld als achtergrond van de spelers (omklapping) volgekleurd met verschillende groenen. Door telkens een andere richting op te kleuren heeft hij ook nog een grafische versiering gebruikt. Getuige de afsnijding van de spelers is het speelveld nog veel groter. (28 × 22 cm)

praten over het eigen werk en dat van anderen niet pas begint in deze periode. Het moet vanzelfsprekend zijn dat ook met jonge kinderen altijd gesproken wordt over hun beeldend werk.

Het feit dat kinderen in de laatste jaren van het primair onderwijs bijzonder kritisch worden wat hun eigen werk betreft, betekent dat begeleiding in deze periode heel belangrijk is, anders haken ze af.

Het schema voldoet niet meer. Schemakleuren (dingkleuren) evenmin. Uit een opmerking als: *'De lucht is anders blauw dan het water'*, blijkt dat een kind gevoel krijgt voor object-gebonden kleurschakering. Ook de grootteverhouding wordt naturalistischer. Bij een onderwerp als *'Ik help moeder bij het bloemen verzorgen'*, is moeder ook als grootste vorm gegeven. Perspectief is ook een manier om grootteverhoudingen te tekenen. Maar aan centraalperspectief (lijnperspectief met vluchtpunten) en atmosferische perspectief, ook wel luchtperspectief genoemd (wat verder weg is lijkt anders van kleur en minder duidelijk van vorm) hebben lang niet alle kinderen voor hun dertiende jaar al behoefte. (Vijftien- en zestienjarigen blijken de ideale leeftijd te hebben voor het begrijpen van lijnperspectief.) De kinderen ontdekken wel dat de ruimte tussen de figuren ook belangrijk is. Zo ontdekken ze de achtergrond als beeldruimte en zo ontstaat de behoefte de hele tekening vol te kleuren.

In het begin wordt de scheiding tussen land en lucht nog niet gezien als horizon, eerder als bovenste grondlijn. We vinden hem nog in het midden van de tekening. Wanneer de scheiding als horizon geduid wordt, zien we deze horizon hoog boven aan het papier (vogelvluchtperspectief, zoals een vogel het ziet) en soms valt hij er zelfs buiten. Later gaat de horizon dalen. Overlapping wordt nu ook toegepast, ook bewust. Soms is deze ontdekking zo boeiend dat het kind niets liever doet dan bijvoorbeeld enorme mensenmassa's tekenen waarbij alleen de voorste figuren geheel getekend zijn.

Vaak is te zien dat kinderen in deze periode opvallend veel genoegen beleven in het vormgeven van details. Bij meisjes vooral is een voorkeur voor versieringen waar te nemen. Zo wordt kleding een versierobject. Maar ook een boom met zijn bladeren en een huis met zijn dakpannen zijn door de mogelijkheid een patroon aan te brengen in de herhaling van een motief dankbare onderwerpen voor de neiging tot versieren.

2.5.2 Chaos (11-15 jaar)

Dit is de moeilijkste tijd voor het kind als tekenaar (de leerling) omdat het door zijn bewustwordingsproces een zekere geslpletenheid gaat vertonen. De uitingen passen aanvankelijk nog helemaal bij wat het altijd al tekende, maar het kritische vermogen is zodanig geactiveerd dat het verschil tussen het visuele natuurbeeld en het eigen tekenbeeld door de tekenaar zelf te constateren is, en dat tekenbeeld bevalt in het geheel niet meer. De pogingen tot een naturalistisch realisme te komen (wat niet zo gemakkelijk is) in een tijd waarin de jonge mens duidelijk verstandelijk abstracter gaat worden en zijn gevoelens heviger zijn dan ooit, maken de waarde van zijn uitingen voor hemzelf zeer twijfelachtig. Hij wordt zo kritisch ten aanzien van zijn eigen werk dat hij dit vaak kinderachtig, waardeloos of stom noemt, omdat hij niet bij machte is zo te tekenen als hij eigenlijk zou willen. De voor de hand liggende conclusie is dat de uiteindelijke tekening door de tekenaar in elk geval moet worden geaccepteerd, wil het tekenen nog zin hebben. Zelf probeert hij dit vaak te bereiken door zich te specialiseren. We kunnen dit ook als schematekenen beschouwen. De leerling trekt zich terug in een door hemzelf opgeworpen stelling. Natekenen (stripfiguren) en overtrekken zijn in zwang, terwijl ook kunstjes op het gebied van perspectief hoog gewaardeerd worden. De bereikte resultaten zijn schijnresultaten, terwijl de noodoplossingen (karikaturen, strips, schema's) ook

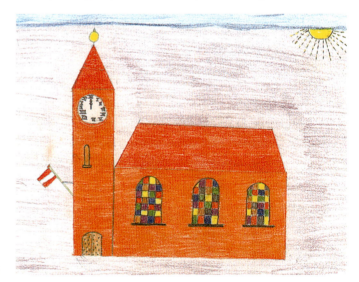

Uit de tekening van de elfjarige Hans is het naïeve en spontane verdwenen. Maar hij is dan ook volledig aan zijn lot overgelaten. Tekeningen van leeftijdgenoten laten zien dat deze vorm van degeneratie van het tekenen beslist te voorkomen is. (32 × 25 cm)

Wout (elf jaar) zwelgt in perspectief. Bovendien wil hij nog veel vertellen. Dan krijg je een hoge horizon met veel klein tekenwerk. Potlood en kleurpotlood zijn daarvoor erg geschikt. Hij gebruikt de kleuren van de kleurpotloden heel bewust om nieuwe kleuren te maken. Hij mengt de kleuren. Het perspectief is spontaan aan het groeien. Volgens de centrale projectieleer zitten er nogal wat fouten in, maar daar vallen we Wout niet mee lastig. Hij vraagt er wel om als hij het nodig heeft. (22 × 32 cm)

niet echt bevredigen. Meestal krijgt het kritisch bewustzijn de overhand, zodat het kind de moed opgeeft en constateert: *Ik kan dat niet.* Merkwaardig genoeg komt dit conflict met ruimtelijk beeldend werk veel minder voor. De variatie in driedimensionaal vormgeven is groter zodat niet uitsluitend figuratief werk met klei wordt gemaakt. Maak daarvan gebruik en laat leerlingen in die fase vaker ruimtelijk werk maken. Op die manier kunnen ze ook hun eigen tekenwerk meer gaan waarderen.

Werk van 11- tot 15-jarigen

Hoewel in de tekening de horizon langzamerhand gaat dalen, is het *vogelvluchtperspectief* met de horizon heel hoog boven aan het papier voor het begin van deze periode nog kenmerkend. Lijn- en luchtperspectief ontbreken over het algemeen nog, maar wie ze ontdekt heeft gebruikt ze ook, wil ze gaan beheersen, wil er zekerheid in vinden. In pogingen om de ruimte in perspectief weer te geven, ontstaan allerlei combinaties van omklapping, parallelprojectie (evenwijdige lijnen schuin achter de voorkant waar je recht tegenaan kijkt) en centraalperspectief. Opvallend is het vertellend karakter van tekeningen en ruimtelijk werk. Elk beeld moet veel gegevens verstrekken. Geen stukje van het papier blijft onbenut.

De grote belangstelling voor perspectief maakt dat kinderen het ook leuk vinden echte ruimten te ontleden. Daarom is het nu de optimale leeftijd voor de eerste stappen in het maken van werktekeningen van ruimtelijke objecten. Ruimtelijke ordening, stadsplanning en architectuur zijn onderwerpen die je nu goed kunt introduceren. De gebouwde omgeving als thema kan een grote rijkdom aan beeldend werk (vlak en ruimtelijk, naar keuze van de leerling) opleveren.

Hoe help je leerlingen uit de chaos?

Op de leeftijd tussen de elf en vijftien jaar raken leerlingen vaak het vertrouwen in eigen kunnen kwijt. Als ze niet goed worden begeleid in de ontwikkeling van hun beeldend vermogen, is er van ontwikkeling geen sprake meer. Dat is de mogelijk negatieve kant van het verhaal. De praktijk wijst echter uit dat het ook heel anders kan omdat leerlingen op deze leeftijd steeds meer belangstelling krijgen voor het spel met de beeldaspecten. Dit spel willen ze dan wel beheersen op eigen niveau. Het bepalen, toelaten en oplossen van problemen is eigen aan leerlingen in de puberteit. Leerlingen die tot nu toe op de juiste wijze beeldend bezig zijn geweest, zullen er ook in deze periode minder moeite mee hebben. Veel hangt af van een juiste begeleiding. Daarvoor geldt slechts één credo: Schenk de leerling vertrouwen in eigen kunnen en maak hem bewust van zijn beweegredenen om iets zo, en niet anders uit te beelden.

Wil de leerling ook naturalistisch leren vormgeven, leer hem dan ook naturalistisch vormgeven. Laat hem merken dat hij een eenvoudig voorwerp technisch goed kan weergeven. De traditionele materialen zoals potlood, krijt en waterverf en klei zijn hiervoor uitstekend geschikt. Bij het begin van de puberteit heeft de leerling een steeds sterker wordend (bewust of onbewust) verlangen in de naturalistische vormgeving ook iets van zichzelf tot uitdrukking te brengen. Wil de leerling meer naar een eigen uitbeelding toe, geef hem dan de middelen en mogelijkheden. Help hem op weg. Collage (ook met behulp van de computer), monotype en combinaties van technieken lenen zich goed voor oplossingen die de leerlingen esthetisch genot schenken (ze vinden het mooi). Wil een leerling een bepaalde techniek onder de knie krijgen, help hem dan ook bij die keuze.

Nona, elf jaar oud, had het er moeilijk mee. Ze tekende eerst met kleurpotlood een weidelandschap met nogal clichématige bloemen. Vervolgens bedacht ze dat daar nog iets bij moest. Mensen, dieren, wolken en zon tekende ze met krijt fors over het tere groen heen. Ten slotte kwamen er overal (behalve om de zon) dikke omtreklijnen. De dieren tekende ze na van plaatjes. Die vallen dus helemaal uit de toon. Voor de wolken en de zon greep ze terug op eerder tekenwerk van zichzelf. Nona heeft hulp nodig van een leraar die haar problemen begrijpt en die haar het eerder aanwezige zelfvertrouwen terug kan geven. (25 × 16 cm)

Er zijn omstandigheden die een ongunstige uitwerking kunnen hebben. Het gevoel van eigenwaarde is in de puberteit uiterst labiel. Een sarcastisch klinkende opmerking kan soms verkeerd vallen of verkeerd begrepen worden, en voor lange tijd de sfeer vertroebelen. Dan wenst de leerling van de volwassene zeker geen jovialiteit meer. Blijf in elk geval beheerst gereserveerd.

2.5.3 ■ Ordening

Langzamerhand vindt de jonge mens als zestien-, zeventienjarige zijn weg uit de chaos. Hij begint volwassen te worden. Het haast wanhopige zoeken in de periode van de chaos verandert in een vinden, mits geleid door een leraar die weet wat hij doet. De eigen weg begint zich af te tekenen. Atmosferische en lijnperspectief, anatomisch juiste bewegingen van mensen en dieren, schakeringen van licht en donker, plastiek door middel van schaduw en lijn zijn aspecten die hij gaat beheersen. Details worden opgenomen in het grotere geheel en wat niet terzake doet, wordt weggelaten. Het werk wordt rustiger en duidelijk rijper. De inhoud wordt belangrijker dan de vorm.

2.6 ■ Volkomen zelfstandigheid

Ten slotte kun je wat de uiting betreft niet meer van kindertekeningen spreken. In het onderwijs hanteer je al enige tijd de term *leerlingenwerk* maar ook die dekt de lading steeds minder. Het bewustwordingsproces is zover voortgeschreden dat de jonge mens afstand kan nemen van zichzelf en zijn eigen beleven. Het gebruik van de beeldende middelen beheerst hij voldoende om ze naar wens te hanteren. Door verdere scholing (en dan maakt het in wezen niet uit of dat door zelfstudie gebeurt of dat hij een academie bezoekt) kan hij het beeldend vormgeven zodanig ontwikkelen dat hij er een beroep van kan maken: beeldend kunstenaar of vormgever. Voor de meeste mensen is het minstens zo belangrijk dat ze gewoon, in het dagelijks leven gebruik maken van beelden. Reflectief kunnen omgaan met beelden is een noodzaak. Productief en receptief kunnen omgaan met beelden is een verrijking van je leven.

Bomen waren voor deze elfjarige niet zo'n probleem, maar toen hij Sinterklaas op een paard wilde tekenen, merkte hij dat hij geen voldoende duidelijke voorstelling van een paard ter beschikking had. Hij vond een paard in een soort Hoe-leer-je-tekenenboekje. Maar natekenen was toch eigenlijk niet geoorloofd, vandaar dat hij zich achter het boek wilde verbergen.

2.7 ■ Samenvatting

Kinderen die in een bepaalde ontwikkelingsfase verkeren vertonen dezelfde (of nagenoeg dezelfde) kenmerken in hun beeldend uiten. Omdat je weet dat het maken van beelden leerbaar is, maak je van die kenmerken gebruik in je onderwijs. Je kent allerlei middelen om leerlingen te leren beter te tekenen, beter te boetseren enzovoort. De een lukt dat beter dan de ander. Dat hangt soms af van de leerlingen en vaak van de leraar.
Je geeft straks les aan leerlingen van tien, zes of vier jaar, misschien aan kinderen uit Turkije, aan kinderen

van Marokkaanse afkomst, aan Antilliaanse kinderen, of aan Hindoestaanse. Je beseft dat het niet om het even is met welke groep je bezig bent. Zelfs in één groep zitten verschillen. Je hebt kinderen met een achterstand in de groep en kinderen met een hoog intelligentiequotiënt. Maar ook al zijn kinderen verschillend, er zijn ook overeenkomsten, en die maken het mogelijk met kinderen in een bepaalde ontwikkelingsfase (in een bepaalde groep) op ongeveer gelijke wijze te werken. Kennis hierover heb je nodig om te weten hoe je kinderen van verschillende leeftijd leert beeldtaal te gebruiken (dingen te maken). Jij hebt er (straks) dagelijks mee te maken. Je weet dat de structuur van het waarnemen door onderwijs te verfijnen is, maar dat je niet moet proberen een structuur totaal te veranderen. Je past je lessen aan je leerlingen aan. (Richt je je niet te zeer op de gemiddelde leerling?) Je kijkt wat ze kunnen en mikt op het naasthogere.

2.8 Beeldbeschouwen

Net zoals je bij taal kinderen niet alleen leert te spreken en te schrijven maar ook leert te lezen en te luisteren, leer je kinderen bij beeldtaal behalve zelf beelden te maken ook naar de beelden die er al zijn te kijken en die te begrijpen. Dit leren kijken en leren zien noemen we *beeldbeschouwen*. En ook hier heb je te maken met ontwikkeling. Een kleuter kijkt anders dan een twaalfjarige. Er zijn twee opvattingen die gehanteerd kunnen worden bij leren beeldbeschouwen. De opvatting waarbij het beeld als uitgangspunt genomen wordt, is enigszins op z'n retour, maar wordt nog veel gebruikt. Tegenwoordig wordt aan de beschouwer de taak toebedeeld betekenis te geven aan wat hij ziet.

2.8.1 Het beeld als uitgangspunt

Beeldbeschouwen, zou je denken, gaat over het kijken naar beelden. Je denkt misschien: *daar heb je een beeld en daar gaat het om, dat moet ik leren begrijpen. Het beeld als object van beeldbeschouwen is het belangrijkste*. Je gaat dan uit van de veronderstelling dat het beeld alles bevat en dat een slimme beschouwer dat ook wel ziet. Als beschouwer probeer je er dan achter te komen wat een beeld inhoudt. Om dit beter te laten slagen, heeft men verschillende zogenoemde *kijkschema's* bedacht. Vragen daarvan zijn meestal: *Kun je beschrijven wat je ziet? Welke beeldaspecten zijn gebruikt? Hoe is het gemaakt? Waarom zou de kunstenaar dat zo gedaan hebben? Wat bedoelt hij er mee? Hoe leefden en dachten de mensen in de tijd dat het werk gemaakt werd?* De klassieke vraag die men hierbij stelt is: 'Wat betekent het?'

2.8.2 Uitgaan van de beschouwer

De laatste jaren is er in de kunstwereld en in het beeldend onderwijs meer belangstelling gekomen voor wat er gebeurt bij degene die naar beelden (de objecten) kijkt: de beschouwer. Het subject (de beschouwer) is hier dus het belangrijkst. Jawel, hij kijkt *subjectief*.
De beschouwer kijkt niet meer alleen naar hoe het beeld eruitziet, maar gaat bij zichzelf te rade. Hij moet immers betekenis geven aan wat hij ziet. Hij kan nog wel een kijkschema hanteren, maar hij weet dat de vragen niet tot de enig juiste betekenis hoeven te leiden.

'Hoe kijkt een kind en wat denkt het daarbij?' Je kunt er iets over uit een boek leren, maar veel meer leer je door naar kinderen te luisteren en door met ze in gesprek te gaan. Harald en Sam uit groep 5 in gesprek over de cover van een leesboekje.

- Wat betekent dat wat ik zie voor mij? Wat gebeurt er in mij als ik naar een schilderij van Rembrandt kijk, naar een foto in de krant en naar de verpakking van crackers? Wat denk ik van dat schilderij te begrijpen? Waarom begrijp ik dat beeld anders dan mijn buurman? Hoe en waarom wordt ik verleid door die reclame? Waarom is me dat beeld nooit opgevallen? Denk ik er anders over dan de maker van dit beeld? Leraren willen weten hoe een en ander werkt bij kinderen.
- Hoe kijkt een kind en wat denkt het daarbij? Kan een kind dat wel begrijpen? Wat zal een kind denken als ik hem dat laat zien? Is dat voor ieder kind gelijk? Waarom wel? Waarom niet?

Als je die vragen stelt, ga je uit van het subject, van de beschouwer.
De klassieke vraag hierbij is: 'Wat betekent het voor mij?'

2.9 De theorie van Michael Parsons

Omdat je met opgroeiende kinderen te maken hebt, zoek je naar een theorie over het zich ontwikkelend vermogen tot kijkend begrijpen. Jammer genoeg is er nog geen volledig ontwikkelde theorie die ook aan de praktijk getoetst is, maar er is wel een aanzet. Die aanzet is van Michael Parsons.
Michael Parsons (filosoof en professor aan de State University van Ohio, USA) heeft in 1987 een boek (*How we understand art*) gepubliceerd, gebaseerd op onderzoek in de praktijk, een studie over hoe kinderen op kunst reageren. In dat boek uitte hij een aantal veronderstellingen die bij didactici een warm onthaal vonden. Die veronderstellingen zijn, ook in Parsons' eigen ogen, geen bewezen feiten maar interpretaties van wat hij waarnam toen hij kinderen observeerde.
Parsons leert dat voor beelden beschouwen hetzelfde geldt als voor beelden maken: er is een ontwikkeling die het mogelijk maakt met bepaalde groepen op ongeveer gelijke wijze aan beeldbeschouwing te doen. De uitleg is aanvaardbaar en de veronderstellingen monden uit in een samenhangende theorie. Op die theorie is de praktijk gebaseerd die in dit hoofdstuk wordt gepropageerd. En ook hier geldt dat als het leren beeldbeschouwen op latere leeftijd (of pas in groep 7) begint, een achterstand vrij snel kan worden ingelopen.

2.9.1 Beeldbeschouwen in fasen

Beeldonderwijs gaat ervan uit dat waarnemen een middel is om werkelijkheid te doen ontstaan en zodoende kennis te verwerven. Het voorwerp, de situatie, het idee: ze kunnen niet op zichzelf bestaan. Ze bestaan slechts bij de gratie van de waarnemer, de schepper van (mentale) voorstellingsbeelden. Ze bestaan vaag en onhelder voor een slechte waarnemer en helder, intens en geordend voor een goede waarnemer. Je krijgt beter inzicht in vormgeving (in wat visueel waarneembaar is) naarmate je wat vormgegeven is (alles wat visueel waarneembaar is) beter waarneemt. Zo ontstaat kennis. Er zijn methoden om beter te leren waarnemen. Een ervan ken je al.' *Kijk*', zeggen wij *'als je tekent zie je meer'*. Dat slaat op het gegeven dat tekenen (en hier is het letterlijk bedoeld als werkwoord), een middel is om beter waar te nemen, om een beter gestructureerde werkelijkheid te doen ontstaan. Hetzelfde geldt voor het maken van ruimtelijke beelden. Het is bovendien zo dat je waarnemingen behalve visueel ook tactiel kunt doen, door te tasten met je handen bijvoorbeeld. Bij ruimtelijke vormen en texturen voegt dat tasten vaak iets toe aan de waarneming. Ga je voor jezelf na wat bij jou de verhouding is tussen visueel en tactiel waarnemen, dan constateer je waarschijnlijk dat je weinig tactiel en veel visueel waarneemt.
Parsons' ideeën sluiten goed aan bij de opvattingen dat je door beeldend bezig te zijn beter waarneemt, ook al gaat het bij Parsons eigenlijk helemaal niet om het praktisch beeldend bezig zijn maar om een autonoom reflectief kennen en waarderen van kunst.
Parsons zegt dat de mens kunst waarneemt volgens een bepaald verwachtingspatroon. Hij verwacht iets te zien en ziet het dan ook. Parsons zegt ook dat dit waarnemen van kunst zich ontwikkelt (zich kan ontwikkelen). Dit geldt voor alles wat de mens waarneemt, dus niet alleen voor kunst. De mens structureert zijn waarnemen: op een bepaalde leeftijd of fase in zijn ontwikkeling is hij zover dat hij op een bepaalde manier kijkt (dat is de structuur van zijn waarnemen). Door die manier van kijken ziet hij iets (geeft hij betekenis).
Daar zijn jouw lessen beeldonderwijs op gebaseerd, op het gegeven dat kijken zich ontwikkelt, dat de mens zijn manier van kijken kan beïnvloeden, dat hij kan leren zien.

2.9.2 Vijf brillen, vijf stadia

Parsons vergelijkt het waarnemen van mensen met het kijken door een bril. Mensen in verschillende fasen van ontwikkeling kijken door verschillende brillen. Als leraar moet je weten wat het kijken door al die verschillende brillen voor mensen kan betekenen. Pas dan kun je dat kijken optimaliseren. Dat is een mooie vergelijking, maar elke vergelijking gaat wel ergens mank. In het normale leven mag je blij zijn als je kunt zien zonder bril, maar voor Parsons is het waarnemen brilgebonden. De vergelijking met die brillen nog even vasthoudend kun je er met Parsons van uitgaan dat er vijf verschillende brillen (verschillende sterkten) zijn om naar kunst te kijken (om esthetische ervaringen op te doen). Wil je door bril vijf goed kunnen kijken, dan moet je wel eerst door de andere vier hebben leren kijken. Een bril die je goed past, zet je ook nooit meer af. Je kijkt als het ware door een steeds complexer lenzenstelsel naarmate je beter leert kijken.

Die brillen zijn niet absoluut leeftijdgebonden, al is het wel zo dat bril één in elk geval goed past op een kleuterneus, bril twee op die van een leerling van de basisschool. Dat wil dus zeggen dat je bij kleuters niet moet beginnen met bril drie. Je moet te weten komen welke brillen geschikt zijn voor leerlingen van de basisschool en wat je door een bepaalde bril vooral goed ziet. Met andere woorden: je wilt weten hoe iemand in een bepaald stadium (van ontwikkeling) zijn waarnemen structureert. Vooral van belang is te weten te komen of en hoe je kinderen kunt leren (beter) door al die brillen te kijken. Dat laatste lees je goed. Je kunt basisschoolleerlingen door alle vijf brillen leren kijken.

2.9.3 Stadium 1: associatie

Wat iemand die in dit stadium verkeert vooral ziet, is dat wat een associatie oproept. De uitnodiging: *vertel maar wat je ziet*, past hier heel goed, maar de antwoorden hebben te maken met het gegeven dat de waarnemer (meestal het jongere kind) er iets uit zijn dagelijkse omgeving in herkent of zich iets herinnert.

- *Wij hebben ook een hondje* (bij een schilderij van Jan Steen).
- *Mijn vader heeft ook kunsten op zijn kantoor* (als een ingelijst schilderij voor de groep wordt neergezet).
- *Hij houdt zijn handen voor zijn oren want hij is bang* (bij De Schreeuw van Munch).
- *Ik kan de boodschappentas van mijn moeder al dragen* (de leerling mocht een bronzen beeldje optillen).
- *Ik vind dat mooie kleuren* (bij een voorkeur voor bepaalde kleuren op een wandkleed).

Deze suprematistische compositie van Malevitch is voor kleuters geen probleem. Ze vinden de kleur- en vormcombinatie al of niet mooi, maar ze vinden het niet erg dat het niets voorstelt. Deze afbeelding is overigens ook goed te gebruiken in een les met de doelstelling dat leerlingen met gelijke vormen verschillende composities moeten leren maken.

Wat een beeld voorstelt is niet zo belangrijk, ook al wordt dat vaak wel herkend. De kijker uit associaties met iets wat hij dagelijks meemaakt of met iets dat hij zich bij het kijken naar het beeld opeens herinnert. Daarom is het ook niet erg als een beeld in het geheel geen herkenbare voorstelling heeft. Abstracte kleurcombinaties kunnen ook associaties met gevoelens, ervaringen en herinneringen opwekken. Verbaas je dus niet als jonge kinderen non-figuratieve (abstracte) kunst waarderen.

Kleurvoorkeurstadium

Het beeld is voor de beschouwer een verzameling losse onderdelen, die soms wordt ervaren als een bron van emoties. Een beeld roept soms iets en soms niets wakker. Als we iemand die in dit stadium is, vragen of hij een beeld al of niet mooi vindt, zal hij zeggen dat

hij het *mooi* vindt als het associaties oproept en *niet mooi* als het geen associaties oproept. Dit stadium van kunstkijken wordt gekenmerkt door een sterke voorliefde voor kleur, hoe meer hoe beter. Wat anderen vinden is in dit stadium nog niet belangrijk. Daar wordt wel naar geluisterd en het wordt misschien genoteerd, maar het wordt niet echt afgewogen tegen eigen opvattingen. Een kind zegt: *'Ik vind het vieze kleuren.'* Waarop een ander reageert: *'Zij vindt het vieze kleuren.'*

2.9.4 Stadium 2: voorstelling

Voor wie door de bril van het tweede stadium kijkt, is het uitermate belangrijk dat een beeld iets voorstelt, dat je er iets in ziet. In de eerste fase van dit stadium (Parsons noemt dit het schematisch realisme) wordt een beeld geaccepteerd als de kenmerkende onderdelen zichtbaar zijn. Een kubistisch beeld waarin oren, neus,

Anatomisch juist, technisch goed geschilderd, een boeiende compositie misschien ook nog, maar bovenal: *'Je kunt zien wat het voorstelt'*. Zeg dan maar eens wat het voorstelt, zeg dan maar eens welke betekenis jij eraan geeft. Is die betekenis gelijk aan de inhoud? Kun je dus zien wat het voorstelt? In de bovenbouw leer je kinderen dat zien wat het voorstelt nog niet betekent dat je ook weet wat de inhoud is.

ogen en mond voorkomen, is dus aanvaardbaar als portret. Later in het tweede stadium wordt het belangrijker hoe het voorgestelde is weergegeven. Een beeld is dan beter naarmate het realistischer is (fotografisch realisme). Het beeld wordt gewaardeerd als de afzonderlijke figuren voor de beschouwer herkenbaar zijn. *Ik kan tenminste zien wat het voorstelt* zegt de volwassene. Maar wat het werkelijk voorstelt (de diepere inhoud) is dan nog vaak onduidelijk. Non-figuratieve werken stellen (letterlijk) niets voor. Die worden dan ook niet gewaardeerd. Ze zijn niet goed. Volwassenen die in dit stadium zitten, reageren met: *Dat kan mijn kleine broertje ook.*

Als gevoelens tot uiting worden gebracht in een beeld dan moeten dat het liefst prettige gevoelens zijn die direct uit het realisme zijn af te lezen. Een lieve glimlach doet het heel goed, maar een droevig kijkend figuurtje kan ook wel omdat daardoor bij de beschouwer zoiets boven komt als: *Bedroefd ben ik ook wel eens, wat zielig. Ik voel me soms net zo.* Dat dit soort associaties meer past in het eerste stadium is waar. Maar wie door de bril van het tweede stadium kijkt, kan immers ook door die van het eerste kijken. Die houdt hij er als het ware bij op.

Prettig is mooi

Het verschil met het eerste stadium is dat de beschouwer in het tweede stadium oordeelt dat een bepaald gevoel ontstaat *omdat* het beeld zo knap, precies, natuurgetrouw, net echt, realistisch is. In dit stadium oordeelt de beschouwer dus wel over een beeld en hij vindt het mooier naarmate het iets prettigers voorstelt, naarmate het realistischer is en technisch volmaakter lijkt.

Ook als een beeld niet volkomen realistisch is, kan het als positief worden ervaren. *Ik zie er een vliegende vogel in.* Een vliegende vogel is bovendien iets moois. Daarom is dit dus ook een mooi beeld. Maar de gekruisigde Christus die Mathias Grünewald rond 1513 op het Isenheimer altaar schilderde kan veelal geen genade vinden, hoe knap realistisch ook. *'Ik zou dat niet op mijn kamer willen hebben.'* De beschouwer spreekt in feite een *mooi-niet mooi* oordeel uit over datgene wat wordt afgebeeld, over de voorstelling. Een gruwelijk verminkt lichaam is inderdaad niet gemakkelijk mooi te noemen. Schoonheid en lelijkheid horen in dit stadium bij de dingen zelf. Een beeld is mooi als het afgebeelde bevalt en lelijk als het afgebeelde wrevel opwekt.

Ten opzichte van het eerste stadium is er ook verschil in sociaal gedrag. In het eerste stadium is er nauwelijks aandacht voor de mening van een ander. Nu beseft men dat anderen wel een andere mening kunnen hebben. *'Vind jij dat mooi?'*

Dat hoeft overigens nog niet veel indruk te maken. Men weet wel dat een ander eigen gevoelens kan hebben, maar men gaat ervan uit dat die toch wel ongeveer algemeen gelijk zijn. Dat iemand een afwijkende mening kan hebben gaat er maar moeilijk in. *'Vind jij dat mooi? Daar snap ik niks van.'*

2.9.5 Stadium 3: expressie

In dit stadium wordt het beeld vooral beschouwd als iets dat emoties kan opwekken. De beschouwer gaat ervan uit dat de maker in zijn beeld een betekenis heeft gelegd en dat de beschouwer die betekenis te weten kan komen. Het overbrengen en het opwekken van gevoelens en ideeën wordt beschouwd als de voornaamste taak van de kunstenaar. En de kunstenaar

Een beeld dat ongetwijfeld gevoelens teweegbrengt. Het is nog genoeg natuurgetrouw om ook de kijker in het tweede stadium te behagen en door zijn voorstelling en de manier waarop het geschilderd is wordt er bij de beschouwer een gevoel van ... opgewekt. Probeer zelf eens te omschrijven wat je voelt en waar je aan denkt als je naar deze *Zondagmorgen* van Jozef Israëls kijkt. Maakt het uit of je weet wat de titel is?

zal daar, zo vindt de beschouwer die door deze bril kijkt, beter in slagen naarmate hij origineler is. Fotografisch realisme is dus vaak een minpunt voor wie door deze bril kijkt omdat fotografisch realisme niet gemakkelijk gezien wordt als eigen, authentieke en oorspronkelijke vormgeving. Een beeld wordt meer gewaardeerd naarmate het intenser gevoelens teweegbrengt.
'Goed hè, ik word er helemaal naar van.'
Een stap vooruit is het dat in dit stadium niet alleen geaccepteerd wordt dat anderen een afwijkende mening kunnen hebben maar dat het ook helemaal niet erg is als een ander jouw gevoelens niet deelt.
'Goed hè, ik wordt er helemaal naar van, heb jij dat ook?'
'Nee, helemaal niet.'
'Nou, maar ik wel hoor, dat kan toch, hè.'
Dat is ook een voor dit stadium typische opvatting. Het wordt als vanzelfsprekend ervaren dat iedereen een eigen ervaring heeft. Het heeft daarom ook geen zin te praten over de kwaliteit van een beeld. Het enige doel van kunst, meent men dan, is immers het teweegbrengen van gevoelens. Een beeld is niet kwalitatief beter of slechter als het bij verschillende mensen verschillende gevoelens oproept. Dat die gevoelens verschillend zijn moet je gewoon accepteren, de kwaliteit van het beeld kun je niet bepalen omdat er geen algemeen geldende normen voor zijn (over smaak valt niet te twisten). Alleen je eigen gevoelens tellen, menen deze brildragers.

2.9.6 Stadium 4: leerbaar
In dit stadium beseft de beschouwer dat een beeld een sociale functie heeft. Een beeld is niet zo voor-ieder-anders dat met de uitspraak *over smaak valt niet te twisten* elke discussie bij voorbaat onmogelijk gemaakt wordt. Mensen die beelden maken, leven in een bepaalde tijd, in een bepaald land, in een bepaalde culturele omgeving. Traditie, technisch kunnen en functie hebben ook invloed op hoe een beeld eruitziet. Je kunt met andere beschouwers praten over wat je ziet, over de voorstelling, over beeldaspecten en over het gebruik van materialen. Je kunt meningen en opvattingen funderen en tegen elkaar afwegen. Kunstkritiek kan zinvol zijn als die je leidt naar beter zien en volledig begrijpen van het beeld. Over smaak moet je niet twisten, maar het is wel zinvol om met anderen te bespreken waarom een beeld al of niet gewaardeerd wordt.

Dit is het eerste stadium waarin duidelijk is dat er wat te leren is. Dat grijpen we aan. Kijkschema's die eerder alleen over beeldaspecten gingen, worden aangepast en je vraagt je leerlingen bijvoorbeeld:
- Hoe is het gemaakt? (Moeilijk te zien als je met reproducties werkt.)
- Waarvoor is het gebruikt en voor welke mensen?
- In andere tijden (perioden en stijlen) zien dezelfde dingen er anders uit. Kun je verschillen aanwijzen?
- Welk beeldaspect is in dit werk het belangrijkste?

Voorstelling en expressie blijven een rol spelen maar worden nu begrepen als eigenschappen die samen met de beeldaspecten de inhoud en de werking van het beeld duidelijk kunnen maken.
Doordat we zo intens lerend (daar is onderwijs immers voor) met het vierde stadium omgaan wordt de indruk gewekt dat met absolute beoordelingscriteria een objectief oordeel over een beeld verkregen kan worden. Belangrijk is dat we zien dat er weliswaar objectieve gegevens zijn *(... in de 18e eeuw getekend met houtskool. De vormgeving is onbeholpen. Er zijn perspectieffouten ...)* maar dat een waardeoordeel altijd subjectief zal blijven, al kan die subjectiviteit wel tot een gemeenschappelijk oordeel leiden voor grote groepen.
Wie in dit stadium verkeert laat zich graag leiden door het gezag van de kunstkenner, de leraar bijvoorbeeld. Hij zal aan kunstkritiek grote waarde hechten, daarbij soms vergetend dat bij kritiek de motivering, de onderbouwing, de verantwoording belangrijker is dan het oordeel zelf.

2.9.7 Stadium 5: eigen mening
Wie de vijfde bril past en er ook door kan zien, beseft dat een beeld hem als kijker beïnvloedt. Hij beseft dat hij als individu een oordeel kan vellen, gebaseerd op eigen inzicht en smaak. Dat oordeel kan afwijken van huidige of vroegere algemeen gangbare meningen omdat algemeen gangbare meningen gebonden zijn aan een groep, een cultuur en een tijd. Hij weet ook dat zijn eigen oordeel waarschijnlijk bepaald is door groep, cultuur en tijd.
'Ik ben vegetariër, vind je het gek dat ik hiervoor niet enthousiast ben?' (Bij het zien van een bloederige jachtscène.)
'Als ik groot ben vind ik dat misschien mooi, nou niet.'

De kijker beseft in dit stadium dat hij voortdurend kritisch naar dat eigen oordeel moet luisteren. Hij zal zich vooral afvragen hoe het komt dat hij er zo over denkt en niet anders.

'Het is wel erg expressionistisch geschilderd, met felle kleuren en wilde streken, maar het mist inhoud. De voorstelling is een schipbreuk, maar ik krijg geen medelijden met die schipbreukelingen. Een verzameling opengesperde ogen, maar geen angst.' (Volwassene voor een dramatische schipbreukscène.)

'Waarom doet die man dat, zo met al die stijve poppetjes? Zo tekende ik ook toen ik klein was.' (Een leerling uit groep acht bij het zien van een werk van Keith Haring.)

'Ik vind het niet erg dat mijn beer geen oor heeft. Ik houd toch van hem want hij is mijn vriendje.' (Een leerling uit groep drie over haar teddybeer.)

Het is niet voldoende een eigen mening te hebben. Die mening zal ook geregeld getoetst moeten worden aan die van anderen. Niet om hem aan te passen aan andermans mening, ook al zou dat soms geen kwaad kunnen, maar om hem vaak ter discussie te stellen. Daardoor kan de zekerheid over de oprechtheid van een eigen oordeel groeien. Daardoor krijg je ook in de gaten dat beelden invloed hebben op mensen. Daardoor kun je meer inzicht krijgen in het wezen van het werk. Je leert ook meer over jezelf.

2.10 Algemene richtlijnen voor de praktijk

Het beeldend vermogen en het vermogen tot beeldbeschouwen zijn echte vermogens, dat wil zeggen dat kinderen er iets mee kunnen. Ze kunnen er hun wereld mee ordenen, duidelijk maken voor zichzelf en voor anderen, ze leren hun wereld te begrijpen.
Met het 'beeldend vermogen' is het net als met taal. Als je kinderen nooit laat praten, zullen ze het ook niet leren. Als ze niet leren lezen, blijft elke geschreven of gedrukte tekst een raadsel. Kinderen moeten leren om te gaan met de visuele wereld. Ze moeten die leren interpreteren en leren gebruiken voor eigen doelen. Ze leren dat het beste door te doen: maken, kijken, vastpakken, erover oordelen, kortom door het als beeldtaal te gebruiken.

Een plaquette van nog geen vierkante decimeter. Op een platte ondergrond zijn vormen aangebracht. Duidelijk is te zien dat de vingers een vormbepalende rol hebben gespeeld. Alles gecomponeerd op een ovaal. Soms kun je met weinig middelen veel leren. Bovendien is via de nabespreking een gemakkelijke stap te zetten naar reliëfs en ruimtelijk beeldhouwwerk. Witbakkende klei met transparante glazuur. Groep 7.

De ontwikkeling van dit vermogen is voornamelijk het gevolg van een (normale) psychische groei van het kind. Daarom gelden ook algemene richtlijnen:

- Geef het kind de kans zich beeldend te ontwikkelen. Dat wil zeggen: geef het de gelegenheid te werken zoals het zelf denkt dat het goed is. Bied materiaal aan, nodig uit en geef opdrachten voor tekenen en handvaardigheid die horen bij die bepaalde fase in de ontwikkeling. Nodig uit tot praten over wat er te zien is.
- Taal gebruik je als communicatiemiddel. Het gaat ergens over. Je laat kinderen bij voorkeur praten over dingen die hen interesseren en daarom is het zaak goed naar ze te luisteren. Beeldend vormgeven en beeldbeschouwen is beelden als taal gebruiken: beeldtaal, dat gaat ook ergens over, dus...
- Bij de groei van het beeldend vermogen horen ook eisen. Een normaal kind zal op een gegeven ogenblik aan bepaalde verwachtingen kunnen voldoen. Dat geldt ook voor heel jonge kinderen. Probeer eisen te stellen die liggen in het verlengde van de ontwikkeling. Overvragen is uitschieten naar de ene kant, bij alles hoera roepen, is uitschieten naar de andere kant. Voldoet een kind niet aan jouw verwachtingen, spoor dan de oorzaken daarvan op (het kan ook aan jou liggen) en pas je stimulerings-

beleid daarbij aan. Natuurlijk houd je er rekening mee dat het verloop van de ontwikkeling niet voor elk kind precies gelijk is.
- Doe de ontwikkeling geen geweld aan. Forceer niet. Probeer niet het proces te versnellen en wees niet al te suggestief.
- Kinderen voortekenen hoe het volgens jou zou moeten is verkeerd, ook als je tekent zoals het volgens jou op die leeftijd door kinderen wordt gedaan. Bij het leren spreken brabbel je het kind niet voor, maar spreek je normaal. Daarom ga je een kind ook geen kopvoeters voortekenen als je denkt dat het er ongeveer aan toe is. Voortekenen of een ruimtelijk beeld voormaken hoeft nooit. Het kind kan beter zelf zijn beelden ontwerpen. Daar is het heus heel goed toe in staat. Het inleven in een onderwerp en het motiveren tot tekenen kan heel goed door aanschouwelijke of verbale stimulansen. Alleen bij sterk faalangstige kinderen moet je wel eens verder gaan.
- Het voordoen van technieken (zowel bij tekenen als handvaardigheid) is iets anders. Daar kun je voor kiezen als je kinderen niet wilt laten experimenteren. Experimenteren vraagt meer tijd maar leidt tot rijkere ervaringen. Uiteraard zul je bij gevaarlijke technieken op je hoede moeten zijn.

Niet alles is even goed, maar daarvoor kun je het kind niet altijd aansprakelijk stellen. Kinderen opzadelen met opdrachten waar ze niet aan toe zijn of waar je ze zo nauwelijks op voorbereidt, kan leiden tot dit soort tekeningen. Als kinderen door een slechte voorbereiding op het onderwerp al ongeïnteresseerd zijn, niet kunnen begrijpen waar het eigenlijk om gaat of niet de gelegenheid krijgen samen met de leraar te reflecteren op hun tekening, krijg je dit soort dingen. Een zevenjarige tekende en de leraar schreef erbij dat het vlinders zijn. (25 × 17 cm)

Een bedoeling van beeldbeschouwen is dat de beschouwer betekenis verleent aan het object van beschouwing. Doorgaans gaat het dus om beelden met een inhoud en de vraag is wat ze je te zeggen hebben. Maar ook vormen zonder inhoud kunnen onderwerp van beschouwing zijn. In de natuur is vaak meer dan alleen natuur te zien. De vraag is dan wel wat je er meer over zegt dan 'mooi'.

- Kinderen leren beeldbeschouwen gaat het best als je met ze meedoet. Kijk samen en ga een gesprek met ze aan over wat er te zien is. Vertel ze niet wat ze moeten zien, maar vraag wat ze zien. Ga dan een discussie aan.
- Varieer de objecten die je laat beschouwen. Het gaat niet allen om kunst. Ook reclame, gewone gebruiksvoorwerpen, architectuur en natuurlijke producten kun je voor beeldbeschouwing gebruiken.

Om kinderen te helpen bij het ontwikkelen van hun beeldend vermogen zul je iets moeten weten over die ontwikkeling. Maar je bent er niet mee klaar wanneer je inzicht hebt. Je zult je ook moeten afvragen wat je met die kennis kunt doen. De meeste onderzoeken over de ontwikkeling van het beeldend vermogen van kinderen zijn nogal constaterend: ze noemen slechts feiten en geven geen aanwijzingen voor de gebruiker. In die gevallen kun je je met recht afvragen: *'Wat heb ik er aan in de groep, of voor mijn leerlingen, behalve dat ik kan nagaan of het klopt?'*

In volgende hoofdstukken staan activiteiten beschreven die op bovenstaande ontwikkelingen betrekking hebben.

Vragen en opdrachten

1. Leg een verzameling werkstukken aan van verschillende kinderen, waarmee je een bepaalde periode kunt illustreren. Als je niet over originelen kunt beschikken, kun je ze scannen of er foto's van maken. Zorg er vooral voor dat je nauwkeurig de bijbehorende gegevens noteert.
2. Wanneer beginnen kinderen te tekenen?
3. In welke groep zal beeldonderwijs het minst gemakkelijk zijn?
4. Waarom maken kinderen op een gegeven moment gesloten figuurtjes?
5. Kindertekeningen zijn coderingen. Verzamel een aantal andere coderingen.
6. Kun je tekeningen die in een groep naar eenzelfde onderwerp zijn gemaakt, rangschikken naar ontwikkeling?
7. Waarom is leren zien belangrijk?
8. Probeer je te herinneren hoe je als kind iets beeldends maakte. Probeer zoiets nog eens te maken en noteer erbij wat je toen dacht (als je dat nog weet). Hoe oud was je toen?
9. Zoek een ideoplastische en een fysioplastische vormgeving en vergelijk ze.
10. Hoe komt het dat de afbeeldingen van bijvoorbeeld door kinderen getekende mensen zo veranderen tussen vijf en acht jaar?
11. In dit hoofdstuk staan illustraties bij de tekst. Probeer zelf originele kindertekeningen en foto's van ruimtelijke werkstukken te vinden die bij dit hoofdstuk zouden passen en maak er teksten bij.
12. Wat is het verschil tussen een schematekening en een automatische herhaling?
13. Waarom hebben elfjarigen meer behoefte aan natekenen dan achtjarigen?
14. Mag je kinderen laten natekenen van plaatjes?
15. In de kunst (oude kunst, zogenaamd primitieve en naïeve kunst maar ook moderne kunst) zie je soms beelden die overeenkomst vertonen met werk van kinderen. Probeer voorbeelden te vinden en zoek uit waarom die kunstenaars op die manier werkten.
16. Hoe oud moeten kinderen zijn om samen met hen over hun beeldend werk te praten?
17. Bespreek samen met een studiegenoot twee werkstukken uit eenzelfde opdracht (uit je stage bijvoorbeeld) en ga vooral in op het verschil in kwaliteit.
18. Kindertekeningen worden soms vergeleken met uitingen van kunstenaars. Zou je het beeldend werk van kinderen kunst kunnen noemen? Kinderkunst misschien? Waarom wel? Waarom niet?
19. Waarom zie je bij de ontwikkeling van het beeldend vermogen zo weinig (of helemaal geen) voorbeelden met textiel?
20. Vergelijk van een kind een tekening en een ruimtelijk werkstuk over hetzelfde onderwerp. Wat merk je op?
21. Leg uit wat betekent: *Reflectief kunnen omgaan met beelden is een noodzaak. Productief en receptief kunnen omgaan met beelden is een verrijking van je leven* (paragraaf 2.6).
22. Noem een gevaarlijke techniek (paragraaf 2.10) en beschrijf hoe je daarmee omgaat in de les. Voor welke groep geldt dat?
23. Maak een digitale presentatie van beeldend werk van kinderen dat de ontwikkeling van het beeldend vermogen illustreert.
24. Maak een digitale presentatie van beeldend werk van kinderen waarmee je aantoont hoe het niet moet.
25. Neem uit de kranten van afgelopen week een foto die je de moeite waard vindt. Maak er voor elk van de vijf stadia van Parsons een paar reacties bij die je van kinderen zou kunnen verwachten. Neem de foto vervolgens mee naar de stageschool en probeer te achterhalen of er iets klopt van wat je bedacht hebt.
26. Wanneer ben je voor het laatst naar een museum of galerie geweest? Beschrijf wat je je daarvan nog herinnert en ga vervolgens aan de hand van die beschrijving na door welke brillen je hebt gekeken.
27. Welke drie eigenschappen bepalen in stadium vier (Parsons) de betekenis die een beeld kan krijgen?

28 Vorm groepjes van twee waarbij de een wel en de ander geen beeldend vak in zijn eindexamenpakket had. Maak twee lessen beeldbeschouwing over een vlak of ruimtelijk werkstuk; een voor jouw stagegroep en een voor die van je studiegenoot. Ervaren jullie achtergrondkennis van beeldende kunst als een voordeel?

29 Geef aan waarom de theorie van Parsons goed aansluit bij de ontwikkeling van het beeldend vermogen.

30 Zoek bij de afbeelding op blz. 61 (de steen met strepen) een afbeelding van een schilderij dat je daarmee kunt vergelijken. Ontwerp met die twee afbeeldingen als uitgangspunt een activiteit voor een groep uit de bovenbouw waarin zowel beeldbeschouwen als het maken van beeldend werk aan bod komt.

'De geschiedenis is een betere richtlijn dan goede bedoelingen.'
Jeane Kirkpatrick, Amerikaans ambassadeur (1926-2006)

3 Geschiedenis en zijn uitwerking

3.1	**Introductie** *67*	
3.2	**Het ontstaan van beeldonderwijs** *67*	
3.2.1	Het begin: in de leer bij de meesters *67*	
3.2.2	Academies en tekenscholen *68*	
3.2.3	Van tekenschool naar ambachtsschool *68*	
3.3	**Denkers over beeldonderwijs** *69*	
3.3.1	Comenius *69*	
3.3.2	Locke *69*	
3.3.3	Rousseau *69*	
3.3.4	Pestalozzi *70*	
3.3.5	Fröbel en het onderwijs aan jonge kinderen *70*	
3.4	**Tussen 1800 en 1930** *71*	
3.4.1	Algemeen vormend en verplicht *72*	
3.4.2	Handenarbeid: leervak of leervorm? *72*	
3.4.3	Plaattekenen *72*	
3.4.4	Natuurtekenen *73*	
3.5	**Het kind wordt ontdekt** *74*	
3.5.1	Omstreeks 1900: Reformpedagogie *75*	
3.5.2	Reform handenarbeid *75*	
3.5.3	Reform tekenen *76*	

3.6	**Conservatief of progressief?** *77*	
3.6.1	Merema *77*	
3.6.2	Altera *77*	
3.6.3	Groen *78*	
3.6.4	Vrije expressie: De Werkschuit *79*	
3.6.5	Geleide expressie *79*	
3.6.6	Expressie en Expressionisme *80*	
3.7	**Na 1950: leren** *80*	
3.7.1	Bauhaus *80*	
3.7.2	Fenomenologie *81*	
3.7.3	Dialectische didactiek *81*	
3.7.4	Visuele communicatie: beeldtaal *82*	
3.7.5	Tekenen en handvaardigheid zijn leervakken *83*	
3.7.6	Examens *84*	
3.7.7	Beeldbeschouwen in de kerndoelen *84*	
3.8	**Eclectische opvattingen** *84*	
3.8.1	Alles in een schema *84*	
3.8.2	De huidige schoolpraktijk *86*	
	Vragen en opdrachten *87*	

3.1 ■ Introductie

Dit hoofdstuk beschrijft drie geschiedenissen, want de ontwikkelingen van tekenen, handenarbeid en handwerken in het lager (basis)onderwijs lopen langs geheel verschillende lijnen en komen pas in de jaren zestig bij elkaar. Het is een tamelijk uitgebreid verhaal dat je voor je studie waarschijnlijk niet in zijn geheel nodig hebt. Je zult het echter elders niet gemakkelijk met voorbeelden geïllustreerd in deze toegankelijke vorm vinden en het verklaart hoe beeldonderwijs in de loop der jaren in Nederland veranderde tot wat jij er straks aan gaat toevoegen. Kijk vooral op de ⊕ website als je meer informatie over dit onderwerp wilt of als je illustraties nodig hebt.

Je leest hoe het tekenonderwijs aan kinderen in Nederland ontstond uit het vakonderwijs en waardoor het telkens veranderde. Je leest hoe handenarbeid zich ontwikkelde uit arbeid, hoe textiele werkvormen uit handwerken ontstond en hoe handenarbeid en handwerken handvaardigheid werden. Momenteel worden de drie vakken samen vaak gezien als één vak: beeldende vormgeving. Als je niet meer aan vakken denkt, kun je spreken van beeldonderwijs.

De geschiedenis van het onderwijs in tekenen en handvaardigheid in Nederland loopt parallel aan die van andere landen voor zover het de inhoud betreft. Verschillen zijn er als je kijkt naar de plaats die de vakken in het onderwijs kregen toebedeeld. Daarin liep Nederland bepaald niet voorop.

Bij tekenen is waarneming altijd een belangrijk onderwerp. Bij handenarbeid gaat het vanaf het begin om twee verschillende principes: handenarbeid als arbeid en handenarbeid als hulpmiddel bij het leren van andere schoolvakken. In de geschiedenis van textiele werkvormen gaat het heel lang slechts over nuttige handwerken. Na 1945 richten handenarbeid en tekenen zich op expressie, bij textiel breekt dat pas echt goed door als in 1968 ook handenarbeid en textiele werkvormen verplicht worden in het voortgezet onderwijs. Vanaf die tijd doen ook beeldaspecten en beeldbeschouwing hun intrede en gaan de drie vakken meer overeenkomsten vertonen.

Kennis van de geschiedenis heb je nodig:
- om niet opnieuw het wiel van het onderwijs in tekenen en handvaardigheid uit te gaan vinden;
- om voort te kunnen bouwen op wat anderen zijn begonnen;
- om verbanden te zien tussen maatschappelijke ontwikkelingen en behoeften enerzijds en onderwijs in tekenen en handvaardigheid anderzijds;
- om je inzicht in beeldonderwijs te verscherpen.

Dat in dit hoofdstuk meer staat over tekenen dan over handvaardigheid komt vooral omdat tekenen al vanaf 1889 een verplicht vak is voor alle leerlingen in het lager onderwijs.

3.2 ■ Het ontstaan van beeldonderwijs

Toen de prehistorische mens zijn stieren, herten en beren in Altamira op de rotswanden tekende, hebben anderen misschien vol bewondering staan kijken en gedacht: *'Ik wou dat ik dat ook kon'*. Die eerste kunstenaar merkte dat en zei: *'Kom hier, ik zal je leren hoe je dat moet doen'*. Beeldonderwijs was geboren. Zou het zo gegaan zijn? Van die begintijd weten we niets, we vermoeden slechts. Naarmate de geschiedenis recenter wordt, is het minder moeilijk te reconstrueren hoe het geweest moet zijn.

3.2.1 ■ Het begin: in de leer bij de meesters

Egyptenaren, Grieken en Romeinen tekenden, en er zullen toen ongetwijfeld ook leraren en leerlingen geweest zijn. In de Middeleeuwen onderwezen monniken in kloosterscholen hoe je tekeningen moest maken om boeken te illustreren. Ook het versieren van letters leverde juweeltjes op die we met genoegen bekijken. Later (in de 15e en 16e eeuw) kregen de in die tijd bekende kunstenaars leerlingen en zo ontstonden de meesterateliers waar leerlingen ijverig de verf mengden, beitels slepen en de studiebladen van de meester kopieerden. Daarnaast had je de gewone ambachtsman, die timmerde, smeedde, leer bewerkte of voor de kunstenaar de beelden hakte. Dat was arbeid. De gewone huisvrouw naaide, verstelde en breide (nuttige

Detail van een ets uit 1600 van een Italiaanse tekenschool (academia). De jongste leerling laat een blad met ogen en monden zien die hij van een voorbeeld heeft gekopieerd. Een oudere leerling tekent een been naar een gipsmodel.

handwerken) en de vrouwen die dat niet hoefden, hielden zich bezig met schone, fraaie of sierende handwerken. Voor handwerken werden hier en daar scholen opgericht. Amsterdam had in 1529 twee scholen voor *schamele meisjes*. Die leerden er spinnen en ander handwerk om ze te behoeden voor misval en oneer.

3.2.2 ■ Academies en tekenscholen

In 1583 werd in Haarlem door Carel van Mander een *academie* opgericht, de eerste in Nederland. Zoals toen gebruikelijk, was die academie niet meer dan een groep kunstenaars die zich hadden verenigd om naar levend model te tekenen. Vanaf het begin van de 18e eeuw ontstonden er tekenacademies voor aankomende kunstenaars.

In de Republiek der Zeven Verenigde Nederlanden was de gewestelijke en lokale zelfstandigheid erg groot. Lang niet alle kinderen gingen naar school, dat hoefde niet omdat er geen leerplicht was. Onderwijs en sociale hulp waren (lokale) gunsten. Je had er geen recht op. Veel gemeenten hadden scholen voor armen. Aan de armenscholen werden meisjes uitsluitend onderwezen in handwerken. Men ging ervan uit dat zij met naaiwerk in hun onderhoud zouden kunnen voorzien. Leren lezen, schrijven en rekenen hoefden meisjes niet. Voor jongens werden *tekenscholen* opgericht waar jongens konden leren wat ze aan tekenen voor hun beroep nodig hadden. Met het ontstaan van de Bataafse Republiek (1795) kreeg de centrale regering in Den Haag meer macht. Dat had onder andere tot gevolg dat het lager onderwijs in 1806 door een schoolwet aan de Nationale Wetgeving werd gebonden. Eigenlijk begon vanaf die tijd het algemeen vormend onderwijs, maar nog steeds zonder tekenen, handenarbeid of handwerken, en vanwege het ontbreken van leerplicht, niet voor alle kinderen in Nederland.

3.2.3 ■ Van tekenschool naar ambachtsschool

In 1817 kwam er een Koninklijk Besluit over het kunstonderwijs waarin over de *tekenscholen* onder andere stond:

'Er zullen zooveel mogelijk in alle steden van het Rijk, wier geringe bevolking dit niet verhindert, teekenscholen zijn, ten oogmerk hebbende om niet alleen de jeugd, maar ook den handswerkman onderwijs te doen genieten in de gronden der

teekenkunst, bijzonder in die van het teekenen van het Menschbeeld en in de gronden der bouwkunde.'
Inmiddels waren er ook *ambachtsscholen* ontstaan, waar de toekomstige handwerkslieden zich wel konden bekwamen in een van de vele beroepen waarbij, veel meer dan nu het geval is, van de ambachtsman tekenvaardigheid werd verwacht. Wagenmakers, schrijnwerkers, leerbewerkers, smeden, rietvlechters, enzovoort moesten namelijk ook zelf ontwerpen kunnen maken. Veel *tekenscholen* veranderden van lieverlede in *ambachtsscholen*. In 1803 ontstond een aantal Leer- en Werkscholen voor dienstboden, waar veel waarde werd gehecht aan nuttige handwerken. Het verstelwerk was in elk geval werk voor de dienstbode. Daaruit ontstonden de latere *huishoudscholen*.
Tot het midden van de 19e eeuw was de algemene opvatting dat tekenen alleen nodig was voor mensen die het in hun beroep nodig hadden: kunstenaars en ambachtslieden. Op de ambachtsschool leerde je een vak, daar hoorde tekenen dus thuis.

3.3 ■ Denkers over beeldonderwijs

Denkers over opvoeding en onderwijs hadden vaak ook een uitgesproken mening over tekenen. Soms waren die opvattingen aanleiding het onderwijs daarop te baseren. Vaak, zoals ook nu nog, waren die opvattingen ingebed in de tijdgeest. Als de algemene levensopvattingen een bepaalde kant opgaan, is het logisch dat onderwijs zich daarbij aansluit.

3.3.1 ■ Comenius
Voor zover we weten heeft de uit Moravië afkomstige pedagoog Johannes Amos Comenius (1592-1671) als eerste geschreven dat ook kinderen onderwijs in tekenen zouden moeten krijgen. Volgens Comenius was de primaire bron van kennis van de mens gelegen in de wereld om hem heen. Daarom moest men in het onderwijs uitgaan van aanschouwing. In zijn boek *'Opera didactica omnia'* (1657) pleitte hij ervoor dat de ontwikkeling van het waarnemingsvermogen in de volksschool moest gebeuren.

3.3.2 ■ Locke
Ook John Locke (1632-1704) vond dat de primaire bron van kennis van de mens in de wereld om hem heen is gelegen. De mens maakt zich deze kennis eigen door middel van zintuiglijke waarnemingen. Die waarnemingen worden door de menselijke geest opgeslagen in de vorm van voorstellingen. Beroemd is zijn voorstelling van het jonge kind als een blanco vel papier, een *tabula rasa* waar, afhankelijk van de zintuiglijke gewaarwordingen, van alles op geschreven kan worden. Dit is vooral interessant: Locke maakt onderscheid tussen de uiterlijke en de innerlijke waarneming. De innerlijke waarneming is in staat datgene wat de uiterlijke waarneming noteert te ordenen. Zintuiglijke indrukken kunnen worden bewerkt en toegevoegd aan reeds bestaande om zo tot nieuwe voorstellingen te komen.

3.3.3 ■ Rousseau
Jacques Rousseau (1712-1778) vond dat het tekenen moest beginnen met het tekenen van echte landschappen en voorwerpen naar de aanschouwing, en niet met het natekenen van platen.

'Ik wil dat hij (Emile) het origineel onder ogen heeft en niet het papier waarop het is voorgesteld [...] opdat hij zich aanwent de voorwerpen waar te nemen zoals je ze in werkelijkheid ziet en geen foute en conventionele imitaties voor echte afbeeldingen houdt. Mijn bedoeling is niet zozeer dat hij de voorwerpen weet na te bootsen, dan wel, dat hij ze leert kennen.'

Rousseau wilde het liefst geen enkele beïnvloeding door het geven van aanwijzingen. Maar hij was ook een pertinent tegenstander van het geheugentekenen (om over het fantasietekenen maar te zwijgen).

De tekenzaal van de Eerste Amsterdamse Ambachtsschool in 1865. Links een draadmodel en op de tafel blokmodellen uit de methode Dupuis.

'Ik zal hem er zelfs van weerhouden om bij afwezigheid van voorwerpen iets uit het geheugen te tekenen [...] Stel je voor dat het kind de smaak voor de schoonheden der natuur en de kennis van de juiste verhoudingen verliest door fantasie in plaats te stellen van de waarheid.'

3.3.4 ■ Pestalozzi

De Zwitser Pestalozzi (1746-1827) kende de denkbeelden van Rousseau. Hij was het in grote trekken ook met hem eens maar verschilde in de opvatting over lesgeven. Hij vond dat je de natuur een handje moest helpen om kinderen te leren, omdat kinderen door alles wat ze meemaken ook niet meer natuurlijk opgroeien. Volgens Pestalozzi leert een mens door het luisteren naar geluiden, het bestuderen van vormen en door de studie van getallen. Het meten speelt een belangrijke rol in alle waarnemingen. Door geluiden te meten komen we tot de studie van maat en ritme bij muziek, door vormen te meten komen we tot geometrie en tekenen.

Drie belangrijke principes van Pestalozzi zijn van grote invloed geweest op het onderwijs:

- Kennis moet van eenvoudig naar minder eenvoudig in heel kleine stapjes worden aangebracht.
- Alle kennis begint met waarneming. Zorg dus dat onderwijs aanschouwelijk is.

Onderwijs in tekenen was volgens Pestalozzi het meest geschikte middel ter verkrijging van algemene ontwikkeling omdat het een unieke weg was om het waarnemen te ontwikkelen. Dat was dus heel wat meer dan tekenonderwijs alleen nuttig te verklaren voor bepaalde beroepen. Tekenonderwijs moest dan wel naar de directe waarneming plaatsvinden en niet naar platen. Kijken, meten met de ogen, ordenen van maten en verhoudingen en vergelijken met de elementaire vormen zodat afwijkingen daarmee direct zijn vast te stellen was het motto. Pestalozzi ontwikkelde er een systeem voor dat hij *vormleer* noemde en dat een basis werd voor het wiskundeonderwijs.

3.3.5 ■ Fröbel en het onderwijs aan jonge kinderen

De Duitser Fröbel (1782-1852) bestudeerde het werk en de ideeën van Pestalozzi, bij wie hij twee jaar werkte. Hij publiceerde in 1826 zijn opvattingen over hoe opvoeden en onderwijs zouden moeten gebeuren. Net als Pestalozzi wist Fröbel dat goed waarnemen belangrijk is voor het opdoen van kennis, maar hij wilde dat op een andere manier bereiken. Fröbel stelde dat kinderen zich van binnenuit ontwikkelen en dat ze dus meer moeten doen dan kijken; ze moeten zelfwerkzaam zijn. Die zelfwerkzaamheid moet geleid worden. De spontane kinderlijke drang tot geestelijk actief zijn moet je richten op systematische leerprocessen. Leren wordt volgens hem bereikt door de juiste spelmaterialen in combinatie met de juiste bezigheden. Fröbel vergeleek zijn onderwijssysteem met een tuin en hij

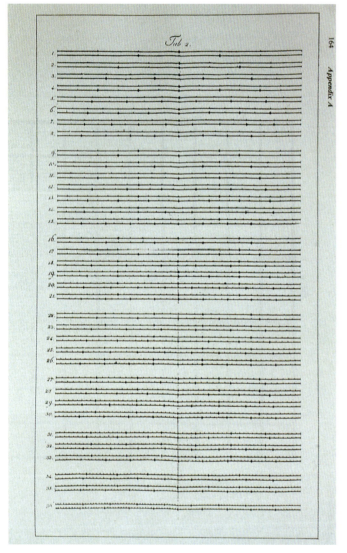

In zijn *ABC der Anschauung oder Anschauungs-Lehre der Massverhältnisse* (1801) laat Pestalozzi zien hoe het tekenen moet beginnen. *Trek een horizontale lijn en probeer die zonder met een liniaal te meten in twee gelijke stukken te verdelen. Probeer hem dan eens in drie gelijke stukken te verdelen.* En zo ging dat door. Veel schrijvers van tekenmethoden namen dit principe over en lieten het onderwijs in tekenen beginnen met het tekenen van rechte lijnen.

Fröbel beschouwde het leggen van geometrische figuren met behulp van metalen halve en hele cirkels als *tekenen met behulp van gegeven lijnen*. Ook bij Fröbel begon het tekenen met geometrische figuren. Fröbel gaf een net van lijnen om de onzekere kinderhand te leiden in het trekken van wiskundige kromme en rechte lijnen. De afbeelding komt uit een Amerikaanse handleiding uit 1876. Hetzelfde kun je in je stageschool tegenkomen: de leerling bezig met ontwikkelingsmateriaal. Dat het bij Fröbel een voorbereiding op tekenen was, zijn we een beetje vergeten.

gebruikte Fröbel rechte en kromme legstokjes. Als laatste kwam hij bij de punt. Hiervoor werden kralen en erwten gebruikt. De moeilijkheidsgraad van de activiteiten liep met de leeftijd op.
Het ontwikkelingsmateriaal dat wij nu gebruiken in de eerste groepen van de basisschool, is veelal ontstaan uit de gaven van Fröbel.

3.4 ■ Tussen 1800 en 1930

Vanaf het begin van de 19e eeuw werd de zorg voor het onderwijs een nationale zorg en moesten ook kinderen uit de *volksklasse* naar school. Dit leidde tot grote groepen die tegelijkertijd onderwijs moesten krijgen en

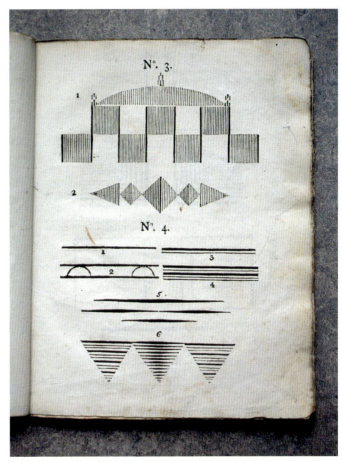

De Groningse onderwijzer Rijkens, die zich zorgen maakte over het ontbreken van tekenen op volksscholen en aan kinderen van vijf tot zeven jaar, liet als eerste oefening een loodlijn tekenen en vervolgens een schuine lijn. Rijkens' boek *Praktische handleiding voor de eerste beginselen der teekenkunde ten dienste van lagere scholen en huisgezinnen,* kwam in 1824 uit. Dat hier Pestalozzi's denkbeelden van invloed zijn geweest is duidelijk.

noemde zijn school ook zo: *Kindergarten*.
Voor de combinatie van maken/doen en waarnemen heeft Fröbel een systeem van een twintigtal spelvormen bedacht die hij *Spielgaben* noemde.
De eerste gave bestond uit zes wollen ballen in verschillende kleuren, de tweede uit drie geometrische vormen van hout: een bol, een cilinder en een kubus, voor de ontwikkeling van het ruimtebegrip. Hiermee verschilde hij wezenlijk van Pestalozzi, die waarnemen liet beginnen met visuele waarneming in het tweedimensionale vlak. Voor het werken met lijnen

daardoor ontstond behoefte aan een meer systematische aanpak. Aanvankelijk leidde dat tot methoden die gebaseerd waren op de ideeën van Pestallozzi. Omstreeks het midden van de 19e eeuw onderschreef men ook in Nederland de volgende redenering:

De mens is een redelijk wezen dat door middel van zijn zintuigen waarnemingen registreert. Die waarnemingen moet de mens door de rede ordenen, anders ontstaat er geen kennis, maar chaos. Als een waarneming gedaan is, blijft er een voorstelling achter. Kennis is een geordende verzameling voorstellingen. Om kennis te verkrijgen moet je dus waarnemingen doen. Wie veel kennis heeft (dus over veel voorstellingen beschikt) kan de werkelijkheid overzichtelijk ordenen. Het aanbrengen van veel verschillende voorstellingen op basis van waarnemingen is van belang, daarom moet je het onderwijs ook veelzijdig maken.

Er kwamen dus in het midden van de 19e eeuw aardig wat vakken bij in het algemeen vormend onderwijs. Een van die vakken was *vormleer*, een manier van meten aan dingen die door Pestalozzi was bedacht. Het leek wel meetkundig tekenen. Vormleer was een verplicht vak.

3.4.1 ■ Algemeen vormend en verplicht

Als je nagaat wanneer de vakken tekenen, handenarbeid en nuttige handwerken zich een vaste plaats in het algemeen vormend lager onderwijs veroverden, kom je tot merkwaardige ontdekkingen.

In 1878 werd *nuttige handwerken* (alleen voor meisjes) als verplicht vak in de openbare scholen van het gewoon lager onderwijs opgenomen.

Tekenen werd 1889 verplicht, maar in feite betrof dat slechts een naamsverandering, want het verschilde aanvankelijk niet van het vak *vormleer*, dat al vanaf 1857 (evenals zingen) verplicht was.

In 1901 kwam de algemene leerplicht.

Tot omstreeks 1900 was er nauwelijks sprake van handenarbeid op lagere scholen. Wel waren er zogenoemde *huisvlijtscholen* en *scholen voor handenarbeid*. In 1891 kwam handenarbeid (slöjd) als verplicht vak op de kweekschool.

Pas in 1981 komt handenarbeid, dat inmiddels samen met textiele werkvormen *handvaardigheid* heet, als verplicht vak het lager (basis) onderwijs binnen. In de Wet op het basisonderwijs staat in 1981:

'Bij de expressieactiviteiten wordt in elk geval aandacht besteed aan: de bevordering van het taalgebruik, tekenen, muziek, handvaardigheid, spel en beweging.'

Dat is anno 2007 nog steeds geldend. Daar is wat de inhoud betreft het een en ander aan vooraf gegaan.

3.4.2 ■ Handenarbeid: leervak of leervorm?

Handenarbeid heeft in het basisonderwijs pas betrekkelijk recent een vaste plaats kunnen veroveren. Toch had men in de jaren dat het vak slechts marginaal in het onderwijs aanwezig was, wel meningen over hoe het zou moeten. Hier en daar bracht men het ook in praktijk. Aan handenarbeid in het algemeen vormend lager onderwijs hebben jarenlang twee gedachten ten grondslag gelegen: die van *arbeid* en die van *kennis*.

■ Vanuit het standpunt *arbeid* gold: leren omgaan met gereedschap werd nuttig geacht omdat je er geld mee kon verdienen en omdat bezigheden jonge mensen van de straat (en uit de buurt van de drankfles) hielden. Het was zinvol omdat de ervaring zelf iets te kunnen maken goed is voor het zelfbewustzijn van jonge mensen. Het gaat hier over handenarbeid in zijn letterlijke betekenis: het werken met de handen. Vanuit die visie breng je handenarbeid als een afzonderlijk vak in het onderwijs: een *leervak*.

■ Handenarbeid beoefenen om kennis te verwerven stoelde op de gedachte dat zintuiglijke gewaarwordingen kennis verschaffen. Door theorie (uit andere schoolvakken) via handenarbeid aanschouwelijk te maken, zou men kennis dus ook kunnen vergroten. Daarom bouwden leerlingen bijvoorbeeld dijken van klei en maakten ze windmolens van papier om iets te leren over inpolderen en droogmalen. Handenarbeid werd hier gezien als een hulpmiddel voor beter onderwijs, een *leervorm*.

3.4.3 ■ Plaattekenen

In pogingen om het leren systematisch te doen verlopen werden, toen tekenen eenmaal een verplicht vak was, talrijke methoden geschreven. Meestal baseerden de schrijvers zich op het tekenen van eenvoudige geometrische grondvormen. Zo ontstond het merkwaardige verschijnsel dat kinderen rechte lijnen moesten tekenen die op platen in tekenschriftjes waren afgebeeld of op een wandplaat voor de klas gehangen. Series met honderd of meer platen waren geen

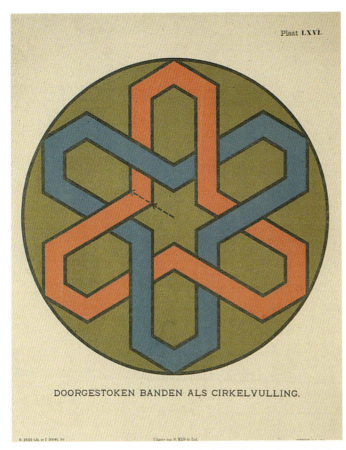

Plaat LXVI uit de methode van Zwier en Jansma. In de eerste uitgave (1896) hadden de platen Romeinse cijfers.

Zo'n voorwerp kon een recht ijzeren staafje zijn voor de beginnende leerling, een krijtbakje of een ander klein voorwerp.

Wie koos voor *natuurtekenen* liet zich later vaak inspireren door de methode Dupuis.

Ferdinand Dupuis uit Parijs ontwierp rond 1840 een methode voor het *elementair tekenonderwijs*. Elementair, maar wel met de bedoeling dat het pas in het voortgezet onderwijs zou beginnen. Het tekenen naar platen werd principieel uitgesloten. De voorbeelden werden in een standaard voor de klas geplaatst. De eerste voorbeelden die kinderen moesten natekenen, waren vlakke meetkundige figuren van ijzeren staafjes. Vervolgens mochten ze ruimtelijke meetkundige open figuren tekenen waarbij staafjes de ribben vormden (de zogenoemde draadmodellen). Daarna iets dergelijks met dunne latjes om ook licht en schaduw weer te geven. Als laatste in deze eerste groep kwamen de dichte meetkundige lichamen. Wie zich door een uitgebreide uitzondering. Met de 125 platen van Zwier en Jansma (later nog met 25 aangevuld) kon een leerling wel een heel schoolleven bezig blijven.

Hoe zou dat plaattekenen in zijn werk moeten gaan in de lagere school?

> 'De onderwijzer verzuime niet, elke wandplaat met de leerlingen op het schoolbord te behandelen; deze behandeling betreft steeds: het gezamenlijk beschouwen en bespreken van de figuur; het ontleden daarvan en het aanwijzen en schetsen van de samenstellende deelen afzonderlijk; het zoeken naar den weg, om de figuur geleidelijk op te bouwen.'

3.4.4 ■ Natuurtekenen

Niet iedereen was gelukkig met het plaattekenen. De tegenstanders van het tekenen naar afbeeldingen noemden het tekenen dat zij voorstonden *natuurtekenen*. De term *natuurtekenen* kan gemakkelijk tot verwarring leiden. In die tijd (vanaf ± 1830) bedoelde men ermee: het nauwkeurig leren tekenen van driedimensionale objecten naar de directe waarneming.

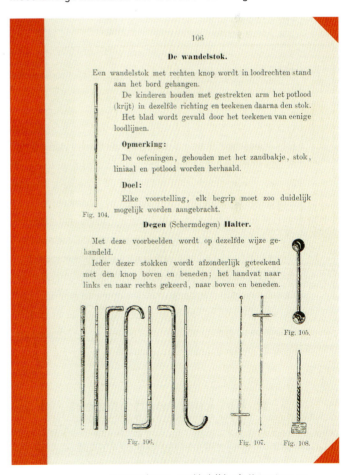

Natuurtekenen, een bladzijde uit *Het natuur- en geheugenteekenen voor de lagere school* (E. van der Woude, 1910). De leraar moest echte wandelstokken en degens in voorraad hebben of modellen ervan.

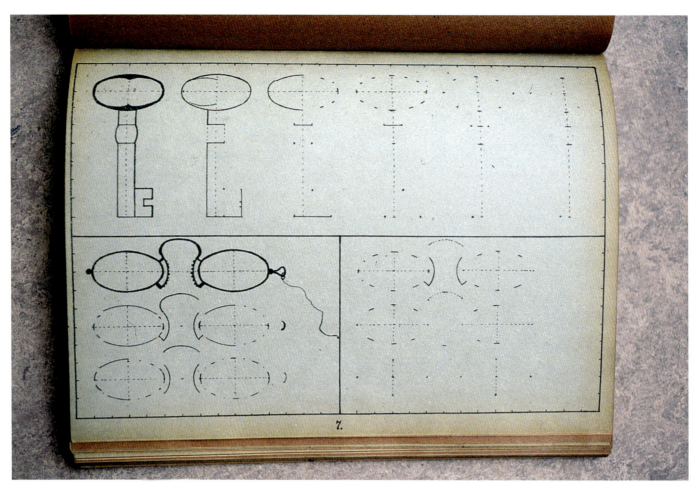

reeks voorwerpen heen had getekend, mocht zich op de tweede helft van de cursus werpen: de *gipsmodellen* van koppen, ornamenten, landschappen en bloemen. In dit stap-voor-staponderwijs was succes blijkbaar verzekerd, want de methode vond in heel West-Europa navolging. Ook in het lager onderwijs werd de methode gebruikt, aangepast en veelal met een serie wandplaten vooraf (wat net niet de bedoeling was).
Er zijn verschillende aanpassingen gemaakt om de methode Dupuis in het lager onderwijs ingang te doen vinden, maar geen van deze methoden was opgewassen tegen de invloed van de wandplaten.

3.5 ■ Het kind wordt ontdekt

Tegen het eind van de 19e eeuw verschijnen de eerste studies over hoe kinderen tekenen wanneer ze vrij worden gelaten om te tekenen wat en hoe ze willen. Je kunt zeggen dat het kind werd ontdekt. Dat had in het begin overigens slechts geringe invloed op het

Uit ervaring wist men dat het voor jonge kinderen moeilijk was om een rechte lijn te tekenen. Aangezien dat lange tijd toch wel als eerste vereiste werd beschouwd, besloot men soms tot het hulpmiddel van netwerken en stippen om de lijnen aan te geven. Men noemde dat *stigmografisch tekenen*. Later werden ook gebogen lijnen eerst langs stippen ingeoefend alvorens ze uit de vrije hand getekend mochten worden (uit modellenboekjes of naar wandplaten). Een bladzijde uit *Het nieuwe leiboekje voor school en huis* uit 1910 van H.L. Horn.

tekenonderwijs als onderdeel van de verplichte algemene vorming. Ook handenarbeid plukte er nauwelijks vruchten van, evenmin als nuttige handwerken.
Het meest invloedrijk waren de geschriften van Corrado Ricci (*l'arte dei Bambini,* 1887), Sully (*Studies in childhood,* 1895), Kerschensteiner (*Die Entwicklung der zeichnerischen Begabung,* 1905) en Luquet (*Les dessins d'un enfant,* 1913).

Waarnemen (zien en begrijpen), bleef het hoogste doel, maar het middel om dat te bereiken, zou volgens sommigen niet het traditionele natuurtekenen moeten zijn. Het zou eerder moeten liggen in het stimuleren van het spontane tekenen van kinderen, hoe onbeholpen ook, dan in het inoefenen van rechte lijnen (door alle leerlingen tegelijk naar een plaat of ruimtelijk voorbeeld voor de klas) of in het exact leren natekenen van een wandplaat of voorwerp. Geen natuurtekenen dus, maar *vrij tekenen* zou het moeten zijn. Vrij tekenen, zo stelde men, was niets minder dan eerst goed kijken en dan tekenen. Daarom werd het ook wel *geheugentekenen* genoemd. (Tegenwoordig verstaan we onder vrij tekenen het tekenen zonder opdracht.)

In de beeldende kunst was er al een soortgelijke verandering opgetreden doordat kunstenaars hun schilderijen niet langer met studies en schetsen voorbereidden in hun atelier, maar direct naar de natuur buiten de impressie van de waarneming vastlegden: Impressionisme.

Een pleidooi voor het geheugentekenen vind je in 1896 bij de onderwijzer Hinse (Maandblad van de NVTO).

'En bij het jonge kind, dat vrij mag krassen op lei en papier, zien we de leukste en meest typische afbeeldingen van wat zijn kinderziel in beslag heeft genomen. Onvolkomen beelden... natuurlijk gevolg van onvolkomen waarnemingen. Maar zou dat werk, eigen werk der kinderen, niet ongelooflijk veel meer waarde bezitten voor het zuiver leren waarnemen dan die nagepeuterde, door groote menschen uitgedachte projecties, uitgedacht door hen dus, die met een heel ander oog de dingen beschouwen dan het kind? Laten we de kinderen onze projecties natekenen, dan leren ze misschien die projecties goed waarnemen, maar het waarnemen der dingen kan niet anders gebeuren dan door het gebruik dier dingen zelf. [...]

Op een schoolwandeling zijn de jongens langs een overtoom gekomen en ze hebben met belangstelling gezien, hoe een volgeladen schuit uit het lage water werd opgetrokken en in de Wetering werd neergelaten. Een geheugenteekening is voldoende om te zien, of ze 't begrepen hebben, en om nimmer het waargenomene te vergeten. En de jongens, wetende, dat teekenen volgt op bijna iedere les en op iedere wandeling, worden gedurende de les en de wandeling geprikkeld tot oplettendheid en nauwgezetheid. Zóó komt men door zien tot teekenen en door teekenen tot zien.'

3.5.1 ■ Omstreeks 1900: Reformpedagogie

Enigszins generaliserend kun je zeggen dat tot 1900 tekenen en handvaardigheid, ook aan jonge kinderen, werd onderwezen alsof men niet met kinderen te maken had maar met volwassenen. Omstreeks 1900 veranderden opvoedkundige en onderwijskundige opvattingen. Dat leidde tot een andere pedagogie, die men later *Reformpedagogie* noemde.

Dewey in Amerika, Decroly in Brussel en Fey in Zweden (schrijfster van *De eeuw van het kind*) stelden, dat individueel onderwijs, gericht op ervarend leren de plaats moest innemen van het massale drillen zoals in de volksschool gebruikelijk was.

In Nederland waren het onder anderen de onderwijzers Jan Ligthart en Theo Thijssen die de Reformdenkbeelden in het lager onderwijs propageerden en in praktijk brachten.

3.5.2 ■ Reform handenarbeid

Onder invloed van de Reformpedagogie werd de keus voor handenarbeid als een manier van leren, een *leervorm*, gestimuleerd. Handenarbeid als *leervak* bleef echter het meest toegepast. Wie voorstander was van handenarbeid als *leervak* bedoelde daarmee handenarbeid om te leren iets te maken met de handen. Handenarbeid was nog steeds niet verplicht. Als het al gegeven werd dan was het bijna altijd als leervak op de slöjdmanier: hoe maak je een nestkastje of een pennenbakje? Net en nauwkeurig moest het zijn. Voorstanders van handenarbeid als *leervorm* bedoelden daarmee dat handenarbeid geen vak moest zijn, maar als arbeid in zoveel mogelijk vakken geïntegreerd moest worden. Je leerde immers beter als je ook zelf actief was. Handenarbeidachtige activiteiten zouden al het leren verbeteren. Men sprak van *arbeidsscholen* en van *doescholen*.

In het *Maandblad voor handenarbeid* van maart 1938 stond:

- *Er is een H.A. welke uitsluitend of overwegend het verrichten van arbeid op het oog heeft, ten einde tegemoet te komen aan de algemene menselijke behoefte tot voortbrenging; ten einde de schooljeugd met overleg en correct een werkstuk te leren uitvoeren; ten einde wat afwisseling te brengen in de overwegend intellectuele schoolarbeid.*
- *Een andere soort is de H.A., welke allereerst middel wil zijn, om het onderwijs in de andere leervakken te verlevendigen en het voorstellingsvermogen der jeugd te ontwikkelen.*

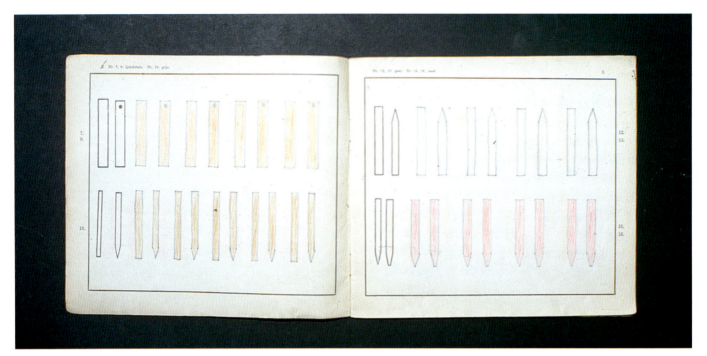

De richtingenstrijd tussen handenarbeid als leervak en als leervorm duurde in elk geval tot na 1945. Toen deed het *vrij vormen* zijn intrede onder invloed van expressietheorieën. Maar ook nu kun je soms nog horen

Een commissie uit de NVTO die in 1898 belast werd met een onderzoek te doen naar hoe tekenen op de lagere school zou moeten worden gegeven, schreef:
'Het onderwijs in tekenen op de lagere school moet blijven een stelselmatig handteekenen, gevestigd op meetkundigen grondslag, daar de eenvoudigste meetkundige figuren de grondvormen zijn van wat het dagelijks leven te aanschouwen geeft en om hun elementair karakter meer dan andere voorbeelden geschikt zijn voor het begin.'
En zo geschiedde, tientallen jaren, want de NVTO had nogal wat invloed. F. Boonstra tekende deze bladzijden in het tekenschriftje dat Bos en Steenbeek in 1904 ontwierpen en dat in 1922 zijn 19e druk beleefde.

Speciaal voor het tekenonderwijs gemaakte voorbeelden zijn nog niet zo lang geleden uit de school verdwenen. In 1942, in de vierde klas van de lagere school heb ik deze tekening gemaakt. Het tekenvoorbeeld is nogal gehavend doordat er vele malen met een hard potlood is doorgedrukt om een groef in het tekenblaadje te krijgen. Wij denken nu misschien dat kinderen het tekenen naar voorbeelden wel verschrikkelijk gevonden moeten hebben. Maar let er eens op hoe gemakkelijk kinderen naar voorbeelden grijpen als ze de kans krijgen. Zelf herinner ik me dat ik bijzonder trots was toen ik voor deze tekening een 7 kreeg. De bochtige lijnen hadden me heel wat hoofdbrekens gekost, maar ik had niet overgetrokken of doorgedrukt.

wat de voorzitter van de *Vereniging voor handenarbeid* in 1938 zei: *'De handenarbeid is, hoe men de zaak ook bekijkt een techniek. Alleen hij die de techniek beheerst zal in staat zijn dàt te maken wat hij zich voorstelt te doen.'*

3.5.3 ■ Reform tekenen

Voor het tekenonderwijs betekenden de Reformdenkbeelden onder andere dat fantasie en verbeelding de plaats moesten innemen van de nauwkeurige waarneming.
J. van de Wal uit Wezep, een onderwijzer op de lagere school wist het wel (Maandblad NVTO 1904):
'Het hedendaagse teekenonderwijs is in strijd met de natuur van het kind. De liefhebberij voor nagemaakte kunsten bestaat niet bij levenslustige kinderen.'
De Nederlandse onderwijzers en tekendocenten waren echter niet op die Reformideeën voorbereid. Bovendien had de NVTO even tevoren (in 1889) gesteld dat het

tekenen op meetkundige grondslag de beste manier was. De nieuwe methodes uit die tijd pasten zich daarom eerder aan bij de oude situatie dan dat ze vernieuwend waren. Nieuw was eigenlijk alleen het verwerpen van plaattekenen. Maar het tekenen naar voorbeelden bleef bestaan, al waren de voorbeelden, naar de geest van de tijd, meer impressionistisch van aard. Tot in de jaren zestig van de vorige eeuw kon men op scholen nog kinderen naar speciaal voor dat doel vervaardigde voorbeelden zien tekenen.

3.6 ■ Conservatief of progressief?

Denkbeelden uit de psychologie (dieptepsychologie) en stromingen in de beeldende kunst (expressionisme en later ook andere) kregen tussen de twee wereldoorlogen invloed op het beeldonderwijs.

> 'Het kind van heden wil vrij productief werkzaam zijn in plaats van reproductief. Hij wil zijn eigen leven uiten en liever dan door belering van anderen, wil hij door zelf-doen zich ontwikkelen. Bij zijn eigen problemen stelt hij ontroering boven vermeerdering van kennis. Zijn intuïtie gunt hij graag de voorrang boven verstandelijke overwegingen.'

Dat was een vooruitstrevende gedachte, in 1930 geuit in het gedenkboek *50 jaar NVTO*: beeldend werken, gebaseerd op voorstelling, verbeelding en fantasie.

3.6.1 ■ Merema

In het voortgezet onderwijs manifesteerde de ideeënstrijd zich duidelijk omdat daar voor het vak opgeleide leraren een eigen mening hadden. De Haagse tekendocent Bart Merema (een pionier in het binnenhalen van kunstbeschouwing in het tekenonderwijs) was in de jaren dertig de drijvende kracht achter de Haagse beweging van vooruitstrevende tekendocenten.

Onder invloed van psychologen die vonden dat kinderen toch echt wel anders zijn dan volwassenen, ontstonden er opvattingen die wezen op de mogelijkheden en het belang van kinderlijke uitingen. Vanaf 1935 zien we hiervan voorbeelden in het onderwijs. Merema wilde echter niet alleen laten uiten, hij wilde ook weten wat er achter een uiting schuilging. Hij stimuleerde zijn leerlingen achter op hun tekening te schrijven wat ze hadden uitgebeeld, en verklaarde de tekeningen ook

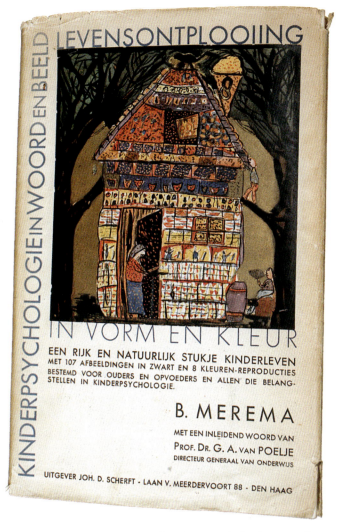

In 1938 verscheen *Levensontplooiing in vorm en kleur* van Merema. Een psychologisch-pedagogische studie van tekenende kinderen *(9 tot en met 13* jaar) en de natuurlijke ontwikkeling van het vorm- en kleurleven in hun spontane tekeningen. In dit boek maakte Merema duidelijk waarom het onbewuste de bron van kinderlijke beelden was.

zelf op basis van de psychologie van Jung. Zijn boek *Levensontplooing in vorm en kleur*, waarin hij pleit voor beleving als basis van tekenen, is nog steeds de moeite van het lezen waard.

3.6.2 ■ Altera

De jaren dertig (crisisjaren) waren ook voor het Nederlandse tekenonderwijs niet gemakkelijk. Bezuinigingen leidden tot salarisvermindering en tot het opheffen van functies (aan de ULO-scholen mocht bijvoorbeeld de leraar met hoofdakte de tekenlessen gaan geven). Maar er gebeurde wel wat. De NVTO besloot in 1935 een leerplan samen te stellen voor de

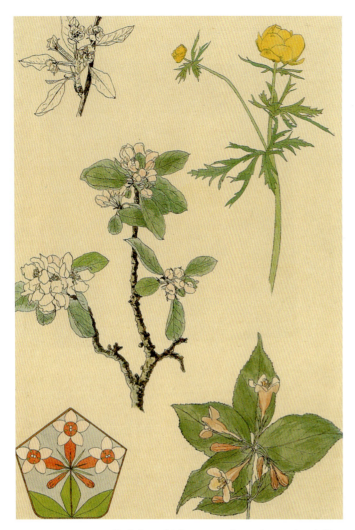

In de jaren dat Merema en zijn geestverwanten pleitten voor de menselijke psyche als uitgangspunt bij het tekenen bereikte het tekenen naar de waarneming ook grote hoogten. Een studieblad van een kweekschoolleerling naar bloemen en een takje appelbloesem (1938). Linksonder een stilering in een vijfhoek.

lagere school. Jan Altera (voorzitter van de commissie die dit tot stand zou brengen) heeft het werk tenslotte als samensteller op zijn naam gezet. Het is een uitvoerige handleiding waarin de leerstof gedetailleerd wordt besproken en veel aandacht wordt geschonken aan tekenen in relatie met andere vakken. De beknopte uitgave van het boek, dat in 1940 voor het eerst verscheen, heeft met elf herdrukken en herzieningen het tekenonderwijs op de lagere school en op de pedagogische academies tot in de jaren tachtig (de elfde druk is van 1982) beïnvloed.

Altera onderscheidde twee belangrijke didactische instrumenten die je (uiteraard in aangepaste vorm) bij beeldonderwijs nog steeds kunt hanteren: het leergesprek en de opmerkingen van de leraar als de leerlingen bezig zijn. Daarom zijn deze onderdelen in de talrijke voorbeeldlessen uitgebreid beschreven. Het leergesprek stuurde naar de te maken tekening. De leraar mocht daarbij eventueel op het bord voortekenen als hij het maar meteen weer uitveegde.

3.6.3 ■ Groen

T.A. Groen studeerde evenals Altera psychologie (in Groningen) en op zijn boeken afgaand zou hij voor de handenarbeid in het lager onderwijs hetzelfde hebben kunnen betekenen als Altera voor het tekenen. In 1940 publiceerde hij *De theorie van de handenarbeid,* waarvan

'Knutselen met vruchten' was een van de eerste artikelen over vrij vormen van Ab Meilink in het blad *Handenarbeid* (september 1947). Handenarbeid als leerhulp was voordien nog acceptabel geweest, maar vrij vormen? Meilink wist dus wat hij te promoten had. *'Wat een mogelijkheden liggen hier tevens om Uw jongens en meisjes de verschillende boom- en heestersoorten te leren, om ze zo spelenderwijs wegwijs te maken in de natuur'.* En even verder: *'We rijgen een ketting van eikels, dit kan tevens dienstbaar gemaakt worden aan het rekenonderwijs'.* Zijn we momenteel met zogenoemde *vakoverstijgende activiteiten* naar hetzelfde aan het zoeken?

in 1957 de negende druk verscheen, en in 1948 *Handenarbeid: Een handleiding waarin de noodzakelijkheid wordt aangetoond van arbeid als grondslag van opvoeding en onderwijs*. Het boek heeft echter niet de invloed gehad die Altera met zijn werk had, om de eenvoudige reden dat arbeid door de politiek niet als grondslag van opvoeding en onderwijs werd gezien. Handenarbeid bleef daarom ook na 1945 facultatief. Bovendien kwam ook in handenarbeid de expressiegedachte op, die Groen in latere drukken van zijn theorie wel noemt, maar waar hij verder niets mee doet. Handenarbeid als expressiemiddel werd vooral gepropageerd door Ab Meilink (1914-1997) met talrijke artikelen in tijdschriften en met zijn boek *Vrij vormen*, dat vanaf 1950 een plaats veroverde in het onderwijs.

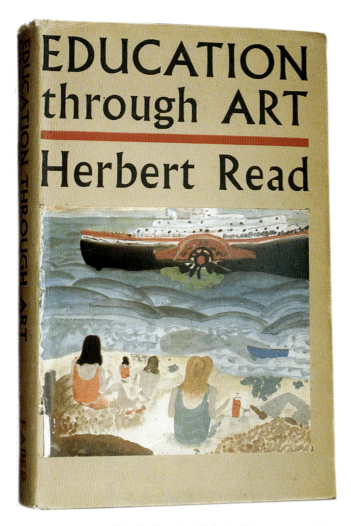

Education through Art is in het Nederlands vertaald onder de titel: *De kunst en haar educatieve functie* (1967). Reads werk is van invloed geweest op het tekenonderwijs in vele landen.

3.6.4 ■ Vrije expressie: De Werkschuit

De kunstpedagogen Herbert Read (Engeland) en Victor Löwenfeld (USA) stimuleerden met hun publicaties het onderwijs in tekenen en handvaardigheid als expressievakken. Het idee zich vrij te kunnen uiten (vrije expressie, creatieve zelfontplooiing) was na de Tweede Wereldoorlog en de onderdrukking die daarmee gepaard ging, bij velen in Nederland welkom, maar kwam niet zo gemakkelijk het reguliere onderwijs binnen.

Dat had vooral praktische oorzaken. Vrije expressie, waarbij kinderen activiteiten als tekenen/schilderen, boetseren/timmeren, dans, drama en muziek uitvoerden, vroeg om een eigen (liefst flexibele) ruimte. Vergeet niet dat in die tijd klaslokalen nog vol stonden met rijen zware eikenhouten schoolbanken. Niet echt een omgeving voor het maken van een dansje of een beeldend product.

In Amsterdam werd de vrije expressie omarmd door een groep enthousiasten die in een omgebouwde zandschuit een atelier inrichtten waar kinderen en volwassenen in hun vrije tijd beeldend bezig konden zijn. De medewerkers beschouwden het als een soort laboratorium om uit te vinden in hoeverre je kinderen vrij kon laten en waar ze hulp nodig hadden. Zij noemden het *De Werkschuit*. Door tentoonstellingen, publicaties en voordrachten werden de ideeën van De Werkschuit bekend.

3.6.5 ■ Geleide expressie

Onderwijs geven en tegelijkertijd de kinderen vrije expressie laten beoefenen, dat vonden veel onderwijsgevenden toch wel tegenstrijdig. Absolute vrijheid in de zin van pak maar wat en maak er iets van, dat kon het toch niet zijn. Die vorm van vrije expressie werd bekritiseerd. Kinderen moesten toch op zijn minst begeleid worden. De term *geleide expressie* ontstond. Van Gelder (hoogleraar onderwijskunde) en Van Praag (leraar handenarbeid) gaven met hun boekje *Grondslagen van de handenarbeid* (1957) aan hoe handenarbeid systematisch gegeven kon worden. Vanaf dat moment zie je dat ook de methodes voor handenarbeid veranderen: niet meer het kunstambachtelijke is de leidraad maar het stimuleren van kinderlijke vormgeving (zoals de methode *Beeldend vormen* van Vial).

3.6.6 ■ Expressie en Expressionisme

Beelden maken in verband brengen met expressie is niet altijd vanzelfsprekend geweest. In de tijd dat de kinderen op school niet anders deden dan voorbeelden natekenen, was van expressie geen sprake.

Het idee dat beelden maken en expressie veel met elkaar gemeen hebben is niet zo vreemd. Mensen die er zich op wetenschappelijke wijze mee hebben beziggehouden, konden aantonen dat het maken van beelden een vorm van uiten is. Een vorm van uiten waardoor niet alleen datgene wordt geuit waarvan de beeldenmaker zich bewust is, maar ook datgene wat hem eigenlijk niet zo helder voor ogen staat en zelfs dingen waarvan hij zich in het geheel niet bewust is. In dezelfde tijd dat deze gedachten sterk in de belangstelling stonden, bloeide in de kunst het Expressionisme. Het Nederlandse beeldonderwijs heeft zich in die periode sterk verwant gevoeld met de *Cobra*beweging (schilders uit COpenhagen, BRussel en Amsterdam, o.a. Appel en Corneille). *Oriëntatie op het uiten* betekende vooral: focussen op gevoelens van de maker/beschouwer zelf en op zijn relatie met anderen. *Zelfvertrouwen kweken* en *divergent denken bevorderen*, zijn belangrijke doelen.

3.7 ■ Na 1950: leren

Na 1950 veranderden de ideeën over onderwijs in tekenen en handvaardigheid in Nederland, onder meer onder invloed van opvattingen in het buitenland. In 1956 werd handenarbeid een verplicht examenvak in de onderwijzersopleiding. In het lager onderwijs werd handenarbeid op een aantal scholen als leervorm of leervak (of beide) gegeven, maar het was nog steeds facultatief. Het ontwikkelde zich vooral in het club- en buurthuiswerk.

In het voortgezet onderwijs werd handvaardigheid in 1968 ingevoerd door de *Mammoetwet*. Handvaardigheid I (handenarbeid) en handvaardigheid II (textiele werkvormen) werden daarbinnen nog wel onderscheiden, maar omdat textiel zich steeds verder verwijderde van nuttige handwerken, werd het onderscheid tussen handvaardigheid I en II ook snel kleiner. Althans in het voortgezet onderwijs. In het primair onderwijs bleven handwerkjuffen tot ver in de jaren zeventig expressieactiviteiten afwijzen om vast te houden aan het aanleren van technieken.

3.7.1 ■ Bauhaus

In de ontwikkeling van de geleide expressie had de Bauhausdidactiek een belangrijke functie. Het *Bauhaus* was een academie voor vormgeving in Duitsland tussen 1919 en 1933. Kenmerkend voor het Bauhaus is de gedachte dat kunst met alle aspecten van het leven te maken heeft; en een ander aspect is het teruggaan naar sobere, formele vormen, als kubus, kegel, bol en cilinder en het afwijzen van ornamenten. Binnen de academie was een groot aantal studierichtingen, geordend naar materiaal of techniek: grafische werkvormen, metaalbewerking enzovoort. Voor iedere student begon de studie met een half jaar *Vorkurs* onder leiding van Johannes Itten. Itten kon heel goed (Bauhaus)theorieën koppelen aan praktische uitvoering ervan.

Na de Tweede Wereldoorlog werden de ideeën van het Bauhaus opgepakt in de *Werkakademie* te Kassel. Ernst Röttger verzorgde daar de Vorkurs. Röttger wees erop dat ieder mens in staat was creatief werk te maken, maar dat veel pubers voortijdig afhaakten omdat zij niet aan de (vaak zelf gestelde) norm van naturalistische vormgeving konden voldoen. Hij ontwikkelde daarom een methode die in Nederland werd uitgebracht onder de namen *Handenarbeid als creatief spel* en *Tekenen als creatief spel*.

Een bladzijde uit *Handenarbeid als creatief spel 7, metaal* (1968). De boekjes bestonden uit afbeeldingen met enige tekst en werden daardoor als voorbeeldboekjes gebruikt. Interessante plastische vormen, die uit de wetmatigheid van het materiaal en het knipproces ontwikkeld werden.

Eigenlijk was het alleen het voorrang geven aan de beeldaspecten (zoals lijn, vorm, compositie, kleur) dat uit de Bauhausdidactiek gedestilleerd werd. Het kreeg vooral in het voortgezet onderwijs veel aandacht. Leraren in de beeldende vakken zagen de mogelijkheden van een gestructureerde opbouw van lessenreeksen aan de hand van de beeldaspecten. Dat had als positief gevolg dat leerlingen leerden op een andere manier naar beelden te kijken. Uitgaan van beeldaspecten kan echter leiden tot eenzijdigheid, vooral als het de leraar zelf niet duidelijk is (en hij het zijn leerlingen dus ook niet duidelijk kan maken) hoe die beeldaspecten weliswaar een wezenlijke functie hebben in de beeldende uiting maar geen doel op zich zijn. Wie als leraar beeldaspecten als uitgangspunt neemt, zal tevens moeten aantonen wat de relatie met de inhoud van het werk is.

3.7.2 ■ Fenomenologie

In 1958 zei jhr. prof. dr. D.J. van Lennep bij gelegenheid van de viering van het vijftigjarig bestaan van de *Vereniging ter bevordering van het aesthetisch element in het voortgezet onderwijs* (VAEVO):

> 'Tussen de verschillende functies van de menselijke persoonlijkheid is een doorlopende reciproke beïnvloeding. We kunnen met evenveel recht zeggen, dat we alleen maar zien wat we kunnen tekenen als omgekeerd, dat we slechts kunnen tekenen wat we zien in de realiteit of in onze verbeelding. Er is tussen ons en onze wereld sprake van een doorlopende dialectiek.'

Van Lennep baseerde zijn visie op de *fenomenologie*, een vooral door de Franse wijsgeer Merleau-Ponty, beschreven *waarnemingstheorie*.

Merleau-Ponty heeft duidelijk proberen te maken dat wij door waar te nemen onze eigen wereld scheppen. Dat wil zeggen, dat er voor ons eigenlijk niets bestaat buiten onze waarneming. Voor jou bestaat alleen maar datgene wat je op een of andere manier hebt waargenomen. Sikwara bestaat voor jou niet, voor mij wel. Het is een toetje van sinaasappelsap, kwark en rabarber. Nu bestaat het voor jou ook, zij het anders dan voor mij, omdat ik het hier voor me heb staan en er zo nu en dan een lepel van neem, zodat ik ervaar hoe de kleur is, de geur, de smaak en de temperatuur. Jij kent de ingrediënten nu wel en kunt je er dus een redelijk goede voorstelling van maken. Dat bedoel ik letterlijk.

Je kunt je die voorstelling maken en daarmee een stukje werkelijkheid.

3.7.3 ■ Dialectische didactiek

Het leren zien volgens de opvattingen van Merleau-Ponty en in de methodiek gebruikmaken van de beeldaspecten, dat is in het kort de karakteristiek van een vorm van beeldonderwijs die we *dialectische didactiek* noemen.

Didactiek wijst erop dat de leraar al onderwijzend actief betrokken moet zijn bij de onderwijssituatie. Dat hij begeleidend, sturend, helpend, stimulerend, kortom didactisch bezig moet zijn bij de beeldende activiteit van het kind.

Dialectisch wijst op de filosofie die achter deze didactiek zit. Misschien herken je er het woord *dialoog* in. Er is een dialoog aan de gang tussen de beeldenmaker en het onderwerp dat hij uitbeeldt, tussen de mens en zijn wereld, tussen het subject en het object. Het gaat er in de dialectische didactiek niet zozeer om dat kinderen zich uiten. Dit is dan ook geen didactiek die uitgaat van het kind. De wereld is het oriëntatiepunt. Dat wil niet zeggen dat die wereld ver van het kind af moet liggen. Het kan de wereld direct rond het kind zijn.

Het ging bij dialectische didactiek om het zelf maken. Het scheppen van de eigen wereld door eigen waarneming. Het scheppen van de eigen werkelijkheid door dingen/verschijnselen van zo veel mogelijk kanten te bekijken. De dialectische didactiek paste uitstekend in de sfeer van het existentialisme, een filosofie die na de Tweede Wereldoorlog in was. Het existentialisme gaat ervan uit dat de mens zelf voor zijn eigen bestaan verantwoordelijk is. De mens is wat hij er zelf van maakt. De dialectische didactiek wilde ook dat de mens zich bewust werd en zich zou wapenen tegen het bombardement van visuele indrukken in de huidige maatschappij. Laat het niet allemaal over je heen komen, maar bepaal zelf wat en hoe je je dat visueel waarneembare eigen maakt. (Het begrip *visuele communicatie*, dat ongeveer tegelijkertijd ontstond, heeft wat het kritisch kijken betreft hetzelfde voor ogen.)

De Haagse tekendocent Wouter van Ringelestein en de Tilburgse tekendocent Gerritse zaten op deze golflengte. Zij vonden dat na het waarnemen, de uiting (de expressie van het innerlijk) en beeldend vormgeven (het

 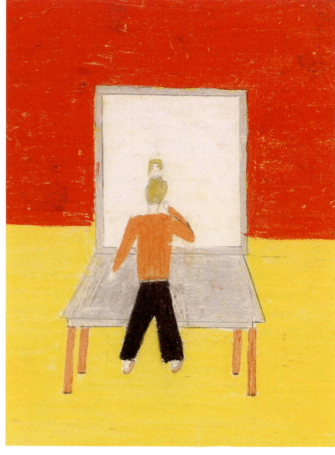

'Vader scheert zich voor de spiegel.'
De tekeningen zijn beide ontstaan in klassen van leraren die zeiden naar de beginselen van de dialectische didactiek te werken. Dat wil dus zeggen dat de kinderen in de tekening hebben aangegeven hoe zij hun vader zien. Al tekenend verzamelden zij indrukken over de zich voor de spiegel scherende vader en ordenen die indrukken op papier. Uit de tekeningen blijkt dat dialectische didactiek meer is dan het geven van een opdracht. De sfeer is in de ene klas anders dan in de andere. De ene leraar stimuleert en staat open voor activiteiten en ideeën van zijn kinderen en de andere geeft de kinderen een opdracht en laat tekenen. Daarbij volstaat hij met de orde te handhaven. (25 × 32 cm)

omgaan met de beeldaspecten) met elkaar een verhouding moesten aangaan. Gerritse noemde deze visie *dialectische didactiek*. Het is een synthese van oriëntatie op waarneming en op cognitieve ontwikkeling. Heel in het kort komt het hierop neer:

> Alleen dat is werkelijkheid wat door de mens wordt ervaren. Zien (het organiseren van wat op het netvlies komt, ook wel visualiseren genoemd) is zo'n ervaring. Iets beeldend vorm geven (tekenen, handvaardigheid) is ook een vorm van zien, want daardoor maak je zoekend zichtbaar wat jouw relatie met de wereld is. Goed beeldonderwijs leert beter zien, daardoor ervaar je beter en als je dan ook nog leert hoe je dat met beeldaspecten vorm kunt geven is de cirkel rond.

3.7.4 ■ Visuele communicatie: beeldtaal

In het begin van de jaren zeventig kwam er in West-Duitsland stevige kritiek op het bestaande onderwijs in de beeldende vakken. Veel te gezapig, te burgerlijk en te eenzijdig gericht op beeldaspecten en expressie. De kunstzinnige vorming moest uitgaan van werkelijke levenssituaties en vooral maatschappijkritische en politieke stellingname bevatten.

Het visuele beeld, meenden linksgeoriënteerde leraren beeldende vakken, wordt gebruikt om de massa te manipuleren. Daar moest iets tegen gedaan worden. Het traditionele beeldonderwijs, vonden ze, werkte die manipulatie alleen nog maar in de hand, maar je moet mensen juist vrij maken van die manipulatie, je moet ze emanciperen. Je moet beelden zien als communicatiemiddel, het gaat over een taal: *beeldtaal*. Het gaat er niet alleen om dat je (met behulp van die taal) aan anderen laat zien wat je als beeldenmaker voelt, wilt en denkt. Het gaat er ook om dat je in de gaten krijgt wat anderen tegen je zeggen in hun tekening, hun foto, ruimtelijk beeld, hun reclame, hun tv-presentatie enzovoort. Het onderwijs moest voorwaarden scheppen voor kritische consumptie en emancipatoir gebruik van de visuele massamedia. Juist omdat die media zo knap gebruik wisten te maken van beelden als taal, zou men dat moeten leren doorzien. Deze kritische didactiek werd in Duitsland *Visuelle Kommunikation* genoemd. Nederlandse leraren tekenen en handvaardigheid volgden aarzelend en veel minder radicaal het Duitse voorbeeld. Vanaf dat moment werden thema's meer gekozen uit de onmiddellijke omgeving van de leerling, liet men leerlingen meer kritisch commentaar leveren door middel van beelden en op beelden (vooral op die uit de media) en situaties, zoals de eigen woonomgeving en het milieu. Men gaf dus ook hier aandacht aan de communicatie door middel van beelden (visuele communicatie).

3.7.5 ■ Tekenen en handvaardigheid zijn leervakken

Naarmate de vraag naar leerplannen, leerstofopbouw, doelstellingen en evaluatie van onderwijs sterker werd in de jaren zestig en zeventig, verloor het expressieve terrein. Tekenen en handvaardigheid oriënteerden zich op cognitieve ontwikkeling, het werden weer leervakken. Bij een leervak is behalve planning en doelstellingen essentieel dat er wat te leren is. Daar ging men dus naar op zoek. Er is heel veel te leren, maar men wil daarvan ook bewijzen zien. In de dialectische didactiek vallen

Op de tentoonstelling bij gelegenheid van het honderdjarig bestaan van de NVTO in 1980 werd onder andere getoond hoe het mogelijk is productie en reflectie met elkaar in verband te brengen. Ter voorbereiding op het examen hadden leerlingen badscènes uit de kunst besproken en naar aanleiding daarvan geschilderd.

leerstof en leerinhoud eigenlijk samen, zodat moeilijk nagegaan kan worden wat de leerling geleerd heeft. Beeldaspecten voldoen eerder. De beeldaspecten zijn zowel in het productief vormgeven als in het leren over kunst duidelijk te omschrijven leerstof. Bovendien is het geleerde evalueerbaar.

3.7.6 ■ Examens

In de jaren zeventig werden tekenen, handenarbeid en textiele werkvormen in het voortgezet onderwijs examenvakken. Theorie was daarbij belangrijk. Leerlingen moesten de relatie tussen vorm en inhoud van beelden kunnen zien en benoemen. Omdat dit niet gelijk was aan het leren van feiten uit de geschiedenis van de kunst (kunstgeschiedenis) noemde men het *kunstbeschouwing*.
Het examen had invloed op beeldonderwijs in het algemeen en via de pabo's ook op beeldonderwijs in de basisschool.

3.7.7 ■ Beeldbeschouwen in de kerndoelen

In 1990 werden zowel voor de eerste fase van het voortgezet onderwijs (basisvorming) als voor het basisonderwijs kerndoelen geformuleerd, wettelijke uitgangspunten, waaraan het onderwijs ten minste moet voldoen. Er werden uitspraken gedaan over het maken van beeldend werk (het productieve aspect) en over het beschouwen: het mondeling, schriftelijk of door middel van een beeld reageren op wat je ziet (reflectie). Daarmee heeft beeldbeschouwing in het basisonderwijs een plaats gekregen. Tekenen en handenarbeid gaan meer en meer samen. Fotografie en film komen er soms bij. Het begrip *Beeldonderwijs* doet zijn intrede. De overheid stimuleert vanaf 2000 *cultuureducatie* waarin *kunsteducatie*, het *cultureel erfgoed* en *media-educatie* onderdelen zijn. De computer blijkt ook voor beeldonderwijs te gebruiken.

3.8 ■ Eclectische opvattingen

Van de geschiedenis kun je leren. Als dat voor anderen ook geldt, zou dat dus kunnen betekenen dat je in de kerndoelen, de laatste uitspraken op het gebied van onderwijsinhouden, kunt lezen wat men uit voorgaande visies geleerd heeft. Daar zit wat in. Als je maar in de gaten houdt dat politici eerst een richting bepaald hebben en dat de kerndoelen, nadat ze door vakdidactici en onderwijskundigen zijn opgesteld, nog eens door beleidsambtenaren zijn aangepast. Voor je dagelijkse praktijk heb je er dan niet zoveel meer aan. Om zelf goed beeldonderwijs te kunnen geven, geldt het oude gezegde: *onderzoek alles en behoud het goede*. Dan kun je zelf beslissen hoe je vorm geeft aan een kerndoelen als deze:

> *'De leerlingen leren beelden [...] te gebruiken om er gevoelens en ervaringen mee uit te drukken en om er mee te communiceren.*
> *De leerlingen leren op eigen werk en dat van anderen te reflecteren.'*

Uit wat je in dit hoofdstuk gelezen hebt, begrijp je waarschijnlijk ook waarom de volgende zin geen kerndoel geworden is, maar wel staat opgenomen in wat er zou moeten gebeuren bij kunstzinnige oriëntatie:

> *'Ze leren de beeldende mogelijkheden van diverse materialen onderzoeken, aan de hand van de aspecten kleur, vorm, ruimte, textuur en compositie.'*

3.8.1 ■ Alles in een schema

Veel leraren maken hun lessen beeldonderwijs zelf. Dat leer je ook op de pabo. Uiteraard zoek je daarbij wel eens naar voorbeelden. Misschien moet je later wel eens over een methode adviseren. Uiteraard zoek je dan aansluiting bij jouw opvattingen over goed beeldonderwijs. Om losse voorbeelden en methoden van beeldonderwijs te classificeren kun je ze in een van de volgende oriëntaties onderbrengen. Mocht je voor een van de opvattingen een voorkeur hebben, dan laat je je inspireren door een methode die daarbij past (derde kolom; zie ook het hoofdstuk Literatuur). Een boek, methode of een losse les onderbrengen bij de ene of de andere oriëntering, omdat hij voornamelijk daarop gericht is, wil nog niet zeggen dat zo'n boek, les of methode volkomen gelijk is aan de oriëntatie waaronder hij valt. Andere oriëntatiepunten hoeven immers niet volledig uitgesloten te zijn. Evenmin zegt de oriëntatie iets over de kwaliteit van de methode zelf. Bij de beoordeling van lessen en methoden leg je meer criteria aan. (Zie 7.9.1)

Oriëntatie	Didactiek	Methoden
Vormen van beeldonderwijs waarin visueel waarnemen belangrijk is om afbeeldingen te maken of om datgene wat je waarneemt beter te leren kennen of te doorzien.	'Plaattekenen', 'Natuurtekenen', 'Vrij tekenen'	Het teekenen naar vlakke figuren. 1898 Leerplan voor het tekenonderwijs op de lagere school. 1941 Tekenen is een wereldtaal. 1946
	Dialectische didactiek Het kind maakt beelden om de werkelijkheid te leren kennen.	Kijk, als je tekent zie je meer. 1971 Handvaardigheids-onderwijs in de praktijk. 1977 In beeld brengen. 1978 Tekenvaardig: Natuur 1. 1982
	Visuele communicatie Het kind leert beelden te gebruiken als taal. Het kind leert manipulatie door middel van beelden te doorzien.	Zur Visuellen Kommunikation in der Grundschulpraxis. 1974 Beeldende vorming als proces en product. 1981
	Kennis verwerven Het kind leert te reflecteren op beelden en op zijn eigen handelen.	In beeld brengen. 1978 Maken is de kunst. 1992
Het uiten Vormen van beeldonderwijs waarin het uiten van ervaringen, gewaarwordingen, gevoelens en fantasieën het belangrijkste is.	*Expressie* Het vrije uiten (net zoals je zelf wilt). Het uiten geleid door regels (geleide expressie).	Beeldende expressie in de praktijk. 1957 Verborgen mogelijkheden. 1959 Beeldend werken met kinderen. 1977 Tekenwerkplan. 1978 Kinderen geven vorm aan hun wereld. 1983 Vrij vormen. 1952 Paint (Windows) 1997
	Vrije School De invloed van kleuren op zich beleven (antroposofie)	Schilderen met kinderen. 1987
	Ontspanning Tekenen en handvaardigheid als tegenwicht van leervakken. Knutselen. 'Werkjes'	'Maak maar iets leuks.' 'En als het nou niet stil wordt, gaan we rekenen in plaats van tekenen.' Allerlei hobbyboekjes.
	Toepassingsgericht vakoverstijgende evenementen.	Weekopening, theater, musical, schoolkrant, schoolfeest.
Het leren Vormen van beeldonderwijs waarin kennis over beelden het belangrijkste is. Het kan gaan over de werking van beeldaspecten en technieken, over kunstgeschiedenis en over beeldtaal.	*Materialen en technieken* Het leren hanteren van krijt, karton, katoen enzovoort.	Alle boeken van Been. ± 1910 Experimentele expressie. 1962 Tekenvaardig: Fotografiek. 1986 Uit de kunst. 2000
	Beeldaspecten. Het leren kennen en het leren hanteren van ruimte, textuur, kleur enzovoort.	Tekenvaardig: contrast, licht. 1981 Handenarbeid als creatief spel: metaal, klei, papier. 1968 Maken is de kunst. 1992 Uit de kunst. 2000
	Zintuiglijke ontwikkeling bij jonge kinderen. Herkennen, benoemen, ordenen en toepassen van vorm-, ruimte-, compositie- en kleurbegrippen.	Ogen, oren en de rest. 1976 Kijkspelletjes. 1984 Ordenen. 1992
	Motorische ontwikkeling bij jonge kinderen (fijne motoriek). Ontwikkelen van arm-, hand- en vingerspieren (leren opponeren).	Werk/materiaallessen: scheuren, knippen, prikken, tekenen, boetseren, rijgen enzovoort. Zand/watertafel. Aankleden, knopen, strikken. Knutselen.
	Samenhang Toepassen van werkvormen in andere vakgebieden, eventueel in thema's en projecten: ruimtelijk denken, NT2-verwerving, wiskunde, literatuur enzovoort.	
Eclectische opvattingen Vormen van beeldonderwijs die zich op meerdere opvattingen baseren. Een combinatie van opvattingen als uitgangspunt voor een didactiek.	*Keus* uit bovenstaande didactieken, met daarbij ook beeldbeschouwen.	Kinderen vormen in textiel. 1987 Beeldvaardig. 1997 Kunst in de basisschool. 1998 Moet je doen. 1998. (herz. 2007)

3.8.2 ■ De huidige schoolpraktijk

Beeldonderwijs komt in verschillende onderwijssoorten voor. Het is verplicht in het basisonderwijs, maar niet meer in het voortgezet onderwijs. Op pabo's kan het op onderling heel verschillende manieren aan de orde komen, al naar gelang de afspraken die binnen het instituut over onderwijs zijn gemaakt. Vanwege de grote vrijheid die basisscholen hebben en vanwege de uiteenlopende opvattingen die leraren hanteren, heeft beeldonderwijs op basisscholen veel verschillende gezichten. Vakken zijn niet afgebakend en beeldonderwijs is onderdeel van *kunstzinnige oriëntatie* of *cultuureducatie* waar, al naar gelang de gehanteerde opvattingen, steeds meer onderwijsinhouden en activiteiten aan kunnen worden toegevoegd. De grote vraag is nu: welk gezicht ga jij in jouw groep aan beeldonderwijs geven?

De geschiedenis van het onderwijs in tekenen en handvaardigheid is een onmisbare bron van kennis omtrent modern beeldonderwijs. Tekeningen van kinderen uit de tijd voor 1945 zijn echter nauwelijks voorhanden, om van werkstukken handvaardigheid maar te zwijgen. Methoden, leerboeken en voorbeelden gelukkig nog wel. In 1975 ontdekte een tekendocent op de zolder van zijn school een verzameling wandplaten en enkele tekenmodellen bestemd voor het gevorderde natuurtekenen. Inmiddels heeft het Nationaal Onderwijsmuseum in Rotterdam zich over deze materialen ontfermd.

Vragen en opdrachten

1. Aan het eind van dit hoofdstuk is een schema opgenomen. Zoek in de bibliotheek welke van de genoemde boeken en methoden in de bibliotheek van de opleiding te vinden zijn.
2. Kun je verklaren waarom in het eerste tekenonderwijs perspectief en meetkunde zo belangrijk waren?
3. Bij onderwijskunde komen Comenius, Rousseau, Pestalozzi en Fröbel ongetwijfeld ter sprake. Vergelijk wat je daar leert met wat er in dit hoofdstuk over hen staat.
4. Het vak vormleer wordt wel als voorganger van de meetkunde beschouwd. Kun je vormleer (meetkunde) in verband brengen met de toenmalige opvattingen over tekenonderwijs?
5. Kunstenaars maken vaak gebruik van bestaande tweedimensionale afbeeldingen voor het maken van nieuw werk. Soms lees je in een methode dat leerlingen dat ook kunnen doen. Wat is het verschil met het plaattekenen uit het begin van het tekenonderwijs?
6. Wat zijn de twee grote verschillen tussen Pestalozzi en Fröbel met betrekking tot hun opvattingen over leren?
7. Waarom kun je leren volgens Fröbel zoals dat nu in de groepen een en twee van de basisschool voorkomt, een voorbereiding op tekenen en handvaardigheid noemen?
8. Wat is fenomenologie? Welk 'gewoon' Nederlands woord kom je er in tegen? Wat betekent het?
9. Wanneer leraren in het basisonderwijs nu op de hoogte gebracht worden van nieuwe ontwikkelingen doet men dat door nascholing. Ga op jouw stageschool na waarin de leraren bijgeschoold zouden willen worden.
10. Verklaar de combinaties: Fröbel-natuurtekenen, Pestalozzi-plaattekenen.
11. Verklaar dat Hinse in feite een voorstander is van wat we nu noemen: '...op basis van een innerlijke voorstelling'.
12. Hinse is ook voorstander van expressief tekenen. Heeft hij daarmee hetzelfde doel voor ogen als wij nu?
13. Waaruit blijkt dat de Reformideeën invloed hadden op het tekenonderwijs in Nederland? Waaruit blijkt de invloed op het handenarbeidsonderwijs?
14. Zou je de methode Altera een (voor die tijd, 1940) progressieve of conservatieve methode noemen? En die van Groen?
15. Men zegt wel dat de Vrije expressiebeweging na de Tweede Wereldoorlog ontstond. Is dat juist?
16. Wat zijn beeldaspecten?
17. Verklaar de naam dialectische didactiek.
18. Kun je verklaren waarom visuele communicatie juist in de jaren zeventig opkwam?
19. Leg uit wat het verschil is tussen *geheugentekenen* (uit het begin van deze eeuw) en *tekenen op basis van een innerlijke voorstelling* (van nu).
20. Lees nog eens wat er bij Rousseau, Hinse en Van Ringelestein staat. Is de uitdrukking *Er is niets nieuws onder de zon* hier van toepassing?
21. Waar passen Locke's opvattingen het beste bij: bij *geheugentekenen* of bij *tekenen op basis van een innerlijke voorstelling*?
22. Zou jij de vakken tekenen en handvaardigheid zelf willen geven of zou je ze aan een vakdocent over willen laten? Wat is er (in jouw geval) voor en wat is er tegen? Is dat de algemene opvatting?
23. Welke methodes zijn nu in de handel? Welke passen bij jouw inzichten omtrent goed onderwijs in de beeldende vakken?

'Bij normale kinderen is zelfexpressie altijd sociale expressie, en een der voornaamste doeleinden van de opvoeding is juist te voorkomen dat deze sociale expressie ontaardt in een egocentrische houding.'
Herbert Read: *De kunst in haar educatieve functie*, 1967 (vert.), p. 348

Doelen en doelstellingen 4

4.1	**Introductie** *91*
4.1.1	Als ik begrijp wat ik bedoel *91*
4.1.2	Goed bedoeld *92*
4.2	**Waarom onderwijs?** *93*
4.2.1	Elementaire kennis en vaardigheden *94*
4.2.2	Karakteristiek van kunstzinnige oriëntatie *94*
4.2.3	De drie kerndoelen *95*
4.2.4	Een bron voor leerinhouden *95*
4.3	**Onderwijsactiviteiten en doelen** *97*
4.3.1	Aan het werk met doelstellingen *97*
4.4	**Bronnen voor doelen overzichtelijk groeperen** *98*
4.4.1	De activiteitenkiesschijf *99*
4.4.2	Welke materialen en beeldaspecten? *99*
4.4.3	Structuur in algemene onderwijsdoelen *99*
4.4.4	Attitudes *101*
4.4.5	Nog meer structuur *102*
4.5	**Een stukje praktijk uit groep 7** *102*
4.5.1	De doelstellingen bij de duif *104*
4.5.2	Een opdracht als deze *104*
4.5.3	Evaluatie *104*

4.6		**Mentale beelden creatief gebruiken in groep 3** *105*
4.6.1		Wat gebeurt hier? *106*
4.6.2		Drie opmerkingen bij deze les *106*
4.7		**Design** *106*
4.7.1		Groep 4 op de versiertoer *107*
4.7.2		Dat kan beter *107*
4.8		**Groep 7 analyseert kunst en reclame** *108*
4.8.1		De planning van de analyseles *109*
4.9		**Architectuur in groep 2** *110*
4.9.1		Hier wordt geleerd *111*
4.10		**Een halssieraad voor meisjes en jongens van groep 6** *111*
4.10.1		Een valkuil *112*
4.11		**Telbeelden voor de camera** *113*
4.11.1		Evaluatie als kernactiviteit *114*
		Vragen en opdrachten *115*

4.1 ■ Introductie

Je bent als leraar verantwoordelijk voor een groep kinderen. Het minste wat je doet, is ze bezig houden. Je wilt dat ze het prettig hebben bij je, maar je wilt ook meer. Je geeft ze iets te doen. Liefst iets dat een beetje zinvol is, waar ze wat van leren, Maar wat? En waarom? Dit hoofdstuk gaat in op de relatie tussen doelen en onderwijsactiviteiten/lessen. Onderwijsdoelen hebben altijd te maken met hoe mensen in een bepaalde periode of in een bepaald land tegen onderwijs en kinderen aankijken. Wat men met onderwijs wil bereiken, hangt af van de visie die men heeft. Die visie wordt vertaald in doelstellingen. Je kunt met onderwijs hersenspoelen, indoctrineren of breed ontwikkelen. Je kunt met onderwijs van mensen opstandige of gehoorzame personen maken. Je kunt met onderwijs patriottisme of egoïsme bevorderen, creativiteit ontwikkelen en geheugentechnieken inoefenen. Wat is jouw visie? Onderwijs heeft doelen voor elk vak en daarenboven algemene onderwijsdoelen. Beeldonderwijs is ook onderwijs. Het heeft ook eigen doelen. Om te weten hoe beeldonderwijs de eigen doelen kan bereiken en hoe het ertoe kan bijdragen algemene onderwijsdoelen te bereiken, moet je weten wat die algemene en eigen doelen zijn en hoe je die voor jouw lessen vast kunt stellen.

Om het overzicht te bewaren krijg je op de ⊕ website een handig hulpmiddel aangeboden: de activiteiten-kiesschijf.

Het hoofdstuk besluit met een aantal praktijkvoorbeelden.

4.1.1 ■ Als ik begrijp wat ik bedoel

Het is middagpauze. De kinderen van groep 6 zijn in het overblijflokaal of spelen buiten. Juf Marisca maakt samen met juf Ingrid (geen echte juf, maar een 'creativiteitsmoeder') de klas klaar om straks alle kinderen te laten schilderen. Dat hebben ze al een tijdje niet meer gedaan, de kinderen vinden het leuk en het lijkt goed van pas te komen voor het onderwerp dat juf

Hansje in de kooi bij het huis van de heks. Doorgaans tekenen zevenjarigen de achtergrond niet uit zichzelf vol. Roelina heeft dat wel gedaan. Zij heeft met haar oliepastel dan ook zulke grote vormen gemaakt dat de achtergrond te beschouwen is als kleine vormen tussen lijnen. Maar dat is niet de reden. De leraar had de kinderen zwart papier gegeven om op te tekenen met het (slim bedachte) doel dat ze het hele vel met kleur zouden vullen. (21 × 28 cm)

Marisca bedacht heeft. Op alle tafeltjes leggen ze oude kranten, op elke tafel een stuk wit tekenpapier (A3), een conservenblikje met water, een email bordje en een paar kwasten. De verf staat klaar op een tafeltje opzij. Als de kinderen na de bel de klas binnenkomen, zijn ze dadelijk enthousiast: *'Ha, fijn, schilderen.'* Robin rent meteen met zijn bordje naar de verftafel om uit elke fles wat op zijn bord te laten doen.

'Wacht even, Robin, we gaan eerst even luisteren. Dan vertel ik je wat je mag gaan schilderen.'
Als iedereen zit en vol verwachting naar juf Marisca kijkt, kun je de spanning van de gezichten scheppen.
'Wat zal het worden?'
'Volgende week is het moederdag. Dan kun je moeder wel een bos bloemen geven, maar misschien heb je niet zoveel geld om mooie bloemen te kopen en daarom gaan we vandaag bloemen schilderen in een vaas. Dan kun je die aan moeder geven.
We beginnen vandaag achteraan met verf halen. Giselle mag beginnen.'
Giselle voorop, lopen de kinderen naar de verftafel waar juf Ingrid op elk bordje een paar kleuren doet. Na tien minuten is de hele klas aan het werk.

Juf Marisca geeft deze les niet zomaar. Ze heeft erover nagedacht.

- Over de beginsituatie: ze hebben al eerder geschilderd.
- Over de motivatie: ze vinden het leuk.
- Over het doel: een cadeautje voor moeder.
- Over de organisatie: spullen klaarzetten en juf Ingrid verf laten uitdelen.
- Over de aanbieding: pas als het rustig is, vertellen over het onderwerp.

Wat het doel betreft, hebben we echter een vraag: is het doel van deze les nou wel echt een doel waarvoor kinderen op school zijn? Nee natuurlijk. Kinderen komen niet naar school om te leren moederdagcadeautjes te maken. Dat begrijpt Juf Marisca ook wel als je er haar naar vraagt. En ze begrijpt meteen dat ze dat niet zo bedoeld kan hebben. Maar hoe dan? Wat is het doel van deze les dan wel?

Wat zou het doel van deze les kunnen zijn? Om daar achter te komen, moet je wel iets weten van doelen in het onderwijs in het algemeen.

4.1.2 ■ Goed bedoeld

De *Wet op het primair onderwijs* zegt onder andere:

'Het onderwijs richt zich in elk geval op de emotionele en de verstandelijke ontwikkeling, en op het ontwikkelen van creativiteit, op het verwerven van noodzakelijke kennis en van sociale, culturele en lichamelijke vaardigheden.'

Met creativiteit bedoelen ze natuurlijk tekenen en handenarbeid (denk je). Als het zo in de wet staat, is het blijkbaar prima geregeld. Dat dacht je maar. In 1990 schreef toenmalig staatssecretaris voor onderwijs, Wallage:

*'Het gegeven dat aan expressie-activiteiten in het algemeen een lage prioriteit wordt toegekend, vind ik zorgwekkend. Uit de inventarisatie blijkt dat scholen zich steeds meer zijn gaan richten op de cognitieve aspecten van het onderwijsaanbod.
Naar mijn overtuiging is de basisschool de plaats waarin de emotionele, culturele en creatieve ontwikkeling een gelijkwaardige aandacht moet krijgen naast en in samenhang met de cognitieve ontwikkeling.'*

Dat hielp niet echt hoor. Nog steeds moet ook jij als leraar constant op je hoede zijn en zorgen dat alle vakken in het onderwijs tot hun recht komen. Toen een kamerlid in 1998 weer pleitte voor het noemen van *kernvakken* die dan duidelijk als belangrijke vakken

Scholen gaan zich steeds meer richten op de cognitieve aspecten van het onderwijsaanbod. In het kader van *leren over je eigen lichaam* tekende de leraar de omtrek van een kind op een groot vel papier. Kinderen vullen de omtrek met kleur. Dat doen ze graag. Een heerlijk onderwerp voor discussie. Is dit nu beeldonderwijs? Vakoverschrijdend misschien? Is het een expressieactiviteit? Is het een cognitieve activiteit? Welke doelen worden hier nagestreefd? Welke doelen zou je hiermee na *kunnen* streven? Onder welke voorwaarden?

zouden gelden, antwoordde staatssecretaris Netelenbos van onderwijs:

'Met het plaatsen van de kernvakken taal en rekenen versus de overige vakken loopt men het risico dat het belang van de creatieve vakken, bewegingsonderwijs en technische vakken wordt miskend. Deze vakken bieden echter wel degelijk een ondersteuning aan de kernvakken, omdat zij bijvoorbeeld het ruimtelijk inzicht en de taalvaardigheid van leerlingen vergroten.'

Als je de uitspraak van Netelenbos op de keper beschouwt, dan blijkt dat de creatieve vakken voor haar slechts van belang zijn ter ondersteuning van taal en rekenen. Beeldonderwijs leert inderdaad een flink aantal

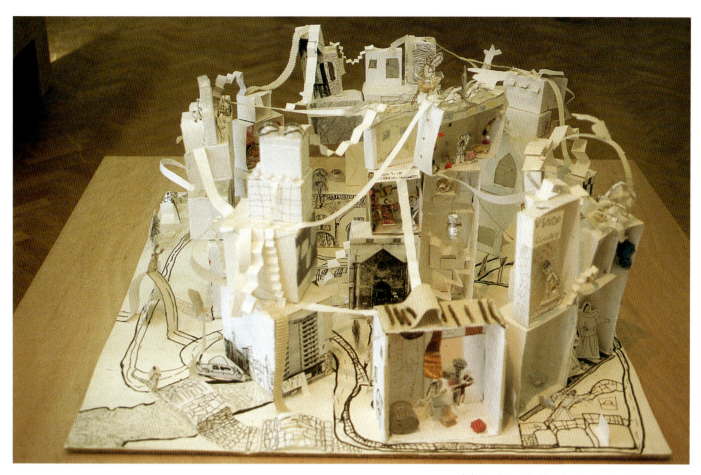

zaken die bij andere vakken goed te gebruiken zijn. Daar wordt vaak naar verwezen om te laten zien hoe nuttig beeldonderwijs is. Dat klopt ook, maar het lijkt wel erg veel op hoe handenarbeid vroeger wel als *leervorm* bestempeld werd: goed om in andere vakken iets te leren. Natuurlijk kun je met beeldonderwijs werken aan het streven naar doelen in allerlei vakken en bijdragen aan het verwerkelijken van onderwijsdoelen in het algemeen, maar dit is niet de kern van beeldonderwijs. Beeldonderwijs heeft eigen doelen. Beeldonderwijs geef je om er doelen mee te bereiken die je alleen hierdoor en anders helemaal niet of minder gemakkelijk kunt bereiken. Welke dan? Daar komen we zo op.

4.2 ■ Waarom onderwijs?

Het klinkt overdreven, maar als jij voor een les die je gaat geven de doelen gaat opschrijven die je met die les wilt nastreven, zul je er veel aan hebben als je voor ogen houdt waarom je eigenlijk leraar bent. Je bent werkzaam op een buitengewoon belangrijk instituut.

Ooit van Reggio Emilia gehoord? Reggio Emilia is een stad in Italië waar men veertig jaar geleden besloot peuters en kleuters op een heel specifieke manier gelegenheid te geven zich te ontwikkelen. Hoe dat precies gaat, kun je lezen in *De honderd talen van kinderen*. De suggesties uit de introductie op de kerndoelen zouden hiervan afgekeken kunnen zijn. Op een tentoonstelling in Amsterdam in 1997 was deze stad uit Reggio Emilia te zien, geheel door kleuters gebouwd (met een beetje hulp misschien). Een prachtige combinatie van plat en ruimtelijk werken door kleuters.

Samen met je collega's sta je ergens voor. Je bent er niet alleen voor om te zorgen dat Soraya haar sommetjes maakt, maar ook om haar voor te bereiden op een leven in de wereld van morgen.
Wat is het doel van onderwijs in onze maatschappij? Waarom moeten kinderen naar school? Waarom geef je rekenen, milieu-educatie en oriëntatie op cultuur? Een kort maar goed antwoord op dit soort vragen staat hierna.

Onderwijs heeft drie belangrijke functies:
- het draagt bij aan de persoonlijke ontwikkeling van kinderen;
- het zorgt voor overdracht van maatschappelijke en culturele verworvenheden;

- het rust kinderen toe voor participatie in de samenleving.

Dat is goed gezegd, onthoud het, want bij het voorbereiden van je lessen zou je je geregeld moeten afvragen of die les wel bijdraagt..., overdraagt... en toerust.
Maar je wilt het graag wat duidelijker. Wat zijn de consequenties? Hoe moet je daar onderwijs bij maken? Misschien heb je wat aan de kerndoelen. (Zie voor de volledige teksten van de kerndoelen de ⊕ website.)

4.2.1 ■ Elementaire kennis en vaardigheden

In opdracht van de minister van onderwijs hebben groepen vakdidactici in Nederland zich al enkele keren intensief beziggehouden met wat hun vakken aan vaardigheden en kennis bijdragen. Elke ontwikkelingsgroep moest de elementaire kennis en vaardigheden vastleggen voor het eigen vakgebied. Daaruit ontstonden de zogenoemde *kerndoelen*. De eerste generatie daarvan (1993) had er voor het basisonderwijs 122. Bij de derde (2006) zijn er nog maar 58, waarvan drie voor *het domein kunstzinnige oriëntatie*. Vakken worden in dit domein niet meer genoemd, maar uit de beschrijving blijkt duidelijk dat beeldonderwijs er onder valt. ⊕ (Op de website vind je ze.)
De kerndoelen voor het basisonderwijs zijn geen handleiding voor de inrichting van het basisonderwijs, maar het zijn *streefdoelen* die aangeven waarop basisscholen zich wat de leerinhouden betreft moeten richten bij de ontwikkeling van hun leerlingen. Scholen moeten ervoor zorgen dat kinderen zich in hun schoolperiode blijven ontwikkelen. Scholen moeten bovendien breed en gevarieerd onderwijs aanbieden. De kerndoelen zijn daarbij een soort richtingaanwijzers. Scholen mogen zelf bepalen hoe ze die aanwijzingen volgen.
Aanwijzingen voor didactiek staan er niet in. Hoe je lesgeeft, moet je zelf bepalen. Maar in de introductie op de kerndoelen staan nog wel een paar suggesties, zoals:
- stimuleer communicatie tussen kinderen onderling;
- bied onderwijs gestructureerd aan;
- maak zelfontdekkend leren mogelijk;
- zorg voor interessante thema's en activiteiten;
- kies doelen die verband houden met het dagelijkse leven;
- breng inhouden van vakken met elkaar in verband;
- leer goed te formuleren en kritisch te oordelen.

4.2.2 ■ Karakteristiek van kunstzinnige oriëntatie

De kerndoelen uit het domein *kunstzinnige oriëntatie* worden voorafgegaan door een korte karakterisering. Daaruit is veel af te leiden. De derde generatie kerndoelen is ontstaan in een tijd waarin men kunst en cultuur weer 'onder de mensen' wilde brengen. Jongeren en volwassenen zouden meer moeten deelnemen aan cultuur door het bezoeken van theatervoorstellingen, concerten en musea. Een beetje op de hoogte raken van wat momenteel speelt op dit gebied is ook nuttig. Denk daarbij niet alleen aan hogere kunst of oude dingen. Wat zegt de karakteristiek?
- *Door middel van een kunstzinnige oriëntatie maken kinderen kennis met kunstzinnige en culturele aspecten in hun leefwereld.*
- *Het gaat bij kunstzinnige oriëntatie ook om het verwerven van enige kennis van de hedendaagse kunstzinnige en culturele diversiteit.*

In het dagelijks leven is het gebruik van beelden met een symbolische functie op talloze plaatsen waar te nemen. Een bezoek aan een begraafplaats kan ook een les beeldbeschouwen worden. Cultureel erfgoed waarmee mensen vorm en betekenis gaven aan hun bestaan.

- *Kunstzinnige oriëntatie is er ook op gericht bij te dragen aan de waardering van leerlingen voor culturele en kunstzinnige uitingen in hun leefomgeving.*

Met een steeds voortschrijdende globalisering werd het zaak zich te bezinnen op het eigene. Wat hebben wij aan cultuur uit het verleden? De expliciete onderwijsaandacht ervoor is van vrij recente datum. De eigen cultuur is echter niet van vandaag of gisteren.

- *Het gaat bij dit domein om kennismaking met die aspecten van cultureel erfgoed waarmee mensen in de loop van de tijd vorm en betekenis hebben gegeven aan hun bestaan.*

Kunstinstellingen worden opgeroepen ook een bijdrage te leveren. De musea moesten interessanter worden en theatervoorstellingen laagdrempeliger. Om een handje te helpen wordt het onderwijs uitgenodigd ook buitenschoolse activiteiten te plannen.

- *Dit vindt zowel op school plaats, als via regelmatige interactie met de (buiten)wereld. Kinderen leren zich aan de hand van kunstzinnige oriëntatie open te stellen: ze kijken naar schilderijen en beelden, ze luisteren naar muziek, ze genieten van taal en beweging.*

Tot zover is het allemaal receptief: kijken en luisteren. Doen de kinderen zelf ook nog iets? Jawel.

- *Ze leren daarnaast zichzelf te uiten met aan het kunstzinnige domein ontleende middelen: ze leren de beeldende mogelijkheden van diverse materialen onderzoeken aan de hand van de aspecten kleur, vorm, ruimte, textuur en compositie.*

Die laatste zin is een wel heel compacte omschrijving van het leeuwendeel van beeldonderwijs. Je kunt er meteen een kanttekening bij maken. De *middelen* waar het hier over gaat, zijn niet *ontleend* aan het kunstzinnige domein. De middelen zijn middelen waarvan iedereen zich altijd al heeft bediend als hij met beelden bezig was. Er zijn immers geen andere en ze zijn voor kunstenaars niet anders dan voor Giovanni uit groep 7.

4.2.3 ■ De drie kerndoelen

Na het schrijven van de karakteristiek moesten er nog (liefst zo weinig mogelijk) kerndoelen geformuleerd worden. Dat werden er drie.

- *De leerlingen leren beelden, taal, muziek, spel en beweging te gebruiken, om er gevoelens en ervaringen mee uit te drukken en om er mee te communiceren.* (kerndoel 54)

Het *uitdrukken van gevoelens en ervaringen* kun je gemakkelijk relateren aan *ze leren daarnaast zichzelf te uiten*, zoals in de karakteristiek staat. Maar *communiceren* is meer dan uiten. In communiceren ligt de kern van beeldonderwijs als beeldtaalonderwijs opgesloten. Communiceren is spreken en luisteren, schrijven en lezen, beelden maken en inhoud geven en aan beelden van anderen betekenis hechten. Dat zou je aan de karakteristiek toe kunnen voegen.

In het tweede kerndoel wordt een aspect van communiceren extra benadrukt.

- *De leerlingen leren op eigen werk en dat van anderen te reflecteren.* (55)

'Heb je wel gehoord wat ik zeg? Heb je wel begrepen wat daar geschreven staat? Besef je wel wat je zegt?'

Bij taalonderwijs is het vanzelfsprekend dat je deze vragen stelt aan je leerlingen. Bij beeld(taal)onderwijs is het nog niet zo vanzelfsprekend. Maar het bevragen van beelden is wel een noodzakelijk onderdeel van goed beeldonderwijs in alle groepen. Zoals taal meer is dan technisch leren lezen en schrijven, zo is beeldtaal meer dan technisch leren beelden maken.

En dan is er nog het kerndoel over cultureel erfgoed. (56)

- *De leerlingen verwerven enige kennis over en krijgen waardering voor aspecten van cultureel erfgoed.*

Dat is van belang omdat kennis over het cultureel erfgoed het cultureel en historisch zelfbewustzijn versterkt. Als je aan je leerlingen wilt uitleggen wat cultureel erfgoed is zou je kunnen zeggen:

'Cultureel erfgoed is alles waarvan mensen vonden en vinden dat het voor de toekomst bewaard moest en moet blijven. Dat zijn bijvoorbeeld machines, gebouwen, brieven, schilderijen, foto's, tijdschriften, postzegels, landschappen, liederen, volksdansen, gebruiken of kledij omdat zij iets zeggen over de geschiedenis van ons land.'

Gewoon te veel om op te noemen, maar met enig overleg kun je wel enkele 'aspecten' ervan in je onderwijs onderbrengen.

4.2.4 ■ Een bron voor leerinhouden

Leren gebruiken, leren reflecteren en *kennis verwerven* staat er in de kerndoelen. Bij beeldonderwijs leer je iets. De kerndoelen mag je hanteren als leerdoelen. Er staan in deze leerdoelen echter geen uitspraken over de voorwaarden waaronder een leereffect moet worden

Met een grote mate van zelfvertrouwen en expressiviteit heeft de tienjarige Solomon aan dezelfde opdracht gewerkt waar ook Elvis (blz. 38) zich mee bezig heeft gehouden. Vergelijk beide tekeningen en merk op hoe verschillend van taal ze zijn. Bij Solomon een mooi voorbeeld van hoe iets dat belangrijk is meer aandacht krijgt: de hand met de revolver, de kogels. Dergelijke tekeningen kunnen in een nabespreking uitstekend gebruikt worden om leerlingen te leren op het werk van zichzelf en anderen te reflecteren. (26 × 17 cm)

bereikt en getoetst, noch over de beoordelingscriteria en normen voor evaluatie van het beoogde leereffect. Kerndoelen zijn immers slechts bedoeld als richtingaanwijzers voor het basisonderwijs. Ze beogen een inhoudelijke beschrijving te zijn van het minimumaanbod aan *leerinhouden* dat een basisschool haar leerlingen aanbiedt voordat zij dit onderwijs verlaten. Let wel 'leerinhouden'. Maar er is meer dan deze leerinhouden.

Zijn de drie belangrijke functies van onderwijs (zie paragraaf 4.2) in de drie kerndoelen gevangen? Ik dacht van niet. Maar het is wel de bedoeling dat je er rekening mee houdt. Datzelfde geldt voor wat in de karakterisering van het domein *kunstzinnige oriëntatie* beschreven staat, daar hou je ook rekening mee.

Als je de *functies van onderwijs*, de tekst van de *karakterisering* en de *kerndoelen* samen neemt, heb je wel een prima uitgangspunt voor het beschrijven van leerinhouden voor beeldonderwijs. Hoe ga je dan verder?

Bij de vertaling van ideeën over goed onderwijs naar de schoolpraktijk heeft een school een grote mate van vrijheid, dat is mooi. Kun je die vrijheid doelmatig gebruiken? Kun je je tegenover ouders en collega's verantwoorden? Kun je met alle aanwijzingen die met de kerndoelen gegeven zijn, uit de voeten? Of voelt het alsof je midden in een groot bos aan een boswachter de weg vraagt? De man wijst met zijn arm: die richting. Jawel, maar kun je rechtdoor lopen of kom je bij een moeras? Moet je eerst drie kilometer naar het oosten en dan om een meertje heen naar het noordwesten? Kun je er fietsend komen of moet je lopen?

Het is eigenlijk jammer dat kerndoelen steeds algemener beschreven worden. Daaruit doelstellingen voor je eigen onderwijs halen is moeilijk. Als het over communicatie gaat bijvoorbeeld zou je heel goed een doel kunnen gebruiken dat in eerdere versies van de kerndoelen wel als doelstelling was opgenomen:

- *De leerlingen leren dat mensen door middel van beeldende producten (reclame, media, kleding, kunst) verschillende opvattingen en ideeën kunnen tonen en dat deze ideeën persoons-, cultuur- en tijdgebonden zijn.*

Dit oude kerndoel geeft je eindeloos veel mogelijkheden voor lessen. Van heel eenvoudig tot heel diepgaand. Eenvoudig (en persoonsgebonden) is bijvoorbeeld: een marktkoopman in een kraam met allemaal verschillende vazen. Iemand koopt een bepaalde vaas en geeft daarmee blijk van een opvatting/idee. Hij laat zien dat die vaas iets voor hem betekent. Wat precies, dat weet je niet, maar dat kun je hem vragen. Diepgaand (en cultuur- en tijdgebonden) is bijvoorbeeld dat de voorstellingen van Christus op Russische iconen verschillen van die op altaarstukken uit de barok.

4.3 ■ Onderwijsactiviteiten en doelen

Een van de competenties die je als leraar basisonderwijs hebt is die van educatief ontwerper. Je wordt geacht binnen de kaders van het schoolplan je eigen activiteitenplan te kunnen schrijven. Je probeert misschien gebruik te maken van bestaande methodes, maar je vindt er geen die geheel voldoet aan jouw wensen. Dus neem je uit een methode wat je kunt gebruiken en verandert het naar eigen inzicht of je gaat zelf iets ontwerpen.

Jij weet immers met welke leerlingen je te doen hebt, in welke fase van ontwikkeling ze zijn, wat ze al kunnen, hoeveel tijd je eraan kunt besteden, wat de inhoud van de beeldaspecten is, hoe je de beeldende middelen kunt gebruiken, wat er in de buurt aan cultureel erfgoed is, enzovoort.

Voor het beschrijven van activiteiten gebruik je een formulier dat je *lessenplan, activiteitenbeschrijving, basisformulier* of zoiets noemt. Een van de rubrieken daarin is *doelstellingen*. (Je vindt een voorbeeld op de website.⊕)

4.3.1 ■ Aan het werk met doelstellingen

Zonder doel zou elke activiteit die je met kinderen doet niet veel meer zijn dan ze bezighouden. Maar je wilt met je kinderen ook iets bereiken. Aan het eind van het

Freddy (acht jaar) heeft gericht gekeken en de knotwilg die zij heeft getekend is op basis van gericht waarnemen. Maar zij nam waar wat op het bord stond, door de juf getekend. Natekenen? Is dat niet helemaal fout? Is dat nog wel cognitieve kennis vergaren door te tekenen? Daarover zijn de meningen verdeeld. Sommigen verwerpen het, anderen beschouwen het gebruik van tweedimensionaal beeldmateriaal als een stimulans voor eigen beelden als volkomen legitiem. Freddy heeft in elk geval kenmerken van een knotwilg genoteerd. Nu maar hopen dat ze die in werkelijkheid ook opmerkt. (12 × 16 cm)

jaar wil je trots kunnen zijn op wat ze kunnen, op hoe ze zich ontwikkeld hebben. Het gebeurt in kleine stapjes, per dag, per les, per activiteit. Meestal heb je eerst een globaal idee van wat je wilt laten doen.

Meester Arjen woont in Noord-Oost Groningen. Hij staat daar ook aan school (groep 5). Al lang loopt hij met het idee rond iets met klei te doen. Want klei, dat kennen de kinderen allemaal. Het blijft aan je voeten kleven als je er op loopt, in de zomer als het droog is, is de grond keihard. Arjen besluit dat hij de kinderen ook andere aspecten van klei wil leren kennen. Hij wil ze leren iets ermee te maken: een kommetje uit ringen klei. Hij schrijft het even op een stukje papier:

- *De leerlingen leren een kommetje maken uit ringen klei.*

Een doel opschrijven is een doel stellen (doelstelling). Het is belangrijk dat je doelen stelt en opschrijft. Zonder doelstellingen ga je misschien nog niet doelloos te werk, maar je bent je in elk geval minder bewust van wat je aan het doen bent en waarom. Het hebben van doelstellingen helpt enorm bij het begeleiden van activiteiten. Het formuleren van doelen helpt je om inzicht te krijgen in wat je de leerlingen leert. Tijdens de activiteit gebruik je de doelstellingen om je begeleiding op af te stemmen. Bij de nabespreking gebruik je ze om samen met de leerlingen te controleren wat ze geleerd hebben.
Ten slotte heb je doelstellingen nodig om leerlijnen uit te zetten, een in een jaar of over meerdere jaren doorlopend, samenhangend onderwijsprogramma.

In die eerste doelstelling van meester Arjen zit meteen al een aantal andere leerinhouden verwerkt. De kinderen leren namelijk ook dat ze door met een plankje te rollen mooiere rolletje krijgen dan door het met de handen te doen, dat ze zowel aan de binnenkant als aan de buitenkant moeten drukken en wrijven om een gesloten glad oppervlak te krijgen, dat ze zo nu en dan hun vingers nat moeten maken, enzovoort. Arjen weet dat hij dat in de begeleiding wel aan de orde stelt en schrijft er geen aparte doelstellingen van op.
Hij schrijft ook niet: 'Ik wil leerlingen leren een kom te maken uit ringen klei'. Dat is namelijk ook geen doelstelling, maar een intentieverklaring.
Als Arjen verder denkt over hoe hij het aan zal pakken, realiseert hij zich dat de kinderen bij hem nog niet eerder met klei gewerkt hebben. Hij weet ook dat hij het wel vaker zal laten doen als ze het leuk vinden, want vorig jaar was het met de klas ook een succes. Daarom noteert hij ook:

- *De leerlingen leren klei voor gebruik gereed te maken.*

Dat is een leerinhoud die nog wel vaker van pas zal komen. Klei dat je van een vers brood afsnijdt of een stuk klei dat je samenstelt uit verschillende kleinere stukken bevat vaak heel kleine luchtblaasjes. Omdat de school een oven heeft en de potjes dus later gebakken gaan worden, is het zaak die luchtblaasjes eruit te halen omdat klei met luchtblaasjes bij verhitting uit elkaar kan springen. Goed kneden, samendrukken (hard op de grond gooien is ook mogelijk) en weer kneden maakt dat de luchtblaasjes verdwijnen. *Walken* heet dat in technische termen. Meestal vinden leerlingen dit heel leuk werk.
Je kunt hier overigens niet schrijven: *'Ik laat ze iets doen wat ze leuk vinden'*, want dat is geen doelstelling maar het omschrijven van een gebeurtenis.

Als Arjen verder denkt over het verloop van de les beseft hij dat wat de leerlingen tot nu toe leren eigenlijk alleen maar over techniek gaat. Kan er een beeldaspect bij? Vorm bijvoorbeeld? Mooie vormen maken van ringpotjes als je het voor de eerste keer doet, is misschien te veel gevraagd. Maar deze meent hij, zal wel kunnen:

- *De leerlingen leren textuur aan te brengen op een kleiwand.*

Arjen ziet het al voor zich: met de punt van een spijker in de buitenkant krassen als de klei nog nat is, met de kop van een spijker een patroon van putjes aanbrengen, kleine bolletjes erop plakken, met je vingertoppen kleine puntjes uittrekken: er is veel mogelijk. Kinderen kunnen zich hier uitleven. Arjen grinnikt als hij bedenkt wat hij erbij gaat vertellen: 'Je mag niet iets doen wat een ander al heeft gedaan.' Daar kan hij weer mooi een doelstelling voor schrijven:

- *De leerlingen leren creatief te zijn.*

4.4 ■ Bronnen voor doelen overzichtelijk groeperen

Arjen begint zijn invallen meestal te noteren in de vorm van doelstellingen. De uitwerking komt later wel. Eerst bedenkt hij wat er ongeveer gaat gebeuren. Langzamerhand groeit het van globaal naar gedetailleerd. Vaak beseft hij pas als hij zijn plannen uitschrijft hoe hij het precies zal gaan doen. Deze werkwijze van Arjen lijkt voor de hand liggend en gemakkelijk toepasbaar. Maar vergis je niet. Arjen heeft zich indertijd op de pabo in beeldonderwijs gespecialiseerd en hij heeft bovendien al een aantal jaren ervaring. Op zoek naar nieuwe lessen dwaalt hij in gedachten gemakkelijk langs de groepen mogelijkheden die er zijn. Hij zou daarvoor ook de speciaal voor dat doel ontwikkelde *activiteitenkiesschijf* kunnen gebruiken ⊕.

4.4.1 ■ De activiteitenkiesschijf

Een gemakkelijk te gebruiken hulpmiddel bij het voorbereiden van activiteiten binnen het beeldonderwijs is de *activiteitenkiesschijf*. Die bestaat uit zes steeds kleinere concentrische cirkels die je los van elkaar kunt ronddraaien. Op elk van die cirkels staat een groep.

Je kiest op een van de schijven het onderwerp dat het meest bepalend is voor je activiteit. Vervolgens draai je de andere schijven zo, dat aspecten die medebepalend zijn voor de activiteit op één lijn komen met je uitgangspunt. Als er meerdere mogelijkheden zijn, kies je die welke in de activiteit het belangrijkste is. Op die manier kun je in een oogopslag het totaal van je planning zien. Tegelijkertijd zie je wat in die activiteit minder of in het geheel niet van belang is. Dat kun je dan een andere keer plannen.

Je kunt een kopie van de gedraaide schijf bewaren of de gegevens in een formulier opnemen, of beide. Op die manier krijg je een goed overzicht van wat je in de loop van een jaar met je leerlingen doet. Je vindt de schijf op de ⊕ website.

4.4.2 ■ Welke materialen en beeldaspecten?

De groep waarin Arjen allereerst op zoek gaat is die van de materialen die bij beeldonderwijs gebruikt worden. (Zie hoofdstuk 11.) Hij heeft de keus uit materiaal voor schilderen, tekenen, drukken, maar hij kan ook kiezen uit klei, hout, papier en karton of textiele materialen, fotograferen en met de computer werken. De keus is niet moeilijk. Hij kiest voor *klei*.

Uit de groep beeldaspecten kiest hij *vorm*. Textuur zou ook gekund hebben, maar omdat hier de problemen toch in de eerste plaats de vorm betreffen, laat hij textuur voor een andere keer. (Zie hoofdstuk 10.)

Een weinig toegepaste techniek is de monotype. Op glas of glad kunststof schilderen en daar papier op leggen voor een eenmalige (mono) afdruk. Het verschil in behandeling van haar en omtreklijn kun je onderbrengen bij textuur. Een aparte, maar wel adequate toepassing van het materiaal. Meisje, acht jaar. (20 × 29 cm)

4.4.3 ■ Structuur in algemene onderwijsdoelen

Het ontwikkelen van creatief denken dat Arjen als laatste doel heeft opgeschreven, komt voort uit de opvattingen die hij heeft over onderwijs in het algemeen. Kinderen begeleiden in hun ontwikkeling is een algemeen onderwijsdoel. Je moet er bij alles wat je doet aandacht aan geven. Je kunt binnen die ontwikkeling onderscheid maken in *sociale ontwikkeling, emotionele ontwikkeling, cognitieve ontwikkeling, motorische ontwikkeling* en *creatieve ontwikkeling*.

Sociale ontwikkeling
Deelnemen aan de maatschappij waarop jij je leerlingen gaat voorbereiden, betekent ze leren hoe met anderen om te gaan. Het gaat erom hoe je te gedragen, behulpzaam te zijn, respect te betuigen en respect te

verwerven. Het leren omgaan met anderen kun je heel goed aandacht geven bij de *introductie:* door kinderen mee laten denken en praten over het onderwerp, bij de *uitvoering:* als ze samenwerken, en bij de *evaluatie*: als kinderen elkaars werk en gedrag beoordelen.
Kinderen leren te communiceren, past ook binnen de sociale ontwikkeling. Communiceren is immers niet alleen een kwestie van technische taalvaardigheid. Leren te communiceren door middel van beelden (beeldtaal) zou je daarom ook bij *sociale ontwikkeling* onder kunnen brengen.

Emotionele ontwikkeling
Aan kinderen leren hoe ze iets op zich kunnen laten inwerken en leren hoe ze daarmee kunnen omgaan, hoe ze kunnen laten merken wat ze voelen, dat alles valt onder het begeleiden van emotionele ontwikkeling. Beeldonderwijs, als beeldtaal beschouwd, geeft kinderen voortdurend gelegenheid hun gevoelens te uiten. Een van de voorwaarden daarbij is wel dat kinderen zich veilig voelen, niet bedreigd, dat hun

Een competente leraar ontwerpt zelf zijn onderwijs. Denk niet alleen aan doelen voor activiteiten. Je kunt ook iets doen aan de inrichting van je lokaal. Kleuters schilderen vaak staand, aan enigszins schuin geplaatste borden, op grote vellen papier. In groep 3 en hoger schijnt dat verboden te zijn, want je komt het niet meer tegen. In het voortgezet onderwijs mag het weer wel. Natuurlijk is het niet verboden. Maar waarom komen we deze goede gewoonte zo weinig tegen? Een paar meter wand is toch wel te vinden. Differentiatie is beter mogelijk en je hoeft niet altijd voor dertig kinderen tegelijk verf te organiseren.

uiting serieus genomen wordt en gewaardeerd.
Aan mensen die ergens mee zitten, wordt vaak de vraag gesteld of ze erover willen praten. Uiteraard, want gevoelens met anderen delen helpt vaak om 'eruit te komen'. Als *respect betuigen*, dat bij sociale ontwikkeling genoemd is, niet voortkomt uit *respect hebben*, is het een schijngebaar dat niet voortkomt uit een emotionele betrokkenheid. Om dergelijke redenen wordt emotionele ontwikkeling ook vaak in een adem genoemd met sociale ontwikkeling. Op de schijf is het één onderwerp: *attitude*.

Cognitieve ontwikkeling
Kennis verwerven doe je door middel van zintuigen, daarmee hoor, proef en kijk je: neem je waar. De ontwikkeling van het vermogen om kennis te verwerven, kan niet zonder waarneming. Beter leren waarnemen is daarom een basis voor meer kennis verwerven. Leren waarnemen is voor beeldonderwijs altijd de kern van het vak geweest en dat is nog steeds het geval. Omdat nu alle kunstvakken in één domein zijn ondergebracht en worden beschreven in kerndoelen die voor alle kunstvakken gelden, wordt *leren waarnemen* niet meer genoemd. Leren waarnemen is bij *beeldbeschouwen* echter ongeveer het belangrijkste doel en bij *het maken van beelden naar de waarneming* is het niet veel anders. Bij het opnieuw organiseren van mentale beelden, bij het beeldend vormgeven naar de verbeelding, laten kinderen zien hoe intens, rijk en volledig hun eerdere waarnemingen waren. Daaruit blijkt hoe hun cognitieve ontwikkeling is gevorderd.

Waarnemen bij beeldonderwijs is overigens niet alleen leren zien hoe het eruitziet. Het is ook opmerken hoe iets ontstaat, hoe je iets vorm kunt geven, welke wetmatigheden en ontwikkelingen er bestaan en hoe het een met het ander samenhangt. Kinderen die ergens belangstelling voor hebben of nieuwsgierig zijn naar iets hebben eerder kans beter waar te nemen dan ongeïnteresseerde kinderen. Bij de introductie van een activiteit hou je daarmee dus al rekening. Belangstelling opwekken is eigenlijk altijd een voorwaarde om kinderen te motiveren voor hun leertaak (intrinsieke motivatie).

Motorische ontwikkeling
Bij beeldonderwijs speelt de motorische ontwikkeling vooral in de beginjaren een opvallende rol. Als een kleuter kan tekenen, is de ogenschijnlijk onbeholpen vormgeving doorgaans niet meer afhankelijk van motoriek maar van geestelijke rijping. Bij handvaardigheid ligt dat anders. Vaardigheden waarbij de motoriek een rol speelt moeten, als een kind er rijp voor is, geoefend worden. Kleuters moeten nog leren een schaar goed vast te houden en ermee te knippen. Een spijker in een plank kunnen slaan, is ook geen aangeboren vaardigheid, om van het aan elkaar solderen van twee stukken zink maar te zwijgen.

Motorische ontwikkeling is, in het kader van het structureren van groepen doelen, ondergebracht bij technische vaardigheden in het algemeen. Op de schijf staat daarvoor: *techniek*.

Ontwikkeling van de creativiteit
De vakken tekenen en handenarbeid worden soms *creatieve vakken* genoemd. In hoofdstuk 9 lees je meer over creativiteit. Hier wordt volstaan met op te merken dat uiteraard bij beeldonderwijs veel aandacht is voor het algemene onderwijsdoel: de ontwikkeling van creativiteit. Arjen koos van de schijf met algemene onderwijsdoelen echter niet voor creativiteit (dan had hij ook voor textuur moeten kiezen) maar voor *techniek*.

4.4.4 Attitudes

In de algemene onderwijsdoelen is naast leerdoelen: *'de leerlingen leren…'*, vaak sprake van attitudes (houdingen): *'De leerlingen krijgen waardering voor cultureel erfgoed, de leerlingen zijn nieuwsgierig naar*

Rieks heeft in de pauze op een originele manier verder gewerkt aan de opdracht: *'Schilder iets in een opvallende kleur.'* Maar hij moet zich later wel voor de groep verantwoorden. Is dat geen milieuvervuiling? Een attitude stak de kop op.

wat beelden betekenen, de leerlingen kunnen intensief met eigen werk bezig zijn, de leerlingen hebben belangstelling voor de cultuur van hun groepsgenoten'.
Het is jammer dat attitudes in de huidige versie van de kerndoelen nauwelijks nog aandacht krijgen. Je kunt ze echter heel goed in je eigen doelstellingen onderbrengen. Niemand verplicht je immers om alleen maar te spreken van: *'De leerlingen leren...'*

4.4.5 ■ Nog meer structuur
Op de activiteitenkiesschijf zijn ook groepen geformeerd die niet in eerste instantie bedoeld zijn om doelen uit te halen. Ze zijn handig om mogelijkheden van activiteiten voor ogen te houden en om variatie aan te brengen. In de eerste van deze groepen staan verschillende manieren waarin je een activiteit vorm kunt geven.
Arjen maakte van deze activiteit een gewone les. Dat is niet altijd het geval. Soms laat hij kinderen een opdracht uitvoeren die hij helemaal heeft uitgeschreven in een soort stap-voor-staphandleiding. Een leerling moet dan helemaal zelfstandig, met zo min mogelijk begeleiding, met alleen die tekst bij de hand werken. (Kijk voor voorbeelden hiervan op de website.🌐)
Er staan bij Arjen ook spellen voor beeldonderwijs op de plank. Soms is er een project, maar het meest voorkomend is een les. Arjen koos *les* uit de groep: *les, spel, doe-het-zelf, project.*

In de les van Arjen lijkt het alleen om het *maken* van kleikommetjes te gaan. Maar de les kreeg een vervolg en werd gekoppeld aan een geschiedenisles over de oudheid. De kinderen leerden over hoe mensen vroeger klei uit de bodem gebruikten om kookpotten en ander huisraad van te maken. Arjen gaf uitgebreid aandacht aan vormgeving en versiering. Dat noemen we *beeldbeschouwen*.
Soms bestaan activiteiten uitsluitend uit beeldbeschouwen. Deze mogelijkheden staan bij elkaar in een groep: *maken, beschouwen, maken & beschouwen.* Voor deze eerste les van Arjen werd het: *maken*.
Ten slotte is er nog de mogelijkheid om de leerlingen alleen te laten werken of samen met anderen, in groepjes van twee of meer. Bij Arjen werkte ieder voor zich: *alleen*.

4.5 ■ Een stukje praktijk uit groep 7

'Ik vraag me af of ze wel eens goed naar een vogel gekeken hebben', denkt juf Faizah als ze de tekeningen ziet die haar leerlingen (groep 7) getekend hebben. Op alle tekeningen van landschappen die ze gemaakt hebben, komen vogels voor en bijna al die vogels zijn afgebeeld als slappe V-tjes. Ze besluit er iets aan te doen. Ze zal een vogel laten boetseren en tekenen op basis van waarnemen. Gewoon een vogel in de klas dus.
Als de kinderen maandagochtend de klas binnenkomen staat er een kooi in de klas met een doek erover. De meeste kinderen hebben het niet eens in de gaten. Totdat in de loop van de ochtend zo nu en dan geritsel en zachte geluidjes onder de doek vandaan komen. Dat is spannend. Juf Faizah haalt voorzichtig de doek weg. Verbazing alom. De kinderen komen er allemaal bij staan en geven ongevraagd commentaar. *'Wat mooi. Mag ie blijven? Mijn vader heeft ook duiven. Gaat ie ze ook melken?* (grapje van Jorrit) *Ik vind het zielig. Wat heeft ie dikke poten. Heeft ie geen honger?'* Juf Faizah praat nog even met de kinderen, en Michaela, wier vader duiven heeft, mag vandaag voor voer en water zorgen. De duif blijft de rest van de week in de kooi in de klas. Niemand vraagt waarom de duif in de klas is en dat komt goed uit, want Faizah had besloten dat niet te zeggen. Wel brengt ze de duif elke dag een paar keer als terloops ter sprake. *'Ik vind wel dat hij mooie ogen heeft. Wat vind jij ervan Marein?' 'Ik vind ze eigenlijk niet zo mooi. Hij heeft zulke rare kringen.'* Als Sanne op een andere dag opmerkt dat de duif z'n knieën verkeerd om heeft, last Juf Faizah een biologieles in: waar hebben dieren hun knieën? Zo komen elke dag vormen, kleuren, verschillende texturen en verhoudingen aan de orde om duidelijk te maken hoeveel er aan een duif te zien is. Nieuwe begrippen zoals *stroomlijn* en *symmetrie* worden uitgelegd en besproken. Donderdag vertelt juf Faizah dat de duif morgen weer mag vliegen. *'Hebben jullie wel eens een duif zien vliegen?'* Natuurlijk hebben ze dat en Susan weet precies wat de duif dan doet. *'Hij klappert met z'n vleugels.*

'Een blauwe hagedis vreet een bloem op.' Dat de achtjarige Robert de blauwe hagedis kent, is duidelijk. Wie anders zou de poten zo wijd uit elkaar tekenen? Robert heeft eerst met potlood getekend, toen met oliepastel alles gekleurd. Let op het verloop van het oranje-rood-bruin. Ten slotte heeft hij om de meeste vormen een dikke zwarte lijn getrokken. Bij de bloemen heeft hij in plaats van een lijn stippen proberen te maken als omtrek. De linkerbloem is nog niet gedaan. Als je kinderen van elkaars tekening dergelijke dingen laat ontdekken, ben je volop bezig met kerndoel 55.

Faizah heeft ook een paar afbeeldingen van door kunstenaars geschilderde en gebeeldhouwde duiven meegebracht en die worden kritisch bekeken en besproken. De kinderen zijn erg geïnteresseerd en letten er na een paar suggesties van Faizah uit zichzelf vooral op hoe de kunstenaar de kenmerken van een duif heeft weergegeven.

Vrijdag is de duif nog steeds in de klas. *'Hij wou voor jullie nog even blijven. Lief hè? Nu kun je allemaal nog naar hem kijken als je de duif gaat maken van klei of als je hem gaat schilderen.'* Blij verraste gezichten.

Na zoveel dagen en zoveel gerichte aandacht is de duif niet meer vreemd. Zonder verdere instructie zullen er beslist wel aardige werkstukken ontstaan, maar Faizah wil de kinderen een duidelijker doel geven. Het zonder meer tekenen en kleien van de duif vindt ze te vrijblijvend. Faizah laat de kinderen zelf nog wat richtlijnen vaststellen.

'Denk je dat je de duif zou kunnen tekenen in zijn kooi? Soms kijkt de duif om zich heen. Wie zou dat kunnen boetseren? Wat zou je het eerst maken van klei, de poten of het lijf? Als je de strepen van de duif tekent is dat niet zo moeilijk, maar hoe zou je dat doen als je met klei werkt? Kun je laten zien dat het onze duif is? Je mag zelf weten hoe je hem gaat maken. Je mag ook nog eens naar de duiven van de kunstenaars kijken, maar je moet wel laten zien dat het onze duif is.'

Omdat zowel schilderen als het werken met klei niet nieuw is, duurt het niet lang of de hele klas is druk bezig. *'Ik was toch nog vergeten hoe zijn poten zijn'*, zegt Josie als ze naar de kooi loopt.
Aan het eind van de dag vertelt Faizah dat de duif naar de vader van Michaela gaat vliegen omdat het zijn duif is. Michaela krijgt er een kleur van. Ze wist het niet maar is apetrots. Alle kinderen letten goed op hoe de duif vliegt.

4.5.1 ■ De doelstellingen bij de duif

Faisah heeft in haar voorbereiding na veel wikken en wegen de volgende doelstellingen geformuleerd.
- *De kinderen leren gericht te kijken.*
- *De kinderen leren dat je meer ziet als je ergens belangstelling voor hebt.*
- *De leerlingen leren typische kenmerken van een duif in een tekening of kleiwerkstuk weer te geven.*
- *De leerlingen leren de begrippen kenmerkend, stroomlijn en symmetrie.*
- *De leerlingen leren dat de anatomie van mensen en vogels verschillen en overeenkomsten heeft.*

Met behulp van de activiteitenkiesschijf heeft ze de hoofdkenmerken van deze les als volgt genoteerd:
Alleen – maken – project – kennis – vorm – schilderen/klei.

4.5.2 ■ Een opdracht als deze

De beschrijving van deze les is niet volledig. Wat ontbreekt is in elk geval de evaluatie. Je kunt echter voldoende duidelijk zien hoe voorbereiding, inleiding en doelen met elkaar verband houden.
Als bovenstaande opdracht je stimuleert om ook zoiets te doen, heb je misschien een paar vragen.

1 *Kun je met een opdracht als deze in groep 1, met vierjarige leerlingen al beginnen?*

Nee, laten vormgeven naar de directe waarneming om een visueel natuurgetrouw beeld te krijgen is dan nog te vroeg. Pas als leerlingen eraan toe zijn (een jaar of negen) begin je hiermee. Maar je kunt leerlingen wel degelijk vragen iets te tekenen of te boetseren wat ze eerder hebben waargenomen. Ze geven daarvan immers een codering.

2 *Zo'n duif tekenen, is dat niet meteen heel moeilijk? Zijn er moeilijke en gemakkelijke kijkopdrachten? Kun je bijvoorbeeld beginnen met naar vierkante blokjes te laten kijken en die te laten tekenen en boetseren?*

De eigen schaduw van een boom tekenen is gemakkelijker dan de slagschaduw van diezelfde boom over de treden van een trap. Een stilstaande figuur is naar de aanschouwing gemakkelijker te boetseren dan iets wat beweegt. Driedimensionale (ruimtelijke) voorwerpen zijn, als kinderen die tenminste ruimtelijk willen tekenen, moeilijker dan platte. Voor handenarbeid geldt dat weer niet. Vierkante blokjes zijn wel eenvoudige vormen, maar razend moeilijk om zo te tekenen als je ze ziet (in perspectief). Leren tekenen en boetseren naar de aanschouwing kun je het beste gewoon laten doen. Je ziet dan in de soms overdreven vormgevingen wat kinderen in hun waarneming het belangrijkste vonden. Je merkt ook dat ze bepaalde dingen over het hoofd zien. Daar kun je dan met ze over praten als ze eraan toe zijn. Neem altijd tenminste één visueel opvallend kenmerk om op te focussen.

3 *Hoe precies moet het getekende of geboetseerde lijken op de werkelijkheid?*

Dat hangt van de maker af. Het moet zo zijn dat hij er tevreden mee is.

4 *Is de relatie tussen zien en maken bij alle leerlingen gelijk?*

Je zou kunnen zeggen dat leerlingen die beter waarnemen ook beter op basis van waarnemen vormgeven. Soms wordt die waarneming gekleurd door emoties (dat zie je in een werkstuk), soms wordt die waarneming beïnvloed door een gebrekkige techniek (dat zie je ook aan een werkstuk).

5 *Maakt het uit welk materiaal ik laat gebruiken voor werkstukken op basis van waarnemen?*

Uiteraard laat je materiaal gebruiken dat zich ervoor leent om het waargenomene in beelden enigszins gelijkend weer te geven. Tekenen, schilderen en boetseren lenen zich er uitstekend voor. Met hout gaat het minder gemakkelijk.

4.5.3 ■ Evaluatie

De nabeschouwing was pas enkele weken later. Alle duiven van klei waren toen gedroogd en gebakken en alle tekeningen waren opgeprikt. Toen bleek onder andere dat het vormgeven naar de waarneming soms duidelijk gekleurd was door vormgeven naar de beleving. Dat is normaal. In het vormgeven naar de waarneming zit altijd iets (en soms veel) van beleving. Het viel de kinderen eerst helemaal niet op, en toen het ter sprake kwam was het geen probleem: *'Want je kunt*

bij Eldred toch goed zien dat het onze duif is'.
Als jij en al je studiegenoten hetzelfde stilleven moeten tekenen, zijn er ook geen twee gelijk, ook al zouden jullie allemaal even goed kunnen tekenen.

4.6 ■ Mentale beelden creatief gebruiken in groep 3

Gewoonte leidt tot sleur. Dingen die kinderen vaak tekenen, worden gauw stereotiep. Juf Marieke van groep 3 vond de bloemen die de kinderen voor moederdag tekenden treurig om te zien. Ze waren schematisch en niet doorleefd. Daar moest iets aan gedaan worden.

Annet begon met een traditioneel blauw bloempje met een geel hartje. Toen dat begin er eenmaal was, kon ze er een soortgelijke vorm in een andere kleur omheen zetten. Met steeds meer zelfvertrouwen herhaalde ze dit in telkens andere kleuren. De later toegevoegde uitstulpingen zag ze bij een ander kind. (25 × 32 cm)

Alle kinderen in de kring. Juf gaat vertellen. Dat kan ze goed. Soms is het ook heel spannend. De kinderen zijn vol verwachting.
'Kabouter Prinkel is heel bedroeft. Hij zit in een hoekje op een paddenstoel met zijn hoofd in zijn handen en kijkt zielig voor zich uit. Daar komt fee Zilversteeltje voorbij.
– Wat is er Prinkel?
– De prinses is jarig en ik wil ze een bloem geven.
– Dat is lief van je Prinkel. Wat voor een bloem ga je de prinses geven?
– Een hele mooie, maar het is winter en nu groeien er geen bloemen.'
Dan vraagt juf Marieke de kinderen wat ze denken dat de fee dan zegt. De kinderen hebben allerlei ideeën, want feeën zijn bekende figuren. Maar in het verhaal tovert de fee een bloem uit de aarde, een hele mooie. De kinderen mogen namen van bloemen noemen. Als juf Marieke enkele keren heeft ontkend (*'Nee, het was geen tulp, nee, het was geen roos, nee het was geen madeliefje'*), staat Joost plotseling op en bijna rood aangelopen roept hij: *'een wonderbloem, het was een wonderbloem'*.
'Goed geraden Joost, het was een wonderbloem, heel anders dan alle bloemen die er bestaan. Een fee kan dat zomaar, een bloem toveren die niet bestaat. Maar weet je, jullie kunnen dat ook.'
Ongelovige gezichtjes.
'Jawel hoor, jullie kunnen ook een bloem maken die niet bestaat. Alleen kun je hem niet uit de grond toveren. Je kunt hem op papier toveren. Ik zal het je leren.'
'Ik weet hoe het moet!' Dat is Willemijn, die begint meteen maar te vertellen hoe de bloem eruitziet die ze gaat tekenen. Juf Marieke onderbreekt haar. *'Weet je, Willemijn, je mag het op papier vertellen.'*
Dan mogen de kinderen bedenken welke kleuren ze gaan gebruiken. Rood, blauw, geel en groen worden genoemd. *'Welk rood?'* Samen gaan ze op zoek naar rode dingen in de klas en de kinderen verzinnen namen: *blauwrood, mooirood, viesrood, bloempotrood, mijnbroekrood.* Hetzelfde voor geel, groen en blauw. Een paar aanwijzingen voor de bloem volgen nog. Hij moet wel een steel hebben, anders kan kabouter Prinkel hem niet vasthouden, maar verder mogen ze hem helemaal zelf toveren.

4.6.1 ■ Wat gebeurt hier?

Kinderen hebben net als ieder mens, ervaringen. Ze beleven van alles, ze horen en zien, maken daarvan innerlijke voorstellingen, innerlijke beelden (ook wel mentale beelden genoemd). Ze hebben bloemen gezien, hebben waarschijnlijk wel voorstellingen van bloemen met steeltjes en blaadjes, en ze kennen al een aantal kleuren. Deze beelden kunnen weer worden opgeroepen (ze zijn in het geheugen bewaard). Mentale beelden kunnen door fantasie 'gekleurd' worden of gecombineerd met andere beelden. Met mentale beelden kun je creatief omgaan. Kleuters zijn daar erg goed in (daarom zijn jonge kinderen doorgaans ook geen betrouwbare getuigen).

Voor juf Marieke waren de treurige Moederdagbloemen de aanleiding tot deze les. Haar doel wordt mentale beelden op te roepen en bewust creatief te laten gebruiken. Maar terwijl ze bezig is met de voorbereiding ervan en bedenkt welke doelstellingen erbij kunnen, realiseert ze zich dat het misschien ook goed is de kinderen bewust te maken dat er verschil is tussen fantasie en werkelijkheid. Ze besluit dat ze die doelstelling bij de evaluatie aan de orde zal laten komen. Ze wil dan ook de bloemen die de kinderen getekend hebben laten vergelijken met plaatjes van bloemen om te zien of daar misschien een feebloem bij is.

Marieke probeert van de evaluatie altijd iets aparts te maken. Het lijkt haar een leuk idee om de kinderen te laten spelen dat ze kabouter Prinkel of fee of prinses zijn. Ze kennen het verhaal en mogen dan zelf bedenken wat ze doen en zeggen.

Als doelstellingen noteert ze:
- *De leerlingen leren mentale beelden creatief te gebruiken.*
- *De leerlingen leren zich in anderen te verplaatsen.*
- *De leerlingen leren dat er heel veel verschillende bloemen zijn.*

Uit de activiteitenschijf kiest ze: *alleen, maken en beschouwen, les, creativiteit, vorm/kleur, schilderen*.

4.6.2 ■ Drie opmerkingen bij deze les

1 Juf Marieke probeert op het gevoel te werken door de arme Prinkel zo zielig mogelijk voor te stellen. Krijg je met sterke emoties misschien betere werkstukken? Sterkere emoties leveren niet automatisch beter werk op. Wel is het mogelijk dat de expressie (uitdrukking) sterker wordt naarmate de emotie (beleving) toeneemt. Een grotere betrokkenheid bij het uit te beelden onderwerp maakt in het algemeen dat een kind met meer concentratie bezig is.

2 Hoe je schema's doorbreekt lees je in hoofdstuk 2, waar ook de ontwikkeling van het beeldend vermogen behandeld wordt. In het hoofdstuk over creativiteit (9) vind je aanwijzingen voor het omgaan met creativiteit in het algemeen. In deze les reageert Marieke op de tamelijk beeldarme mentale beelden van bloemen. Ze vermoedt dat die uit sleur ontstaan zijn. Andere oorzaken zijn ook voorstelbaar. Innerlijke voorstellingen (mentale beelden) zijn immers voor een groot deel afhankelijk van eerdere waarnemingen. Je kunt daarom ook stellen dat je innerlijke voorstellingen ontwikkelt door kinderen bewust te laten waarnemen (naar de werkelijkheid en via beeldmateriaal). Het zou dus ook helemaal niet zo gek geweest zijn eerst afbeeldingen van allerlei bloemen te laten zien en daarna de tekenopdracht te geven.

3 Voor de opdracht mochten de kinderen oliepastelkrijt gebruiken. De opdracht kan ook heel goed met handenarbeidmateriaal worden uitgevoerd. Zorg in dat geval dat de kinderen kunnen beschikken over stokjes, satéstokjes, rietjes, gekleurd papier, zijdevloei, crêpepapier, gekleurde pijpenragers, chenilledraad enzovoort.

4.7 ■ Design

Soms maken kinderen werkstukken die voor iets heel specifieks gebruikt gaan worden: affiche, voorpagina van schoolkrant, soepkom, hangertje, speelgoed enzovoort. Zo'n werkstuk moet voldoen aan eisen die juist aan die soort voorwerpen worden gesteld: functionele eisen. Buiten de school heet dit *design*.
Je kunt je afvragen of dat wel kan.

1 *Kunnen kinderen uit het basisonderwijs begrijpen wat functionele eisen zijn?*

Kinderen begrijpen heel goed dat een vaas voor bloemen niet mag omvallen en dat een hoed op je hoofd moet blijven zitten als je loopt. Een affiche moet opvallen en vervolgens informeren. Voor een leesbaar affiche moet je een duidelijke letter gebruiken. Een affiche moet bovendien tussen allerlei andere dingen de aandacht trekken. Het is de moeite waard om met

In groep 8 heeft Bart een voorwerp gemaakt met een gebruiksfunctie. *'Een kandelaar in de vorm van een beest'* was de opdracht. Aan die opdracht heeft hij volledig voldaan.

4.7.1 ■ Groep 4 op de versiertoer

Groep 4 van meester Harold is bezig met het thema *kleding*. Dat loopt in alle lessen. Nu staat beeldonderwijs op het rooster. Meester Harold laat drie kinderen (met T-shirts) voor de groep komen en vraagt aan de andere kinderen de kleding van het drietal te beschrijven. Zo komen ze op de T-shirts. Al die T-shirts zijn door iemand bedacht: ontworpen en door iemand anders gemaakt. Het begrip *design* wordt uitgelegd. Zonder veel omhaal vertelt meester Harold dan dat dit de nieuwe opdracht wordt: zelf een versiering voor een T-shirt ontwerpen en maken. Ieder mag zelf weten wat er op komt. Daarna laat hij ze nog een tijdje een ontwerp tekenen.

In de loop van de week brengen alle kinderen een wit T-shirt mee naar school. Dat is (als het nieuw is) eerst thuis een keer gewassen omdat de verf anders niet goed blijft zitten. Voor kinderen die er geen van thuis mee konden nemen, heeft Harold er een paar in de kast. In de werklessen mogen kinderen die een T-shirt hebben meegebracht, eraan beginnen. Er is textielverf in grote flacons (om te schilderen) en kleine (om direct mee te schrijven en te tekenen). De kinderen zetten eerst hun naam ergens op de onderrand en gaan dan met veel animo aan het werk.

Na een paar dagen, als alle T-shirts droog zijn, is er een show. Alle kinderen hebben van thuis ook hun favoriete (gekochte) T-shirt meegebracht, maar het eigen werk dragen ze met de meeste trots.

kinderen na te gaan hoe dat kan. Dat zijn allemaal functionele eisen waar je met kinderen over kunt praten zonder die term te gebruiken.

2 *Hoort dit nog wel bij beeldonderwijs? Waar is de expressie gebleven?*

Het hoort erbij. Het maakt immers gebruik van beelden en vormen. Als er (bij een affiche bijvoorbeeld) tekst aan te pas komt, is dat om het specifieke gebruik te dienen. Het gaat hierbij niet in eerste instantie om wat een beeld uitdrukt maar om datgene wat de maker ermee wil bereiken. Misschien is het even wennen dat 'design' ook bij beeldonderwijs hoort. Misschien moet je naar voorbeelden en ideeën zoeken, maar je mag het niet weglaten. Er zijn zoveel mogelijkheden, waarvan je er een aantal misschien al wel beoefende zonder het te weten. Nooit een felicitatie voor Moederdag laten maken of een kaartje voor een ziek klasgenootje?

3 *Veel van de dingen die we in het dagelijks leven gebruiken, zien er zo fraai uit omdat ze met heel technische middelen gemaakt zijn. Is het niet frustrerend voor kinderen om producten te moeten leveren die technisch zoveel minder zijn?*

Over technische (on)mogelijkheden zul je de kinderen niet gauw horen klagen. Het is meer een probleem voor leraren en ouders die te veel op een product gericht zijn en daardoor eisen stellen die niet bij de leeftijd en de ontwikkelingsfase passen. Door gebruik te maken van een computer kunnen kinderen overigens al heel professioneel uitziend werk maken, vooral waar het gaat om lay-out en belettering.

Meester Harold heeft als doelstellingen genoteerd:
- *De leerlingen leren een eigen ontwerp voor een versierd T-shirt uitvoeren.*
- *De leerlingen kijken bewuster naar ontwerpen op T-shirts.*

4.7.2 ■ Dat kan beter

Heel goed dat Harold voorzien had dat er wel eens kinderen konden zijn die geen T-shirt mee zouden brengen. Doordat hij er een paar had liggen, werd er niemand buiten gesloten.

De les begon goed. Het ging om iets dat zich direct in de leefwereld van de kinderen bevindt en ze werden er allemaal bij betrokken. De leerlingen vonden het ook leuk om te doen. Maar te veel mogelijkheden bleven onbenut. Harold legde geen link naar ontwerpen in het algemeen, naar zoveel andere dingen die ook ontworpen worden. Dat ontwerpers altijd moeten denken aan waarvoor hun ontwerp moet dienen, bleef onbesproken. Geen woord over mogelijkheden voor ontwerpen op het T-shirt. Nu werden er op de T-shirts alleen teksten getekend, want dat was bij het drietal voor de klas ook het geval. Dat je T-shirts voor een gek feest anders zou kunnen maken dan voor als je ermee naar de kerk gaat bijvoorbeeld, kwam niet ter sprake. Zou het niet aardig geweest zijn bij het showen de ontwerpers te laten vertellen waarom ze het zo hadden ontworpen en niet anders?

Na deze bespreking maakte Harold andere doelstellingen:
- *De leerlingen leren dat ontwerpen betekent: rekening houden met functies.*
- *De leerlingen leren zelf functies vast te stellen en hun ontwerp daarop af te stemmen.*
- *De leerlingen leren dat een achtergrond invloed heeft op een ontwerp.*
- *De leerlingen leren waarom een kledingstuk T-shirt genoemd wordt.*
- *De leerlingen leren hun beslissingen te verwoorden.*

Maar deze doelstelling bleef, want dat is een hele goede, ook al is het een attitude:
- De leerlingen kijken bewuster naar ontwerpen op T-shirts.

Harold heeft de activiteitenkiesschijf gedraaid naar: *alleen, maken en beeldbeschouwen, project, attitude, tekenen*. Omdat geen enkel beeldaspect bijzondere aandacht kreeg, werd daaruit niets genoteerd. Attitude is gekozen vanuit de veronderstelling dat er in de (verbeterde) planning expliciet aandacht komt voor wat een T-shirt betekent voor de drager en voor degene die ernaar kijkt. Ofschoon er met verf gewerkt werd, is de uitvoering (met bijna uitsluitend tekst) tekenachtig, vandaar de keus voor *tekenen*.

4.8 ■ Groep 7 analyseert kunst en reclame

De kinderen van groep 7 hebben hun stoelen zo gedraaid dat ze gemakkelijk naar het 'bioscoopvlak' kunnen kijken, het witte stuk muur dat Juf Tess vaak gebruikt om iets te laten zien. Vroeger gebruikte ze daarvoor een diaprojector en soms een filmtoestel. Dat was vaak lastig omdat het lokaal niet goed verduisterd kon worden. Tegenwoordig gebruikt ze een beamer, die aangesloten is op een van de computers in het lokaal. Nu kan ze veel gemakkelijker iets laten zien. Als ze thuis lessen voorbereidt zet ze afbeeldingen op een usb-stick. Tijdens de les staan ze dan groot en helder op de muur. Voor de les beeldonderwijs van vandaag heeft ze afbeeldingen van twee schilderijen meegebracht. De schilderijen van Pisarro (landschap) en Mondriaan (Rode wolk) worden na elkaar een paar keer getoond zonder dat de kinderen iets mogen zeggen. Daarna mogen ze ieder op hun beurt reageren als ze willen.
'Hartstikke goed.' (Ruben, bij het schilderij van Pisarro)
'Wat stom, die rooie wolk.' (Josien)
'De bomen zijn belangrijk.' (Gea)
'Nee, de huizen, want die bomen zijn net een lijstje om door te kijken.' (Ruben weer)
'Zijn dat koeien? Ik vind ze slordig gedaan.' (Oumaima)
'Ik vind die met de wolk het mooist.' (Rositha)
Sommige kinderen zeggen niets. Tess, die haar klas natuurlijk goed kent, vraagt een paar kinderen die niets zeggen, te vertellen wat ze zien. Aan Gea vraagt ze waarom ze de bomen belangrijk vindt.
'Ze staan vooraan', zegt Gea. Maar op de vraag wat de schilder wilde laten zien, vinden ze toch allemaal wel dat dat het dorpje in de verte is. Zijn die bomen dan toch een lijstje?
Zo komt het begrip *repoussoir* aan de orde. De kinderen vinden het een machtig mooi woord. Tess heeft nog een paar voorbeelden van repoussoirs en laat die zien. De conclusie is: *'Als je iemand goed naar iets wilt laten kijken, kun je een repoussoir gebruiken.'*

Pisarro: *Uitzicht bij Sydenham Hill*. 'De bomen zijn net een lijstje.'

ook. Daarom vindt ze het ook niet zo moeilijk om doelen te stellen. Ze vindt beeldonderwijs een belangrijk vak en ze heeft, sinds ze van de pabo kwam de planning van heel veel van haar lessen genoteerd. Haar introductie is goed overdacht, ze betrekt alle kinderen bij het probleem en ze heeft de doelstellingen die ze tevoren heeft opgeschreven, voortdurend voor ogen.

- *De leerlingen leren dat schilderijen er niet zomaar uitzien zoals ze eruitzien.*
- *De leerlingen leren dat kunstenaars en vormgevers vormen en kleuren om dezelfde redenen op een bepaalde manier toepassen.*
- *De leerlingen leren dat er bepaalde wetmatigheden in vormgeving zijn.*
- *De leerlingen leren de begrippen repoussoir, kleurcontrast, vormcontrast en compositie.*

De keus uit de activiteitenkiesschijf is: *samen, beeldbeschouwen, les, kennis, compositie/kleur, schilderen*.

Tess heeft even geaarzeld of ze misschien *attitude* zou kunnen kiezen, maar besloot toch voor *kennis* omdat de beeldbeschouwing wel communicatie/attitude betrof, maar niet die van de leerlingen.

De leerlingen van groep 7 werken vaak in groepjes. Ze denken dat ze dat van juf Tess mogen omdat ze dat zo

Dan verschijnt de rode wolk weer op de muur. Daar is geen repoussoir en toch kijk je meteen naar de rode wolk. Samen komen ze erachter: *'Er is niets anders, hij is groot, hij is rood, hij heeft een gekke vorm, hij is rood en de lucht is blauw'*.
Tess legt uit dat ze allemaal gelijk hebben. Ze gebruikt de begrippen *compositie, kleurcontrast* en *vormcontrast*.
Dat de koeien zo slordig geschilderd zijn, dat is met een paar suggestieve vragen van Juf Tess ook te verklaren: *'Die waren niet belangrijk'*.
De conclusie is dat je veel mogelijkheden hebt om iets goed te laten zien. *'En wie wil altijd dat je ergens heel goed naar kijkt?... Zodat je het gaat kopen?'* Juist, mensen die reclame maken.

Om het geleerde ook op een andere manier in te laten werken, heeft Tess een forse stapel tijdschriften beschikbaar waaruit de kinderen in tweetallen vier voorbeelden gaan zoeken waarbij je goed kunt zien dat iemand ergens de aandacht op wilde vestigen. Dat mogen foto's zijn of schilderijen of reclame. Dat knippen ze uit en plakken ze op.

4.8.1 ■ De planning van de analyseles

Het is voor juf Tess kennelijk niet de eerste keer dat ze op deze manier lesgeeft. Ze is ook goed thuis in beeldende kunst. Het is haar hobby. Ze schildert zelf

Mondriaan: *Rode wolk*. 'Wat stom.'

4.8 Groep 7 analyseert kunst en reclame ■ 109

Spelen met de blokkendoos is onderdeel van beeldonderwijs. Het is zelfontdekkend leren over ruimtelijke ordeningen en evenwicht bijvoorbeeld. Architecten begonnen ook zo. Veel spelmateriaal blijkt tegelijk materiaal voor beeldonderwijs te zijn. In het activiteitenvoorbeeld (groep 2) wordt hierop voortgebouwd.

gezellig vinden. Tess merkt dat wel, maar ze merkt ook dat de kinderen overleggen over een opdracht en dat is juist haar bedoeling. Daar leren ze meer van dan dat ze deze opdracht alleen uitvoeren.
Bij de evaluatie mogen ze om beurten eventuele vragen van andere kinderen over hun werk beantwoorden.

4.9 ■ Architectuur in groep 2

Al een paar weken lang heeft juf Kitty van groep 2 de kinderen gevraagd lege doosjes en rolletjes van wc-papier van thuis mee te nemen.
'Wat ga je ermee doen juf?'
'Grote verrassing, Jochem.'
Als ze denkt dat er genoeg zijn, heeft ze inmiddels ook de andere spullen die ze buiten de gewone materialen voor beeldonderwijs nog extra nodig denkt te hebben: potjes sneldrogende, redelijk sterke lijm, een flinke pot goedkope witte verf op waterbasis, een stel grote verfkwasten en veel kranten.
Juf Kitty ziet het al helemaal voor zich: de kinderen gaan gebouwen maken van de dozen en doosjes. Eerst plakken, dan witte verf erover en als dat droog is ramen en deuren erop schilderen.
Om de kinderen een beetje in de stemming te brengen heeft ze een verhaaltje bedacht over een meneer die eerst heel arm was en in een heel klein huisje woonde maar toen minder arm, rijk en steeds rijker werd, zodat hij telkens een stuk bij zijn huis kon aanbouwen.
De kinderen gaan dan net als die meneer in

tweetallen ook zo'n huis bouwen. Met z'n tweeën, heeft ze bedacht, kunnen ze elkaar een beetje helpen bij het lijmen en bovendien is het voor een paar kinderen wel eens goed dat ze iets doen met een ander want het lijkt wel of ze daar moeite mee hebben.
Als de kinderen weten wat ze mogen doen zijn ze enthousiast. De dozen liggen op een grote hoop
'Mag je ook een kasteel bouwen?'
'En een paleis, mag een paleis ook?' Een paleis mag ook.
'Ik ga een huis met tien kamers bouwen', roept Fedor. *'Zo, Fedor, en wat gaat Maikel dan bouwen?'* Maikel doet met Fedor samen. Daar heeft Fedor even niet aan gedacht en op samenzweerderige toon vraagt hij: *'Zullen we dat doen Maikel, een huis met tien kamers bouwen?'* Maikel vindt het goed.
Als Nelya, doortastend als altijd, een arm vol doosjes op haar tafel deponeert en aanstalten maakt om er nog meer te halen, weet juf Kitty dat het toch weer net even anders gaat dan ze heeft bedacht. Maar ze heeft een oplossing. Per huis mogen de kinderen beginnen met vijf doosjes.
Dan doet ze het lijmen een keer voor. Daarbij denkt ze ook hardop: *'Ik ga eerst kijken hoe ik de doosje tegen elkaar doe. Vind ik het zo goed... of zal ik het zo doen? Nee, zo is nog beter.'* Daarbij doet ze de doosjes telkens op een andere manier tegen elkaar.

4.9.1 ■ Hier wordt geleerd
Dit is geen spelen meer. Spelen met blokken en doosjes, het op elkaar stapelen en naast elkaar leggen zonder er iets speciaals mee te maken, kun je vergelijken met het krabbelen bij tekenen. Maar dit is vormgeven, bouwen met een vorm voor ogen. Een kind heeft dat spelen met ruimtelijke vormen nodig voor zijn ontwikkeling. Spelen (vinden wij) is ook leren. Maar hier wordt op een andere manier geleerd. Kitty vindt dat ze heel wat leren:
- *De leerlingen leren een compositie te maken van eenvoudige ruimtelijke vormen.*
- *De leerlingen leren dat er veel oplossingen zijn voor eenzelfde probleem.*
- *De leerlingen leren dat je eerst moet denken en dan pas moet doen.*
- *De leerlingen leren de techniek van het lijmen.*
- *De leerlingen leren samen te werken.*

De activiteitenkiesschijf is ook hier behulpzaam: *samen, maken, les, creativiteit, compositie, karton*.

4.10 ■ Een halssieraad voor meisjes en jongens van groep 6

Juf Josien doet verslag.
'De kinderen hebben nog weinig ervaring met textiel. Daarom wilde ik iets met textiel doen, iets wat kinderen ook zinvol vinden. Liefst iets wat ze kunnen gebruiken. Ik koos voor sieraden van textiele materialen. Sieraden beginnen voor meisjes op deze leeftijd belangrijk te worden. Sommige meisjes hebben een kettinkje om hun arm, een oorbel in. Piercings of tattoos heb ik hier nog niet gezien. Enkelen dragen nog wel eens de ketting van opgerolde papieren kralen die ze eind vorig jaar gemaakt hebben bij Thecla in groep 5.
Ik had allerlei soorten en kleuren textiel, garens, touw, koord verzameld en ook een hoop bling-bling. Scharen, tekenpapier, verf, penselen en dergelijke zijn altijd genoeg in voorraad.
Daags voordat we de les gingen voorbespreken heb ik Leonie gevraagd of ze haar papieren kralenketting om wilde doen. Dat werd mijn startpunt voor de les. Ik had ook een aantal grote foto's van heel verschillende soorten halssieraden, ook stropdassen, cowboykoorden en dergelijke, want voor de jongens moest het ook leuk zijn. We bespraken verschillende mogelijkheden en ik vertelde ze wat het doel was: maak een halssieraad voor jezelf met in elk geval textiele materialen. Het mag heel fantasievol zijn, maar je moet het wel zelf een hele week dragen op school. Dat laatste was vooral om de jongens er ook serieus bij te betrekken. Ik zei dat we er de volgende week aan zouden beginnen en dat ze zelf ook materiaal van thuis mee mochten brengen om erin te verwerken.
Bij het tussentijds proberen of het al ergens op ging lijken, kwamen sommigen tot de conclusie dat je wel iets moest maken dat over je hoofd kon zonder dat je het losknoopte. Verschillende kinderen maakten een stoffen variatie op de papieren ketting van vorig jaar, anderen kwamen met iets dat heel duidelijk geïnspireerd was op de afbeeldingen die ik had laten zien (gekleurde veertjes). Ilse vroeg of een halsdoekje ook een halssieraad was. Toen ik dat beaamde, zei ze

een beetje lachend: dan ben ik klaar, en ze knoopte een doek om haar nek. Maar ze ging ook door met een andere waar ze mee bezig was.
Er zijn heel wat verschillende voorwerpen gemaakt. De jongens vonden het eerst wel een beetje gek om te doen, maar ze hebben het toch allemaal gedragen op school, ook in de pauzes. Jorge draagt de zijne nu al een paar weken.'

4.10.1 ■ Een valkuil

In groep 5 is het al begonnen en in groep 6 is het helemaal duidelijk: jongens zijn anders dan meisjes. In de eerste vier groepen speelden ze nog met elkaar alsof die verschillen niet bestonden, maar nu kunnen ze zelfs al 'verkering' hebben. Meisjes vooral zijn met zichzelf en hun lichaam bezig. Het haar moet goed zitten en bepaalde kleding kun je echt niet meer aan. Dit onderwerp past daarom uitstekend in de situatie. Deze activiteit kan een aanleiding zijn om verschillen en overeenkomsten op een vanzelfsprekende manier te bespreken.

Zoals Josien het beschrijft, passen de doelstellingen die hierna genoemd worden bij deze activiteit. Uit het verslag van Josien blijkt echter niet hoe ze werkt aan het bereiken van die doelen. Het kan dus ook zo zijn dat ze er helemaal geen aandacht aan geeft. Dat is een kuil waar je gemakkelijk in valt: mooie doelen beschrijven en vervolgens denken dat je er in de les dus aan werkt om ze te bereiken. Dat gebeurt niet zomaar.
Doelen moet je altijd voor ogen houden. Allereerst gebruik je ze in heldere formuleringen (doelstellingen). Dat is voor jezelf en voor anderen die een activiteit willen leren kennen. Maar de leerlingen moeten er ook op de een of andere manier van op de hoogte zijn.
🌐 Op de website vind je zelfs de kerndoelen in termen die leerlingen kunnen begrijpen. Je verwerkt ze in de introductie, in de begeleiding en in de evaluatie. Doe je dat niet stelselmatig, dan ben je al gauw bezig met vrijblijvende werkjes en tijdvullende bezigheden. Bij beeldonderwijs doelen voor ogen houden en proberen te bereiken, is niet gemakkelijk, maar het is wel een voorwaarde om te bereiken dat leerlingen zich ontwikkelen.

De doelstellingen:
- *De leerlingen leren dat lichaamsversiering moet passen bij de drager en de gelegenheid.*
- *De leerlingen leren dat bij een gebruiksvoorwerp behalve functie ook compositie, vorm en kleur een rol spelen.*
- *De leerlingen leren dat je met eenvoudige materialen iets moois kunt maken.*
- *De leerlingen leren met sexeverschillen om te gaan.*

Uit de schijf viel de keus op: *alleen, maken, les, creativiteit, compositie, anders.*
Aan deze les kan gemakkelijk de component beeldbeschouwen toegevoegd worden. Welke sieraden dragen de kinderen zelf? Welke draagt vader of moeder, wat kom je tegen op foto's in tijdschriften, wat droegen de mensen vroeger, welke versieringen zijn in musea te vinden?

Het is een wenssteen, zei Chula. Toen ik vroeg of ik hem om mocht en dan een wens doen, mocht dat. Maar ik moest het heel zachtjes zeggen en niemand mocht weten of de wens was uitgekomen. Een touwtje, een kiezelsteen en veel dunne draadjes. Maar wel een sieraad.

4.11 ■ Telbeelden voor de camera

Juf Nanda heeft voor haar groep (1 en 2 samen) een digitale camera 'georganiseerd'. Een naar moderne begrippen flinke grote, maar wel een supereenvoudige. Je kan er niet veel meer mee dan foto's maken, maar dat is precies genoeg. Een zoomlens zit er niet op. De kinderen hebben er allemaal al eens mee gewerkt, gewoon maar om te leren hoe je het ding vast moet houden, waar je door moet kijken en wat er gebeurt als je op het knopje drukt. Nu komt er een echt project. Er moeten 'telbeelden' gemaakt worden. Ieder kind mag een geheim cijfer kiezen van een tot tien. Ze mogen aan niemand zeggen wat dat cijfer is. Alleen Juf Nanda mag het weten. Ze fluisteren het in haar oor en zij schrijft het op. Dan moeten ze een foto maken waarvan je heel goed kunt zien dat het hun cijfer is. Eerst begrijpen de kinderen er niet veel van, dus moet Nanda voorbeelden geven: twee meisjes op de schommel op de speelplaats, vijf kleurpotloden, de ene dikke boom bij de ingang van de school. Ze hoeven niet meteen een foto maken. Pas als ze weten wat ze gaan doen, mogen ze met de camera aan het werk. Het kan de hele week. Er is geen haast bij. Ze wachten gewoon tot iedereen een beurt heeft gehad.
Ruthmila vraagt of je ook nummers mag doen.
'Hoezo Ruthmila?' 'Nou, wij wonen op acht.'
Nee, echte cijfers zijn nou net niet de bedoeling.
De kinderen vinden een geheim wel leuk, maar het is heel moeilijk om niet aan anderen te gaan vertellen wat je bedacht hebt om te fotograferen. Die geheimen worden toch al snel prijsgegeven als sommige kinderen in de klas dingen bij elkaar gaan leggen om er een foto van te maken.
Een paar kinderen gaan met de camera buiten het lokaal. Bram vraagt of hij hem mee naar huis mag nemen. Nee, dat mag niet, maar hij mag thuis wel een foto maken met het toestel van zijn vader. Bram, met een begripvolle vader, brengt de volgende dag zijn foto op een usb stick mee naar school.
Als alle foto's gemaakt zijn, laat Nanda ze bij de Hema afdrukken. Ze worden allemaal op de wand geprikt en de kinderen geven ongevraagd en

Uit de wereld om ons heen nemen we enorme hoeveelheden visuele indrukken op. Op veel van die werkelijkheden hebben mensen helemaal geen of slechts indirect invloed uitgeoefend. In de natuur zijn het dan ook geen beelden. Toch zitten er veel mogelijkheden voor beeldonderwijs in. Hier bijvoorbeeld: vormcontrast, kleurcontrast, ritme, structuur (nerven) en textuur. Het is ook een 'telbeeld' (zie par. 4.11), maar niet door een van de kinderen gemaakt.

ongezouten commentaar. Nanda laat het maar wat gaan, de evaluatie komt nog.
Een dag na het opprikken zitten de kinderen allemaal rond de televisie. De computer met daarop de foto's is erop aangesloten en zo kunnen de kinderen alle foto's goed zien.
Als er een foto voor komt mag iemand zeggen welk getal er op staat. Dan praten ze erover of je dat meteen ziet of dat je langer moet kijken, wat er extra leuk of apart is aan de foto, waarom je het meteen ziet en hoe of je het nog beter had kunnen laten zien. De meeste kinderen hebben hun getal van een tamelijk grote afstand gefotografeerd. Dat geeft nogal eens problemen. Dus zijn ze het hier wel over eens: je moet er dichterbij gaan. Juf heeft zelf ook een foto gemaakt.
De foto van Gijs stelt ook Juf Nanda voor raadsels. Een paar tegels van het schoolplein. *'Kun je er iets van verklappen Gijs?'* Gijs (met het cijfer negen) die inmiddels wel begrepen heeft dat hij buiten de prijzen valt: *'Daar waren miertjes, juf, en een paar liepen de andere kant op.'*

4.11.1 Evaluatie als kernactiviteit

De kern van deze activiteit lag in 'het praten erover'. De nabespreking, met de foto's groot en voor iedereen zichtbaar op het televisiescherm zorgde voor tamelijk langdurige aandacht (de foto's werden in drie sessies bekeken, maar kwamen wel allemaal aan bod). Nanda zorgde ervoor dat ieder kind een pluim kreeg door anderen te laten vertellen wat ze goed vonden aan een bepaalde foto. Om het probleem van 'te ver af' goed te laten zien had ze van een paar foto's het deel waar het om ging uitgesneden en dat deel ook in beeld gebracht. Veel aandacht was er ook voor: *'Waar was je oog?'*, om het begrip *standpunt* te verduidelijken.

Nadat ook de techniek nog eens was besproken (enkele kinderen hadden 'per ongeluk' wel heel vaak op het knopje gedrukt), besloten ze dit alles nog een keer te doen, maar dan moest iedereen een ander getal kiezen.

Nanda maakte van deze zelfbedachte activiteit een uitgebreid verslag en noteerde daarbij als doelstellingen:

- *De leerlingen leren omgaan met een digitale camera.*
- *De leerlingen leren beeldend werk van anderen beoordelen.*
- *De leerlingen leren eigen beeldend werk beoordelen.*
- *De leerlingen leren naar elkaar te luisteren.*
- *De leerlingen leren kwaliteiten van een foto te zien.*
- *De leerlingen leren de begrippen opname, standpunt, afdruk, vergroting.*
- *De leerlingen leren getallen te verbinden met elementen uit het dagelijks leven.*

Met de activiteitenkiesschijf maakte ze de rij: *alleen, beeldbeschouwen, project, techniek, compositie, foto.*

Vragen en opdrachten

1. Bij het (nog eens) doorlezen van dit hoofdstuk komen ongetwijfeld vragen bij je op. Noteer er de drie die voor jou het belangrijkst zijn en leg ze voor aan een studiegenoot. Weet hij geen bevredigend antwoord, ga er dan mee naar je mentor of leraar. Heb je nog geen antwoord? Zet je vraag op de website.
2. Neem een activiteit uit een willekeurige methode die je geschikt lijkt om met leerlingen van je stageschool te doen. Staan er doelstellingen bij? Zijn ze goed geformuleerd? Kun je ze aanvullen? Schrijf er zelf doelen bij als ze ontbreken.
3. Stel samen met twee studiegenoten een lijst op met acht vragen voor gegevens omtrent cultureel erfgoed. Zoek zelf de antwoorden. Noteer waar je ze gevonden hebt. Bedenk ook een les over cultureel erfgoed die je op je stageschool kunt geven. Wat zijn de doelen?
4. Noteer van een les op jouw stageschool de doelen die de leraar waarschijnlijk gesteld heeft en beschrijf hoe hij die probeerde te bereiken. Bespreek daarna met de leraar of het klopt wat je hebt opgeschreven.
5. Kies een activiteit uit dit hoofdstuk en bewerk die voor een andere groep.
6. Is beeldonderwijs eigenlijk verplicht op de basisschool? Blijkt dat ergens uit? Bewijs het.
7. Noem de volgens jou twee belangrijkste doelen van beeldonderwijs.
8. Waarom is het formuleren van doelen bij een activiteit belangrijk?
9. Kies een les uit de activiteiten in dit hoofdstuk en geef die zelf in de groep waar hij voor bestemd is. Als een studiegenoot dit ook doet op zijn stageschool, heb je een goed onderwerp voor reflectie.
10. Kies een van de in dit hoofdstuk beschreven activiteiten en maak daar een vervolg op.
11. Mag je in de basisschool meer doen dan in de kerndoelen staat?
12. Kies een kerndoel en maak daarvoor een activiteit die heel anders is dan de voorbeelden in dit hoofdstuk.
13. Analyseer een les voor tekenen en een voor handvaardigheid uit bestaande methoden en kijk in hoeverre die verband houden met een of meer kerndoelen.
14. Neem een deel van een methode en ga met gebruik van de activiteitenkiesschijf (en een formulier dat je daarbij invult) na welke aspecten daarin niet of weinig aan bod komen.
15. Welk verschil is er tussen doelen voor groep 1 en die voor groep 8?
16. Van de activiteit over het maken van halssieraden is wel een verslag van juf Josien, maar zonder een beschrijving van hoe wordt gewerkt aan het bereiken van doelen. Maak een planning voor de introductie van de activiteit en voor de evaluatie. Zo mogelijk voer je de activiteit in je stage zelf uit en maak je er een verslag van.
17. Vorm een groep van zes studenten (3 × 2). Elk tweetal maakt een opeenvolgende rij met de activiteitenkiesschijf. Geef de schijf door aan het tweetal links naast je. Formuleer twee doelen bij de schijf die je voor je hebt. Geef de schijf en de doelstellingen door aan het tweetal links naast je. Ontwerp nu een activiteit op grond van de schijf en de doelstellingen die je voor je hebt. Je mag zelf de groep bepalen. Je mag er eventueel een methode of andere literatuur bij gebruiken. Bespreek samen de uiteindelijke resultaten.
18. Neem een blanco formulier om schijfnotities op te maken en maak een overzicht van alle lessen in dit hoofdstuk. Wat merk je op? Eventueel doe je hetzelfde met lessen in andere hoofdstukken. Daar moet je dan wel zelf aspecten van de kiesschijf bepalen.

'Over één zaak kregen wij niets te horen: over hoe je moest lesgeven.'
Wout van Ringelestein in: *Tekenen leerde zien* (2003), p. 19

Het lesmodel

5.1 **Introductie** *120*
5.1.1 Tekenen ad hoc *120*
5.1.2 Didactisch competent *121*
5.2 **Activiteiten** *121*
5.2.1 Activiteitenplan *122*
5.2.2 De voorbereiding *122*
5.2.3 Een model voor een planning *122*
5.3 **Een activiteit introduceren** *124*
5.3.1 Sfeer scheppen *124*
5.3.2 Inspireren *125*
5.3.3 Doelen bewust maken *126*
5.3.4 Informeren en instrueren: beeldend en interactief *126*
5.3.5 Introduceren bij jonge kinderen *127*
5.4 **De kern van de activiteit begeleiden** *127*
5.4.1 Pratende leerlingen *128*
5.4.2 Ergens halverwege de les *129*
5.4.3 Relatie leraar-leerling *129*
5.4.4 Jonge kinderen begeleiden *130*

5.5	**De nabespreking** *130*	
5.5.1	De groepspresentatie *131*	
5.5.2	Evaluatie bij de nabespreking *132*	
5.5.3	Evaluerend nabespreken leidt tot beeldbeschouwing *133*	
5.5.4	Meetbaar gedrag *133*	
5.5.5	Cijfers geven? *134*	
5.5.6	Evaluatie en normering *134*	
5.5.7	Evaluatie is meer dan productbeoordeling *135*	
5.5.8	Het gedrag van de leraar bespreken *135*	
5.5.9	Nogmaals het gedrag van de leraar *136*	
5.5.10	Het gedrag van de leerling bespreken *136*	
5.5.11	Het gedrag van de leerling observeren en beoordelen *137*	
5.5.12	Positief en negatief *138*	
5.6	**Na de nabespreking** *139*	
5.7	**Twee linkerhanden** *139*	
5.8	**Een bonte verzameling activiteiten** *140*	
5.8.1	Groep 1 gaat stempelen *141*	
5.8.2	De boot van Sinterklaas *141*	
5.8.3	Drama voor kleuters *142*	
5.8.4	Groep 2 timmert *143*	
5.8.5	Een lampion voor Sint-Maarten *144*	

5.8.6 Groep 2 maakt een kerstengel van papier en karton *145*
5.8.7 Grootte is afhankelijk *145*
5.8.8 Een feestmuts van papier *147*
5.8.9 Herfstkleuren: een probleem voor leraar en leerling *148*
5.8.10 Een knuffelmonster voor groep 4 *149*
5.8.11 Pakpapier voor een moederdagcadeau *150*
5.8.12 Cirkels drukken met stempels in groep 5 *151*
5.8.13 Groep 5 maakt beelden: een liveverslag *152*
5.8.14 Groep 6 voltooit de plaatjes *153*
5.8.15 Groep 6 maakt een pop-upband *154*
5.8.16 Groep 6 brengt winter in beeld *155*
5.8.17 Wiskunde en beeldonderwijs I *156*
5.8.18 Wiskunde en beeldonderwijs II *157*
5.8.19 In groep 7 heeft kleur een functie *157*
5.8.20 Een kunstwerk in lagen (als van Arp) *158*
5.8.21 Kleuren mengen in groep 7 *159*
5.8.22 Leerlingen van groep 8 over zichzelf *160*
5.8.23 Groep 8 laat het rijden *161*
5.8.24 Actie om een boom te redden *162*
5.8.25 Ergonomische werktuigen *163*
Vragen en opdrachten *164*

5.1 ◼ Introductie

Over enige tijd ben je verantwoordelijk voor je eigen groep. Dat is niet niks. Maar je bent een professional en je kunt het, je bent competent. Dit hoofdstuk gaat over een deel van de vakinhoudelijke en didactische competentie die je geacht wordt te bezitten als startende leraar. Anders dan van studenten aan de opleiding voor tekenleraar (zoals uit het citaat boven dit hoofdstuk blijkt), wordt van jou wel het een en ander verwacht.

Dit hoofdstuk gaat met name over de onderdelen van beeldonderwijsactiviteiten.

Op welke school je ook terechtkomt, hoe duidelijk de visie op onderwijs en op details ervan ook is die de school heeft, hoe prima het onderwijsplan ook in elkaar steekt, je moet ook zelf een bijdrage leveren. Je komt op een gegeven ogenblik tot de conclusie dat behalve grote lijnen ook details gepland moeten worden. Tot die details behoren de dagelijkse activiteiten in de groep. Hoe geef je vorm aan wat in het activiteitenplan voor jouw groep voor beeldonderwijs beschreven is? Je kunt daarvoor een methode kiezen, maar als je die niet kunt vinden of als je een bestaande methode ontoereikend vindt (en dat zal zeker gebeuren als je competent bent), moet je plannen maken. Je zoekt activiteiten voor tekenen en handvaardigheid die passen in jouw visie, activiteiten die kinderen inspireren, waarmee je werkt aan de kerndoelen en die bovendien passen bij de ontwikkeling van de kinderen in jouw groep. Je past je vondsten aan en brengt ze onder in een lesmodel dat jouw voorkeur heeft. In dit hoofdstuk wordt ook een lesmodel besproken.

5.1.1 ◼ Tekenen ad hoc

Het heeft deze winter voor het eerst gesneeuwd. Meester Huub van groep 4 had pleinwacht, waardoor het natuurlijk niet kon uitblijven dat hij van alle kanten met sneeuwballen werd bekogeld. Gelukkig zaten de kinderen van groep zeven en acht op een ander stuk van de speelplaats, zodat het niet al te erg werd.
Na de pauze is er eerst een halfuurtje taal, dan beeldonderwijs. De kinderen schuiven hun stoeltjes in een kring, want ze weten dat tekenen en handenarbeid altijd begint met 'praten over het werk'.
'Als je iets belangrijks gaat maken', zegt meeste Huub altijd, *'moet je er eerst over praten en goed nadenken.'*
Het gesprek gaat over het sneeuwballen gooien. Ze genieten er opnieuw van. Meester Huub hadden ze goed te pakken. *'Ik kon haast niet zien wat jullie precies deden'* zegt Huub, *'want ik hield mijn handen voor mijn gezicht.'* Hij laat kinderen voor de klas demonstreren hoe ze gooiden, sneeuw pakten en weer gooiden. Dat mogen ze nu gaan tekenen. Ieder kind mag zichzelf tekenen, en omdat ze allemaal samen op de meester gegooid hebben, mogen ze van die figuren samen een grote tekening maken. Dat brengt even verwarring. Tekenactiviteiten zijn over het algemeen individueel. De leerlingen weten niet dat je ook samen werkstukken kunt maken. Huub wil niets forceren want *samenwerken* zal toch al heel moeilijk zijn, dus: vriendjes en vriendinnetjes mogen samen in een groepje. Elk groepje krijgt een paar scharen, lijm, tekenpapier, kleurpotloden, krijt en een lange strook gekleurd papier om figuren op te plakken. Het tekenen ging prima, al vielen de houdingen wat tegen. Niemand tekende zichzelf gebukt. Er waren in het begin enkele mopperaars. *'Ik wil het alleen doen. Nou wordt het lang zo mooi niet.'*

Gooihoudingen? De armen hoog in de lucht, dat wel, want dat gebeurt bij gooien. Dat je benen en je rug ook meebewegen, is voor een zeven- of achtjarige niet zo belangrijk. Sophia, Marieke, Marion, Bas en Dominique uit groep 4 hebben ieder hun eigen tekening uitgeknipt en opgeplakt. Toch groepswerk dus. (100 × 32 cm)

Het werken in groepen was nogal verschillend. Een groepje werkte heel goed samen en had er duidelijk plezier in. Houdingen werden nog eens zelf gedaan. Er werd overlegd en kritisch een mening gegeven. In een andere groep verliep de samenwerking totaal niet omdat de kinderen qua karakter en interesse niet bij elkaar pasten. Dim en Roel wilden heel iets anders dan Liesbeth en Martine. Na overleg met Huub werd besloten dat ieder een deel voor zijn rekening zou nemen. De jongens de gooiende figuren en de meisjes de omgeving, de school en de meester met de handen voor zijn gezicht. De samenwerking verliep toen beter, maar conflicten bleven.
In een groep werkte ieder volledig apart. Ieder van de vier van die groep had een eigen hoek van het papier genomen en plakte daar zijn ballengooiende figuur. Na overleg met Huub besloten ze het toch zo te laten. *'Je bekijkt het gewoon vanaf het dak.'* Wytze maakte hele kleine figuurtjes in vergelijking met de anderen en zei maar steeds: *'Ze maken de poppetjes veel te groot.'* Hij wilde niet met de anderen meewerken.
Ralf zei dat hij geen poppetjes kon tekenen. Stimuleren en een beetje meehelpen hielp niet. Zijn beste vriend vond het maar niks, maar wilde hem niet helpen. *'Je kunt het ook wel, probeer het dan.'* Gevolg: huilen. Vijf keer een tekening in kreukels. Ten slotte wilde hij dat meester Huub er een tekende. Toen hebben ze het samen gedaan.

Achteraf vonden ze het best leuk gegaan. De resultaten waren de moeite van het bekijken ook wel waard al was de variatie in houdingen nogal gering. De kinderen hadden zelf ook gemerkt dat je moest meedoen als anderen dat wilden en dat vonden ze best goed. Zo leerde je goed samenwerken. Ze vonden het jammer dat ze de werkstukken niet mee naar huis konden nemen. In stukken knippen vonden ze geen optie. Ze zijn toen na verloop van tijd verloot.

5.1.2 ■ Didactisch competent

De voorgaande activiteit, niet ideaal-steriel, maar levensecht, kun je direct gebruiken als je een les moet maken. Dat geldt voor meer activiteiten die in dit boek beschreven staan. Heel verleidelijk. Waarom moet je een heel boek lezen als dit in feite het enige is dat je nodig hebt? Opleiders, schoolbegeleiders en vakdidactici onder elkaar lijken het hierover eens te zijn: *'Ze vragen alleen maar om voorbeelden.'* Die *ze*, dat zijn jouw toekomstige collega's in het basisonderwijs. Is dat waar? Vragen leraren in het basisonderwijs alleen maar om voorbeelden? Geldt dat straks dus ook voor jou?
Ik denk dat de uitspraak juist is als je de woorden *alleen maar* weglaat. Theorie wordt vaak pas goed duidelijk als aan de hand van voorbeelden geïllustreerd wordt hoe een en ander feitelijk werkt, want er is een wereld van verschil tussen theorie en praktijk. Theorie alleen is bovendien vaak saai, maar met voorbeelden alleen kun je niet volstaan, want een verzameling voorbeelden zonder theoretische achtergrond is bijna nutteloos als hij onbegrepen wordt toegepast. Meestal wordt het niet meer dan een bezigheid voor kinderen. Leerdoelen blijven onbenut. Na gebruik zijn de voorbeelden niet meer bruikbaar: *'Heb ik al eens gedaan'.* Een methode voor beeldonderwijs die niet meer geeft dan voorbeelden om na te volgen, is om die reden niet goed bruikbaar. Voorbeelden en methoden gebruik je het beste als inspiratiebron, als je even zelf geen idee hebt. Want de beste lessen maak je zelf. Het is een van je competenties.

> *'Een leraar die vakinhoudelijk en didactisch competent is, heeft voldoende vaardigheid op het gebied van onderwijsinhouden en de didactiek om een krachtige leeromgeving tot stand te brengen waarin de kinderen zich de culturele bagage eigen kunnen maken die de maatschappij vereist, op een eigentijdse, professionele, planmatige manier.'*

🌐 (Kijk op de website om alles over competenties te vinden.)

5.2 ■ Activiteiten

Meestal heeft men het over *lesgeven* aan oudere leerlingen en *begeleiden* van kleuters. Boven deze paragraaf staat *activiteiten*. Dat is een verzamelterm. Daarmee is zowel het werken met ontwikkelingsmateriaal en het laten werken in hoeken en groepjes, als het uitvoeren van een lesopdracht door de hele groep bedoeld. Het kan ook gaan over spelletjes, over het volgen van een methode, over een lessencyclus, een museumbezoek, of over kant-enklaaropdrachten die leerlingen zonder hulp van de leraar uitvoeren, zoals een doe-het-zelfpakket. Je hebt altijd met *activiteiten* te maken.

5.2.1 ■ Activiteitenplan

Een activiteit plannen is in feite: *onderwijsmomenten beschrijven opdat leermomenten ontstaan*.
Er zijn in de loop der jaren heel wat strategieën bedacht om kinderen iets te leren. De meeste daarvan werken met opeenvolgende stappen: eerst dit, dan dat, daarna zus en vervolgens zo. Op die manier is het leren gemodelleerd volgens een vast stramien. Zo'n didactisch model kun je een naam geven: *lesmodel, stappenplan, basisplan, fasenmodel* of (zoals hier gebeurt) *activiteitenplan*. Het stramien is een model, het is nog leeg, maar als je het hebt ingevuld is het een plan.
⊕ (Op de website vind je het lege model klaar voor gebruik.)
In het activiteitenmodel voor beeldonderwijs dat hier besproken wordt, is een activiteit opgedeeld in drie blokken: introductie, kern en nabespreking. De *voorbereiding* omvat alles wat aan de les voorafgaat. De eigenlijke les begint met de *introductie*. De *kern* is het deel waar de leerlingen het meest actief zijn. De *nabespreking* is alles wat daarna komt.
Elk van die onderdelen nemen we afzonderlijk onder de loep.

5.2.2 ■ De voorbereiding

In het voorbeeld waarmee dit hoofdstuk begint, lijkt het of meester Huub zich niet voorbereidt op de les. Gaat dat zomaar goed? Dat is niet helemaal het geval. Meester Huub heeft al veel ervaring. Hij vindt de gebeurtenis te mooi om er niet meteen op in te gaan. Hij bereidt zich voor terwijl hij van de speelplaats naar zijn lokaal loopt, terwijl de kinderen met taal bezig zijn. Om materiaal hoeft hij zich niet bekommeren. Hij weet wat er in de kast ligt. Na bijna vijf maanden kent hij de kinderen van zijn groep voldoende om te weten welke uitdaging ze aankunnen. Hij heeft het meer gedaan, hij is er klaar voor, hij is competent.
Huub baseert zijn ervaring voor een groot deel op de talrijke plannen die hij gewoonlijk maakt als voorbereiding op activiteiten. Hij heeft er inmiddels een hele voorraad van, netjes gesorteerd: activiteitenplannen.

5.2.3 ■ Een model voor een planning

Op het lege formulier moet je op het eerste gezicht heel wat invullen, maar later blijkt dat mee te vallen, omdat sommige gegevens steeds gelijk zijn. Dat is dus gewoon knippen en plakken op de computer. Leraren in het basisonderwijs die de formulieren gebruikten konden er goed mee overweg. *'Alles kon erop en je hoefde niet veel te schrijven'.* Dat is misschien wel een goed criterium. De opmaak is geschikt voor gebruik in alle groepen.
⊕ Omdat hij op de website staat, kun je hem printen of invullen en naar je eigen (digitale) portfolio overbrengen. Je onderwijs zal er veel baat bij hebben als je het goed organiseert, en deze formulieren helpen daarbij. Elk volgend jaar kun je de goede dingen herhalen en de slechte weglaten of verbeteren. Je wordt kritischer ten opzichte van je eigen handelen en noteert en passant het gedrag van je leerlingen zodat je de beschrijvingen ook kunt gebruiken voor het leerlingvolgsysteem. Uiteraard kun je de opmaak ervan aanpassen aan je eigen wensen. Misschien ben je verplicht het eigen lesformulier van jouw pabo te gebruiken.

Op dit model kun je administratieve en inhoudelijke onderdelen onderscheiden.
Administratief zijn: groep, leeftijd, datum, school, leraar, bron en nummer van de activiteit. Administratief zijn ook de gegevens die je met behulp van de activiteitenkiesschijf noteert. Deze administratieve gegevens heb je nodig om je les later terug te kunnen vinden, om hem op de juiste plaats op te kunnen bergen, om te weten waar hij thuishoort, om het voor collega's (en je leraar op de pabo) 'leesbaar' te maken.
Inhoudelijke gegevens noteer je onder: titel, materiaal, tijd, beginsituatie, doel, introductie, nabespreking en verslag.
We gaan de termen stuk voor stuk langs om te zien wat de bedoeling ervan is.

Groep

Uiteraard, je weet hoe belangrijk het is goed onderscheid te maken. Het feit dat de groep als totaal genoemd wordt, hoeft overigens niet uit te sluiten dat je de activiteit door kleine groepjes leerlingen (uit de groep) laat doen.

Leeftijd
Moet dat nog als de groep al vermeld staat? Strikt genomen zou je de leeftijd kunnen afleiden, maar niet iedereen kan dat. Alleen insiders weten dat kinderen van jouw groep 4 zeven jaar zijn. Voor groep 1 is het soms zo dat je activiteiten kunt hebben die uitsluitend voor vierjarigen zijn.

Datum
In het kader van longitudinale planning (planning van wat achtereenvolgens aan bod komt) moet je weten wanneer je iets gedaan hebt. Vaak is het immers belangrijk dat je eerst het een doet en pas daarna het ander. Bovendien is het nuttig te weten uit welke tijd het verslag stamt dat je erbij maakt.

School
De naam van de school. Stel je voor dat je zelf van betrekking verandert of dat je anderen van deze activiteit op de hoogte wilt stellen. Dan is het prettig als de naam van de school erbij staat. Natuurlijk maakt het uit of de school in Rotterdam of Sleen staat, dat zet je er dus ook bij. Soms kan het schooltype belangrijk zijn.

Docent
Ik ga er maar vanuit dat je een beschrijving niet alleen voor jezelf maakt. Als je het aan je pabodocent wilt laten zien, in het team wilt bespreken of het opstuurt naar een collega van een andere school, moet je naam erbij. Misschien denk je later: *heb ik dat gemaakt? Wat goed.*

Bron
Bij *bron* kun je vermelden waar je het idee voor deze activiteit hebt gevonden. Zo mogelijk het nummer van de bladzijde erbij: voor anderen en om het zelf later nog eens terug te kunnen vinden. Ook als je een methode gebruikt, zul je vaak veranderingen aanbrengen in de aanbieding of in de volgorde van onderwerpen, terwijl ook voor lessen uit methoden verslaglegging heel nuttig is. Om een en ander terug te kunnen vinden is zorgvuldige bronvermelding nuttig.

Nummer
Bedenk een code waardoor je een gemakkelijk ordening kunt aanbrengen.

Titel
Geef een titel die de *activiteit kenmerkt*.

Materiaal
Hier schrijf je zo exact mogelijk wat benodigd is. Onder exact versta ik ook de kleur en het formaat van het papier, de soort en hoeveelheid klei, of er voor ieder kind een schaar moet zijn, en ook of er waskrijt of oliepastel wordt gebruikt. Behalve materiaal noteer je hier ook het gereedschap. Als je dit goed opschrijft, kan een collega het allemaal klaarleggen zonder dat er iets ontbreekt.

Tijd
Tijd vraagt je van tevoren de totaaltijd te plannen die je nodig denkt te hebben. Aanvankelijk zul je ook detailtijden willen opschrijven: zoveel minuten voor de introductie, zoveel voor de kern en de nabespreking.

Beginsituatie
Heel kort noteer je hier wat de leerlingen al kennen en kunnen of welke houdingen ze al verworven hebben, waar ze belangstelling voor hebben of waar ze aan toe zijn (met het oog op wat ze in deze les leren). Waar wil je op aansluiten? Is er een aanleiding tot deze les? Soms is er geen duidelijke beginsituatie om op door te gaan. Dan laat je dit open.

Doel
Het kort en toch betekenisvol omschrijven van het doel van een activiteit is een van de moeilijkste opgaven voor iemand die zelf activiteiten ontwerpt. Je weet wel ongeveer wat je wilt bereiken, maar om het nauwkeurig te omschrijven... Hoofdstuk 4 over doelen biedt hiervoor goede hulp.

Introductie
Wat hier gebeurt, bepaalt voor een groot deel wat kinderen leren. Verderop in dit hoofdstuk lees je er meer over. Vat het samen. Je schrijft bijvoorbeeld: *leergesprek* en misschien een paar kernwoorden, maar daar houdt het mee op. Hoe het leergesprek zich zal ontwikkelen kun je niet voorspellen. Als je iets laat zien heb je dat bij *materiaal* al beschreven. Bij het voorlezen uit een boek bijvoorbeeld, heb je het boek bij *materiaal* genoteerd.

Kern
Schrijf hier in een paar woorden wat de opdracht is, wat je verwacht van de kinderen, wat ze gaan maken of doen.

Nabespreking
Ook hier moet je met kernwoorden kunnen volstaan. Zie ook verderop in dit hoofdstuk.

Verslag
Om van de activiteiten te leren (ook als ze niet succesvol waren) is aan het formulier een open deel voor een *verslag* toegevoegd. Daarin kun je reflecteren op je eigen handelen en op dat van de kinderen. Als je dat geregeld doet, zul je merken dat je onderwijsgedrag vooruitgaat. Het verslag maak je nadat de activiteit heeft plaatsgevonden. Verslagen die slechts bestaan uit: *'leuke les, de kinderen waren enthousiast bezig'*, hebben niet veel zin. Persoonlijke notities over zaken waar het in de activiteit werkelijk over ging, zijn van veel meer belang. Let vooral ook op je eigen dynamisch intuïtief handelen. Je bent eropuit steeds beter te reageren op wat je leerlingen zeggen en doen. Noteer wat prima ging of minder goed, daarvan kun je leren. De notities in zo'n verslag kun je ook gebruiken als achtergrondinformatie bij het leerlingvolgsysteem en voor het cijferboekje. Je kunt er ouders mee informeren en ook collega's die de kinderen de volgende jaren krijgen.

5.3 ■ Een activiteit introduceren

De introductie, de start van de activiteit: hoe verloopt die. Hoe schep je sfeer? Hoe activeer je de leerlingen? Hoe motiveer je ze? Hoe laat je ze weten waar het precies om gaat? Hoe leren ze het meest? Wat moeten ze weten om het probleem adequaat aan te pakken? Een introductie heeft in het algemeen drie aspecten:
- warming up
- doelen duidelijk maken
- instructie geven

5.3.1 ■ Sfeer scheppen
'Een goede sfeer is belangrijk.'
'Hoezo, goed? Wat versta jij onder goed?'
'Uitnodigend onder andere.'
De introductie moet kinderen in de optimale conditie brengen voor de kern van de activiteit. Kinderen moeten er gewoon erg veel zin in krijgen om met het probleem, de opdracht aan het werk te gaan. Je moet ze *motiveren* en *inspireren*. Motivatie en inspiratie liggen dicht bij elkaar en gaan vaak geleidelijk in elkaar over.
Je motiveert ze niet om zomaar iets te doen, je leidt ze ook in de richting van de doelen die je met die activiteit voor ogen staan. Dat kan op veel manieren en al die manieren kunnen goed of slecht of halfbakken gedaan worden. Het hangt dus voor een groot deel van jou af of kinderen gemotiveerd zijn. Kun je enthousiast toneelspelen? Kun je spannend vertellen? Kun je je inleven in de gedachtewereld van kinderen in je groep? Het lijkt soms zo eenvoudig. Je wilt een fantasieonderwerp laten tekenen. *Waterman* of *sprookjesschip* bijvoorbeeld. Maar zulke onderwerpen eisen een bewuste stellingname ten opzichte van de werkelijkheid die we van kinderen vaak nog niet kunt verwachten. Je mag deze onderwerpen althans niet zonder meer aanbieden. Een volwassene redeneert misschien (onbewust) als volgt bij een onderwerp als waterman:
'Ik breng elementen van water op een mens-beeld over. Ik combineer het man-zijn met nat, doorzichtig, vloeibaar, vluchtig en maak gebruik van blauwgroene kleuren, transparante verf, zachte kwasten. Ik maak een lange ijle figuur met een vissenstaart en sliertige haren.' Een volwassene kan zo redeneren, maar van jonge kinderen kun je dit in elk geval niet verwachten. Iets anders ligt het als je een verhaal over de waterman vertelt. Dan beschrijf je de sfeer, de omgeving en misschien ook de man zelf en wat hij doet. Dan geef je aan kinderen de gelegenheid om met hulp van beelden die ze zich voor kunnen stellen een eigen waterman te bedenken. Maar wees niet verbaasd als het een gewone man onder water blijkt te worden.

Raymond (groep 7) had geen kleur nodig om te vertellen hoe drie mensen in het woeste geweld van de zee uit hun bootje geslingerd werden. Door het inspirerende verhaal van de leraar zag hij het helemaal voor zich. Let op de bewegingen van de watermassa en het spattende schuim. Materiaal en beeldaspecten zijn uitstekend gebruikt om een inhoud weer te geven.

Kun je goed luisteren naar wat de kinderen zeggen? Kun je zorgen dat ze zich zeker en veilig voelen, dat ze zich kunnen uiten zonder dadelijk gecorrigeerd te worden? Kun je begrijpelijke vragen stellen in een leergesprek, vragen die uitnodigen tot creatief denken? Het helpt allemaal. Wat ook helpt is gebruikmaken van iets dat kinderen kunnen zien: een bloem in de vensterbank, een knuffel, platen van een boek of met een beamer op de wand geprojecteerd, de huizen langs de weg naar school, een film, een schilderij dat je van huis meebrengt. Als de kinderen weten dat hun product straks de moeite waard is, dat jij er serieus mee omgaat, helpt dat ook voor de motivatie.
Dit alles heeft te maken met het scheppen van sfeer.

5.3.2 ■ Inspireren

Een leerling die zich in verbale taal verstaanbaar wil uiten, doet zijn mond open en spreekt (of pakt een pen en schrijft). Een leerling die zich in beeldtaal wil uiten, ... Juist, maar hij moet wel wat willen zeggen, hij moet zich willen uiten. Hij moet zin hebben om wat te maken. Hij moet *geïnspireerd* zijn. Om zijn zegje goed te doen, moet hij zich bovendien concentreren op wat hij zegt en afmaken waar hij aan begint. Daartoe moet hij gemotiveerd zijn.

Er zijn veel manieren om leerlingen te inspireren en welke manier je gebruikt, hangt af van je leerlingen, van je eigen geaardheid en van je inzicht in beeldonderwijs. Een spannend verhaal kan de verbeelding op gang brengen, een bezoek aan een moskee kan nieuwsgierig maken naar andere uitingen van de moslimcultuur, een lied kan een goede *starter* zijn. In alle gevallen gaat het erom hoe de leraar een en ander 'brengt'. Van de Oostenrijkse tekendocent Rothe weten we dat hij zijn leerlingen lichamelijk liet ervaren wat ze moesten maken. *'Ga staan als een populier, als een populier in de storm.'*

Geïnspireerd zijn heeft ook te maken met zich kunnen concentreren. Er is in Nederland ten minste één leraar die zijn leerlingen een minuut in doodse stilte laat nadenken over wat ze gaan tekenen voordat ze mogen beginnen.

Zorg dat kinderen genoeg bewegingsvrijheid hebben, dat er mogelijkheid is om te knoeien, dat je troep en

Margaretha hoef je nauwelijks te motiveren. Ze is bijna verslaafd aan tekenen. Maar zo zijn er weinig. En zelfs Margaretha zal sterke impulsen nodig hebben om zich volledig in een nieuw tekenprobleem te verdiepen. (31 × 29 cm)

allerlei frutsels die niet nodig zijn weghaalt van de werktafels. Praat over wat er gaat gebeuren, raffel je verhaal niet af, vertel de leerlingen dat je ze zult helpen als ze dat nodig hebben, maar wees niet te snel onder de indruk van een vraag om hulp. *'Als ik het moest doen zou ik het wel weten'*, is soms nog niet zo'n slechte reactie. Niet alle kinderen zijn geboren probleemoplossers.

5.3.3 ■ Doelen bewust maken

Bij een introductie komt heel wat kijken, je werkt aan motivatie en inspiratie, aan sfeer. Maar er is meer. Er zijn ook doelen. Op de een of andere manier moet je de leerlingen duidelijk maken wat die doelen zijn. Dat kun je niet doen door die doelstellingen van je ingevulde formulier voor te lezen. Meester Huub had als doel de kinderen figuren te laten tekenen die een actie uitvoeren: sneeuw van de grond rapen, ballen kneden, gooien, zich beschermen of weglopen. Maar hij heeft daar weinig nadruk op gelegd bij de introductie. Dat had anders gekund. Hij had een kind kunnen vragen zo'n houding nog eens voor te doen en die houding met de kinderen kunnen bespreken. Hij had kunnen vragen: *'Doe nog eens alsof je sneeuw opraapt, wat merk je nu bij jezelf?'* Hij had kunnen stellen dat in een groep elke houding maar een keer mocht voorkomen.

Er zijn veel manieren om kinderen doelen te laten kennen. Vaak gaat het over waarnemen, waar je soms veel tijd voor uittrekt, waar je zelfs een complete les aan kunt besteden (biologie bijvoorbeeld, als je het hebt over stamper, meeldraden, kelk- en kroonbladen van een bloem). Het is bij elke opdracht anders, zodat je bij elke activiteit opnieuw bij je zelf te rade moet gaan: *'Hoe zal ik het deze keer aanpakken?'*

5.3.4 ■ informeren en instrueren: beeldend en interactief

Jouw gedrag bij beeldonderwijs is erop gericht dat kinderen zich vrij en veelvuldig uiten. Je laat merken dat antwoorden niet vast liggen en dat er ruimte is voor creatieve oplossingen. Je schrijft zo min mogelijk voor wat kinderen moeten doen. Dus niet: *Hier is een speeltje en zo moet je er mee spelen. Hier is een stuk papier en zo moet je tekening eruit gaan zien. Hier is een bak met wasknijpers en daar maken we allemaal een stoeltje van zoals op het werkblad staat.* Dat zijn gesloten probleemstellingen met een vaste oplossing.

Er is een middenweg tussen *nabootsen* en *doe maar wat*, tussen *'dit moet je doen'* of *'zo moet het worden'* enerzijds en *'je mag kiezen hoe je het doet en wat je maakt'* anderzijds. De middenweg ligt in de buurt van een (meer) gesloten probleemstelling met (meer) open oplossingen. Die middenweg zou doorgaans jouw voorkeur moeten hebben.

Houd in elk geval voor ogen dat je kinderen in hun waarde moet laten, dat je ze zelfstandig moet maken en dus zo veel mogelijk zelf moet laten doen. Bij het werken met beeldend materiaal is het soms belangrijk dat kinderen leren hoe ze iets moeten aanpakken. Leer ze dat en wees consequent in het eisen van uitvoering, dan weten kinderen waar ze aan toe zijn.

Welke informatie en instructie moeten de kinderen

Het resultaat van een handenarbeidles in groep 7 die op een flink aantal punten door jou negatief gewaardeerd zal worden. Wat te doen als je zoiets op je stageschool tegenkomt? Er in geen geval kritiek op uitoefenen, maar wel vragen of jij ook eens een handenarbeidles mag geven; die goed voorbereiden; die voorbereiding met je mentor bespreken en motiveren waarom je het zo wilt proberen; de les geven en de resultaten met je mentor doorspreken.

krijgen? Zijn het begrippen die verduidelijkt moeten worden? Gaat het om een werkwijze of hantering van materiaal of gereedschap, een volgorde van handelingen? Wil je vooral dat ze zelf mogelijkheden onderzoeken? Wordt een nieuw beeldaspect geïntroduceerd?
Ook hier geldt weer: hoe pak ik dat aan? Neem als grondregel dat 'beeldend' en 'interactief' het meest effectief is. Beeldend: laat beelden of voorwerpen zien, doe iets voor. Interactief: laat iets doen.

5.3.5 ■ Introduceren bij jonge kinderen

In dit boek wordt onder *het jonge kind* verstaan het kind van vier tot acht jaar. Dat valt ongeveer samen met de eerste vier groepen van de basisschool. In die jaren is de ontwikkeling van het kind de eerste leidraad voor wat je als leraar met kinderen doet. Natuurlijk is er geen breuk tussen groep 4 en 5, de ontwikkeling heeft een geleidelijk verloop en is bij het ene kind ook net weer even anders dan bij een ander. Over de geestelijke en de lichamelijke ontwikkeling van jonge kinderen leer je in de lessen onderwijskunde en voor zover het beeldonderwijs betreft, kun je in dit boek alles aan de weet komen wat je weten moet. De grote lijn van het verloop van beeldende activiteiten is bij jonge en oudere kinderen niet verschillend. In beide gevallen is er een introductie, een kern en een nabespreking. Verschillen in ontwikkeling maken echter dat de details anders zijn. Allereerst verschillen natuurlijk de onderwerpen en thema's. Bij oudere kinderen hoef je bijvoorbeeld niet meer met sprookjes aan te komen, die willen realiteit of iets dat aansluit bij hun leefwereld. Aandacht kun je bij jonge kinderen minder lang vasthouden, dus hou je je introductie kort, maar je werkt wel heel sterk aan het brengen van sfeer: je maakt een heel drama van het openen van een nieuw prentenboek, je zingt een lied (en laat ze meezingen), je laat ze zelf vertellen naar aanleiding van het onderwerp enzovoort. Een gesprekje met jonge kinderen over beelden heeft vaak heel onverwachte wendingen omdat kleuters meer in associaties denken. Doe je iets voor, reken er dan op dat je het tijdens het werken nog vaak opnieuw voor moet doen bij individuele kinderen. Kleuters zul je nog heel wat basale technische zaken moeten leren. Ook scheuren, knippen en plakken gaan niet vanzelf.

5.4 ■ De kern van de activiteit begeleiden

Het is altijd een spannend moment als kinderen na de introductie zelf aan het werk gaan. Vaak is het even rommelig, ze gaan anders zitten, maken hun tafel gereed, gaan materiaal halen, moeten even afreageren door met hun vriendje te praten enzovoort. Maar dan gaan ze aan het werk, ofschoon...
Aicha heeft wel een potlood gepakt, maar ze zit half op haar stoel te kijken wat Irma uitvoert.
Irma heeft de eerste lijnen al fors op het papier gezet.
Josh kijkt hulpeloos rond, hij lijkt helemaal niet te weten waarom hij hier is.
Freddie probeert hoe sterk de punten van de potloden zijn.
Emre is heel voorzichtig in een hoekje beginnen te tekenen.
Zijn het nog kleuters? Nee, dit speelt zich af in groep 4. Je ziet het, laat het gebeuren, noteert het soms, helpt op weg of grijpt in. Kortom, je begeleidt.
Hoe zorgvuldig je ook beschrijft wat je van plan bent te

Het kunnen scheppen van een goede sfeer is bepalend voor hoe een activiteit verloopt, maar je hebt ook andere kwaliteiten nodig. En tijdens het werken kun je ook geen klusjes voor jezelf doen. Je moet het proces (dat wat de leerlingen al werkend leren) observeren om te weten hoe je leerlingen individueel moet begeleiden en wat je de groep hierna kunt laten doen.

gaan doen en hoe goed je denkt alle mogelijkheden overwogen te hebben, je kunt niet voorkomen dat het vaak net even anders en soms heel anders gaat. Dit is ook een fase waarin jij onderwijzend bezig bent en de leerling lerend actief is. Door onvoorspelbare omstandigheden, door tijdsdruk, door het gelijktijdig gebeuren van iets dat jij en iets dat de leerling doet, kan er van alles gebeuren dat anders is dan je voorzien had. Het lijkt erop dat je op die momenten op je intuïtie moet afgaan, wat des te beter zal lukken naarmate je *interpersoonlijk competent* bent: je kunt je inleven in de situatie, je kunt je verplaatsen in de gedachtewereld van de kinderen en je weet hoe je erop moet reageren. Je geeft leiding maar laat ook ruimte voor eigen inbreng.

5.4.1 ■ Pratende leerlingen

Reflecteren op het eigen werk doet de leerling niet alleen aan het eind van de les, maar ook als hij beeldend bezig is. Ook als hij daarvoor zo nu en dan eens van zijn plaats wil, moet dat kunnen. Hij heeft het nodig. Hij is handelend bezig, ziet het resultaat van zijn handelen en reageert daarop. Sommige kinderen praten graag onder elkaar over het werk terwijl ze ermee bezig zijn. Uiteraard, want er gebeurt iets waar ze beiden nauw bij betrokken zijn. Ze hebben een vergelijkbaar probleem waar ze een oplossing voor zoeken (of ze zijn bezig die te vinden). Ze hebben belangstelling voor elkaars werk en laten dat merken. Er zijn ook kinderen die het liefst met rust gelaten worden. Ze reflecteren wel op eigen werk, maar worden kribbig als anderen er iets van zeggen. Praten over onderwerpen die niets met de activiteit hebben uit te staan, keur je uiteraard af. En de ene keer zul je eerder ingrijpen dan een andere keer. Als kinderen er echt behoefte aan hebben met anderen uit de groep van gedachte te wisselen over hun werk, dan kan daar in wezen geen bezwaar tegen zijn.

Er zullen genoeg momenten vol concentratie overblijven.
Tijdens het werk met de hele groep tegelijk praten over de werkstukken, doe je niet aan de hand van één werkstuk van een kind dat daar nog mee bezig is. Deze methode stuurt vaak naar eenvormigheid. Het tegengestelde kan ook waar zijn. Als door jouw eerdere uitleg alle leerlingen eenzelfde product blijken te gaan maken of als ze allemaal met hetzelfde probleem zitten, zul je er klassikaal wat van moeten zeggen, maar ook dan (in het algemeen) niet aan de hand van één werkstuk. Je weet nooit hoe een kind dat opvat.

5.4.2 ■ Ergens halverwege de les
Je kunt een activiteit onderbreken om een tussentijdse gezamenlijke evaluatie in te lassen in de vorm van een leergesprek.
De leerlingen maken een appliqué voor een te quilten kussen. De meeste leerlingen zijn aan het knippen en naaien, een aantal schrijft.
Leraar: *'We moeten even ophouden. Even allemaal je spulletjes neerleggen, Esther ook. Ik zie een heleboel meisjes die al bezig zijn met lapjes vastnaaien. Wie zijn dat?* (vingers) *Prima, jullie schieten lekker op. Maar Marjan is nog niet zover. Wat ben je aan het doen, Marjan?'*

Leraar en stagiaire als participanten in een creatief proces. Een probleem is gesteld en de doelen zijn besproken en zowel leerlingen als begeleiders proberen tekenend oplossingen te vinden. In deze open en ontspannen situatie brengt een van de leerlingen halverwege de activiteit naar voren hoe hij er tot dan toe mee bezig geweest is. Als de leraar straks over zijn tekening vertelt (hij tekent dezelfde opdracht), zullen de leerlingen hem ook in dit opzicht serieus nemen. Over sfeer gesproken.

Marjan, met een vertwijfeld gezicht: *'U had toch gezegd dat je eerst moest opschrijven welke kleuren je in je werkstuk ging gebruiken.'*
Leraar: *'Natuurlijk, dat is waar ook, heel goed. Wat heb je allemaal opgeschreven, Marjan?'*
Marjan, gerustgesteld, leest voor. De leraar vindt het een goede keus en zegt dat ze het direct in de praktijk kan toepassen. Dat geldt vervolgens ook voor de andere schrijvers.
Een andere manier van bespreken halverwege de les (in een middenbouw gesignaleerd) is deze: alle werkstukken liggen of staan op de grond en de leerlingen zitten er in een kring omheen. Wie wil, mag wat opmerken. Een voorwaarde is dat een leerling die kritiek heeft ook meteen moet zeggen hoe het volgens hem beter zou kunnen. De maker van het betreffende werkstuk kiest uit alle gegeven tips die welke hem het meest aanspreken en gaat weer aan het werk.
Vaak zul je met afzonderlijke leerlingen praten over het werk. Begin vooral met vragen. Wat voor jou onbegrijpelijk is, kan voor een kind vanzelfsprekend zijn. Probeer erachter te komen waarom het product van het kind eruitziet zoals het eruitziet. Oordeel dan niet. Je bent in gesprek met een origineel denkend mens dat recht heeft gehoord te worden. Bedenk ook dat zowel het kind als jij het medium woordtaal moet gebruiken om duidelijk te maken wat er in jullie beiden omgaat en dat je dit maar ten dele lukt.

5.4.3 ■ Relatie leraar-leerling
Kinderen hebben veel baat bij een goede relatie met hun leraar. Bij beeldonderwijs kun je daar onder andere wat aan doen door op de juiste momenten in te gaan op signalen van kinderen. Kinderen verwachten reacties van je. Kinderen hopen op positieve reacties. Daar kun je altijd mee beginnen, ook al is wat kinderen doen of zeggen niet wat je verwacht of hoopt. Wat denk je van: *'Wat heb je dat leuk gedaan, zo heb ik het nog nooit gezien. Zou je het ook nog anders kunnen?'*
Kinderen hebben recht op informatieve reacties. Je zult dus ook moeten motiveren waarom je iets (een gedrag, een reactie, een uiting, een tekening) goed of minder goed vindt. Zo'n gedrag van jou geeft het kind vertrouwen in je. Het voelt zich veilig bij je, durft dan meer, voelt zich flinker, zelfstandiger, groter. Dat alles leidt tot een sterkere gemotiveerdheid en vasthoudendheid bij het uitvoeren van nieuwe opdrachten

(bij het spelen met ander materiaal).
Je hoeft niet altijd iets te zeggen, je kunt ook andere signalen geven. Heb je er wel eens bij stilgestaan dat je kinderen in verwarring brengt als je kijkend naar hun werkstuk niet reageert? Als je niets zegt, geen tevreden gezicht toont, geen aai over de bol geeft, geen stimulerende opmerking maakt, denkt een kind automatisch dat je zijn werk niet goed of in elk geval niet de moeite waard vindt. Laat merken dat je reflecteert.

5.4.4 ■ Jonge kinderen begeleiden

Als je in de jongste kleutergroep gaat werken, zul je merken dat er in de loop van het schooljaar telkens nieuwe leerlingen bijkomen. Door allerlei externe oorzaken zijn er vaak verschillen in ontwikkeling en ook het tempo in ontwikkeling is niet bij alle kinderen gelijk. Daar is dus veel individuele begeleiding nodig. Bovendien is het onderwijs in de eerste jaren niet klassikaal. Kleuters werken in groepjes. De begeleiding bij beeldonderwijs is ontwikkelingsgericht. Je probeert niet die ontwikkeling te forceren, maar je hoeft het kind ook niet aan zijn lot over te laten, ook al noem je het *laten rijpen*. Zeker als je merkt dat kinderen echt achter raken in hun ontwikkeling, zul je moeten nagaan wat daarvan de oorzaak is.

5.5 ■ De nabespreking

> Ivo, vier jaar oud, loopt met zijn vormpuzzel naar zijn juffrouw.
> *'Heb je het helemaal klaar, Ivo? Ja, ze zitten er allemaal goed in. Dat heb je mooi gedaan.'*
> Ivo knikt trots en blij als juffrouw hem dit compliment geeft.
> *'Vond je het leuk om te doen?'*
> Ivo knikt weer.
> *'Vond je het moeilijk, Ivo?'*
> Nu schudt Ivo zijn blonde piekhaar: *'Niet moeilijk.'*
> *'Wil je het nog een keertje doen?'*
> Geen reactie van Ivo's kant.
> *'Of wil je wat anders doen?'*
> *'Wat anders.'*

Dat was de nabespreking van juf en Ivo met betrekking tot de het maken van de puzzel: het aaneenleggen van een twaalftal dierfiguren tot een rechthoek. Een korte, maar redelijk volledige nabespreking van de beeldende activiteit van één leerling. Meestal gaat het anders. Meestal is een aantal leerlingen of de hele groep met een gelijke opdracht bezig geweest en zijn er evenzoveel werkstukken om te bekijken en zijn alle makers vol verwachting naar wat er over hun werkstuk gezegd zal worden.

De nabespreking is een leermoment dat de leermomenten uit de kern pas ten volle tot hun recht laat komen. Het is bij lange na niet zo prettig voor kinderen (ze moeten heel wat stil zitten en luisteren) als het beeldend bezig zijn zelf, maar het is van meer nut dan je kunt vermoeden.

Zelfs een eenvoudige handeling als plakken moet geleerd worden. *'Een beetje lijm op het stukje dat je wilt plakken Ewald, niet het hele vel volsmeren.'* Die aanwijzing hielp niet. Juf moest Ewalds handen tegelijk laten doen wat zij zei.

Het komt er feitelijk op neer, dat je in die paar minuten kinderen helpt zich bewust te worden van hun ervaringen. Hoe je dat doet, moet je meestal stante pede bedenken omdat je moet reageren op niet te voorspellen vragen en opmerkingen van je leerlingen. Dat vraagt creativiteit van jouw kant. Zulk gedrag is niet in een methode voor te schrijven omdat kinderen niet methodisch denken.

Laat de nabespreking niet weg, doe het niet in een paar verloren minuten, maak er een belangrijk ritueel van dat altijd, na elke opdracht volgt. Doe het het liefst niet direct, de leerlingen moeten wel even afstand kunnen nemen. Een paar dagen later of na de pauze is beter. Bedenk wel dat – hoe kort die reflectie ook duurt – het de leerlingen de indruk geeft dat hun werk serieus genomen wordt. En dat gevoel hebben leerlingen nodig om de volgende keer weer enthousiast aan het werk te gaan.

Probeer het zo aantrekkelijk mogelijk te maken. Hanteer een paar gouden regels:
- Het werk van alle leerlingen moet voor iedereen gemakkelijk zichtbaar zijn.
- Zorg dat alle werken op de een of andere manier aandacht krijgen.
- Laat zo veel mogelijk leerlingen aan het woord komen.
- Probeer de leerlingen continu kijkend actief te houden (ze kunnen elk moment een beurt verwachten).
- Breek het af als je de belangstelling niet gaande kunt houden. Afhankelijk van de concentratieboog van de groep plan je dat op 5 tot 15 minuten.

Als het goed is hou je na elke activiteit een nabespreking. Dat houdt in dat je in feite bij elke activiteit ook deze doelstelling kunt zetten:
- *De leerlingen leren hun werk te vergelijken met de gestelde opdracht en met de invulling van die opdracht door anderen.*

Men noemt het ook wel: *reflecteren op het eigen werk*. Hiervoor moeten de leerlingen dus wel goed weten wat de gestelde opdracht was. Hoe vager jij je doelen stelt en hoe minder je eist, des te minder gemakkelijk is die vergelijking met de gestelde opdracht. Als je bijvoorbeeld een verhaal vertelt en vervolgens zegt dat de kinderen daar een mooie tekening bij mogen maken, zijn er slechts drie criteria: *tekening maken, horend bij verhaal* en *mooi*. Heb je er ook normen bij?

Als je opdracht geeft een karretje van blik te solderen dat echt moet kunnen rijden, dat het een baksteen moet kunnen dragen en versierd moet zijn met stukjes geëmailleerd koper, dan ben je een stuk duidelijker. De nabespreking is voor jou als leraar onderdeel van een tijdens de gehele activiteit doorlopend proces van observeren en beoordelen. Voor jou gaat het zelfs na de les nog door, want je moet je observaties nog verwerken en je beoordelingen nog vastleggen. In de volgende paragrafen lees je er meer over.

5.5.1 De groepspresentatie

Bij de bespreking in de vorm van een totaalpresentatie van alle werkstukken als de hele groep aan eenzelfde onderwerp heeft gewerkt, wordt uiteraard de activiteit zelf tegelijk met het product besproken. Meestal doen meerdere leerlingen uit een groep dat. Bij de nabespreking vraag je altijd aandacht voor de doelstellingen en doorgaans ook voor de manier van werken. Wat was het doel van de activiteit, hoe is het doel bereikt en in hoeverre is het doel bereikt? Welke onverwachte nevendoelen zijn ook nog bereikt? Met andere woorden: wat is er óók nog geleerd, wat is óók nog ervaren, dat niet als zodanig gepland was? Hoe is de opdracht ervaren? Hoe is het werken aan de opdracht ervaren? Enkele werkstukken zijn niet volgens de opdracht uitgevoerd maar ze zien er toch wel goed uit. Wat is daarvan te zeggen?

Het nabespreken is niet vrijblijvend. Het is ook oordelen. Je betrekt de leerlingen daarbij omdat het ten slotte hun werkstukken zijn. Als je eerlijk bent zul je trouwens moeten toegeven dat zij er soms een betere kijk op hebben dan jij. In elk geval hoor je bij de bespreking dingen die je oordeel kunnen beïnvloeden. Bij de bespreking is meestal alleen het zojuist gemaakte werk beschikbaar. Maar je kunt ook heel goed gebruikmaken van werkstukken die al eerder zijn gemaakt of van werk van anderen. Beeldmateriaal van kunst die betrekking heeft op de problemen waar het bij een bepaalde opdracht om ging, kun je bij een nabespreking heel goed gebruiken.

Daarbij kun je er niet omheen dat er op kinderlijk niveau oordelen geveld worden: *'Goed gedaan, anders gedaan en toch goed, expres weggelaten, wel vaak geprobeerd maar niet zo goed gelukt, dit is mooi, maar dat vind ik fout.'* Ook dat laatste mag, en het kan waar

'Ík heb de achtergrond zo gekleurd omdat Zwarte Piet er dan goed op uitkomt.' Ronald bespreekt zijn werk.

zijn. Dat moeten kinderen ook leren, dat beeldend werk ook fout kan zijn, tegengesteld aan de doelstellingen of er helemaal aan voorbijgegaan bijvoorbeeld.

Jouw oordeel is hierbij ook nodig. Kinderen verwachten dat. Met jouw eigen (rechtvaardige, kritische, maar milde en bovenal pedagogisch-didactisch verantwoorde) oordeel kun je zowel de leerlingen laten weten wat je ervan vindt als hen leren waarop ze hun eigen oordelen kunnen baseren.

Goed georganiseerde nabesprekingen zijn leerzaam. Je streeft er doelen mee na.
- De leerlingen leren belangstelling te tonen voor het creatieve werk van anderen.
- De leerlingen leren kritisch te kijken naar eigen en andermans werk
- De leerlingen leren het eigen werk en de eigen werkwijze te beargumenteren.
- De leerlingen leren een mening gefundeerd te geven en een oordeel respectvol te uiten.
- De leerlingen leren vooraf gestelde eisen (doelen, instructie) in herinnering te roepen.
- De leerlingen te kijken in hoeverre er aan deze eisen voldaan is.
- De leerlingen leren een oordeel van anderen over het eigen werk te verwerken.
- De leerlingen leren dat er meerdere werkwijzen zijn om tot goede resultaten te komen.

5.5.2 Evaluatie bij de nabespreking

In het onderwijs gebruiken we de term *evalueren* als we het hebben over het bepalen van de waarde van iets dat een leerling gemaakt heeft en ook als we zijn gedrag beoordelen. Bij beeldonderwijs zijn er veel momenten en onderwerpen van evaluatie: tijdens het werken van de leerlingen evalueer je bijvoorbeeld hun gedrag. Na afloop evalueer je onder andere je eigen handelen. Ook bij het nabespreken vindt evaluatie plaats.
Bij het evalueren in de nabespreking gebruik je doelstellingen als referentiekader. Je probeerde vooraf,

bij de voorbereiding van de activiteit, in doelstellingen zo zorgvuldig mogelijk te omschrijven waar het om zou gaan. Je probeerde in de introductie op de activiteit de doelen aan leerlingen duidelijk te maken. Kun je, als je dat gedaan hebt, objectief meten en oordelen? Jammer genoeg niet. Veel doelen zijn in het geheel niet meetbaar. Er zijn vaak geen instrumenten (toetsen) ontwikkeld waarmee je kunt aantonen dat een beoogd doel bereikt is. In die gevallen moet je oordeel daarom subjectief zijn. Doelen die niet meetbaar zijn, kun je overigens wel bespreken. Doe dat, en beperk je niet tot cijfers geven of een kwaliteitswaarde noemen. Bespreken en beoordelen en noteren horen bij elkaar. Door ze samen in praktijk te brengen help je niet alleen je leerlingen, maar vorm je ook jezelf. Je komt meer te weten van je leerlingen en krijgt meer inzicht in je eigen handelen. Om niet alles zomaar voorbij te laten gaan, noteer je wat je wilt blijven onthouden.

	Vaardigheden/gedrag		Product
	van de leraar	van de leerling	van de leerling
Bespreken			
Beoordelen			
Noteren			

Als je de verschillende aspecten van evaluatie in een schema zet, zie je gemakkelijk dat evaluatie bij beeldonderwijs over zes onderwerpen gaat en dat je daarvan vaak ook nog het een en ander noteert. In dit schema staan alle aspecten netjes naast elkaar, wat natuurlijk niet wil zeggen dat alles vooral gescheiden moet gebeuren. In de praktijk gebeurt het vaak tegelijkertijd. Bespreken en beoordelen gaan haast ongemerkt in elkaar over. De bedoeling van het schema is duidelijk maken welke aspecten bij de evaluatie betrokken moeten worden. Je kunt het schema gebruiken bij het beeldend werken van leerlingen en ook voor beeldbeschouwen.

5.5.3 Evaluerend nabespreken leidt tot beeldbeschouwing

Het samen met de leerlingen bespreken en beoordelen van hun eigen werk en van de processen die daartoe geleid hebben, gaat moeiteloos over in het bespreken en beoordelen van werk van anderen. Op die manier zet je gemakkelijk de stap naar beeldbeschouwing, naar het *reflectief beeldend bezig zijn*. Bij het bespreken van een kunstwerk en het beoordelen ervan kun je niet alleen afgaan op het product maar zul je ook kennis moeten vergaren over wat de kunstenaar bedoelde, in welke cultuur hij leefde, hoe hij het gemaakt heeft. Dat is niet zo verschillend van wat je over een kind en zijn werkstuk moet weten. Het komt neer op kritisch kijken, bespreken en beoordelen. Reflecteren is een vorm van evalueren, en omgekeerd.

5.5.4 Meetbaar gedrag

Kennis is een product (van leren) en die kennis kun je soms meten, ook bij beeldonderwijs. Het gaat over het beoordelen van wat een kind zegt of handelend laat zien. Als je echt wilt meten, zul je zowel een waarde (bijvoorbeeld: kleuren kunnen aanwijzen) als een norm (bijvoorbeeld: geel, groen en rood) moeten aanwijzen. Als voorbeeld een paar kleine observatielijstjes.
🌐 Deze zijn ook op de website te vinden. Je kunt ze gemakkelijk zelf aanvullen of voor eigen behoefte samenstellen.

Ontwikkeling bij jonge kinderen
Het kind kan de kleuren rood, geel, groen, en blauw aanwijzen.
Het kind kan kleuren, vormen en grootten onderscheiden in verschillende situaties.
Het kind kan posities van voorwerpen in de ruimte waarnemen (achter, linksvoor enz.).
Het kind kan posities van voorwerpen in het platte vlak waarnemen (onder, naast enz.).
Het kind kan een bepaald voorwerp of figuur (beeld) aanwijzen tussen meerdere figuren.
Het kind kan iets dat het gezien heeft een dag later beschrijven.
Het kind kan kleuren, vormen en groottes ordenen.
Het kind kan dingen bij elkaar leggen op grond van uiterlijke eigenschappen.
Het kind kan een logische volgorde van een gebeurtenis aanwijzen (op afbeeldingen), vertellen, verbeelden.

Manou (vijf jaar) kan nuances van kleur groeperen. *'Hier is alles een beetje rood en daar een beetje blauw'*, was haar commentaar. Geel hoort blijkbaar in beide groepen thuis. (collage, 60 × 10 cm)

Het kind kan ruimtelijke begrippen hanteren.
Het kind kan eenvoudige relaties bedenken.

Voor oudere kinderen kun je er nog heel wat aan toevoegen
Het kind kan twintig nuances van een kleur op volgorde leggen.
Het kind kan enkele nuances van een kleur onthouden.
Het kind kan een aantal meetkundige vormen precies onthouden.
Het kind kan de ruimtelijkheid van een tweedimensionaal beeld lezen.
Het kind kan een eenvoudige constructie analyseren.
Het kind kan aan de hand van de schaduwen op een afbeelding de plaats van de lichtbron aangeven.
Het kind kan naar aanleiding van een figuratieve voorstelling een beeld maken van wat er direct daarna gebeurt.
Het kind kan relaties leggen tussen beelden en andere culturele uitingen.
Het kind kan constructies doorzien en onthouden.

5.5.5 Cijfers geven?

'Je kunt het of je kunt het niet.'
'Niet iedereen heeft aanleg.'
'Beeldende werkstukken zijn niet te becijferen. Het gaat immers om een individuele uiting die altijd goed is omdat het iets is van het kind zelf.'

Deze opmerkingen heb je vast wel eens gehoord. Met de kennis die je hebt, kun je op dit soort opmerkingen wel goed reageren, maar cijfers geven blijft een probleem. Cijfers geven veronderstelt dat alle leerlingen in de groep vergelijkbaar te beoordelen zijn. Cijfers geven immers exact aan hoe het met die leerling gesteld is. Een 8 voor beeldonderwijs bijvoorbeeld. De juffrouw zegt: *heel goed,* vader meent: *uitstekend* en moeder vindt het *fantastisch.*
Op het rapport staat echter als officiële verklaring: *Betekenis der cijfers: 8 – goed.* En dus zitten ze er alle drie naast.
Toegegeven, het geven van cijfers is een armetierig systeem om vast te leggen wat er bij beeldonderwijs allemaal gebeurt. Maar wat is het alternatief? Weglaten? Dan zeg je ook niets. Een woordrapport? Dat is wel beter, maar als er niet meer op staat dan *'goed'* of *'Hassan moet beter zijn best doen'*, zijn de ouders niet veel beter geïnformeerd dan door een cijfer.
Wie werk maakt van het observeren en beoordelen van leerlingen noteert systematisch wat hem opvalt bij een leerling en kan zodoende voor elke leerling een profiel vaststellen waarin zijn zwakke en sterke punten naar voren komen.

5.5.6 Evaluatie en normering

Evaluatie bij beeldonderwijs onderscheidt zich van vakken als rekenen en taal, waar het leerbare tamelijk zuiver is vastgelegd in methoden en daardoor redelijk goed te meten is. Objectief te constateren leereffecten zijn er ook bij beeldonderwijs (zie vorige paragraaf) maar het aanwijzen daarvan vraagt veel inzicht en vooral veel ervaring van de beoordelaar.
Een beoordeling van een werkstuk hangt niet af van dat werkstuk als voorwerp. Je betrekt er de doelen bij en vervolgens de ontwikkeling van de maker, de wijze waarop hij er aan gewerkt heeft, de omstandigheden, misschien zelfs de tijd die eraan besteed is enzovoort. Al deze externe factoren bepalen de normen die je stelt en zo beoordeel je ten slotte de ontwikkeling van het beeldend vermogen van de leerling.

Van links naar rechts: Ethiré (negen jaar), Nyvetson (zeven jaar) en Marc Anthony (zeven jaar), alle drie uit groep 4 en alle drie met dezelfde opdracht: een vaas met bloemen naar de voorstelling. De werkstukken werden gehonoreerd met de cijfers 9, 7 en 9. Als je daar geen verantwoording bij leest, blijf je met vragen zitten. Waarom juist deze cijfers bij deze werkstukken?

Zo'n oordeel motiveren, aan anderen (kinderen, ouders, collega's) duidelijk maken, is niet gemakkelijk. Als je daartoe in staat bent, heb je het evalueren onder de knie.

5.5.7 ■ Evaluatie is meer dan productbeoordeling

Je evalueert niet om tot een cijfer te komen maar om de leerling te helpen, om hem te helpen bij ontwikkeling in het omgaan met beelden. Wat je kan helpen is, dat je voor ogen houdt waar het bij beeldonderwijs om gaat. Het gaat er bij beeldonderwijs niet om dat de leerlingen fraaie werkstukken maken, maar dat ze hun beeldend vermogen ontwikkelen, bewust leren vormgeven en vaardig worden in het beoordelen van beelden van anderen. Het gaat erom dat kinderen de beeldtaal leren gebruiken, dat ze hun waarnemen verscherpen en hun esthetisch oordelen versterken.

Bij beeldonderwijs gaat het om het evalueren van processen. Je zult aandacht moeten besteden aan hoe leerlingen met beelden omgaan, aan de wijze waarop leerlingen (beeldende) problemen aanpakken en oplossen. Producten kunnen echter je wel helpen om beter zicht te krijgen op processen die leerlingen doormaken.

Michaela (zes jaar) heeft een schildering gemaakt. Maar samen met de leraar heeft ze ook kritisch gekeken naar haar eigen werk. Heel bewust is ze bezig geweest met verf en toen ze zichzelf op de fiets had geschilderd, heeft ze overal tussen de lijnen het witte papier met blauw bedekt. Nee, dat laatste was niet haar idee, maar ze heeft het geaccepteerd op aanraden van de leraar. Over het laten invullen van vlakken op die leeftijd kun je discussiëren. Feit is dat zesjarigen bewust met kleur en vorm kunnen omgaan. Ze kunnen beeldende aspecten zoals kleur, vorm, ruimte, textuur en compositie doelgericht gebruiken in een werkstuk). (50 × 32 cm)

5.5.8 ■ Het gedrag van de leraar bespreken

Reflecteren op je eigen handelen is onontbeerlijk om inzicht te krijgen in je gedrag om het daardoor te kunnen verbeteren. Leerlingen beoordelen de activiteiten van de leraar sowieso en bespreken die onder elkaar of met de ouders thuis. De bijzonder leerrijke gesprekken tussen leerlingen onderling zijn soms voor leraren en een (niet bedoelde) bron van informatie. Niet bedoeld, omdat je wordt verondersteld ze niet te horen, eigenlijk jammer.

Jij als leraar hebt een fors aantal taken. Wat beeldonderwijs betreft onder andere: het probleemoplossend handelen bij kinderen ontwikkelen, culturele verworvenheden aan hen overdragen, bijdragen aan de mentale en fysieke gezondheid en de maatschappelijke ontwikkeling van kinderen. Leerlingen hoeven dat allemaal niet te weten, maar ze hebben wel een mening over de houding en het gedrag van hun leraar. Bij beeldonderwijs wordt het leren van de leerlingen voor een groot deel bepaald door de leraar, door zijn kennis, inzicht en gedrag. Wat vonden de kinderen ervan? *Was alles goed voorbereid? Was er genoeg materiaal, was de vrijheid van de leerlingen passend bij de aard van de opdracht? Was het een leuke opdracht? Was het allemaal duidelijk?* Als je dit met leerlingen bespreekt, kijk je in de spiegel, die de leerlingen hebben schoongepoetst. Deze bespreking kun je aan de nabespreking koppelen. Bij kleuters kan een gesprek al beginnen door een paar vragen te stellen. Oudere kinderen die met dit systeem vertrouwd zijn, kunnen de leraar die ervoor openstaat nuttige aanwijzingen geven voor volgende activiteiten. Als je je openstelt voor kritiek van je leerlingen kun je veel vertrouwen verwachten. Wie er geen ervaring mee heeft, zal voorzichtig moeten beginnen en niet te veel ineens moeten verwachten. Een vraag als: *'Vonden jullie het leuk om te doen?'*, kan een goede start zijn. En dan maar doorvragen als het antwoord een simpel *nee* is. Bedenk vooraf een paar startvragen voor de evaluatie bij het einde van de les. Je brengt daarmee het gesprek met de leerlingen op gang.

Soms moet je de hele groep toespreken tijdens de les, als ordemaatregel of om iets te verduidelijken dat een groot deel van de groep niet begrepen heeft. Het is wel zaak dat je hiervan goede notie neemt omdat dit nietbegrijpen waarschijnlijk een gevolg is van jouw (onvolledige) uitleg of van een verkeerde probleemstelling.

5.5.9 ■ Nogmaals het gedrag van de leraar
Leraren moeten hun handelen kritisch en systematisch kunnen analyseren en op basis daarvan hun eigen professionele ontwikkeling kunnen sturen. Dit reflecteren op eigen handelen kun je leren, daar zijn technieken en methoden voor waar je tijdens je studie kennis mee maakt. Gebruik ze ook als je leraar bent. Stel jezelf bijvoorbeeld vragen en geef antwoorden: *Hoe is het leerproces verlopen? Hoe ging het onderwijzen? Hoe deed ik het deze keer?*
Laat in de stage je mentor of medestudent jouw gedrag observeren. Misschien kun je een film laten maken en die in de opleiding laten bespreken door medestudenten en door je leraar.

Dat moet uiteraard ter sprake komen bij de evaluatie van de les. Ongelijke tafeltjes, verborgen onder krantenpapier en daarop een te hoge pot met water. Leerlingen zullen eerder de schuld bij zichzelf zoeken dan dat ze de leraar blameren voor een slechte organisatie. *'Dat moeten we een volgende keer anders doen, wie heeft er een voorstel?'*, is een uitnodiging om de leerlingen op een juiste manier medeverantwoordelijk te maken voor wat er in de klas gebeurt.

In de opleiding leer je je eigen methodische en didactische vaardigheden te beoordelen. Als bij het lesgeven iets minder goed of misgaat, ligt het meestal aan de leraar. Vraag je af wat de oorzaak kan zijn.
- Doelstelling te hoog gegrepen?
- Doelstelling onduidelijk?
- Liggen materialen en gereedschappen wel op een vaste plaats (zodat leerlingen daarvan kunnen pakken wat ze nodig hebben)?
- Ondeugdelijk gereedschap?
- Te weinig illustratiemateriaal?
- Te veel door de vingers gezien?
- Te veel bezig geweest met enkele leerlingen en de anderen veronachtzaamd?
- Opruimen slecht georganiseerd?

En nogmaals: je kunt hierover veel te weten komen als je je leerlingen hierbij betrekt als kritische commentatoren.

5.5.10 ■ Het gedrag van de leerling bespreken
Het bespreken van het gedrag van een leerling gebeurt meestal tijdens de les, als ordemaatregel, om een verkeerde aanpak te corrigeren of om die leerling iets te verduidelijken. De leerling kan met een probleem zitten waar hij alleen niet uit kan komen. De leraar kan informatie willen over een werkstuk of de manier van werken van de leerling.

Soms zegt een kind dat het klaar is. Jij vindt van niet. Maar kun je dat wel zo zeggen? Je probeert er eerst achter te komen waarom het kind zegt klaar te zijn. Een gesprekje kan heel wat informatie opleveren. Misschien overtuigt de leerling jou wel.

Misschien kun je het kind een nieuwe visie op zijn werk geven. Hij heeft bijvoorbeeld wintersport getekend. *'Zijn jullie zelf ook naar de wintersport geweest? Was het leuk? Moest je moeder nog aparte kleren kopen voor jou? Ja? Wat voor muts had je op?'* (Alle figuurtjes in het werkstuk hadden dezelfde kleur muts op het hoofd.)
Als een leraar er blijk van geeft niet genoeg op de hoogte te zijn van de ontwikkeling van het beeldend vermogen, wordt hij soms op zijn nummer gezet. Een zesjarige heeft een mensfiguur getekend en een bloem ernaast die evenveel plaats in beslag neemt.
Leraar: *'Maar die bloem is toch veel te groot?'*
Leerling: *'Nou, dat geeft toch niet.'*
Zonder meer de opmerking maken dat er nog best wat bij kan, is didactisch onverantwoord. Waarom zou je dat zeggen? Omdat je het lastig vindt dat een leerling eerder klaar is dan anderen? Dan is het toch beter een aantal kleine aanvullende opdrachten bij de hand te hebben? Die opdrachten maak je gelijk met je lesvoorbereiding, bij de planning van de activiteit. Zeg je het omdat je open plekken op een tekening ziet of vind je een leerling lui omdat hij het werk niet zo nauwkeurig heeft afgewerkt als jij het zelf zou doen? Dat is bepaald geen uiting van competent gedrag.
Wie zijn leerlingen wil helpen bij het ontwikkelen van het beeldend vermogen zal zelf toch moeten weten met welke hulp een kind het meest gebaat is. Meestal is dat: het kind bewust maken, het kind zelf laten ontdekken hoe het beeldend bezig is, wat het gemaakt heeft, wat het ziet.

5.5.11 ■ Het gedrag van de leerling observeren en beoordelen

Het is goed voor te stellen dat leerlingen reflecteren op hun eigen handelen, op het proces van beeldend vormgeven. Leerlingen kunnen ook over elkaars handelen oordelen. Maar je kunt het observeren en beoordelen van de activiteiten van de leerlingen niet aan henzelf overlaten. Het is een specifieke taak van jou als leraar. Je observeert en beoordeelt.
Beoordeelbaar gedrag is vaak niet exact meetbaar, maar wel te kwalificeren als goed, minder goed en slecht.

Doelbewust, gaat helemaal in het werk op, niet snel afgeleid, durft te experimenteren... Hoewel het proces bij beeldonderwijs uitermate belangrijk is, wordt vaak alleen het product beoordeeld. Daarmee doe je leerlingen geen recht.

Vooral affectieve doelen (gedrag/houding) onttrekken zich aan meten. Hier bijvoorbeeld een verzameling positieve oordelen over Marijke.

- Marijke kan over wat ze ziet zakelijke uitspraken doen.
- Marijke geeft blijk van een grote voorliefde voor technische problemen.
- Marijke kan opgaven 'naar de waarneming' kritisch doordenken en zelfstandig technisch juiste oplossingen aanbieden.
- Marijke stelt goede vragen.
- Marijke verdedigt haar inzichten met emotionele betrokkenheid zeer standvastig.
- Marijke experimenteert veel, gebruikt vaak het documentatiecentrum.

- Marijke heeft veel ideeën, weet meteen wat ze wil. Een ideale leerling lijkt het. Maar Marijke kan het op een dag ook wel eens minder goed doen.
- Marijke gumt veel en begint vaak opnieuw. Ze verandert vaak van materiaal, weet niet goed wat ze zal kiezen. Ze is onzeker, loopt rond, kijkt bij anderen, maakt haar werk slordig af.

5.5.12 Positief en negatief

Een handig hulpmiddel bij het observeren en beoordelen van een leerling is een lijst met gedragingen. Daarop kun je aankruisen hoe het met een bepaalde leerling gesteld is. Een kind dat als goede leerling te boek staat, vertoont bijvoorbeeld een deel van de volgende positieve gedragingen. 🌐 (Op de website vind je deze lijst kant en klaar voor gebruik.)

- Hij komt gemakkelijk op ideeën.
- Hij respecteert het feit dat anderen anders werken.
- Hij is belangstellend maar blijft vol zelfvertrouwen over zijn eigen werk.
- Hij handelt doelbewust.
- Hij kan zijn ideeën gemakkelijk aanpassen aan zijn materiaal.
- Hij zit hij niet in de put als er iets misgaat, hij probeert gebruik te maken van zijn fout of vergissing of van het feit dat het materiaal anders reageert dan hij verwachtte.
- Hij neemt het positief op als er iets mislukt is. Hij heeft er iets van geleerd.
- Hij gaat helemaal op in het werk. In houding, gebaar en gelaatsuitdrukking reageert hij op wat hij aan het maken is.
- Hij luistert naar wat anderen zeggen van zijn werk en beslist dan of hij gebruik zal maken van hun opmerkingen of niet.
- Hij weet wanneer hij klaar is.
- Hij is niet snel afgeleid maar kan zich langere tijd concentreren op zijn werk.
- Hij weet wat hij achtereenvolgens moet doen en als hij het niet weet, zoekt hij het zelf wel uit.
- Hij heeft er plezier in iets nieuws te proberen.
- Hij durft te experimenteren en geen product te maken dat anderen moet behagen.

De meeste van deze positieve gedragingen zijn aan te duiden als creatief gedrag. (Zie ook hoofdstuk 9.)

Een ander kind vertoont misschien meer negatieve gedragingen.
- Hij is erg gespannen tijdens het werken.
- Hij vraagt voortdurend hulp en is erg gebrand op bijval.
- Hij begint telkens opnieuw.
- Hij vertoont ongecontroleerd gedrag, ongecontroleerde bewegingen, lachen, boosheid.
- Hij schept genoegen in destructieve handelingen: papier scheuren, draad stuktrekken, penselen breken, met potlood door het papier boren, enzovoort.
- Hij eist voortdurend aandacht door luid praten, plagen, buitengewoon lawaaierig doen of zich zot gedragen.

Oei, alweer fout gedaan, wat ben ik toch dom, ik kan het helemaal niet goed. Kinderen die zulke problemen hebben, zijn misschien gebaat bij opdrachten en materiaal waarbij ze zelf geen fouten kunnen ontdekken en die toch voor hen verrassende resultaten opleveren.

- Hij loopt almaar rond.
- Hij overdrijft als hij het werk van anderen prijst of hij probeert het belachelijk te maken.
- Hij vernietigt zijn werk opzettelijk of gooit het weg.
- Hij heeft weinig verbeeldingskracht.
- Hij wil geen risico nemen en is bang te mislukken.

(Vrij naar Ritson en Smith, 1975)

5.6 ■ Na de nabespreking

Wat gebeurt er met het werk na de nabespreking? Meegeven naar huis is zeker niet de beste oplossing. De kinderen zijn trots op wat ze gemaakt hebben en jij bent trots op wat je met ze bereikt hebt. Dat kun je toch niet zomaar voorbij laten gaan.

- Je hangt het op in het lokaal, in de gang, je exposeert het in vitrines op planken aan de wand. Laat het daar niet langer dan twee weken.
- Je kunt het ook inlijsten of in een kast bewaren en het ter verkoop aanbieden op de jaarlijkse schoolfeestdag.
- Je zet het op de website van de school.

Er zijn nog betere mogelijkheden.

- In het lokaal staat een kribbe, een soort voederbak met open zijkanten waarin voor elke leerling een map zit waarin zijn werkstukken worden bewaard. Van de ruimtelijke werkstukken maak je foto's voor hetzelfde doel. Op die manier kan hij er zelf altijd bij, maar als je zoiets niet hebt kun je de mappen in een kast leggen. Zo heb je op de ouderavond materiaal bij de hand om te illustreren hoe het met de kinderen gaat. Aan het eind van het jaar gaat die map mee naar de volgende groep. Je collega krijgt daardoor een indruk van de beeldende ontwikkeling van ieder kind en kan het werk ook gebruiken tijdens zijn activiteiten.
- Elke nieuwe leerling krijgt in het eerste jaar een eigen digitale portfolio. Dat kan een map zijn in de centrale computer van de school of een losse cd of dvd (in dat geval wel een die meerdere malen te beschrijven is: RW dus). In de loop van het jaar doe je van ieder kind een paar gefotografeerde werkstukken in zijn portfolio zodat elke volgende leraar erdoor geïnformeerd is en erop door kan gaan. Aan het eind van zijn schoolloopbaan heeft de leerling een mooie verzameling eigen werk.
- ⊕ (Op de website van dit boek vind je meer suggesties.)

Iedere leerling die zijn individuele capaciteiten heeft aangesproken om een beeldend probleem zo goed mogelijk op te lossen, heeft er recht op dat aan zijn werk aandacht geschonken wordt. De mate van aandacht laten afhangen van de kwaliteit of het niveau van het werk, is onjuist. Daarom exposeer je van leerlingen uit de groep alles (eventueel na elkaar) of niets. Meestal is de expositieruimte te klein. Prikborden zijn met drie of vier grote werkstukken al vol. Een uitstekend alternatief is een aantal grote zachtboard platen van de vloer tot het plafond. Wit sauzen en je hebt een wand waar je tientallen werkstukken op kwijt kunt.

5.7 ■ Twee linkerhanden

En dan nu de laatste opmerking van jouw kant: *'Maar ik kan zelf helemaal niet tekenen en ik heb ook nog eens twee linkerhanden…! Kan iemand anders die lessen niet geven?'*

Beter van niet. Het zijn toch jouw leerlingen? Voel je je niet verantwoordelijk? En bovendien is wat je aanvoert geen excuus want:

- je bent wel op de hoogte van het beeldend vermogen van kinderen;
- je weet alles van de verschillende technieken;
- je kunt boeiend vertellen over beeldaspecten;
- je kunt kinderen kritisch bewust maken van wat ze zien;
- je weet in jouw groep creativiteit te bevorderen door je eigen creatieve gedrag;
- je herinnert je nog het een en ander over functieontwikkeling;
- je kunt groeps- en individuele processen uitstekend begeleiden.

In de kunstwereld is iets dergelijks het geval. Niet alle kunstcritici hebben een academie voor beeldende kunsten doorlopen. Sommigen kunnen *'nog geen potlood vasthouden'*. Hoewel algemeen aanvaard wordt dat je als criticus iets extra hebt als je het metier van beelden maken ook zelf hebt ervaren, is het niet zo dat je beeldhouwer moet zijn om over sculpturen te kunnen oordelen. Jij hoeft dus niet goed te kunnen tekenen, je hoeft niet goed te zijn in handenarbeid. Maar basiskennis van materialen en technieken en enige ervaring ermee in wel nodig als je daarin kinderen wilt begeleiden. Je verwacht immers ook dat jouw leerlingen er straks iets van leren.

Een hoofd van een kleine basisschool ergens op het Groningse platteland stelde zijn school open als dependance van een centrum voor kunsteducatie. Er kwamen cursussen tekenen, boetseren en weven voor volwassenen. Het personeel van de school kreeg gratis les. Ook een idee.⊕

5.8 ■ Een bonte verzameling activiteiten

Alle in dit boek opgenomen activiteiten zijn door leraren in het basisonderwijs bedacht en gegeven. Het kan zijn dat je soms denkt: *'Is dat wel goed? Zo heb ik dat toch niet geleerd in dit boek?'* Je kunt gelijk hebben, maar bedenk dat die leraar dit boek niet had, dat een leraar ook zijn eigen opvatting mag volgen en dat het zinvoller is de realiteit onder ogen te zien dan voorgeschoteld te krijgen hoe een opgepoetste situatie eruitziet. De beschreven activiteiten zijn inderdaad niet allemaal van hetzelfde niveau. Sommige zijn zelfs beneden de maat. Maar ze zijn wel praktijkgetrouw en niet gepimpt. Ze zijn bedoeld om je een indruk te geven van verschillende mogelijkheden en ook om je te laten ervaren hoe je van ideeën van anderen iets kunt maken dat bij je eigen opvattingen past. Lees ze kritisch en constateer (eventueel samen met je leraar) wat er ontbreekt, wat jij anders zou doen.

De verzameling is tamelijk willekeurig. Weliswaar staat er voor elke groep iets in, maar een evenwichtige verdeling over doelen of werkwijzen is er niet.

De activiteiten gelden bij oudere kinderen meestal voor de hele groep. Bij jonge kinderen, waar de activiteiten in hoeken meestal in groepjes gebeuren, gelden de beschrijvingen doorgaans slechts voor een van die groepjes, tenzij duidelijk is dat het anders is.

Vier jaar oud was Marcel, en hij begon ijverig aan de opdracht. Maar zo'n groot vel helemaal vol stempelen... En toen liepen de kleuren nog in elkaar over ook.
(32 × 50 cm)

Gewoonlijk zal de leraar na een gemeenschappelijk leergesprek de kinderen met verschillende opdrachten naar de verschillende hoeken laten gaan.
In de meeste gevallen zijn het losse activiteiten.
Het doel van deze verzameling is je te laten zien dat beeldonderwijs, ook wanneer je uitgaat van gelijke opvattingen en streeft naar gelijke doelen, op veel verschillende manieren gegeven kan worden.

5.8.1 Groep 1 gaat stempelen

Kinderen van groep 1 hebben onlangs afdrukken van hun handen gemaakt. Dat was een leuke ervaring: met een kwast je hand verven en dan op het papier afdrukken. Ze hebben zelf uitgevonden dat je op elkaars papier kunt drukken om verschillende kleuren te krijgen. Vandaag gaan ze een stap verder, ze gaan stempelen.
Alle kleuters zitten in een kring en praten met juf eerst over het afdrukken van de hand. Zo kun je ook een kurk afdrukken. Als je dat heel vaak doet, heet dat stempelen. En de kurk is het stempel. Juf heeft een paar tafeltjes bedekt met oude kranten, op elk tafeltje een schoteltje, een groot stuk onbedrukt krantenpapier (A3), een oefenpapiertje en een kurk. Ze heeft stukjes vilt op schoteltjes gelegd en naast elkaar drie kleuren ecoline erover gedruppeld. Zo kan ze alles wat ze uitlegt ook meteen aanwijzen. Dan legt juf uit dat je niet zomaar moet stempelen, maar met regelmaat. Ze legt uit wat regelmaat is en stempelt een rijtje op een vel papier. Ze doet voor hoe je de kurk vasthoudt, dan op het stukje vilt en dan op het papier. Dat kunnen de kinderen ook. Eén groepje van vijf kleuters mag beginnen, de anderen mogen na overleg met juf naar een hoek die hun voorkeur heeft.
De kinderen gaan heel enthousiast aan de gang. Allemaal beginnen ze eerst heel keurig netjes bovenaan het papier en maken dan rijtjes. Maar het papier is toch blijkbaar te groot. Als ze er genoeg van hebben, stempelen ze maar willekeurig op het papier. Het lijkt wel of ze het oefenpapiertje nog het leukst vinden. Daarop wordt van alles geëxperimenteerd.

Een activiteit met twee doelen: *leren stempelen* en *leren een regelmatige ordening te maken*. Het leren stempelen met aardappels wordt vaak voorafgegaan door kurkstempels. Een kurk is een kant-en-klaarproduct, past gemakkelijk in een kleuterhand en heeft een klein vlak deel waarmee een goede afdruk te maken is. Aardappelstempels vragen meer aandacht: je moet een vlakke snede maken, die moet je wat drogen omdat er anders niet genoeg inkt of verf op blijft zitten.

Aardappelstempels kun je niet bewaren om later nog eens te gebruiken.
Het schoteltje is niet zo handig. Er zit een rand in en een verdieping, daar kun je last van hebben als je het stempel precies daar erop zet om kleur te nemen. Gebruik liever een email bordje met een vlakke bodem. Dat alle kinderen linksboven begonnen met het maken van een rij lag voor de hand. Dat deed juf ook toen ze voordeed wat regelmaat is. Juf kwam niet op het idee aan te sluiten bij ordeningen die kleuters uit zichzelf toepassen als ze met blokken spelen of als ze gestanste gekleurde vormpjes plakken: een rechte of gebogen rij leggen, in een cirkel leggen, alles naast elkaar.
Voor zo'n klein stempeltje is het vel papier te groot, zeker omdat juf niets heeft gezegd over verschillende mogelijkheden tot het maken van regelmaat.

5.8.2 De boot van Sinterklaas

Volgende week is het sinterklaas. De kinderen van groep 1 hebben al verschillende technieken beoefend, maar altijd alleen. Ze hebben nog nooit samen aan een werkstuk gewerkt. Juf Soraya denkt dat ze dat ook nog niet kunnen, echt samenwerken, maar ze wil wel iets doen dat erop voorbereidt. Ze gaat ze dus leren hoe ze samen een werkstuk kunnen maken.
Een leergesprek over sinterklaas. Daar zijn de kinderen al dagen vol van. De Sint is op een

Een grote stoomboot en een klein bootje. Juf zorgt dat alle kinderen het hebben gezien. De voorbereiding is prima. Maar dan, als de kinderen moeten gaan samenwerken, gaat het mis, en goed ook.

boot aangekomen en sommige kinderen hebben dat ook gezien, maar niet allemaal en het is geen probleem dat nog eens in herinnering te roepen. Sommige kinderen beginnen meteen weer te vertellen, maar dat is nu niet de bedoeling. Juf Soraya laat een paar afbeeldingen van boten zien. Ze praten over de boot, hoe die eruitziet, wat er allemaal aan zit. De kinderen leren de woorden *stoomboot, schoorsteenpijp* en *kajuit* (daar slaapt Sinterklaas onderweg). Wat gaat er allemaal mee op de boot? Cadeautjes, het paard, de zak. Soraya laat de kinderen beschrijven hoe de Sint en de Pieten eruitzien en leert ze de namen: *mijter, staf* en *mantel*.

Dan vertelt ze de kinderen dat ze samen een heel groot schilderij gaan maken. Ze rolt een stuk behangpapier van drie meter lang uit. Dat vinden de kinderen heel groot en ze willen allemaal direct beginnen. Dat gaat natuurlijk niet. Twee kinderen mogen beginnen. Zij mogen samen een boot schilderen met de Sint en één Zwarte Piet en daarna mogen de anderen er iets bij schilderen wat ze willen. Omdat Sanne de echte boot al heeft gezien, mag Sanne iemand uitkiezen met wie ze samen begint. Sanne kiest Joep.

Toen Soraya even bij een andere groep bezig was geweest en bij de schilders terugkwam, zag ze dat Sanne en Joep allebei een boot hadden geschilderd. Joep: *'Mijn boot is de boot van de Sint.'* Sanne: *'Maar mijn boot is groter.'* Na wat heen en weer gepraat werd de voorste (die van Sanne) de stoomboot en de tweede de pakjesboot. Toen die allebei klaar waren, werden door meerdere kinderen Pieten en pakjes geschilderd. Op een gegeven moment heeft Juf Soraya ingegrepen om te voorkomen dat de kinderen over elkaars werk heen gingen schilderen. Wie nog geen beurt had gehad, kreeg een plekje aangewezen.

Soraya had goed gezien dat kleuters te laten samenwerken wel veel gevraagd is. Maar ze heeft een goede keus gemaakt door deze manier van werken te kiezen. Toch ging het niet goed, maar de kinderen werden er dan ook nauwelijks bij begeleid. Begeleiding voor het schilderen hadden ze niet nodig, maar dat ze samen een groot schilderij gingen maken, daaraan had Soraya bij de introductie meer aandacht moeten besteden en hen er tijdens het werken permanent aan moeten herinneren. Vragen stellen om te weten te komen of ze dat begrijpen en of ze zich voor kunnen stellen wat dat voor consequenties heeft: *'Dan moet er voor Liza ook nog een plekje zijn om een cadeautje te schilderen.'*

5.8.3 ■ Drama voor kleuters
De plannen van juf Maaike
'De verkleedhoek wordt door de kleuters al een hele tijd nauwelijks meer gebruikt. Ik ga daar wat verandering in brengen. We houden eerst een gesprekje met vragen als: waarom zou je je willen verkleden? Hoe doe je dat? Wat doe je dan aan? Wat zou ook nog kunnen? Waarom kies je dat? Hoe zie je er dan uit? Ze mogen zichzelf verkleed tekenen.
Er kunnen steeds vier kinderen tegelijkertijd een eigen schildering maken op het schilderbord. Ze hebben een

'En hoe heb jij je verkleed, Natasja?' 'Ik heb me niet verkleed, juf.' Daar is juf even stil van (en wij ook).

groot stuk wit papier (A2), penselen en verf in de kleuren rood, oranje, geel, groen, blauw en zwart. Als iedereen geschilderd heeft (na een paar dagen) bekijken we allemaal de werkstukken op het grote prikbord en praten erover.'

Verkleden vinden kinderen leuk. Het gesprek verliep dan ook erg enthousiast. Maaike zorgde dat ieder kind de kans kreeg om een bijdrage te leveren. De meesten wisten al precies hoe ze zich zouden verkleden en hoe ze er dan uit zouden zien. Andere kinderen gaven aan dat er daarbij nog meer mogelijkheden waren. Maaike suggereerde de kinderen om niet allemaal hetzelfde te kiezen.
Tijdens het werken stimuleerden ze elkaar.
'Een clown heeft toch een rode neus?'
'Maar ik vind een groene leuker.'
'Een prinses heeft ook vaak een ketting en een ringetje.'
De nabespreking was vrij kort. De kinderen vertelden hoe ze zichzelf hadden geschilderd en waarom. Sommige kinderen herkenden de schildering op details:
'Dat is een prinses, want ik zie een kroontje.'
Daarna hing Maaike de schilderingen met wasknijpers aan een lijn die voor de ramen was gespannen. Dat was het.
Uiteraard kun je kinderen deze opdracht pas geven als ze kunnen tekenen. Vierjarigen die nog in het krabbelstadium zitten, gaan er op een eigen manier mee om. Wat ze daarbij denken is nauwelijks na te gaan, maar toen ze aan de beurt waren, schilderden ze wel volop mee.
Merkwaardig genoeg komt het eerstgenoemde doel (kinderen weer in de verkleedhoek bezig laten zijn) helemaal niet ter sprake ofschoon er aanleiding genoeg is. Misschien zou dat wel gebeurd zijn als Maaike de activiteit eerst had uitgewerkt zoals aan het begin van dit hoofdstuk beschreven.

5.8.4 ■ Groep 2 timmert

Er staat een grote bak met allerlei stukken blank afvalhout in het lokaal, meest kleine stukken en ook wat langere latjes. Kinderen spelen er soms mee, maar doen het daarna terug in de bak. Ze hebben er nog nooit echt mee gewerkt. Ik wil ze leren timmeren en ze een paar namen van gereedschap leren. Vorig jaar heeft Leontien (juf Leontien heeft nu groep 6) het veel gedaan met groep 2. Ik heb haar eerst om raad gevraagd. *'Je moet het gewoon doen'*, zei ze, *'het gaat vanzelf'*.
In het lokaal staat een kleine (maar wel echte) werkbank, daar kunnen ze dus mooi op werken.
Ik heb nog dun hout van sinaasappelkistjes verzameld, het draad eruit gehaald en ze in kleinere stukjes gezaagd. Sommige latjes heb ik gespleten, zodat er nu ook allerlei anders gevormde stukjes bij zijn.
Nieuwe dingen leg ik altijd een paar keer in de kring uit, ook al werken er daarna maar een paar kinderen mee. We praten over timmeren. Simon stapt trots naar voren en verklaart: *'Ik kan al timmeren. Mijn vader is timmerman.'* Dat is helemaal niet waar, Simons vader is wiskundeleraar (heb ik les van gehad), maar hij is wel veel bezig met dingen maken in huis.
Ik heb wat gereedschap op de tafel gelegd en ieder die iets kent mag het zeggen. Om de beurt mogen kinderen uitleggen hoe het heet en wat je ermee kan doen. Ze mogen het ook voordoen. Ik stuur bij waar het nodig is. Alle namen spreken we een paar keer samen uit.
Dan zeg ik dat ze een compositie mogen maken. Dat snappen ze natuurlijk niet, maar na enige uitleg begrijpen ze wat het is en ze vinden het een mooi woord.
Ik laat Simon en een paar anderen, waarvan ik denk dat ze het wel zullen kunnen, beginnen. Die kunnen dan een volgende keer anderen helpen.
Een los stukje hout op een plankje vasthouden en dan ook nog een spijkertje vasthouden, bleek te moeilijk. Toen ik een plankje met een lijmklem aan de werkbank wilde vastzetten, zei Resa: *'Ik houd hem wel vast'.* Zo ging het ook. Ze waren wel voorzichtig met timmeren en niemand heeft zich bezeerd.
Daarna mochten ze hun 'compositie' ook nog schilderen.
'Het is een bloemboom', zei Joost toen hij bijna klaar was met het schilderen van zijn werkstuk, *'ik ga hem in de tuin zetten'*.

5.8.5 Een lampion voor Sint-Maarten

Over een week is het Sint-Maarten. In deze streek hoort daarbij dat de kinderen met een lampion langs de huizen gaan om snoep op te halen. In de hogere klassen maken ze daarvoor hun eigen lampions. In groep 2 zijn ze nog niet zover, maar ze zijn wel met Sint-Maarten bezig. Daarom gaan ze iets doen wat ermee te maken heeft. De kinderen gaan een door de leraar getekende lampionvorm zelf invullen op een manier dat de versiering bij de vorm past. De kinderen van deze groep hebben al eerder een les over *vormen* gehad.
In een leergesprek gaat het over vorm en versiering. Daarbij wordt een flink aantal geheel verschillende voorbeelden getoond (maar niet van lampions) waardoor de leerlingen een beeld krijgen van hoe versiering en vorm met elkaar te maken kunnen hebben.
De leerlingen gebruiken vellen wit papier (A4) waarop de vorm van een lampion door de leraar voorgetekend is. Er zijn vijf vormen: *harmonicavorm, bolvorm, vierkant, rechthoek* en *vorm van een fles* (in groep 3 maken ze lampions van lege plastic flessen). Het vraagt meer van de creativiteit van de kinderen als ze ook nog zelf de lampionvormen moeten bepalen, maar daar is deze activiteit niet voor bedoeld. De leraar wil laten ervaren hoe verschillende vormen tot verschillende versieringen leiden. In elk groepje dat ermee bezig gaat krijgt ieder kind een andere lampionvorm. De kinderen gebruiken waskrijt om te kleuren.

De meeste kinderen begonnen eerst allerlei vormen te tekenen en te kleuren in de lampion. Slechts enkelen maakten gebruik van de omtrekvorm en gingen met verschillende kleuren steeds langs de omtreklijn. Elise zei: *'Ik kleur hem niet helemaal vol, dan zie je beter dat de figuurtjes doorschijnen.'* Een van de kinderen vroeg of ze de lampion uit mocht knippen. Toen dat mocht wilden de anderen dat natuurlijk ook doen. De groep die toen bezig was, kleurde toen gauw de hele boel vol om gauw klaar te zijn.
Je kunt uit het verloop van de activiteit opmaken dat de kinderen van groep 2 er eigenlijk nog niet aan toe zijn een beeldelement op deze wijze te bestuderen. De Sint-Maartenlampion die de kinderen kennen, is vaak versierd met figuren uit strips of sprookjes. Dat heeft invloed, maar ook het feit dat kinderen op deze leeftijd nog maar net begonnen zijn met het tekenen van figuren. Dat laat je dan niet direct weer los. Als je zoiets wilt doen, moeten de stapjes nog kleiner zijn. Het versieren van een lijn door hem te herhalen of het versieren van dezelfde vormen als die nu door de leraar getekend zijn, zonder daarbij te zeggen dat het lampions zijn.
De kinderen blijken allemaal graag de lampion uit te willen knippen. Dat is ook een indicatie. Jonge kinderen

Saskia's lampion. (27 × 36 cm)

zijn bijzonder georiënteerd op handelingen. Ze *doen* graag dingen en ze *herhalen* ze ook graag. Daarmee oefenen ze op natuurlijke wijze motorische bewegingen en daarmee onderzoeken ze tegelijkertijd hoe het materiaal reageert waarmee ze werken.

5.8.6 ■ Groep 2 maakt een kerstengel van papier en karton

Het is december. Juf Mareke heeft een cd met kerstliedjes opgezet en de kinderen zingen mee, samen met juf Mareke. Dan kijken ze naar de kleine kerstboom in het lokaal. Juf Mareke is een beetje bedroefd omdat er geen versiering is. *'Dan moet je die kopen'*, zegt Ingmar, *'dat heeft mijn moeder ook gedaan.'* Juf Mareke speelt dat ze geen centjes heeft en dat ze zelf versieringen wil gaan maken. *'Willen jullie me helpen?'* Behalve Joost, die in de bouwhoek wil gaan bouwen, willen ze allemaal helpen. Dat is mooi. Dus bedenken ze samen wat ze zullen gaan maken en door een slimme sturing van juf Mareke worden ze enthousiast voor het maken van kerstengeltjes.

Mareke heeft de les schriftelijk voorbereid. Onder *Introductie* staat: 'Plaat met kerstliedjes opzetten, meezingen. Vervolgens doe ik wat dramatisch over de kale kerstboom en stel voor dat we zelf versieringen gaan maken. We hangen hem helemaal vol met engelen.'

Samen bedenken ze hoe een engel eruitziet en hoe je die zou kunnen maken en ze ontdekken ook wat ze allemaal kunnen gebruiken voor het maken van kerstengeltjes. Er is een doos vol kartonnen rolletjes waar wc-papier om gewikkeld was, pijpenragers, lijm, glitter en wit tissuepapier voor de vleugels. Hannah zegt: *'Ze hebben ook gekleurde jurken.'* Dat is geen probleem, want er is ook plakkaatverf.

Lees verder de voorbereiding en het verslag van Mareke. *'Ik geef in grote lijnen aan hoe we die gaan maken en laat de kinderen daarbij telkens een oplossing bedenken voor een (zogenaamd) probleem: vleugels, wijde rok, gezicht, haar, armen, kleuren, ophangen.'*
'Tissuepapier verven met plakkaatverf gaat helemaal niet. We hebben ecoline gebruikt. Door van een penseeltje een druppeltje op een stukje papier te laten vallen, krijg je een mooi uitlopend effect. De gezichten heb ik laten tekenen met viltstiften. Ik moest wel veel helpen, daarom hebben we er twee keer aan gewerkt
Bij de bespreking waren de kinderen verbaasd over hoeveel verschillende engeltjes er waren. Ieder mocht zijn eigen engel in de boom hangen (ze wilden allemaal zo hoog mogelijk) en toen heb ik er een ster bovenop gemaakt.'

5.8.7 ■ Grootte is afhankelijk

Op een kleine jenaplanschool zijn er door wisselende instroom verschillende klassen samengesteld. De groepen 3, 4 en 5 zitten samen in een lokaal bij juf Marie. Ze werken vaak in kleine groepjes, maar soms doen ze alsof ze één leergroep zijn en praten ze samen over een onderwerp. De kinderen zijn vanaf het begin gewend over allerlei onderwerpen te discussiëren. Ze weten dat veel dingen betrekkelijk zijn. Daar sluiten de hier beschreven onderwerpen op aan. Marie heeft drie doelen geformuleerd:

- *De leerlingen leren dat de grootte van iets of iemand afhankelijk is van wat ernaast staat.*
- *De leerlingen leren de begrippen: groter dan, kleiner dan, afhankelijk van, in vergelijking met, betrekkelijk, relatie, relatief.* (Sommige begrippen alleen voor leerlingen van groep 5.)

De kinderen zitten in de kring.
Juf Marie zet een stoeltje waar kinderen uit groep 3 op zitten in de kring en vraag of dat stoeltje groot of klein is. Het stoeltje is klein, is de algemene opvatting. Marie zet er dan een poppenhuisstoeltje naast. *'Wie vindt het zitstoeltje nog klein?'* Niemand natuurlijk. De kinderen hebben het al snel bekeken. Bij een groot boek zegt Oscar: *'Wij hebben thuis een veel groter boek.'* Toen bleek dat vooral kinderen uit groep 4 en 5 thuis veel grotere boeken hadden. De grootste jongen uit de klas werd in het midden gezet. *'Hij is wel groot, maar jij (Marie) bent groter'*, vond Taliyaah. Bert, de hospitant, blijkt nog groter.
Ze gaan naar buiten om zelf dingen te vinden die naast het ene ding groot zijn en naast het andere klein. Elke

'Als ik een peer naast een tak zet, lijkt de tak groot', zei Jochum (negen jaar). *'Met een olifant ernaast is het een klein takje.'* Let op de poging van Jochum om drie keer dezelfde tak te tekenen.

vondst wordt door de hele groep bekeken en besproken. Marie herhaalt telkens de begrippen die ze de kinderen wil leren en laat ze die begrippen ook zelf gebruiken door vragen te stellen waardoor de kinderen die begrippen in hun antwoorden moeten gebruiken. Naast de wigwam op het schoolplein blijkt Bert niet meer groot. De wigwam wordt klein naast de kastanjeboom. Terug in de klas worden de bevindingen kort besproken en worden alle begrippen nog eens genoemd.
In de tekenles die volgt komt er een doel bij:

- *De leerlingen leren hoe je in een tekening laat zien dat grootte relatief is.*

Bert deelt wit papier uit (A4) en leert de kinderen hoe je dat in de breedte in drieën vouwt. Grotere kinderen helpen de kleintjes. Elk kind heeft een doos kleurpotloden in zijn tafeltje.
Marie zet een tak van ongeveer een meter lang rechtop midden in de kring. Is die groot of klein? Dat hangt ervan af.
Nu krijgen de kinderen de opdracht om in het middelste vak de tak te tekenen. De kinderen van groep 5 moeten als extra opdracht arcerend tekenen. Als de meeste kinderen dat af hebben, geeft Marie de volgende opdracht: *' Teken op het linkerstuk de tak zó dat je hem klein noemt.'* Daarna volgt nog: *'Op het rechterstuk zó tekenen dat je de tak groot noemt.'*
Opdracht 1 (middelste vak) was duidelijk. Bij de opdracht om de tak groot te laten lijken, moest Marie voor Jeroen en Janet nog eens uitgelegen wat de bedoeling was.
Marie: *'Hier heb je de tak* (de echte), *zorg er nu eens voor dat die groot wordt. Wat kun je er dan naast zetten?'*
Jeroen: *'Een potlood.'*
Marie: *'Ja, doe dat maar.'*
Ook Hendrik, Berber en Janneke (groep 4) hadden nog een herhaalde uitleg nodig. Iedereen was gemotiveerd en geconcentreerd aan het werk, uitgezonderd Jorrit: in tegenstelling tot zijn anders zeer goede tekeninstelling was hij nu erg baldadig in zijn groepje.
Door een gedwongen wijze van bekijken van een voorwerp hebben de kinderen de meeste oudere kinderen wel geleerd dit ook zo te tekenen. Maar voor anderen gold juist het omgekeerde. Die kregen pas goed door waar het om ging door het te tekenen.

Een week later is er een tekenactiviteit die op de vorige aansluit. Er komen twee doelen bij:

- *De leerlingen leren dat een object kleiner lijkt naarmate het verder van de beschouwer is.*
- *De leerlingen leren het begrip ruimte.*

De kinderen zitten in een kring. Juf Marie heeft een kaartje met daarop het woord *vogel* in letters die wel

drie cm hoog zijn. Ze houdt het vlak voor de ogen van Berber: *'Lees eens wat er staat, Berber.'* Het is zo vlak voor de ogen van Berber uit groep 3 dat ze het niet kan lezen. *'Oh, kun je nog niet lezen, Berber?'* Maar Jorrit uit groep 5 kan het ook niet lezen als juf Marie het vlak voor zijn ogen houdt. *'Het is te dichtbij.'* Als Marie het verder weg houdt kunnen ze het allebei lezen. Rogier gaat met het kaartje naar buiten en loopt zo ver dat de kinderen, die voor het raam staan te kijken, het woord niet meer kunnen lezen.
'Ja', zegt Robert, *je ziet nu strepen.*
' Marie: *'Hoe komt dat?'*
Kinderen: *'Het kaartje is te ver weg, de letters zijn te klein.'*
Marie zet een opgezette kraai in de kring: *'Dit is een grote vogel. Zie je anders de vogel ook zo groot?' 'Nee, hij is dan in de lucht.'* De kinderen kijken naar buiten, waar een vogel vliegt. Die vinden ze dan klein.
'Wie weet andere voorbeelden, wat zie je soms heel groot en soms klein?'
Michiel: *'Een vliegtuig.'*
Berber: *'Een luchtballon.'*
Onur: *'Een truck.'*
Janneke: *'De school.'*
Marie heeft ook nog een paar afbeeldingen van dingen en dieren veraf en dichtbij. De kinderen vertellen wat ze zien en hoe ze het zien.
Dan mogen ze allemaal een papier in tweeën vouwen en op de ene kant iets heel dichtbij en op de andere kant hetzelfde veraf tekenen. Ze mogen zelf kiezen wat ze willen tekenen.
Er wordt enthousiast gewerkt. Toch blijkt dat veel kinderen het beeld veraf wel klein maar ook heel precies tekenen. Marie had verwacht dat ze ook wel atmosferisch perspectief zouden toepassen, maar dat is voor groep 5 nog te veel gevraagd. Bij de nabespreking letten de kinderen meer op fraai getekende dingen dan op de juiste uitvoering van de opdracht. Daar moet Marie herhaaldelijk op wijzen. De tekening van Arjan, die aan de ene kant een vliegtuig heel precies en aan de andere kant slechts een stipje tekende, doet toch enkele kinderen verbaasd staan.

5.8.8 ■ Een feestmuts van papier

De kinderen van groep 3 hebben al een aantal keren geknipt en geplakt, maar nog niet een geheel eigen ontwerp gemaakt. Dat gaat vandaag gebeuren. Bij de voorbereiding heeft juf Karima als doelen genoteerd:

Een kroon, passend op het hoofd van de maker. Bij het maken van objecten zoals dit moet je ervoor oppassen dat je niet te veel gelijkvormige werkstukken krijgt. Deze kroont lijkt heel wat, maar in die groep (groep 6) zagen bijna alle kronen er ongeveer zo uit. Een heel verschil met de variatie in hoofddeksels die bij juf Karima ontstond. De activiteit kon nog gekoppeld worden aan een geschiedenisles over hoogwaardigheidsbekleders, koningen en keizers.

- *De leerlingen leren de nietmachine en de perforator gebruiken.*
- *De leerlingen leren een muts van papier te maken.*
- *De leerlingen leren verschillende manieren van versieren.*
- *De leerlingen leren een eigen ontwerp te maken en uit te voeren.*
- *De leerlingen leren de begrippen: apart, bijzonder, bont en kleurrijk.*

Het materiaal dat nodig is heeft ze klaar gelegd: Witte en gekleurde vellen papier (50 × 65 cm) in de lengte doorgeknipt, resten gekleurd papier (ook stukken gebruikt inpakpapier), allerlei gekleurde kleine dingen, gekleurde wollen draden, raffia.

Karima vertelt een verhaal van dieren in het bos die een groot feest gaan vieren waar ze ook alle kinderen van de groep uitnodigen. Het feest is morgen al, dus de hoeden

moeten meteen gemaakt worden. Dat vinden de kinderen prima. Karima doet voor hoe ze van een stuk papier aan een lange zijde eerst een strook van *'zo breed'* (ongeveer twee centimeter) om moeten vouwen en legt uit dat de muts daardoor steviger wordt. Ze doet om het hoofd van Jesse voor hoe ze moeten meten hoe groot de muts moet worden. Ze houdt het papier goed vast en Luba mag een streepje trekken. Dan neemt ze het papier weer van Jesses hoofd en buigt het tot aan het streepje. Met twee handen houdt ze het vast terwijl Oscar – *'Die is sterk'* – het vastniet.
Nu heeft Jesse wel een hoed, maar die is nog niet versierd.
Hoe kun je een hoed versieren? Ze praten in de kring over mogelijkheden. Karima zegt dat ze eerst goed na moeten denken over wat ze gaan doen en dan pas beginnen. Ideeën hebben de kinderen wel: *'Met mooie kleuren.' 'Met allemaal strepen erop.' 'Met slingers, net als bij een cadeautje.'* Michèle vraagt of ze er ook bloemen in mag maken. Sven zegt dat die bloemen morgen wel verwelkt zullen zijn. Dat gaat dus niet door. Na een paar voorzichtige voorstellen proberen de kinderen elkaar te overtroeven: *'Ik maak er een vliegtuig op.' 'Ik duizend voetballen.'* Juf Karima gaat er serieus op in en ze spreken af dat ze alleen voor zichzelf gaan bedenken wat ze zullen gaan doen. Het wordt een geheim.
Ze mogen de hoed zo apart maken als ze kunnen.
Maar een paar technische zaken moeten nog besproken worden. Karima neemt de hoed die ze als voorbeeld om het hoofd van Jesse gemaakt heeft en ze pakt een paar kleurige draden dikke wol. *'Die wil ik eraan maken. Hoe zal ik dat doen?'* Roddy zegt: *'Met plakband'*, Anita: *'Je kunt ook lijmen'*. Wim komt met het idee waar Karima op zit te wachten: *'Gaatjes maken en daar doorheen steken.'* Karima laat zien hoe je met een perforator gaatjes kunt maken in de dubbelgevouwen rand.
'Van boven kan je ook knippen', zegt Nelly. Ook een goed idee.
'Mag je ook verven?', vraagt Hooda. Daar heeft juf Karima even niet bij stilgestaan, ze was helemaal gefocust op een handvaardigheidswerkstuk. Maar verven mag ook. Als ze later ziet dat een hele groep meisjes rond Hooda wil gaan verven moet ze haar toezegging met veel beleid weer een beetje terugdraaien.
De kinderen moeten in groepjes van twee of drie gaan werken om elkaar te helpen. Dat gaat heel vanzelfsprekend.

Als ze bezig zijn blijkt dat de vier perforators en vier nietmachines die Karima heeft gevonden niet voldoende zijn. De meeste hoeden zijn toen maar geplakt met plakband en gaatjes maken kun je ook met een schaar. Als sommige mutsen topzwaar blijken te worden vanwege alle toestanden erop, bedenkt Geeske dat je ze van boven ook aan elkaar kunt binden zodat alle dingen op je hoofd liggen. Een idee dat navolging vindt.
Bij de nabespreking de volgende dag (iedereen heeft zijn muts op) zegt Wilson: *'Van tevoren kun je nooit zoveel gekke dingen bedenken, maar het komt vanzelf.'*
Dat vinden de anderen ook. Over dat 'vanzelf' denkt juf Karima anders, maar ze maakt er geen punt van.
🌐 Ze maakt van ieder kind een foto met de hoed op.

5.8.9 Herfstkleuren: een probleem voor leraar en leerling

Meester Dick van groep 5/6 vindt dat de kinderen wel kleuren gebruiken, maar te weinig op nuances letten. Hij heeft een les bedacht om daar wat aan te doen.
Dit is het doel:
- *De leerlingen kunnen herfstkleuren onderscheiden en die in een tekening gebruiken.*

Het materiaal dat nodig is, ligt klaar: wit tekenpapier A4, pennen, Oost-Indische inkt, waterverf, spoelbekers, penselen, oude kranten.
De les zal bestaan uit twee delen. In het eerste deel de introductie en tekenen en in het tweede kleuren en afmaken.
Dick vertelt over herfst in het bos. De bomen worden kaal, bruine en gele blaadjes, paddenstoelen in het mos. Je vindt nu eikels, kastanjes en beukennootjes. Omdat 's morgens een van de leerlingen mooie paddenstoelen heeft laten zien, is iedereen goed gemotiveerd.
Met pen en inkt maken de leerlingen een tekening over het bos. Het tekenen met inkt verloopt zonder moeilijkheden. Met groepjes van drie of vier hebben ze één inktflesje. Dat is eigenlijk te weinig, maar het lukt.
De volgende dag maken ze de tekening af met kleur.
Dick heeft kleuren in spoelbekers gedaan.
De spoelbekers zijn te licht en te smal, met het gevolg dat vooral in groep 5 de spoelbekers omvallen.
In zijn verslag was Dick wel kritisch:
> *'Ofschoon de leerlingen het niet als een bezwaar ervaren hebben, vond ik de les met waterverf niet zo geschikt voor deze groep. Achteraf realiseer ik me dat ik eigenlijk te weinig over het doel heb gezegd. In elk geval werden er bruine en gele kleuren gebruikt.'*

Monique heeft weliswaar paddenstoelen getekend en bomen die blaadjes laten vallen, en ze heeft ook bruine en gele kleuren gebruikt. Maar of je nu kunt zeggen dat ze herfstkleuren kan onderscheiden? Een onmogelijke opgave met dit materiaal.

Het is wat je noemt een understatement. Dick gebruikte ecoline en noemde het waterverf. Ecoline is absoluut niet geschikt voor het maken van kleurnuances in een tekening. Als er al kleurnuances ontstonden was dat wanneer de natte inktkleuren in elkaar overliepen, tot grote ergernis van de leerlingen. Dick had plakkaatverf (dekkende waterverf) moeten gebruiken of aquarelverf (transparante waterverf).
Te weinig over het doel gezegd? Zeg maar helemaal niets over het doel gezegd. Dick noemt wel dat er in de herfst bruine en gele blaadjes zijn, maar het doel zoals hij dat in de doelstelling schrijft, is voor de leerlingen helemaal niet duidelijk.

5.8.10 Een knuffelmonster voor groep 4

In eerdere lessen hebben de kinderen bij juf Moira geleerd hoe ze met naald en draad iets aan elkaar kunnen naaien. Dat gaan ze vandaag gebruiken om een ding te maken waar ze iets mee kunnen doen: een knuffelmonster.
De kinderen hebben op verzoek van juf Moira bijna allemaal een knuffel meegebracht naar school, objecten die tijdens het kringgesprek op veel belangstelling kunnen rekenen. Na wat algemene opmerkingen over al die verschillende knuffels laat Juf Moira de kinderen onderzoeken hoe de knuffels gemaakt zijn. Het blijkt dat veel knuffels armen en benen hebben die aan de romp zijn vastgenaaid. Dan stelt juf Moira voor dat ze allemaal een eigen

knuffel gaan maken. Geen gewone, maar een monster. Maar het moet wel een lief monster zijn, een monster om te knuffelen, een knuffelmonster. Ze doet voor hoe je uit een vierkant of rechthoekig lapje stof een zakje kunt naaien. Daar gaan ze mee beginnen.
Als ze dat klaar hebben, leren ze hoe ze die vorm binnenste buiten kunnen keren, opvullen en dichtnaaien. Met touw kun je van een lang stuk een deel afbinden zodat je meteen een hoofd en een lijf hebt. Daarna moeten ze eventuele armen, poten of andere uitsteeksels op dezelfde manier maken en aan de grote vorm bevestigen.
Inmiddels is bij de meeste kinderen de animo al een stuk verminderd, zodat Moira besluit dat ze een andere keer verder gaan.
Na een paar dagen worden de knuffels weer tevoorschijn gehaald. De belangstelling is weer helemaal terug. De meeste kinderen zijn nog met uitsteeksels bezig. Daarna komen de details en de versiering met stukjes stof, draad en kralen.
Geeske wilde een Koekjesmonster gaan maken, maar het wordt iets heel anders. *'Hij is wel erg lief'*, zegt Geeske.

De knuffelmonsters blijven op school tot iedereen de zijne af heeft.
Bij de nabespreking moeten de monsters leren lief te zijn voor de kinderen en voor elkaar. Juf Moira begint tegen een van de knuffels te praten (die van Melle, want Melle is verbaal bijna begaafd) en ze verwacht dat de knuffel iets terugzegt: *'Dag lieve knuffel, heb je goed geslapen?' 'Ik heet geen knuffel, ik heet Gebroemieko'*, zegt de knuffel van Melle. Dat vinden de kinderen leuk en nu willen ze allemaal hun knuffel een naam geven en laten praten. Wanneer de knuffels lijfelijk contact zoeken, blijkt dat niet alles even goed is vastgenaaid. Dus moeten sommige knuffels naar het ziekenhuis. Morgen zal de dokter ze beter maken.
Als na een paar dagen iedereen zijn knuffel mee naar huis heeft genomen, vertellen sommige kinderen daags daarna in de kring bij het begin van de dag dat de nieuwe knuffel mee naar bed geweest is.

Moira had voor deze activiteit maar twee doelen opgeschreven die beide met techniek te maken hebben:
- *De leerlingen leren een zakvorm te maken uit stof.*
- *De leerlingen leren ruimtelijke vormen aan elkaar te naaien.*

Ze had daar nog aan toe kunnen voegen:
- *De leerlingen leren creatief te zijn.*
- *De leerlingen leren een levenloos object te personificeren.*

Dat blijkt wel uit de nabespreking. En als juf Moira een beetje verder was gegaan met de gesprekken zou ze er wellicht nog een doel aan toe kunnen voegen:
- *De leerlingen leren hoe je een gesprek kunt voeren.*

Maar de twee eerste doelen zijn volkomen legitiem en ze komen in deze activiteit goed tot hun recht.
Dit is een van de activiteiten waarbij je goed gebruik kunt maken van kosteloos materiaal. Materiaal dat je met een beetje moeite kunt verwerven als je een beroep doet op instanties die het als restanten al eindeloos bewaard hebben of op het punt staan het weg te gooien of te vernietigen. In dit geval kun je bij ouders terecht. Veel moeders hebben wel een lappenmand waar ze iets uit kunnen missen. Verder heb je voor deze activiteit naalden, garen en foamvulling nodig voor het technische deel, en voor het creatieve deel: touw in verschillende dikten, draadjes wol in verschillende kleuren, kralen, knopen enzovoort.

5.8.11 Pakpapier voor een moederdagcadeau

Kinderen nemen veel dingen als vanzelfsprekend aan. Ze hebben nooit ervaren dat het ook anders kan. Een cadeautje bijvoorbeeld, zit altijd ingepakt in pakpapier. Dat is zo gewoon, je kijkt er nauwelijks naar, want op dat moment vind je wat uitgepakt moet worden belangrijker. Pakpapier, wat is dat nou? Je koopt het gewoon in de winkel.
Juf Elly wil de kinderen van groep 4 laten ervaren dat je inpakpapier niet hoeft te kopen, dat je het ook zelf kunt maken. Haar doelen zijn:
- *De leerlingen leren dat je pakpapier zelf kunt maken.*
- *De leerlingen leren dat je iemand meer plezier doet met iets dat je zelf gemaakt hebt, dan met iets dat je koopt.*
- *De leerlingen leren dat bepaald pakpapier bij bepaalde cadeautjes hoort.*
- *De leerlingen leren de begrippen compositie, ontwerpen, motief en patroon.*

Bij de introductie heeft Elly een aantal stukken pakpapier bij zich dat ze zonder veel omhaal aan de kinderen laat zien: *'Weet je wat dit is?'*

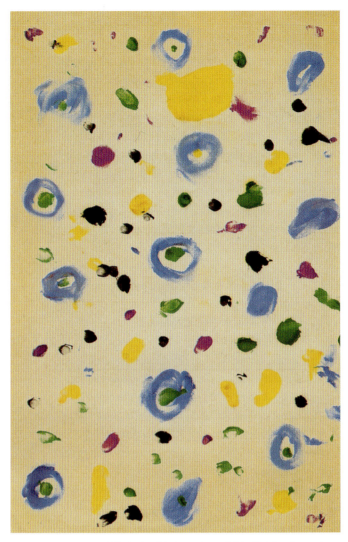

Elisabeth wilde bewust een licht effect houden op haar pakpapier en heeft daarom geen grondkleur gebruikt en veel opengelaten.

'Cadeautjespapier, inpakpapier, om in te pakken, pakpapier.' Ze weten het. 'Hierin zat mijn cadeautje van Sinterklaas.' Dat vinden ze toch maar vreemd, want er staan allemaal engeltjes en kaarsen op. Elly heeft nog meer papier waarvan je duidelijk kunt zien waar het voor is: *voor sinterklaas, voor kerst, voor een baby'tje, voor drank, voor iets heel moois.* Zo vinden ze uit dat er heel veel papier is om in te pakken en dat elk papier apart bedacht is door een ontwerper en dat het speciaal bij speciale gelegenheden wordt gebruikt.

Dan bekijken ze de papieren samen met juf Elly nauwkeuriger. Hoe zijn die ontwerpen precies gemaakt. *'Er staan allemaal Sinterklazen en Zwarte Pieten op'* zegt Ludo, *'iedere keer dezelfde.'* Dat is waar, ook op ander papieren is dat zo. Soms kun je dat direct zien, maar soms is het moeilijk. Zo ontdekken ze *patronen.*

Dan hebben ze genoeg geleerd om zelf pakpapier te kunnen ontwerpen. Ze krijgen ieder een groot stuk werkdrukpapier (50 × 35 cm). Daarover mogen ze eerst met grote kwasten een grondkleur aanbrengen en daarop met de vingers en plakkaatverf een motief maken en dat herhalen. Binnenkort is het Moederdag en dan kunnen ze het papier mooi gebruiken.
In haar lesverslag schrijft Elly:

De opdracht is over het algemeen goed begrepen. Een gekozen motief werd met inzicht herhaald. Renate was zo verdiept in de opdracht, dat ze in haar enthousiasme zichzelf voorbijdraafde. Met enkele, dan weer met meerdere vingers maakte zij toch een fijne vingerverftekening van een meisje met bloemetjes en een huisje. Bij het nabespreken was het oordeel uit de groep welwillend:
'Tja, het is heel leuk, maar als je je cadeautje inpakt, vouw je het meisje in tweeën, Renate.'
'Je had dat meisje kleiner moeten maken, en nog wat meer van die meisjes moeten maken.'
Renate, een heel kiene tante, die veel met zichzelf bezig is, antwoordde wat dromerig:
'Ja, ja, misschien wel, maar als mamma dat uitpakt heeft ze ook nog een tekening cadeau.'

Het verslag geeft informatie over leerlingen die je misschien niet in een lesverslag verwacht. Maar de informatie is wel relevant omdat je wat leert over het verloop van de les. Bovendien geeft het aan hoe leerlingen op een persoonlijke wijze met tekenen bezig zijn. Merk op dat je uit het verslag niet kunt opmaken of er bij de nabespreking is nagegaan of de doelen gehaald zijn.

5.8.12 Cirkels drukken met stempels in groep 5

De kinderen van groep 5 hebben de laatste tijd alleen maar geschilderd en getekend naar de verbeelding. Meester Harm heeft in een boek in de schoolbibliotheek iets gevonden over druktechnieken. Dat brengt hem op een idee. Hij leent bij groep 3 een paar stempelsets met letters van het alfabet en cijfers en stempelkussens. Kleurpotloden hebben de kinderen van zijn groep allemaal zelf en papier is er ook genoeg.
Hij heeft de les al een beetje in zijn hoofd maar schrijft toch nog even iets ervan op. Eerst het doel.

- *De leerlingen leren en beleven de vorm van een letter of cijfer.*

Wie nog eens een onderwerp met betrekking tot kindertekeningen zoekt om te bestuderen, kan humor nemen. Jitske zal er dan zeker bij zijn. Ze heeft haar eigen naam gestempeld en de vormen van de letters als basis voor verder tekenwerk gebruikt. Waarschijnlijk was de les beter dan het verslag doet vermoeden.
(17 × 17 cm)

Dan iets over de introductie en de opdracht.
Gesprek: *Waarmee kun je zoal een afdruk maken?*
Schoen in de sneeuw; vinger met inkt op papier; stempel in het schrift.
Opdracht: *Stempel met verschillende cijfers en letters, een of meer cirkels en ga ze daarna met kleurpotloden versieren.*
Een nabespreking houdt meester Harm niet. Hij vindt dat daarmee te veel tijd verloren gaat en de leerlingen doen niets. Een verslag maakt hij wel.
Sommige kinderen waren erg rommelig bezig en hadden niet zoveel plezier in hun werk. Ook nog kleuren?
De meesten probeerden een opbouw te maken. Als ze kleine letters hadden, begonnen ze soms in het midden, maakten steeds grotere cirkels, of ze maakten een aantal cirkels naast elkaar.

In deze les heeft het doel weinig met de activiteit te maken. De kinderen zijn misschien wel intensief bezig geweest, maar uit niets blijkt dat ze de vorm van een letter of cijfer (welke? Die uit de stempelset?) beleven. Daarbij kun je je afvragen wat meester Harm bedoelde met *leren met beleven*. Ging het om het ervaren van de schoonheid van de halfvette Bodoni of om het verschil in de aanzetten van de schreef bij Courier en Times? Had hij niet evengoed een stempelset met sprookjesfiguren of verkeerstekens kunnen laten gebruiken? Realiseer je dat het niet moeilijk is om een fraaie doelstelling te formuleren, maar dat je dan ook wel moet weten wat het doel inhoudt en hoe je het wilt bereiken. Een goede controle op een doelstelling is: het doel aan leerlingen duidelijk maken. Als je dat lukt, weet je meestal dat je doelstelling goed is. Meester Harm deed het niet.

5.8.13 ■ **Groep 5 maakt beelden: een liveverslag**
Een verslag van Juf Zaïdah.
Niet ver van de school is onlangs een beeld geplaatst van een aantal blokken beton. Naar aanleiding daarvan hebben we de vorige week gepraat over moderne kunst en ik heb plaatjes laten zien. Ik heb toen de nadruk gelegd op de *inhoud* en de *betekenis* van beelden. Ik heb toen ook aan de kinderen beloofd dat ik ze zou leren zelf een beeld te maken. Ik leg ze uit wat ze in de komende les gaan leren: een ruimtelijke vorm te maken van verschillende materialen. Ze willen al direct beginnen want de berg dozen achter in het lokaal is uitnodigend, maar zover zijn we nog niet.
We herinneren ons eerst het beeld bij het Willemsplein en de afbeeldingen die ik heb laten zien. Nu gaan ze zelf met z'n tweeën ook zo'n beeld maken en dat beeld moet ook een naam hebben. Het moet ergens over gaan, het moet inhoud hebben. Dat 'inhoud' herinneren ze zich nog uit de vorige les. Maar je moet die inhoud niet direct kunnen zien, dus geen mannetje of boom of iets dergelijks.
Ik leg ook uit dat ik niet goed weet hoe ik ze dat moet leren: een eigen inhoud aan een beeld geven. We praten over compositie, ruimte, vorm en kleur. Ze schijnen het allemaal te begrijpen. Ze vinden het geen probleem. Ze willen nu toch echt aan het werk.
Ik leg uit dat ze eerst een basisvorm van allerlei materiaal moeten maken. Dat dan bespannen met in behangerslijm gedoopte stroken pakpapier. Pulp van papiermaché gebruiken we voor details. Een emmer vol papiermaché hebben ze een paar dagen tevoren al klaargemaakt (zonder te weten waar het voor was), zodat het goed te gebruiken is.
Er zijn lege verpakkingen van karton en stukken schuimplastic. Verder is er pitriet, ijzerdraad, dun

koperdraad, lijm, plakband, pakpapier, krantenpapier.
Schilderen met plakkaatverf kan als het droog is.
En nog kunnen ze niet beginnen, want met z'n tweeën een beeld gaan maken betekent eerst samen overleggen over de inhoud en de vorm. Maar tegelijkertijd horen ze dat het vandaag niet af hoeft. Ze mogen er drie lessen over doen.

In het begin gebruikten ze veel te weinig lijm voor de stroken papier. Ik liet ze zien hoe ze een strook helemaal in de emmer lijm moesten dopen en dan met de hand weer afstrijken. De natte strook even laten liggen. Sommige kinderen waren teleurgesteld toen na het drogen de werkstukken soms van vorm waren veranderd door het krimpen van het papier.
Bij het schilderen maakte bijna elk groepje er een bonte toestand van. Nikki de Saint Phalle, van wie ik een paar beelden had laten zien, vonden ze waarschijnlijk erg mooi.

5.8.14 ■ Groep 6 voltooit de plaatjes
- *De kinderen leren dat beelden iets vertellen, net als woorden.*
- *De leerlingen leren relaties te leggen tussen een gegeven beeld en mentale beelden.*
- *De kinderen leren de begrippen ruimte en compositie.*

Patrick weet het aangeboden beeldmateriaal goed te gebruiken. Hij tekent de skiër twee keer na (met variaties) en vult het plaatje aan met andere beelden uit de sfeer van wintersport. Let op de enthousiaste warmeworstverkoper en zijn klant. Je zou Patrick meer tijd moeten geven. Zo te zien heeft hij nog heel wat meer te vertellen. (25 × 32 cm)

In de taallessen hebben de kinderen van groep 6 elkaars verhalen aangevuld door telkens een zin te schrijven bij de bedenksels van iemand anders uit de groep. Na elke zin werden de blaadjes doorgegeven. Juf Chantel brengt dat in herinnering en vraagt of ze zomaar wat konden schrijven, allemaal gekke woorden bijvoorbeeld?
'Je moest eerst alles lezen wat anderen geschreven hadden' zegt Johnny, 'en dan zelf wat erbij bedenken.'
'Het moest goed passen', zegt Mileen.
'Zoiets kun je ook doen met plaatjes.' Juf Chantal laat een plaat zien waar alleen een boom op staat en vraagt aan Romaro of hij er iets bij kan bedenken. Romaro bedenkt een huis. Anderen bedenken een auto, mensen, een tuin, nog een boom. Gijs bedenkt sneeuw. Maar anderen vinden dat dat niet kan, want de boom heeft allemaal bladeren.
Om een goed verhaal te vertellen, moeten de plaatjes zo veel mogelijk bij elkaar aansluiten.
Chantal vraagt of ze die dingen allemaal op een rijtje naast de boom gaan zetten? Natuurlijk niet. Zo leren ze van Chantal het begrip compositie en ze praten over de ruimte: de echte ruimte en de ruimte op het papier.
Dan vertelt Chantal dat ze een tekenpapier (A4) krijgen met daarop een plaatje geplakt. Dit plaatje moeten ze op een zelfbedachte manier aanvullen, net als de zinnetjes bij taal, maar nu maken ze eigenlijk zelf een heel verhaal bij een zinnetje. Om de creativiteit van de kinderen te bevorderen, heeft Chantal de plaatjes zelf uitgezocht en opgeplakt.

De kinderen mochten kiezen welk plaatje ze namen. Daardoor waren ze wel meer gemotiveerd, maar werd een minder beroep gedaan op creativiteit. Voor sommigen was de keus wel moeilijk, ofschoon Chantal een ruime keus in plaatjes had: tien meer dan er leerlingen waren. Enkele kinderen mochten een ander plaatje uitzoeken omdat ze bij hun eerste plaatje niets konden bedenken.
Veel kinderen probeerden diepte in hun tekening aan te brengen, vooral als dat ook op hun plaatje voorkwam.

Dat viel meestal tegen en soms vroegen ze juf Chantal om hulp. In de nabespreking ging Chantal hier op in omdat het begrip ruimte bij de introductie ook al ter sprake was gekomen. Daar was het de echte ruimte tussen dingen en de ruimte tussen de dingen op het papier. Nu had je dus niet alleen de ruimte *op*, maar ook nog de ruimte *in* je papier. Dat vonden de kinderen machtig interessant. Hoewel Chantal merkte dat sommigen er helemaal niets van begrepen, probeerde ze het niet nog eens uit te leggen. Die kinderen waren er kennelijk nog niet aan toe, dat kwam nog wel.
Uit de evaluatie door de kinderen bleek dat ze het 'leuk' vonden, maar dat je wel een plaatje moest krijgen dat je 'leuk' vond. Er was veel aandacht voor wat de anderen bij hun plaatje hadden bedacht. *'Je kunt net zo goed een tekening maken als een verhaal vertellen'* zei Petra, en daarmee had ze de eerste doelstelling van juf Chantal onderstreept.

5.8.15 ■ Groep 6 maakt een pop-upband

- *De leerlingen leren een ruimtelijke compositie te maken van eigen tekeningen.*
- *De leerlingen leren een pop-up te maken.*
- *De leerlingen leren samen te werken.*
- *De leerlingen leren de begrippen compositie, pop-up, popgroep, musici, bandleden, leadzanger en drummer.*

Leerlingen van de Titus Brandsma Basisschool in Blerick hebben vakantieherinneringen ruimtelijk in beeld gebracht. Het aardige van dit ruimtelijke werk is dat je het eenvoudig plat kunt maken om te bewaren of te vervoeren. Het basismateriaal is een stuk stevig karton waarin je stroken snijdt. Daarna vouw je het karton en de stroken tegengesteld. Leerlingen van de bovenbouw (die al goed met een hobbymes overweg kunnen) kunnen zo probleemoplossend handelen, ontwerpen, creatief zijn, ruimtelijk ordenen en vooral: plezier hebben.

Juf Chantal heeft uit het documentatiecentrum een stapeltje pop-upboeken gehaald en laat die aan de groep zien. Sommige zijn heel ingewikkeld, maar van andere kun je gemakkelijk zien hoe het werkt. Norali mag voor de groep uitleggen hoe het precies gaat. Met het boek erbij kan ze het goed vertellen. Ze doet het boek telkens open en dicht zodat iedereen het goed kan zien.
'Zullen wij ook zo'n boek gaan maken?' Juf Chantal verwacht van haar kinderen niet anders dan een enthousiast ja en ze kan er onmiddellijk op ingaan.
In de tekenles hebben de kinderen zichzelf getekend als zanger of musicus in een band. Die tekeningen hebben ze nog. Die gaan ze hierbij gebruiken.

Eerst vertelt Chantal wat je allemaal nodig hebt om het te maken. Ze heeft alles voor de groep op een tafeltje gelegd en ze laat het stuk voor stuk zien.
Een stuk Engels karton A3, stanleymes, zinkplaat als onderlegger, maatlat, (ijzeren) liniaal om langs te snijden, schaar, lijm, gekleurd en wit papier, kleurpotloden.

Chantal gaat het construeren van een pop-up stap voor stap volgen en schrijft meteen puntsgewijs op het bord wat ze doet.

> Een horizontale lijn tekenen midden over de lengte van het vel karton.
> Twee, even lange, evenwijdige lijnen, 2 cm van elkaar daar loodrecht op. Die staan dus verticaal.
> Die moeten even ver uitsteken aan beide kanten van de horizontale lijn.
> Tussen de uiteinden van de evenwijdige lijnen ook een lijntje trekken. Dat zijn dus weer horizontale lijntjes.
> De lange horizontale lijn en de korte lijnen ritsen.
> De verticale lijnen doorsnijden.
> Karton haaks vouwen (ritslijn aan de buitenkant) en smalle strook laten opspringen.
> De tekening van popzanger uitknippen en er tegenaan plakken.

De kinderen gaan in groepjes van vier of vijf samen een pop-up maken van hun eigen uitgeknipte popzangers en musici en maken zo een eigen popgroep. Voor elk lid van de band een eigen strook.

Daarna mag er op de achterwand en de bodem nog van alles bij geplakt worden (eerst tekenen) met kleine strookjes die je eventueel nog kunt omvouwen. Omdat Chantal de kinderen wel vaak laat samenwerken, weet ze welke problemen zich daarbij voordoen. Daarom zegt ze er nu alvast iets over. *'Samenwerken is samen werken. In de groep moet iedereen iets doen. Misschien kun je van tevoren al kiezen wie gaan tekenen, snijden, ritsen, plakken enzovoort.'*

Het snijden was het moeilijkste. Chantal moest vaak bijspringen en zeggen dat ze vooral alles goed vast moesten houden. Het is beter om zo'n moeilijke handeling eerst in te oefenen. Bij iedere leerling kijken of hij de slag beet krijgt. Bij het ritsen scheurde er soms iets maar dat kon vastgeplakt worden. Tijdens het werken bleek dat je met lange evenwijdige lijnen meer vooraan kwam te staan. Dat had Chantal eerder moeten bedenken. Nu moest bij de meesten de lengte van de stroken worden bijgesteld omdat ze allemaal even lang gemaakt waren. Gelukkig waren ze nog niet gesneden. Na twee lessen waren de meeste groepjes wel klaar, maar als er meer tijd was geweest, waren ze doorgegaan met het bedenken en maken van allerlei details. Dat gaven de kinderen ook aan tijdens de nabespreking. Neem die tijd in zo'n geval. Je bent dan immers nog steeds bezig met leren.
Het werken in groepjes ging wel goed en gelukkig sneed niemand zich in de vingers.

5.8.16 ■ Groep 6 brengt winter in beeld

Het weer is plotseling omgeslagen. Het was lang zacht herfstweer, vanochtend viel er natte sneeuw. Juf Chantal van groep 6 grijpt dat aan voor een paar lessen beeldonderwijs. De directe ervaring van de dag worden gekoppeld aan eerdere ervaringen.
Omdat ze vindt dat de groep nog steeds niet goed kan samenwerken, is dat hierbij een belangrijk doel.
- *De leerlingen leren samen te werken.*
- *De leerlingen leren dat er talrijke manieren zijn om iets uit te beelden.*
- *De leerlingen leren creatief te zijn.*

Chantal begint een leergesprek over het thema winter. Op het bord inventariseert ze in een *begrippenweb* de onderwerpen die ermee te maken hebben. Midden op het bord schrijft ze: 'winter', dan draait ze zich om en vraagt: *'Ellen, waar denk je aan?'* 'Ik ben m'n brood

Een lange rij schaatsers zoeft voorbij, maar Jiska heeft ze gezien en de houding raak neergezet. Door de afsnijding die ze gemaakt heeft, lijkt de rij nog langer. Alleen die armen, hoe dat nou precies zit...? (24 × 32 cm)

vergeten', zegt Ellen die met Sue aan het praten was. De hele groep begint te lachen. *'De hele winter?'*, vraagt Chantal. De kinderen lachen nog harder, maar iedereen, ook Ellen, begrijpt nu dat ze moeten opletten en begrippen noemen die met winter te maken hebben. Die zijn er genoeg. Chantal maakt meteen een indeling en zet ze in groepjes bij *dieren, mensen, weer, natuur* en *sport*. Als er na een paar minuten al zo'n vijftig op het bord staan, legt Chantal het volgende probleem aan de groep voor: *'Hoe kun je dit beeldend verwerken?'*
Uit de groep komen de volgende ideeën:

een winterlandschap met allerlei technieken;
(krijt)tekeningen maken;
iets maken van klei en dat wit schilderen;
een ijsbaan maken van een spiegel en daar allemaal schaatsers opzetten;
tijdschriften napluizen: plaatjes uitknippen en er een verhaal van maken over de winter;
plaatjes plakken en er iets bijschrijven en bijtekenen;
plakken en knippen met zwart en wit papier;
een winterkrant maken met verhalen en tekeningen;
met propjes crêpepapier werken.

Dan komt de opdracht:
'Stel een groepje samen van vier of vijf kinderen. Bedenk een groepsopdracht en bedenk welk materiaal je wilt gebruiken. Verdeel de taken. Bedenk wat je doet met afwijkende standpunten. Je mag er drie lessen aan werken.'

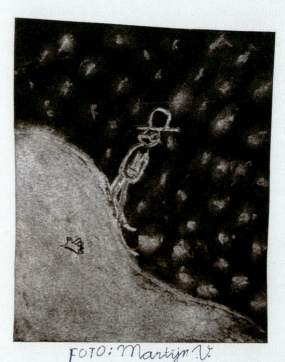

Een krant moet je niet van commentaar voorzien, die lees je. Groepswerk van Yucca, Martijn, Nienke en Jan Willem. (30 × 21 cm)

Bij het bedenken van de groepsopdrachten werden de genoemde ideeën gebruikt, maar er ontstonden ook nieuwe, waaronder: wit krijt op wit papier, geaccentueerd door kleuren.
Het samenwerken gaf in één groep problemen: Roelof weigerde medewerking. De groep wilde met meerderheid van stemmen beslissen, maar Roelof bleef weigeren. Ook overleg met juf Chantal had geen uitwerking. Ten slotte stemde de groep in met een individuele opstelling van hem: hij ging een skiheuvel tekenen.
In een andere groep ontstonden twee subgroepen die in grote harmonie besloten de werkstukken op elkaar af te stemmen. De twee overige groepen werkten volledig groepsgewijs met voortdurend overleg.
Het einde van de eerste les viel halverwege het bedenken en overleggen van de groepsopdracht.
De ideeën daarvoor bleken nog intact de volgende dag. Wél was in genoemde groep de splitsing ontstaan in subgroepen (kleine onderlinge ruzie). In de tweede en derde les werd er voortdurend gewerkt aan de groepsopdracht. Een groep was al in de tweede les klaar en begon meteen aan iets nieuws: een raamschildering. Chantal had enige tijd daarvoor eens gezegd dat ramen wel eens werden beschilderd, vandaar wellicht het idee.
De resultaten van de groep die een winterkrant maakte en die van de groep die een winterlandschap produceerde, werden beoordeeld als voldaan aan de bedoeling door de leerlingen. Van de anderen vonden ze dat die wel allemaal hetzelfde onderwerp gedaan hadden, maar niet samen.
De lessen krijgen nog een vervolg: alle groepen krijgen de gelegenheid het thema winter af te beelden op één van de ramen.

5.8.17 Wiskunde en beeldonderwijs I

Bij rekenen hebben de leerlingen van juf Chantal (groep 6) over een vierkant en een kubus geleerd. Chantal vindt het een goede aanleiding om ook andere geometrische vormen te bekijken (die komen bij rekenen later toch ook aan bod).

Chantal heeft de volgende doelen:
- *De leerlingen leren dat in hun omgeving veel vormen te herleiden zijn tot eenvoudige geometrische vormen.*
- *De leerlingen leren de vormen kubus, cylinder, kegel, piramide en bol te benoemen.*
- *De leerlingen leren uit geometrische vormen een object te boetseren.*

Chantal heeft van dun karton een kegel en een piramide gemaakt. Een kartonnen doosje is precies een kubus en een stuk regenpijp een cilinder. Ze heeft ook een bol (van hout).
Bij het begin van de les heeft ze alle vormen in een grote doos zodat de leerlingen ze niet kunnen zien.
'Weet iemand nog wat een kubus is?' Er komen een aantal antwoorden die weliswaar geen van alle wetenschappelijk geheel verantwoord zijn, maar waarmee de leerlingen wel blijk geven te weten wat een kubus is.
'Chakira, kun jij iets aanwijzen wat op een kubus lijkt?'
Chakira's blik dwaalt door de klas en door het raam:
'De glasbak'. Inderdaad, de glasbak buiten lijkt erg op een kubus. Dat willen ze opeens allemaal zien. Maar er zijn nog meer kubussen. Dan pakt Chantal de cilinder uit de doos. Dezelfde vraag: iets aanwijzen dat op een cylinder lijkt. Geen reactie. Chantal bedenkt dat de kinderen misschien alleen naar voorwerpen zoeken die in zijn geheel op een cilinder lijken. Ze schuift de cilinder over haar onderarm. Ja, de onderarm zou je een cilinder kunnen noemen. Dan blijkt een boomstam ook een cilinder en met een toevallig voorbijrijdende gierwagen is het helemaal duidelijk. Dan neemt Chantal ook de kegel en vervolgens de bol en de piramide uit de doos. Ze laat alle vormen benoemen en schrijft alle namen op het bord. Giselle maakte er een spelletje van: *'Ik zie ik zie wat jij niet ziet, een kegel op z'n kop.'* Toen niemand die kon vinden zei ze: *'De prullenbak.'* Dat was volgens de anderen helemaal geen kegel. *'Jawel hoor'* zei Giselle, *'maar de punt is eraf.'*

De opdracht voor deze les is dan dat de leerlingen van elke vorm minstens twee dingen tekenen die op die vorm lijken (met potlood). Daar moeten ze dan de naam van die dingen bijschrijven en ook de naam van de vorm. Wie tijd heeft mag ook kleuren, maar pas als alle tekeningen gemaakt zijn. Omdat de kinderen gewend voor een deel zelf te bepalen hoeveel tijd ze ergens aan besteden, duurt dit al met al een paar weken. Sommigen hadden er veel moeite mee vanwege de vereiste ruimtelijkheid. Ze wilden ook de liniaal gebruiken, maar dat vond juf Chantal niet goed.

5.8.18 Wiskunde en beeldonderwijs II

In een volgende les krijgt elke leerling een flink stuk fijne chamotteklei. Gereedschap om klei te bewerken is er ook, maar niet een hele set voor iedereen. Daarmee doen ze dus samen.
Juf Chantal verdeelt de klas in vijf groepen en geeft elke groep een andere geometrische vorm als onderwerp. De opdracht voor iedere leerling is die vorm uit klei te maken.
Als ze daarmee ongeveer klaar zijn, krijgen ze de opdracht die vorm om te werken naar iets dat die vorm als grondvorm heeft (zo mogelijk iets dat ze al getekend hebben).

Het maken van de geometrische vormen uit klei ging prima, maar toen de leerlingen het moesten omwerken naar echte vormen bleken de geometrische vormen voor de meesten te klein om er goed mee te kunnen werken ook al mochten ze er nog wat klei bij nemen. Voor sommige leerlingen was dat frustrerend.
Bij de nabespreking zei Chantal dat ze er wel spijt van had dat ze de opdracht niet eerst zelf had gedaan. Daarom hadden sommige kinderen het niet zo goed kunnen doen als ze gewild hadden. *'Het geeft niet'* zei Maaike toen, *'ik doe ook weleens dom.'*
Later bleek dat ze er wel van geleerd hadden. Ze maakten er een spelletje van om de dingen alleen bij hun geometrische naam te noemen. Hanneke vroeg aan Yoram: *'Mag ik jouw cilinder even?'* Toen Yoram niet begreep wat ze bedoelde, zei ze: *'Die met die kubuskanten.'* Dat was een potlood.

5.8.19 In groep 7 heeft kleur een functie

De kinderen zijn al vertrouwd met het idee dat tekenen een taal is. Daarin past deze les voor groep 7 waarvan de doelen zijn:
- *De leerlingen leren dat een kleur een bepaalde functie kan hebben.*
- *De kinderen leren de betekenis van de begrippen functionele kleur, contrastkleur, schutkleur.*

In de middagpauze blijven alle kinderen op school. Eerst eten ze hun brood en daarna gaan ze naar het

schoolplein of ze blijven binnen om spelletjes te doen of te lezen als het slecht weer is. Meester Herbert eet samen met de kinderen van zijn groep, groep 7. Als hij zijn brood op heeft, haalt hij met veel omhaal zodat alle kinderen het goed zien een hardgroene tomaat uit zijn bakje.
'Ha, een tomaat, lekker.'
'Die kan je niet opeten, hij is nog niet rijp!'
'Hoe weet je dat Melanie?'
'Hij is nog helemaal groen.'
'Nou, dank je wel hoor, dat zal ik goed onthouden.'

Na de pauze ligt de groene tomaat op een tafeltje tussen vier rode tomaten. Meester Herbert zegt dat hij natuurlijk ook wel wist dat die groene tomaat nog niet rijp was. Dat hij dat ook wel gezien had aan de groene kleur. Dat de groene kleur hem dat allang verteld had. Dat was namelijk de functie van de groene kleur: vertellen dat de tomaat nog niet rijp is. Meester Herbert legt de groene tomaat nu apart, buigt zich voorover en doet alsof hij er met heel strenge ogen naar kijkt. Dan piept de tomaat opeens: *'Meester Herbert, ik zeg je, dat ik nog niet rijp ben.'*
Stap voor stap leert de groep dat kleuren heel vaak iets vertellen (een functie hebben). De kleuren zeggen iets. Bij elke kleur spelen ze dat het object zelf moet doen alsof het wat zegt. De blaadjes worden geel: *'Ik ga dood, ik ga dood!'* Blauw in de lucht: *'Mooi weer vandaag.'* Herbert gaat verder: *'Mensen geven soms ook een functie aan een kleur, wie kan er iets noemen?'* Hevig nadenken. Als Rennie een rood verkeerslicht noemt weten anderen opeens ook allerlei voorbeelden: *een groen licht, een oranje licht, een rode brandblusser in de gang, een gele band langs de stoep voor de school, een zwarte band* (die is van Jonathan die op judo is).
'Omdat Herbert vandaag ook de begrippen *contrastkleur* en *schutkleur* wil leren, legt hij zijn groene tomaat tussen de vier rode. Nee, het is niet moeilijk om hem terug te vinden. De kleur contrasteert. Rood en groen maken een contrast. Je kunt zeggen dat rood de contrastkleur van groen is. De rode tomaten roepen heel hard tegen de groene: *'Wij zijn lekker al rijp, hehe!'*
'Maar stel nou eens' zegt Herbert, *'dat die groene tomaat slim is. Dan koopt hij een rode jas en trekt die over zijn groene aan. Hij geeft zichzelf een andere kleur. Wacht even.'*

Herbert goochelt wat met de tomaten, dan liggen er vijf rode.
'Wat nu?'
De tomaat heeft een schutkleur aangenomen.

Na deze lange, maar boeiende introductie volgde een dubbele opdracht. Eerst iets bedenken en schilderen waarbij je contrastkleuren gebruikt en dan iets waarbij je schutkleuren gebruikt. De contrastkleuren leken niet al te moeilijk. De meeste kinderen kwamen met een schildering waaruit bleek dat ze de essentie van contrastkleuren wel begrepen hadden. Toen daarna ook nog de schutkleuren kwamen, waren de kinderen al minder gemotiveerd. Bij Eugène lukte het helemaal niet. Ten slotte smeerde hij alles door elkaar: *'Een knikker in een emmer met modder.'* Toen dat navolgers begon te krijgen, heeft Herbert de les gestopt.
Het is ook wel erg veel ineens. Alleen het begrip functie zou al genoeg geweest zijn om te leren. Over kleurcontrast kun je met gemak een hele serie lessen geven. Er zijn immers meerdere contrasten. En als Herbert alleen schutkleur had behandeld zou de knikker waarschijnlijk niet in de modder gevallen zijn.

5.8.20 ■ Een kunstwerk in lagen (als van Arp)
Op de jenaplanschool waar meester Frits leraar is, zijn de kinderen gewend veel dingen zelfstandig te doen. In groep 7/8 hebben ze al geleerd hoe ze zelf beslissingen moeten nemen en taken plannen en ze kunnen heel goed met opdrachten bezig zijn zonder dat de juf of meester erbij zijn.
Deze activiteit beslaat twee sessies voor de hele groep (introductie en nabespreking) en een paar weken lang activiteiten voor individuele leerlingen. In de eerste sessie bespreekt Herbert aan de hand van een paar afbeeldingen het werk van de Duitse kunstenaar Hans Arp. Hij heeft drie afbeeldingen van het figuurzaagwerk van Arp genomen omdat de leerlingen zelf ook gaan figuurzagen. In deze sessie leren de kinderen ook de grondbeginselen van figuurzagen, want dat is de opdracht en figuurzagen hebben ze nog nooit gedaan. Ook moeten ze een werkstuk maken over Hans Arp. Daarvoor moeten ze op het internet naar afbeeldingen zoeken.
Als doelstellingen heeft Frits genoteerd:
- *De leerlingen leren dat kunstenaars met middelen werken die zij zelf ook kunnen gebruiken.*

De essentie van een vorm ontdekken door die te verhullen. Dat was een van de doelstellingen van deze inpakactiviteit. Bovenbouwleerlingen hadden tevoren in een museum al een merkwaardige ontdekking gedaan. *'Welke stoel is nou kunst?'*

- *De leerlingen leren de kunstenaar Hans Arp en zijn werk kennen.*
- *De leerlingen leren het internet te gebruiken om gegevens te vinden.*
- *De leerlingen leren een korte tekst met de meest belangrijke gegevens over een kunstenaar te maken.*
- *De leerlingen leren figuurzagen.*
- *De leerlingen leren een compositie te maken uit losse delen.*
- *De leerlingen leren kleuren op elkaar af te stemmen.*

De vrij kleine school (er zijn vier gecombineerde groepen) beschikt over een beamer die geregeld van het ene lokaal naar het andere verhuist. Frits gebruikt hem vaak en dus ook bij het bespreken van het werk van Arp. Na de bespreking gaat de hele groep naar het handenarbeidlokaal waar Frits uitleg geeft over figuurzagen. Op het schoolbord (het lokaal was eerder een gewoon klaslokaal) schrijft hij met een paar woorden de belangrijkste dingen op. Die blijven daar voorlopig staan. Net zoals Arp mogen ze zelf titels bedenken voor een eigen werkstuk. Elke leerling krijgt een stuk triplex van ongeveer A4-formaat. Ontwerpen maken ze op papier. De opdracht is een werkstuk in drie lagen met verschillende kleuren die bij elkaar passen (elke laag een eigen kleur). In de volgende weken kunnen als het uitkomt telkens maximaal zes leerlingen gaan figuurzagen in het handenarbeidlokaal. Meer beugels zijn er niet en bovendien past dat goed in de manier van werken op deze school. Leerlingen die voor het eerst gaan zagen worden geholpen door anderen die al ervaring hebben. Frits komt geregeld controleren of ze zich aan de voorschriften houden. Intussen zijn de overigen met andere activiteiten bezig. Zodoende duurt het wel enkele weken voordat dit onderwerp af komt. Wie klaar is met zagen, moet de stukjes schuren en in de gewenste compositie op elkaar leggen, dunne lijntjes eromheen tekenen. Dan schilderen (net iets over de lijntjes maar niet op de plekken waar gelijmd moet worden). Als alles droog is, vastlijmen en vernissen met matte vernis.

In de loop van de weken dat ze eraan bezig zijn, gaan telkens drie leerlingen op de computers in het lokaal zoeken naar gegevens en afbeeldingen van werk van Arp. Ze mogen twee plaatjes printen en in hun eigen kunstschrift plakken bij een korte tekst over Arp. Ze mogen overigens ook kunstboeken in de mediatheek van de school raadplegen. Ze mogen zelf bepalen wat ze willen schrijven waarbij opviel dat veel leerlingen opmerkten dat Arp nog zoveel ander werk gemaakt had behalve gelaagd werk van triplex.
Als na enkele weken iedereen zijn werk af heeft, nemen ze een half uur voor de nabespreking.

5.8.21 ■ Kleuren mengen in groep 7

Meester Mathieu heeft voor groep 7 een les voorbereid over kleuren mengen.
Als doelstellingen noteerde hij:
- *De leerlingen leren dat wit licht uit alle kleuren bestaat.*
- *De leerlingen leren dat ze met drie primaire kleuren veel andere kleuren kunnen maken.*
- *De leerlingen leren de begrippen prisma, primaire kleur, secundaire kleur, kleurencirkel.*

Hij heeft een lijstje gemaakt met de dingen die hij nodig heeft:
Plakkaatverf: wit, zwart, blauw, geel, rood
Verfbakjes, kwasten
Diaprojector, scherm, prisma.
Voor elke leerling papier A4 met een niet ingevulde kleurencirkel erop, een ander papier met twaalf vakjes erop gekopieerd en nog een blanco wit stuk A4.

De introductie en de activiteit van de leerlingen is als volgt gepland:
'Ik vertel over de primaire kleuren waarmee je alle kleuren kunt maken behalve wit en over kleuren die met wit gemend zijn. Dan laat ik een witte lichtbundel door een prisma vallen. Met lichtkleuren kun je ook mengen. Maar je kunt geen zwart maken met licht. Dan moeten de leerlingen secundaire kleuren maken op een kleurencirkel. Ten slotte wordt het papier met de twaalf vakjes volgekleurd met kleuren die lichter gemaakt zijn met wit en donkerder met zwart. Leerlingen die er de tijd voor hebben, maken een landschap met heuvels en een regenboog. Tijd: 50 minuten.'

In het verslag dat Mathieu over deze les schrijft is hij kritisch:
'Doordat de leerlingen laat van de gymles terugkwamen, was er weinig tijd voor de tekenles. Van tevoren had ik het lichter en donkerder maken van kleuren al laten vervallen. De kleurencirkel is redelijk geslaagd. De proef met het prisma ging niet door omdat we op school geen prisma hebben. Op papier zag deze les er dus aardig uit, maar de uitvoering was knudde. Verder ben ik van mening dat deze les niet pas in groep 7 maar eerder in groep 5 of 6 thuishoort.'

'Op papier zag deze les er dus aardig uit', constateerde Mathieu in zijn verslag. Is dat zo? Geenszins. Om te beginnen is het te veel ineens. Zowel de additieve (licht) als de subtractieve (verf) kleurmenging uitleggen in één les, werkt verwarrend. Met de twee invuloefeningen (kleurencirkel en verhelderen/verdonkeren) kun je al een hele lestijd vullen. Het landschap met de regenboog (welke kleurvolgorde?) wordt als tijdvulling gebruikt. Zou het niet veel spannender zijn die opdracht te relateren aan een onderzoek naar lichtbreking? Ik vraag mij ook af wanneer Mathieu erachter kwam dat op zijn school geen prisma was. De witte lichtbundel zal er dus ook niet geweest zijn.
Welke primaire kleuren gebruiken de leerlingen? Gebruiken ze op deze school rood, blauw en geel of magenta, cyaan en geel als basiskleuren?
Kortom: een weinig realistische planning. Van wat er werkelijk gebeurde tijdens de les kom je weinig te weten. Uit het verslag dat Mathieu schreef zou je kunnen afleiden dat hij na een korte instructie de blaadjes met de kleurencirkels heeft laten invullen. Zoiets vinden kinderen wel leuk om te doen, maar er zijn betere manieren het mengen van kleuren te leren. Of de activiteit in groep 5 of 6 beter op zijn plaats is hangt helemaal af van hoe je het brengt en hoe diep je erop ingaat. Het invullen van een kleurencirkel kunnen leerlingen van groep 4 al wel.

5.8.22 ■ Leerlingen van groep 8 over zichzelf

Omdat het tegen de grote vakantie loopt, heeft groep 8 van juf Ireen een project over reizen en alles wat daarmee te maken heeft. Vaak stuur je dan een kaartje aan mensen die thuis blijven. Wat staat erop? Informatie over waar je bent, hoe het er daar uitziet, hoe het met je gaat. Veel kinderen gaan naar het buitenland. Sommigen hebben een eigen paspoort, anderen staan bijgeschreven op het paspoort van een of beide ouders. Een paspoort is ook een ding met informatie. Informatie over de persoon van wie het paspoort is. Waarom moet je een paspoort hebben? De identificatieplicht komt ter sprake. Het duurt nog wel twee of drie jaar voordat ze daarmee te maken hebben, maar sommige kinderen hebben een broer of zus die al zo'n document bij zich moet dragen. Van een donorcodicil hebben de meeste kinderen nog nooit gehoord, maar het past mooi in het rijtje documenten waar het hier over gaat en bovendien vindt juf Ireen dat ze wel mogen weten dat het bestaat en wat het is.
Maar al die documenten geven eigenlijk maar heel weinig informatie over iemand, vindt juf Ireen. Hoezo dan? *'Nou, nergens in mijn paspoort staat dat ik verliefd ben op Nouri'* (dat hebben de kinderen pas geleden ontdekt en ze vinden het heel interessant). En dan vraagt Ireen aan een paar kinderen of er in

hun paspoort staat wat ze absoluut niet lusten en wat hun lievelingskleur is. Dat staat er allemaal niet in. De kinderen weten nog veel meer dingen die er niet in staan: dingen over je huis, je kamer, de buurt, tuin, hobby's, gezin, huisdieren, kleding, enzovoort. En zo leidt Ireen ze als vanzelfsprekend naar de opdracht: *Maak een identiteitsbewijs van jezelf waarin je met tekeningen en woorden zo veel mogelijk over jezelf vertelt.*

Carien heeft een eigen kamer met terras. Ze leest graag en gezien de titel van het boek: *Het geheim van het beeld* heeft ze de lesopdracht begrepen. Enfin, lees zelf de beelden maar.

Een activiteit die helemaal is toegesneden op kinderen van deze leeftijd. Ze zijn immers veel met zichzelf bezig. Toen Ireen tijdens de introductie merkte hoeveel de kinderen over zichzelf zouden kunnen vertellen, besloot ze daar flink de ruimte voor te geven: een groot stuk papier (A3) en in totaal drie lesuren van 45 minuten. Er in verloren momenten aan werken mocht ook. Sommige kinderen wilden er in de pauzes aan werken, maar dat vond Ireen niet zo'n goed idee. Of ze ook plaatjes mochten plakken. Dat mocht als het niet anders kon, maar niet meer dan een.

Bij de nabespreking bleek dat de meeste kinderen juist de officiële gegevens (leeftijd, geboorteplaats) niet vermeld hadden. Dat werd alsnog gedaan. De belangstelling voor elkaars werk was groot. Een bewijs dat de belangstelling voor de opdracht zelf ook groot was. Ireen zei dat ze het maar niets vond dat zij wel van Nouri verteld had, maar dat niemand iets van zijn of haar vriendinnetje of vriendje had getekend en omdat ze daarbij 'toevallig' naar Basir keek riep die maar gauw: *'D'r is niets van waar juf!'* Ireen gaat toch eens beter op Basir letten.

5.8.23 ■ Groep 8 laat het rijden

Meester Sander heeft vaak verhalen over wat hij met zijn kinderen (groep 8) meemaakt. Dit is er een van (hier en daar een beetje aangevuld).

We hebben voertuigen gemaakt van ijzerdraad en blik. Op zich niet zo moeilijk, want ze hebben vaker gesoldeerd, maar nu had ik een paar extra voorwaarden ingebouwd in de opdracht: de voertuigen moesten echt kunnen rijden en iets moest je kunnen uitklappen. Ik had een map met foto's en tekeningen van heel verschillende voertuigen, want ik wilde niet allemaal gewone karretjes. Het ging er juist ook om dat het een beetje een gek voertuig werd.

We bespraken samen de mogelijkheid om voertuigen te maken. Dat zagen ze wel zitten. Toen bespraken we de mogelijkheden van de constructie. Ik noemde specifieke problemen als ze daar zelf niet opkwamen: laat je de as draaien met de wielen eraan vast of laat je elk wiel afzonderlijk om een as draaien? Hoe groot maak je de wielen? Hoe zorg je ervoor dat wielen sporen en dat ze niet slingeren? Hoe kun je iets laten uitklappen?
Zou je ook iets kunnen bedenken om een wedstrijd te houden? "Wie de mooiste maakt" zei Nabil. Daar kwamen nog meer uitdagingen bij. De stevigste, de interessantste, de hoogste, de beste uitklapping, de meeste wielen, de minste wielen, de langste. Ik zei: "de minste soldeertin" en dat begrepen ze best, maar het kwam er niet bij. Nogalie zei: "de rijdste". We begrepen allemaal wat ze bedoelde, want dat was natuurlijk het meest belangrijke, dat het voertuig goed kon rijden.

Een goede werksfeer, een uitdagende opdracht en adequaat materiaal leiden tot geconcentreerd werken. Olaf koos solderen met draad als werkwijze.

In het handenarbeidlokaal is een kleine sortering van allerlei materiaal dat we nodig hebben: staafjes gestrekt ijzerdraad, een rol verzinkt draad, dun koperdraad, resten blik en zink, draadkniptangen, buigtangetjes, soldeerbouten, soldeertin, schuurpapier, blikscharen.

Ik meende dat je deze activiteit het beste met z'n tweeën kon doen en stelde daarom voor teams te maken. Dat vonden ze prima maar toen bleek dat ik de teams samenstelde, vonden dat ze maar niets. Op mijn vraag waarom niet, kwam van Stefan de reactie: 'Dan moet ik misschien met Noortje en die kan niks.' Hevig gelach. Gelukkig weet Noortje (en de groep weet dat ook) dat ze andere kwaliteiten heeft. Ik heb daarop eerst tijd uitgetrokken om dit probleem te bespreken. Het moest een uitdaging zijn om Noortje iets te leren wat ze niet kon. Uiteindelijk heb ik juist Stefan en Noortje gekoppeld. Het ging goed.
De rest van de les hebben ze besteed aan het maken van ontwerpen op papier. Die moesten ze eerst aan mij laten zien. Daar waren toen al heel verschillende bij.

Omdat er maar zes soldeerbouten zijn, werkten ze in groepen: twee teams in een groep. Sommige teams deden er veel langer over dan andere. Zodoende zijn we er wel lang mee bezig geweest.
Yous had van zijn vader geleerd hoe je draadringetjes kon maken met behulp van een bankschroef en een rond staafje ijzer. Dat wilden ze toen allemaal doen om de assen in te laten draaien (maar waarschijnlijk ook omdat het een leuk kunstje was).

De nabespreking viel samen met de beoordeling en de rijwedstrijd. Om het rijden te testen lieten we de voertuigen van een schuine plank naar beneden rollen. Wie het verst kwam had gewonnen.
We hebben toen samen een kwaliteitsonderzoek gedaan om uit te vinden waarom sommige wagens wel en andere niet goed wilden rollen. Daar heb ik ook veel van geleerd.
Door de vele kwalificaties een beetje te sturen zorgde ik dat iedereen in de prijzen viel. Stefan en Noortje hadden een topzwaar geval dat alleen maar bleef rijden als je er iets zwaars onderin legde. Maar het was wel de hoogste. Van de resultaten maken we later met een computerprogramma een grafiek.

5.8.24 Actie om een boom te redden

De kinderen van groep 8 zijn bezig met de Cito-toets. Juf Yasmin ziet hoe geconcentreerd haar leerlingen bezig zijn. Ze kent haar leerlingen. Niet iedereen zal het nu even gemakkelijk hebben, maar ze zijn wel klaar om naar het vervolgonderwijs te gaan. Ze moet een beetje lachen als ze eraan denkt wat ze morgen gaan doen: actievoeren. Een stap in de grote boze wereld? Nee, zo erg is het niet. Maar omdat in het beleid van de school staat dat de school er alles aan wil doen om leerlingen voor te bereiden op hun toekomstig functioneren in de maatschappij, wordt elke gelegenheid aangegrepen om de leerlingen te laten voelen dat ze voor vol worden aanzien.
Op de hoek van de Schoolstraat en de Paardegracht staat een boom die weg moet. De kinderen weten ervan, want het heeft in alle huis-aan-huisbladen gestaan. De boom is gezond en mooi, maar verkeerstechnisch een obstakel. De les beeldonderwijs begint met een klassengesprek over het probleem. Wie vindt dat het goed is dat hij weggaat, maakt een affiche om dat aan mensen duidelijk te maken. De kinderen die vinden dat de boom moet blijven, kunnen ook affiches maken. Bij elk affiche hoort ook tekst. Uiteraard vindt iedereen dat de boom moet blijven.
Voor het maken van affiches is nodig: wit papier A4, dun karton, schaar, stanleymes, snijplaat, lijm, drukinkt, linorol.

De kinderen werken in groepjes van twee. Ze gebruiken de kartondruktechniek om meerdere exemplaren te kunnen drukken. Eerst wordt een ontwerp gemaakt. Dat wordt op schaal op het karton overgebracht en uitgesneden. Bij het ontwerpen tekenen de meeste leerlingen veel te veel details. Die kunnen ze niet uit het karton snijden. Zodra Yasmin dat merkt, legt ze al het werk stil en geeft aan hoe het beter kan. *'Laat alle details weg zodat je nog net kunt zien dat het een boom is'*, is de raad die ze geeft.
Friso en Marleen werken goed samen: *'Zij snijdt de letters en ik de boom.'*
De uitgesneden letters worden op een vel papier geplakt dat net zo groot is als het drukpapier en daarna ingerold. De leerlingen hebben moeite met het in spiegelbeeld neerleggen. De boom wordt eerst ingerold en er dan los bijgelegd. Dan wordt er een blauw vel papier overheen gelegd waarop de afdruk komt. Dan nog een dik vel karton. Daar kan een van de kinderen bovenop gaan staan om flink druk uit te oefenen.
De affiches zullen voor het raam in de gang langs de straat worden gehangen, maar als ze twee weken later klaar zijn, is de boom al weg.
De doelen bij deze les zijn:
- *De leerlingen leren in woord en beeld hun mening te formuleren over een aspect uit hun directe omgeving.*
- *De leerlingen leren een eenvoudige vermenigvuldigingstechniek.*

5.8.25 Ergonomische werktuigen

In groep 8 vindt een kort leergesprek plaats over werktuigen die mensen gebruikten en gebruiken. Meester Berry heeft afbeeldingen van voorwerpen uit de steentijd en de Middeleeuwen en van nu meegebracht. Berry bespreekt de begrippen *ontwerpen* en *design* en legt uit dat het vroeger eigenlijk net zo ging als nu nog: iemand bedenkt een vorm en maakt het of laat het maken en andere mensen gaan het gebruiken. De leerlingen krijgen de opdracht om de volgende dag allemaal een klein werktuig mee te nemen (zonder verdere uitleg over de bedoeling).

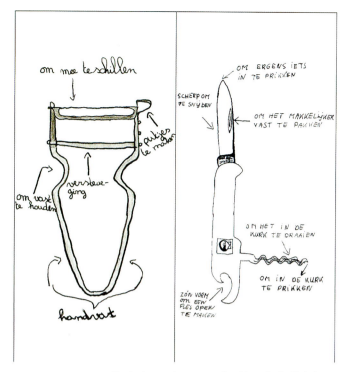

Kim had een zakmes meegebracht en Marie-Christianne iets uit de keuken. (Is dat rolbevestigend?) Naar de waarneming getekend om de functie duidelijk te maken. Een knipoog naar techniek.

De volgende dag, als alle leerlingen hun meegebrachte werktuig op een tafel midden in de kring hebben neergelegd, ligt er een grote verscheidenheid aan voorwerpen. (Niet iedereen heeft wat meegebracht, maar Berry had daarop gerekend en een stuk of wat voorwerpen erbij gedaan.) Meester Berry vraagt of er iets bij is wat iemand niet kent en vraagt aan anderen om uit te leggen waar het voor dient.
De relatie vorm en functie wordt van een paar werktuigen uitgebreid besproken.
'Waarom heeft jouw voorwerp die speciale vorm?'
'Zou het ook anders gekund hebben?'
'Is het 'expres' zo gemaakt?'
Berry legt ook het begrip *ergonomisch* uit en vergelijkt het met *economisch*. Dat begrip hebben ze kort geleden uitgebreid behandeld. Nu begrijpen ze beide begrippen nog beter.
De opdracht is hun eigen voorwerp te tekenen en er bijschriften over de functie van elk detail bij te maken. Ze mogen potlood, kleurpotlood en inkt gebruiken.
- *De leerlingen leren wat mensen vorm hebben gegeven en begrijpen waarom het zo'n vorm heeft.*
- *De leerlingen leren de begrippen functionele vormgeving en ergonomische vormgeving.*

Vragen en opdrachten

1 Een van de competenties die van jou verwacht worden is dat je een krachtige leeromgeving tot stand brengt op een eigentijdse, professionele, planmatige manier. Bespreek met een paar medestudenten hoe dit hoofdstuk je op deze drie punten geholpen heeft.

2 Vorm een groepje van drie of vier studenten. Ieder vult een activiteitenmodel (website) in voor de les van Huub. Bespreek ze daarna samen. Kom je tot één ideaalbeschrijving of zijn er verschillende mogelijkheden?

3 Vorm een groep van acht studenten. Bepaal door loting welke leeftijdsgroep ieder krijgt toegewezen. Ieder ontwerpt vervolgens een activiteit voor zijn groep en schrijft die uit op een activiteitenformulier (laat het veld introductie leeg). De ingevulde formulieren worden doorgegeven. Een ander lid van de groep bedenkt er een introductie bij en speelt die in de rol van leraar, terwijl de anderen zich inleven in de situatie van leerlingen uit de groep waar de activiteit voor bestemd is. Probeer het serieus te spelen en discussieer samen over de reacties van de kinderen en de kwaliteit van de les en de introductie.

4 Observeer op jouw stageschool een les beeldonderwijs. Noteer de drie in jouw ogen meest opvallende positieve en de drie meest opvallende negatieve punten en licht je standpunt toe.

5 In het voorbeeld van paragraaf 5.8.1 staat dat de leraar uitleg geeft over regelmaat. Hoe zou jij regelmaat aan kinderen van 4 à 5 jaar duidelijk maken?

6 De les *Herfstkleuren: een probleem voor leraar en leerling* (5.8.9) heeft een doelstelling die in de les nauwelijks aandacht krijgt. De materiaalhantering levert daar ook nogal wat problemen op. Verander de planning (en eventueel het materiaal) zodat het doel wel gehaald wordt. Geef de les op je eigen stageschool en schrijf je eigen verslag.

7 In de les *Herfstkleuren: een probleem voor leraar en leerling* (5.8.9) wordt gesproken van *herfstkleuren*. Wat zijn dat? Zijn er ook winter-, lente- en zomerkleuren? Vliegenzwammen, die in de herfst tevoorschijn komen, zijn rood met witte stippen. Zijn rood en wit herfstkleuren? Zoek woordcombinaties met kleuren erin en bespreek met enkele klasgenoten de betekenis ervan.

8 In de subparagrafen van 5.8 staan activiteiten besproken. Zoek er een uit die je inspireert tot het geven van die les op jouw stageschool. Wat heb je veranderd? Wat ging beter? Wat ging minder goed?

9 In activiteit onder 5.8.11 wordt gebruikgemaakt van werkdrukpapier. Wat is dat? Maak voor jezelf een mapje met verschillende papiersoorten die je bij beeldonderwijs kunt gebruiken.

10 Je hebt een activiteit voorbereid en gegeven op de stageschool. Neem de gemaakte werkstukken in natura of als foto mee naar de opleiding. Bespreek je les (ook je voorbereiding en introductie) met een aantal studiegenoten. Vervolgens neemt ieder op zijn beurt de rol van leraar op zich en de anderen die van leerling. Ieder doet nu een nabespreking. Noteer alle variaties en bespreek ze met elkaar.

11 Bij de les van juf Ireen (5.8.22) staan geen doelstellingen. Welke kun je erbij maken?

12 In dit hoofdstuk wordt een formulier besproken om vooraf een activiteit te plannen en te beschrijven. Dergelijke formulieren worden veelvuldig toegepast. Welke voorstellen heb je van andere leraren in de opleiding gekregen? Vergelijk ze met het formulier dat hier besproken wordt. Stel zo mogelijk een model samen dat het best past bij jouw doelen en wat je uit dit boek leert.

> 'Het kan nooit de taak zijn van de leraar aan zijn leerlingen een gedicht uit te leggen; doch om hun uit te leggen waarom hij het niet uitleggen kan.'
> Jan Greshoff (1888-1971)

Beeldbeschouwen met kinderen

6.1 Introductie *167*
6.1.1 Eeuwenlang verkeerd gedacht *167*
6.1.2 Beeldbeschouwen in het onderwijs *167*
6.2 Beeld en vormgeving *168*
6.2.1 Beelden hebben inhoud *169*
6.2.2 Beeldtaal *170*
6.2.3 Wanneer is het kunst? *170*
6.2.4 De geschiedenis van de kunstenaar *171*
6.3 Beeldbeschouwen *173*
6.3.1 Beeldbeschouwen is betekenis geven *173*
6.3.2 Beeldbeschouwen ontwikkelt denken *174*
6.3.3 Sociaal-culturele ontwikkeling *174*
6.3.4 Vrij en open, persoonlijk stelling nemen *175*
6.3.5 Geïsoleerd of geïntegreerd? *176*
6.4 De praktijk van beeldbeschouwen in het basisonderwijs *177*
6.4.1 Beeldaspecten en werkwijzen beschouwen *177*
6.4.2 Wat stelt het voor? *178*
6.4.3 Gesprekspatronen *179*
6.4.4 Welke vragen stel je aan kinderen? *180*
6.4.5 Welke beelden voor kinderen? *182*
6.4.6 Presenteren *183*

6.5		**De breedte van beeldonderwijs** 184
6.5.1		Kunstoriëntatie en cultuureducatie 184
6.5.2		Cultuurwijs 185
6.5.3		De kunstenaar op school 185
6.5.4		Museumbezoek 186
6.5.5		De media en beeldonderwijs 188
6.5.6		Intercultureel 189
6.6		**Praktijkvoorbeelden van beeldbeschouwen** 189
6.6.1		De spulletjesbak van groep 1 189
6.6.2		Groep 2 aan de maaltijd 190
6.6.3		Reclame bij het ontbijt 192
6.6.4		Esthetische ervaringen uitwisselen 192
6.6.5		Groep 5 kijkt naar kalenders 194
6.6.6		Een interculturele show in groep 6 195
6.6.7		In groep 7 hebben ze een eigen mening 196
6.6.8		Een klasgenoot vereeuwigd 199
		Vragen en opdrachten 201

6.1 ■ Introductie

Op basisscholen is het leren kijken naar kunst en over kunst leren sinds de invoering van de kerndoelen in 1993 een onderdeel van beeldonderwijs. Het valt onder de noemer *beeldbeschouwen*. Vroeger noemde men het kunstbeschouwen, en dat was het strikt genomen ook, maar omdat het nu in feite gaat om het beschouwen van beelden in het algemeen, kunst en niet-kunst, is beeldbeschouwen momenteel de gebruikelijke term. Wat we onder beelden verstaan, wat beeldbeschouwing inhoudt en hoe je met kinderen, ook met kleuters, aan beeldbeschouwing kunt doen, lees je in dit hoofdstuk. Het is nuttig om voor paragraaf 6.4 nog eens de theorie van Michael Parsons door te lezen (hoofdstuk 2, blz. 55 en volgende) omdat die theorie je inzicht geeft in hoe mensen, en dus ook kinderen, een ontwikkeling kunnen doormaken in het kijken naar beelden.
In dit hoofdstuk ook een paragraaf waarin de vigerende politiek omtrent cultuureducatie wordt besproken.

6.1.1 ■ Eeuwenlang verkeerd gedacht
Een krantenbericht:

> 'AMSTERDAM, 21 DEC. 2006. Het beroemde doek van Jan Steen dat traditioneel 'De burgemeester van Delft en zijn dochter' wordt genoemd, stelt geen burgemeester voor. Twee Amsterdamse onderzoekers hebben vastgesteld dat het hier gaat om de Delftse graanhandelaar Adolf Croeser, die zich op de stoep van zijn huis aan de Oude Delft met zijn dochtertje Catharina heeft laten portretteren.'

Het schilderij is geschilderd in 1655 en in 1747 door een Franse plunderaar in 's-Hertogenbosch geroofd. Je mag aannemen dat die niet wist wat er precies op stond en dat we pas nu weer weten dat het dus geen burgemeester is. De twee Amsterdamse onderzoekers

Graanhandelaar
Eeuwenlang *'Burgemeester van Delft'*. Nu is er de betekenis aan toegekend die overeenkomt met de inhoud: een graanhandelaar.

hebben alles uit de kast gehaald om erachter te komen. Koste wat kost moest de betekenis die zij eraan wilden verlenen overeenstemmen met de oorspronkelijke inhoud. Ze hebben goed gekeken naar de afbeelding en ze hebben behalve in Nederland zowel in Frankrijk als in Engeland speurwerk verricht. Het schilderij werd er niet mooier of lelijker van, maar misschien nog wel iets duurder dan de bijna 12 miljoen euro die er in 2004 door het Rijksmuseum voor werd betaald.
Kijken om er betekenis aan te kunnen verlenen: in wezen is dat wat je kinderen leert bij beeldbeschouwen: goed kijken, nadenken over wat je ziet en te weten proberen te komen wat je niet weet en toch wilt weten.

6.1.2 ■ Beeldbeschouwen in het onderwijs
De belangstelling voor kunstbeschouwen in het onderwijs in Nederland heeft sinds de invoering van examens in de beeldende vakken in 1971 aan betekenis gewonnen. Het lijkt soms of in het onderwijs kunstbeschouwing pas de laatste jaren onderwerp van gesprek is. Dat is bepaald niet waar. In 1890 bijvoorbeeld, schreef het bestuur van de NVTO:

'Het teekenonderwijs op de Lagere School moet in de eerste plaats ten doel hebben: ontwikkeling van het waarnemingsvermogen en van de vaardigheid hetgeen gezien wordt of vroeger gezien is, af te beelden. Toch mag de vorming van den goeden smaak niet beschouwd worden als een zaak, die daarvan geheel is af te scheiden; integendeel de grondslag daartoe kan en moet reeds in de Lagere School worden gelegd.'

Belangstelling voor kunst in het onderwijs is er sindsdien altijd wel geweest, soms meer, meestal minder, maar om een goede smaak te vormen gaat het allang niet meer. En ook het onderwerp van kijken is veranderd. Het gaat niet alleen om kijken naar kunst, maar om het kijken naar alles wat visueel waarneembaar is. Je kunt dus heel goed met kinderen praten over de stickers op de plastic broodbakjes waar ze mee naar school komen. Zo zijn er veel mogelijkheden: alle lievelingspoppen, de cover van het fijnste boek, kussenslopen, plastic tassen, de illustraties in het voorleesboek, bestek, een vlieg onder een vergrootglas, schoenen, de donkere wolkenlucht.

Bij beeldonderwijs is uit dat kijken naar alles wat visueel waarneembaar is, een keus gemaakt. Het gaat bij beeldonderwijs vooral om wat door mensen is vormgegeven. Daarbinnen krijgen *beelden* als dragers van inhoud de meeste aandacht. Die aandacht is er – voor zover het kunst betreft – niet op gericht om een kunstwerk in zijn kunsthistorische context te plaatsen en ook niet om een oordeel te vellen over de kwaliteit van het kunstwerk. Het gaat erom kinderen via een afzonderlijk beeld te leren zien hoe beelden en vormen in het algemeen gebruikt worden en op grond van welke aspecten betekenis tot stand kan komen.

Omdat opvattingen over de functie en de werking van beelden (in kunst en in het algemeen) nogal eens veranderen, wordt voor het onderwijs ook steeds opnieuw gezocht naar een bruikbare didactiek. In die opvattingen speelt een belangrijke rol hoe je het begrip *beeld* interpreteert. Daarvan uitgaand zoek je naar een didactiek die hiermee kan omgaan, die is aangepast aan de actuele opvattingen over leren in het algemeen en aangepast aan leerlingen in verschillende fasen van ontwikkeling.

kolom
Inderdaad: het beeld voor het Jaarbeursgebouw in Utrecht is geen beeld.

6.2 ■ Beeld en vormgeving

Een beeld? Dat is dat ding op het plein: een monnik op een paard. Bij het station staat nog een beeld: een enorme verticale kolom die van opzij open is. Inderdaad, twee beelden, maar er zijn er meer. Stel je voor: een schilderij van een schaal met fruit. Iemand heeft het gemaakt, vorm gegeven. Het schilderij is een *voorwerp*, een *ding* of *object*. Je kunt een schilderij (als object) ophangen of achter de kast zetten. Op het doek is een schaal met fruit *geschilderd*. Je ziet een *beeld* van een schaal met fruit. Het is geen schaal met fruit, het doet je denken aan een schaal met fruit, het verwijst naar een schaal met fruit. Daarom hanteren we bij beeldbeschouwen de volgende definitie van een beeld.

Een beeld is altijd een beeld van iets anders; het verwijst naar iets anders en het doet dit op grond van een uiterlijke overeenkomst met dat andere.

Even terug naar het beeld op het plein. Dat (stand)beeld verwijst naar een paardrijdende monnik,

Kassel 1987
Is er wat te ontdekken? Een opslagplaats voor sloophout? Een slecht afgetimmerde bouwplaats? Een uit de hand gelopen boomhut? In Kassel is het in 1987 kunst. Niets onaardigs over deze kunst. Je moet er alleen wel op gewezen worden dat het kunst is. Is het een beeld? Het lijkt niet waarschijnlijk dat het ergens naar verwijst. In elk geval is het vormgeving.

Willibrord, de eerste bisschop van Utrecht. Hij draagt een kerk op zijn hand, nog een verwijzing. Uit de stalen kolom (voor de jaarbeurshallen) kun je geen verwijzing opmaken. In die zin is het dus geen beeld.
Bij beeldonderwijs hebben we het vaak over beelden. Maar als er nu helemaal geen verwijzing is, als het bijvoorbeeld een paar grote verfvlekken zijn? Dan is het strikt genomen geen beeld, want het verwijst niet op grond van uiterlijke overeenkomst. Wat het wel is? Een schilderij of (in bovenstaand geval) een kolom. Kun je bij beeldonderwijs iets zeggen over het schilderij met kleurvlakken en over de kolom? Beslist wel. Over het beeldaspect kleur bijvoorbeeld, over eenvoud van de vormgeving en over wat je denkt als je dat beeld ziet. Misschien heeft de maker er wel een inhoud in gelegd (zie de volgende paragraaf), misschien bedoelde hij de verfvlekken en de stalen kolom als symbolen van iets, maar dat kun je niet uit de vormen of kleuren afleiden. Zijn ze kunst? Dat ligt eraan (zie paragraaf 6.2.3). Zijn ze abstract? Zo zou je het kunnen noemen, maar beter is te spreken van non-figuratief. *'Het is een non-figuratieve vormgeving.'*

Maar hoe zit het nou precies met die verfvlekken en die kolom en met die vaas in de vensterbank en de hoed van de koningin? Geen van alle zijn het beelden, want ze verwijzen niet naar iets. Het zijn vormgevingen. Kunnen we er iets over zeggen bij beeldonderwijs? Heel veel. Over de kleur, de vorm, de textuur, de functionaliteit (de vaas valt niet om en kan veel water bevatten, de hoed past goed en beschermt tegen de zon).
Om het samen te vatten kun je zeggen:
Bij beeldonderwijs maken kinderen beelden en vormgevingen en beeldbeschouwen gaat ook over beelden en vormgevingen.

6.2.1 ■ Beelden hebben inhoud

De Eiffeltoren is geen beeld omdat hij nergens naar verwijst. De Eiffeltoren is een object. Een bronzen prulletje in de vorm van de Eiffeltoren is echter weer wel een beeld. Thuisgekomen van een vakantie in Parijs doet het je immers door zijn vorm denken aan de echte Eiffeltoren. Bij beelden heb je te maken met *inhoud*. Een beeld heeft altijd inhoud, want het verwijst altijd

6.2 Beeld en vormgeving ■ 169

ergens naar, ook al vind je soms dat het niet erg diepgaand is. Een schilderij met een heidelandschap verwijst tenminste naar een heidelandschap.

Bij het kijken naar beelden ga je bijna automatisch op zoek naar inhouden, je vraagt je af wat het voorstelt, waar het naar verwijst.

Een beeld heeft de mogelijkheid om iets bij beschouwers op te roepen. Je kijkt naar een beeld, zoekt naar inhouden en als je die denkt bepaald te hebben, is dat voor jou de betekenis van dat beeld. Je vraagt je bijvoorbeeld af: *'Welke betekenis moet ik hechten aan die monnik op dat paard?'* Misschien denk je dat in vroeger tijden monniken te paard naar Utrecht kwamen om stenen te brengen voor de bouw van de domtoren. Dat is dan de betekenis van dat beeld. Betekenis hoort namelijk bij de beschouwer, en niet bij het beeld.

Houd er rekening mee dat het niet het eerste doel van beeldonderwijs is dat je kinderen de inhouden van beelden leert. Weet je het zelf wel? Is er eigenlijk wel iemand die het weet? Sla maar eens een willekeurig kunstblad op en lees wat er staat over de daar afgebeelde kunstwerken. Bezoek een tentoonstelling in een galerie en lees vervolgens wat de recensent erover schreef. Luister naar uitspraken van kunstenaars zelf. Je zult tot de ontdekking komen dat er een grote afstand is tussen het werk van kunstenaars en de duidelijkheid van hun bedoelingen. Er is soms heel veel tekst en uitleg nodig om enigszins in de buurt van de boodschap van een kunstwerk te komen die de maker eraan heeft willen verbinden.

Denk je dat je in staat bent een leerling van acht jaar uit te leggen wat Mondriaan tot zijn manier van vormgeven heeft gebracht? Nee, dat niet, maar wat dan wel? Wat kun je dan wel doen? Geef maar toe dat jij het ook niet aan het werk zelf kunt aflezen. Daar moet je heel wat studie voor doen. Natuurlijk kun je proberen samen met de leerlingen te zoeken naar een relatie tussen vormgeving en bedoelingen van de kunstenaar. Vertel ze gerust dat je daar over gelezen hebt en vraag ze maar of ze vinden dat Mondriaan erin geslaagd is zijn boodschap duidelijk te maken.

6.2.2 ■ Beeldtaal

Als jouw vriend je vanuit zijn vakantieadres opbelt met een enthousiast verhaal over het prachtige landschap krijg je een beeld van hoe het er daar uitziet. Met woorden heeft hij je dat duidelijk gemaakt. Hij gebruikte woordtaal. Had hij je een ansichtkaart gestuurd dan had hij datzelfde bereikt met beeldtaal. Een beeld zegt meer dan duizend woorden, zegt men wel. Dat mag soms misschien waar zijn, maar realiseer je wel dat je bijna altijd woorden nodig hebt bij beelden. Op de ansichtkaart zou ten minste de afzender moeten staan en de plaats waar de foto genomen is, anders zou de kaart je niet vertellen wie waar was en hoe het er daar uitzag. Om diezelfde reden kun je dus ook nooit verwachten dat kinderen in een afbeelding zonder meer de inhoud ontdekken die de maker eraan gaf. Dat is ook niet altijd nodig. Je kunt beelden ook beschouwen en er betekenis aan verlenen zonder de precieze inhoud te kennen. Denk maar aan veel kunst van de laatste vijftig jaar.

6.2.3 ■ Wanneer is het kunst?

Een verzameling ijzeren platen bij een constructiewerkplaats is geen kunst, maar zie je ze in het gras bij het Kröller-Müller Museum liggen, dan twijfelt niemand meer: *dat is kunst*. Daarom kun je de knoop maar beter meteen doorhakken: *kunst op zich bestaat niet*. Hetzelfde ding kan soms kunst zijn en soms niet. Wanneer dan wel en wanneer niet? Het is kunst als het valt binnen afspraken die daarover gemaakt zijn en die we algemeen aanvaarden. Twee theorieën komen het meest voor.

- *Kunst is datgene wat de kunstenaar die het gemaakt heeft kunst noemt.*

Een kunstenaar is iemand is die het vak professioneel beoefent (een amateur is dus geen kunstenaar en kinderen zijn dat ook niet). Deze theorie (door een kunstenaar gemaakt) is echter slechts ten dele bruikbaar. Heel veel van wat we kunst noemen is immers niet door een kunstenaar gemaakt.

- *Kunst is datgene wat binnen het kunstgebeuren is geplaatst.*

Het woord kunstgebeuren is hier een verzamelnaam voor tentoonstelling, catalogus, kunstuitleen, museum, inzending voor een kunstprijs, enzovoort. Dat wil dus ook zeggen dat iets wat vandaag nog geen kunst is, het morgen wel kan zijn.

Geen van beide theorieën is zo duidelijk dat iedereen ze aanvaardt, maar er zijn geen betere en bovendien geven ze de kern van het probleem goed weer. In beide theorieën komt namelijk naar voren, dat het al of niet

Als oudere kinderen in het Museum Kröller-Müller deze stapel drums in het bos ontdekken, zullen ze er geen raad mee weten. Tenzij jij tevoren het begrip kunst met ze besproken hebt.

kunst zijn van iets niet afhangt van het object zelf, maar van externe factoren; theorieën waar iedereen zich aan houdt, afspraken in dit geval.

Dat bij kunst vakmanschap en creativiteit ook een rol spelen, is waar, maar met die criteria kun je geen scherpe lijnen trekken en zeggen: dit is kunst en dat niet. Je kunt wel zeggen dat het ene beeld om een aantal redenen door bijna iedereen geweldig goed gevonden wordt (kwaliteit heeft) en dat het andere om een aantal redenen door bijna iedereen minder goed gevonden wordt.

Dat je een beeld mooi of minder mooi kunt vinden, is ook waar, maar om vervolgens te concluderen: *'voor mij is het kunst'*, is in feite niet meer dan antwoord geven op een vraag die er niet toe doet. Op zo'n vaststelling kun je reageren met: *'Nou, en? Begrijp je het nou beter?*

Vind je het nou mooier?' Bij beeldbeschouwen is de kunstvraag van geen enkel belang.

Bij beeldbeschouwen met kinderen doe je er goed aan, welk object dan ook, niet te beladen met de kwalificatie: *'Dat is kunst.'* Het gaat er immers niet om kinderen met zorgvuldig geselecteerde meesterwerken uit de beeldende kunst te confronteren in de hoop dat ze daardoor ontvankelijk worden voor wat in musea staat en hangt. Je wilt ze leren te kijken naar beelden in het algemeen. Dat daarbij ook heel wat beelden zullen zijn die in een museum hangen en dat beeldbeschouwen als vakinhoud is ondergebracht bij *kunstzinnige oriëntatie* (zie kerndoelen) doet daar niets aan af.

6.2.4 ■ De geschiedenis van de kunstenaar

In de late Middeleeuwen was de kunstenaar een kleine zelfstandige, een ambachtsman, behorende tot de stand van de handwerkslieden. Zoals alle beroepsmensen in die tijd was hij aangesloten bij een gilde. Deze beroepsverenigingen ontstonden in de 12e en 13e eeuw en alle vaklieden die hetzelfde ambacht uitoefenden, waren er lid van. De gilden hadden voornamelijk zakelijke oogmerken, zoals het weren van concurrentie uit andere steden, zorgen voor een veilige markt voor afzet van hun producten, het keuren van materialen, maar ook: het beroep op peil houden. Schilders en beeldhouwers hadden hetzelfde gilde, geplaatst onder patronage van de evangelist Lucas, die Maria met het Kind Jezus geschilderd zou hebben.

Om tot een gilde te worden toegelaten moest de kunstenaar tonen dat hij aan zekere maatstaven voldeed, dat hij inderdaad een meester in zijn handwerk was. In dat geval werd hem toegestaan een werkplaats te openen, leerlingen te werk te stellen en opdrachten aan te nemen. Schilder of beeldhouwer kon je worden door als jongeman in de leer te gaan bij een meester. Je woonde dan bij het gezin van de schilder of beeldhouwer in en deed allerlei klusjes, van boodschappen doen tot het slijpen van beitels, verf wrijven of het voorbewerken van een schilderdoek waaraan de meester en/of oudere leerlingen werkten. Langzamerhand werd de leerling ingeschakeld bij het hakken of snijden van eenvoudige versieringen of het schilderen/invullen van bijvoorbeeld de achtergrond van een schilderij dat door de meester voorgetekend was. Toonde de leerling aanleg, dan kreeg hij onder

Kunstenaars brachten in de Sint Pieter mozaïek aan. Of was het geen kunstenaar maar een ambachtsman? In elk geval is het iemand geweest die zijn vak verstond. Dat geldt ook nu nog voor een (goede) kunstenaar.

toezicht geleidelijk belangrijker dingen te doen, totdat hij zelfstandig kon werken. Zo werd de jarenlange ervaring van de meester op enkele leerlingen op zeer persoonlijke wijze overgedragen. De leertijd duurde ongeveer zeven jaar. Dan was de leerling gezel geworden. Na de meesterproef te hebben afgelegd, kon de nieuwe meester zich zelfstandig vestigen.
De middeleeuwse ambachtslieden moesten het voornamelijk hebben van hun opdrachtgevers: de kerk en de adel; zij werkten ter ondersteuning van de religieuze gedachte en de wereldlijke macht. Veranderende economische, politieke en sociale structuren leidden een eeuwen durend emancipatieproces in, waarin de schilder en de beeldhouwer geleidelijk veranderden van ambachtsman in beeldend kunstenaar. In de Renaissance bespeuren we de eerste tekenen van zelfbewustzijn van deze ambachtslieden. Ze bleven niet langer anoniem en zetten af en toe hun naam of handtekening op hun werk. De eerste levensbeschrijvingen van kunstenaars verschenen, terwijl er voor die tijd vrijwel alleen levensbeschrijvingen van geestelijken en edellieden bestonden. De band tussen kunstenaar en opdrachtgever werd ook steeds losser.
Na de Reformatie (16e eeuw) was er een teruggang van kerkelijke opdrachten, een nieuwe markt werd ontdekt: de rijke burgerij. Veel kunstenaars gingen zich specialiseren in bijvoorbeeld portretten, landschappen of stillevens. Zo veranderde de functie van de kunst geleidelijk. Van een didactische (godsdienstig en moreel) kreeg ze een statusbevestigende functie. Kunst werd handelswaar. De gildeverbanden werden losser en ook de opleidingen van kunstenaars veranderden. De eerste genootschappen van beeldhouwers, schilders en tekenaars ontstonden in de tweede helft van de 17e eeuw. Met de Franse Revolutie (eind 18e eeuw) verdwenen de gilden helemaal en werden de eerste academies opgericht.
Had de kunst voorheen nog een duidelijke functie en/of betekenis, rond 1900 was haar rol onduidelijk geworden. Zij stond uiteindelijk nog slechts in dienst van zichzelf of van het schone; de kunst werd autonoom. De kunstenaar maakte kunst om de kunst en daarom werd zijn kunst vaak zeer persoonsgebonden, zodat het gevaar kon ontstaan dat de persoon van de kunstenaar belangrijker werd dan zijn werk. Kenmerkend voor de romantische kunstenaar was het besef anders te zijn. Door de nieuwe bourgeoisie werd hij als overbodig en nutteloos beschouwd. De kunstenaar was alleen komen te staan. Hij had geen duidelijke opdrachtgever of beschermheer en geen andere functie dan het maken van kunst, die op de vrije markt werd aangeboden. In die tijd ontstond het beeld van de kunstenaar als bohémien, dandy of excentriekeling. Ondanks vele politieke, sociale en economische veranderingen bestaat dit beeld heden ten dage nog en veel kunstenaars voldoen ook aan dit beeld, al zijn ze zich van de historische oorzaken nauwelijks bewust.
Het zijn deze ontwikkelingen die er uiteindelijk toe leiden dat kunstenaars niet meer begrepen werden en dat hun werk als moeilijk werd ervaren. Fantasie, originaliteit, creativiteit en zelfexpressie zijn begrippen die een grote rol gingen spelen en tot op heden in sterke mate het kunstenaarsbeeld bepalen. De onder-

werpen van de kunst veranderden door de nieuwe rol van de vrije verbeelding van de kunstenaar, zijn interesse in nieuwe materialen en technieken, zijn belangstelling voor vreemde culturen enzovoort. Geleidelijk zijn de sociale status en de levensstandaard van kunstenaars veranderd. Sommigen genieten aanzien, de meesten moeten een tweede beroep uitoefenen om te kunnen bestaan. Maar voor allen geldt dat de kunstenaar niet langer verantwoording schuldig is aan een opdrachtgever, maar alleen aan zichzelf en aan zijn kunstenaarschap. Veel kunstenaars hebben tegenwoordig een nevenberoep in het onderwijs of aan een instituut voor kunstzinnige vorming of zij doen iets wat in het geheel niets met hun kunstenaarschap te maken heeft. Meer en meer blijkt dat kunstenaars slechts door hun beroep van andere mensen verschillen.

6.3 ■ Beeldbeschouwen

Beeldbeschouwen is meer dan kijken naar beelden en vormen. Het is een complexe vaardigheid die je als volgt kunt beschrijven:

> Beeldbeschouwen is een vaardigheid van de mens om op basis van eigen waarneming, kennis, verbeelding en ervaring met beelden en vormengevingen om te gaan.

Het is een vaardigheid die ieder mens in aanleg bezit, maar die slechts door toepassing en gebruik ontwikkeld wordt. Ofschoon beelden in het onderwijs veelvuldig gebruikt worden, is het alleen bij beeldonderwijs dat die vaardigheid structureel en planmatig beoefend en ontwikkeld wordt. Daarbij moet je in het oog houden dat beeldbeschouwen weliswaar leerbaar is maar dat het geen vaardigheid is die stapsgewijs en leeftijdgebonden plaatsvindt tot aan een bepaald niveau.
De ontwikkeling van het waarnemen is slechts gedeeltelijk leeftijdafhankelijk, zoals je bij Parsons leest (hoofdstuk 2). Daarom kan het meeste van wat je hieronder leest voor alle kinderen gelden, van welke leeftijdsgroep ook. De ontwikkeling die Parsons schetst, is immers voor een groot deel afhankelijk van hoe beeldbeschouwen in het onderwijs plaatsvindt.

6.3.1 ■ Beeldbeschouwen is betekenis geven

Een beeld is een object dat ontstaat bij de gratie van de maker ervan. Een beeld is drager van een inhoud die de maker erin heeft gelegd. Het beeld heeft dan al betekenis voor de maker. Op dat moment is de relatie tussen maker en beeld dezelfde als die tussen auteur en boek. Maar *auteur-boek* is geen compleet geheel. Het moet worden *auteur-boek-lezer*. Stel je voor dat het boek door niemand ooit gelezen wordt. Stel je voor dat een beeld door niemand gezien wordt. Door het boek te lezen geef jij er jouw betekenis aan. Je komt erachter wat het boek voor jou betekent, wat het je doet. Een boek heeft pas echt zijn taak volbracht als het gelezen is. Beeldbeschouwen is om dezelfde redenen een activiteit waardoor de beschouwer een beeld voltooit. De beschouwer maakt het beeld af. Door betekenis te verlenen aan een beeld voltooit de beschouwer het omdat een beeld zonder betekenis niet compleet is en

De inhoud? *Ik en mijn pop*. Een door de achtjarige Ruth (met viltstift) getekende weergave van een mentaal beeld van de werkelijkheid. De bijzondere achtergrond maakt dat je er als kijker betekenis aan toevoegt die Ruth er niet bewust heeft ingelegd. (22 × 30 cm)

dus nog niet af. Een beeld waar je geen betekenis aan kunt geven, *zegt je niets*, zoals een woord of zin in het Russisch je ook niets zegt. Je kunt er geen betekenis aan geven. Die tekst heeft zijn taak nog niet volbracht. Leer Russisch en je kunt het afmaken (er betekenis aan geven).

6.3.2 ■ Beeldbeschouwen ontwikkelt denken

Kinderen zijn van nature nieuwsgierig. Met veel interesse proberen ze alles wat nieuw voor hen is met al hun zintuigen te onderzoeken. Het lijkt een spel met zelfgemaakte regels. Kijk maar eens hoe ze met een brok klei omgaan als ze dat voor het eerst in handen krijgen, ze knijpen, kneden, maken balletjes en rollen, ruiken eraan, houden het tegen hun voorhoofd en stoppen het zelfs in hun mond om te proeven hoe het smaakt. Daarbij gaat het steeds om de eigen relatie tot het nieuwe: *Hoe ervaar ik dat? Wat doet het mij?* Dat is de meest authentieke vorm van leren: leren door zelf te doen, zelf te ervaren, zelf te ontdekken. Als je dat soort leren voor je leerlingen kunt genereren, ben je in dit opzicht een competente leraar.

Bij beeldbeschouwen gaat het vooral om de vraag: *hoe ervaar ik het?* Het begint met kijken en waarnemen. Dat is niet een afstandelijk opnemen van informatie: *'Oh, ziet het er zo uit?'* Het is tegelijk interpreteren: *'Ik zie wat ik zie en ik zie het zo.'* Kinderen kijken naar beelden met open belangstelling, nieuwsgierig: *is er wat te ontdekken?* Ze kijken echter niet doelgericht, ze kijken niet om iets bepaalds te weten te komen.

En wat ze waarnemen (en interpreteren) is ook nog eens afhankelijk van het eigen subjectieve concept, de eerdere ervaringen, dat wat ze weten. Daarom zoeken kinderen bij het kijken naar beelden allereerst naar wat aansluit bij hun eigen wereld. Dat zijn meestal details in een beeld, een figuur, een object, een kleur of een textuur

Als je ergens naar kijkt, maak je als het ware in je hersens een plaatje van wat je ziet. Je slaat het plaatje op in je geheugen. Je maakt een *mentaal* beeld. Maar dat beeld is meteen gekleurd door allerlei omstandigheden: je ervaring, je gevoelens van dat moment, je opvattingen.

Een beeld of vorm waarnemen betekent dus niet het maken van een mentaal beeld louter en alleen op basis van het beeld dat een kind ziet. Bij dat mentale beeld wordt ook de interpretatie opgeslagen: *'Zo denk ik erover.'* Het mentale beeld is, zou je kunnen zeggen, gekleurd door de verbeelding. Dat kan bij jonge kinderen zover gaan dat de verbeelding (de fantasie) het oorspronkelijke beeld helemaal doet verdwijnen. Dat deze kleuring bij oudere kinderen steeds minder wordt naarmate het zakelijke logische denken sterker wordt, kun je zelf ervaren in gesprekken die je met kinderen voert.

Je kunt hieruit niet afleiden dat je bij jonge kinderen niet en bij oudere kinderen wel naar de *'juiste'* betekenis van beelden kunt gaan zoeken. Betekenis is immers niet in een inhoud verankerd. Betekenis verleen je als beschouwer op grond van een scala aan persoonlijke normen.

Naarmate kinderen ouder worden, wordt hun denken steeds flexibeler, zodat ze steeds beter in staat zijn bij een beeld formele structuren los te weken van de voorstelling. Met andere woorden: ze zijn in staat beeldaspecten op hun waarde te onderzoeken. Ze kunnen de beeldaspecten zien als dragers van eigenschappen: *'Ik vind dat saai, al die rechte lijnen.'* Vervolgens zijn ze in staat binnen beeldaspecten overeenkomsten en verschillen aan te wijzen en gradaties en ordeningen aan te brengen.

Je kunt samen met kinderen heel goed over de mogelijke inhoud van een beeld nadenken. Je kunt met kinderen filosoferen over wat het beeld hen zegt en waarom dat zo is. Je zult merken dat kinderen daarbij uitgaan van eigen ervaringen en kennis (levenswijsheid). Het is dus opnieuw duidelijk: *betekenis geven doe je zelf.* Wat de beschouwer ervaart, is voor hem belangrijker dan wat de kunstenaar heeft willen uitdrukken en belangrijker dan wat de inhoud van een beeld is. Daarom proberen we bij beeldbeschouwing dat aspect vooral duidelijk te maken. Beeldbeschouwing heeft dan vaak iets van filosoferen over kunst. Door deze manier van beeldbeschouwen leren kinderen ook over zichzelf en leren ze zich in de wereld te oriënteren.

6.3.3 ■ sociaal-culturele ontwikkeling

Kinderen hebben evenals volwassenen sociale behoeften en hun gedrag is gericht op sociale contacten. Daarvoor moet je ook als kind sociale vaardigheden ontwikkelen. De aanvankelijk kleine sociale ruimte (gezin) wordt steeds groter en in het ruimer wordende sociale netwerk worden sociale competenties steeds belangrijker. Sociale competenties ontwikkelt een kind evenals

Uiteraard geef je aandacht aan de culturele verschillen in de groep. Begrip voor elkaar opbrengen kan verdiept worden door kennis te nemen van elkaars cultuur en respect te krijgen voor elkaars opvattingen.

zoveel andere competenties door ze te beoefenen. Daarbij is goede begeleiding van ervaren volwassenen onontbeerlijk. Een goede begeleider weet dat kinderen ook sociale vaardigheden het beste leren door ervaringen, dat wil zeggen door te doen en te reflecteren. *'Ik denk zus, hij denkt zo, hoe komt dat?'* Sociaal competent zijn heeft veel te maken met goed kunnen communiceren: naar anderen kunnen luisteren en je eigen mening kunnen formuleren.

Beelden kunnen in de sociale ontwikkeling een prominente rol spelen omdat ze als talige objecten communicatie bewerkstelligen. Beelden maken contact met andere werelden mogelijk.

Je kunt beeldbeschouwen vergelijken met het maken van verre reizen. Een oppervlakkige kijker blijft een toerist, een beeldbeschouwer leert de vreemde taal en dompelt zich in de cultuur van het land.

Een beeld ontstaat binnen een sociaal-culturele context en de waarnemer probeert via het beeld met die sociaal-culturele wereld in contact te komen om die vervolgens te vergelijken met zijn eigen wereld. Daardoor leert de beschouwer zowel over de wereld die bij het beeld hoort als over zichzelf.

Door beeldbeschouwen leren kinderen op exemplarische wijze vragen te stellen naar intermenselijke betrekkingen, waarbij het niet alleen gaat om betrekkingen tussen anderen, maar vooral over hoe ze zelf in deze wereld staan, wat hun eigen plaats is, hoe belangrijk hun eigen opvattingen zijn.

6.3.4 ■ Vrij en open, persoonlijk stelling nemen

Elk beeldend werk is een uitspraak van iemand. In elk beeldend werk zijn ideeën, opvattingen, onbewuste en bewuste gedachten verwerkt. Het zijn beelden van werkelijkheid, gekleurd door persoonlijke interactie die op haar beurt weer beïnvloed is door tijd en omstandigheden. Beeldonderwijs leert wegen te vinden om die beelden te lezen. Leerlingen worden van lieverlede ingevoerd in het ontwikkelen van vaardigheden om beeldend werk te voltooien. Kinderen voltooien beelden op grond van hun cognitieve vaardigheden en op basis van kennis en belangstelling. Hun culturele ervaringen, de huiselijke omstandigheden

en de mate waarin ze het een met het ander kunnen verbinden, ongeveer alles heeft invloed op het kijken en betekenis geven. Een en ander leidt tot de conclusie dat kijken naar beelden dus niet alleen verschilt tussen groepen kinderen van verschillende leeftijd, maar ook nog eens van kind tot kind en van beeld tot beeld.
In de basisschool leg je als leraar de basis voor een permanente belangstelling voor beelden. Daarbinnen is extra aandacht voor de speciale categorie beelden die kunst is geworden omdat ze door omstandigheden erkend werden als bijzondere uitspraken.
Het leren betekenis te geven aan beelden is meer dan het leren het verband tussen vorm en inhoud ervan vast te stellen. Het gaat erom kinderen te leren vrij en open een persoonlijke stelling in te nemen ten opzichte van een beeld. Daar is beeldonderwijs voor. Dat we dit *'leren betekenis te geven'* hebben ondergebracht bij beeldbeschouwen, wil echter niet zeggen dat het alleen door 'kijken en praten' te leren is. Er zijn diverse mogelijkheden om ook 'maken en doen' in te schakelen om kinderen te leren betekenis te geven aan beelden.

6.3.5 ■ Geïsoleerd of geïntegreerd?

Bij beeldonderwijs heeft beeldbeschouwen vaak op een bijna vanzelfsprekende manier plaats bij de introductie van een activiteit of bij de nabespreking. Dat is bijzonder nuttig (beter gezegd noodzakelijk voor goed beeldonderwijs) omdat een reflectie op het eigen beeldend handelen leidt tot inzicht in wat je denkt en hoe je werkt. In die gevallen is het maken van iets meestal hoofdzaak. Het kan ook zo zijn dat je het beeldbeschouwen zelf als hoofdactiviteit neemt. Knoop daar als het enigszins mogelijk is een doe-activiteit aan vast. Kinderen verwerken iets nieuws het beste door het op de een of andere manier in praktijk te brengen. Zelf bezig zijn met de problematiek waar je even daarvoor over gepraat hebt, is de beste manier om het diep in je te laten doordringen. Denken gaat bij kinderen vooral goed in lichamelijk-zintuiglijke processen waarbij verbaal en non-verbaal leren gecombineerd wordt. Kleuren in volgorde leggen, zelf een tentoonstelling maken, een object maken zoals Calder, in een beeld vertellen wat je hebt meegemaakt, onderdelen van een stilleven verplaatsen, plaatjes over een onderwerp verzamelen: er zijn duizend en een manieren om beeldbeschouwen met maken en doen te verbinden. Het *Chinese mandje* bijvoorbeeld is te gebruiken om op een

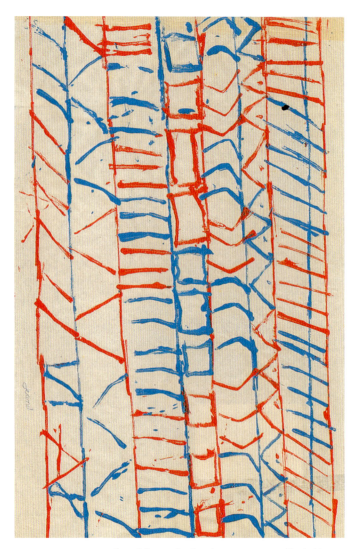

Jeanet (negen jaar) en haar groepsgenootjes hebben ontwerpen gemaakt voor gordijnstoffen. Het is bijna onmogelijk je voor te stellen dat hierbij niet ook echte gordijnstoffen bekeken en besproken zijn.

speelse manier een relatie met een willekeurig kunstwerk tot stand te brengen en activeert de eigen creativiteit. Het 'mandje' bestaat uit een doos of mandje met ongeveer twintig voorwerpen die een brugfunctie kunnen vervullen tussen kind en bepaald beeld. Er kan van alles in zitten: gewone, alledaagse voorwerpen (schaar, sleutel, pakje zakdoekjes, een kledingstuk) maar ook speciaal op het beeld afgestemde dingen zoals een kleurtje, een stukje steen, een fluit. Een kind kiest daaruit: *'Dit hoort erbij.'* Daarmee wordt een ervaring aangeduid en dat vraagt om uitleg.

6.4 De praktijk van beeldbeschouwen in het basisonderwijs

Wat kun je nu met bovenstaande informatie gemengd met de theorie van Parsons (zie 2.9) doen in de praktijk van kunstbeschouwing met jouw leerlingen? Wat moet je doen om leerlingen in elk stadium door de juiste bril beter te leren kijken? Is het wel mogelijk om ze het kijken door bril 4 en 5 te leren of moet je er maar in berusten dat leerlingen van twaalf jaar blijven steken in het kijken door bril 1 en 2? Hoe moet dat met al die verschillende brillen tegelijk? Parsons zelf geeft op al deze vragen geen antwoord. Hij geeft geen recept voor hoe wij in het onderwijs met zijn theorie moeten omgaan. In feite zegt hij zelfs dat zijn veronderstellingen nog aan de praktijk getoetst moeten worden. Als het waar is wat Parsons beweert, dan zou dat betekenen dat we bij kinderen van vijf jaar ..., zeven jaar ..., elf jaar ... Inmiddels is de theorie van Parsons door anderen (ook wetenschappelijk) in de praktijk onderzocht en is men tot de conclusie gekomen dat kinderen inderdaad veel kunnen. Natuurlijk is elk kijken op het niveau van dat specifieke kind. Dat blijkt vooral ook in de verschillen in gesprekken die je voert met kleuters en met bovenbouwers bijvoorbeeld. Een achtjarige waarmee je voor het eerst over textuur praat, reageert ook anders dan een twaalfjarige die er al een heel schoolleven goed beeldonderwijs op heeft zitten. Je zou het om bij de brillen te blijven zo kunnen zeggen: alle glazen blijken te gebruiken, je moet alleen hier en daar de monturen aanpassen. We zetten het nog eens op een rij:

- Kinderen kunnen associëren (bril 1).
- Kinderen kunnen uiterlijke kenmerken van een beeld begrijpen (bril 2).
- Kinderen kunnen gevoelens ondergaan bij het kijken naar een beeld (bril 3).
- Kinderen kunnen kennis verwerven over beeldaspecten (bril 4).
- Kinderen kunnen een eigen mening formuleren over hun relatie tot een beeld (bril 5).

Maar hoever kunnen ze die bekwaamheden ontwikkelen in de loop der jaren? Hoe help je kinderen daarmee? En dan nog wat. In de basisschool wordt het fundament gelegd, maar ook buiten het onderwijs wordt aan beeldbeschouwing gedaan. Is de kindvriendelijke beeldbeschouwing wel voldoende verantwoord om er daarna *in het leven* ook mee te kunnen werken?

Een bezoek aan een atelier van een kunstenaar kan je je hele leven bijblijven. Een kunstenaar die bewegende objecten maakt, heeft niet alleen penselen nodig.

6.4.1 Beeldaspecten en werkwijzen beschouwen

In de kunstwetenschap onderscheidt men verschillende methoden van kijken naar kunst. De verschillen zitten vooral in waar naar gekeken wordt. Zo kun je vooral kijken naar de beeldaspecten. Daarbij gaat het uiteraard niet alleen om de kleur of de vorm als uiterlijkheid, maar ook om de kleur en de vorm als drager van een inhoud. *'Al die grijze en zwarte kleuren doen deftig aan.'* Leren kijken naar beeldaspecten wordt in het onderwijs vaak toegepast bij het kunsthistorisch leren onderscheiden van stijlen. *'Allemaal vegen door elkaar: expressionisme.'* Het leren van kunsthistorische stijlen komt in het basisonderwijs echter weinig voor. Bij al de beelden waar je naar leert kijken, hoort weliswaar ook kunst, maar kunstgeschiedenis hoef je in de basisschool in het geheel niet te onderwijzen. Dat Romaans voor de Gotiek komt en dat Monet een impressionist was, is niet zo belangrijk om te weten. Je kunt de tijd beter gebruiken om de kinderen te laten ontdekken hoe de kunstenaar twee straten verder zijn atelier heeft ingericht.

Probeer bij beeldbeschouwen niet systematisch stap voor stap te leren, maar pak een beeld, een beeldaspect een werkwijze of een verwijzing aan als het te pas komt. Maak er zo mogelijk een spel van waar kinderen ook iets kunnen doen. Beeldbeschouwen combineer je bij voorkeur met iets maken of iets doen en dat zo mogelijk zelfstandig. Laat kinderen samen, in de groep, problemen oplossen zonder steeds naar de leerkracht te kijken. Tijdens dit zelfstandig werken heb jij armslag om extra aandacht te geven aan die kinderen die dat nodig hebben.

6.4.2 ■ Wat stelt het voor?

Naast vormanalytische methoden (kijken naar beeldaspecten) kent de kunstwetenschap ook methoden die vooral kijken naar wat is afgebeeld. Ga je uit van een beschrijving van wat er allemaal te zien is op een beeld, dan hanteer je de kunstwetenschappelijke methode van de iconologie. Kinderen kunnen weliswaar vertellen wat ze zien, maar kennis over naar welke inhouden de onderdelen van een beeld verwijzen, hebben ze maar weinig. Kinderen weten misschien dat een gezicht met omlaaggetrokken mondhoeken volgens afspraak 'bedroefd' betekent en ze weten ook al gauw dat een meisje met een kroontje op 'prinses' is, maar niet dat een net gedoofde kaars in een zeventiende eeuws stilleven een verwijzing is naar sterven of dat het meisje met het kroontje in dit geval '*Maria, koningin des hemels*' voorstelt. Om dat te kunnen weten is intentioneel bronnenonderzoek of het bevragen van een volwassene nodig. Zelfstandig bronnenonderzoek kun je van kinderen nauwelijks verwachten, maar jij als volwassene en leraar moet voorbereid zijn op enig iconologisch onderzoek dat bij kinderen spontaan kan ontstaan: '*Waarom heeft die mevrouw een kroon op?*' Dat houdt in dat jij je goed moet voorbereiden als je een keus maakt om kinderen bepaalde beelden te laten zien. Als het beeld een voorstelling heeft (figuratief is) kun je daaruit soms de inhoud geheel of gedeeltelijk afleiden. De gangbare uitdrukking is: '*begrijpen wat de kunstenaar bedoelt*'. Een leraar die probeert leerlingen inhouden te laten ontdekken, moet zelf wel heel goed op de hoogte zijn van die inhoud. Kunstenaars hangen echter geen bordjes bij een schilderij: '*Dit is de inhoud, ...*' Wat jij weet heb je waarschijnlijk ook niet zelf bedacht bij het kijken naar een werk. Je hebt het ergens gelezen of gehoord. Het is niet zo belangrijk, dat kinderen van beelden precies weten wat er ooit over de inhoud ervan gezegd is. Belangrijk is, dat ze weten dat mensen beelden gebruiken als taal, om er iets mee te zeggen. Dat is de inhoud. Als mensen naar beelden kijken, kunnen ze wel zeggen welke inhoud zij denken dat het heeft (dan zeggen ze welke betekenis het beeld voor hen heeft). In beeldonderwijs leren we kinderen een aantal van de regels die in beeldtaal gebruikt worden en we leren kinderen zich hierover verbaal te uiten. Dat geldt ook voor wat kinderen zelf maken. Volwassenen moeten leren de beeldtaal van kinderen te verstaan, maar je mag ook van kinderen verlangen dat ze zich verbaal uiten over wat ze zelf beeldend hebben vormgegeven. Vanaf het moment dat ze begrijpen dat beelden staan voor begrippen, voor inhouden, kun je naar dat begrip, naar die inhoud vragen.

Kinderen maken zelf tekeningen en weten dat in hun tekeningen inhouden zijn opgesloten. Maar dat bewustzijn kan erg vaag zijn. Leren beeldtaal *spreken en verstaan* wil ook zeggen: kinderen leren dat hun eigen beeldtaal inhoud heeft.

Soms tekent een kleuter wel eens iets dat je niet direct kunt duiden. Maar je wilt graag betekenis geven. '*Wat heb je getekend?*' '*Zomaar, een dingetje, iets moois*' of, zoals Bart (4,8) van deze tekening zei: '*Streepjes met bolletjes.*' Je zou deze tekening non-figuratief kunnen noemen. Een uiting van een drang tot experimenteren en tevens een bewust gebruikmaken van vormen en kleuren. (17 × 26 cm)

Je kunt van een kind niet verwachten dat het uit elk beeld de betekenis opdiept. Dat kun jij ook niet. Het leren zoeken naar inhouden moet je beschouwen als een algemene beeldtaalvaardigheid. Je leert het tot op zekere hoogte. Vergelijk het met woordtaal. Je leert kinderen de inhoud van een zin te begrijpen (betekenis te geven aan die zin). Je gebruikt bijvoorbeeld een verhaaltje dat kinderen van die leeftijd begrijpen (in het Nederlands en niet in het Russisch) en je probeert niet tegelijkertijd de onvoltooid verleden toekomende tijd uit te leggen. Op vergelijkbare manier ga je ook met beelden om. Je gebruikt een beeld waaraan kinderen (en jij ook) betekenis kunnen geven.

6.4.3 ■ Gesprekspatronen

Beeldbeschouwen begint met kijken. Dat is dus het eerste dat je kinderen laat doen. En dan meteen maar goed kijken, niet vluchtig of oppervlakkig, maar intens en intentioneel, kijken om iets te willen zien. Als je wilt dat kinderen belangstelling voor een beeld of voorwerp hebben, moet je ze op een of andere manier nieuwsgierig maken. Je kunt iets in een beeld laten zoeken en aanwijzen of twee beelden met elkaar laten vergelijken. Om de spanning op te voeren en de nieuwsgierigheid te prikkelen maak je er een spelletje van: je verbergt het onder een doek of schuift voorzichtig het blaadje weg waaronder de afbeelding is verborgen.

'Fatma zegt dat die kleine hoofdjes maken dat die mensen heel dik lijken. Bedoel je dat Fatma?'
Een bladzijde uit het examen handenarbeid voor vbo/mavo in 1998. Aan de hand van de afbeeldingen worden vragen gesteld die de kandidaat moet beantwoorden. Bij deze (Nikki de Saint Phalle) onder andere: *'De vrouwenfiguren zijn dik. Noem twee aspecten van de vormgeving die dit benadrukken.'* Kijken met de bril uit stadium vier. Fatma heeft het ook gezien.

Denk eraan dat kinderen geen haviken zijn. Als ze in de kring zitten en jij houdt een boek omhoog met daarop een plaatje van 14 bij 18 cm is het maar de vraag of kinderen het goed genoeg kunnen zien. Probeer zelf maar eens te kijken naar een plaatje dat je niet kent en dat een kind in de kring ophoudt. Het laten rondgaan van een afbeelding is doorgaans geen optie. Het duurt een tijd waarin je niets anders kunt doen, kinderen zien het maar vluchtig en als het gesprek doorgaat hebben ze geen idee over welk detail een ander het heeft. Maak een klein groepje, kies grote afbeeldingen, gebruik een projector of geef ieder kind dezelfde afbeelding voor zich.

Het kan geen kwaad als je voor jezelf houvast zoekt bij een kijkwijzer, maar blijf er niet aan vastzitten. Probeer niet telkens volgens een vast stramien elk beeld of de werkstukken van leerlingen te analyseren. Wat je wilt, is het meebeleven en meedenken van kinderen opwekken. Dat doe je vooral door ze uit te lokken tot uitspraken over een eigen mening, door ze antwoorden te laten geven op vragen die ze interessant vinden en bovenal door heel goed te luisteren en adequaat te reageren op wat zij zeggen want daaruit blijkt jouw belangstelling en daardoor geef jij aan dat je hen serieus neemt. Kinderen zijn ook in het gebruik van gesproken taal nog niet volleerd. Het komt vaak voor dat ze gebrekkig formuleren wat ze bedoelen. Je kunt ze daarbij helpen door het in jouw woorden te herhalen: *'Fatma zegt dat die kleine hoofdjes maken dat die mensen heel dik lijken. Bedoel je dat Fatma?'*

Nog een paar tips.

- Doe niet of je alles weet van het beeld dat je laat zien. Stel je liever op als iemand die net als de kinderen wel iets meer zou willen weten van het beeld. *'Ik heb hier een schilderij dat ik wel een beetje raar vind, wat denken jullie ervan?'*, is beter dan: *'Ik heb hier een schilderij van Vincent van Gogh, wie van jullie kan zeggen waarom het een beetje raar is?'*
- Probeer als het mogelijk is open vragen te stellen. Dus liever niet *'welke kleur heeft de wolk?'*, maar *'waarom zou hij de wolk rood geschilderd hebben?'*
- Laat kinderen hun antwoorden motiveren. *'Waarom zeg je dat? Waarom denk je dat? Wijs het eens aan. Doe het eens voor.'*
- Zorg dat alle kinderen van de groep (het groepje waarmee je praat) actief meedoen. Betrek ze allemaal in het gesprek.

- Maak veel werk van het versterken van het zelfvertrouwen van kinderen. Prijs antwoorden waar mogelijk. Als je zegt waarom het de moeite waard is, herhaal je als het ware het leerproces.
- Vraag kinderen te reageren op elkaars antwoorden.
- Geef, om ze aan het denken te zetten, zo nodig ook eens een tegengestelde mening of een onjuist antwoord.
- Neem niet altijd genoegen met het eerste antwoord. Vraag eens door.
- Noteer bijzondere opmerkingen uit een gesprek over een bepaald werk. Je kunt het misschien gebruiken als je hetzelfde beeld met andere kinderen bespreekt.
- Hou de hele groep waarmee je het gesprek voert goed in de gaten. Als van leerlingen de aandacht verslapt, doe jij iets niet goed of het duurt te lang.

6.4.4 Welke vragen stel je aan kinderen?

De beste vragen zijn die welke kinderen ertoe brengen zelf vragen te gaan stellen: aan het werk, aan de leraar, aan klasgenoten en aan zichzelf. Probeer vragen te stellen die een dialoog op gang brengen, die kinderen ertoe aanzetten zelf een mening te formuleren. Hoe je de vraag stelt hangt af van welke kinderen je voor je hebt en waar die aan toe zijn. In alle groepen zijn vragen inhoudelijk in dezelfde categorieën onder te brengen: start, onderzoek, analyse, speculatie en beoordeling. Met startvragen kun je een gesprek beginnen en oordeelsvragen komen beter tot hun recht als de kinderen het werk beter bekeken hebben. Daartussen is alles mogelijk.

Startvragen

Startvragen vallen met de deur in huis. Ze leiden kinderen als het ware een gesprek binnen. Je vraagt in feite naar de betekenis die het kind er op dat moment aan hecht. Later kan blijken hoe dit al of niet overeenkomt met de inhoud die de maker er in gelegd heeft of met de betekenis die we er allemaal volgens afspraak aan moeten hechten (aan een verkeersbord bijvoorbeeld). Een landschap kan een rivier voorstellen, maar het ene kind (dat nog nooit een rivier gezien heeft) zal er een geheel andere betekenis aan hechten dan het andere (dat elk jaar met zijn ouders naar een camping aan de IJssel gaat). Bij het zoeken naar betekenis gaat het erom dat de leraar in de gaten krijgt wat een kind opvalt. Later in het gesprek krijgt het kind misschien ook in de gaten wat anderen (ook de leraar) opvalt. Op die wijze kunnen ze samen over de inhoud en de betekenis van een beeldend werk praten. In feite ligt hierin de kern van het beeldonderwijs: in het leren ontdekken dat je aan beelden betekenis kunt verlenen. Maar het blijft een moeilijke opdracht. Er is een troost: je kunt er acht jaar aan werken.

'Wat valt je het allereerst op als je hier naar kijkt? Waarom?'
'Word je nieuwsgierig als je dit ziet of bedroefd, of boos of bang, of blij? Hoe zou dat komen?'
'Doet het je ergens aan denken? Hoe zou dat komen?'
'Doet het je helemaal niets? Waar ligt dat aan?'
'Heb je zoiets al eens eerder gezien? Wanneer, Waar?'

Onderzoeksvragen

Onderzoeksvragen zijn bedoeld om de kinderen systematisch te leren kijken. Je vraagt kinderen te beschrijven wat ze zien en je leert ze een rijke woordenschat om de veelvormigheid onder woorden te brengen. Veel van dit soort vragen hebben betrekking op beeldaspecten. Daarnaast zijn er ook onderzoeksvragen die kinderen aanzetten tot onderzoek in bronnen buiten het fysieke beeld. Je zou kunnen spreken van intern en extern onderzoek.

'Wat gebeurt er in de voorstelling?'
'Welke kleur overheerst?'
'Is er sprake van een kleurcontrast? Welk? Wijs het aan.'
'Hoe kun je zien dat sommige dingen verder weg zijn?'
'Kun je een patroon ontdekken in de vormen?'
'Wat is het belangrijkste en wat is minder belangrijk?'
'Het beeld heeft veel kleuren. Hoe zijn die erop gemaakt?'
'Kun je de techniek beschrijven? Is het met de pen getekend? Is het een linoleumsnede? Is het geknipt, gescheurd en opgeplakt? Is het gebreid of gehaakt? Is het uit onderdelen samengesteld of uit een brok gehakt?'

Het gaat er hier om dat een leerling ziet dat een werk met dikke pasteuze verf is geschilderd, dat kleurpotloodlijnen met water uitgewassen zijn, dat er uitsluitend dunne potloodlijnen zijn gebruikt, dat er stukken schuurpapier op zijn geplakt, dat het papier gescheurd maar ook geknipt is, dat de stoffen gerafeld zijn, dat er is doorgestikt. Onderzoeksvragen zijn ook:

'Wie heeft deze vaas gemaakt?'
'Hoe groot is het schilderij?'
'Wanneer is het gemaakt? Waar zie je dat aan?'

Analysevragen
Analyseren brengt kinderen ertoe op grond van waarnemingen en kennis conclusies te trekken. Het is zaak dat ze hun antwoorden ook motiveren.

'Welke bedoeling zou de schilder gehad hebben met al die rechte lijnen?'
'Is het belangrijk om te weten hoe groot dit beeld is? Waarom?'
'Wat zou de kunstenaar met dit beeld bedoeld hebben, denk je. Waarom denk je dat?'
'De kunstenaar noemde het beeld ..., waarom zou hij dat gedaan hebben?'
'Wie zou dit drankje moeten kopen, kinderen of opa's? Waarom denk je dat?'
'Er is heel veel te zien hier. Zijn alle dingen even belangrijk? Hoe weet je dat?'
'Waar zou je het schilderij ophangen? In een kinderkamer of in een deftig huis, of nog ergens anders? Waarom juist daar?'
'Kan iemand ook een hekel hebben aan dit beeld? Hoe zou dat komen?'
'Deze straat bestaat niet echt, waaraan kun je dat zien?'

Speculatieve vragen
Speculatieve vragen zijn voor kinderen vaak de prettigste. Ze geven gelegenheid tot fantaseren, doen een beroep op creatieve vermogens en geven gelegenheid kennis en ervaring te tonen.

'Waar zou het werk voor bedoeld zijn (geweest)?'
'Waarom zou Rembrandt deze ets gemaakt hebben?'
Als een leerling daarop antwoordt *'om te verkopen'*, heeft hij een correct antwoord gegeven, maar jij bedoelde waarschijnlijk te vragen naar de inhoud: *'Wat zou Rembrandt met dit beeld bedoeld hebben?'* Toch kun je met het antwoord van de leerling ook wel verder. Daarna kom je dan weer terug op de vraag naar de inhoud die Rembrandt misschien duidelijk wilde maken.
'Dit is een schilderij van Vincent van Gogh. Als Rembrandt dit schilderij gemaakt zou hebben, wat zou hij dan anders hebben gedaan?'

'Kun je bedenken wat er direct hierna gebeurde? (Maak er maar een tekening van.)'
'Als je de gele kleur in dit werk zou veranderen in blauwe kleur, wat zou dan het resultaat zijn?'
'Welke onderdelen van dit beeld kun je van plaats veranderen of weglaten zonder dat het veel invloed heeft? Welke onderdelen beslist niet?'
'Zou je deze glazen kom in dezelfde vorm ook van klei kunnen maken? Maakt dat veel verschil?'
'Hoe kun je dit beeld nog angstaanjagender (vriendelijker, vrolijker, ruimtelijker enzovoort) maken?'
'Hoe zou je het beeld veranderen als de voorstelling zich niet in deze tijd maar in Middeleeuwen afspeelde?'
'Kun je dit beeld minder realistisch maken? (Doe het.)'
'Kun je in plaats van dit non-figuratieve beeld ook een realistische voorstelling maken dat voor jou dezelfde betekenis heeft? (Doe het.)'
'Hoe kun je deze tekening in lijn inkleuren zodat het een droevig (vrolijk, onrustig, rustig, deftig, leuk voor kleine kinderen enzovoort) beeld wordt? (Doe het.)'
'De mensen op het schilderij hebben iets in de hand. Wat zou jij ze in de hand geven zodat het schilderij een andere betekenis krijgt?'
'Kun je dit verkeersbord ook zo veranderen dat het precies het tegenovergestelde gaat inhouden? (Doe het.)'

Oordelen
Vragen die naar een beoordeling leiden, stel je meestal later in een gesprek, als er al het een en ander aan de orde geweest is en als de kinderen zich waarschijnlijk al een oordeel gevormd hebben. Bij het intensief kijken tijdens een gesprek beginnen de deelnemers betekenis te geven aan het werk op grond van oordelen. Beoordelingsvragen zijn goed om kinderen bewust te maken van hun oordeel. Het gaat er hier om dat ze ook de criteria en normen leren onderscheiden op grond waarvan hun oordeel tot stand komt.
Een oordeel over mooi en lelijk hangt bij volwassenen soms (en bij kinderen soms ook) samen met cultuurverschillen. Je zult daarom altijd voorzichtig moeten zijn bij het bespreken. Je zult een manier moeten vinden om het te bespreken zonder iemand te kwetsen. Een werk kan uit een cultuur komen die misschien de jouwe niet is. Je moet rekening houden met het feit dat we met veel verschillende culturen

samenleven in Nederland. Samengevat: Het is niet de bedoeling dat je kinderen leert onderscheid te maken tussen mooi en lelijk. Probeer duidelijk te maken waarom mensen kiezen voor bepaalde beelden en vormen.

> 'Je zegt dat de schilder laat zien dat het koud is. Waardoor kun je dat zien? Heeft hij dat goed gedaan?'
> 'Waardoor zou je het nog beter kunnen zien?'
> 'Waarom zou je dit schilderij altijd willen houden als het van jou was?'
> 'Welke van deze drie beelden is het duurst denk je en waarom?'
> 'Er staat een vreselijk grote draak op dit schilderij maar je wordt er helemaal niet bang van en van de hond op dat andere schilderij wel, hoe komt dat?'
> 'Denk je dat dit een belangrijk schilderij is om te bewaren? Waarom?'
> 'Waarom zou je de melk uit dit pak liever drinken dan de melk uit dat pak?'
> 'Zou jij deze foto boven je bed willen hangen? Waarom niet?'

6.4.5 ■ Welke beelden voor kinderen?

Natuurlijk moet je uitgaan van waar kinderen belangstelling voor hebben. Als je je verdiept in de kinderlijke belevingswereld in het algemeen en in die van ieder kind in het bijzonder, zul je merken dat daar veel overeenkomsten, maar ook veel verschillen in zitten. Ieder kind heeft recht op een persoonlijke ontwikkeling. Je kunt heel goed uitgaan van de belangstelling van een kind en van wat een kind aan wereld van thuis meebrengt, maar je wilt de kinderlijke horizon ook verbreden. Verbaas je niet als kinderen die er nooit mee in aanraking zijn gekomen toch een zinvol oordeel over een werk van bijvoorbeeld de kunstenaar Brancusi kunnen hebben.

Zoek je naar manieren van waaruit je beeldbeschouwen zou willen starten, vraag je dan eens af of je iets kunt doen met voorkeuren en interesses van kinderen in het algemeen.

- Kinderen houden ervan op zolder dingen te ontdekken.

Cailean vindt een paar minuten om in 'het familieboek' te kijken. Van elke leerling zit er een bladzij in. Je kunt zoiets goed als uitgangspunt voor beeldbeschouwen gebruiken. 'Waarom kun je op die foto goed zien dat de zon schijnt?'

- Kinderen vinden het bijhouden van een poëziealbum leuk.
- Kinderen verzamelen vaak dingen, meestal gebruikte.
- Kinderen scheppen er genoegen in een dof zilveren lepel glanzend te poetsen.
- Kinderen zijn gek op verkleedpartijen.
- Kinderen hebben een voorkeur voor bepaalde kleren.
- Kinderen houden van dieren.

Speciaal voor kinderen geschikte beelden zijn er niet. Er zijn wel beelden die voor kinderen ongeschikt zijn, dat kun je zelf ook wel bedenken. Maar als je die erbuiten laat is alles te gebruiken. De vraag is niet of je kinderen beelden moet bieden die hen bevallen, die ze mooi vinden, de vraag is of een beeld hun belangstelling wekt. Op het moment dat ze in een beeld geïnteresseerd raken, begint er een proces waarin zij zelf deelnemer zijn en waarbij ze zichzelf moeten inzetten. Min of meer spontane interesse is overigens ook cultuurafhankelijk en als zodanig aan verandering onderhevig. Kinderen van nu surfen zelf op het internet, ze zien videoclips en andere beelden in de steeds opdringeriger wordende mediawereld en dat verandert hun leefwereld. De belangstelling van het ene kind is beslist niet gelijk aan die van het andere, en je kunt niet vaststellen dat er voor bepaalde leeftijdsgroepen bepaalde beelden zijn die kinderen interesseren. De enige keus die je hebt is beeldend werk uit te zoeken dat in potentie op het gebied van de didactiek van beeldbeschouwen iets te bieden heeft. Dat houdt in feite in dat je je bij elk werk dat je van plan bent te gaan gebruiken afvraagt: *wat kan ik ermee?*, of liever: *wat kunnen mijn leerlingen ermee?* Als je er op het eerste gezicht de belangstelling van kinderen mee kunt opwekken, ben je een heel eind. Vervolgens moet er natuurlijk nog wel wat zijn om over te praten. Op de een of andere manier moet het werk aanknopingspunten hebben met de leefwereld van kinderen. Het beeld hoeft echt niet realistisch of heel simpel te zijn. Het hoeft geen verhaaltje te vertellen. Het kan ook gaan over een beeldaspect en over materiaalhantering. Inhoudelijke aspecten die te maken hebben met herinneringen, dromen en wensen, gevoelens van angst en eenzaamheid, voorkeuren voor bepaalde kleuren of vormen, alles is mogelijk. Jij hebt vragen aan kinderen en zij hebben vragen aan jou, soms heel onverwachte vragen: *'Is het zwaar? Heeft de kunstenaar ook kinderen? Hoeveel kost het?'*

Krijgen kinderen met al die plaatsjes niet een heel verkeerd beeld van kunst? Dat zou goed kunnen, maar je kunt daar iets aan doen. Beeldonderwijs is niet gebonden aan kunst, dat is waar, maar kunst is wel een belangrijk deel van beeldonderwijs. Echte kunst is er in school bijna nooit, maar is er geen kunstuitleen in de omgeving waar de school echte kunst kan lenen? Is er geen kunstenaar in de buurt die zijn werk kan laten zien? Heb je zelf niet iets om te laten zien? Ga je dan echt nooit met ze naar een galerie of museum? Zijn er dan helemaal geen monumenten of iets van dien aard in de omgeving van de school?

6.4.6 ■ Presenteren

De inrichting van het groepslokaal zegt vaak heel wat over de opvattingen van de groepsdocent en over zijn manier van met kinderen omgaan en lesgeven. Een omgeving die prettig om te zien is, heeft een positieve invloed op hoe kinderen zich gedragen. Het beïnvloedt ook het leergedrag en ouders laten hun kinderen met meer genoegen bij je achter. Bij de aankleding van het lokaal hoort ook het gebruik van een prikbord. Je kunt er uitstekend gebruik van maken om de nieuwsgierigheid van kinderen te prikkelen, om vragen uit te lokken, om informatie te verschaffen of om kinderen te bemoedigen door hun werk op te prikken en hen uit te nodigen daar zelf te exposeren. Voor al die zaken zijn prikborden meestal veel te klein en te duur. Maak je eigen prikwand door platen zachtboard tegen

Een ruim lokaal met weinig leerlingen en veel expositieruimte die volop wordt benut. Het werken in hoeken is in zo'n lokaal geen probleem. Doorgaans moet je het met minder doen, maar voor leerlingen is probleemoplossend handelen meestal vanzelfsprekend. Op de grond is nog ruimte als alle tafels bezet zijn.

de wand te plakken. Een sausje in de kleur van het lokaal eroverheen en met prikkers of etalagespelden kun je gemakkelijk telkens wisselende exposities maken of door kinderen laten maken. Kan bij de nabespreking al het werk op het prikbord en is het door iedereen te zien? Daar is elke leerling trots op. Voor handvaardigheidsproducten heb je meestal plank- of tafelruimte nodig. Als dat in je lokaal niet aanwezig is, zul je moeten improviseren, maar je moet er wel iets voor maken. Ook de driedimensionale vormgevingen van kinderen zijn aandacht waard.

En als je dan toch bezig bent, kijk dan eens in de school rond. Soms zijn er kale wanden in gangen, plekken waar al eeuwen dezelfde nietszeggende plaat hangt, lege hoeken waar je ruimtelijk werk exposeren kunt. De schoolingang kan een nieuw visitekaartje worden voor bezoekers en ouders. Als je iets voor de ramen wilt hangen om voorbijgangers te laten zien wat er gepresteerd is: prima, maar laat het dan niet wekenlang aan een slap lijntje hangen, alsof er verder niets gebeurt. Haal het weg of verwissel het (en trek dan meteen de lijn strak). Je kunt ook een speciale plek reserveren voor speciale dingen: een nieuw werk uit de kunstuitleen, een bijzondere vondst van een kind, een aparte tekening.

In speelgoedwinkels vind je soms prachtige dozen met materiaal *'Voor de jonge natuurkundige'* en dergelijke. Wat zou jij in een doos *'Voor de jonge beeldbeschouwer'* doen? Vijf glazen knikkers bijvoorbeeld? Postzegels, een partijtje knopen, een pop, reproducties uit (oude) leesboekjes, foto's uit het familiealbum, gekleurde steentjes, het zou allemaal kunnen. Zo'n doos zou in elk geval belangstelling moeten opwekken voor het onderwerp en je zou er iets door moeten leren. Zo moeten lessen beeldbeschouwing ook zijn. Ze moeten belangstelling wekken en je moet er iets door leren.

Op verschillende scholen legt men van kinderen digitale dossiers aan waarin tekeningen en foto's van ruimtelijk werk bewaard worden. Die kun je ook gebruiken bij beeldbeschouwen. Beeldbeschouwen in groep 8 kan dan ook gaan over de beelden die de leerlingen in groep 2 gemaakt hebben.

6.5 ■ De breedte van beeldonderwijs

Misschien is de breedte van het vak een van de redenen waarom leraren er soms tegenopzien een goed programma voor beeldonderwijs in hun groep te ontwikkelen. Je bent er niet met zo nu en dan een leuke tekenles te geven. Je hebt uit voorgaande hoofdstukken en paragrafen al wel een beeld van beeldonderwijs gekregen, maar daarmee is nog niet alles gezegd. Geregeld hoor je, en je merkt het zelf ook, dat onze maatschappij verandert. Onderwijs ondergaat ook de invloed van die veranderingen.

6.5.1 ■ Kunstoriëntatie en cultuureducatie

Het ziet ernaar uit dat de laatste lichting kerndoelen al weer is ingehaald door nieuwe idealen omtrent voorbereiding op functioneren in de maatschappij. De minister van onderwijs schreef in september 2006 in een brief aan de Tweede Kamer:

'Educatie in kunst en cultuur is onontbeerlijk voor de kennis en persoonlijkheidsvorming van leerlingen en hun voorbereiding op een snel veranderende en innovatieve samenleving.'

Educatie is breder dan *oriëntatie* en *cultuur* is breder dan *kunst* en als die educatie onontbeerlijk is, zou het dus duidelijk in de kerndoelen moeten staan. Dat is niet het geval, maar als leraar basisonderwijs moet je wel weten wat je hierin te doen staat. Je probeert erachter te komen wat men precies bedoelt. Je steekt hier en daar je licht op en dan blijkt dat cultuureducatie eigenlijk gewoon datgene is wat je met je leerlingen al doet. De eerste prijs in de wedstrijd *Cultuur Primair Prijs* van het ministerie van OCW (2006) ging naar een basisschool waar leerlingen digitale foto's maakten op het thema *tijd*, die foto's leerden ze bewerken en beoordelen. Dat is dus gewoon beeldonderwijs.

Maar met *cultuureducatie* werd door de minister toch iets meer bedoeld.

Scholen worden gestimuleerd om samen te werken met culturele instellingen, want: *'Cultuureducatie is een zaak van scholen en culturele instellingen samen'*, schreef de minister. Zo'n samenwerkingsverband moet leerlingen met kunst en cultuur in aanraking brengen. De consequentie daarvan is dat de culturele instelling straks jouw partner is. In dat partnerschap ben jij de competente deskundige op het gebied van binnenschools beeldonderwijs. Beschouw de instelling als een instituut dat jouw onderwijs kan verrijken, maar denk niet dat je een verantwoording van je kunt afschuiven.

Misschien wordt het allemaal heel ideaal, want de minister schreef ook:

> 'Wie na een eerste kennismaking op school enthousiast is gemaakt om zelf cultureel actief te worden, moet gebruik kunnen maken van toegesneden, kwalitatief hoogwaardige faciliteiten zoals muziekles, dansworkshops en theaterklassen.'

Voor beeldonderwijs zou je bijvoorbeeld kunnen denken aan workshops schilderen, grafiek, beeldhouwen en design.

6.5.2 ■ Cultuurwijs

Iets minder idealistisch is de uitspraak dat leerlingen 'cultuurwijs' gemaakt moeten worden. Daar kun je je dan in het kader van 'oriëntatie' nog iets bij voorstellen. Maar je wordt misschien weer een beetje onrustig als je leest dat het ook gaat om *media-educatie* en *cultureel erfgoed*.

Media-educatie gaat evenals beeldbeschouwen over visuele geletterdheid, over het betekenis geven aan beelden uit de media. Daaronder verstaat men gewoonlijk krant, tijdschrift, televisie, film en internet. Inderdaad, media-educatie kun je als competente leraar basisonderwijs aan je lijstje toevoegen. Met beeldbeschouwen leg je daarvoor immers de basis. Meer wordt op dit gebied blijkbaar niet van je verwacht, want bijna alle educatief materiaal op dit gebied is bedoeld voor leerlingen vanaf 12 jaar.

Cultureel erfgoed is een ander verhaal. In cultuureducatie kun je er niet omheen, ook al wordt het soms *erfgoededucatie* genoemd waaruit je zou kunnen afleiden dat het bij geschiedenis hoort. Daar hoort het natuurlijk ook bij. Erfgoededucatie kun je overal bij inzetten. Erfgoededucatie gaat vaak uit van de eigen omgeving. Door de benaming *cultureel erfgoed* wordt ook duidelijk hoe breed dat begrip cultuur eigenlijk is. Moet je voor erfgoededucatie extra tijd inruimen? Waar haal je dat vandaan? Een goede oplossing hiervoor is dat je in plaats van te zoeken naar voorbeelden van erfgoededucatie om die in je eigen onderwijs te gebruiken, je afvraagt hoe je beeldonderwijs en erfgoed kunt combineren, Hoe je erfgoed in beeldonderwijs kunt gebruiken. De molen in het dorp? Het is cultureel erfgoed dat je kijkend kunt laten bestuderen, laten tekenen,

Een molen in de buurt, gecombineerd met een schilderij van een molen, gecombineerd met windenergie. Beeldbeschouwing, cultureel erfgoed en milieueducatie hand in hand.

schilderen, uit hout of klei bouwen. De resultaten kun je laten vergelijken met beeldend werk van ⊕ Mondriaan, Rembrandt en al die andere schilders die een molen op hun pad vonden.

6.5.3 ■ De kunstenaar op school

Kunstenaars worden soms uitgenodigd om met kinderen op school een activiteit te doen of om eigen werk te presenteren. Dat past helemaal in het streven cultuur en school te koppelen. Als je een kunstenaar uitnodigt, spreek dan tevoren af wat hij gaat doen en of dat past in jouw schema. Sommige kunstenaars hebben een bijscholing gevolgd om voorbereid te zijn op het werken met kinderen. Voor activiteiten op school dienen zij een vergoeding te krijgen.

Om meer over de ideeën en de manier van werken van een kunstenaar te weten te komen en er daardoor ook

meer begrip voor te krijgen, zou je een kunstenaar kunnen vragen of hij iets wil vertellen in de groep. De groep kan dit gesprek voorbereiden door vragen te formuleren aan de hand van werk van die kunstenaar dat in de groep aanwezig is of waarvan hij foto's heeft opgestuurd. Bijvoorbeeld:
- Hoe ontstond een bepaald idee? (Zomaar ineens, was er iets gebeurd, was het een logisch vervolg op dingen die hij daarvoor maakte?)
- Hoe kwam het werk daarna tot stand?
- Hoeveel tijd is eraan gewerkt?
- Wat gebeurde er met het werk toen het klaar was? (Bijvoorbeeld opgeborgen in een map, ingelijst en naar het museum gebracht voor een tentoonstelling, in een park geplaatst, verkocht aan een verzamelaar, vernietigd.)
- Wat heeft het gebruikte materiaal gekost?
- Hoe heet het?
- Wat bedoelt hij ermee?
- Aan welke techniek(en)/materiaal en gereedschap geeft hij de voorkeur bij het uitwerken van zijn ideeën en waarom?
- Wat voor opleiding heeft hij?
- Hoe ziet zijn werkruimte eruit?
- Hoe vinden zijn eigen kinderen zijn werk?

Het kan ook zijn dat de leerlingen op een tentoonstelling het werk van de kunstenaar hebben gezien. Ze zouden dan vragen op kunnen schrijven en hem die toesturen. Hij kan zich dan voorbereiden en bijvoorbeeld bepaalde voorstudies, werkstukken of materialen meenemen naar school. Misschien heeft de kunstenaar die op school komt ideeën voor opdrachten, zodat de leerlingen al werkend zelf de mogelijkheden rond het uitwerken van een idee kunnen ervaren.
Er zijn kunstenaars die graag over zichzelf en hun werk vertellen, maar er zijn er ook die dat niet willen of kunnen. Sommigen zeggen: *Mijn werk spreekt voor zichzelf, want als ik het uit moet gaan leggen had ik beter een ander beroep kunnen kiezen.* Maak van tevoren duidelijke afspraken met de kunstenaar. Wat verwacht jij van dit bezoek en wat verwacht hij ervan? Heeft hij ervaring in het omgaan met kinderen? Hoe wordt zijn bezoek voorbereid en hoe gaat het in de klas? Laat de kinderen bijvoorbeeld werk van henzelf klaarleggen, zodat er een uitwisseling kan plaatsvinden.
Behalve dat de kunstenaar op school gevraagd kan worden, kun je ook proberen een afspraak te maken voor een bezoek aan het atelier van de kunstenaar (en laat zo mogelijk ook zien dat de kunstenaar daarnaast ook gewone woonruimte heeft). Maak ook in dit geval van tevoren duidelijke afspraken over voorbereiding, bezoek en uitwerking. (Op de website vind je meer informatie hierover.) 🌐

6.5.4 ■ Museumbezoek

Het museum kun je gebruiken als een onderwijsmiddel. Onderricht in biologie, geschiedenis, beeldbeschouwing enzovoort wordt levendiger wanneer het niet alleen uit een boekje gebeurt, maar tevens met echte voorwerpen wordt ondersteund. Bovendien begrijp en onthoud je iets beter wanneer je het ook gezien hebt. Een goede voorbereiding is van groot belang. Wat verwacht jij van het museumbezoek en wat verwachten de leerlingen, wat verwachten de ouders ervan? (Die moeten soms toestemming geven, meegaan, betalen.) Heeft het museum misschien ook bepaalde verwachtingen? In elk geval is het zaak dat je eerst zelf gaat kijken in het museum. Wat heeft het te bieden? De musea zijn niet in staat om alle scholen op hun wenken te bedienen, maar met de medewerking van de leraren kunnen de musea ondersteunend werken. Sommige musea hebben prima educatief materiaal. Elk museum heeft wel iets voor de bezoekers. Wanneer er plannen bestaan een museum te bezoeken, bereid je dat voor. Vragen en suggesties die je kunnen helpen bij de organisatie zijn:
- Wat is de reden van het bezoek?
- Wat is het doel van het bezoek?
- Welk museum kan daarvoor het best bezocht worden?
- Op welk moment (dag/tijdstip) kan het museum het best bezocht worden? Welk tijdstip past het best in het schoolprogramma? Hoe zijn de verwachtingen met betrekking tot de verkeersdrukte en de drukte in het museum?
- Hoe wordt het vervoer geregeld? Ouders met auto, openbaar vervoer, fiets, speciaal gehuurde bus, te voet?
- Hoe zit het met de begeleiding naar het museum? Ga jij alleen mee? Gaan er ouders mee?
- Maak een begroting van de kosten van het bezoek. Kosten vervoer, toegangsprijs museum, kosten begeleiding, verzekering. Hoe wordt het bezoek gefinancierd?

Je mag je gelukkig prijzen als je ouders kunt vinden die meegaan bij een museumbezoek, maar bereid hen dan ook voor op het doel van dat bezoek.

Je hebt een bepaald museum op het oog en je zult vast niet de eerste leraar zijn die met leerlingen naar dat museum gaat. Wat kun je van het museum verwachten?
- Heeft het museum een educatieve dienst die je bij de inhoudelijke en organisatorische kanten van het museumbezoek kan adviseren? Per slot van rekening hebben zij daar meer ervaring mee dan de doorsnee leraar basisonderwijs.
- Hoeveel tijd krijgt de groep in het museum? Is dit voldoende, te kort, te lang? Wanneer dit laatste het geval is, is het aan te raden meerdere keren te gaan. (Als de eerste keer te lang is, kan dat het plezier voorgoed bederven.)
- Indien jij de leerlingen in het museum niet zelf begeleidt (of niet mag begeleiden), wie verzorgt dan deze begeleiding? Wat kost dat?
- Is er een geschikt programma of een formulier met vragen, opdrachten of iets dergelijks dat als ondersteuning kan dienen, of kan in samenwerking met het museum iets dergelijks worden samengesteld? In elk geval moeten kinderen iets kunnen doen.

Alleen kijken is beslist onvoldoende.
- Is er ruimte om gezamenlijk dingen te bekijken, te doen, of kan de groep beter gesplitst worden?
- Wanneer er gehandicapte leerlingen in de klas zitten, zijn de ruimten in het museum en de voorwerpen dan ook voor hen bereikbaar?
- Ben jij op de hoogte van hoe de museumdocenten met leerlingen omgaan? Sommige musea verzorgen bijeenkomsten om leraren van hun werkwijze op de hoogte te brengen. Informeer ernaar of ga zelf op onderzoek uit.
- Zijn de museumdocenten op de hoogte van jouw manier van werken met de kinderen?

Hoe bereid je de kinderen inhoudelijk voor op een bepaald museumbezoek?
- Op welke manier kan het bezoek het best in de klas worden voorbereid? Heeft het museum ideeën en/of materialen die hierbij gebruikt kunnen worden?

- Welke leerlingen zijn eerder in het museum geweest? Waarom gingen ze ernaartoe en wat hebben ze er toen gezien/gedaan?
- De meeste musea hebben een internetsite. Bezoek die eerst zelf en laat leerlingen die ook bezoeken als die mogelijkheid in de school aanwezig is.
- Als een museum software (cd-rom, dvd) heeft uitgegeven van de eigen collectie, gebruik die dan voordat je met de kinderen naar dat museum gaat.
- Wat moeten de leerlingen weten om het gebodene te kunnen begrijpen en verwerken (en dus optimaal profijt te hebben van hun bezoek)?

Als een groep voor het eerst een bezoek brengt aan een museum, hebben de kinderen vaak veel vragen. *'Van wie is dit allemaal? Waar komt het vandaan? Wat kost dit allemaal? Wie weet of dit echt is? Is het oud? Wie houdt dit allemaal zo netjes? Wie doet's morgens de deur van het museum open? Wat doen ze als er iets kapot valt?'* Dat zijn geen vragen over de inhoud van het werk of over de kwaliteit van de geëxposeerde stukken. Een bezoek aan een museum zou er daarom ook heel anders uit kunnen zien dan nu meestal het geval is. Een paar kinderen kunnen met de glasinzetter van de vitrines mee, anderen mogen in de kelder stukken uit de verzameling helpen verplaatsen, ze mogen kijken bij de restaurateur, een glas cola drinken in de personeelskantine bij de suppoosten of in de bibliotheek boeken bekijken. Twee zitten er in de hal of in de portiersloge kaartjes te verkopen en wie niet bang is voor een beetje water mag in de tuin de beelden helpen schoonspuiten. Dat zijn ook aspecten van wat een museum is.
Misschien is de weg via deze aspecten wel de beste naar belangstelling voor de collectie, want daar gaat het bij musea toch om. Je hebt een verzameling opgebouwd en je wilt daar iets mee doen.

Een bezoek aan een museum is geen vrijblijvend uitje.
- Op welke manier kan het bezoek in de klas worden verwerkt? Een nabespreking is in elk geval nodig, maar je kunt ook denken aan doe-activiteiten.
- Toets na afloop de verwachtingen aan het resultaat om in de toekomst zo mogelijk nog meer profijt te hebben van het museumbezoek. Voeg je informatie bijvoorbeeld bij de map *schoolreisjes* zodat in de toekomst organiserende ouders of leraren van jouw voorbereidend werk kunnen profiteren.

En als er nu eens geen kunstmuseum in de buurt is? Dan kun je eens met de plaatselijke galerie gaan praten of met een kunstenaar. Een atelierbezoek kan heel onthullend zijn.

6.5.5 ■ De media en beeldonderwijs

Gebruik je voor beeldonderwijs een methode, dan denk je misschien niet meer nodig hebben dan wat er aan materiaal in die methode genoemd staat. Ontwerp je zelf activiteiten voor beeldonderwijs, dan zoek je altijd en overal naar wat je ook maar kunt gebruiken. De actualiteit van de dag vind je de krant. Een kort bericht over een schilderijendiefstal of de roof van bronzen beelden uit een tuin kan aanleiding zijn tot een interessante activiteit. Kant en klaar materiaal wordt je geleverd door Teleac (School tv) en door een zich dagelijks uitbreidende hoeveelheid lessen op allerlei internetsites. (De website geeft daarover ook informatie.) 🌐
Er is voor kinderen in de basisschoolleeftijd een grote hoeveelheid literatuur over kunst en kunstenaars. Er zijn grappige prentenboeken voor de allerkleinsten en boekjes om uit voor te lezen. Voor oudere kinderen zijn er boeken over kunstenaars, over musea en over perioden en stijlen. Er zijn zelfs complete naslagwerken speciaal voor kinderen.
Cd-roms met kunst zijn over het algemeen niet voor het onderwijs gemaakt, maar ze kunnen heel goed als onderwijsmiddel gebruikt worden, net als reproducties. De teksten bij de afbeeldingen zullen over het algemeen te moeilijk zijn voor kinderen, maar ze geven jou in elk geval informatie. Je kunt zelf lessen maken met vragen en opdrachten en die digitaal opslaan zodat leerlingen ze zelfstandig kunnen gebruiken. Er bestaan ook programma's waarmee je zelf lessen over beelden kunt maken die je vervolgens opslaat op een cd of dvd.
Als de school beschikt over een internetaansluiting kun je leerlingen laten ervaren dat je daarop ook kunst kunt vinden. Maak daarvoor eerst zelf de zoektocht en noteer welke wegen je moet bewandelen om uit te komen bij wat je leerlingen wilt laten vinden.
Wanneer je in het groepslokaal de beschikking hebt over een computer, is het handig als je die op een televisietoestel kunt aansluiten. Je kunt dan het televisiescherm als monitor gebruiken en hebt zodoende een beeldscherm waar meerdere kinderen tegelijk naar kunnen kijken. Een projector (beamer) is nog beter, want daarvan krijg je een groter beeld.

6.5.6 ■ Intercultureel

Aan kinderen leren dat culturele verschillen in een samenleving een verrijking van die samenleving zijn, kan heel goed bij beeldonderwijs plaatsvinden. Er bestaat natuurlijk niet zoiets als intercultureel beeldonderwijs, maar dat andere culturen dan die waar jij toevallig bij hoort andere beelden waarderen, maken en bewaren en opvattingen hebben over beelden die verschillen van die van jou, daar moet je wel aandacht aan schenken. Het is beeldend onderwijs vanuit het gegeven dat we een interculturele samenleving hebben. Dat kan bijvoorbeeld inhouden dat je extra aandacht geeft aan wat Marokkaanse, Turkse, Surinaamse, Bosnische, Pakistaanse, Amerikaanse kinderen van huis meebrengen, dat je ook eens kunst laat zien van indianen, eskimo's, Maori's. Het houdt ook in dat je duidelijk maakt dat westerse kunst hier weliswaar het meest voorhanden is maar dat het daardoor niet beter is of toonaangevend moet zijn.

De inrichting van woningen van Turkse families is anders dan die van Nederlandse families. Daar kun je met kinderen over praten en ze begrip en respect voor elkaars opvattingen laten ontwikkelen. Kunnen kinderen dat allemaal begrijpen? Dat hangt meer af van jouw kwaliteiten als leraar dan van de onderwerpen. Alles kan immers op verschillende niveaus worden aangeboden.

6.6 ■ Praktijkvoorbeelden van beeldbeschouwen

In de voorbeelden in de volgende paragrafen gaat het soms alleen om het beschouwen, het reflecteren op beelden. Er wordt geen koppeling gemaakt met een productieve opdracht. Een les beeldbeschouwen wint aan kracht en diepgang als je daarbij iets laat maken of laat doen. Je moet deze voorbeelden dan ook niet zien als losstaande activiteiten. Doorgaans zijn het brokjes uit langere leerlijnen waar productief en reflectief met elkaar in harmonie zijn.

6.6.1 ■ De spulletjesbak van groep 1

In de eerste twee jaar op de basisschool probeer je rijke onderwijsleersituaties te creëren waarin kinderen zich al spelend ontwikkelen. Juf Carolien heeft voor de kinderen een *'spulletjesbak'* gemaakt. Daar doen ze allemaal kleine dingetjes in die ze vinden en die eigenlijk nergens bij horen.

In het kader van intercultureel onderwijs ligt het voor de hand dat je ook voor andere dan westerse kunst aandacht vraagt. Voor de deuren van het koninklijk paleis in Rabat, Marokko bijvoorbeeld. Kijk in je volgende vakantie eens naar de omgeving. Soms zijn leerlingen er ook geweest. Laat ze er een volgende keer afbeeldingen van meebrengen of geef ze een opdracht mee voor als ze op vakantie gaan.

'Wriemeldraadjes'

Carolien zet de bak op de grond in de kring. Ze doet alsof ze iets zoekt.
'Ga je rommelvrouwtje spelen?' Dat is Sofie.
Carolien: *'Ik zoek iets, maar ik kan het niet goed zien. Hoe kun je al die dingetjes nou beter zien dan zo in de bak?'*
Er zijn genoeg suggesties: *'Naast elkaar leggen, op tafel leggen, apart leggen, ophangen.'*
'Als je iets goed wilt laten zien, moet je het apart zetten', zegt Carolien. *'Weet je hoe dat heet? Dat heet tentoonstellen. Als je iets tentoonstelt geef je het een speciale plek. Je zet het apart.'*
Ze spreken af dat ze dat de volgende dag gaan doen: iets speciaal neerzetten.
De volgende dag hebben ze bijna allemaal iets meegebracht om *speciaal* neer te zetten. Marijn heeft niets. *'Dan zet ik mijn broodbakje speciaal.'*
Alle kinderen zoeken een plekje om hun ding speciaal neer te zetten. Carolien heeft het de hele tijd over *tentoonstellen, tentoonstelling, apart zetten* en *een speciale plaats geven* zodat de kinderen goed vertrouwd raken met de begrippen.

De volgende dag staat de spulletjesbak weer in het midden van de groep (in de bak bevinden zich ook een paar in elkaar gedraaide stukjes blauw elektriciteitsdraad). Naast de bak een vergrootglas. Carolien laat een grote afbeelding zien van de Tajiri-knoop uit de tuin van het Kröller-Müller Museum.
Carolien: *'Dat lijkt op iets uit de spulletjesbak.'*
Claudia heeft dit het eerst door: *'Die wriemeldraadjes.'*
Ze mag de wriemeldraadjes uit de bak halen en laat ze vol trots aan de anderen zien, alsof zij er de ontwerper van is. Het beeld van Tajiri vinden ze mooi. Je kunt het goed zien *'omdat hij op het gras staat'*, zegt Houssam. *'Ja'*, beaamt Carolien *'het is daar speciaal neergezet zodat je het goed kunt zien, hij staat helemaal apart.'* Zulke beelden kennen ze in de eigen omgeving ook wel en die staan ook apart. Samen constateren ze waarom je het beeld goed ziet: het staat apart en het is groot. *'Het is tentoongesteld'*, zegt Carolien.
Terwijl ze dat zegt pakt ze de wriemeldraadjes die Claudia nog steeds in haar hand heeft en zet ze op de hoek van de tafel. *'Het moet ook groot zijn'*, vindt Hidde. Daar is Carolien het natuurlijk niet mee eens, maar ze zegt het niet. Dat hoeft ook niet, want aan het nadenkende gezichtje van Rowena heeft ze genoeg. *'Wat denk je Rowena, moet het ook groot zijn als je het apart wilt zetten?'* Rowena schudt haar hoofd: nee. Nee, het hoeft niet groot zijn, maar als het groot is, is het wel leuk. En dan komt het vergrootglas er aan te pas om de wriemeldraadjes groot te zien. *'Met een vergrootglas wordt het allemaal heel groot, dan kun je het ook beter zien.'*
Kinderen: *'Met een verrekijker ook, met een bril ook.'*
De rest van de ochtend mag ieder op zijn beurt dingen groot gaan zien. De eerder van thuis meegebrachte en tentoongestelde dingetjes krijgen daarbij alle aandacht en ieder wil ook dat anderen zien hoe groot zijn of haar apart gezette ding wel is.

Merk op dat kleuters begrippen soms wel begrijpen, maar dat ze er andere woorden voor gebruiken. Soms vinden ze die woorden zelf uit (wriemeldraadjes). Carolien heeft op een speelse manier kinderen naar kunst laten kijken. Ze had maar één doelstelling:

- *De leerlingen leren dat tentoonstellen kan betekenen een speciale plek geven en ze kunnen dat toepassen.*

6.6.2 Groep 2 aan de maaltijd

Knippen en plakken is in groep 2 een veelgebruikte techniek. Dat hebben de kinderen dan ook redelijk onder de knie. Technisch is de hierna beschreven opdracht dan ook geen probleem en de introductie is een goede voorbereiding op de inhoud van de activiteit: een beeld van een maaltijd samenstellen.
De kinderen mochten in de kring eerst allemaal vertellen wat ze lekker vinden. Hierna werd gepraat over *'uit de muur eten'*, brood eten en warm eten. De vragen hoe je een tafel moet dekken en wat er allemaal op tafel kan staan bij het eten, leverde heel wat inzicht in huiselijke omstandigheden.
Vervolgens werden de kinderen twee aan twee bij een vel papier (32 × 60 cm) gezet om samen een bord met lekker eten te maken. Bord, mes, vork, beker enzovoort moesten er ook bij. Alles wat nodig is knippen en plakken en zo nodig aanvullen met tekenen. Er waren tijdschriften met relatief veel plaatjes over voedsel om

uit te knippen. Sommige kinderen hadden er moeite mee om samen één bord, dus één maaltijd te maken. De oplossing was dat ze een streep over het midden van het papier trokken en ieder een eigen bord maakten. Ze overlegden wel samen wat er op moest komen.
De activiteit werd aangevuld met beeldbeschouwing. De leraar liet op de wand een grote afbeelding zien van een stilleven van Willem Claesz Heda (Haarlem 1594-1678).

Leraar: *'Jullie hebben geknipt en geplakt en getekend om te laten zien wat je lekker vindt. Dit heeft meneer Heda gemaakt om te laten zien wat hij lekker vindt.'*
De eerste reactie: *'Bah, wat een vieze citroen.'*
Leraar: *'Wat zie je allemaal?'*
Kinderen: *'Een vis, een citroen, een broodje en een fles bier.'*
Leraar: *'Wat doe je ermee?'*
Kinderen: *'Je kunt het opeten en drinken. Een citroen met water en suiker is kwast en dat is erg lekker. Vis en broodjes zijn lekker, maar bier niet.'*
Leraar: *'Is dit wel bier? Bier zit vaak in een fles of in een ander glas. Is dit een gewoon glas?'*

Ze dachten dat het echt was, maar het was een schilderij. Weet waar je aan begint als je met kinderen kunst gaat beschouwen. Ze zullen je juist dat vragen waar je je niet op hebt voorbereid.

Kinderen: *'Het is een wijnglas. Het is vast duur, want er zitten stipjes op.'*
Kind: *'Wat ligt het allemaal slordig op tafel, ze eten het niet eens op, alles laten ze maar liggen.'*
Leraar: *'Dit is een schilderij.'*
Kind: *'Oohh, zeg dat dan, ik dacht dat het echt was.'*
Leraar: *'Dit is een schilderij en het hangt in een museum. Wat is een museum?'*
Kind: *'Daar kun je allemaal dingen zien, die je niet mee kunt nemen.'*

Zo ging het gesprek nog even door. De leraar wees de kinderen op de overeenkomst tussen hun werk en dat van Heda, want dat was haar doelstelling:
- *De leerlingen leren dat kunstenaars soms net zoiets maken als zijzelf.*

Het drong niet tot de kinderen door. Het begrip kunstenaar leek hun weinig te zeggen. Wanneer je tijdens zo'n gesprek merkt dat je een doelstelling niet haalt, is dat geen ramp. Uit dit voorbeeld blijkt dat de kinderen beginnen met associaties en dat ze vervolgens op drie punten scoren: ze zien een bijzondere vormgeving (stippen op het glas), een compositie (slordig) en ze ervaren dat een beeld niet de werkelijkheid is. Als je zoiets merkt tijdens een gesprek, ga je daar natuurlijk op in, want op dat moment hebben ze juist daar belangstelling voor.

6.6.3 ■ Reclame bij het ontbijt

Juf Gerda (groep 3) heeft drie doelen geformuleerd bij de activiteit die ze voor de kinderen van haar groep in gedachten heeft. Ze doet zelf verslag van de activiteit.

- *De leerlingen leren dat reclamemakers proberen hun producten te verkopen door aantrekkelijke verpakkingen te maken.*
- *De leerlingen leren reclame te onderscheiden in voor kinderen en voor grote mensen.*
- *De leerlingen leren de begrippen: verpakking en reclame.*

Ik vroeg de kinderen wat ze 's ochtends als ontbijt krijgen. Sommigen krijgen cornflakes of muesli. De meesten een boterhammetje met iets erop. Ook melk die uit pakken komt.
Ik heb ze gevraagd om verpakkingen als ze leeg zijn te bewaren en mee te brengen naar school. Omdat de verpakkingen die ik op het oog heb meestal niet direct beschikbaar zijn, vroeg ik dat al enkele weken tevoren. Ik zei niet waarom. In de loop van die weken heb ik het nog wel een paar keer herhaald.
'Lekker gegeten jongens? Wat heb je vanmorgen gehad?'
Alle kinderen nemen een verpakking mee van iets dat ze bij het ontbijt eten. Ik zorg zelf ook voor een aantal dingen (die ik zogenaamd eet). Ik neem ook een paar gevulde glazen potten mee met etiketten erop. Op de dag van bespreking zette ik alle verpakkingen op een tafel in het midden. Alle kinderen eromheen. De meeste kinderen dachten dat we winkeltje gingen spelen of *iets met centjes*. In het begin bleken de meesten nogal gefixeerd op wat ze zelf van huis hadden meegebracht.
We deden een kringgesprek over opstaan en ontbijten. Mijn vragen:

'Mag je zelf weten wat je eet? Hoe kies je? Waarom denk je dat iets lekker is? Mag je wel eens mee boodschappen doen? Kies je dan zelf iets uit?'
Ik weet nooit precies hoe een gesprek zich ontwikkelt, maar ik probeerde de kinderen te laten ontdekken dat ze keuzen maken op grond van verpakkingen, dat de verpakking meer is dan een verzameling letters waar op staat wat erin zit. Toen ze eenmaal door hadden waar het om ging, bleken ze verrassend kritisch te kunnen kijken.
Ik vroeg: *'Als je niet weet wat erin zit* (ik had een paar dingen met Duitse tekst erbij gedaan), *waarom zou je iets dan kiezen?'* Daar wilden ze niet aan.
'Ik ga niet zomaar wat uit een fles drinken' zei Irene, *'het kan wel vergif zijn.'*
'Als je er lekkere dingen op tekent, denken de mensen dat het ook lekker is wat erin zit', zei Mirza en die had toen precies begrepen waar ik heen wilde.
Na afloop gingen enkelen een tekening maken van *'een lekker potje jam voor kinderen'*.
Ik moet er nog wel eens op terug komen.

Gerda heeft zich laten inspireren door een les van een Amerikaanse collega. Daar ging het met een vergelijkbare groep kinderen over pakken cornflakes en andere cereals. Dat materiaal was beter vergelijkbaar voor kinderen en zij zagen direct het verschil tussen de pakken voor volwassenen en pakken die bedoeld waren om door kinderen te worden gekozen. Zodoende was het verloop van de les daar ook eenvoudiger. Deze les was voor de meeste kinderen te veel ineens, ook al wist Mirza precies te verwoorden waar het om ging. De kinderen waren eigenlijk bezig te proberen of bril vijf hen al zou passen. Gerda had ook wel door dat ze in haar enthousiasme te veel verwacht had: *'Ik moet er nog wel eens op terugkomen.'* Dat kinderen daarna de gelegenheid kregen het geleerde in praktijk te brengen met *'een lekker potje jam voor kinderen'* was een prima idee.

6.6.4 ■ Esthetische ervaringen uitwisselen

Meester Pierre vindt dat zijn leerlingen in veel opzichten oppervlakkig door het leven gaan. Aan heel wat gaan ze voorbij zonder er acht op te slaan. Ze weten bijvoorbeeld nauwelijks dat de dingen die ze thuis hebben staan, eens bewust gekozen zijn. Daar

gaat hij wat aan doen. Hij begint alvast met twee doelen te formuleren.
- *De leerlingen leren wat bij hen thuis en bij anderen aanwezig is.*
- *De leerlingen leren dat smaken verschillen.*

In grote lijnen heeft hij een plan klaar. Als introductie zal hij iets meenemen wat hij zelf mooi vindt. Daar houden ze dan een gesprek over. Hij gaat ook de leerlingen vragen iets te noemen wat zij thuis mooi vinden. Hij wil met de kinderen afspreken dat enkelen van hen per dag (op maandag, dinsdag en vrijdag) een voorwerp meenemen van thuis dat ze mooi vinden. Pierre heeft een briefje gemaakt voor de ouders waarin hij dit allemaal uitlegt. Hij vraagt daarin de ouders om medewerking. Zij worden verzocht het kind ook te helpen aan informatie (eventueel schriftelijk) over het meegenomen voorwerp. Als het mag, blijft het meegenomen voorwerp een paar dagen op school.

Pierre doet verslag van de activiteit.

De eerste keer (vrijdag) bracht ik een cd mee. Ik vertelde, dat ik het plaatje op het doosje minstens zo mooi vond als de muziek (*Yes – Tales from topographic oceans*). Ik zei dat de muziek vraagt om fantaseren, maar ik heb met opzet de muziek erbuiten gelaten (misschien iets voor een latere les muziek beluisteren). Kinderen vroegen na het horen of de muziek op de cd misschien toekomstmuziek is. Elk kind vertelde over zijn mooiste ding. Ik gaf gelegenheid tot vragen stellen en discussie. Kees Jan bracht een zilveren wijnbeker mee, zoals gebruikt wordt tijdens joodse godsdienstoefeningen. Voor Kees Jan had het voorwerp uiterlijk iets moois (zilversmeed- en graveerwerk), maar het had ook een gevoelswaarde, want de opa en oma van zijn moeder waren joods en ze waren in de Tweede Wereldoorlog omgekomen. De kinderen waren onder de indruk. Desgevraagd bleek de beker extra mooi te zijn door ingelegde stenen van onbekend materiaal.
Een uit hout gesneden olifant uit India, die de ouders van Leo cadeau hadden gekregen vonden ze knap gedaan. Het was handwerk. Dat vonden ze bijzonder en ook dat het helemaal uit India kwam. Ofschoon ik me afvraag wat ze zich daarbij voorstellen.
Vincent had een cadeau gekregen lappenpop bij zich, door een kennis gemaakt. Hij vertelde dat die pop altijd op zijn kamer stond. Dat bracht leerlingen op het noemen van allerlei steeds in het oog staande voorwerpen bij zichzelf en thuis. Vele konden ze nauwkeurig omschrijven. Dat viel mij erg mee.
Een reproductie van M. Escher (vissen/ganzen) werd door Mascha meegebracht. Ze legde de prent knap uit en wees andere kinderen op de overgang. Dit voorwerp resulteerde in het bekijken van een boek over Escher en leerlingen probeerden enthousiast uit te vinden waar bij bepaalde afbeeldingen de clou zat. Ik heb toen meteen besloten binnenkort met de kinderen hexaflexagons te gaan maken.
Karel had een serie in elkaar passende Russische houten poppetjes (matriosjka) bij zich. Zijn ouders komen uit Polen. De leerlingen kenden het van de televisie.
Toen Elles aan de beurt was pakte ze haar schat heel voorzichtig uit. Niemand mocht eraan komen. Het was een antiek parfumflesje met een tinnen afsluiter. Een erfstuk uit de familie. Ook hier bleek de gevoelswaarde te overheersen.
Een gebrand houten doosje dat Elsemarie liet zien had ze als presentje gekregen na een reis die haar ouders gemaakt hadden.
Mariëlle bracht een knuffel. Een levensgroot speelgoedbeest dat voornamelijk emotionele waarde had.
Van de 30 leerlingen namen er 18 een voorwerp mee. De voorwerpen hadden voor vrijwel iedere leerling voornamelijk gevoelswaarde. Deze waarde bepaalde vooral of ze het mooi vonden. De leerlingen constateerden: 'Wat mooi is, bepaal je zelf. Wat de één mooi vindt, vindt de ander lelijk.'
Toen Maarten het woord kunst noemde, spraken we daar kort over. Daar gaan we het nog wel eens uitgebreid over hebben. Nu waren de meningen:
'Kunst is met de handen gemaakt. Van een kunstvoorwerp is er maar één echte. Kunst is knap. Als heel veel mensen het mooi vinden, is het kunst. Eigenlijk kan iedereen kunst maken.' Ik heb al die uitspraken opgeschreven en beloofd dat we nog wel eens zullen kijken of dat allemaal waar is.

Pierre nam het zijn leerlingen kwalijk dat ze oppervlakkig door het leven gaan en hij gebruikte een beeldonderwijsactiviteit om daar iets aan te doen. Dat was een uitstekende beslissing, en de activiteit zelf begon ook goed. Uit het verslag blijkt echter dat Pierre zelf ook nogal oppervlakkig bezig is. Je krijgt de indruk dat de leerlingen niet veel meer doen dan het meegebrachte werk tonen en er iets over zeggen. Uit niets blijkt hoe betrokken de kinderen zijn bij het werk dat ze meebrengen en Pierre moedigt hen en anderen ook niet aan ergens dieper op in te gaan. Je komt er niet achter of de kinderen echt betekenis geven aan wat ze van huis meebrengen of aan wat ze voor het eerst zien. Pierre laat de kinderen niet nadenken over hun uitspraken. Zodoende komen ze nauwelijks tot enige zelfreflectie, tot nadenken over wat ze zelf mooi of goed vinden. Niemand vergelijkt bewust zijn mening met die van anderen. Het leren luisteren en tot je laten doordringen van wat anderen zeggen en daarop reageren gebeurt misschien wel een beetje, maar omdat Pierre er geen punt van maakt en het in zijn verslag niet expliciet noemt, kun je verwachten dat deze activiteit lang niet dat effect gehad heeft wat het zou kunnen hebben. Leren denken over beelden, leren betekenis te geven en leren stelling te nemen, hebben effect op het leren betekenis te geven aan het leven zelf. Daar moet je serieus mee omgaan.

In een activiteit als deze kan goed tot uiting komen dat mensen zich omringen met dingen en afbeeldingen waar ze waardering voor hebben, waar ze om geven, waar ze van houden, waar ze tegen op kunnen zien, waar ze een religieuze binding mee hebben. De smaak, de voorkeur van de mensen wordt ergens door bepaald. Het is belangrijk kinderen die verschillen te leren respecteren. Respect voor de eigen omgeving is de basis voor het respecteren van die van anderen. Invloeden vanuit andere culturen kunnen onze eigen cultuur verrijken. Daar zijn talloze voorbeelden van te geven. (Eten-rijsttafel-Indonesië, sport-voetbal-Engeland, kleding-spijkerbroek-Amerika.) Met een dergelijke activiteit kun je als doelstelling schrijven:
- *De leerlingen leren rekening te houden met het feit dat we in een maatschappij leven met verschillende etnische en culturele groeperingen.*

Daarbij denk je niet alleen aan wat we nu *allochtonen* noemen. Er zijn in onze cultuur veel meer subculturen dan alleen die van huidskleur, geloof en land van herkomst. Er zijn veel eigentijdse uitingen uit verschillende culturen. Denk aan al die afbeeldingen op T-shirts, aan de scheve pet van de rapper, aan tuinkabouters en bling-bling...

6.6.5 Groep 5 kijkt naar kalenders

Het is eind van het jaar en in veel gezinnen wordt nu een kalender voor het volgende jaar aangeschaft. Meester Arend Jan heeft een aantal bladen van verschillende kalenders meegebracht. Die hangen al een paar dagen in een groep bij elkaar op het prikbord. De meeste kinderen hebben er al eens naar gekeken en er samen over gepraat.
Omdat het donker weer is en het licht niet aan, komt de grote afbeelding die Arend Jan op de wand laat zien goed uit (hij gebruikt de projector van de school). Het is een afbeelding uit het getijdenboek dat de Gebroeders van Limburg maakten voor de Hertog van Berry. Dat vertelt hij er niet bij. Hij laat de kinderen alleen kijken, in doodse stilte, een halve minuut lang. Daarna gaat het beeld weg en vertelt één van de kinderen alles wat hij heeft gezien. Daarna mogen anderen zeggen wat hij heeft vergeten. Dan laat ze het beeld opnieuw zien. Nu blijken ze nog veel meer te hebben vergeten. Er zijn zo'n vijf kinderen nodig om alles op te noemen. Ze vinden het een plaat van vroeger; sommigen zeggen *een foto*, anderen *een schilderij*. Arend Jan vertelt iets over sterrenbeelden en over de oude letters en cijfers. Zo komen ze bij hun eigen sterrenbeelden en bij kalenders. De plaat hoort bij de lente, denken ze, omdat iemand aan het ploegen is, maar anderen zeggen dat je juist in de herfst moet ploegen. Het kan ook herfst zijn (kale bomen) of zomer (zon). Omdat er ook mensen aan het planten zijn, besluiten ze dat het een lenteplaat moet zijn. (Dat klopt, het is de maand maart.)
'Zie je' zegt Arend Jan, *'zo'n beeld vertelt je van alles, als je maar goed kijkt.'*
Dan mogen een paar kinderen vertellen over hun kalender thuis en wat er zoal op staat. Nu bekijken ze ook de kalenderplaten op het prikbord met andere ogen en ze spreken af dat alle kinderen het laatste blad van de oude kalender van thuis mee zullen nemen.

Een bladzijde uit het getijdenboek van de Duc de Berry. Beeldbeschouwen in groep 5.

Het is onvoorstelbaar wat kinderen aankunnen als je een onderwerp op de juiste manier introduceert. Kun je je voorstellen dat je van een stage terugkomt en nonchalant meedeelt dat je in groep 5 een bladzijde uit het *Les tres riches heures du Duc de Berry* hebt behandeld? Deze kinderen waren er niet van onder de indruk, die keken gewoon, maar wel goed.

Arend Jan heeft naast beeldonderwijs een stukje uit het domein *oriëntatie op jezelf en de wereld* behandeld. Dat kon gemakkelijk, want met het kalenderblad als uitgangspunt kun je in feite alle kanten op. Als je samenhang wilt laten zien, is een fysiek object vaak een goed uitgangspunt.

In het nieuwe jaar brachten de meeste kinderen een kalenderblad mee. Die werden allemaal opgeprikt. Meester Arend Jan liet ze toen ontdekken hoe zo'n kalender precies werkt, met maanden en dagen. Hij liet ze ook zelf opmerken dat de cijfers en letters vaak wel erg verschilden. Vervolgens mocht ieder een kalenderblad maken van de dag waarop hij of zij jarig was met een tekening erop en met de maand en de dag in letters en cijfers. Een paar kinderen moesten eerst thuis gaan vragen wanneer ze jarig waren (het stond wel in de administratie van Arend Jan, maar dat vertelde hij niet).

De zelfgemaakte kalenderbladen werden vervolgens gebundeld tot een verjaarskalender van de klas en natuurlijk heeft meester Arend Jan er zijn eigen verjaardag ook bij getekend.

6.6.6 ■ Een interculturele show in groep 6

Meester Warre geeft les op een 'bruine' basisschool. In zijn groep (7) zitten behalve Nederlandse kinderen ook kinderen van Marokkaanse, Turkse, Surinaamse en Antilliaanse afkomst. Er zijn ook een paar kinderen waarvan alleen de vader of de moeder oorspronkelijk Nederlands is. De verhouding is ongeveer half om half. Ze doen bij meester Warre in de klas niet of ze dat niet merken. Er wordt juist vaak over gepraat, want meester Warre zegt vaak: *'Je kunt elkaar beter leren kennen als je met elkaar praat over jezelf.'* Ze bespreken in de groep geregeld overeenkomsten en verschillen. Het komt gewoon vaak aan de orde in de lessen van meester Warre. Nou ja, hij stuurt het meestal wel die kant op. Vandaag een les beeldonderwijs met als doelstellingen:

- *De leerlingen leren dat verschillende culturen verschillende uitingsvormen hebben.*
- *De leerlingen leren dat in islamitische culturen versieringskunst belangrijker is dan figuratieve kunst.*
- *De leerlingen leren een eenvoudig geometrisch versieringsmotief toepassen.*
- *De leerlingen leren de begrippen geometrische vorm en lijnconstructie.*

Warre heeft van huis een houten bord uit Suriname en een bronzen dienblad uit Marokko meegebracht. Beide zijn vakantiesouvenirs. De kinderen weten dat Warre in hun land geweest is en ze zijn er maar wat trots op. Als Warre het bronzen bord omhoog houdt roept Aysun meteen: *'Dat hebben wij ook.'* De beide

borden worden doorgegeven. Alle kinderen mogen ze even vasthouden. Ze kijken naar de versiering maar zijn vooral verrast door het verschil in gewicht. Het houten bord is gemaakt van een heel zachte en lichte houtsoort en het bronzen bord is nogal groot (en van brons) en dus *'loeizwaar'* volgens Olaf.
Het gaat daarna vooral over de versiering op beide borden. De kinderen proberen met hun vingers de lijnen in het brons te volgen. Warre vraagt de kinderen hoe ze denken dat de borden gemaakt zijn. Voor allebei de borden vinden ze een manier van werken: het houten met een mesje en een guts, in het bronzen bord zijn de lijnen en structuren met beiteltjes en een hamer gemaakt.
Dan vertelt Warre waarom in islamitische culturen geometrische versieringskunst zo belangrijk is. Hij laat een paar grote foto's zien van tegelpatronen uit gebouwen in Turkije en Spanje en vertelt over Arabieren en rekenkunde en omdat de kinderen ook telkens met nieuwe vragen komen, wordt deze oriëntatie veel langer dan hij gepland had.

Een paar dagen na deze beeldbeschouwing (de beide borden blijven in het lokaal zodat de kinderen ze geregeld zien) geeft meester Warre de opdracht om zelf een geometrische versiering te maken. Ze hoeven het niet allemaal zelf te bedenken; hij heeft op vellen tekenpapier (A4) met de printer een grote ster afgedrukt. Daarbinnen komt de versiering met alleen rechte lijnen. Een liniaal gebruiken is verplicht. Binnen de vakjes die ontstaan mogen ze kleur aanbrengen. Het tekenen met een liniaal bleek nog niet zo eenvoudig, maar de resultaten waren prachtig en vooral kleurrijk.

Praktijk met beeldbeschouwing als introductie is een uitstekend uitgangspunt. Beschouwen (reflectie) moet zo mogelijk een relatie hebben met het eigen werk van de leerling. Het wil zeggen dat reflectie bij voorkeur betrekking heeft op wat de leerling aankan en wat hem interesseert. De problematiek van het werkstuk dat hij moet maken of juist gemaakt heeft kan hij blijkbaar aan, anders had de leraar hem daarmee niet geconfronteerd. Omdat hij zelf productief met die problematiek bezig is, zal hem dat ook het meest interesseren. Daarom kies je voor reflectie bij voorkeur iets dat een relatie heeft met het eigen werk van de leerling. Op een andere manier actief ermee bezig zijn dan door een beeldend werkstuk te maken is ook prima. Het is jammer dat Warre niet meer aandacht heeft geschonken aan de constructie van geometrische versieringen. Nu ontstond er (zoals ook blijkt uit de tekening van Aysun) een nogal onbegrepen invulling van de ster. Misschien was een les aan de hand van tegels met sterpatronen beter geweest. Ook de systematiek van het kleurpatroon bleef onbelicht.
Als je in je eigen praktijk merkt dat jouw introductie niet helemaal adequaat is geweest (zoals hier), is het goed om dat bij de nabespreking te noemen. Samen met de leerlingen kun je dan nagaan wat beter gekund had. Warre zou bijvoorbeeld alsnog een paar tegels kunnen laten zien en die kunnen laten vergelijken met het werk van de leerlingen.

6.6.7 ■ In groep 7 hebben ze een eigen mening
Juf Elien is hevig geïnteresseerd in alles wat met natuur te maken heeft en dat is te merken in haar onderwijs. Die betrokkenheid stelt haar in staat om er met enthousiasme over te praten met leerlingen. Zij weet vaak beter dan anderen wat er op haar interessegebied

Aysun vroeg of ze ook hokjes wit mocht laten. Dat mocht natuurlijk. Aysun heeft niet goed begrepen dat er in het patroon en ook in de plaats van de kleuren eigenlijk meer systematiek had moeten zitten. Maar dat was haar ook niet goed uitgelegd.

speelt, heeft onderwerpen en voorbeelden waar anderen niet opkomen. Heb jij ook een interessegebied? Gebruik het.

Juf Elien heeft gemerkt dat sommige van haar leerlingen moeite beginnen te krijgen met het zich handhaven in de groep. Ze voelen zich onzeker, durven niet meer zo goed, denken dat ze alles fout doen en willen zich graag aanpassen aan wat anderen doen en zeggen. Elien maakt er zich niet al te ongerust over omdat ze weet dat dit voor een deel een leeftijdsprobleem is, maar ze wil er wel wat aan doen. Als doel voor de activiteit die ze heeft bedacht staat er dan ook:

- *De leerlingen leren dat een eigen mening vaak afwijkt van die van anderen.*

Ze realiseert zich dat juist de leerlingen die ze op het oog heeft dat natuurlijk ook wel weten, en ze weet dat ze juist daaraan moet werken: laten ontdekken dat zo'n afwijkende mening legitiem kan zijn.

- *De leerlingen leren dat afwijkende meningen goed en waardevol kunnen zijn.*

Een mening geven is immers het formuleren van de betekenis die iets voor je heeft.
Elien gaat beeldbeschouwen gebruiken om die doelen te bereiken. Ze kwam op het onderwerp door een artikel en een tekening in de krant. Het ging over het weghalen van hekken om het nationale park De Hoge Veluwe.
Ze heeft ook nog een paar extra doelstellingen voor beeldbeschouwen geformuleerd.

- *De leerlingen leren een mening over beeldend werk te beargumenteren.*
- *De leerlingen leren een mening schriftelijk te formuleren.*
- *De leerlingen leren dat er verschil is tussen mening en feit.*

Het is nogal wat. Dat beseft Elien ook. Ze gaat het stapsgewijs doen, in drie lessen.

Jouw mening, jouw betekenis

Voor de eerste les maakt ze kleine kaartjes met in de linkerbovenhoek een grote rode plakker, voor iedere leerling een. Zonder enige voorbereiding vertelt ze de leerlingen dat ze een foto van een hert zal laten zien en dat ze er tien seconden naar mogen kijken en dan opschrijven wat ze daarbij denken of voelen. Niemand mag iets zeggen. Dat vinden de kinderen best spannend. Op het scherm verschijnt een foto van een hert aan een bosrand, tien seconden, dan is het weg. Iedereen schrijft. Het duurt niet lang of ze zijn allemaal klaar. Elien heeft inmiddels een kopie van de foto op het prikbord gezet en alle kinderen mogen hun kaartje erbij prikken. Ze willen ook lezen wat anderen geschreven hebben. Dat mag, maar de eerste les is hiermee afgelopen.
In de loop van de week schrijven de leerlingen met de tekstverwerker hun kaartjes over op één vel papier. Dat wordt voor iedereen afgedrukt.
De tweede les begint met het samen praten over de teksten. Het hert aan de bosrand staat weer groot op het scherm. Er zijn grote verschillen in wat er geschreven is en er wordt veel gelachen als ze merken wat allemaal mogelijk is. Ieder zijn eigen mening. Elien wijst erop dat hier geen fouten inzitten (wel taalfouten en die haalt ze er dan met een grapje ook uit).

Wat zie je? Geef feiten

Dan worden er opnieuw kaartjes uitgedeeld, nu met een gele stikker. Op het scherm verschijnt een beeld van een hert op een rots, daaromheen andere dieren. Een sterk

Nicole kon zich verplaatsen in de gevoelens van het hert: boos, omdat een roofvogel met zijn kindje wegvliegt. Daar is over te praten.

naturalistisch schilderij. Nu blijft het beeld staan en hebben de leerlingen de opdracht te schrijven wat hen in het schilderij allemaal opvalt, te beginnen met wat het meeste opvalt. Wie een kaartje volschrijft mag er nog een pakken.

Opnieuw het ritueel van opprikken en overschrijven in de loop van de week.

De derde les heeft ieder een paar vellen tekst voor zich, want er is heel wat geschreven over wat tot nu toe allemaal opviel. Het is ook heel verschillend. Daar wordt over gediscussieerd. Ze vergelijken het met wat ze eerder schreven over wat ze dachten en voelden. Het blijkt dat je over veel dingen een eigen mening kunt hebben, maar dat feiten niet te loochenen zijn: *'Dit is geen foto. Je kunt zien dat het niet in Nederland is. Op de voorgrond ligt een hinde.'*

Nu vissen ze er samen ook teksten uit die te maken hebben met beeldaspecten. *'Het hert is heel belangrijk want hij staat boven op een rots, ...in het midden, ...met alle ander dieren eromheen.' 'De wolk is net als het hert.'*

Nicole vindt dat het hert boos is omdat een roofvogel in de verte met een pasgeboren hertje wegvliegt. Elien vraagt waarom ze dat niet opgeschreven heeft. Nicole: *'Omdat het hert dat voelde.'* Daar moet juf Elien eerst even over nadenken, maar dan begrijpt ze het. *"Bij de rode stikker ging het om wat jij voelde, Nicole. Het ging om wat jij dacht. Jij dacht: wat zielig. Bij de gele stikker ging het om wat jij zag, en jij zag de roofvogel met het kleine hertje wegvliegen, toch? Dat is een feit, dat had je op mogen schrijven. Maar je hebt me goed geholpen door het te zeggen. Nu kon ik het nog eens goed uitleggen. Dank je wel.'*
'Bij de rode stickers hebben jullie opgeschreven hoe je erover dacht. Dat betekent het voor jullie. Dat is jullie mening. Daar heb je betekenis gegeven. Het kan best zijn dat de schilder iets anders bedoelde, maar had hij dat maar duidelijker aan jullie moeten vertellen met zijn schilderij.'

Symboliek

Als het 'hertenprobleem' voor de derde keer besproken wordt, zorgt het beeld dat dan te zien is voor enige hilariteit. Het is een hert met een stuk prikkeldraad en een tang tussen de uitlopers van zijn gewei (NRC 16-1-07, Cyprian Koscielnak). Juf Elien vertelt er niets bij en de kinderen mogen nu op de kaartjes (met een blauwe sticker) alles opschrijven over het beeld wat ze willen. De kinderen weten nu zelf al wat er verder moet gebeuren.

Bij de bespreking blijkt dat niemand de symboliek van het stuk prikkeldraad en de tang in het gewei begrepen heeft. Dat was te verwachten, want zelfs als ze het verhaal van Sint Hubertus gekend hadden dan hadden ze de link naar het artikel in de krant niet geweten.

Juf Elien had daar ook op gerekend en met veel afbeeldingen erbij vertelt ze het verhaal van St. Hubertus en wat er in de krant stond over de onenigheid vanwege het openstellen van het park De Hoge Veluwe. Zo worden de begrippen *feit, symboliek* en *symbool* duidelijk. *'Het is een feit'*, zegt Elien *'dat het kruis een symbool is voor het christelijk geloof.'*

De kinderen krijgen allemaal drie kleine afbeeldingen van de drie beelden en samen met hun kaartjes plakken ze die op een vel papier voor in hun persoonlijke portfolia. Wie wil kan er nog bijschrijven wat hij geleerd heeft.

In volgende dagen herhaalt Elien geregeld de begrippen *mening, opvatting, betekenis, feit* en *symbool*. Kinderen noemen andere symbolen die ze kennen. Als Elien een afbeelding vindt van het jachtslot in het park De Hoge Veluwe is dat een mooie gelegenheid om opnieuw over St. Hubertus te praten en over symboliek in de architectuur. Het slot is namelijk gebouwd in de vorm van een gewei. Op die manier kan een gelukkig toeval je helpen samenhang te brengen in wat je leerlingen leert. (Zie voor meer afbeeldingen en het krantenartikel de website.) 🌐

6.6.8 ■ Een klasgenoot vereeuwigd

Een groepje leerlingen van groep 8 kijkt met belangstelling naar een stoffige reproductie van een schilderij van Rembrandt: Meisje met bezem (National Gallery te Washington). Juf Regina heeft het in een berghok gevonden en nu staat het tegen de muur van de klas op de grond.
'Het moet schoongemaakt worden', zegt Corinne en ze haalt de vochtige borddoek. Ze wrijft daarmee stevig over de lijst zodat die er een stuk beter uit gaat zien. Janinne heeft uit de werkhoek een grote (droge) kwast gehaald en stoft daarmee voorzichtig het papier af. Misschien heeft er ooit glas voor gezeten, maar dat is er nu uit. Juf Regina komt de klas binnen en ziet de meisjes bezig. *'Heb ik gevonden'* zegt ze, *'zet het maar op de krijtplank voor het bord, dan gaan we het eens goed bekijken.'*
Groep 8 schaart zich rond de plaat, want ze kennen dit inmiddels; *'goed bekijken'* is altijd het begin van een mooi verhaal. *'Het lijkt mij een reproductie van een schilderij'*, zegt Regina. *'Wat staat er allemaal op?'*
Nadine mag beginnen te vertellen wat ze ziet, anderen vullen aan: *'Ze heeft rood haar. Ze moet het huis schoonmaken met een oude bezem. Ze heeft net koffie gekregen. Je kunt niet zien of het koffie is, het kan ook wat anders zijn. Het moet heel lang geleden zijn want zulke kleren hebben we nu niet meer. Misschien is het in een ander land. Ze kijkt je precies aan. Ze is verdrietig, want ze moet hard werken. De emmer is omgevallen. Ze moet een vies stinkhok schoonmaken. Hoe weet je dat het stinkt? De emmer is omgevallen en er is maar een klein raampje. Je kunt alleen maar haar bovenlijf zien, waar is de rest? Ze zit op haar knieën. maar dat kun je niet zien. Het is een oud schilderij, oude schilderijen zijn vaak heel donker.'*
Beschrijvingen en interpretaties door elkaar.
Juf Regina verbaast zich erover dat ze nog niet geconstateerd hebben dat het wel eens van Rembrandt kan zijn, want een paar weken terug heeft ze zijn manier van schilderen met de kinderen besproken en het licht moet toch wel opvallen. Ze is een beetje teleurgesteld. Ze besluit het gesprek een beetje te sturen.

'Youssouf zei dat er maar een klein raampje was in het hok, jammer toch dat de schilder het dus niet allemaal zo goed kon zien.' Nou, daar zijn ze het dus niet mee eens. De schilder heeft het expres zo geschilderd. Hij zal heus niet met zijn schildersezel in zo'n klein hokje zijn gaan zitten. Hij heeft het zo bedacht.
Het is duidelijk dat dit niet de eerste keer is dat ze over schilderijen praten. Het duurt dan ook niet lang of Rembrandt wordt genoemd. Juf Regina is tevreden.
Dan weer teug naar het schilderij. Regina vraagt: *'Waar zou het meisje aan denken? Hoe oud zou ze zijn? Waarom zou Rembrandt haar geschilderd hebben?'*
Er komen velerlei antwoorden die aanleiding geven tot praten over de meest uiteenlopende onderwerpen, van buiten spelen tot mensenhandel en van kinderarbeid tot milieuhygiëne. De kinderen zijn er helemaal bij betrokken: *'Zou jij zo geschilderd willen zijn?'*, vraagt Regina. *'Als ze van jou een portret zouden schilderen, wat zou je dan in je hand willen houden? Waarom?'* Opnieuw allerlei ideeën.
Regina vindt het op een gegeven ogenblik mooi genoeg: *'Weet je wat? Jullie gaan zelf een portret tekenen van iemand anders in de klas. De volgende week beginnen we. Je mag dan zelf weten welke kleren je aan wilt hebben en wat je in de hand wilt houden moet je zelf meebrengen. We gaan vandaag lootjes trekken wie wie gaat tekenen.'* Niemand maakt bezwaar of roept dat hij dat niet kan, want ze weten: bij juf Regina doe je het gewoon.
Zo gewoon is het overigens niet. Ze willen in de volgende les allemaal tegelijk beginnen te tekenen, maar dat gaat niet. De helft moet poseren totdat de ander de 'opzet' klaar heeft. *'De opzet'*, legt Regina uit, *'is: met dunne lijntjes en een lichtblauw krijtje tekenen totdat het portret er groot opstaat. Als dat klaar is, wissel je van poseren. Daarna kun je allebei tekenen en alleen even poseren als de ander dat vraagt.'*
Corinne heeft het moeilijk want ze moet Job tekenen en die wilde een kip vasthouden en die moet Corinne nu uit het hoofd doen. *'Dan kijk je toch in het kippenboek'*, zegt Nogalie die naast haar staat. Dat vindt juf Regina een goed idee.

In het berghok gevonden, maar zeer geschikt voor beeldbeschouwen. Kinderen laten ontdekken dat het beroep van kunstenaar even normaal is als elk willekeurig ander beroep, is een van de doelstellingen van de lessen tekenen en handvaardigheid. Ontmythologiseren noemen we dat.

Regina had goed gezien dat het geen zin heeft om te proberen de kinderen in de stijl van Rembrandt te laten tekenen. In de meeste klaslokalen is daarvoor te veel en te verstrooid licht aanwezig. Dat vraagt te veel van de verbeeldingskracht van kinderen. Wil je de leerlingen ook maar een beetje laten zien hoe licht/donker er in werkelijkheid uitziet, dan zul je ten minste moeten zorgen dat het licht van één kant komt. Is dat wel mogelijk, gebruik dan zwart papier om op te tekenen en te schilderen zodat je eerder het licht/donkereffect bereikt. Regina legde er in de begeleiding vaak de nadruk op dat ze moesten letten op de kleding, op de houding van de armen en handen en wat werd vastgehouden en pas daarna op het haar. De benen hoefden er niet op. Het bovenlijf was genoeg. Van het meisje zag je immers de benen ook niet. En ze mochten alleen zwart gebruiken als er ergens echt helemaal pik en pikzwart was. Dat om te voorkomen dat rond neuzen en ogen dikke zwarte lijnen zouden ontstaan.
Regina heeft het goed aangepakt. Het is een manier van werken die niet academisch is, en die aansluit bij wat kinderen uit zichzelf ook zouden doen.
Bij de nabespreking had Regina een vijftal grote afbeeldingen van kinderportretten erbij waaronder *het meisje met de bezem*. Ze had van alle afbeeldingen kleurafdrukken gemaakt op A4-formaat. De kinderen moesten zoeken naar overeenkomsten tussen hun eigen schilderingen en een van de kunstwerken. Anderen mochten daarbij helpen.

Vragen en opdrachten

1. Laat in je stagegroep een afbeelding zien. Ieder moet opschrijven wat hij het eerste denkt als hij dat beeld ziet. Verzamel de uitspraken en maak vervolgens een les over *betekenis verlenen* met dit materiaal als uitgangspunt.
2. Welke zijn voor jou de twee meest markante leerervaringen uit dit hoofdstuk? Noteer die en bespreek ze met een studiegenoot die dezelfde notitie maakte.
3. Maak een lijst van alle cultureelerfgoedactiviteiten die op jouw stageschool gedaan worden. Kun je er zelf nog een paar bedenken die ook mogelijk zouden zijn?
4. Welke overeenkomst is er tussen het beeldmateriaal dat je gebruikt bij lessen beeldbeschouwen en het eigen werk van leerlingen?
5. Bereid een bezoek voor aan het atelier van een kunstenaar in de buurt van je stageschool en probeer dit bezoek met je stagegroep ook echt uit te voeren. Noteer vanaf het prille begin hoeveel tijd je in de voorbereiding, uitvoering en evaluatie steekt. Loont het de moeite hiervan een verslag te maken dat je later nog eens kunt raadplegen?
6. Fotograferen is een manier van beelden maken die in veel culturen wordt gebruikt. Praat daarover met de leerlingen van jouw stagegroep. Laat ze daarna ieder een foto maken van iets dat specifiek bij hun eigen cultuur hoort en waarover ze een vriendje uit een andere cultuur iets willen laten zien. Schrijf hierover een les met doelstellingen en maak er een verslag van.
7. Maak een activiteit voor groep 2 en een voor groep 8 over ongeveer hetzelfde onderwerp. Probeer die activiteiten ook te laten doen (schakel eventueel een studiegenoot in) en leg ze vast of laat ze vastleggen op video. Bespreek de lessen met je studiegenoten.
8. Noteer welke cultuurgroepen in jouw stagegroep vertegenwoordigd zijn en schrijf vervolgens van elk van die culturen op wat je ervan weet. Is dat genoeg om er goed mee te kunnen omgaan? Is Surinaams één cultuur? Ga na waar je eventueel informatie kunt krijgen over verschillende cultuurgroepen in onze samenleving.
9. Als er in jouw studiegroep studenten met verschillende culturele achtergronden zitten, is dat een goede gelegenheid om lessen met betrekking tot interculturele vorming eerst met hun door te nemen. Doe dat, en noteer zorgvuldig waarin hulp van anderen onontbeerlijk was.
10. Wat is het verschil tussen cultuureducatie en kunsteducatie?
11. Verzamel samen met een studiegenoot zo veel mogelijk gegevens over het ruimtelijke beeld dat het dichtst bij je stageschool staat. De leerlingen kennen het waarschijnlijk. Zoek (in kunstgeschiedenisboeken of elders) een beeld op dat naar jullie mening verwantschap vertoont. Maak er een beeldbeschouwingsles over waarin je onder andere die verwantschap verklaart. Gebruik de gegevens van die twee beelden om de leerlingen te inspireren tot het maken van een eigen beeld.
12. Maak samen met een studiegenoot een activiteit zoals praktijkvoorbeeld in 6.6.8, maar dan voor handvaardigheid. Het gaat erom dat leerlingen een portret boetseren van een klasgenoot. Bedenk zelf andere doelen dan voor tekenen gebruikt zijn.
13. '...*met het kalenderblad als kern kun je in feite alle kanten op.*' (6.6.5). Maak samen met een studiegenoot een aantal lessen op basis van het kalenderblad waarin je verschillende vakken aan de orde laat komen. Er moet wel telkens een relatie met beeldonderwijs zichtbaar blijven. Dat is gemakkelijk te controleren als je voor elke activiteit ook een doelstelling voor beeldonderwijs formuleert. Je kunt het ook voor een andere groep dan groep 5 doen.
14. Had Carolien (6.6.1) inderdaad maar één doelstelling? Bespreek met een studiegenoot welke doelstellingen (meervoud) Carolien ook nog had kunnen schrijven.
15. In paragraaf 6.4.5 wordt Brancusi genoemd. Maak een handenarbeidles voor de bovenbouw waarin je het begrip *abstraheren* combineert met het maken van bijvoorbeeld een zeehond of een vis. Combineer dat met een beschouwing van het werk van Brancusi.

De meeste ideeën over onderwijs zijn niet nieuw, maar niet iedereen kent de oude ideeën.'
Euclides

Orde op zaken bij beeldonderwijs

7.1 **Introductie** *205*
7.1.1 Het schoolplan *206*
7.1.2 De schoolgids *206*
7.1.3 Onderwijsactiviteiten *206*
7.2 **Starten met een activiteitenbeschrijving voor beeldonderwijs** *207*
7.2.1 Vaststellen wat er nu gedaan wordt *208*
7.2.2 Vragenlijsten voor de huidige situatie *208*
7.2.3 Wat willen we in de toekomst? *209*
7.3 **Beeldonderwijs beschrijven** *209*
7.4 **De visie op beeldonderwijs** *210*
7.5 **Differentiatie** *210*
7.5.1 Differentiatie: het jonge kind *211*
7.5.2 Ontwikkelingsgericht onderwijs *211*
7.5.3 Differentiatie: het oudere kind *212*
7.6 **Didactische werkvormen** *212*
7.6.1 Thematisch werken *213*
7.6.2 Zes lessen over kleur is niet gelijk aan thematisch werken *214*
7.6.3 Themakeus bij thematisch werken *214*
7.6.4 Werkvormen: een verhaallijn als thema *214*
7.6.5 Activiteiten voor een thema uitgestippeld *215*
7.6.6 Thematische activiteiten voor handenarbeid *216*

7.7	**Samenhang aangeven** *218*	
7.7.1	Vak(grens)overstijgende activiteiten *219*	
7.8	**Resultaten noteren** *219*	
7.9	**Leerstofkeus** *220*	
7.9.1	Oordeel over een methode *221*	
7.9.2	De leerlijn *221*	
7.9.3	Stappen binnen leerlijnen *222*	
7.9.4	Een leerlijn op basis van beeldaspecten *222*	
7.9.5	Het eclectisch model *227*	
7.10	**De organisatie** *227*	
7.10.1	Organisatie: de plek *227*	
7.10.2	Werken in hoeken *228*	
7.10.3	Een schilderhoek *229*	
7.10.4	Het materiaal en de berging *229*	
	Vragen en opdrachten *230*	

7.1 ■ Introductie

Meester Frits van groep acht is zoals hij zelf zegt van de oude stempel. Hij vindt dat de school er is om leerlingen iets te leren. Niet dat zijn school (Frits is ook nog eens directeur) een leerfabriek is, verre van dat. Soms lijkt het meer alsof er een groot familiefeest aan de gang is. Iemand die er toevallig binnen zou lopen zou soms kunnen denken dat de leerlingen in verschillende groepen maar een beetje aanrommelen. Maar het onderwijsplan dat Frits samen met de andere leraren heeft opgesteld en dat elk jaar wordt bijgewerkt, zit goed in elkaar en geeft duidelijk aan dat de opvatting van Frits door anderen gedeeld wordt.

Groep acht heeft de citotoets achter de rug, en omdat het aan de ene kant nu toch een beetje naar het einde van het schooljaar loopt en meester Frits aan de andere kant de laatste maanden toch nog het een en ander aan zijn leerlingen wil leren, heeft hij het project *beroepskeuze* gestart. Hij doet het nu al voor de vierde keer en elk jaar loopt het beter omdat Frits er zelf elk jaar ook weer wat bijleert. Niet alleen door het project in de groep te doen, maar ook doordat Frits zijn vak bijhoudt. Van routine is bij Frits niet gauw sprake. Hij probeert vaak iets nieuws uit. Zo gaan de leerlingen dit jaar voor het eerst zelf met digitale camera's op stap.

De meeste leerlingen hebben nog geen idee van wat ze later willen worden en het is ook niet de bedoeling dat ze dat door dit project te weten komen, maar meester Frits wil ze wel bewust maken van het feit dat ze met een vervolgschool toch al een beetje kiezen en hij wil ze een beetje laten proeven van wat er bij verschillende beroepen komt kijken. De klas is verdeeld in groepjes van drie leerlingen die samen een beroep hebben gekozen waarover ze informatie moeten verzamelen. Vervolgens moeten ze (zogenaamd) mensen werven die daarvoor opgeleid willen worden. Daarvoor moet de gevonden informatie worden verwerkt in aantrekkelijke folders waarin tenminste één zelfgemaakte foto, één tekening en één grafiek voor moeten komen.

Het kan niet anders zijn dan dat in voorgaande klassen een start gemaakt is met zelfstandig werken, samenwerken, onderzoek doen en werken met computers. In de lessen beeldonderwijs hebben de leerlingen al eerder gewerkt met begrippen als opmaak en lay-out en ze kunnen beelden ook met de computer bewerken.

Meester Geert (andere school) denkt er anders over. Hij vindt dat leerlingen de basisschool vooral moeten ervaren als een speelterrein. *Al spelend de wereld leren kennen* is zijn motto. Volgens hem geeft het onderwijsplan van de school hem alle gelegenheid dit motto in praktijk te brengen. Vraag hem niet naar leerplannen of een beschrijving van wat hij in de loop van het jaar met zijn leerlingen doet. Hij gebruikt eigenlijk alleen voor rekenen een methode. Voor beeldonderwijs zeker niet. Maar hij doet zijn collega's wel vaak verbaasd staan met wat zijn leerlingen daarbij maken. Geert pikt te hooi en te gras ideeën uit boeken, tijdschriften en zelfs van het internet.

Het is duidelijk dat de school van Geert (hij heeft groep zeven) geen plan voor beeldonderwijs heeft en van een doorlopende leerlijn is al helemaal geen sprake. Zijn Frits en Geert uitzonderingen?

Dagelijks kiezen duizenden leraren voor de kinderen van hun groep een of andere vorm van beeldend bezig zijn. Straks ben jij daar een van. Waarop zijn jouw keuzen dan gebaseerd? Zijn het bewuste keuzen die passen in een plan dat je voor ogen hebt of zijn ze afhankelijk van een toevallig aanwezige methode of boekje met voorbeelden?

Je kunt pas weloverwogen kiezen als je de verschillende mogelijkheden kent waarop je keus gebaseerd kan zijn, als je weet welke opvattingen er zijn en wat een bepaalde visie inhoudt. In hoofdstuk 2 heb je veranderingen in het beeldend onderwijs op de voet kunnen volgen. Hoofdstuk 3 leerde je iets over de ontwikkeling van kinderen. Hoofdstuk 4 gaf inzicht in doelen en doelstellingen. In 5 en 6 kwamen het maken van beelden en beeldbeschouwen aan bod. In dit hoofdstuk worden al deze zaken bijeengebracht en leer je ze in de dagelijkse schoolpraktijk een plaats te geven. Omdat dit in feite neerkomt op het maken van een planning waarbij je beeldonderwijs ook is gekoppeld aan algemene onderwijskundige principes, is er in dit hoofdstuk ook aandacht voor het meer specialistische werk van het opzetten van een schoolplan voor beeldonderwijs. Het werken met zo'n plan verhoogt de effectiviteit van onderwijs en veel leraren zijn er met plezier mee bezig (meestal in teamverband) als ze eenmaal in de gaten hebben wat het effect is voor de praktijk. In dit hoofdstuk leer je hoe je er systematisch aan kunt werken. Misschien word jij de competente cultuurcoördinator. Werkend aan een plan voor één oriëntatiegebied (in dit geval zelfs voor slechts een deel van het gebied kunstzinnige oriëntatie), werk je tegelijk aan het beleidsplan van de school.

7.1.1 ■ Het schoolplan

Een schoolplan is een document waarin staat hoe de school werkt aan kwaliteit van het onderwijs. Daartoe behoren ook het personeelsbeleid en het onderwijskundig beleid.
Doelen, leerstofkeuze en leerstofplanning, didactische werkvormen, evaluatie, registratie en rapportage, differentiatie en eventueel ook de samenhang met andere vakken staan in het schoolplan. Verder staat erin hoe de school werkt aan het interculturele aspect van onderwijs en welke aandacht ze besteedt aan jonge kinderen en aan kinderen die speciale zorg nodig hebben. Vaak zijn deze onderdelen niet apart voor elk vak beschreven maar geldt wat erover staat voor alle of meerdere vakken samen. Er zijn in de wet geen richtlijnen gegeven over hoe gedetailleerd een schoolplan moet zijn, zodat het meestal nogal globaal is wat erin staat. Groepen van vakken, oriëntatiegebieden of vakken afzonderlijk worden niet gedetailleerd beschreven in onderwijsactiviteiten. Algemene uitspraken die voor de hele school gelden, hebben wel consequenties voor elk van de groepen. Bij een zin als: *'De school hecht grote waarde aan het scheppen van een kunstzinnig klimaat'*, zal elke leraar zich moeten afvragen hoe hij dat in zijn lokaal en groep waarmaakt.
Een schoolplan is nog tamelijk nieuw. Pas in 1998 komt het begrip voor in de *Wet op het primair onderwijs*. Elk schoolbestuur (bevoegd gezag) moet eens in de vier jaar een schoolplan opstellen. Het wordt door de inspectie beoordeeld.

7.1.2 ■ De schoolgids

Elke school moet ook een schoolgids maken. Daarin staat informatie voor ouders en voor leerlingen. De doelen (en de resultaten) van het onderwijs worden hierin opgenomen en ook hoe aan de zorg voor het jonge kind wordt gewerkt. De wijze waarop de verplichte onderwijstijd wordt benut staat erin, maar uiteraard minder gedetailleerd dan in beschrijvingen van onderwijsactiviteiten waaraan leraren houvast hebben. Een schoolgids kan per jaar worden aangepast en wordt vaak op de site van de school geplaatst. Sommige scholen stellen er prijs op de vormgeving ervan ook zelf op zich te nemen zodat ze er ook eigen foto's en ander beeldmateriaal op kunnen zetten. Soms is de schoolkrant het verlengde van de schoolgids. Beeldonderwijs is een geschikte plek om de schoolkrant vorm te geven. Je kunt je leerlingen dan praktisch bezig laten zijn met media-educatie.

7.1.3 ■ Onderwijsactiviteiten

Alles wat je doet om leerlingen iets te leren is een *onderwijsactiviteit*. Meestal spreek je van les of je noemt het beestje bij zijn naam: lezen, taal, handvaardigheid. Onderwijsactiviteiten doe je niet zomaar omdat er

Je staat er niet direct bij stil, maar de basis voor deze motor, gemaakt door de dertienjarige Bart uit de brugklas van een mavo, werd gelegd in de basisschool. Bij beeldonderwijs moet planmatig gewerkt worden, wil het echt effectief zijn.

7.2 ■ Starten met activiteitenbeschrijving voor beeldonderwijs

Je kunt proberen in je eentje een activiteitenbeschrijving voor beeldonderwijs te maken voor je eigen groep zonder te letten op wat er in andere groepen gedaan wordt, maar eigenlijk is dat een beetje dom. Een plan voor een vakgebied dat in alle groepen aan bod komt, heeft in een basisschool te maken met wat er in alle groepen gebeurt. Daarom zou jouw beschrijving onderdeel moeten zijn van het totaalplan van de school. Uit een goed schoolplan blijkt de visie van de school op beeldonderwijs. In de activiteitenbeschrijving kun je lezen wat er werkelijk gebeurt in de alledaagse praktijk van beeldonderwijs.

Stel dat er geen plan is en dat men er (eventueel op jouw voorstel) mee wil beginnen.

Het meest reëel is te veronderstellen dat de school wel het een en ander doet aan tekenen en handvaardigheid, een aantal boekjes met knutselideeën in de kast heeft staan of een methode gebruikt, maar toch niet geheel tevreden is. Men besluit daar iets aan te gaan doen. Dat is een besluit met verstrekkende gevolgen.

Bij het maken van een nieuwe activiteitenbeschrijving gaat het niet alleen om het even opschrijven. De beschrijving moet ook in de praktijk uitvoerbaar zijn. Als het voor de hele school geldt moet het een beschrijving zijn waar iedereen achter staat en dat voor iedereen een leidraad en houvast is. Dat betekent dat alle collega's het eens moeten zijn over wat erin staat. Als het voor het eerst gemaakt wordt gaat het om meer dan het beschrijven van er nu gebeurt of wat men van plan is te gaan doen. Het gaat om een veranderingsproces dat zich (bij de een meer en de ander misschien minder) gaat voltrekken. Veranderen doe je niet zomaar. Je moet daarvoor gemotiveerd zijn. Je wilt weten waarom je het zo wilt hebben en niet anders en daar wil je uit overtuiging mee aan de slag. Het team begint meestal door erover te praten. Uit zo'n gesprek blijkt al gauw dat enkele teamleden zich meer in de materie verdiept hebben dan de andere. Wie het meest enthousiast is, wordt soms gevraagd de leiding te nemen van het veranderingsproces. Daarvoor ben jij misschien de aangewezen persoon, want jij hebt daar het een en ander over geleerd op de pabo, zullen je collega's misschien zeggen. Laten we even aannemen

Schoolgids, schoolkrant en niet te vergeten de website van de school lenen zich uitstekend om informatie te verschaffen aan ouders en toekomstige ouders. Een tekening als deze kan daarbij een uitstekende illustratie zijn. Maar geef niet alleen de tekening. Zet er ook iets bij. Motiveer bijvoorbeeld waarom je hier gekleurd papier gebruikt hebt. Gekleurd papier voor tekeningen heb je eigenlijk alleen maar nodig als de kleur van het papier ook werkelijk een functie heeft. Zwart papier voor een sneeuwlandschap bijvoorbeeld.
(Delmer, zes jaar, 24 × 32 cm)

toevallig een bij je opkomt. Je kiest ze heel bewust omdat jouw leerlingen eraan toe zijn. Je kiest wat strookt met jouw opvattingen over goed beeldonderwijs en wat past bij jouw manier van omgaan met de kinderen van jouw groep. Om niet elke dag opnieuw alle factoren voor zo'n keus te hoeven overwegen maak je plannen voor langere termijn. Soms doe je dat alleen voor jouw groep, maar beter is het als jouw beeldonderwijsactiviteiten aanwijsbaar onderdeel zijn van het totaal aan activiteiten waar het schoolplan naar verwijst.

Een activiteitenbeschrijving is ook een soort contract. Er staat in wat je met je collega's hebt afgesproken en waarop collega's kunnen rekenen. Aan het eind van het jaar moet je zoiets kunnen zeggen als: *'Kijk, we hadden afgesproken dat ik deze kinderen dit en dat zou leren en nu zijn ze zover.'* Zorg er dus voor dat er niet allerlei fraais in staat waar je op geen stukken na aan kunt voldoen.

De activiteitenbeschrijving is bestemd voor de leraren, voor het team zelf. Dat anderen er ook iets aan hebben is prima, maar daar is het niet in de eerste plaats voor bedoeld. Er staan argumenten in voor de keuze van de leerstof, hoe de leerstof verdeeld is over de leerjaren en hoe in elk leerjaar de leerstof wordt uitgewerkt. Er staat ook in hoe de leerstof wordt aangeboden (hoe de doelen worden gerealiseerd). Teamleden zijn eraan gebonden en het is een uitgangspunt voor verdere ontwikkeling.

dat je in die positie verkeert en dat je geen hulp kunt krijgen van consulenten, het regionale steunpunt kunstzinnige vorming of het informatiecentrum van de naburige onderwijsbegeleidingsdienst. Hoe pak je het aan als je het deel beeldonderwijs van kunstzinnige oriëntatie wilt ontwikkelen, veranderen, verbeteren?

7.2.1 ■ Vaststellen wat er nu gedaan wordt

Het eerste wat moet gebeuren is dat in een team alle neuzen dezelfde kant op gaan staan. Werken aan een schoolplan vraagt betrokkenheid van alle teamleden en die zullen het allen over de onderdelen van de aanpak eens moeten zijn. Daarom wordt elke stap eerst besproken.

In het team moet een sfeer van openheid en onderling vertrouwen heersen, want men wordt over en weer waarschijnlijk met onvolkomenheden en verschillen in opvatting geconfronteerd.

De eerste stap is, noteren hoe het vak er momenteel uitziet. Je brengt de huidige situatie in kaart. Je vraagt collega's naar wat ze doen bij tekenen en handvaardigheid, welke boeken, methodes of andere bronnen ze gebruiken, hoe kunstbeschouwing in hun groep verloopt en hoe ze met de groep didactisch bezig zijn. Het is belangrijk dat er eenstemmigheid bestaat over de manier waarop details van de huidige situatie boven water gebracht worden en ook over de manier waarop dit alles vastgelegd wordt.

Zo kom je er samen achter wat je beslist wilt behouden en waar je wilt veranderen. Het zal al gauw blijken dat lang niet alles tegelijkertijd veranderd kan worden, ook al zou men dat wensen. Om er dan op een later tijdstip aan te kunnen gaan werken, is het nodig dat je vastlegt wat er op dit moment aan de hand is. Ook om te kunnen zien hoe de (huidige) situatie door het werken aan het activiteitenplan verbeterd is, is het later nodig te weten hoe de situatie er bij het begin uitzag.

Als het bij het veranderen alleen zou gaan om de aanschaf van een nieuwe methode zou je gauw klaar zijn, maar daar gaat het meestal niet om. Het maken van een activiteitenplan is ook een soort nascholing voor de teamleden. Het betekent namelijk: *goed nadenken over waar het bij beeldonderwijs eigenlijk om gaat* en, als je dat niet weet, het opzoeken of om hulp vragen.

7.2.2 ■ Vragenlijsten voor de huidige situatie

Er zijn verschillende manieren om inzicht te krijgen in de huidige situatie. Je kunt het bestaande schoolplan pakken en kijken wat erin staat over tekenen en handvaardigheid of kunstzinnige oriëntatie. Je krijgt dan waarschijnlijk een, in tamelijk algemene termen gesteld, vaag beeld van het onderwijs in beide vakken, waarin wel doelen en misschien zelfs een methode genoemd zijn maar waar het team toch niet zo gelukkig mee is (anders zou men immers niet willen veranderen). Het is als uitgangspunt te gebruiken, maar als je het team vraagt of dit voldoende inzicht geeft, zal er waarschijnlijk een ontkennend antwoord komen.
Een andere manier is dat de teamleden in eigen

Hoe gaat het met opruimen? Welke keus heb je? Het miezerige fonteintje achter in het lokaal is volstrekt ontoereikend en bij de toiletten is het ook niet alles. Het werken aan een activiteitenplan kan leiden tot gezamenlijke actie om betere faciliteiten te krijgen voor beeldonderwijs.

woorden korte mondelinge of schriftelijke informatie geven over hoe ze op dit moment werken. Dat gaat het gemakkelijkst aan de hand van vragenlijsten. Na invulling van de lijsten, beantwoording van de vragen en eventuele verheldering van de antwoorden zijn de lijsten als documenten blijvend te gebruiken in het ontwikkelingsproces.

Een gebruiksklare lijst kun je van de website downloaden. 🌐 Spreek eerst samen af welke vragen je wilt gebruiken. Maak een selectie, bepaal samen wat je nu het belangrijkst vindt, wat je echt graag van elkaar wilt weten.

7.2.3 ■ Wat willen we in de toekomst?

Met het gebruik van de vragenlijst is de huidige situatie in kaart gebracht. Beschouw de antwoorden voorlopig als een vaststelling van feiten. Er is waarschijnlijk nogal variatie in opvattingen, doelen en werkwijzen en het is eveneens waarschijnlijk dat je als team niet helemaal gelukkig bent met de huidige situatie. Daar wil je als team iets aan doen. De antwoorden op de vragen zijn te gebruiken om een veranderingsproces te beginnen. In een goed voorbereide teamvergadering kan men

- de antwoorden met elkaar vergelijken;
- de sterke punten eruit halen. Wat is waardevol? Wat willen we bewaren?;
- elkaar overtuigen dat het misschien op een andere manier beter kan;
- samen tot de conclusie komen dat bepaalde zaken heel snel moeten worden veranderd;
- onderwerpen aanwijzen waar als eerste aan gewerkt kan worden:
- besluiten om het zelf aan te pakken of elders hulp te halen.

In het laatste geval kun je denken aan een nascholing bij een plaatselijk of regionaal opleidingsinstituut, aan professionele hulp van een centrum voor kunstzinnige vorming of een schoolbegeleidingsdienst. Je kunt ook contact zoeken met andere scholen die zich met hetzelfde bezighouden.

Pak je het veranderingsproces van beeldonderwijs zelf aan (en ook als je elders hulp vraagt zul je veel zelf willen doen) dan ben je vooral aangewezen op schriftelijke informatie. Een methode die volledig aan je opvattingen beantwoordt, zul je nooit vinden, maar een methode kan wel gekoppeld worden aan jouw wensen.

Artikelen in tijdschriften, boeken en het internet bieden voorbeelden van activiteiten, beschrijvingen van situaties en nieuwe inzichten.

Wanneer het team langzamerhand een beeld krijgt van hoe men het zou willen hebben, moet je je afvragen of je het ook zo zou kunnen. Het kan zijn dat voor het team, of voor enkele leden van het team, nascholing nodig is. Het kan zijn dat er materiële voorzieningen getroffen moeten worden, dat je handvaardigheidsmateriaal moet kopen, mappen moet maken, boeken moet aanschaffen, in elk lokaal nog twee computers moet neerzetten om maar eens wat te noemen.

Heb je eenmaal een duidelijk beeld van hoe de gewenste situatie eruit moet gaan zien en is dat binnen redelijke grenzen ook haalbaar, dan kun je eraan gaan werken. In de volgende paragrafen kun je lezen welke onderdelen aandacht vragen.

Ziet beeldonderwijs er na verloop van tijd ongeveer zo uit zoals je het wilt hebben, dan kun je het in het schoolplan beschrijven als *huidige situatie*. Je zegt daarmee hoe beeldonderwijs op de school eruitziet. Uiteraard doe je dat niet in pagina's tekst, maar je geeft kernachtige informatie.

De volgende paragrafen kun je gebruiken als richtlijnen bij een proces van plannen en veranderen.

7.3 ■ Beeldonderwijs beschrijven

Wat in het schoolplan moet staan is voorgeschreven in de Wet op het primair onderwijs. De beschrijving van beeldonderwijs is een onderdeel van het schoolplan. In de praktijk blijkt dat schoolplannen in tamelijk globale termen vertellen wat er in de school gebeurt. Om een goed beeld van een oriëntatiegebied te krijgen, moet je op onderdelen duidelijk zijn. Achtereenvolgens kan het gaan over:

- de visie op het vak en de daaruit voortvloeiende doelen;
- hoe differentiatie geregeld is;
- welke didactische werkvormen je gebruikt;
- de samenhang met andere vakken;
- informatie over het toetsen en over het vastleggen van resultaten;
- de leerstofkeuze (eventueel in doelstellingen beschreven), de omvang van de leerstof en de ordening daarvan.

Een Engelse onderbouwer vakverbindend aan het tekenen in een door de leraar zelfgemaakte opgave. Een competente leraar kan leerlingactiviteiten zelf ontwerpen, maar in elk geval beschrijft hij wat er gedaan wordt in zijn groep.

In de volgende paragrafen gaat het over deze onderdelen. Voor een beschrijving in het schoolplan kun je er de essenties van noteren. We gaan er hier dieper op in om een voor het hele team bruikbare beschrijving te kunnen maken.

7.4 ■ De visie op beeldonderwijs

In het kader van cultuureducatie (en de subsidie die daarvoor aan scholen gegeven werd) hebben scholen jarenlang hun visies moeten schrijven op cultuureducatie en kunstzinnige oriëntatie. Hierbij een van de formuleringen uit een willekeurig schoolplan:
'Wij willen kinderen laten ervaren hoe ze betekenis kunnen geven aan uitingen van anderen (beeldende vormgevers, musici, schrijvers, toneelspelers en dansers) en hoe ze dezelfde middelen kunnen gebruiken als dezen hanteren, om uiting te geven aan hun eigen meningen en gevoelens.'

In zo'n visie past uitstekend die waarin beeldonderwijs wordt beschreven als het leren hanteren van beeldtaal. Dat is in elk geval de opvatting die in dit boek gehanteerd wordt. In de praktijk zal de uitvoering ervan gekleurd worden door de visie die de school heeft op onderwijs in het algemeen. Je kunt het schoolplan daarop naslaan. Daarnaast zal beeldonderwijs zeker ook beïnvloed worden door hoe je denkt over de ontwikkeling van creativiteit, over emotionele en sociale ontwikkeling bijvoorbeeld. Een school die zich profileert als kunstschool laat dat in de beschrijving ook tot uiting komen.

In hoofdstuk 1 staat veel over wat je kunt verstaan onder beeldonderwijs, wat het precies is en hoe er in dit boek tegenaan gekeken wordt.

7.5 ■ Differentiatie

Een globale richtlijn voor activiteiten zou kunnen zijn: *'In de kleuter- en onderbouw richten wij ons op het beeldend bezig zijn. Het accent ligt op het spelen met ontwikkelingsmateriaal, het ontwikkelen van het beeldend vermogen, het laten tekenen, schilderen, boetseren, construeren zoals kinderen dat spontaan doen.'*

Als je kinderen vraagt wat hen in deze tekening van de zevenjarige Sigmund opvalt zullen ze ongetwijfeld het rode huis noemen, maar ook de manier waarop hij van zijn laatste ontdekking gebruikmaakte zal niet onopgemerkt blijven: een krijtje op zijn kant en dan stevig drukken en draaien. Zo spelen een beeldaspect en een techniek een centrale rol. Spelend en experimenterend ontwerpen en kritisch kijken. Gedifferentieerd onderwijs gecombineerd.

'In de middenbouw ligt het accent op kritisch beoordelen. Dit sluit aan op het zich ontwikkelend kritisch kijken naar eigen werk.'

'In de bovenbouw gaat het vooral om het leren. Bij dat leren hoort ook het ontdekken dat het belangrijk is wat je er (als leerling) zelf van vindt.'

7.5.1 ■ Differentiatie: het jonge kind

In kleuter- en onderbouw is de ontwikkeling van het kind de eerste leidraad voor wat je als leraar met kinderen doet. Over de geestelijke en de lichamelijke ontwikkeling van jonge kinderen leer je in de lessen onderwijskunde en voor zover het beeldonderwijs betreft, kun je in dit boek wel ongeveer alles aan de weet komen wat je weten moet.

Als kinderen het basisonderwijs binnenkomen, zijn er door allerlei externe oorzaken vaak verschillen in ontwikkeling en ook het tempo in ontwikkeling is niet bij alle kinderen gelijk. Natuurlijk ga je de ontwikkeling van het kind niet forceren, maar je hoeft het kind ook niet aan zijn lot over te laten, ook al noem je het *laten rijpen*. Zeker als je merkt dat kinderen echt achter raken in hun ontwikkeling, zul je moeten nagaan wat daarvan de oorzaak is.

De activiteiten met jonge kinderen noemt men *ontwikkelingsgericht*. Bij ontwikkelingsgericht onderwijs werk je ook met een programma en met doelen en met een systematische aanbieding van leerstof. Maar leerstof noem je daar *ontwikkelingsmateriaal* en in de systematiek, in de volgorde van aanbieden, kijk je eerder naar wat het kind op dat moment nodig heeft (hoe het zich ontwikkelt) dan dat je in het methodeboek kijkt wat de volgende les voor de hele groep is. Ontwikkelingsmateriaal is onder die noemer in de handel en op school aanwezig. Bij elke doos ontwikkelingsmateriaal hoort een handleiding. Bestudeer die voordat je ermee aan de slag gaat. Je kunt zulk materiaal ook zelf maken.

In plaats van te spreken over *leerdoelen* heb je het over *ontwikkelingsdoelen*.

Onderwijs aan jonge kinderen wordt ook wel *ervaringsgericht* genoemd. Daarmee brengt men tot uitdrukking dat ervaringen uitgangspunt van onderwijs zijn. Richtlijnen voor ontwikkelingsgericht en dus gedifferentieerd onderwijs zijn:

- Biedt kinderen rijke ervaringsmogelijkheden en een ruime variatie aan activiteiten zodat er altijd iets is dat past bij hun persoonlijke ontwikkeling en hun persoonlijke belangstelling.
- Geef kinderen de mogelijkheid om een opdracht op verschillend niveau uit te voeren.
- Geef kinderen de mogelijkheid om eigen werkwijzen te kiezen zodat ontdekkend leren mogelijk is.
- Geef kinderen de mogelijkheid om eigen oplossingen voor (beeldende) problemen te kiezen.
- Help kinderen zich bewust te worden van hun ervaringen.

Met betrekking tot dat laatste punt kun je veel verschillende dingen doen, maar je moet het meestal wel zelf stante pede bedenken. Inspelen op de ervaringen en uitingen van kinderen vraagt creatief reageren. Zulk gedrag is niet te voorzien en een methode is er niet op toegesneden.

7.5.2 ■ Ontwikkelingsgericht onderwijs

Voor het oefenen van vaardigheden is allerlei ontwikkelingsmateriaal in de handel, maar veel beeldonderwijsmateriaal dient dezelfde doelen. Een bolletje van klei rollen, een rolletje maken, het bolletje aan het rolletje vastmaken, een lapje stof in een bepaalde vorm knippen en het op een bepaalde plaats vastplakken: het zijn allemaal voorbeelden van activiteiten die ook de motoriek ontwikkelen. Omgekeerd geldt hetzelfde: veel ontwikkelingsmateriaal (vooral dat wat met kleur en vorm te maken heeft) kun je beschouwen als onderdeel van beeldonderwijs. Dagelijks worden bij jonge kinderen in zogeheten werk- of materiaallessen ontwikkelingsdoelen centraal gesteld. Deze doelen worden vervolgens vaak nagestreefd (verwerkt) met handenarbeid- of tekenmateriaal en men zegt dan met beeldonderwijs bezig te zijn. Hou er rekening mee dat je op dat moment doelen voor beeldonderwijs extra goed in de gaten moet houden. Soms wordt er in die lessen alleen maar *gemaakt*. De kerst-, paas-, vaderdag-, moederdag- en valentijndagwerkjes zijn daar vaak treurige voorbeelden van.

Toen Alie (vijf jaar) haar mensfiguur zo groot mogelijk (volgens de opdracht) op papier had gezet, moest de muts er maar bovenuit steken. (25 × 32 cm)

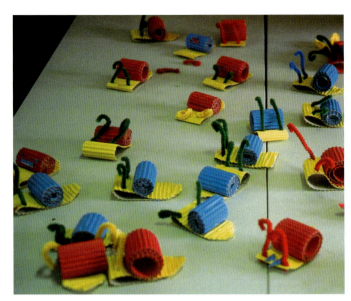

Na lezing van dit hoofdstuk mag je proberen uit te zoeken welke planning en welke doestellingen ten grondslag hebben gelegen aan de les waaruit deze werkstukken voortkwamen.

7.5.3 ■ Differentiatie: het oudere kind

Het onderwijs aan oudere kinderen is meer *programmagericht*. Programmagericht leren is: door de leraar gestuurd leren met gebruikmaking van leermiddelen en methoden. Onderscheid maken tussen ontwikkelingsgericht leren en programmagericht leren is eigenlijk een beetje vreemd, want veel methoden voor oudere kinderen zijn wel degelijk gebaseerd op de ontwikkeling van het kinderlijke denken en beleven. Een verschuiving van ontwikkelingsgericht naar programmagericht leren, met leerdoelen en systematische aanbieding van leerstof zoals bij het oudere kind gebruikelijk is, vindt (als het optimaal gebeurt) geleidelijk plaats.

De verschillen tussen kinderen onderling zijn (wat de ontwikkeling van het beeldend vermogen betreft) kleiner en er zijn ook minder stappen in de ontwikkeling, zodat er wat meer klassikaal gewerkt kan worden. Klassikaal werken betekent overigens niet dat je moet streven naar 28 gelijke uitvoeringen van een opdracht, integendeel. Ieder kind krijgt zo veel mogelijk de kans een opdracht op een eigen manier uit te voeren. Introductie en beeldende instructie kunnen echter wel klassikaal zijn. Als je te maken hebt met kinderen die een geestelijke of lichamelijke handicap hebben, hoe klein ook, geef je weer meer persoonlijke aandacht. In het kader van *Weer samen naar school* kun je dat als een uitdaging beschouwen.

7.6 ■ Didactische werkvormen

Bij beeldonderwijs kul je talrijke didactische werkvormen gebruiken. *Groepswerk* is er een van, *een spel spelen* een andere. Maar *voordoen*, *instructie geven* en *nabespreken* zijn ook didactische werkvormen evenals *thematisch werken* en *projectonderwijs*. Kortom, elke manier waarop kinderen leren kun je beschouwen als een didactische werkvorm. Soms past de ene beter dan de andere en door te variëren bevorder je interesse en voorkom je sleur en saaiheid.

Twee didactische werkvormen die veelvuldig gehanteerd worden. Bij het maken van beelden is dat die van *het geleide zelf ontdekken* en bij beeldbeschouwing die van *het filosoferende gesprek*. Beide werkvormen hanteer je naast een aantal andere werkvormen waardoor je elk kind op zijn eigen mogelijkheden en vaardigheden uitdaagt. Op die manier ben je volop bezig met adaptief onderwijs en geef je kans aan differentiatie. In de volgende paragrafen gaat het over het werken met thema's.

7.6.1 Thematisch werken

Soms geven leraren er de voorkeur aan thematisch te werken. Een thema is te benoemen als een belevingsinhoud waaromheen allerlei activiteiten kunnen plaatsvinden, ook activiteiten voor beeldonderwijs. Niet elke belevingsinhoud is geschikt om te fungeren als thema bij beeldonderwijs. Er zijn bepaalde voorwaarden waaraan een thema in het algemeen moet voldoen en er zijn bepaalde voorwaarden waaraan een thema moet voldoen om het bij beeldonderwijs te kunnen gebruiken.

1 Het thema moet aansluiten bij de ervaringswereld, de belevingswereld of de belangstellingswereld van de kinderen. Wat kinderen meemaken, meegemaakt hebben of gaan meemaken, wat ze denken en voelen en waar ze belangstelling voor hebben kan onderwerp van gesprek worden, kan uitgangspunt zijn voor het thematisch werken.
2 Een thema moet een voor de leerling te overzien cultureelmaatschappelijk gebied beslaan. Het moet te maken hebben met zijn leefgemeenschap, met de maatschappij waarin hij leeft en de cultuur waar hij bij hoort (eventueel in relatie met die van anderen). Je moet ook proberen de relatie van het thema met de maatschappij en de cultuur te laten zien. Daarmee bedoel ik bijvoorbeeld dat in een thema als *communicatie* meer gedaan moet worden dan het vergelijken van vorm en kleur van brievenbussen in verschillende landen. Dat is alleen een beeldend probleem.
Een breed gebied moet voor de leerling nog wel te overzien zijn. Daarom ligt het voor de hand dat voor jongere kinderen nauwere grenzen worden getrokken dan voor oudere. Voor een jonger kind is geografisch gezien de buurt te overzien. Oudere kinderen kunnen diezelfde buurt misschien in een historische context zien: wat is er veranderd in de loop der tijden?
3 Het thema moet onderzoekbaar zijn. Kinderen moeten er iets over kunnen ontdekken. Door het documentatiecentrum te raadplegen, door ouders of bekenden te bevragen, door samen of alleen onder schooltijd of daarbuiten op onderzoek uit te gaan in de school of in de omgeving of door op het internet te zoeken.
4 Het thema moet mogelijkheden bieden voor onderzoek op beeldende kwaliteiten. Het gaat hier immers over thematisch werken bij beeldonderwijs. Het kan daarbij gaan om de vraag waarom een bepaalde vorm of kleur is zoals ze is. Moest iets vanwege zijn functie misschien die bepaalde vorm of kleur hebben? Wil die kleur iets uitdrukken? Hebben we die vorm nodig om duidelijker te maken wat we bedoelen? Bestaat er een relatie tussen bepaalde vormen en bepaalde historisch of geografisch bepaalde culturen? Hoe kan ik de tekening het beste maken?

Thema's als familie, ik, het eigen lichaam, bieden een bijna onafzienbaar aantal mogelijkheden voor alle vakken omdat je ze ruim kunt interpreteren. Beeldonderwijs doet er aan mee. De zevenjarige Anelli tekende zichzelf en haar zusje onder de douche. (40 × 28 cm)

Omdat oorzaken en gevolgen van problemen (ook van beeldende problemen) meestal ingewikkeld en versluierd zijn, zul je hierbij leidend (structurerend) moeten optreden. Onderzoeken betekent niet: *'Ga je gang maar en kijk maar of je iets te weten kunt komen.'* Kinderen komen dan nog wel tot de ontdekking dat er verschillen en overeenkomsten bestaan, maar ze leren niet genoeg over hun eigen plaats en over de oorzaken en gevolgen van die situaties. Dat wil dus zeggen dat je het onderzoek moet begeleiden. En dat zal vaak een kwestie zijn van regelmatig oefenen in het kritisch kijken. In het voorbereidende gesprek in de eerste fase moet het leerling en leraar duidelijk worden: Wat willen we te weten komen? Daarover kun je met de leerling een afspraak maken.

7.6.2 ■ Zes lessen over kleur is niet gelijk aan thematisch werken

Bij thematisch werken voelt beeldonderwijs zich bijzonder thuis, want het procesgerichte karakter bij thematisch werken sluit goed aan bij de wens het proces bij beeldonderwijs meer aandacht te geven dan het product. Doelen van beeldonderwijs kunnen vaak uitstekend bereikt worden door thematisch onderwijs, maar zes lessen over kleur maken nog geen thematisch onderwijs. Noem dat liever zes lessen over het beeldaspect kleur.

Je kunt heel wat bereiken met een geïsoleerde leerstofaanbieding in een reeks van lessen. Zo kun je een les besteden aan het leren linosnijden en een andere les aan het bedenken van structuren in een linosnede, een derde aan het afdrukken en een vierde aan het tentoonstellen van de druksels. Een aardige reeks lessen waarvan sommigen wel zeggen dat ze betrekking hebben op het *thema* linosnijden. Maar dit is niet wat we verstaan onder thematisch onderwijs. Je kunt het beter omdraaien en een thema kiezen waarbinnen je aandacht besteedt aan linosnijden.

7.6.3 ■ Themakeus bij thematisch werken

Hoe kom je aan een thema? Hoe orden je ervaringen, belevingen en belangstelling tot aspecten van een thema? Hoe sluit je er beeldend op aan? Hoe begin je aan zoiets? Nou, gewoon doen. Klein beginnen. Stel dat je besloten hebt dat *water* een goed thema zou kunnen zijn. Je bent de vier voorwaarden waaraan een thema moet voldoen nagegaan en je bent tot de conclusie gekomen dat het thema *water* aan alle voorwaarden voldoet.

Een goede manier om aspecten van een thema te weten te komen is een gesprekje met de leerlingen. Daar begin je dus mee en samen verzamel je ideeën. Daarbij kun je goed gebruikmaken van een *begrippenweb*.

Een begrippenweb is het resultaat van een associatieoefening: je schrijft bijvoorbeeld een centraal begrip midden op het bord en leerlingen noemen op wat ze erbij vinden horen: aspecten van water en dan weer iets wat daar bij hoort: een concretisering. Soms (zie het ingevoegde schema) moet je zelf lijn in de onderwerpen brengen of elementen toevoegen die je noodzakelijk acht. Maar het is al gauw te veel. Je moet kiezen.

Thema	Aspect	Concretiseren
water	regen	regenkleding regenmeter wolken
	drinken	mensen dieren planten
	rivieren/zee	vervuiling visserij
	te veel water	watersnood
	te weinig water	watergebrek
	leven in het water	waterplanten waterdieren
	wassen	jezelf de auto
	enzovoort	

7.6.4 ■ Werkvormen: een verhaallijn als thema

Een prima mogelijkheid om thematisch te werken is het werken met een verhaal, eventueel met behulp van een lees- of prentenboek voor kinderen. Een leesboek zonder plaatjes kun je aan de kinderen voorleggen, een leesboek met plaatjes kun je maar beter verborgen houden want het natekenen van plaatjes in het boek is niet het doel. Zoek in het boek naar opeenvolgende episodes waarbij je de kinderlijke onderzoeksdrang kunt inzetten, of bedenk zelf iets. Maar dan iets waar kinderen zich bij betrokken kunnen voelen.

Bijvoorbeeld: 's ochtends wakker worden en merken dat je ziek bent. *Hoe weet je dat je ziek bent? Hoe zie je eruit? Moeder verwent je. De dokter komt. Wat heeft hij in zijn tas? De ambulance komt. Hoe ziet die er van binnen uit? Je ligt in het ziekenhuis. Welke kaartjes krijg je van je vriendjes?*

Probeer samen met de kinderen eerst in een gesprek na te gaan wat de mogelijkheden en de moeilijkheden zijn van een eventueel (beeldend) probleem en laat hen oplossingen (beeldend) vormgeven. Denk vooral niet dat jij de antwoorden weet, want dan neem je je vragen en ook de kinderen niet serieus. Geef ze het gevoel dat ze het echt zelf bedenken, ook al moet je soms wat suggereren (een papier-machégezicht maken met huiduitslag bijvoorbeeld). Deze manier van werken garandeert een grote betrokkenheid van kinderen. Het wordt *verhalend ontwerpen* genoemd. In vakliteratuur kom je deze manier van werken ook tegen als *storyline approach* omdat het idee uit Schotland afkomstig is.

7.6.5 ■ Activiteiten voor een thema uitgestippeld

Bij thematisch werken verlies je door de aandacht voor het thema de details soms uit het oog. Je vergeet dan dat elke deelactiviteit, meestal een onderdeel van een bepaald vak, zo mogelijk optimaal uitgevoerd moet worden. Je bent dan wel leuk bezig met allerlei verschillende en zelfs samenhangende activiteiten, maar je schiet te kort op elk van de oriëntatiegebieden en onderdelen ervan omdat je niet duidelijk voor ogen hebt wat je bij dit alles nou eigenlijk aan de leerlingen wilt leren. Je kunt dat voorkomen door de onderliggende activiteiten systematisch te beschrijven. Dat is zeker nodig als je vaak met thema's werkt.

Je kunt een thema inpassen in een leerlijn en als je goed bent in plannen en organiseren, kun je zelfs een hele leerlijn bouwen die uitsluitend uit thema's bestaat. De Britse *National Society for Education in Art and Design* (NSEAD) gaf een voorbeeld van een planning voor de bovenbouw van een basisschool waarbij het gaat om een thema dat binnen één vak (tekenen) gebruikt wordt. Het is een serie van acht tekenactiviteiten op basis van het thema dat de naam kreeg: *'Wie ben ik?'* Doelen, leerstof en activiteiten zijn hier in een schema bijeengebracht. Merk vooral de kolom *relaties met andere vakken* op. Daarin worden links gelegd naar andere leergebieden die je op een vergelijkbare manier kunt uitwerken.

Thema: Wie ben ik? – Tekenen

Activiteit/ Onderwerp	Materiaal/ Techniek	Beeldaspecten	Functies	Relaties met andere vakken	Doelen van tekenen
1 Sporen trekken met verschillende potloden.	Potloden in zo veel mogelijk hardtegraden	Lijn, ritme, toon	Uiten	Taalbegrippen: dun, dik, lang, kort, recht, gebogen, sterk, slap enz.	Kinderen raken bekend met de eigenschappen van de verschillende hardtegraden.
2 Zelfportret met behulp van spiegels	Potloden van verschillende hardtegraden mogen in één tekening gebruikt worden.	Lijn, textuur, patroon	Waarnemen, analyseren, uiten.	Begin een notitieboek, dagboek, logboek, plakboek. Je mag foto's, brieven, tekeningen, collage en tekst gebruiken.	Kinderen breiden beheersing van potloodtechnieken uit en leren beter waarnemen.
3 Verschillende houdingen van handen en voeten tekenen.	Potloden van verschillende hardtegraden	Lijn, toon, vorm	Waarnemen, analyseren	Zorgvuldig beschrijven hoe handen en voeten eruitzien. Opschrijven wat handen kunnen en voeten niet.	Nauwkeurig waarnemen. Zoeken naar meer mogelijkheden voor potloden.
4 Een dag uit mijn leven. Tijdsvolgorde tekenen.	Viltstiften, zonder voorschetsen met potlood	Lijn, textuur, patroon	Communiceren, uiten	*Dramasessies* gebruiken om het onderwerp te introduceren. Tevens schriftelijk verslag van een dag uit mijn leven.	Kinderen leren geconcentreerd werken. Gedachten ordenen, eerst door drama, dan door tekenen.

5 Tekening van wat je op dit moment aan hebt.	Keuze uit kleurmateriaal (kleurpotloden, oliepastel, waskrijt, verf of een combinatie ervan).	Lijn, textuur, patroon, kleur, toon, vorm	Waarnemen, uiten	Uitzoeken waar elk kledingstuk van gemaakt is. Opschrijven welke kledingstukken je graag aanhebt en waar je een hekel aan hebt.	Kleurmateriaal leren gebruiken. Gevoel voor textuur en patroon ontwikkelen.
6 Tekenen (naar de waarneming) van iets waar je het liefst mee speelt.	Keuze uit potloden, houtskool, zwarte viltstift, kleurmateriaal.	Lijn, textuur, patroon, kleur, toon, vorm.	Waarnemen, uiten	Uitleggen waarom je hier het liefst mee speelt. Een voorval beschrijven om de uitleg te illustreren.	Kinderen leren voorkeuren kennen in het gebruik van materiaal.
7 Schilder een bord met voedsel dat je graag eet en een tafellaken met een patroon erin. Kijk naar schilderijen waarop ook maaltijden staan afgebeeld.	Verf of een combinatie van verf en andere kleurmaterialen	Kleur, patroon, vorm	Waarnemen, analyseren	Leesteksten over voedsel, maaltijden en eten. Proeven van verschillende eetbare zaken.	Uitbreiden ervaring met kleurmateriaal. Waarderen van andermans werk.
8 Maak een tekening waarin je zo veel mogelijk over jezelf vertelt. Techniek geheel vrij. Collage van wat je maar wilt is mogelijk.	Tekenen, tekeningen met teksten, schilderen, foto's, tijdschriften, stripverhalen, kranten enzovoort.	Lijn, vorm, textuur, patroon, kleur, toon, vorm enzovoort.	Begrijpen van beelden, analyseren, communiceren.	Tijdslijnen uit de geschiedenis, persoonsbeschrijvingen, statistieken, beschrijven van dromen, angsten enzovoort.	Probleemoplossend denken bevorderen, leren ontwerpen, zoeken naar manieren om beeldend te communiceren. Beslissen hoe gegevens het best gepresenteerd kunnen worden.

7.6.6 Thematische activiteiten voor handenarbeid

'Er kan iets in' is de naam van het thema dat een stukje leerlijn voor handvaardigheid in de bovenbouw beschrijft. Het gaat hier vooral om de technische aspecten, maar het beeldaspect *vorm* is ook van belang. Je zou ook aandacht kunnen vragen voor de functie van de versiering. Houd er rekening mee dat het maken van een handenarbeidwerkstuk ongeveer tweemaal zoveel tijd kost als het maken van een tekening. De tijd die je gebruikt voor het ontwerpen is daar niet bij gerekend. Kijk ook hier vooral naar de relaties met andere vakken. Die kun je heel ver uitbouwen en er veel tijd in steken.

Beeldbeschouwen is soms zo voor de hand liggend. Bij het thema *'Er kan iets in'*, kun je bijvoorbeeld de verzameling broodbakjes en bekers gebruiken die de leerlingen dagelijks meebrengen. Constructie, materiaal, vorm, kleur, overeenkomsten en verschillen (cultuur?); je kunt er veel kanten mee op.

Thema: Er kan iets in – Handvaardigheid

Activiteit/ Onderwerp	Materiaal/ Techniek	Beeldaspecten	Functies	Relaties met andere vakken	Doelen van handvaardigheid
1 Het verzamelen en tentoonstellen van natuurlijke en door mensen gemaakte objecten waarin iets bewaard kan worden (houder): tas, portemonnee, vaas, zaaddoosje, vogelnestje, schelp enzovoort.	Veel verschillende objecten, eventueel foto's ervan	Diverse beeldaspecten	Waarnemen, kiezen, ordenen.	*Drama:* de begrippen omhullen, bevatten, verbergen en de dingen in de houders uitwerken.	Opwekken van ontwerpbewustzijn met betrekking tot materiaal en functie.
2 Het bespreken van een aantal objecten op basis van functie, versiering, materiaal en constructie.	Papier en schrijfmateriaal om aantekeningen en schetsen te maken.	Vorm, kleur	Analyseren	Literatuur: De doos van Pandora of iets dergelijks. Kinderen maken een verhaaltje of gedicht over een houder.	Ontwikkelen van ontwerpbewustzijn, gevoel voor functie en versiering.
3 Analytische studie van een natuurlijke houder (bloemkelk, vogelnestje) en een door mensen gemaakt object (taartendoos, rugzak, broodbakje). Zoeken naar details van de constructie.	Iedere leerling brengt van huis een natuurlijke en een door mensen gemaakte houder mee naar school. Pen, papier en meetgereedschap.	Vorm	Analyseren	*Biologie*: zoek namen van schelpen, zaaddozen enzovoort. *Techniek*: maak een studie van verschillende manieren om dingen vast te hechten of te verbinden.	Aanmoedigen tot nauwkeurige observatie en gelegenheid bieden tot vergelijken
4 Analytische studie van een zak van papier of textiel om meetkundige eigenschappen van het ontwerp vast te stellen.	Pen en papier, lineaal. Iedere leerling brengt een zak of papier of textiel mee.	Vorm, ruimte	Analyseren, meten. Uitslag maken.	*Wiskunde*: het gebruik van de liniaal	Aandacht richten op een probleem met betrekking tot de constructie van een ontwerp.

5 Het ontwerpen van een eigen houder. Voorbeelden: ■ een doos met een dekseltje voor mijn potloden, kralen, kauwgum; ■ een hok voor Hans (van Grietje), een tijger, een Rollebol; ■ een feestverpakking voor een fles, een taart, twee kroketten, een knuffel; ■ een fietskar (aanhangwagentje) voor een hond, het monster van Max, mijn kleine zusje; ■ een buidel of net voor mijn knikkers, flippo's, Pokemons, ballen.	Pen, papier, liniaal, tekenmateriaal	Vorm, kleur, textuur, ruimte	Vormgeving plannen. Constructie doordenken.	Groep maakt verzameling van draagtassen, vergelijkt de ontwerpen en de versiering. Een grafiek maken van de voorkeuren van de groep. Reden voor voorkeur wordt vastgelegd. Wat zijn belangrijke factoren bij het ontwerpen?	Probleemoplossend handelen. (Leerlingen kiezen uit mogelijkheden.)
6 Het maken van een houder voor een stuk gereedschap. (Volgorde van handelingen, vaardigheden.)	Wit en gekleurd karton, hout, ijzerdraad, textiel, garen, kosteloos materiaal, triplex, schildermateriaal, schaar, hobbymes, lijm enzovoort.	Vorm, kleur, textuur, ruimte	Boetseren, knopen, construeren	Elk beroep kent eigen gereedschap. Lijst maken van beroepen met enkele bijzondere gereedschappen.	Ontwikkelen van gevoel voor de relatie tussen ontwerpen en uitvoeren.
7 Evaluatie en test. Werkt het? Ziet het er goed uit? Wat zou ik eraan kunnen verbeteren (als ik het nog eens doe)?	Tentoonstelling, discussie, uitvoeren van test, hoeveel gaat erin voordat het hengsel eraf scheurt?	Diverse beeldaspecten	Reflecteren	Natuurkunde: allerlei materiaalproeven	Verstevigen van ontwerpvaardigheden.

7.7 ■ Samenhang aangeven

Onderwijs is geen willekeurige stapeling van activiteiten. In goed onderwijs heeft het een met het andere te maken. Activiteiten houden verband met elkaar: er is samenhang. Tenminste, dat zou er moeten zijn. In de preambule van de kerndoelen vind je een duidelijke uitspraak hierover.

'In de tweede plaats dienen inhouden en doelen zo veel mogelijk op elkaar te worden afgestemd, verbinding te hebben met het dagelijks leven en in samenhang te worden aangeboden. In concreet onderwijs zijn doorgaans doelen uit verschillende hoofdstukken tegelijk van belang. Taal bijvoorbeeld

komt voor bij alle vakken. Aandacht voor cultuur is niet beperkt tot het kunstzinnig domein. Omgaan met informatietechnologie geldt voor alle gebieden.'

Bij thematisch werken ligt samenhang tussen verschillende leergebieden en vakken voor het grijpen. De in het citaat genoemde voorbeelden wijzen ook naar samenhang tussen inhouden en doelen uit verschillende domeinen, maar ook binnen een vak dienen inhouden en doelen op elkaar te worden afgestemd. Leren over het beeldaspect kleur zonder te laten ontdekken hoe kleuren in het dagelijks leven gebruikt worden is dom. Linoleumsnijden blijft een geïsoleerde techniek zolang de leerlingen geen samenhang zien, samenhang bijvoorbeeld met andere grafische technieken, met de functie van de grafische (vermenigvuldigings)procédés, met de betekenis van gebruiksgrafiek voor onze samenleving en met linosnedes in de kunst. Goed onderwijs laat leerlingen veelvuldig samenhang ontdekken. Een bekend voorbeeld van samenhangend onderwijs is dat waarbij een hele klas is omgebouwd tot een wereldwinkel, waar uit derdewereldlanden *('Waar liggen die en wat voor mensen leven daar?')* niet alleen biologische producten *('Wat zijn dat en waarom willen mensen die?')* ingekocht moeten worden *(economie, rekenen)* maar ook muziek, en boeken. Er worden (met veel drama) boodschappen gekocht, winkelbediendes wegen inhouden af en berekenen de prijs. Zonder reclame loopt de zaak niet en daarom worden er teksten geschreven, advertenties opgesteld, kleurige verpakkingen ontworpen en wordt er zelfs een videospotje gemaakt. Als je eenmaal gegrepen bent door thematisch werken, blijkt er heel veel mogelijk.

7.7.1 ■ Vak(grens)overstijgende activiteiten

Vakoverstijgende of vakgrensoverstijgende activiteiten zijn activiteiten die weliswaar duidelijk bij een bepaald vak horen, maar die ergens anders worden ingezet. Tekenen bij natuuronderwijs bijvoorbeeld. Het is te vergelijken met handvaardigheid dat als middel voor ervaringsgericht onderwijs werd gepropageerd. Gebruikmaken van tekenen en handvaardigheid bij weekopeningen, schoolfeesten en dergelijke kun je hier ook toe rekenen. Er is niets mis mee, maar zolang ze niet duidelijk een beeldonderwijsdoel nastreven, heeft het met beeldonderwijs niet veel te maken. Een achtergrond voor een toneelstuk schilderen of kleding maken voor een uitvoering zijn geen activiteiten die zonder meer de

'Zo vallen de blaadjes', zei Gillis, nadat hij dat buiten nauwkeurig had bestudeerd. *'Sommige gaan zo en zo en ook zo.'* Wat Gillis (zeven jaar) met woorden onmogelijk kon beschrijven, kon hij ons door beeldtaal te gebruiken glashelder duidelijk maken. Stukjes blad zijn bovenaan bijgeplakt. Het beeldaspect lijn (met inhoud) in de onderbouw. Natuuronderwijs en beeldonderwijs ineen. (17 × 25 cm)

plaats mogen innemen van lessen beeldonderwijs. Die activiteiten horen onder de noemer *tijd voor viering* of iets dergelijks.

7.8 ■ Resultaten noteren

Het beeld dat jij van de ontwikkeling en de vorderingen van de leerlingen in je groep hebt, moet je op gezette tijden bijstellen, want dat verandert naarmate het jaar verstrijkt. Daarom houd je daar per leerling aantekening van. Aan de hand van jouw observaties en notities kun je constateren dat het goed gaat of maatregelen nemen als de vorderingen van een leerling in de emotionele en/of cognitieve ontwikkeling hier aanleiding toe

Je besteedt aandacht aan hoe kinderen zich gedragen, hoe hun houding is. Dat laatste kun je ook letterlijk nemen. Schrijfpedagogen vinden een juiste schrijfhouding erg belangrijk, omdat dit invloed op het schrift heeft en ook omdat slechte ogen en een scheve rug soms hun oorzaak vinden in een verkeerde zit- en werkhouding. Bij beeldonderwijs let men meer op het totale proces dat tot een werkstuk leidt, maar als je zoiets als dit constateert, moet je misschien toch eens laten nagaan hoe het met de ogen gesteld is. Jij hebt dat eerder in de gaten dan de ouders.

geven. Aan de hand van deze notities kun je ook de ouders van leerlingen op gezette tijden vertellen hoe het gaat op school.

Veel scholen gebruiken een leerlingvolgsysteem. Dat maakt systematisch noteren van de schoolloopbaan van een leerling een stuk eenvoudiger maar het is niet zo bijster geschikt om gedetailleerde momentele ontwikkeling bij te houden.

Voor beeldonderwijs is het noteren van de ontwikkeling van leerlingen zo mogelijk nog lastiger dan van de zogenoemde cognitieve vakken en zaakvakken. Je kunt immers nergens *goed* of *fout* aanwijzen. Wat je wel kunt doen is in de gaten houden in hoeverre een kind zich op bepaalde gebieden ontwikkelt. Meestal zijn daar ook geen normen voor en zijn je observaties gerelateerd aan het gedrag dat andere kinderen op dat gebied vertonen. Dit zijn aspecten waar je op kunt letten:

- *creativiteit:* eigen oplossingen kunnen bedenken voor problemen, zelf iets bedenken, persoonlijke antwoorden kunnen geven in gesprekken over beelden.
- *zelfstandigheid:* een opdracht zonder hulp kunnen uitvoeren, zelf kunnen plannen hoe iets uit te voeren, iets nieuws durven proberen.
- *concentratie:* goed kunnen opletten bij uitleg en gesprek, niet gemakkelijk afgeleid zijn bij beeldend werken.
- *kennis:* visuele informatie kunnen verwerken, onthouden, begrijpen, voor eigen doelen kunnen gebruiken en kunnen verwoorden.
- *inzicht:* beeldende processen en beeldend werk (van zichzelf en van anderen) kunnen analyseren.
- *vaardigheid:* beeldtaal kunnen hanteren (omgang met beelden en vormen in praktijkwerk) en beeldtaal kunnen analyseren (omgang met beelden en vormen bij beeldbeschouwen).
- *motorische ontwikkeling:* materiaal en gereedschap adequaat kunnen hanteren.
- *sociale ontwikkeling:* in groepswerk goed functioneren, een eigen bijdrage kunnen leveren en iets aan anderen over kunnen laten.

Omdat scholen vrij zijn in het kiezen van manieren waarop ze de schoolloopbaan van de leerlingen in kaart brengen, zijn er nog niet veel scholen waar een leerlingdossier gehanteerd wordt. Hierin zit verschillend materiaal: notities van de bespreking van de leerling door het team en van gesprekken met de ouders, gegevens van speciale onderzoeken, de toets- en rapportgegevens en de plannen voor extra hulp, observaties van leerkrachten over de sociale en emotionele ontwikkeling, werkhouding en taakaanpak. Een leerlingdossier is geen portfolio waar resultaten van beeldend werk van de leerlingen in wordt verzameld, maar een portfolio kan wel onderdeel zijn van een leerlingendossier. (Zie voor portfolio paragraaf 5.6.)

7.9 ■ Leerstofkeus

'Weet iemand nog een leuke les voor groep vier?' Je leest het wel eens in een forum op het internet. Alsof het niet uitmaakt wat er geleerd of gedaan wordt, als het maar leuk is. Nu is de kwalificatie *leuk* helemaal geen verkeerde. Onderwijs moet bij voorkeur zo zijn dat leerlingen zich er prettig bij voelen en dat wordt gewoonlijk vertaald naar *leuk*. Maar als iemand vraagt naar een leuke les zonder meer moet je wel aannemen dat die vraag aantoont dat de vragensteller niet veel benul heeft van waar het bij goed onderwijs (in een bepaald vak) om gaat. Moet je dat dan als leraar voor elk vak kunnen aantonen? Eigenlijk wel, jij bent toch een competente vakman?

7.9.1 ■ Oordeel over een methode

De gemakkelijkste manier om iemand te vertellen wat er in een vak geleerd gaat worden, is dat je zegt: *'Wij gebruiken de methode...'*, maar bij beeldonderwijs is dat maar zelden voldoende. Een methode alleen is zelden bevredigend.

Een tamelijk duidelijke manier om leerstof te omschrijven is door middel van doelstellingen: *'De leerlingen leren...'* Daarbij hoort een beschrijving van hoe dat in zijn werk gaat. Je kunt wel verwijzen naar een methode. Als een methode niet volledig beantwoordt aan jouw opvattingen, kun je hem misschien toch gebruiken om een of enkele doelen na te streven of om de aangegeven activiteiten in een andere volgorde of in andere groepen te gebruiken. Voor de overige doelen moet je dan of een andere methode nemen of zelf iets bedenken. Het is altijd gemakkelijker om uit te gaan van concreet materiaal en je eigen variaties daarop te ontwikkelen dan om een compleet eigen activiteitenbeschrijving met alles erop en eraan te maken. Een methode kan zodoende een goede hulp zijn, ook als je hem niet volmaakt vindt.

Welke kies je? Daarvoor moet je niet bij de promotietekst in de catalogus van de uitgever te rade gaan en ook niet alleen bij wat de schrijvers in hun inleiding en voorwoord schrijven. Daar kunnen namelijk veel mooie ideeën staan die in de methode zelf niet worden uitgewerkt.

Stel bij het beoordelen van een methode met het oog op gebruik de volgende vragen:
- Past deze methode bij de doelen die ik voor beeldonderwijs (in mijn groep) belangrijk vindt?
- Staat er leerstof in voor de verschillende groepen (voor mijn groep) en is de leerstof aangepast aan dat niveau?
- Zijn er onderwijsactiviteiten (didactische werkvormen) in beschreven? Is dat op zo'n manier gedaan dat ze een hulp zijn voor mij?
- Is er variatie in de beschreven werkprocessen?
- Zijn er manieren van evalueren in beschreven?
- Heb ik er iets aan voor het maken van een continu plan (zit er een leerlijn in)?
- Laat de methode ruimte voor eigen beslissingen?

7.9.2 ■ De leerlijn

Het woord *leerlijn* komt niet voor in de woordenboeken van de Nederlandse taal (Koenen, Van Dale). Het zal dus wel jargon zijn en heeft dan uitleg nodig. Een leerlijn is een volgorde van leermomenten voor een vak of vakonderdeel op basis van uitgangspunten en afspraken. Bij het maken van een leerlijn moeten vooraf uitspraken gedaan worden over de vakinhoud (alles wat je door het vak wilt aanleren/ontwikkelen). Duidelijk moet zijn hoeveel van de totale vakinhoud in een bepaalde leerlijn aan de orde komt. Als je bijvoorbeeld

Ook wanneer een leerling zijn kennis van het begrip perspectief kan illustreren, wil dat nog niet zeggen dat hij het ook moet kunnen toepassen volgens de regels van het centraal perspectief. De tienjarige Cees heeft te vroeg moeten leren hoe hij huizen en wegen perspectivisch kan laten verdwijnen. Voor hem is het nog een trucje; hij snapt het niet echt.

Zelfs de beste methode kan niet zonder een leraar die hem weet te hanteren. Beeldonderwijs kan op veel manieren onderwezen worden, maar altijd geldt dat het erom gaat leerlingen verder te helpen in hun ontwikkeling. Ontwikkeling gaat niet vanzelf, ook niet als je negen bent. Wie beeldend wat wil zeggen, moet dat leren. Leren (het zelf verwerven) gaat niet zonder inspanning, dat blijkt.

kiest voor *beeldaspecten* als kapstok voor de leerlijn, moet je je dus afvragen of beeldaspecten de volledige inhoud vormen van beeldonderwijs. Dat is niet het geval. Dus komt de vakinhoud in deze volgorde van leermomenten niet volledig aan bod. Nou, dan maak je toch meerdere leerlijnen. Dat zou kunnen.

Je kunt leerlijnen namelijk ook ophangen aan *materialen* of aan *thema's*. Zowel bij beeldaspecten als bij materialen als bij thema's kun je leerstof aanwijzen. Dan kan ook voor kunst, zodat je een leerlijn *kunstbeschouwing* kunt maken. Datzelfde geldt voor een leerlijn *inhoud*, een leerlijn *visuele waarneming*, een leerlijn *expressie*, een leerlijn *creativiteit*, een leerlijn *zelfstandig werken*, want dat wil je de kinderen allemaal leren. Vervolgens zou je al die leerlijnen kunnen combineren in één groot leerplan. Waarom doe je dat dan niet? Omdat de leerstof van de meeste van die onderdelen veel moeilijker vast te stellen is dan van het onderdeel beeldaspecten. Je weet welke beeldaspecten er zijn en je kent ook een flink aantal verbijzonderingen van beeldaspecten. Dat is een begrensd geheel, daar kun je mee uit de voeten. Kunst, inhoud, creativiteit en expressie zijn veel vager, die brengen te veel onzekerheid en te veel discussie.

Kortom: in een leerlijn zit weliswaar een volgorde van leermomenten, maar daarmee is nog niet gezegd dat alles wat er bij leerlingen ontwikkeld en geleerd moet worden door het vak in die ene leerlijn zit.

Het lijkt voor de hand te liggen dat je met het gebruik van een leerlijn op basis van beeldaspecten een activiteitenbeschrijving krijgt waarbij het ene na het andere beeldaspect systematisch aan bod komt. Dat hoeft niet het geval te zijn. Je kunt namelijk ook telkens een deel van een beeldaspect leren en een volgend jaar van datzelfde beeldaspect een stukje meer. Dan ben je concentrisch bezig. Je trekt als het ware steeds grotere cirkels rond een middelpunt. Een goede methode heeft doorgaans een duidelijke leerlijn.

7.9.3 ■ Stappen binnen leerlijnen

Spelen en het werken met ontwikkelingsmateriaal zijn voor jonge kinderen kenmerkende werkvormen. Bekijk eens hoe de school een kind onderwijst. Eerst komt het vrije, ontdekkende, onderzoekende spel, het ontdekkende leren. Van daar gaat het naar een spel met regels. Experimenteren is vergelijkbaar met het spelen van een spel met regels: 'Als ik maar twee kleuren verf heb, hoeveel verschillende kleuren kan ik daarvan

Op weg in de leerlijn fijne motoriek. Daphne vormt, knippend met haar linkerhand, een stukje papier voor een compositie. Met knippen heeft ze, gezien de vormgeving, weinig moeite. Ze gebruikt de onderkant van haar papier als grondlijn. Als je de verrichtingen van kinderen observeert, noteer dan ook wat je opmerkt.

maken?' Kinderen houden ervan zekerheden te verwerven. Dat kan gebeuren in een spel waarin vaardigheden geoefend worden, een spel waarin handelingspatronen worden ingeslepen. Herhaald bezig met hetzelfde traint het kind vaardigheden; motorische en psychische. De moeilijkheidsgraad verschuift steeds, de opdrachten worden complexer. Zo verschuift het onderwijsaanbod geleidelijk van ontwikkelingsgericht naar programmagericht, maar het is niet gek als het leren ook bij oudere kinderen op dezelfde wijze gaat als ze met iets heel nieuws beginnen: van spel naar ontdekkend leren en zo naar het trainen van vaardigheden.

7.9.4 ■ Een leerlijn op basis van beeldaspecten

Als voorbeeld vind je hier een leerlijn op basis van beeldaspecten. De leerstof is geordend voor onderbouw, middenbouw en bovenbouw, omdat vanwege de ontwikkeling van het beeldend vermogen scheidingen tussen zes en zeven en tussen negen en tien jaar het meest logisch zijn. Een fijnere geleding, per groep bijvoorbeeld, is misschien mogelijk, als je ook doelstellingen zodanig kunt formuleren dat nauwkeurig wordt aangegeven wat per groep geleerd wordt. In deze leerlijn moet je die fijnafstemming zelf maken. Je moet nagaan of en op welk niveau een doel in jouw groep mogelijk is.

Wat van de beeldaspecten geleerd moet worden, is beschreven in de vorm van doelstellingen, waar je vervolgens nog activiteiten bij moet bedenken. Misschien zeg je bij het lezen van sommige van deze doelstellingen: Maar dat doen ze toch al uit zichzelf.

Dat kan zijn, maar er zit een wereld van verschil tussen iets wat leerlingen uit zichzelf doen en waar ze bewust mee bezig zijn, tussen intuïtief handelen en weten wat je doet. Het kan ook zijn dat je de doelstellingen niet volledig vindt, of dat je de volgorde niet juist vindt. Daar is maar een antwoord op: *'Doe er wat aan.'*
Bij het beeldaspect ruimte wordt het begrip *ruimte* in hoofdzaak geassocieerd met driedimensionale ruimte. Op het platte vlak is echter ook sprake van ruimte. Daar is ruimte aanwezig in de betekenis van: *'Je moet de ruimte van je vlak volledig vullen.'* Het is de echter ruimte tussen twee vormen. Voor het overige spreken we bij tweedimensionaal werk van de *illusie van ruimte*.

Licht
Onderbouw (4-6 jaar)
Leerlingen leren de begrippen licht, donker en schaduw.
Leerlingen leren dat er verschillende lichtbronnen zijn.
Leerlingen leren dat er verschillen zijn in lichtsterkte.
Leerlingen leren dat er een relatie is tussen licht en warmte.

Middenbouw (7-9 jaar)
Leerlingen leren de begrippen lichtrichting, kunstlicht, zonlicht, maanlicht en variatie.
Leerlingen leren dat licht van kleur verandert als het door gekleurd materiaal valt.
Leerlingen leren hoe lichter en donkerder zowel met zwart-wit als met kleurmaterialen ontstaan.
Leerlingen leren de relatie tussen lichtrichting en slagschaduw.

Bovenbouw (9-12 jaar)
Leerlingen leren de begrippen toon, zijlicht, tegenlicht, silhouet, strijklicht, weerkaatsing.
Leerlingen leren de begrippen eigen schaduw, slagschaduw en spiegelbeeld.

Ruimte
Onderbouw (4-6 jaar)
Leerlingen leren de begrippen op, onder, achter, voor, midden, boven-, onder-, zij-, rechter-, linkerkant.
Leerlingen leren de begrippen dichtbij, verder weg, veraf.
Leerlingen leren dingen op een rij te leggen en in de ruimte te ordenen op voor en achter, naast elkaar.
Leerlingen leren de ruimte van het tekenpapier geheel te benutten.

Leerlingen leren ruimtelijke relaties aan te geven door in hun tekening bij elkaar horende zaken bij (naast, onder of boven of in) elkaar te tekenen.
Leerlingen leren driedimensionale objecten te tekenen in combinaties van aanzichten.

Middenbouw (7-9 jaar)
Leerlingen leren in het platte vlak ruimtelijke relaties aan te geven door overlapping en afsnijding.
Leerlingen leren een horizon als zodanig in hun tekening te hanteren.
Leerlingen leren het begrip plattegrond toe te passen.
Leerlingen leren een eenvoudige uitslag te maken.

Bovenbouw (9-12 jaar)
Leerlingen leren de begrippen perspectief, standpunt, vogelvluchtperspectief, kikvorsperspectief, voorgrond, achtergrond.
Leerlingen leren in het platte vlak ruimtelijke relaties aan te geven door groottverhouding (wat verder weg is kleiner) te tekenen.
Leerlingen leren het onderscheid tussen werkelijke en gesuggereerde ruimte.
Leerlingen leren luchtperspectief toe te passen in hun werk om daardoor ruimte te suggereren (dichtbij zijn kleuren feller en vormen duidelijker).
Leerlingen leren ruimte in hun tekening te suggereren door wat dichterbij is gedetailleerder te tekenen (bijvoorbeeld grassprietjes).
Leerlingen leren de begrippen interieur (binnenruimte) en exterieur (buitenruimte).
Leerlingen leren de begrippen tussenruimte en restruimte (restvorm).
Leerlingen leren het begrip doorsnede.
Leerlingen leren het begrip reliëf.

Lijn
Onderbouw (4-6 jaar)
Leerlingen leren verschillende begrippen die met lijn te maken hebben.
Leerlingen leren verschillende lijnsoorten, met name: doorlopende lijnen, golvende lijnen, kromme en rechte lijnen, dikke en dunne lijnen, zigzaglijnen, stippellijnen.
Leerlingen leren de begrippen horizontale, verticale en schuine lijnen.
Leerlingen leren lijnverbindingen te maken tussen stippen.

De twaalfjarige Christiaan heeft zijn kennis van lijnsoorten geïllustreerd. De theorie van beeldbeschouwing is door de leraar gekoppeld aan een praktijkopdracht. (32 × 22 cm)

Leerlingen leren dat een lijn ook kan bestaan uit een verzameling opeenvolgende elementen (blokjes, streepjes, enz.).
Leerlingen leren dat lijnen vormen bepalen (omtreklijnen).

Middenbouw (6-9 jaar)
Leerlingen leren lijnen in hun omgeving te zien (spinnenweb, trottoirbanden enz.)
Leerlingen leren dat lijnen door herhaling vaak een patroon vormen (dakpannen, stenen in de muur, tegels op het schoolplein, gras, schubben van een vis).
Leerlingen leren lineaire constructies te maken van metaal, draad, garen, satéstokjes, pitriet en dergelijke.

Bovenbouw (9-12 jaar)
Leerlingen leren de begrippen spiraalvorming, diagonaal, arcering.
Leerlingen leren verschillende vormen van lijnen toe te passen in hun werk (gegolfd, hoekig, zigzag, vloeiend, dikdun, rafelig, enz.)
Leerlingen leren de begrippen contour, contourlijn, motief, patroon (lijn in relatie tot andere beeldaspecten).
Leerlingen leren dat je door het herhalen van lijnen ritme kunt doen ontstaan.
Leerlingen leren dat constructieve elementen vaak lijnpatronen en structuren vormen (hangbrug, spinnenweb, fietswiel, takken van bomen, nerven van blad, steiger, elektriciteitsmast).
Leerlingen leren van een aantal lijnpatronen het verband tussen vorm en functie (dakpannen, schubben, tegels, metselwerk, spinnenweb, hangbrug, gewelfribben).
Leerlingen leren een aantal verschillende toepassingen van lijn (lijnkarakteristieken) aan te geven in het werk van kunstenaars (Jugendstil, Mondriaan, Van Gogh).

Leerlingen leren onderscheid te maken tussen langs de lineaal getrokken (geconstrueerde) lijn en uit vrije hand getrokken lijn; tussen dunne, aarzelende lijn en dikke, forse, zekere lijn; tussen doorlopende en onderbroken lijn.

Leerlingen leren bewegingssuggestie door middel van lijn toe te passen.

Vorm

Onderbouw (4-6 jaar)

Leerlingen leren vormen te onderscheiden en te ordenen op grootte en vormsoort (classificeren en seriëren).

Leerlingen leren de begrippen: gelijk, verschillend, groter dan, kleiner dan, korter dan, langer dan, vorm, cirkel, vierkant, hoek, rechthoek, driehoek.

Leerlingen leren een eerder getekende of geboetseerde vorm te herhalen.

Leerlingen leren de vormen cirkel (rondje), vierkant, rechthoek, driehoek, puntige vorm, blok, kegel, rol, bol.

Leerlingen leren met behulp van telkens dezelfde vormen verschillende composities te maken.

Middenbouw (6-9 jaar)

Leerlingen leren een vorm zodanig te versieren dat het karakter ervan versterkt wordt.

Leerlingen leren dat er een relatie kan zijn tussen vorm en functie.

Leerlingen leren vormrelaties tussen objecten waar te nemen en weer te geven (bijv. vliegtuig in vorm van vogel, appel anders dan peer, moeder groter dan dochter).

Leerlingen leren vormrelaties aan te geven tussen geometrische vormen in de natuur en door mensen gemaakte objecten.

Leerlingen leren symmetrie te onderscheiden en toe te passen.

Leerlingen leren het onderscheid tussen enkelvoudige en samengestelde vormen.

Leerlingen leren het onderscheid tussen open en gesloten vormen.

Bovenbouw (9-12 jaar)

Leerlingen leren de begrippen: restvorm, symmetrie, asymmetrie, schaal, verhouding en spiegelbeeld.

Leerlingen leren dat vormen in het platte vlak door middel van lijn en vlak aangegeven kunnen worden.

Leerlingen leren dat vormen in de ruimte drie afmetingen hebben.

Leerlingen leren ruimte te suggereren door het gebruik van vormen (door overlapping, afsnijding, verhouding, enz.)

Leerlingen leren beweging te suggereren door het gebruik van vormen (door anatomie, herhaling, enz.).

Leerlingen leren dat vormen een emotionele lading kunnen hebben en leren karaktereigenschappen van vormen zoals: agressief, slap, sierlijk, robuust.

Bij handvaardigheid is het begrip beweging in meer aspecten aan de orde dan bij tekenen. Beweging is echter geen beeldaspect. Van beweging afgeleide begrippen zoals duwen, hijsen, voortslepen, rollen, draaien, beweging overbrengen en dergelijke zijn technische of natuurkundige begrippen. Je kunt ze bij handvaardigheid laten gebruiken, maar je kunt ze niet bij beeldaspecten onderbrengen.

Kleur

Onderbouw (4-6 jaar)

Leerlingen leren kleuren te onderscheiden en ordenen op helderheid en kleursoort (classificeren en seriëren).

Leerlingen leren de kleuren rood, oranje, geel, bruin, groen, blauw, paars, wit en zwart te benoemen.

Leerlingen leren dat je een nieuwe kleur kunt maken door twee of meer kleuren te mengen en leren dit toe te passen.

Middenbouw (6-9 jaar)

Leerlingen leren dat geel, rood en blauw basiskleuren zijn en leren (secundaire en andere) kleuren te maken door het mengen van de (primaire) basiskleuren.

Leerlingen leren bruin te maken door rood, zwart en geel te mengen.

Leerlingen leren een kleur lichter maken door er wit door te mengen.

Leerlingen leren een kleur donkerder maken. Ze leren dat je dat niet alleen doet door er zwart door te mengen maar dat het ook kan met andere kleuren.

Leerlingen leren verschillende nuances blauw (groen, rood, enz.) te maken door die kleuren te mengen met andere kleuren en met wit en zwart.

Leerlingen leren door middel van kleur een bepaald voorwerp/deel van hun tekening te laten opvallen of juist niet laten opvallen.

Leerlingen leren de begrippen contrast en schutkleur.

Leerlingen leren een tekening te maken waarin kleur een versierende functie heeft.

Leerlingen leren dat kleuren met dezelfde naam nog wel heel verschillend kunnen zijn (niet alles wat groen is, ziet er hetzelfde uit).
Leerlingen leren dat je met kleuren een vorm kunt accentueren.

Bovenbouw (9-12 jaar)
Leerlingen leren de begrippen monochroom, neutrale kleur, koude kleuren, warme kleuren, signaalkleuren, camouflage, dekkend en transparant schilderen, en leren die toepassen.
Leerlingen leren een kleurencirkel te maken; ze leren de begrippen primaire en secundaire kleuren.
Leerlingen leren het begrip complementaire kleuren en ze leren die toe te passen.
Leerlingen leren dat zwart (modderkleur in verband met kwaliteit verf) wordt verkregen door het mengen van complementaire kleuren.
Leerlingen leren dat kleuren soms symboolwaarde hebben, ze leren verschillende kleursymbolen.
Leerlingen leren dat kleuren een signaalwerking kunnen hebben.
Leerlingen leren dat kleuren te maken kunnen hebben met (persoonlijke) gevoelens en sfeer.

Compositie
Onderbouw (4-6 jaar)
Leerlingen leren dat een vorm op een vlak een bepaalde plaats kan hebben en ze leren die plaats te benoemen: onder, boven, opzij, naast.
Leerlingen leren dat een vorm in de ruimte een bepaalde plaats kan hebben en ze leren die plaats te benoemen: onder, boven, opzij, naast, achter, voor.
Leerlingen leren de begrippen vol en leeg.
Leerlingen leren door herhaling van een visueel element een patroon te vormen.
Leerlingen leren kleurcomposities te maken van lichte tegen donkere kleuren of van rode tegen groene, enz.
Leerlingen leren vormcomposities te maken van verschillende vormen.

Middenbouw (6-9 jaar)
Leerlingen leren de begrippen overlapping, achtergrond, voorgrond.
Leerlingen leren vormen in symmetrische en asymmetrische composities samen te brengen.

Leerlingen leren door herhaling van vormen, patronen te maken.
Leerlingen leren dat je een ruimtelijke compositie van verschillende kanten kunt bekijken.

Bovenbouw (9-12 jaar)
Leerlingen leren lijn-, vorm-, textuur- en kleurcontrast in hun werk (compositie) toe te passen.
Leerlingen leren de begrippen liggend formaat, staand formaat, patroon, ordening, herhaling, evenwicht (figuurlijk), eenheid en aandachtspunt.
Leerlingen leren het begrip ritme en leren door vormen te herhalen verschillende ritmes te doen ontstaan.
Leerlingen leren de begrippen dynamische en statische compositie.

Textuur
Onderbouw (4-6 jaar)
Leerlingen leren dat textuurverschillen bestaan en dat verschillende objecten verschillende texturen hebben.
Leerlingen leren de betekenis van de woorden hard, zacht, ruw, glad in relatie tot het oppervlak van iets.

Middenbouw (6-9 jaar)
Leerlingen leren dat veel texturen ook patronen vormen.
Leerlingen leren dat texturen voorkomen op door mensen gemaakte dingen en ook in de natuur.
Leerlingen leren in hun tekenwerk en boetseerwerk bestaande texturen weer te geven (harige hond, geschubde vis, grasveld enz.).
Leerlingen leren een aantal woorden om texturen aan te duiden.

Bovenbouw (9-12 jaar)
Leerlingen leren dat textuur meestal iets te maken heeft met een bepaalde functie (bijv. glad = niet vuil worden, harig = warmtehoudend).
Leerlingen leren overeenkomsten te zien tussen fotografisch vastgelegde texturen en hoe die in werkelijkheid zijn.
Leerlingen leren in hun ruimtelijk werk texturen te maken.
Leerlingen tonen een grotere textuurbewustwording ten opzichte van hun omgeving.
Leerlingen leren dat texturen contrasten kunnen veroorzaken.

Leerlingen leren het onderscheid tussen de begrippen textuur (oppervlaktekwaliteit), structuur (ordening) en factuur (wijze van bewerken).

7.9.5 ■ Het eclectische model

Een zelfontworpen verzameling activiteiten kan heel goed uit een of meer methoden of boeken met voorbeelden samengesteld zijn. Je kunt een gevonden voorbeeld aanpassen aan jouw situatie en aan jouw opvattingen. Als je op deze manier te werk gaat moet je er wel wat meer voor doen dan wanneer je een methode gebruikt. Elke activiteit moet je namelijk beschrijven. Het moet immers een duidelijk onderdeel van een leerlijn zijn en jouw collega's (en eventuele opvolger voor de groep) moeten weten wat de leerlingen gedaan hebben. Gebruik hiervoor standaard formulieren (bijvoorbeeld zoals die van de website) ⊕. Het grote voordeel is dat je op die manier een verzameling activiteiten opbouwt, die je op het lijf geschreven zijn. Op die manier bouw je ook een leerlijn. Als je daarbij gebruikmaakt van de activiteitenkiesschijf kun je ook nog controleren hoe compleet die lijn is. Naar aanleiding van het commentaar dat je bij de activiteiten schrijft, kun je dezelfde activiteit bij een volgende gelegenheid nog meer kwaliteit geven. Bewaar ook wat van het gemaakte werk of afbeeldingen ervan. Je kunt het misschien ooit gebruiken om er een boek van te maken. In de literatuurlijst vind je informatie over boeken en methoden en op de website vind je nog meer. ⊕

7.10 ■ De organisatie

'Als de kwasten omgekeerd met de haren gekruld en met opgedroogde verf er nog aan in een pot staan heb ik geen zin meer om met mijn kinderen te gaan schilderen', moppert Kitty. Je kunt haar geen ongelijk geven. Maar de kinderen missen op die manier wel weer een fijne activiteit, want schilderen is toch veel leuker dan alweer met die stukjes oliepastel waar je zulke vieze vingers van krijgt en bovendien zitten in de doosjes alleen maar stukjes en brokjes en er ontbreken ook een paar kleuren. Wat een ellende is dat, maar wel een realiteit die je in scholen tegenkomt. Niet in die waar jij les gaat geven natuurlijk, want jij weet hoe het gemakkelijk ook anders kan. Als je beeldonderwijs serieus neemt, moet je zorgen dat jouw leerlingen de mogelijkheid hebben om er serieus mee bezig te zijn, dat er voldoende en gevarieerd materiaal en gereedschap is en dat het in bruikbare en aantrekkelijke staat verkeert, dat er een hoeveelheid beeldmateriaal is om te gebruiken en dat de omgeving er beeldrijk uitziet.

7.10.1 ■ Organisatie: de plek

Bij geen enkel vak heb je zoveel te organiseren als bij beeldonderwijs. Om te beginnen hebben kinderen een plek nodig waar ze beeldend actief kunnen zijn. Die plek kan op heel verschillende manier ingericht zijn. In de ideale situatie beschikt de school over een ruimte die speciaal voor beeldonderwijs is ingericht. Daar kan een hele midden- of bovenbouwgroep tegelijk bezig zijn of alleen die leerlingen die daarin zelfstandig werken terwijl jij met anderen in het groepslokaal bent. Een apart beeldonderwijslokaal is vooral prettig voor handenarbeidactiviteiten, waar veel technische apparatuur, gereedschap en materiaal aan te pas komt dat in een groepslokaal moeilijk een plek vindt. Maak je een eerder als gewoon groepslokaal gebruikte ruimte geschikt voor beeldonderwijs, denk dan aan een ruime wasbak met eventueel een aanrecht erbij. Er is altijd

'Wat ben je aan het doen, Rosalie?' 'Ik maak iets moois, juf.' Het stond in geen enkele methode en juf had het ook niet gepland. Iets moois maken, kun je dat eigenlijk wel plannen?

veel schoon te maken. Omdat een gezamenlijk lokaal door verschillende leraren met hun leerlingen gebruikt wordt, moet het materiaal dat je gebruikt en het gereedschap zodanig opgeslagen worden dat je in een oogopslag kunt zien dat het compleet en schoon is. Het lijkt heel simpel, maar een blok scharen waarvan een van de acht gaten niet gevuld is, voldoet hier niet aan. Als er tijdens jouw les een verloren raakt of kapotgaat, vul je het aan. Als er op een school een eigen ruimte voor gezamenlijk gebruik is, is het goed om daarvoor één leraar de verantwoording te geven. Die kun je dan aanspreken als er iets niet in orde is en hij kan anderen aanspreken als iets niet correct is achtergelaten of zoiets. Het is ook beter als één collega de verantwoording heeft voor het gebruik van de kleioven.

Als een speciaal lokaal voor beeldende activiteiten niet aanwezig is, blijf je in je eigen groepslokaal. Het voordeel van werken in het groepslokaal is dat je de werkomgeving en het materiaal op je eigen leerlingen kunt afstemmen (en dat je het zelf kunt beheren). Bovendien ben je altijd in de buurt als meer directe begeleiding wenselijk is en de leerlingen kunnen jou direct benaderen.
In de bovenbouw werken de kinderen meestal aan de eigen tafel. Heb je een kleinere groep, dan kun je in het lokaal ruimte maken voor een werkplek waar bijvoorbeeld een werkbank staat of een tafel waar een paar kinderen bezig kunnen zijn terwijl de groep met andere dingen bezig is. In die omgeving staat dan ook het materiaal en gereedschap opgeslagen zodat kinderen als ze iets nodig denken te hebben dat ook zelf kunnen pakken, gebruiken (en opruimen). Denk er ook aan dat niet alle leerlingen tegelijkertijd aan hetzelfde bezig hoeven te zijn, dat ze ook zelfstandig moeten leren werken (wat ze in de kleuterklassen al volop doen in de hoeken) en dat je ook gelegenheid moet geven om iets grandioos te laten mislukken. Soms moet je een beetje afzijdig blijven.

7.10.2 ■ Werken in hoeken
Bij jonge kinderen kies je meestal voor werken in kleine groepjes. Dat sluit aan op gedifferentieerd onderwijs. In veel scholen is dat werken in kleine groepjes ongeveer gelijk aan het werken in hoeken. Het werken in hoeken is al voorbereid door Pestalozzi, die zijn klaslokaal meer als woonkamer zag dan als een kale leerruimte. Wie kiest voor het werken met hoeken, doet dat omdat hij kinderen ziet als actieve, zelfstandige mensen, die ruimte moeten krijgen om zelfstandig te spelen en te werken. Het werken met hoeken hoeft niet beperkt te blijven tot de onderbouw, maar kan in alle groepen gestalte krijgen. In de onderbouw komt het echter het meest voor, waarschijnlijk omdat de begrippen *poppenhoek* en *bouwhoek* daar al lang bekend waren. Bij hoeken denk je uiteraard aan een hoek van het lokaal, maar een lange wand kan net zo goed een hoek zijn. Als je toch ruimten wilt afbakenen, kun je hoeken zichtbaar maken door het

Tussen theorie en praktijk kan een wereld van verschil liggen.

Een werkbespreking in groepsverband in de schilderhoek. De schilders moeten even reflecteren op wat ze aan het doen zijn. Probeer, zonder dat ze het merken, op te vangen waar het gesprek over gaat. Daar kun je veel van leren.

plaatsen van een kast, het ophangen van een gordijn of het plaatsen van tafeltjes in een bepaalde ordening. Het werken met hoeken is niet helemaal hetzelfde als kinderen in kleine groepjes met verschillende karweitjes bezig laten zijn. Aan het werken met hoeken ligt een opvatting over leren ten grondslag waarin de onderwijsgevende als begeleider van actieve kinderen wordt gezien. Hoeken hebben voor elk ontwikkelingsaspect van kinderen materiaal dat uitdaagt maar ook tot orde uitnodigt. De begeleidende onderwijsgevende moet weten waar elk kind zich in zijn ontwikkelingsperiode bevindt om hem daarin zekerheid te laten vinden en ook te kunnen uitdagen tot de volgende stap.

7.10.3 ■ Een schilderhoek

Voor kleuters zijn twee of drie borden nodig, naast elkaar en enigszins schuin opgesteld. Ze zijn zo groot dat de grootste vellen schilderpapier die je gebruikt er gemakkelijk op kunnen worden vastgemaakt (met crêpeplakband). Als ze voorzien zijn van een laag (witte) kunststof kun je ze gemakkelijk schoonmaken. Op een plank daaronder kun je potten verf kwijt. Die blijven daar staan, open en altijd klaar voor gebruik. Maak de plank wel zo laag dat de potten niet voor het papier staan. Hoeveel kleuren? In elk geval voor iedere schilderende onderbouwleerling de kleuren rood (magenta), geel, blauw (cyaan) en groen. *'Maar groen kun je toch mengen?'* Dat klopt, maar als je dat laat doen heb je binnen de kortste keren geen geel en blauw meer in de potten. Als je kinderen wilt leren mengen moet je dat anders organiseren: op het schilderij mengen of op een apart schoteltje of oefenpapier. Maar dan heb je ook een pot water nodig om penselen tussendoor schoon te maken. Wacht maar tot ze er echt aan toe zijn in groep drie of hoger.

Leg je op de plank oude kranten om gemorste verf op te vangen of is er een kunststof bovenlaag die gemakkelijk is schoon te maken? Op de vloer ligt een flink stuk linoleum, zeker als je een tapijtvloerbedekking hebt. In de directe nabijheid een paar kapstokken waar de schilderschorten hangen. Als de wasbak een beetje in die buurt hangt, is dat wel zo handig.

7.10.4 ■ Het materiaal en de berging

Is op school geen vaklokaal aanwezig en zijn de groepen (in midden- en bovenbouw) in het algemeen te groot om permanente werkhoeken te hebben, dan kun je samen met je collega's een *beeldonderwijsmaterialenkar* inrichten (het is prettig als je daarbij terug kunt vallen op een handige ouder). Dat inrichten moet in elk geval in gezamenlijk overleg gebeuren, want zo'n kar, die van lokaal naar lokaal gereden kan worden, moet aan ieders wensen voldoen. Samen bepaal je wat erop moet en hoe de inrichting het meest efficiënt is. Moet alles erop of heeft elke groep ook een verzameling basismateriaal? Leg je het papier er ook op of heeft elke groep dat in het eigen lokaal? Maak je een aparte kar voor handenarbeidmateriaal?

Een zelfstandige kleuter kan je heel wat werk uit handen nemen en het nog prettig vinden ook. Let op hoe de penselen bewaard worden.

Vragen en opdrachten

1 Geef een definitie van de volgende begrippen: schoolplan, schoolgids, activiteitenplan, leerplan en leerlijn.
2 Zoek samen met een studiegenoot op het internet twee schoolplannen van Nederlandse basisscholen. Noem van elk van beide de twee meest positieve ne de twee meest negatieve punten. Vergelijk van beide ook wat er gezegd wordt over de oriëntatie op kunst.
3 Dezelfde opdracht, maar nu voor schoolgidsen.
4 Maak een jaarplanning voor het maken van een activiteitenbeschrijving op een school waar beeldonderwijs nooit veel aandacht heeft gekregen. Bedenk ook een introductie om al je collega's enthousiast te maken.
5 Probeer van je huidige stageschool te weten te komen hoeveel literatuur (inclusief eventuele methoden) in de diverse lokalen of in de gezamenlijke bibliotheek voorhanden is op het gebied van beeldonderwijs. Wat valt je op?
6 Neem uit een willekeurige methode, website of boek een activiteitbeschrijving voor een groep waar je het meest binding mee hebt. Noteer de drie in jouw ogen meest opvallend positieve en de drie meest opvallend negatieve punten en licht je standpunt toe.
7 🌐 Welke vragen uit de vragenlijst (zie website) behoren volgens jou tot de top tien in belangrijkheid? Welke vijf vragen vind je overbodig? Licht je antwoord op het laatste toe.
8 Maak een lijstje van het ontwikkelingsmateriaal dat op jouw stageschool gebruikt wordt in de kleutergroepen en dat je kunt rekenen te behoren tot beeldende ontwikkeling.
9 Maak een eenvoudige opdracht voor kinderen van jouw stagegroep waarbij ontdekkend leren belangrijk is.
10 Welke vier elementen zijn het meest kenmerkend voor thematisch onderwijs?
11 In de beide thema's *Wie ben ik?* en *Er kan iets in*, is beeldbeschouwing vrijwel volledig buiten beschouwing gebleven. Zoek voor beide thema's een mogelijkheid om dat te verhelpen.
12 Observeer in een niet door jou gegeven les beeldonderwijs drie kinderen. Maak vooraf een lijst van aspecten waar je op wilt letten. Kun je verschillen ontdekken? Welke zijn dat. Hoe ga je dat in een rapportering beschrijven?
13 Maak een ontwerp op schaal voor een in jouw ogen ideale beeldonderwijsmaterialenkar.
14 Neem je voor om in de volgende les onderwijskunde een uitspraak over *kinderen* eens uit te werken naar *jonge kinderen en oudere kinderen*. Uiteraard heeft zo'n uitspraak ook betrekking op kinderen tijdens teken- en handvaardigheidactiviteiten. Maakt het wat uit of je wat er gezegd wordt op jongere of oudere kinderen betrekt? Wat zijn de gevolgen?

'Wie eenmaal inziet dat een beeld samenhang en consequentie moet vertonen, is desgewenst bij machte om, evenals Picasso, zelf een alternatieve consequentie te ontwikkelen.'
D. Kraaijpoel: *Was Pollock kleurenblind?* 1997, p. 67

De rijke praktijk

8.1	**Introductie** *233*	
8.2	**Beeldonderwijs, gericht op waarnemen** *233*	
8.2.1	De oorsprong van beeldonderwijs gericht op waarnemen *234*	
8.2.2	Waarnemen omdat het anders niet bestaat *235*	
8.3	**Gericht op expressie** *236*	
8.3.1	Expressie nu *237*	
8.4	**Gericht op kennis en vaardigheden** *237*	
8.4.1	Beeldaspecten uit het Bauhaus *238*	
8.4.2	Kritiek op Bauhausmethoden *238*	
8.4.3	Creatief spel met beeldaspecten *238*	
8.4.4	Dialectische didactiek met beeldaspecten *239*	
8.4.5	Losse introducties voor beeldaspecten *239*	
8.4.6	Techniek als doel of middel *241*	
8.4.7	Techniekenboeken *241*	
8.5	**Beeldonderwijs op de Vrije School** *241*	
8.6	**Gericht op communicatie** *242*	
8.6.1	Beeldonderwijs als taalonderwijs *244*	
8.7	**Ontspanning** *245*	
8.8	**Foto en film** *246*	
8.8.1	Foto's en films maken *246*	
8.8.2	Een foto- en een filmproject *246*	

8.9 **Met de computer** *247*

8.9.1 De computer is ander gereedschap *247*

8.9.2 Andere ontwikkeling van het beeldend vermogen *248*

8.9.3 Beelden maken en bewerken met de computer *248*

8.9.4 Computerkennis overdragen *248*

8.9.5 Teken een appel *249*

8.9.6 Teken een appel: vervolg *249*

8.9.7 De computer als bron bij beeldbeschouwen *250*

Vragen en opdrachten *251*

8.1 ■ Introductie

In dit hoofdstuk wordt beschreven hoe rijk de praktijk van beeldonderwijs kan zijn. Diverse vormen van beeldonderwijs worden bekeken aan de hand van beschrijvingen van stukjes praktijk en door enkele methoden te analyseren. Ook wordt aandacht gegeven aan film, video en computer. Je leert hier hoe bepaalde opvattingen richting kunnen geven aan onderwijs-activiteiten. Het gaat er niet om dat je beeldonderwijs op een van die manieren zou moeten doen. Het gaat er om dat je ziet hoe gevarieerd beeldonderwijs kan zijn en hoe verleidelijk het is om door een voorkeur voor het een, het andere te verwaarlozen.

Bij een methode kun je soms in een handleiding lezen wat de uitgangspunten en de doelen zijn. Meestal zijn die beschrijvingen nogal idealistisch, zodat je ook moet doorbladeren: klopt het wat ze zeggen?

Heb jij bepaalde aspecten die je belangrijk vindt? Dat zou het *waarnemen* kunnen zijn. Misschien vind je het belangrijker dat kinderen zich kunnen *uiten* of dat ze iets *leren*. Het kan ook zijn dat de school bijzonder bezig is met informatietechnologie en dat je daarom beeldonderwijs met *computers* wilt laten doen. In dit hoofdstuk gaan we op al die aspecten dieper in. Het hoofdstuk loopt voor een deel parallel met de inhoud van hoofdstuk 3.

8.2 ■ Beeldonderwijs, gericht op waarnemen

Hierbij een tekst uit het *Leerplan tekenonderwijs op de lagere school* (Altera 1939). De les heet: *Op visite bij de bloemen*. De les begint met een introductie.

> 'Wie komen zoal bij de bloemen op bezoek? Waarom doen ze dat? Vindt de bloem dat goed? Ja hoor, anders krijgt hij later geen vrucht! Als er geen bijen waren, dan zouden wij nooit zoveel appels en peren krijgen. Dat weten jullie al wel uit de plantkundeles. Noem eens een paar bloemen. Denk erom, dat ze

Een tekening door een leerling gemaakt naar aanleiding van de les *'Op visite bij de bloemen'*. (18 × 24 cm)

> tegelijk moeten bloeien. We kunnen toch niet een sneeuwklokje naast een klaproos tekenen? Nu zal ik jullie een paar dingen voortekenen. Straks veeg ik ze uit, dan moet je ze weten. Teken de bloemen maar mooi groot, dus van heel dichtbij. En vooral, maak een mooie groep. En laat goed zien, dat de insekten op visite zijn!'

De kinderen tekenen eerst met zwart potlood. Kleur komt later. Er zijn suggesties voor opmerkingen en vragen bij de schets die de kinderen maken.

> 'Je mag die bloem nog wel tweemaal zo groot doen.
> Wat is dat voor een bloem? Hoe zie je dat?
> Je mag natuurlijk ook heel andere bloemen tekenen, dan die daarnet op 't bord stonden.
> Waaraan zaten ook weer de poten en de vleugels van de vlinder vast?
> Moet je bovenop elke bloem kunnen kijken?
> Zit er een zwarte lijn om de vlinder? Teken dus dun.'

Na het schetsen mogen de kinderen kleuren. Ook daarvoor heeft de auteur vragen en opmerkingen.

> 'Is een klaproos ook met strepen?

Hoe ziet z'n vruchtbeginsel eruit?
Welke kleur hebben de meeldraden ook weer?
Is het groen van een klaproosblad hetzelfde als van het blad van een margriet?
Wat voor kleuren kan een vlinder hebben?
Welke kleur heeft een bij?
Hebben z'n vleugels ook een kleur?
Zorg je ervoor, dat ik goed kan zien waar de bloem begint? Kleur dus mooi en duidelijk.
Probeer er nu eens een mooie kleur bij te vinden.
Wat is hier? (Witte plek) Een blad? Goed, maar dat heeft toch een kleur. Niets? Dat kan eigenlijk niet. Kijk maar eens rond: overal zie je wat!
Jullie mogen een mooie rand verzinnen. (Voor de vlugsten) Dat kan hier heel goed.
Ook het opschrift kun je extra mooi doen. Liefst zo, dat de kleuren bij elkaar passen.
Welke kleuren passen bij elkaar?'

Ten slotte maakt Altera nog een paar opmerkingen die wel helemaal passen in de opvattingen die men toen (1939) had over kleuren, maar waar wij nu wel anders over denken.

> *'Hoewel wij de kleurkeuze vrijlaten is het toch wel van waarde, als wij de leerlingen zover krijgen, dat ze althans de schreeuwendste kleurencombinaties vermijden. Ook het gebruik van zwart, donkerblauw en paars moet zo veel mogelijk beperkt worden. Het zijn voor kinderen 'gevaarlijke' kleuren. Het is meestal door onbezonnenheid of door verkeerd materiaalgebruik, dat kinderen hun tekening bederven. Een voorzichtig adviseren bij de kleurkeuze kan dus hier geen kwaad.'*

Altera onderscheidde twee belangrijke didactische instrumenten: het *leergesprek* en de *opmerkingen* van de leraar als de leerlingen bezig zijn. Daarom zijn deze onderdelen in de talrijke voorbeeldlessen van het *Leerplan* uitgebreid beschreven. Het *leergesprek* stuurde naar de te maken tekening. Er kon eventueel worden voorgetekend op het bord (en weer uitgeveegd). Onder *opmerkingen* noteerde Altera suggesties voor vragen tijdens het tekenen.
Leergesprek en *opmerkingen* kun je vergelijken met de *introductie* en *begeleiding* tijdens het werken zoals in hoofdstuk 5 besproken.

8.2.1 ■ De oorsprong van beeldonderwijs gericht op waarnemen

Toen in de eerste helft van de 19e eeuw het onderwijs aan de volksschool gestalte kreeg, was de algemene overtuiging dat *leren waarnemen* belangrijk was. Bij het vak tekenen dus ook. Tekenen was bovendien nuttig omdat goed kunnen kijken en vaardig kunnen tekenen en ontwerpen een goede voorbereiding waren op later te leren ambachten. Omdat het leren tekenen op tekenscholen en academies ook begon met het natekenen van platen, dacht men dat dit voor kinderen ook de beste manier was. Een methode die hiervan uitging, was: *'Het teekenen naar vlakke figuren'* (tweede druk) (Zwier en Jansma, 1898).

Vanaf 1890 kwamen er ook methoden om het kind vanaf het begin direct naar de natuur te laten tekenen. Die 'natuur' kon bestaan uit rechte ijzeren staafjes om een rechte lijn te leren tekenen. De moeilijke houten voorwerpen en gipsen modellen kwamen daarna. Het ging erom precies te tekenen wat je zag.

Toen men inzag dat kinderen ook wel kunnen tekenen zonder eerst al die oefeningen met rechte lijnen te doen, liet men de kinderen *vrij tekenen*. Daarmee bedoelde men het tekenen zoals wij dat van kinderen gewend zijn, maar dat men toen *'onbeholpen'* of *'naïef'* noemde en dat dus wel verbeterd moest worden. Dit vrije tekenen, waarvan men aannam dat het geheel

Tekenen naar de waarneming. In de bovenbouw willen kinderen 'natuurgetrouw' leren tekenen. Leer ze dat. In een school met een activiteitenplan zal een leerling niet toevallig ergens mee bezig zijn.

gebaseerd was op waarnemingen, dacht men te verbeteren door de waarnemingen te verbeteren. De methode van Altera is daarop gebaseerd.

8.2.2 ■ Waarnemen omdat het anders niet bestaat

Bij beeldonderwijs gericht op waarnemen, is het doel om door betere visuele waarnemingen betere beelden te maken zodat je datgene wat je waarneemt beter leert kennen. Leren waarnemen is een van de hoofddoelen van beeldonderwijs. Het is dus niet zo gek dat soms bijna alleen hieraan aandacht werd gegeven.

> 'Jullie zijn vanmorgen op weg naar school door de Schoolstraat gekomen en je hebt misschien gemerkt dat daar mannen bezig zijn met de riolering. Daar gaan we vandaag een tekening over maken.'

> 'Wie van jullie kan een huis op het bord tekenen? (Norman tekent een huis op het bord.) Heel goed. Kun je in dit huis wel wonen? Ken je zo'n huis in je eigen buurt? Waar staan zulke huizen? Wat voor soort huizen staan er in jullie straat? Gewone? Is dit huis op het bord dan niet gewoon?
> Je gaat nu je eigen huis tekenen, het huis waarin je woont. De buitenkant. De kant van je huis die je het leukste of het mooiste vindt; waar het meest aan te zien is. Dat kan ook best de achterkant zijn. Ja, als je in een flat woont, teken je de hele flat of alleen het stuk waar je woont.'

> 'Het is nu mei en de eerste bloemetjes komen uit. Als je straks naar huis loopt, moet je maar eens goed kijken want morgen gaan we "bloemetjes tussen het gras" maken met draadjes en lapjes stof.'

> 'Ja, de luxaflex is dicht, daarom is het hier een beetje donker. Jullie weten natuurlijk wel wat je zelf ziet wanneer ik ze open doe. Denk er maar eens heel goed aan wat je ziet als je door een van de drie ramen kijkt Zoek maar een raam uit. Nu goed denken. Daar gaan ze langzaam open. Zie je dat? Heb je ook alles gedacht wat je ziet? Zie je meer dan je dacht of minder?'

Dit zijn voorbeelden van introducties waarin een leraar probeert zijn leerlingen probleemgevoelig te maken. Hij wil een *dialoog* op gang brengen tussen de beeldenmaker en het onderwerp dat hij gaat uitbeelden,

Tekenen omdat het anders niet bestaat? Borduren kan ook. Een ganzenhoedster uit Tsjechië. (10 × 10 cm)

tussen de mens en zijn wereld, tussen het subject en het object. Met die wereld kun je als mens een gesprek aangaan: 'Wie ben jij? Wat doe je daar? Wat wil je me vertellen? Weet je wat ik van je denk?' De wereld is het oriëntatiepunt, niet het kind. Deze didactiek, gebaseerd op de filosofie van Merleau-Ponty, die stelde dat iets pas bestond als je het had waargenomen is *dialectische didactiek* genoemd.

De dialectische didactiek wil leerlingen helpen werkelijkheden zo intens mogelijk te doen ontstaan. Zij wil dus helpen beter te leren zien, voelen, denken. Dan begrijp je ook wel, dat de les beeldonderwijs volgens de dialectische didactiek meer moet zijn dan alleen het aanbieden van het onderwerp, meer dan het leren omgaan met beeldaspecten en de vaardigheid in het leren van technieken. Belangrijk is dat je veel aandacht geeft aan het kijken vooraf en tijdens het werken, en dat je ruim de tijd neemt voor het individueel en gezamenlijk beoordelen van de eigen werkstukken en werk van anderen, voor zover dat ermee te vergelijken is. Denk daarbij aan het werk van klasgenoten, aan de werken der natuur, maar ook aan het werk van kunstenaars. Hoe hebben zij hun werkelijkheid gemaakt? In de jaren zestig noemde men dit *dialectische didactiek*. Het is niet achterhaald. Doelen van dialectische didactiek zijn opgenomen in beeldonderwijs zoals dat in dit boek wordt aanbevolen.

8.3 Gericht op expressie

'Nu moeten jullie even heel goed luisteren, doe je ogen maar dicht, dan hoor je de muziek van de cd. En dan denk je maar aan kleuren en vormen, maar niet aan dingen. En die kleuren en vormen waaraan je denkt als je de muziek hoort, mag je tekenen, met je ogen open natuurlijk. Doe met je krijt wat je wilt, kromme en rechte lijnen, alles mag. Gebruik veel kleuren en maak je hele papier vol.'

'Er waren eens twee kinderen en die heetten Hans en Grietje en er was ook een boze heks...' Dan volgt (beknopt, want het is in groep 6) het hele verhaal. En vervolgens komt de opdracht om van papier-maché een heks te maken en die naar wens te voorzien van kleding en attributen. Maar waar het vooral om gaat is: 'En laat vooral zien hoe gemeen ze was hoor! Maak het vreselijk griezelig.'

Twee voorbeelden van introducties gericht op expressie. Bij beeldonderwijs dat gericht is op expressie is het uiten van meningen, ervaringen, gewaarwordingen, gevoelens en fantasieën het belangrijkste.
Zelfvertrouwen kweken en *divergent denken bevorderen* zijn belangrijke nevendoelen.
Gedurende tientallen jaren heeft men vurige pleidooien gehouden voor expressie en tot op heden worden tekenen en handvaardigheid *expressievakken* genoemd. Men had er goede motieven voor. In een leerboek voor de pabo (Meilink 1966) staat:

> 'De waarde van de manuele expressie ligt in het werk zelf, in het bezig zijn. En wanneer dit met ernst gebeurt, d.w.z. als het kind dit bezig zijn serieus neemt en werkelijk intensief bezig is, is het resultaat iets van het tweede plan. Maar hoewel wij dus het resultaat niet zoeken, is het merkwaardig, dat juist door deze wijze van werken het resultaat, ongewild, meestal zeer goed is. Want als het kind op deze wijze werkt, is het geheel zich zelf, werkt het spontaan en alleen op deze wijze krijgen we de goede spontane kindertekeningen, krijgen we het typische kinderlijke boetseerwerk, het goede knip- en scheurwerk, de onbevangen vrije vormen van kinderen.

Dit tweetal tekeningen komt uit de sfeer van de geleide expressie. De belevingsachtergrond werd versterkt doordat degene die deze opdracht gaf (een hospitant van een pedagogische academie) aan de klas vertelde dat de groepsdocent de volgende week jarig zou zijn en dat het dan toch wel erg leuk zou zijn als ze van alle kinderen een bloempje zou krijgen ... enzovoort.
De hospitant koos voor schriftkaften om op te tekenen (goedkoop) en oliepastelstiften (geven goed af: priegelwerk is uitgesloten). Beide tekeningen zijn van achtjarige meisjes.
De tekening met de dikke zwarte contourlijn benadert het meest een bloem zoals wij ons die voorstellen (clichématig): stengeltje, blaadjes met nerven, bloemblaadjes rond een centrum, meeldraden, alles is aanwezig. De zwarte omlijning doet het tere van een bloem overigens wel geweld aan.
De tweede tekening is een heel andere creatie. De elementen van een bloem (stengel, bloemblaadjes) zijn hier verwerkt uitgaande van gevoelens die misschien als volgt gedacht zijn: *'Bloem heeft mooie kleuren ... een beetje rond ... een beetje rondom ... niet helemaal gladrond ... stengel mag niet omvallen ... stengel heeft ook blaadjes.'*
Twee echt verschillende tekeningen. En op dat moment ontstaat het probleem: Wat moet je nou met die twee tekeningen?
De hospitant prikte beide tekeningen op het prikbord en zei tegen beide kinderen dat ze een heel mooie tekening hadden gemaakt en daar bleef het bij.
Een aanvechtbare uitspraak. Pedagogisch misschien nog te verdedigen (een positieve reactie) maar didactisch onjuist, ook voor de geleide expressie.
In zo'n geval heb je steun aan kennis van beeld-aspecten. Probeer de kinderen bijvoorbeeld over de verschillen in vorm en kleur te laten praten. Laat zich een gesprek ontwikkelen dat het goede van beide tekeningen benadrukt en dat tevens bewust maakt wat de verschillen zijn. (17 × 23 cm)

Hier wordt verondersteld dat een kind dat ernstig bezig is meteen ook wel zichzelf zal zijn en spontaan zal werken. Ik denk dat er meer nodig is.
Jarenlang was expressie niet meer dan een noemer waaronder men van alles kon verstaan. Om de manuele expressie te stimuleren zijn talrijke recepten bedacht die in boekjes met voorbeelden werden gepresenteerd.

Die boekjes bevatten vaak niet meer dan een verzameling werkjes of technieken en soms zijn het zelfs niet meer dan trucjes. Als je daarmee wilt werken, moet je wel in de gaten hebben dat *iets maken*, hoe serieus ook, nog niet hetzelfde is als *zich uiten*.

8.3.1 ■ Expressie nu

Expressie bevorderen lijkt tegenwoordig niet meer zo nodig. De maatschappij is in alle opzichten zoveel vrijer geworden dat je het belang van het vrije uiten niet meer zo hoeft te benadrukken. Daar komt bij dat expressie moeilijk te beoordelen en te evalueren is. Hoe kun je expressie nou onderwijzen? Expressie lijkt niet te rijmen met onderwijs dat wordt vastgelegd in (meetbare) doelen. Maar...

Met de mogelijkheid beeldonderwijs te zien als taalonderwijs zijn de goede eigenschappen van expressie weer volop toepasbaar. Expressie is immers niet iets bijzonders, het is dagelijks werk. Gebruik maar gewoon het Nederlandse woord uiten. Elk antwoord van een kind op een vraag van de leraar is een uiting, tenzij de vraag geen vraag is, maar een opdracht iets na zeggen. Elk beeld dat een kind maakt op een uitnodiging van de leraar is een uiting, tenzij het geen uitnodiging is maar een opdracht precies te doen wat voorgeschreven is. Vaak worden kinderen in de onderbouw veroordeeld tot het maken van werkjes waar ze nauwelijks meer hoeven doen dan een beetje knippen en plakken, stapelen en lijmen van wat door de leraar bedacht is. Dit soort 'werkjes' laten maken is beslist niet wat onder goed beeldonderwijs verstaan wordt. Kinderen moet je uitdagen zichzelf te zijn, en niet alleen als ze heel jong zijn, ook in groep 7 en 8. Met name in de vroege puberteit kan het naar eigen keus zich uiten een waardevolle bijdrage leveren aan de harmonische ontwikkeling van de jonge mens.

Er is in de loop der jaren niet zoveel veranderd. Het uiten van meningen, ervaringen, gewaarwordingen, gevoelens en fantasieën is nog steeds belangrijk, en zelfvertrouwen kweken en divergent denken bevorderen zijn nog steeds belangrijke doelen. Maar misschien moeten we zeggen: *'Dat hebben we aan de expressie-beweging te danken.'*

Van Gelder en Van Praag beschreven hun opvattingen over expressie in hun boek *Beeldende Expressie*. Ze schreven daarin ook over beeldaspecten (zij hanteerden overigens de term beeldelementen).
'Door de analyse van de beeldelementen zal het de didacticus mogelijk zijn gedetailleerde aanwijzingen te geven bij het vrije tekenen, omdat de ontwikkeling van het kind in het leerproces van het tekenen aan het hanteren van de beeldelementen af te lezen is.'
Bij deze linosnede van een 12-jarige jongen die ze met twee andere vergeleken, gaven ze als commentaar:
'No. 27 geeft dezelfde gebeurtenis in zijn dramatische spanning. De golven, de wolken, de boom, het huis en de mensen zijn opgenomen in een totaliteit van zwart-wit contrasten. De vlakken, de compositie, de materiaal-hantering, het rhythme en de voorstelling openbaren een grote mate van emotionaliteit. De tekenaar gevoelt zich een van de redders, hij zelf neemt deel aan de actie. In het tekenen beleeft hij het dramatische, maar ook het avontuurlijke van de situatie.'
Omdat in *Beeldende expressie* beeldaspecten worden besproken zoals die voorkomen in kindertekeningen, is het boek zeer de moeite waard om te bestuderen.

8.4 ■ Gericht op kennis en vaardigheden

In methoden die zich richten op het *leren over beelden* gaat het om logica en analyse, om beredeneerde classificatie, om beeldaspecten, om inzicht in wat gemaakt gaat worden en wat gemaakt is (product), om inzicht in hoe het (technisch) gemaakt wordt of gemaakt is. Het leren gaat van meer concrete zaken naar meer abstracte. Leerlijnen zijn belangrijke hulpmiddelen om een methode body te geven. Beeld-onderwijs brengt men in verband met taal. Leren beelden maken wordt soms vergeleken met leren spreken en schrijven. Tegenwoordig is dit de meest nagestreefde manier van beeldonderwijs.

8.4.1 ■ Beeldaspecten uit het Bauhaus

Na 1960 nam de belangstelling voor de expressie af. De school was er niet zo goed voor ingericht. De leraren hadden er te weinig grip op en de leerlingen gingen zichzelf herhalen door het ontbreken van een duidelijke structuur en een aanwijsbare leerlijn. Bij veel vakken in het onderwijs werd gekeken naar wat er geleerd werd, dat zou bij beeldonderwijs dus ook moeten. Men zag direct al iets waar veel over te leren was: *beeldaspecten*. De aandacht die momenteel binnen het basis- en voortgezet onderwijs aan beeldaspecten wordt gegeven is voor een deel het gevolg van onderwijs in een Duitse academie, het *Bauhaus*. Het Bauhaus was een instituut dat in de tijd tussen de twee wereldoorlogen in Duitsland grote bekendheid en invloed had. Het wilde de kloof tussen de moderne kunst en de maatschappij dichten. Een belangrijk uitgangspunt van het Bauhaus was dat het scheiden van de verschillende takken van beeldende kunst en kunstnijverheid tot zelfstandige gebieden fout was, omdat alle vormen van kunst uiteindelijk in dienst stonden van de architectuur. De studenten van het Bauhaus moesten daarom alle beeldende middelen (alle materialen/technieken en alle beeldaspecten) leren beheersen. Die volledigheid van de opleiding betekende overigens niet dat alles ook gezamenlijk of geïntegreerd moest gebeuren. Er waren verschillende leraren voor de diverse onderdelen. Veel aandacht werd besteed aan de beeldaspecten (vorm, lijn, kleur, ritme, compositie, structuur enzovoort). Hoofdzaak was het praktisch ervaren, het zelf bezig zijn met deze beeldaspecten. Vaak ging dat bezig zijn in de vorm van een soort spelopdracht of door middel van experimenten met materialen en technieken. In het Bauhaus waren bekende kunstenaars leraar. Een van de bekendste was Johannes Itten, van wie onder andere het boekje *Beeldende vormleer* (1963) in Nederland bekend is.

8.4.2 ■ Kritiek op Bauhausmethoden

De werkwijzen van het Bauhaus bleven niet binnen de muren van dat instituut. Ze kregen een brede verspreiding in andere opleidingsinstituten over de hele wereld en in het voortgezet- en het basisonderwijs, ook in Nederland. Het onderwijs in handvaardigheid, dat in de jaren zestig in het voortgezet onderwijs vaste grond onder de voeten kreeg, heeft meer dan tekenen geprofiteerd van Bauhausopvattingen. Men vond in de boeken uit de series *Handenarbeid als creatief spel* en *Tekenen als creatief spel* allerlei suggesties om iets over beeldaspecten te leren die bij expressie niet mogelijk geweest waren. Tekendocenten bij het voortgezet onderwijs gebruikten veelvuldig van Bauhausideeën afgeleide manieren van beeldonderwijs, omdat deze vaak direct aansloten op hun eigen opleiding aan de kunstacademie. De kern van de kritiek is daar dan ook meestal op gericht: dat ze van hun tekenlokaal een soort academieklasje maken, dat hun manier van tekenles geven lijkt op een voorbereidende beroepsopleiding en dat eenzijdigheid hoogtij viert. Als je in het basisonderwijs dezelfde methode hanteert, kun je dezelfde kritiek verwachten, ook al bereik je er soms aanwijsbaar goede resultaten mee.

Het onderwijs in het Bauhaus was niet bedoeld voor kinderen. Bovendien geven de van het Bauhaus afgeleide methoden niet alles van het Bauhaus weer. Meestal vind je er maar een klein deel in terug van de werkelijk creatieve ideeën die men in het Bauhaus had, en de bijzondere wijze van met studenten omgaan kon al helemaal niet worden overgebracht.

Methoden die zich om niet meer bekommeren dan om de beeldaspecten zijn zowel eenzijdig als beperkend. Ze doen geen recht aan alle leeftijdsgroepen en verwaarlozen de inhoud en de expressie. Een kind dat een beeld maakt, is vaak bezig met inhoud. Jonge kinderen gaat het bijna altijd om inhoud alleen, oudere kinderen kunnen de meer abstracte beeldaspecten wel van de inhoud onderscheiden. Wie de schooldoelstellingen of de kerndoelen vergelijkt met een tekenmethode die zich uitsluitend baseert op het hanteren van beeldaspecten, ziet waarschijnlijk ook wel dat zo'n methode een te beperkte bijdrage levert aan het onderwijs.

De beeldaspecten zijn dus niet voldoende om een tekenmethodiek voor de basisschool te vullen. Maar omdat beeldaspecten zo gemakkelijk aanwijsbaar zijn en geïsoleerd leerbaar, is het heel aantrekkelijk om beeldaspecten als leerinhouden te nemen.

8.4.3 ■ Creatief spel met beeldaspecten

In de boekenkast van de school staan misschien nog boekjes als *Punt en lijn, Het vlak, De Kleur, Papier,*

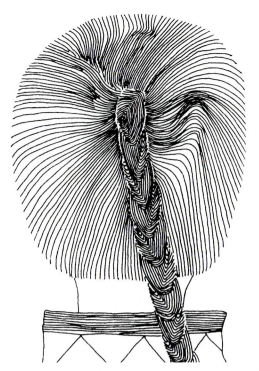

Een afbeelding uit *Punt en lijn* waarop de tekening hiernaast is gebaseerd.

Het is een beetje teleurstellend als de resultaten van de tekenles aanmerkelijk minder blijken dan de in de boeken afgebeelde resultaten beloven. Deze tekening is duidelijk gebaseerd op tekeningen uit het boek van Röttger en Klante: *Punt en lijn*.
De tekening is wel verwant aan de voorbeelden in het boek, maar toch veel minder van lijnvoering en intensiteit. De bedoeling van de oefening is door het kind niet begrepen. Maar de leraar onder wiens leiding dit werk gemaakt werd, heeft ook een inschattingsfout gemaakt. De voorbeelden in het boek zijn alle gemaakt door 14- en 15-jarige kinderen. Deze tekening door een jongen uit groep 8. De leraar heeft de ontwikkeling van het tekenend vermogen van zijn leerlingen (de andere tekeningen vertoonden hetzelfde beeld) verkeerd getaxeerd. (25 × 32)

Metaal, Draad en weefsel, Golfkarton en *Klei* uit de series *Tekenen als creatief spel* en *Handenarbeid als creatief spel* (merk op hoe de serietitels nog handig gebruikmaken op wat kort daarvoor alleenzaligmakend leek.) De inhoud bestaat in elk van de boekjes uit een opsomming in foto's van wat mogelijk is. De uit het Duits vertaalde boekjes vatten *creatief spel* op als: *leren omgaan met beeldaspecten*.

8.4.4 ■ Dialectische didactiek met beeldaspecten

De samenstellers van de methoden *Tekenvaardig* en *Handvaardig* beschreven hun opvattingen in: *Kinderen leren tekenen* (Koppers en De Winter, 1982). In de lessen die ze in een serie boekjes gebundeld hebben, kozen ze vaak voor het leren omgaan met beeldaspecten. In de meeste ideeënboekjes van de beide methodes staan de afzonderlijke beeldaspecten in voorbeeldlessen beschreven voor de drie leeftijdsgroepen. Als je goed op de hoogte bent van de ontwikkeling van het beeldend vermogen van kinderen, kun je hierin bruikbare ideeën vinden voor je lessen. Als je uitsluitend gebruikmaakt van deze lessen beperk je je keus tot het leren omgaan met beeldaspecten. Uit het bijgaande handboek blijkt dat de methode deze eenzijdigheid niet bedoelt, maar dat handboek zul je dan wel moeten bestuderen. Een uitzondering moet je maken voor het boekje *Natuur*, dat goed aansluit op dialectische didactiek.

8.4.5 ■ Losse introducties voor beeldaspecten

Leren vormgeven (vlak of ruimtelijk) door een beeldaspect onder de loep te nemen, biedt veel mogelijkheden voor beeldonderwijs. Hier volgen een paar voorbeelden uit de praktijk.

Jackelien (elf jaar) heeft een heel eigen materiaalgebruik, dat ze in al haar tekeningen consequent toepast: zacht potlood, met de vingers uitgewreven, binnen forse contouren. Ze geeft er geen textuur mee aan, want alle vormen krijgen dezelfde invulling. Eerder kun je hier denken aan het beeldaspect kleur: alle vormen een toonwaarde, anders dan de achtergrond. Maar op de ronde vormen zie je ook dat Jackelien probeert ruimte aan te geven. (detail, 30 × 28 cm)

'Ik heb hier een hele doos met lapjes en ik schrijf op het bord: groen, geel, rood, blauw. Jullie mogen nu allemaal kleuren groen of geel of rood of blauw uitknippen in kleine vierkantjes en die zo naast elkaar naaien dat er een reeks van heel lichtgroen naar heel donkergroen ontstaat, maar je mag niet meer dan tien vierkantjes gebruiken.'

'Als je in een stuk stevig papier een kromme of hoekige snee maakt en je wipt het stuk dat je half hebt losgesneden naar boven, dan ontstaat er 'reliëf'. Met veel van deze reliëffiguren in een blad kun je een 'compositie' maken.' (Beeldaspecten textuur en compositie)

'Vandaag een wandeling van Jantje Lijn. Jantje Lijn begint ergens op je papier (met houtskool) te wandelen. Eerst loopt hij een eind rechtdoor. Ga je gang. Dan komt er een hoek; weer gaat hij rechtdoor. Maar dan komen de kromme straatjes. Hoe loopt hij nu? Bah, het gaat regenen en het wordt koud. Jantje Lijn loopt bibberend verder.'

'Je mag uit deze kranten letters knippen en die bij elkaar op je papier plakken. Er hoeft niets op te staan wat je kunt lezen (geen echte woordjes), als je de letters maar leuk bij elkaar plakt.' (Beeldaspecten vorm en compositie)

'Vandaag gaan we aardappelstempelen. Dat is helemaal niet moeilijk. Je pakt gewoon een aardappel, snijdt hem doormidden (dat doe ik wel voor je) en dan in de verf en stempelen maar. Als je goed weet hoe het gaat praten we wel verder.' (Het blijkt later te gaan om de beeldaspecten ritme en ornament)

Behalve het technisch goed omgaan met een soldeerbout, haaknaald, pen en inkt kun je kinderen ook leren hoe je moet sjabloneren, linoleumsnijden, gutsen, ikatten enzovoort. Een gewilde techniek is ook het krassen in een donkere laag krijt waar kleuren onder verborgen zitten, zoals dit meisje aan het doen is. Jammer dat de kleuren die ze eerst heeft opgezet, niets te maken hebben met de vormen die ze uitkrast.

'Samen met iemand anders krijg je 30 kleine afbeeldingen te zien. Ze zijn genummerd. Je moet ze in groepjes bij elkaar leggen en uitleggen (opschrijven) welke nummers je in een groepje bij elkaar legt en waarom.'

'Zoek op het internet vijf schilderijen op waarin de kunstenaar contrastkleuren heeft gebruikt. Print ze en schrijf erbij welk contrast het is.'

Je merkt dat bij al deze situaties het (systematisch) omgaan met het materiaal en de beeldaspecten belangrijk is. Hier wordt iets geleerd. Hier wordt het beeldend bezig zijn zelf onderwezen.

8.4.6 ■ Techniek als doel of middel

Als je niet meer doet dan het leren omgaan met materialen en trucs, hanteer je een te beperkt uitgangspunt. Kinderen hebben weliswaar kennis en vaardigheid nodig om technieken en materialen te kunnen hanteren, maar je moet kennis en vaardigheid zien als middelen en niet als doel. Als je een techniek niet beheerst, kan zo'n onbeheersbaar middel overigens wel een behoorlijke handicap zijn om je doel te bereiken. Tekentechnieken leren kinderen doorgaans al doende. Bij ruimtelijk beeldend vormgeven is dat wel even anders. Een zaag vasthouden, klei walken, batikken en vijlen zijn geen technieken die je wel even tussendoor leert. Je moet leerlingen heel bewust ermee bezig laten zijn, soms moet je voordoen hoe het moet en uitleggen waarom het zo moet. Sommige leraren menen dat je eerst een techniek moet aanleren en dat je dan pas met echte opdrachten aan de slag kunt. Anderen zijn voorstander van het aanleren van een techniek binnen een opdracht die meer doelen dient. Dus niet eerst kleurvlakjes leren invullen met verschillende, zelf gemengde kleuren, maar meteen een sombere lucht mengen in vele soorten blauw en grijs bijvoorbeeld. Niet eerst leren prikken, maar meteen een raam dat open en dicht kan uitprikken in een huis van stevig papier. Technieken gebruiken om te experimenteren met materialen en om te onderzoeken wat je er allemaal mee kunt, kan heel waardevol zijn. Daarbij is vooral de wijze waarop je leerlingen met technieken in aanraking brengt, de didactiek die je hanteert belangrijk. Wat ze maken komt op de tweede plaats. Het proces is op dat moment belangrijker dan het product.

Soms lijken technieken op trucjes om bepaalde effecten te bereiken, maar een trucje kan ook aanleiding zijn tot iets anders:

'Kijk, ik heb hier een blaadje wit papier en een paar potjes verf. En nu ga ik wat van die verf op het papier doen. En nu leg ik er een ander papier overheen. En dan druk ik op dat papier en wrijf erover ... en ik haal de papieren weer van elkaar, en wat zie ik ...?'

Tot zover is het een trucje, maar dan komt er toch creativiteit en verbeeldingskracht bij:

'Het lijkt op een hondje met een hele lange staart. Dat is leuk! Nu mogen jullie dat ook doen en dan mag je er ook iets bij tekenen wat er bij past. Bij een hondje past bijvoorbeeld... een boom, of een...? Ga je gang maar.'

8.4.7 ■ Techniekenboeken

Experimentele expressie (Ronda, 1962) is een typisch techniekenboek.
Nieuwe tekentechnieken (De Geyter, 1969) is een ringband met technieken.
Beeldend vormen (Vial, 1969) is een methode die zegt de gedachten van Van Gelder en Van Praag (geleide expressie) uit te werken. De methode van Vial bestaat echter voor het grootste deel uit voorbeelden van hoe je een bepaalde techniek gebruikt om iets te maken. Dat was echter maar een deel van wat Van Gelder en Van Praag bedoelden.
Spelenderwijs tekenen en schilderen (Devonshire en Pluckrose, 1991) is een verzameling technieken en trucjes in boekvorm.

8.5 ■ Beeldonderwijs op de Vrije School

Op de Vrije School, die uitgaat van de ideeën van Rudolf Steiner (1861-1925), is de filosofie dat onderwijs gericht moet zijn op de ontplooiing van aangeboren vaardigheden, omdat dit bijdraagt aan de harmonische ontwikkeling van kinderen. In de door Steiner ontwikkelde levensbeschouwing, de *antroposofie,* probeert men het elementaire kleurbeleven te objectiveren om zo tot het wezen van de kleuren door te dringen en hun werking te begrijpen. Hoe beter je de werking van de kleuren begrijpt, des te meer kans heb je te kunnen leven in harmonie met de volmaaktheid van de schepping. Beeldonderwijs wordt hier gestuurd door

'Wie zich wil inleven in het wezen van een kleur, mag geen kant en klaar fantasiebeeld in het hoofd hebben als hij begint. Hij moet geduldig afwachten wat er op het papier tevoorschijn komt.' (Groep 5) Tekst en beeld uit *De vrije school* (1972).

een verlangen naar inzicht en kennis. Van beeldonderwijs in de traditionele zin is in de basisschoolperiode eigenlijk nauwelijks sprake. Dat begint op Vrije Scholen pas in het voortgezet onderwijs.

Over het omgaan met kleur hebben ze op de Vrije School heel duidelijke opvattingen. Het boek *De Vrije School* (Carlgren, 1979) geeft een goed inzicht in de opvattingen over onderwijs, gebaseerd op de ideeën van Steiner. Over kleur staat er onder andere:

'Wie de kleur slechts gebruikt om zich erin uit te leven, komt nooit uit de ban van de eigen, beperkte persoonlijkheid. Wie zich er echter onzelfzuchtig in verdiept, treedt binnen in een nieuwe, onbegrensde wereld. Zijn innerlijk wordt verruimd en veranderd. Als we de kleuren willen leren kennen, moeten we er niet mee beginnen, een motief uit de omringende wereld te nemen en dat na te schilderen; in dat geval wordt kleur iets secundairs tegenover de vorm, het motief. Om de wereld van de kleur te beleven moet men van de kleur zelf uitgaan; men begint met pure kleuroefeningen.'

Deze wijze van schilderen is de kern van beeldonderwijs in de Vrije School.

Het kleurgebruik is lichtend, krachtig en vooral transparant. Het wezen van de kleur ervaar je namelijk het beste in de regenboog, de dauwdruppel, de ondergaande zon, de blauwe lucht. Allemaal elementen van licht. Maar schilderen kun je niet met licht. Aquarelverf komt er het dichtst bij, en bij voorkeur gebruik je platte kwasten. Ronde kwasten geven te snel een tekenachtig karakter aan het werk en dat moet vermeden worden, want niet de vorm maar de kleur heeft invloed op de psyche van de mens. (Het tekenachtig aspect van de vorm wordt apart beoefend.) De verfvlekken hebben geen contouren, er wordt geen voorstudie gemaakt, schetslijnen zijn niet te zien. De vlekken bewegen zich vrij over het beeldvlak.

Vormtekenen (het tekenen van non-figuratieve lijnen) is bij Steiner strikt gescheiden van het schilderen. Kleuters beginnen met eenvoudige (meetkundige) figuren. Vanaf groep 4 worden kinderen ertoe gebracht meetkundige vormen te ontdekken in allerlei voorwerpen. Denk niet dat tekenen in de Vrije School zich beperkt tot deze twee vormen. Bij alle vakken wordt getekend, maar dat is geen beeldonderwijs.

Over handenarbeid heeft Steiner zich slechts zijdelings uitgelaten. Hij schreef over het belang van motorische ontwikkeling:

'[...] maar als men weet dat iemand die onhandig zijn vingers beweegt, een onhandig intellect, weinig soepele ideeën en gedachten heeft, en wie zijn vingers behoorlijk kan bewegen ook soepele ideeën en gedachten heeft, het essentiële van de dingen kan vatten, dan zal men ook niet onderschatten wat het betekent, de uiterlijke mens te ontwikkelen met het doel dat uit het volledig activeren van de uiterlijke mens het intellect als een deel te voorschijn treedt. Het kind moet vanuit zijn wil werken, niet vanuit iets dat hem is voorgeschreven.'

In *Schilderen met kinderen* (Muller, 1987) vertelt een kleuterleidster van een Vrije School over hoe je tekenlessen aan jonge kinderen combineert met de antroposofische levensbeschouwing.

8.6 ■ Gericht op communicatie

'Hier is een hele stapel tijdschriften. Daar staat erg veel reclame in. Kun je daar nu drie reclamefoto's

Visuele communicatie van een zevenjarige. In 1978 maakte een leerling uit groep 4 deze tekening als een protest en een oproep.
Ik kan me voorstellen dat je geneigd bent te denken dat deze tekening ontstaan is naar aanleiding van een les over milieuhygiëne. Wel, je hebt gelijk. Maar tekenen als visuele communicatie heeft daar niet het minste bezwaar tegen zolang het maar niet blijft bij het maken van een tekening. Er moet meer beeldonderwijs bij. Er moet ook worden gesproken over de functie van zo'n tekening; over wat je met zo'n tekening wilt bereiken en hoe je dat het beste zou kunnen doen. Over de leesbaarheid van de letters; over de tekst zelf.
In verband met de integratie van vakken is er ook een relatie met de Nederlandse taal. Niet alleen wat de spelling betreft, maar ook in verband met de zeggings-kracht van een slagzin.
De tekening werd ten slotte ook nog als boodschap ge-bruikt door hem voor het raam te hangen. (21 × 28 cm)

uitzoeken waarvan je kunt zeggen dat dat verschrikkelijk rijke mensen moeten zijn die daarop staan? Waar zie je dat aan? Zou die reclame arme mensen aanspreken? Zou je nu zelf een reclame kunnen tekenen die ook arme mensen aanspreekt?'

'Vandaag gaan we iets doen wat we nog nooit gedaan hebben. Een stripverhaal tekenen. Maar niemand weet hoe het verhaal gaat. Ik verdeel de klas in twee groepen. In iedere groep begint iedereen met één tekening net zo groot als een stripverhaaltekening uit een boekje. Niet aan je buurman laten zien wat je tekent! En je mag ook geen woorden schrijven bij de tekening. Als iedereen in de groep klaar is met zijn tekening geeft hij zijn tekening aan zijn rechter-buurman. Je mag er niets bij zeggen, niet praten. Dan bedenkt iedereen een tweede tekeningetje bij de eerste die hij net gekregen heeft. En zo gaan we verder tot iedereen zijn eerste tekening terugkrijgt en er de laatste tekening bij maakt.'

'Stel je voor dat je de school uitkomt en een vreemdeling vraagt je de weg naar de markt. Hij kan alleen maar vragen: "markt?" Verder kent hij geen Nederlands en hij verstaat het ook niet. Dan pak je papier en potlood om hem uit te leggen hoe hij moet lopen. Hoe zou je dat doen?'

8.6 Gericht op communicatie

'Sommigen van jullie hebben een eigen kamertje, anderen niet. Maak nu eens een eigen kamer, niet zoals hij misschien is, maar zoals je hem zou willen hebben. Met alles erin en alles aan de muur en de kleuren, zoals jij dat wilt. Begin met een vloer en drie wanden van dik karton te maken.'

'Kleren maken de man. Dat is een gezegde. Wat bedoelen we daarmee? Juist. Zou dat waar zijn? Zou je aan iemand zijn handen dan helemaal niets kunnen zien? Zijn de handen van de smid hetzelfde als die van de dokter? Dus is het niet helemaal waar dat alleen kleren de man maken. Maar aan kleren kun je vaak wel zien wat iemand is. Een dame van 60 jaar heeft andere kleren aan dan een jongetje in de gymnastiekles. Ik heb hier vijf afbeeldingen met mensen erop. Kijk er goed naar en schrijf dan eens op wat voor mensen het zijn. Schrijf maar alles op wat je denkt als je naar deze beelden kijkt.'

'Je hebt een heel mooi jack gekregen op je verjaardag of een hele mooie blouse en je gaat er voor het eerst mee naar buiten. En dan komt er een vervelend kind en dat gaat met modder gooien. Stil, niks zeggen. Maar je mag wel in klei uitbeelden wat jij gaat doen als dat kind naar jou met modder heeft gegooid.'

'Ik heb hier twee verschillende stripverhalen. Bij de een heb ik alle tekst weggehaald en bij de ander alle plaatjes. Jullie mogen ze zelf aanvullen. Bij de een maak je tekeningen en bij de andere tekst.'

Voor de klas hangen vijf grote afbeeldingen die van links naar rechts steeds gecompliceerder zijn. Van een verkeersbord tot een historieschildering.
'De vijf beelden op het bord hebben elk iets te vertellen. Je zou er ook tekst voor in de plaats kunnen hangen. Ga die teksten maar eens schrijven.'

In bovenstaande korte introducties worden beelden beschouwd als een communicatiemiddel. Met beelden communiceer je als met taal: *beeldtaal*. Communicatie is tweezijdig. Met beelden die je zelf maakt, vertel je iets (als je de grammatica en zinsbouw van die taal tenminste een beetje beheerst). Beelden van anderen vertellen jou iets (als je tenminste begrijpt wat ze met die beelden willen zeggen). Door beeldbeschouwen, en ook als ze zelf beelden maken zijn leerlingen actief met die beeldtaal bezig, maar je moet het ze wel vertellen, anders zijn ze het zich niet bewust. Als ze eenmaal door hebben dat het omgaan met beelden (beeldtaal gebruiken) te vergelijken is met het omgaan met woordtaal (lezen en schrijven), wordt het begrijpen van beelden een stuk eenvoudiger.

8.6.1 ■ Beeldonderwijs is taalonderwijs

Waar anders worden beelden voor gebruikt dan om ermee te communiceren? Een beeld is een verwijzing, naar iets of iemand. Dat is de inhoud. Het verwijzende is talig. Je kunt beeldonderwijs, zoals in hoofdstuk 6 is uitgelegd, beschouwen als taalonderwijs. Als je dat doet, zul je serieus werk moeten maken van het kijken naar en het praten over beelden. Ook daarover vind je in hoofdstuk 6 het een en ander.
In de uitdrukking 'visuele communicatie' vind je iets terug van de opvatting beeldonderwijs als taalonderwijs te beschouwen. Methoden en activiteiten voor beeldonderwijs die aan deze opvatting aandacht besteden, zijn er echter nog weinig. Je zult er voortdurend op bedacht moeten zijn, want zelfs de meest futuristische en ludieke activiteiten en spellen die je op het internet gepresenteerd ziet, laten dit

'Automobilisten opgelet! U nadert ons voetbalterrein.'
Een tienjarige jongen gebruikte de taal van het beeld voor een nieuw verkeersbord: visuele communicatie.
(22 × 25 cm)

Een tekening als deze ontstaat niet uit een opdracht: *'Ga maar tekenen.'* Daar is meer voor nodig. Jan Willem (tien jaar) heeft ontdekt dat bij een lichtbron ook schaduw (slagschaduw) hoort en dat de vorm van de schaduw te maken heeft met de vorm van de figuur. Maar hoe je dat nou precies tekent? Het is een waarnemingsprobleem van de eerste orde, op te lossen in de tekenles. Maar hij heeft daarbij wel hulp nodig van de leraar, die hem niet zal vertellen wat hij fout heeft gedaan, maar hem zal laten ontdekken hoe hij de oplossing voor zijn probleem kan vinden. En zolang Jan Willem er helemaal geen probleem in ziet, mag het ook zo blijven. (28 × 12 cm)

aspect vaak liggen. Het wordt slechts zelden expliciet genoemd. Komt het omdat ook de makers hiervan het gemakkelijker vinden zich met feitelijkheden bezig te houden dan met waarschijnlijkheid of komt het omdat ze denken dat kinderen hier nog niet aan toe zijn?

8.7 ■ Ontspanning

Niemand die de ontspannende pauze tussen de lessen (het speelkwartier) met lichamelijke opvoeding verwart, maar beeldonderwijs wordt geregeld op één lijn gezet met *ontspanning*. Tekenen en handvaardigheid kunnen weliswaar prettige activiteiten zijn, maar het zijn ook vakken waarbij geleerd wordt en die bijdragen aan de ontwikkeling van jonge mensen. Beeldonderwijs als ontspanning wordt in dit boek dan ook niet behandeld. *'Ga maar tekenen als je klaar bent met je sommen'*, is immers hetzelfde als: *'Doe maar iets, het maakt voor jou en voor mij niet uit wat je doet, als je maar rustig bent.'*

Deze vakken hanteren als middel voor beloning en straf, is al even verwerpelijk. Een student vertelde: *'Op mijn stageschool schrijft de leraar aan het begin van de week een grote T (van tekenen) op het bord. Als de groep vervelend is of niet goed oplet, maakt hij er een stukje aan vast. Doen ze goed hun best, dan gaat er weer een stuk af. Als de T op vrijdagmiddag meer een R dan een T lijkt, wordt er gerekend.'*

Iets anders is het als leerlingen zelf besluiten dat ze na een half uur inspannend rekenen even iets heel anders willen doen en verder willen gaan met een beeldonderwijstaak. Dan valt de rekenspanning weg en kunnen ze met waarschijnlijk andere hersenactiviteit aan de slag.

8.8 ■ Foto en film

Fotografie bij beeldonderwijs? Dat zat er jarenlang niet in. Je kon als leraar je leerlingen nog wel leren foto's te maken, en zelfs beeldbeschouwen kon je ook met foto's doen, maar leuk was het niet, want welke basisschool had de beschikking over een donkere kamer om zelf de rolletjes te ontwikkelen en af te drukken? En bovendien: wat kostte dat wel niet? Geen wonder dat fotografie in het onderwijs nauwelijks voet aan de grond kreeg. Maar dat is nu anders. Lees een deel van een juryrapport:

'Leerlingen van de bovenbouw van basisschool De Driemaster hebben in het project de opdracht gekregen om de tijd te fotograferen. In introductielessen zijn de onderwerpen de tijd, de rol en betekenis van de fotografie, en de vereiste technieken behandeld. Beroepsfotograaf Ton Voermans gaf een gastles. De kinderen kregen van hem ook richtlijnen mee voor het uitvoeren van de opdracht. De leerlingen gebruikten een digitale camera en bewerkingssoftware. Ze leerden kijken, indelen en kiezen van een te nemen foto; ze leerden kijken naar foto's van anderen en het innemen van een eigen standpunt.
De centrale doelstelling van het project was het aanleren van een andere manier van kijken naar de werkelijkheid om ons heen. De leerlingen moesten ook een korte tekst schrijven over waarom ze deze foto hadden genomen. Dat was belangrijk om de kinderen te dwingen over hun foto na te denken.'

Tot zover het juryrapport van de *Cultuur Primair Prijs*, december 2006. De prijs werd gefinancierd door de projectgroep *Cultuur en School* (OCW) en uitgevoerd door *Cultuurnetwerk Nederland*. Op De Driemaster hebben ze hiermee een heel compleet en eigentijds beeldonderwijsproject uitgevoerd. Eerst het zelf maken van foto's (druppelende kraan, leeggegeten bord, putdeksel na een regenbui), werken met een inhoud en met beeldaspecten. Daarna de foto's bewerken en ten slotte nog zelf een beeldbeschouwende tekst bedenken en schrijven.
Geen wonder dat dit project de eerste prijs kreeg.

8.8.1 ■ Foto's en films maken

Door het gemak waarmee digitale camera's en videorecorders te gebruiken zijn, hoef je je over het onderdeel techniek geen zorgen te maken. Je doet het gewoon. Interessant wordt het als je opdrachten gaat bedenken met doelen die passen binnen kunstzinnige oriëntatie.
De opeenvolgende activiteiten die gewoonlijk bij het maken van een videofilm komen kijken zoals: plannen smeden voor een scenario, script schrijven, productiedraaiboek maken, acteren voor de camera, de camera gebruiken en videobewerkingssoftware gebruiken, komen in het basisonderwijs maar rudimentair aan de orde. Maar je doet er wel wat aan, omdat je de leerlingen anders binnen de kortste keren frustreert omdat ze niet kunnen maken wat ze eigenlijk willen. Je bent gelukkig als je ziet met hoeveel enthousiasme je leerlingen met deze media bezig zijn. Moeilijk wordt het op het moment dat je samen met de kinderen de foto's en stukken film gaat bekijken en bespreken. Dan realiseer je je misschien dat een foto nog wel te vergelijken is met een schilderij of tekening, maar dat je bij het bewegende beeld te weinig in huis hebt om daar zinnige gesprekken over te voeren. Dan zit er niets anders op dan je te verdiepen in literatuur op dit gebied of een cursus te gaan volgen.

8.8.2 ■ Een foto- en een filmproject

Een voorbeeld waarin leerlingen van groep 8 leermateriaal maken voor groep 3.
Elke leerling krijgt een letter uit het alfabet waarbij een drietal foto's gemaakt moeten worden die kunnen worden gebruikt voor een ABC-boek voor leerlingen die net beginnen te lezen. Nadat de foto's gemaakt zijn wordt op de computer de achtergrond weggewerkt, van kleur veranderd of vervaagd, al naar gelang de keus en de vaardigheid van de leerling. De foto's worden afgedrukt op A5-formaat en er komt een door de leerling bedachte tekst bij in de geest van *'A is een appel, met een rode kleur'*. Daarna worden er van de afdrukken boekjes gemaakt. Voor elke leerling van groep 3 een eigen boekje en uiteraard ook voor elke leerling van groep 8 een boekje als aandenken.

Juf koppelt alle leerlingen van groep 5 tweetallen aan elkaar. Dan krijgen ze de opdracht iets te bedenken dat ze graag doen (aan een ijsje likken, fietsen, lezen, alles is mogelijk) en wat ze in de klas of op het terrein van de school kunnen doen of spelen of doen alsof, zodat het gefilmd kan worden. Van het koppel filmt de een de ander. Wie wil, mag ook iets van thuis meenemen om te gebruiken. Omdat er maar een camera is, wordt het project uitgesmeerd over twee weken.

8.9 ■ Met de computer

Als je wilt weten wat van jou als leraar verwacht wordt, sla je de startbekwaamheden (bindende indicatoren voor de kwaliteit van de instroom in het beroep van leraar) van een leraar primair onderwijs erop na.

'De beginnende leraar primair onderwijs werkt met zijn leerlingen in het besef dat zij voortkomen uit een multi-culturele, pluriforme en door informatie-technologie steeds sterker bepaalde samenleving en dat zij daarin een voor hen zinvolle plaats moeten verwerven.'

Zo'n startbekwaamheid heeft langdurig consequenties. Leerlingen voorbereiden op een door informatie-technologie steeds sterker bepaalde samenleving is geen vaardigheid die je eenmaal leert en dan onder de knie hebt. Je moet je zelf permanent op de hoogte houden van vernieuwingen in theorie en praktijk die relevant zijn voor je werk. Dat moet echt van jezelf uitgaan. Om je leerlingen telkens adequaat te kunnen begeleiden moet je dus ook de technische ontwikkelingen bijhouden.

En dan is er ook nog de wereld van de kunst waar je bij beeldonderwijs mee te maken hebt. Mediakunst speelt in die wereld een steeds grotere rol. Ook daarover moet je zinnige dingen kunnen leren aan je leerlingen.

Tekenen en handvaardigheid geïntegreerd. Dit meisje heeft eerst getekend, toen heeft ze de ramen en deuren geprikt en uitgeknipt. Daar heeft ze gekleurd papier achter geplakt, het uitstekende deel knipt ze af. Ook de maan is transparant. Straks zal ze het geheel voor het raam hangen en het effect van licht door het papier waarnemen. Beeldonderwijs biedt heel veel mogelijkheden. Als daar ook foto, video en de computer bijkomt, zul je nog zorgvuldiger moeten plannen om de beschikbare tijd optimaal te benutten.

8.9.1 ■ De computer is ander gereedschap

Aanvankelijk leek de computer bij beeldonderwijs naast potlood en penseel beschouwd te kunnen worden als het zoveelste gereedschap, zij het dan dat het nieuwe potlood meteen ook papier was. Het blijkt meer gecompliceerd te zijn. Bij gebruik van het traditionele gereedschap ontstaat een fysiek product: een tekening, schilderij of grafisch werk. Bij het werken met de computer ontstaat niets dan een verzameling nullen en enen binnen in het apparaat. Weliswaar wordt er door niet te doorgronden rekenkundige formules iets zichtbaar op het beeldscherm, maar er is (zeker voor een kind) geen logische band tussen een handeling en het gevolg.

Een muis is niet te vergelijken met een potlood of penseel. Met potlood en penseel kun je op veel verschillende manieren tekenen en schilderen. Een kwast kun je zelfs omdraaien om met het eind van de steel in de natte verf te krassen, maar het zijn wel allemaal handelingen die typisch voor dat instrument zijn. Een muis krijgt van het ene moment op het andere een compleet andere functie. Je zet er je teken-programma mee aan het werk en legt er een leeg vel papier mee op je beeldscherm. Met een muis kun je tekenen, schilderen en gummen. Je kunt zelfs je hele werk met een klik compleet van kleur of stijl veranderen en als je wilt geheel laten verdwijnen. Voor jonge kinderen, bij wie het proces toch al belangrijker is dan het product, is dit een van de mooiste momenten. Je kunt ook – en dat is wel een heel groot verschil – met één muisklik complete figuren op je tekenblad (beeldscherm) brengen, invoeren vanuit een folder waarin ze opgeslagen zijn.

Het ziet ernaar uit dat voor kinderen bij het beeldend werken met de computer het proces belangrijker is dan het product, terwijl het proces juist hier zo'n heel andere relatie heeft met het product dan bij 'echte' beeldende processen. De vraag is of dat zo blijft naarmate beeldend werken met de computer gewoner gaat worden.

8.9.2 ■ Andere ontwikkeling van het beeldend vermogen

Naarmate ook door jonge kinderen de computer bij beeldonderwijs meer gaan gebruiken, zal de kennis over de ontwikkeling van het beeldend vermogen moeten worden bijgesteld. Het romantische beeld van *'zo is de kindertekening'* zul je los moeten laten. Nieuw onderzoek is nodig om erachter te komen welke invloed de computer heeft op de ontwikkeling van het beeldend vermogen.
Als student, en straks als jonge leraar, heb je een prachtige kans om aan dit nog niet gedane onderzoek bij te dragen. Begin er vandaag mee. Observeer kinderen die de computer als beeldend middel gebruiken. Schrijf een gedetailleerd rapport over hoe een kleuter een tekenprogramma gebruikt. Probeer (zonder het proces al te zeer te verstoren) tussendoor het beeldend werk op te slaan, zodat je je verslag ermee kunt illustreren.

8.9.3 ■ Beelden maken en bewerken met de computer

Er zijn verschillende tekenprogramma's waar kinderen met plezier mee werken. De meeste zijn zogenoemde bitmapprogramma's, met pixels. Bij een bitmap bestaat een afbeelding (ook een eenvoudige lijn) uit kleine vierkantjes (een pixel) in een bepaalde kleur. Ook de (witte) achtergrond is onderdeel van het beeld. Bitmapprogramma's zijn voor kinderen gemakkelijk te leren. Je kunt er niet alleen mee tekenen en schilderen. Ook beelden die je vanaf het internet of door te scannen invoert, zijn te bewerken. Vandaar dat naast de benaming *tekenprogramma* ook *beeldbewerkingsprogramma* wordt gebruikt. Het meest voor de hand liggend programma om te gebruiken is *Paint* dat in de bureau-accessoires van Windows zit. Vervolgens heb je eenvoudige gratis programma's zoals *Brush Strokes* en *Artweaver* en peperdure professionele zoals *Photoshop*.

Om te tekenen zijn er naast bitmapprogramma's ook vectorprogramma's. Een lijn is daarin niet een verzameling vierkantjes, maar een ding (object) met een begin en een eind en met knooppunten in de bochten. Ze worden ook wel objectgeoriënteerde programma's genoemd omdat je bij het bewerken van een vorm, niet een pixeltje van die vorm, maar de complete vorm verandert. Vectorprogramma's zijn met name geschikt voor grafisch werk waar het gaat om lijnen, vlakken en tekst. CorelDraw is een bekend objectgeoriënteerd (uitgebreid) tekenprogramma. Objectgeoriënteerde programma's zijn voor kinderen gewoonlijk te moeilijk.

8.9.4 ■ Computerkennis overdragen

Voor zowel jonge kinderen als voor oudere leerlingen geldt, dat ze het beste leren met een gestructureerde opdracht. Laat je hen vrij, dan heeft dat ongeveer hetzelfde effect als bij het traditionele tekenen de opdracht: *teken maar wat*. Gestructureerd wil overigens niet zeggen dat je alle mogelijkheden tot experimenteren uitbant. Je zou het onder de knie krijgen van een programma bijvoorbeeld als volgt aan kunnen pakken: Je geeft de opdracht aan de hele groep en legt vervolgens aan twee leerlingen uit hoe ze te werk moeten gaan. Laat, als je er niet zeker van bent dat je uitleg heel goed begrepen is, een voorbeeld zien dat aan de eisen voldoet maar maak meteen duidelijk dat je niet die tekening verwacht. Laat daarna een van beiden de muis bedienen terwijl de ander aanwijzingen geeft bij de uitvoering van de opdracht. Daarna voeren ze de opdracht nog eens uit in de andere rol. Leer beiden hoe ze hun product in hun eigen map moeten bewaren. Deze twee leerlingen instrueren op hun beurt anderen, zodat allen na verloop van tijd dezelfde ervaring hebben.
Door deze manier van werken leren de kinderen het beste en bovendien krijgen ze er meer zelfvertrouwen door omdat ze stuk voor stuk iets weten dat anderen nog moeten leren.

Laat bij elke les die je hierna bedenkt een paar nieuwe vaardigheden of gereedschappen (tools) leren, maar vergeet niet dat het ook bij dit tekenen om het beeld gaat en niet om de beheersing van onderdelen van het programma.

Zet een snelkoppeling (icoontje) van de te gebruiken programma's op het bureaublad waardoor kinderen er slechts met de muisaanwijzer op hoeven te klikken om het programma te openen.

8.9.5 ■ Teken een appel

Dit kan voor kinderen de allereerste opdracht zijn. Je kunt hiervoor Paint (Windows) gebruiken. Kinderen leren de muis te gebruiken om mee te tekenen en moeten waarschijnlijk eerst leren kalm aan te doen als ze spelletjes gewend zijn waar het meestal aankomt op snelheid.

Zorgvuldig en weloverwogen keuzen maken uit het menu en de gereedschappen is ook belangrijk. Laat in het begin met tweetallen werken waarbij de een aangeeft wat er gedaan moet worden en de ander die aanwijzingen opvolgt. Op die manier is de neiging om maar wat te proberen minder.

Uiteraard heb je een appel meegenomen (zo mogelijk met een steeltje en een blaadje eraan) om vorm en kleur te bespreken.

Doelen
- *Kinderen leren de begrippen menubalk en gereedschappenbalk en weten hoe je daaruit kiest.*
- *Kinderen leren dat elke beweging met de muis en elke klik een computeractie is.*
- *Kinderen leren dat de computer alles wat ze doen met de muis, moet uitrekenen en dat die computer daar tijd voor nodig heeft. Ze moeten dus geduld hebben en vaak hun werk opslaan omdat bij te haastig werken de computer niet meer mee wil doen (en vastloopt).*
- *Kinderen leren hun werk op te slaan.*
- *Kinderen leren een voorwerp te tekenen met behulp van vier verschillende gereedschappen.*
- *Kinderen leren te werken met de volgende gereedschappen: potlood, vulemmer, spuitbus en gum.*
- *Kinderen leren met de kleurenkaart werken.*

Ervan uitgaand dat je een Nederlandse versie van Windows op de computer hebt, is dit ook nog een doelstelling:

- *De kinderen leren de begrippen: bestand, opslaan, opslaan als, programma sluiten en programma openen. Daarbij horen ook begrippen als: selecteren, slepen en aanklikken.*

Opdracht
- Open het programma *Paint*.
- Teken met het 'zwarte potlood' een appel met een steeltje en een of meer blaadjes aan dat steeltje en kleur alles eerst met het 'emmertje' en vervolgens met de 'spuitbus'.
- Bewaar de tekening in je eigen map als 'Jan-appel' (als Jan je eigen naam is).
- Sluit het programma.
- Open het programma.
- Open de tekening om te zien of je hem goed bewaard hebt.
- Sluit het programma.

8.9.6 ■ Teken een appel: vervolg

Voor de tweede les gebruiken de kinderen de appel die ze in de eerste les getekend hebben. Ze leren in deze les een aantal nieuwe vaardigheden. Je kunt met dezelfde

Dat tekenen met de computer geheel anders is dan met een potlood of penseel ervaren kinderen als ze hun eerste tekening zelf maken. Dat is ook nogal verschillend van het met muisklikken laten veranderen van door anderen bedachte figuren. Doe de opdrachten die je voor kinderen maakt ook altijd eerst zelf.

tekening nog even doorgaan, maar waarschijnlijk is het leuker als kinderen hierna opdrachten krijgen met andere inhouden. Experimenteer eerst zelf zoveel met het programma dat je het helemaal onder de knie hebt. Gebruik in je opdrachten alle mogelijkheden van het programma (ook die van tekst) en zorg ervoor dat elke opdracht tenminste een aantal duidelijk taken heeft waarop je het werk kunt controleren. Daarbinnen kun je leerlingen de vrije hand geven.

Opdracht
- Open het programma Paint.
- Open je eigen tekening 'Jan-appel.bmp'.
- Sla de tekening op als 'Jan-appelboom' (als Jan je eigen naam is).
- Maak je appel klein en verplaats hem naar de hoek van de tekening.
- Teken een grote boom en kleur die.
- Maak van jouw appel vijf appels.
- Maak alle appels verschillend van grootte.
- Draai twee appels om.
- Hang alle appels in de boom.
- Schrijf je naam op de tekening
- Bewaar je tekening.
- Sluit het programma.

8.9.7 De computer als bron bij beeldbeschouwen

'Verschil' was het thema dat de kinderen van groep 7 bij juf Wendy opkregen om uit te beelden.
Josje heeft *dag en nacht* gekozen. Ze heeft (met plakkaatverf) een tekening gemaakt waarop aan de ene kant de zon in een stralend blauwe lucht met daaronder een randje aarde met bloemen en gras en aan de andere kant een overwegend zwarte lucht waarin een grijswitte maan. Daaronder de aarde met lichtjes in huizen waarvan de contouren enigszins zichtbaar zijn omdat de lucht erboven een beetje oranje oplicht. *'Daar zijn kassen'*, zegt Josje.
Voordat de tekeningen worden besproken krijgen de kinderen eerst nog de (onverwachte) opdracht om op het internet te zoeken naar twee kunstwerken die betrekking hebben op hun eigen werk. Josje typt *'dag en nacht'* en kiest *'afbeeldingen'*. Ze heeft geluk.

Ze vindt het werk van een Nederlandse kunstenaar van deze tijd die precies hetzelfde thema in een aantal schilderijen heeft afgebeeld. Omdat de kunstenaar ook nog informatie geeft over zijn werk, is dit een prima bron om te gebruiken voor beeldbeschouwen. Josje noteert de url (het adres) van de website en maakt een afdruk van de tekst van de kunstenaar. Dan kan ze het werk bij de bespreking laten zien en er wat over vertellen. Hierna zoekt ze in een woordenboek op wat *dag en nacht* in het Engels is en vervolgens zoekt ze nog eens naar een afbeelding. Dan ziet ze er een die ze heel mooi vindt. Maar de tekst erbij kan ze niet lezen. Ze noteert opnieuw de url en bewaart de afbeelding in haar digitale map op de computer.

Juf Wendy weet de computer op een zinvolle manier te betrekken bij beeldbeschouwen. Zinvol omdat het niet zomaar zoeken is, maar zoeken om iets te vinden dat je vervolgens moet gebruiken. Het is wel duidelijk dat de kinderen in haar groep vaker zelfstandig werken en dat ze met de computer overweg kunnen.

De inhoud van dit beeld is ongeveer: *'De tijd verstrijkt terwijl de dagen en nachten elkaar continu volgen. Ook het leven gaat ononderbroken door. Dat zou althans zo moeten zijn, maar plotseling komt er een ziekte. De ziekte steelt tijd die voor betere dingen bestemd zou moeten zijn.'*

Vragen en opdrachten

1. Stel: je bent een aanhanger van de vrije expressie. Welke kritiek heb je dan op de dialectische didactiek?
2. Op de website staan veel verwijzingen naar Engelstalige sites met activiteiten voor beeldonderwijs. Zoek (samen met een studiegenoot) twee activiteiten voor het werken met de computer en pas die aan voor eigen gebruik met het oog op beeldonderwijs als taalonderwijs.
3. Geef een korte situatiebeschrijving van een lesactiviteit die past bij de visuele communicatie.
4. Zoek een tekening van een basisschoolleerling waaraan je, zonder dat je de lesopdracht kent, kunt zien dat hij past in een bepaalde visie. Kun je dat altijd aan een tekening zien?
5. Bauhaus-ideeën zijn oorspronkelijk ontwikkeld voor studenten in de beeldende kunsten. Een aantal leraren past de ideeën toe in het voortgezet onderwijs. Weet je waarom het basisonderwijs in elk geval een andere aanpak vraagt?
6. Onderwijs moet de maatschappij dienen, zou je kunnen zeggen. In hoeverre diende beeldonderwijs de maatschappij in 1850, in 1950, in 1970?
7. Waarom krijgt het leren van beeldaspecten zoveel aandacht in het huidige beeldonderwijs?
8. Zoek uit de methode *Handvaardig* een les die overeenkomt met de uitgangspunten van de dialectische didactiek. Zoek een andere les die uitsluitend over een beeldaspect gaat.
9. Uit elk van de beschreven visies kun je wel iets positiefs halen; iets wat past bij een moderne visie op beeldonderwijs. Noem uit elk van de visies wat jij ervan kunt gebruiken.
10. Fabrikanten van teken- en schildermateriaal geven soms boeken en methoden voor beeldonderwijs uit. Waar richten die zich meestal op?
11. Terry Barrett had bij zijn bezoeken aan scholen altijd een taperecorder bij zich. Daarmee nam hij de gesprekken op die hij met leerlingen voerde. Doe dat zelf ook eens en analyseer zo'n gesprek daarna samen met een medestudent.
12. Achter in dit boek staat een literatuurlijst waarin onder andere de hier genoemde methoden en boeken voorkomen. Ga na wat hiervan in de bibliotheek van het opleidingsinstituut aanwezig is en over welke boeken je leraar beschikt.
13. Lees paragraaf 8.6.1 nog eens door en zoek vervolgens op het internet een interactief spel. Ga na welke opvatting over beeldonderwijs men daarin hanteert. Komt beeldonderwijs als taalonderwijs erin voor? Zo niet, hoe zou je dat er dan in kunnen brengen?

> 'Creativiteit is geen van hogerhand ingeblazen inspiratie, geen mystiek, maar het efficiënt hanteren van informatie'
> Margaret Boden. Interview in *de Volkskrant* van 26 september 1992

Hoe ontwikkel je creativiteit?

9.1	**Introductie** *255*	
9.2	**Creatief? Waar heb je het over?** *255*	
9.2.1	Ieder mens wil creatief zijn *256*	
9.2.2	Vijf vormen van creativiteit *257*	
9.3	**Creativiteit met betrekking tot het uiten** *257*	
9.3.1	'Ik ben niet creatief' *258*	
9.3.2	Angst om te uiten *258*	
9.4	**Creativiteit met betrekking tot het produceren** *259*	
9.4.1	Probleemoplossend handelen *259*	
9.4.2	Een product is niet creatief *260*	
9.4.3	Een product geeft zicht op creativiteit *261*	
9.4.4	Kenmerken van creatieve processen *262*	
9.5	**Creativiteit met betrekking tot het ontdekken** *264*	
9.6	**Creativiteit met betrekking tot vernieuwen en creëren** *264*	
9.7	**Kenmerken van een creatieve leerling** *264*	
9.8	**Voorwaarden om creatief gedrag te ontwikkelen** *265*	

9.9	**Voorbeelden van creativiteitbevorderende activiteiten** *266*
9.9.1	Creatief bouwen *266*
9.9.2	Groep vier verbeeldt combinatiewoorden *267*
9.9.3	Onderzoekend creatief met twee stukken papier *267*
9.9.4	Nog een paar suggesties *268*
	Vragen en opdrachten *269*

9.1 ■ Introductie

'Crea-middag.
Donderdagmiddag 9 februari zijn de kinderen erg creatief bezig geweest. Er werd groepsdoorbrekend gewerkt. Daarbij werden de leerlingen van de groepen 1 en 2, 3 t/m 5 en 6 t/m 8 gemixt. De leerlingen konden kiezen uit verschillende workshops. De groepen 1 en 2 konden kiezen uit een schoolbordje schilderen, een kikkervangbeker maken, een raamhanger maken, een gipsschilderij of een pollepel maken. De groepen 3 t/m 5 konden kiezen uit sieraden maken, muziek maken, bewegen op basis van ritme, voorjaarspotjes maken, koken of een krans voor de vogels maken. Ook voor de groepen 6 t/m 8 was er te kiezen en wel uit koken en bakken, sieraden maken, krans versieren, een mensfiguur solderen en aankleden met gipsverband, een vlieger maken, een voederplank maken of werken aan de zenuwspiraal.'

Als je ergens een leuk idee vindt en dat laat uitvoeren zonder het aan te passen aan (jouw) opvattingen over goed beeldonderwijs wordt het een uur waarin je leerlingen bezighoudt, maar overigens is het een gemiste kans om bij te dragen aan beeldende ontwikkeling. Dit genereert geen creativiteit en is, hoewel misschien geleid, zelfs geen expressie.

Dit is een deel van een tekst van een website van een basisschool om ouders te informeren over wat er de afgelopen maand is gebeurd. De informatie geeft wel een idee van de 'crea-middag' maar geeft tegelijk aanleiding te veronderstellen dat men op deze school *maken en doen* hetzelfde vindt als *creatief gedrag vertonen*. Dat valt te bezien.

Het bevorderen van creativiteit hoort bij de algemene pedagogische doelstellingen van het onderwijs. Dit betekent dat het thuishoort in alle vakken/vormingsgebieden; de scheiding tussen *creatieve vakken* en andere vakken is achterhaald. Door zijn typische structuur, vakinhouden en uitgangspunten heeft beeldonderwijs echter wel extra veel gelegenheid om creativiteit te bevorderen. Vandaar dat je hier leert hoe je er in de lessen beeldonderwijs aandacht aan kunt besteden. Tegelijkertijd gaat het over creativiteit-bevorderend onderwijs in het algemeen.

'*Het grootste probleem bij beeldonderwijs is niet de creativiteit van de leerling*', hoorde ik onlangs iemand zeggen, '*maar die van de leraar*'. Volgens hem zou je leraren meer creatief moeten maken zodat ze ook hun leerlingen tot creatief gedrag zouden uitlokken. Met dit hoofdstuk krijg je wat suggesties om creatief gedrag uit te lokken.

9.2 ■ Creatief? Waar heb je het over?

Zoek de betekenis van het woord creëren op in een woordenboek en je leest: *creëren = scheppen*. Scheppen wil zeggen, *iets maken dat er voordien niet was*. '*De Schepper schiep hemel en aarde.*' Wat er voordien niet was moet dus na het creëren *nieuw, oorspronkelijk, origineel* zijn. Creëren betekent voor Van Dale niet: *maken*, want dan had dat er wel bij gestaan.
Creëren heeft echter in het dagelijks spraakgebruik wel de betekenis gekregen van *maken* en *doen*. '*Oud-West creëerde opzettelijk parkeerprobleem*', was een kop in een krant in 2005. Het bestuur van het stadsdeel in Amsterdam zou met opzet 20 procent te veel parkeer-vergunningen hebben uitgegeven. Daardoor was er een parkeerprobleem ontstaan zodat er draagvlak kwam voor een garage (waarvoor een speelterrein zou moeten verdwijnen). *Oud-West deed een parkeerprobleem ontstaan, Oud-West maakte een parkeerprobleem*, het zou allemaal kunnen, want oorspronkelijk en origineel is

een parkeerprobleem bepaald niet. Maar toegegeven, daar op die plek was het wel nieuw.
'Nederland creëerde niet veel kansen, maar gaf wel twee goede kansen weg.' Een kans (in dit geval bij voetbal) is niet nieuw, niet origineel en niet oorspronkelijk. Maar als je ze niet van een ander krijgt, moet je ze wel *maken*.
'De affiches die hij creëerde waren stuk voor stuk kopieën.' Gewoon *gemaakt* door andere affiches na te tekenen. Als creëren dus ook gewoon *maken* kan betekenen, dan zou een uitspraak als: *'Ik ben niet creatief'* in feite betekenen: *'Ik kan niets maken'*, en dat is onzin.
Er is in het dagelijks spraakgebruik wel een gevoelsmatig onderscheid tussen *creëren* en *creatief zijn*. Vraag vijfentwintig mensen die zeggen dat ze niet creatief zijn, wat ze bedoelen en je krijgt vijfentwintig keer een ander antwoord: *'Ik ben niet oorspronkelijk. Ik kook alleen maar Chinees. Ik kan geen leuke brieven schrijven. Ik kan niet naturalistisch tekenen. Ik kan geen originele verjaarscadeautjes bedenken. Ik heb geen fantasie. Ik kan niet toneelspelen. Wat ik maak is wel mooi, maar het lijkt niet op moderne kunst. Ik doe alleen maar werkjes die de leraar heeft voorgeschreven.'* (Die laatste is van een kleuter, als die zich dat bewust zou kunnen zijn).

In het hiervoor aangehaalde verslag van een 'crea-middag', is het (gevoelsmatige) onderscheid tussen *maken* en *creatief zijn* opgeheven. De kinderen hebben dingen gemaakt: dus waren ze creatief. Was het maar waar.

9.2.1 ■ Ieder mens wil creatief zijn

De mens is van nature een doener, hij wil zo mogelijk iets tot stand brengen, tenminste bezig zijn, op basis van kennis en vaardigheid iets maken of doen. Dat wil niet zeggen dat iedereen altijd blakend van werklust bezig is. Er zijn factoren die dat weer tegengaan. Mensen zijn ook geneigd tot gemakzucht, en dat houdt het doenerige wel in evenwicht.
En er is nog een algemene karaktertrek die de mens parten speelt: de drang naar bezit. Hij vraagt zich af: *'Levert het iets op? Heb ik er wat aan? Kan ik er wat mee?'* In opvattingen over onderwijs heet het dat onderwijs, om aan die drang tegemoet te komen, *toepassingsgericht* moet zijn.
Stel dat je van die drie eigenschappen (bezig willen zijn, gemakzucht, bezitsdrang) in de lessen beeldonderwijs gebruik wilt maken. Wat doe je dan?

Deze oplossing voor het probleem van een telkens wegrollend blikje noemen we creatief. Ronny is bezig een lantaarn te maken voor Sint-Maarten.

- Je zorgt dat de leerlingen iets kunnen doen, iets kunnen maken (bezig zijn).
- Je zorgt voor een eenvoudige, duidelijke, stap voor stap voorgeschreven opdracht (gemakzucht).
- Je zorgt voor resultaten die ze ook nog kunnen gebruiken (toepassingsgericht).

Met zulke opdrachten heb je geen kind aan ze en ze zijn nog creatief bezig ook, tenminste, dat denk je als je veronderstelt dat *creatief zijn* hetzelfde is als *maken en doen*. Jammer voor jou is die veronderstelling onjuist. Maar de titel van deze paragraaf klopt wel: *ieder mens wil creatief zijn*.
Wat noemt men (mensen die het kunnen weten) in het algemeen creatief? Je hebt misschien een vaag idee... Je vraagt je bijvoorbeeld af of die werkjes in de kleutergroep nou wel zo creatief zijn. Je vindt van niet, maar de kleuters vinden het ontzettend leuk om te doen.
Je vraagt je bijvoorbeeld af of de (oudere) leerling ook niet zelf eens iets moet bedenken. Je vindt van wel, maar de kans bestaat dat hij er de brui aan geeft en afhaakt omdat het te veel gevraagd was. Maar zelf iets bedenken geldt toch als creatief?
Je vraagt je af of je met creativiteit wel ooit goed uit de voeten zult kunnen als er zo veel onduidelijkheid over

bestaat. Je probeert er zicht op te krijgen Soms wordt een complex begrip al duidelijker als je het in stukken deelt. Dat kan bij creativiteit ook.

9.2.2 ■ Vijf vormen van creativiteit

Bij beeldonderwijs wordt iets gedaan of gemaakt, er komt iets tot stand, er ontstaat iets, er worden producten gecreëerd. Activiteiten bij beeldonderwijs worden dan ook wel *creatieve activiteiten* genoemd.

'Dus als ik teken of met klei werk, ben ik creatief.'
'Dat zou je kunnen zeggen.'
'Vind jij dat ook?'
'Nee.'
'Wat nou, en je zegt net...'
'Ik zei dat jij best mag zeggen dat je creatief bent, veel mensen doen dat als ze het hebben over werken met klei bijvoorbeeld, maar voor mij gelden andere normen. Het moet niet zonder meer werken met klei zijn, het moet op een bijzondere manier werken met klei zijn.'
'Hoe dan?'
'Tja, wat zal ik zeggen...?' *(kijkt peinzend voor zich uit.)*
'Kun je dat leren?'
'Ja, je kunt leren om creatief te zijn.'

Op een bijzondere manier met klei werken dus. En je kunt het leren. Maar wat geldt als bijzonder en hoe kun je dat leren?
In navolging van Calvin Taylor (1964) kun je vijf vormen van creativiteit onderscheiden. Elk van die vormen kent niveauverschillen. Maar er is ook niveauverschil tussen de verschillende vormen van creativiteit. De eerste vorm van creativiteit (het uiten) is van een lagere graad dan de laatste (het scheppen), maar het is tegelijkertijd ook de basis voor alle andere vormen van creativiteit. Immers, als iemand iets produceert, ontdekt, vernieuwt of schept en hij uit dat niet, is het van weinig nut voor anderen. Wat zouden we eraan gehad hebben als Edison de (door hem verbeterde) uitvinding van de gloeilamp niet geuit had?
Je ontwikkelt de creativiteit van iemand door hem te helpen in die verschillende vormen van creativiteit de kwaliteit te verhogen. Dat doe je dus door een leerling met verschillende vormen van creativiteit bezig te laten zijn en door hem binnen zo'n vorm naar een hoger niveau te brengen. Daarbij houd je voor ogen dat het bij het bevorderen van creativiteit bij leerlingen vooral gaat om hem te leren efficiënt gebruik te maken van wat hij al weet of kent of heeft ervaren.
Wanneer je dus ergens hoort of leest dat iets of iemand creatief is, kun je je dus afvragen over welke vorm van creativiteit het gaat en welke graad van creativiteit bedoeld is.

- creativiteit met betrekking tot het uiten
- creativiteit met betrekking tot het produceren
- creativiteit met betrekking tot het ontdekken
- creativiteit met betrekking tot het vernieuwen
- creativiteit met betrekking tot het scheppen

9.3 ■ Creativiteit met betrekking tot het uiten

Als je wilt dat leerlingen zich uiten, moet je ervoor zorgen dat ze zich willen uiten. Uiten is: maken. Uiten is het omzetten van een gedachte, een idee, een mentaal beeld in een waarneembare vorm: een zin, een gebaar, een beeld. De creativiteit die iemand zover brengt dat hij zich uit, is creativiteit op basisniveau. Dat is iets anders dan creativiteit op laag niveau. Het basisniveau van creativiteit is onontbeerlijk voor andere vormen van creativiteit. De leerling moet beslist willen

Niet creatief? Als kinderen willen leren naturalistisch en net echt te tekenen, moet je ze wel opdrachten geven waardoor dat mogelijk is. Die werkelijkheid hoeft overigens niet altijd aanwezig te zijn. Een mentaal beeld, zoals dat van Robbie (elf jaar) van zijn eigen huis, kan door herhaalde of door sterk betrokken waarneming ook heel duidelijk zijn. Die informatie heeft hij effectief gebruikt. (32 × 22 cm)

maken, zich willen uiten, willen doen, anders is er helemaal niets mee te beginnen. Je moet de leerling dus in elk geval eerst zover zien te krijgen dat hij iets wil doen, dat hij zin heeft (niet ongenegen is) creatief te zijn, ook als het wat lastiger wordt. Je moet leerlingen motiveren, een sfeer scheppen waarin ze zich gemakkelijk en spontaan uiten.

Het uiten als vorm van creatief gedrag kun je aanmoedigen door in de klas een sfeer te scheppen die dat bevordert. Zorg voor een klimaat waarin leerlingen zich veilig voelen. Geef ze de kans tot uiten, merk op dat ze ermee bezig zijn, tolereer het, stimuleer het. Leer ze durven, laat ze plezier hebben in het uiten, leer ze respect te hebben voor andermans uitingen. Sta open voor gewone en ongewone vragen, voor gewone en ongewone ideeën. Je kunt zelfs openstaan voor ongewoon gedrag van je leerlingen. Durf zelf ook ongewoon te doen. Wees in elk geval geen starre, autoritaire, saaie leraar.

Als je een leerling ook maar een klein stapje verder hebt gekregen op de weg van het zich willen uiten, ben je al bezig geweest met het ontwikkelen van creativiteit.

9.3.1 ■ 'Ik ben niet creatief'

In de jaren na de Tweede Wereldoorlog was er in Nederland veel aandacht voor de expressieve creativiteit, voor de creativiteit van het uiten, voor de creativiteit op basisniveau. Iets maken, vond men toen ook, is hetzelfde als zich uiten, en door iets te doen of te maken laat de mens iets van zichzelf zien. Gewild of ongewild, bewust of onbewust uit hij wat hij denkt, weet of voelt. Voor zich uiten gebruikte men de term *expressie*. Na de Tweede Wereldoorlog, toen de mensen eindelijk weer vrij waren om hun gedachten te uiten, bleek dat uiten een vruchtbare voedingsbodem voor onderwijs in tekenen en handvaardigheid: *'Wees bezig, doe, uit je, je bent vrij.'* In die jaren werd het idee geboren dat tekenen en handvaardigheid (en ook muziek en beweging) identiek waren aan uiten, aan expressie. Wie niet kon tekenen of van dun karton een figuur kon vouwen, was *niet expressief* (en dus *niet creatief*).

De mate van creativiteit, het niveau, werd bij expressie gemeten aan de intensiteit, hevigheid, concentratie. Het uiten zelf is waar het om ging. Het product deed er niet toe. Vrij en onafhankelijk is men creatief. En als het daarbij blijft dan kun je deze uitspraken beluisteren:

De directeur: 'Op onze school zijn tekenen en handvaardigheid heel belangrijk, het is ontspannend, een compensatie voor al die leervakken.'
De leraar: *'Ik vind het belangrijk dat mijn leerlingen met plezier bezig zijn, ze moeten het fijn vinden in de les.'*
De leerling: *'Je mag bij hem doen wat je zelf wilt. Je leert er niet veel, maar het is wel erg leuk.'*

Men heeft het later, toen de expressiebeweging over zijn hoogtepunt heen was, met kracht bestreden. Dat kon toch niet het enige doel van beeldonderwijs zijn. Maar we weten nu dat we deze vorm van creativiteit ook nodig hebben, omdat het uiten een noodzaak is om elke andere vorm van creativiteit te onderkennen.

9.3.2 ■ Angst om te uiten

Wat betreft beeldonderwijs nog een paar opmerkingen. Veel leerlingen hebben al een zekere angst te overwinnen als ze een leeg vel voor zich zien, een

Lekker rommelen in dozen met kosteloos en minder kosteloos materiaal kan verrassende vondsten opleveren. Je moet creativiteit soms een handje helpen.

verzameling lapjes of een plak klei. Anderen gummen onmiddellijk het eerste lijntje dat ze getekend hebben weer uit, menen dat ze absoluut een liniaal nodig hebben om een lijn te trekken, vinden lapjes met rafels onbruikbaar of worden afgestoten door een vormloze bonk klei. Er zijn allerlei middeltjes om daar iets tegen te doen. Op een leeg vel een spetter inkt laten vallen bijvoorbeeld, of een wirwar van lijnen krassen die opeens rook worden als we er een paar schoorstenen in tekenen. Gebruik een gerafeld lapje om er nog veel meer rafels van te maken en die te gebruiken. Als je een bonk klei eerst eens goed laat walken (ook heel goed voor de klei) zien kinderen hoe je ermee kunt werken zonder dat ze meteen iets moeten maken.

Laat leerlingen vooral ook met rust. Wie niet onmiddellijk lastiggevallen wordt over de vorm van zijn uiting, wie zich niet bedreigd voelt, durft meer. Pas als leerlingen zich veilig voelen, durven ze risico's te nemen. Wie als leraar fouten altijd bestraft (aanmerkingen maakt op werkstukken die niet lijken op wat hij verwachtte, bijvoorbeeld), zal merken dat leerlingen op een gegeven moment geen fouten meer durven maken.

Vergeet ook de invloed van de sociale controle niet. Die is in een groep zeer groot. Weet dat leerlingen zich in het algemeen aan de gedragscode van de leraar conformeren. Is de leraar blij met een onverwachte, buitenissige, verrassende, originele opmerking, vraag of beeldende uiting, dan accepteren de leerlingen dat ook gemakkelijker van anderen in de groep.

9.4 ■ Creativiteit met betrekking tot het produceren

Toen leraren zich gingen buigen over de resultaten van de uitingen van hun leerlingen, toen ze de producten van expressie gingen evalueren, zagen ze dat er veel verschil was tussen wat de ene uiting voortbracht en de andere en ze ontdekten dat je een product van volkomen vrije uiting bij kunt schaven door een opmerking, een suggestie, een oefening. Ze gingen zich (weer) bemoeien met wat er gemaakt werd en hoe dat tot stand kwam. Door beter te kijken naar de producten kregen ze weer aandacht voor het proces dat tot een product leidde.

Door een dergelijke bemoeienis wordt de vrijheid (niet de hevigheid of de intensiteit) van het uiten dus op twee fronten aan banden gelegd. Door de manier waarop het product tot stand komt (het proces) meer te structureren en door eisen te stellen aan het product zelf. De voordien *vrije expressie* werd *geleide expressie*. Als je de manier waarop het product tot stand komt, de wijze waarop leerlingen bezig zijn, beoordeelt ben je bezig met *procesevaluatie*. Het beoordelen van de resultaten van het uiten noemen we *productevaluatie*.

9.4.1 ■ Probleemoplossend handelen

> Meester Leonard van groep 8 heeft op een tentoonstelling een schilderij van een ham gezien en hij heeft geboeid staan kijken naar de levendige lijnen van de laagjes vlees tussen het spek. Bij het ontbijt die ochtend merkte hij, dat de plakjes op zijn brood eenzelfde soort lijnenspel vertonen. Hij gaat er een tekenopdracht van maken voor zijn leerlingen: *een boterham met spek*.
>
> De leerlingen beginnen op een manier die ze al gewend zijn. Bij meester Leonard mag je nooit zomaar iets doen. Je moet je eerst afvragen op hoeveel manieren je iets zouden kunnen maken of doen alvorens naar materiaal te grijpen. Hoe preciezer de vragen, des te duidelijker wordt het probleem. Samen met meester Leonard denken ze erover na:
> *Hoe ziet spek eruit? Welke soorten heb je? Hoe ziet het er op een boterham uit? Vanuit welke hoek kun je het bekijken? Kan het ook anders? Welke materialen lenen zich het best voor die uitbeelding? Kan het ook anders? Hoe groot wil je het werkstuk maken? Welk materiaal past bij die grootte? Zou het ook met ander materiaal kunnen?*

Dit komt dicht bij wat Margaret Boden (citaat boven dit hoofdstuk) noemt: *'het efficiënt hanteren van informatie.'* Als je leerlingen leert om opdrachten (beeldende problemen) systematisch aan te pakken, zeggen we dat je leerlingen leert probleemoplossend te handelen. Manieren van probleemoplossend handelen (met het doel iets te maken, iets te ontwerpen) noemen we *ontwerpstrategieën*. Meester Leonard leert zijn

'Juf, wilt u even komen?' Probleemoplossend handelen moet ook leiden tot het zelf nemen van beslissingen.

Problemen voor leerlingen bij beeldonderwijs: 'Hoe maak ik iets om op het hoofd te dragen?' 'Waarmee kan ik klei bewerken?' 'Hoe teken je een koe?'

Hoe creatief is probleemoplossend handelen? Dat hangt van de strategie af. Er zijn vormen van systematisch probleemoplossend bezig zijn die weinig creativiteit toelaten: de eerste oplossing die je te binnen schiet zorgvuldig afwegen en afwijzen als er ook maar iets tegenin te brengen is, punt uit. Er zijn echter ook vormen van systematisch probleemoplossend bezig zijn met mogelijkheden om veel creativiteit te gebruiken bij het tot stand brengen van producten. Binnen de planmatigheid is dan ruimte voor creatief handelen. *Brainstormen* bijvoorbeeld kan heel goed in een ontwerpstrategie worden gepland, *divergent denken* eveneens. De strategie die meester Leonard aan zijn leerlingen leert, is een manier waarin creatief gedrag een goede kans krijgt.

Probleemoplossend handelen leidt dus niet automatisch tot een hoger niveau van creatief gedrag. Het kan even goed leiden tot het kiezen van de gemakkelijkste oplossing. Creatief probleemoplossend handelen is er altijd op uit antwoorden te vinden die niet voor de hand liggen.

leerlingen zo'n ontwerpstrategie te gebruiken.
Je kunt processen bij beeldonderwijs zo beïnvloeden dat je uitstekende producten van je leerlingen krijgt. Je kunt bijvoorbeeld gebruikmaken van *geprogrammeerde instructie met een hoge graad van geslotenheid*. Creativiteit is dan nauwelijks nodig. De leerlingen voeren precies uit wat ze stap voor stap krijgen voorgeschoteld. Het proces heeft een lagere graad van creativiteit naarmate de instructie meer gesloten is. Geprogrammeerde instructie kan ook instructie zijn waarin de leerling de mogelijkheid heeft om zelf beslissingen te nemen. Zo'n *meer open geprogrammeerde instructie* biedt de leerling mogelijkheden tot een meer creatief proces van produceren.

Bij beeldende processen gaat het om probleemoplossend handelen. Een probleem is soms iets dat je dwars zit. Dan 'heb je een probleem'. Bij het leren probleemoplossend te denken en te handelen is de definitie van het begrip probleem ruimer: *een toestand die niet bevredigt*.

'Als je potlood op de grond is gevallen, heb je een probleem: 'Mijn potlood is weg'. Misschien zie je het liggen, dan is het probleem: 'Hoe krijg ik mijn potlood terug?'

9.4.2 ■ Een product is niet creatief

Creativiteit is gebonden aan de (menselijke) geest en kan tot uiting komen in gedrag. Uit gedrag kan een

Een tennisbal voor het hoofd was het enige vaste gegeven (de leraar sneed er een mond in). Daarvan moesten de leerlingen van groep 5 een mensfiguur maken. Gedeeltelijk creatieve (hoofd, accessoires, kleur) en gedeeltelijk gelijke oplossingen (armen, closetpapierkokertje voor het lijf).

product ontstaan. Dat product kan aanwijzingen geven voor de graad van creativiteit die de maker bij het proces kon hanteren, maar een product is niet meer dan een graadmeter. Een opmerking als: *Dat is een creatief werkstuk*, zou dan ook moeten luiden: *Aan dat werkstuk ligt een creatief proces ten grondslag.*

Een product is meestal visueel waarneembaar, maar niet altijd. Er zijn heel wat producten bij beeldonderwijs die voor de leraar niet waarneembaar zijn. Elk (mentaal) beeld immers dat de leerling in zichzelf maakt naar aanleiding van een waarneming of een beleving is een product. Het stimuleren van actief en nauwkeurig waarnemen kan dit positief beïnvloeden en zodoende het waarnemen rijker en het produceren van een mentaal beeld creatiever maken. Het prikkelen van de verbeelding kan eveneens leiden tot rijkere en creatievere verbeeldingen.

Bij een nabespreking bekijk je vaak de producten die de leerlingen gemaakt hebben en je vindt misschien dat de voorstelling origineel is, de compositie gewaagd, het materiaalgebruik inventief. Zodoende leg je het zwaartepunt geheel bij het product. Natuurlijk, een product moet je beoordelen, maar juist omdat het hier gaat om onderwijs mag je zeker niet vergeten dat er een proces nodig was om dat product tot stand te brengen en dat de makers de veroorzakers van die processen zijn. Een product meer of minder creatief noemen is daarom onjuist. Je moet je steeds afvragen of een bepaald product getuigt van creatief gedrag voor de leerling die het gemaakt heeft.

9.4.3 ■ Een product geeft zicht op creativiteit

Produceren is weliswaar een creatieve bezigheid, maar je vergist je als je aan dat creatief zijn geen kwaliteitseisen meer verbindt. Naarmate een werkstuk meer is (voor)geprogrammeerd, naarmate er meer van tevoren vastligt, naarmate de leerling minder zelf hoeft denken en doen, is het proces van het produceren creatief gezien van minder gehalte, al zijn de producten soms indrukwekkend. Het invullen van hokjes, die door middel van een nummer om een bepaalde kleur vragen, levert een product op dat kan lijken op het werk van Vincent van Gogh, maar de activiteit bevindt zich wel in de onderste regionen van de creativiteit van het produceren. Dat leerlingen toch tevreden zijn met gemakkelijk verkregen resultaten, is niet te veroordelen. Ze mogen best blij zijn met wat ze gemaakt hebben. Maar een

Martijn (groep 8) tekende het verschrikkelijke monster dat niet te vernietigen is. De kille griezeligheid van het beest zit in de kleur en de houding: op zijn gemak zittend en zo groot dat het een kwart van de tekening inneemt. De stekels op kop en rug liggen nog plat, het kan nog erger. Vliegtuigen gaan in rook en vuur ten onder (gelukkig kunnen de piloten zich nog redden), bussen worden van de weg geplukt en vrachtwagens vertrapt. Een lading bommen heeft hetzelfde effect als een handvol pepernoten. Let op de felle manier waarop het monster gekleurd is en waarop de rook en het vuur getekend zijn. De vliegtuigen zijn als machines hard en zakelijk aangegeven. De tekening rolde als vanzelf uit zijn potloden: fluency. (30 × 21 cm)

leraar houdt zichzelf voor de gek en benadeelt zijn leerlingen als hij niet probeert hen het hoogstmogelijke niveau van creativiteit bij dit proces te laten verwerven. De verzameling leuke ideetjes, de succesvolle onderwerpen, de bestsellers waaruit je put, en die je graag van anderen overneemt, moet je met het oog op het ontwikkelen van creativiteit kritisch bekijken. Welk succes is verzekerd? Zijn de producten opvallend? Waarschijnlijk wel, maar mag je ook veronderstellen dat de leerlingen door het proces op een hoger niveau van creativiteit zijn gekomen? Aan een product alleen kun je de mate van creativiteit die eraan ten grondslag ligt bijna nooit aflezen. Kun je nagaan of er eigen oplossingen uit blijken? Heb je de leerlingen hiermee geholpen creatiever te worden?

Als je van leerlingen eist dat ze hun bedenksels allemaal in schetsen vastleggen, kun je controleren of ze meerdere ideeën hadden voor oplossingen. Je kunt echter ook de aan hand van één werkstuk bespreken hoe de leerling daartoe gekomen is. Hij heeft misschien uit de oplossingen gekozen die hij zich innerlijk voorstelde. Je kunt ook een schriftelijk werkverslag (aan de hand van richtvragen) laten maken. Je probeert erachter te komen in hoeverre jouw leerlingen kenmerken van creatief produceren toepassen.

'Hij laat een dikke drol', weet Michel (vijf jaar) te melden, nadat hij eerst al triomfantelijk heeft geroepen dat zijn monster zeven poten heeft. Je zult zoiets tegenkomen! (34 × 25 cm)

9.4.4 ■ Kenmerken van creatieve processen

Juf Tineke (groep 3) leest een stukje voor uit een verhaal waar een monster in voorkomt. Dan houdt ze op en vraagt de kinderen hoe zo'n monster eruit zou kunnen zien. Ze probeert zo veel mogelijk monsterlijke eigenschappen te laten noemen en leidt het gesprek dan zo, dat de leerlingen besluiten zelf monsters te gaan tekenen. Ze doen dat met oliepastel, want dat kennen ze het beste.
Tijdens het gesprek werd er enorm veel geuit. De woorden *griezelig, angst* en *bang* werden vaak gebruikt. Maar ook tijdens het tekenen werd erover gepraat. Soms namen de kinderen van elkaar over wat ze grappig vonden (bijvoorbeeld het idee dat monsters vleugels of slagtanden kunnen hebben). Dit bleek ook tijdens de nabespreking, zodat Tineke zich afvroeg of er wel creativiteit ontwikkeld is (dat was haar doel). De ogenschijnlijk creatieve monsters kunnen dan toch weer clichématig zijn. Maar het gemakkelijk kunnen overnemen van iets wat anderen bedenken en dat in de eigen tekening opnemen is ook een vorm van creativiteit (flexibiliteit). Bovendien ondersteunt het samen ontdekken van wat allemaal mogelijk is de creativiteit ook.
Maar niet voor alle kinderen was het een geslaagde les. Mireille wilde niet meedoen: *'Daar word ik bang van'.*

Creativiteit is leerbaar. Daarvoor is onder andere de sfeer in de klas belangrijk, maar je moet ook weten welke kenmerken bepalend zijn voor een creatief proces. In het proces van (creatief) produceren onderscheiden we in navolging van Guilford twee vaardigheden. Guilford noemde die *fluency* en *flexibility*. Die bepalen de kwaliteit van creatieve processen.

Fluency

Fluency wordt het best begrepen als je het vergelijkt met de uitdrukking: *Hij spreekt vloeiend Frans.* Wie vloeiend Frans spreekt, heeft niet alleen geen enkele moeite met de grammatica van die taal, maar is ook een vlotte prater.

Fluency in het proces van creatief produceren bij beeldonderwijs heeft te maken met het gemak en de snelheid waarmee beeldende ontwerpen tot stand komen. Daarom geef je opdrachten als: *'Schets in vijftien minuten zo veel mogelijk verschillende ontwerpen voor een affiche tegen het te laat komen. Bedenk achter elkaar zo veel mogelijk verschillende manieren om met een doek je hoofd te bedekken.'* Het gaat daarbij niet om goede of slechte ontwerpen, om originele vondsten of voor de hand liggende vormgevingen. De opdracht is slechts om zo veel mogelijk en verschillende ideeën te laten zien.

Het geregeld stimuleren van de leerlingen om veel ideeën naar voren te brengen, kan het gemak waarmee ze dit doen, vergroten. Het maken van een woordweb kan hierbij helpen. Jij geeft een kernwoord, waarna de leerlingen mogelijke onderwerpen noemen die erbij kunnen horen, waarbij alles op het bord wordt geïnventariseerd.

Flexibility

Flexibility kan begrepen worden als: *soepelheid, vrij zijn van starheid, buigzaam, flexibel.* Flexibiliteit heeft te maken met het vermogen zich los te maken van voor de hand liggende, gemakkelijke patronen, met het vermogen gemakkelijk een eigen (in ons geval beeldende) oplossing te vinden voor een probleem. *Originaliteit* is hieraan verwant. Originaliteit wordt soms als apart te onderscheiden vaardigheid beschouwd en soms als vorm van flexibiliteit. Hier is ervoor gekozen originaliteit als uiting van flexibiliteit te beschouwen.

Ergens in het proces liet Ewald zich even leiden door wat hij bij Ruthmila zag, maar dan is hij weer volop bezig met eigen oplossingen.

Je kunt niet verwachten dat leerlingen zich deze beide vaardigheden vanzelfsprekend eigen maken. Je mag ook niet veronderstellen dat ze die vaardigheden verwerven door veel tekeningen of ruimtelijke werkstukken te maken. Leiding geven aan het proces van productieve creativiteit vraagt van de leraar kennis van creatieve processen, inzicht in de ontwikkeling van het beeldend vermogen van kinderen, didactisch inzicht en didactische vaardigheid. Om creatieve processen te ontwikkelen moet je als leraar uitdagen: *'Ik verwacht van jullie een originele oplossing, iets waarvan ik versteld sta, iets wat ik absoluut niet verwacht, dat anders dan anders is, verrassend. Het mag gek zijn, maar je mag ook gewoon denken: "Dit is het helemaal." Ik kijk op de eerste plaats naar het ongewone en pas dan naar hoe het gemaakt is.'*

9.5 ■ Creativiteit met betrekking tot het ontdekken

De derde vorm van creativiteit waar we in het onderwijs mee te maken hebben, is de creativiteit met betrekking tot het ontdekken. *Inventieve creativiteit* is dat. Het komt voor bij een leerling die in staat is nieuwe en ongewone relaties te ontdekken tussen wat tevoren niet op die manier bij elkaar hoorde. Die leerling hanteert materialen, technieken, beeldaspecten op een (althans voor hem op dat moment) ongebruikelijke manier. Hij combineert, maakt gevolgtrekkingen en experimenteert op een wijze waar zijn medeleerlingen en zelfs de leraar van opkijken. Zijn werk ziet er anders uit dan dat van zijn klasgenoten. Het product dat tot stand komt, hoeft beslist niet in alle opzichten boven alles uit te steken. Het kan op een aantal punten (kleurgebruik, materiaalhantering) zelfs minder zijn dan dat van anderen. Maar de leraar weet dat de leerling iets wat hij hem niet geleerd had, zelf ontdekt heeft. Als je voor het eerst met een bepaald materiaal laat werken, valt er voor kinderen meestal ook veel te ontdekken. Buit dat uit.
Inventieve creativiteit kan ook aanwezig zijn bij een leerling die, bezig aan een werkstuk, gaandeweg van de opdracht afwijkt. Om daaraan recht te doen moet je misschien je beoordelingscriteria bijstellen. *'Moet voldoen aan de opdracht'*, geldt dan even niet.

9.6 ■ Creativiteit met betrekking tot vernieuwen en creëren

Twee vormen van creativiteit die volgens Taylor bij leerlingen van de basisschool niet voorkomen, zijn die met betrekking tot vernieuwen en tot creëren. *Vernieuwen* komt onder andere voor bij weten-

Met creativiteit als hoofddoel is kwaliteit van materiaalhantering en vormgeving minder belangrijk dan het idee, in dit geval een slak met een kasteel. Aan zaken die minder belangrijk zijn wordt minder aandacht besteed en de kwaliteit van het beeld is op die punten dan ook minder. Daar moet je in het onderwijs ook rekening mee houden. Martine (zeven jaar) heeft de slak, en vooral het kasteel, wel heel vlot neergezet. De ramen lopen zelfs in één lijn door met de kantelen. (29 × 21 cm)

schappelijk onderzoek, als een onderzoeker, bewust voortbouwend op bepaalde gegevens in staat is een nieuw element toe te voegen aan het bestaande.

Bij scheppen moet je volgens Taylor denken aan de prestaties van mensen als Einstein, Newton, Picasso en Michelangelo, die geheel nieuwe zaken aan het menselijk bestaan toevoegden. Het ontwikkelen van vernieuwen en scheppen zijn geen onderwerp voor onderwijs op ons terrein, ze staan niet in de doelstellingen van basis- of voortgezet onderwijs. We laten ze dus buiten beschouwing.
Met de eerste drie vormen van creativiteit heb je wel te maken, die probeer je te ontwikkelen.

9.7 ■ Kenmerken van een creatieve leerling

Om creativiteit bij leerlingen te ontwikkelen moet je weten hoe het zich manifesteert, waaraan je het kunt herkennen. Je herkent creativiteit aan het gedrag van iemand. Een creatieve leerling:

- kan zich aanpassen aan zich wijzigende omstandigheden (is flexibel);
- brengt vrij gemakkelijk veel ideeën naar voren (fluency);
- neemt actief waar, dat wil zeggen met aandacht voor details en nauwkeurig, zonder dat hij daarop door anderen hoeft te worden gewezen;
- blijft zoeken naar alternatieve oplossingen en kiest vrijwel nooit voor de meest voor de hand liggende;
- denkt en oordeelt onafhankelijk van andere personen, andere meningen;
- houdt van proberen en experimenteren;
- toont durf, heeft geen angst voor het onbekende, is bereid risico's te nemen;
- is ondernemend, nieuwsgierig, scherpzinnig, selectief, spontaan.

Aan deze opsomming zou je kunnen toevoegen:
- een creatieve leerling is vaak behoorlijk lastig in de klas.

Vaak immers heeft de leraar helemaal geen creativiteit op het oog en is creatief gedrag alleen maar storend in een groep. Wat moet je met een leerling die niet aan de normen voldoet, die een afwijkend gedragspatroon vertoont, die alweer een werkstuk maakt zoals je het toch echt niet bedoelde? Zo'n leerling moet je in elk geval serieus nemen, op zijn minst zorgvuldig behandelen. Wat is de oorzaak van dat gedrag? Het kan op een hoger niveau van creativiteit duiden, het kan een meer dan gewoon begaafde leerling betreffen. In de klas hebben we met zo'n leerling wel eens problemen, maar als je het herkent doe je er goed aan met collega's te bespreken hoe je in zo'n geval kunt handelen. In de maatschappij zijn creatieve mensen ook niet altijd even gemakkelijk, maar uiteindelijk heb je er wel wat aan.

9.8 ■ Voorwaarden om creatief gedrag te ontwikkelen

Om de beurt mag een van de kleuters uit groep 1 iets uit de doos pakken. Hij houdt het omhoog en vraagt: *'Wat kun je hiermee doen?'* Het is een leuk spelletje. Eerst al om te zien wat er telkens te voorschijn komt en dan om iets te bedenken wat je ermee kunt doen. Eerst wisten ze er niet zo goed raad mee. Een appel?: *'Opeten'*, en toen niets meer. Maar toen ze eenmaal door hadden dat je een appel ook kunt *schillen, middendoor snijden, appelmoes van maken, jam van maken, van de boom plukken, over de grond rollen*, toen bleek dat je met een appel nog veel meer kunt: *'Ruiten ingooien, stokjes erin prikken, er in wonen.'*
Daar moeten de kinderen heel hard om lachen. Dat kan toch niet. *'Jawel'*, zegt Elmar, *'als ie heel groot is en je hakt hem helemaal open en je maakt er een raam in.'* Nou, daar is juf het helemaal mee eens. *'Als jij zo'n appel vindt Elmar, dan komen we allemaal helpen hakken.'*

Hier wordt creatief denken ontwikkeld.
Creativiteit is aan te leren, of op een hogen niveau te brengen, mits er in het onderwijs (in de lessen beeldonderwijs) voldaan wordt aan een aantal voorwaarden. Voorwaarden om creatief gedrag mogelijk te maken zijn:
- Leerlingen moeten de ruimte krijgen voor zelfstandig denken en handelen. De zogeheten *open leersituatie*.
- Leerlingen moeten in een ontspannen sfeer kunnen werken, met plezier, zonder druk van de leraar en zonder druk van concurrentie, zonder angst uitgelachen te worden. Er moet een klimaat van veiligheid heersen.
- Leerlingen moeten probleemoplossend kunnen werken; de leraar draagt het probleem aan of de leerling stelt zichzelf een probleem: *dit is wat ik bereiken wil en ik wil het zelf ontdekken* (ontdekkend leren).
- De leerstof moet ontdekkingen toelaten.
- Leerlingen moeten eigen ideeën naar voren kunnen brengen.
- Leerlingen moeten enige kennis, inzicht en ervaring hebben met betrekking tot een vormingsgebied om tot creatief gedrag te kunnen komen.
- De leerstof moet uitnodigend zijn, motiverend werken, nieuwsgierigheid oproepen.
- De leraar organiseert de leersituatie, stelt materiaal beschikbaar en heeft een begeleidende/stimulerende rol.

We hadden gesproken over de ongelijke verdeling van voedsel over de wereld (groep 7) en René zou een inkttekening gaan maken van een magere man. In het nogal volle groepslokaal zit René vlak bij de kraan en net als hij met het oog bezig is, staat er iemand een pen onder een harde straal water schoon te maken. De spetters komen op René's tekening. Een precies op een nog natte lijn. Vol verbazing constateert René wat er gebeurt. De inkt loopt in prachtige patronen door het nat. Hij roept zijn leraar erbij: *'Kom eens kijken, meester Martin.'* Even later is René zelf op zijn papier aan het spatten en zo ontstaat deze magere man. Een voorbeeld van flexibiliteit in een ontspannen sfeer. (25 × 32 cm)

- De leraar stelt zich op als iemand die niet vraagt naar antwoorden die hij zelf al kent maar om iets te weten te komen. Hij vraagt niet alleen: *Wat is dat voor een boom die voor het raam staat?* maar ook: *Wat zou je met die boom kunnen doen?* De antwoorden van de leerlingen neemt hij serieus.

9.9 ■ Voorbeelden van creativiteitbevorderende activiteiten

Niet elke beeldende activiteit is bedoeld om de creativiteit te bevorderen. Soms wil je de leerlingen een techniek leren, leren batikken of tekenen met Oost-Indische inkt bijvoorbeeld. Soms wil je een bepaald beeldaspect oefenen, iets over kunst vertellen of een groepsopdracht laten uitvoeren omdat de leerlingen moeite hebben met samenwerken. Heel vaak echter doe je binnen de lessen een beroep op creativiteit zonder dat je het expliciet noemt.
In de volgende voorbeeld staat creativiteit echter centraal.

9.9.1 ■ Creatief bouwen

In groep 3 hebben de kinderen naar aanleiding van het thema *huizenbouw*, samen met de juf allerlei huizen en gebouwen bekeken en besproken.
Als introductie op een activiteit vertelt juf Farah een verhaaltje over een huisjesslak die wel eens wat anders op zijn rug wilde. Ze vertelt niet wat de slak dan wel op zijn rug wilde. Maar daar hadden de kinderen wel ideeën voor: *'een hut, iglo, poppenhuis, caravan, ...'* Dan maken de kinderen zelf een slak met een nieuw huis of gebouw op zijn rug. Twee tafelgroepen werken met waskrijt, twee met viltstiften en twee met klei. Om te zorgen dat er ruimte blijft voor het huis moet eerst de slak aan de onderkant van het papier worden getekend. De kleiwerkers maken ook eerst een slak en zetten er dan op wat zij voor hun slak bedacht hebben. Tijdens het werk laten de kinderen om beurten een idee horen. Dit werkt heel aanstekelijk en stimuleert tot het formuleren van nog meer mogelijkheden. Sommige kinderen maken verschillende slakken met verschillende huisjes en kiezen daarna de meest geslaagde. Er komen zelfs slakken met de naam op de rug (volgens Roel kun je daar niet in wonen). Bij het bespreken wordt er veel gelachen om alle slakken.

Ook buiten school zijn kinderen bezig hun beeldende creativiteit te ontwikkelen. Bij het bouwen van een boomhut moet je heel wat oplossingen bedenken, daar zijn geen handleidingen voor.

9.9.2 ■ Groep vier verbeeldt combinatiewoorden

Het is een combinatie van taal en beeldonderwijs waarin juf Lidwien de leerlingen van groep vier vraagt om in groepjes van drie een boekje te maken over combinatiewoorden. Eerst legt ze uit wat combinatiewoorden zijn en ze geeft een voorbeeld. Onmiddellijk weten een paar kinderen ook andere voorbeelden. Als iedereen begrijpt waar het over gaat, volgt de opdracht. Tekeningen maken waarin de combinatiewoorden worden uitgebeeld. Ze gaan in groepjes van drie aan het werk. Eerste bepalen ze samen welk hoofdwoord ze nemen. Als dat bijvoorbeeld 'hand' is, schrijft een uit de groep dat op het bord. Andere groepjes mogen dat woord dan niet meer als hoofdwoord nemen. Daarna worden met behulp van een woordenboek combinatiewoorden met *hand* opgezocht. Dan blijkt dat er veel combinaties zijn die ze niet kennen en waarvan ze soms ook niet weten wat het precies is. *'Dat is geen probleem'*, zegt juf Lidwien, *'je hoeft het niet te weten, je mag het zelf bedenken. En als je het weet of als je het bedacht hebt, ga je het tekenen.'*

Jochem wil weten of je ook mag tekenen wat verkeerd is. Lidwien vraagt wat hij bedoelt. *'Als je handschoen tekent met een schoen'*, zegt Jochem. Juf Lidwien vindt dat juist heel goed.

Elk groepje moet minstens tien combinatiewoorden tekenen.

Als alles klaar is worden ze per combinatiewoord aan elkaar geniet. Ze maken er ook een voorpagina bij met het hoofdwoord erop. Ook de combinatiewoorden worden opgeschreven, zodat iedereen kan lezen welk woord getekend is.

9.9.3 ■ Onderzoekend creatief met twee stukken papier

Juf Renate (groep 6) doet verslag.

'Ik had alle kinderen een gekleurd vel papier gegeven. Ze vroegen wat ze ermee moesten. Ik zei dat ze dat zelf maar moesten bedenken, maar dat ik ze eerst een verhaal zou vertellen. Ik vertelde het verhaal van de ezel die ging balken en van die balken een brug maakte om over de rivier te komen. Een heel bijzondere en onverwachte oplossing. Het verhaal van de balkende ezel kenden ze al, maar ik kon het toch gebruiken, want ze waren het wel met mij eens: de oplossing die de ezel had bedacht was wel bijzonder. Ik vroeg hun of zij ook onverwachte oplossingen zouden kunnen bedenken als ik zou vragen: "Wat kun je doen met twee stukken papier?" Ze mochten samen met iemand in de klas die een andere kleur had, dingen bedenken en uitvoeren. Eerst kregen ze tien minuten de tijd om zo veel mogelijk dingen te bedenken. Dat moesten ze in een paar woorden opschrijven. Dan zouden we er een paar bespreken en daarna mocht elk tweetal er iets van uitvoeren. Sommigen wilden al voordat ze wisten wat er zou gebeuren een andere kleur. Ik liet ze ruilen met iemand die dat wilde. Bij het kiezen van een partner konden sommige kinderen niemand vinden. Die heb ik toen zelf bij elkaar gezet. Ik liep rond om te kijken of ze wel hadden begrepen wat de bedoeling was. Dat hadden ze. Sommigen hadden zo veel dat ze in tien

minuten nog lang niet klaar waren met schrijven. Ik zei dat ze tussendoor ook nog wel wat op mochten schrijven. Na de bespreking van een paar ideeën mochten ze er samen één uitwerken die ze het spannendste vonden. Lijmen mocht ook. Er kwamen echt verschillende werkstukken. Kim en Lenneke sneden de papieren in repen en gingen vlechten met bobbels. "Dat kun je van goud en zilver maken", zei Kim, "dan heb je een mooie armband."
Cedrik zei later dat hij het een slim grapje vond.'

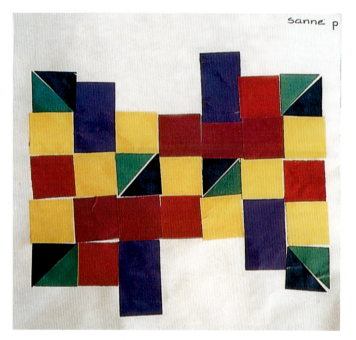

De leraar liet in groep 1-2 platen zien met geometrische tegelmozaïeken en vertelde dat mensen daar vroeger hun huis mee versierden. Dat wilden de kinderen ook wel doen. Met rode, gele, groene en blauwe vierkantjes en driehoekjes van sitspapier gingen ze aan de slag. Er was één formidabele beperking. Er moest symmetrie in zitten: vanuit het midden beginnen en aan beide kanten hetzelfde plakken. Sanne heeft dat goed begrepen. Een creatieve oplossing, natuurlijk. Bij de bespreking werden de platen opnieuw bekeken: reflectief en productief geïntegreerd.

9.9.4 Nog een paar suggesties

Creatief construeren

Een opdracht waarvan je misschien mag stellen dat de stelling van Taylor dat creativiteit met betrekking tot onderzoeken op de basisschool niet voorkomt, niet helemaal klopt.

Leerlingen van groep 8 krijgen de opdracht te onderzoeken op welke manieren een stuk papier (80 gr/m, 25 × 25 cm) met zo min mogelijk aanraking aan het grondvlak in de ruimte kan staan. Vastplakken mag en hulpmateriaal gebruiken mag ook als dat maar niet de grond raakt. Beide extra mogelijkheden worden echter niet door de leraar gesuggereerd. Hij geeft slechts toestemming als de leerlingen er zelf opkomen.

Creatief denken

Voor groep 7/8 is een reproductie van een schilderij waarop personen voorkomen het uitgangspunt. Ieder krijgt een reproductie van een andere schilderij. De opdracht is te tekenen/schilderen wat zich een minuut later zou kunnen afspelen.

Werkvormen variëren

Het variëren van de werkvormen in het onderwijs (groepswerk, individueel werk, uitnodigende vorm, mededelende vorm, vragende vorm enz.) kan de flexibiliteit van de leerlingen vergroten omdat ze daardoor telkens geconfronteerd worden met een ander soort uitdaging.

Vragen en opdrachten

1 Stel een eenvoudig probleem en vraag drie studiegenoten een voor de hand liggende en een creatieve oplossing te bedenken. Bepreek die oplossingen samen.
2 Ga na met welke problemen je elke dag op school te maken hebt, kies er samen met enkele studiegenoten een uit en probeer creatieve oplossingen te bedenken.
3 Humor wordt vaak als component van fluency genoemd. Kun je dat verklaren?
4 Uit de voorwaarden om creatief gedrag te ontwikkelen, kun je opmaken dat de leraar zelf een creatief persoon moet zijn om creativiteit te kunnen ontwikkelen. Ga bij jezelf na in welke mate je eigenschappen hebt die aan een creatief persoon zijn toe te schrijven. Hoe hoog scoor je? Denk je dat het mogelijk is zelf meer creatief gedrag te tonen dan je tot nu toe deed? Heeft de sfeer in de opleidingssituatie daar ook mee te maken?
5 Waaruit blijkt de ontspannen sfeer in de groep waar René zijn magere man tekende? (Afbeelding blz. 266)
6 Bedenk drie niet te lang durende spelletjes die met creativiteit en beeldonderwijs te maken hebben. Een voor kleuters, een voor oudere leerlingen en een voor je studiegenoten.
7 Vraag aan je mentor op de stageschool om een creatieve leerling aan te wijzen. Observeer die een aantal dagen. Welke kenmerken van een creatieve leerling vertoont hij?

'Beelden zijn complexe dingen; hun werking berust op de wisselwerking tussen vorm, kleur, licht en donker, materiaal en nog veel meer factoren, die zich in ieder beeld weer anders tot elkaar verhouden, anders met elkaar omgaan.'
Cor Blok: *Beeldvertalen*, 2003. p. 25.

Begrippen bij beeldonderwijs 10

10.1	**Introductie** *272*
10.2	**Algemene begrippen** *273*
10.3	**Begrippen die te maken hebben met het beeldaspect licht** *280*
10.4	**Begrippen die te maken hebben met het beeldaspect ruimte** *283*
10.5	**Begrippen die te maken hebben met het beeldaspect lijn** *285*
10.6	**Begrippen die te maken hebben met het beeldaspect vorm** *286*
10.7	**Begrippen die te maken hebben met het beeldaspect kleur** *287*
10.8	**Begrippen die te maken hebben met het beeldaspect compositie** *290*
10.9	**Begrippen die te maken hebben met het beeldaspect textuur** *291*
10.10	**Begrippen met betrekking tot technieken** *292*
	Vragen en opdrachten *295*

10.1 ■ Introductie

Als twee mensen in een gesprek woorden gebruiken die voor de een andere betekenis hebben dan voor de ander, dan ontstaan er misverstanden of ze begrijpen elkaar helemaal niet. Begrijpen ze elkaar helemaal niet, dan is dat niet zo erg, ze vragen wel wat de ander bedoelt. Misverstanden zijn erger. Bij een misverstand begrijpt de een immers iets anders dan de ander bedoelt. Om over complexe dingen als beelden met elkaar te kunnen praten, moeten we in elk geval dezelfde taal spreken en verstaan. Daarom is dit hoofdstuk geschreven: om tot een eenduidig begrippenapparaat te komen.
Naarmate je zelf meer weet van beeldende middelen (beeldaspecten en materiaal), naarmate je technieken van tekenen en handvaardigheid beter beheerst, ben je beter in staat hierin te onderwijzen. Als je zelf ervaring hebt in het omgaan met deze middelen zal dat het lesgeven positief beïnvloeden. Tegelijkertijd zijn kennis en ervaring op dit gebied nog geen garantie voor goed docentschap. Dat blijkt soms als je kunstenaars met kinderen bezig ziet. Maar dat is een ander verhaal.
Wanneer je met kinderen praat over beelden en kunst, zul je soms eenvoudige woorden gebruiken en omschrijvingen om iets duidelijk te maken. Je hebt het nodig als je het doel van een activiteit uitlegt, bij het begeleiden tijdens het werken en bij de bespreking en beeldbeschouwing.
Maar je moet wel weten wat de algemeen geaccepteerde inhoud is van een woord, van een begrip. Algemeen geaccepteerd wil in dit verband zeggen dat leraren beeldonderwijs met elkaar overlegd hebben wat de precieze betekenis is van bij beeldende vakken veelgebruikte woorden.
Dit hoofdstuk gaat over woorden die een afgesproken betekenis hebben als je ze gebruikt bij beeldonderwijs. Sommigen noemen dit het *jargon* dat bij beeldonderwijs hoort. Natuurlijk leer je deze begrippen niet allemaal aan kleuters en misschien ook niet aan leerlingen van groep 8, maar alle begrippen die je met de leerlingen kunt gebruiken, staan in dit hoofdstuk. In het

Naar deze tekening van Ineke wordt in dit hoofdstuk herhaaldelijk verwezen.

voortgezet onderwijs gebruiken ze dezelfde begrippen met dezelfde betekenis.
De begrippen zijn gerubriceerd en binnen de rubrieken staan ze in alfabetische volgorde. Eerst komen er een paar algemene begrippen, vervolgens begrippen die verband houden met de verschillende beeldaspecten.
Je leest in dit hoofdstuk niet over wat iemand onlangs *galleryspeak* noemde. Dat is het weinig zakelijk jargon dat kunstcritici (en wie daarvoor willen doorgaan) soms gebruiken: *'Ik vind dat schilderij te frontaal.' 'Dat ben ik niet met je eens, het is gelaagd genoeg, zodat frontaliteit nauwelijks een plastisch bezwaar kan zijn.'*
Maar de volgende tekst, die gaat over de tekening van Ineke, met het huisje erop (hierbij afgebeeld) kun je na bestudering van dit hoofdstuk begrijpen, ook al zul je op deze manier niet vaak over het werk van je leerlingen praten.

'In het figuratieve beeld is de ruimtewerking ontstaan zonder dat lijnperspectief of atmosferisch perspectief is gebruikt. Ineke heeft voor de ruimte-uitbeelding gebruik gemaakt van omklapping, overlapping en afsnijding. Het huis, dat in werkelijkheid driedimensionaal is, heeft Ineke door middel van parallelprojectie centraal in het tweedimensionale beeldvlak gezet.'

10.2 ■ Algemene begrippen

Abstract
We geven de voorkeur aan de term non-figuratief.

Abstraheren
Het doen ontstaan van een minder herkenbaar beeld uit een herkenbaar beeld (in het uiterste geval is het non-figuratief geworden).

Ambachtelijk
Volgens een werkwijze die een ambachtsman of -vrouw toepast. Grotendeels met de hand. In tegenstelling tot industrieel of in serie vervaardigde producten.

Attribuut
Voorwerp van herkenning behorend bij of verwijzend naar een (afgebeeld) persoon om zijn functie of waardigheid aan te geven. (Sinterklaas heeft een staf en mijter omdat hij bisschop is.) Soms is de persoon zelf weggelaten en wordt alleen het attribuut als symbool voor die persoon, afgebeeld. Bijvoorbeeld een pijl en boog, zonder Cupido als bloot engeltje. In tekeningen van kleuters kan een attribuut (snor bijvoorbeeld) een aanduiding zijn dat een mensfiguur vader voorstelt, ofschoon hij verder aan andere figuren gelijk is.

Autonome kunst
Vaak wordt beeldende kunst gemaakt om het beeld zelf. Het is niet gemaakt met het oog op een bepaalde functie. Een beeldhouwer maakt bijvoorbeeld een beeld en wie het hebben wil, mag het kopen. Die kunstwerken zijn zelfstandig. We zeggen wel: ze zijn autonoom. Kunst die niet autonoom is, noemen we *toegepast*.

Beeld
Het woord beeld zul je heel vaak tegenkomen, of in samenstellingen of losstaand. Als het woord 'beeld' losstaat, kan het verschillende betekenissen hebben. Je moet uit het zinsverband begrijpen wat bedoeld wordt. Een mooi beeld kan een beeld op een pleintje zijn. Maar van de tekening van Ineke kan ik ook zeggen: *'Ineke heeft haar huis goed in beeld gebracht. Ineke heeft een mooi beeld gemaakt van het huis. Door die grassprietjes en de vijver krijgen we ook een beeld van de tuin.'*
Een beeld verwijst altijd naar iets anders. Een beeld is altijd een beeld van iets of iemand of een gebeurtenis of situatie. Het beeld van Ineke verwijst naar een huis met een tuin.

Beeldaspect
Bij het maken van een beeldend werk gebruikt de kunstenaar (jij ook, een kind ook) materiaal. De kunstenaar gebruikt dat materiaal op een bepaalde manier. Dat is de techniek. Maar met materiaal en techniek alleen krijg je nog geen beeldend werk. Daar heb je meer bij nodig. Wat er nog meer nodig is zijn beeldaspecten.
Beeldaspecten of beeldende aspecten is de verzamelnaam voor beeldende stambegrippen (categorieën): visueel of tactiel waarneembare kenmerken van beelden en vormen. Te noemen zijn de volgende beeldaspecten: punt, lijn, vlak, vorm, licht, kleur, ruimte, textuur, compositie. Verbijzonderingen van beeldaspecten gaan over het gebruik van beeldaspecten en over onderdelen ervan. Zo is kleurcontrast een verbijzondering van kleur. Koud-warmcontrast is daar weer een verbijzondering van. Elk beeldaspect kent verbijzonderingen.
Door de manier waarop je beeldaspecten gebruikt, kun je een bepaalde inhoud geven aan je beeld.
- Met blauwe en rode kleuren, grillige lijnen en factuur kun je een woeste zee aanduiden.
- Met streepjes achter een figuur geef je bijvoorbeeld beweging aan.
- Met blauwgrijze kleuren kun je verlatenheid benadrukken.
- Geel op wit zie je niet goed. Als je dus een gele letter aan het begin van een tekst zet, kun je het hele woord minder goed lezen.
- Een horizontale lijn is rustig.
- Een compositie kan topzwaar zijn.

Bewust bezig zijn met beeldaspecten kan op veel manieren.

- Allemaal gelijke vormen is saai, maar als je ze in een bepaald patroon legt, wordt het anders.

Bij het bekijken van een beeldend werk kun je zien welke beeldaspecten de kunstenaar heeft gebruikt en hoe hij/zij ze heeft gebruikt. Ineke bijvoorbeeld heeft op veel manieren gebruikgemaakt van het beeldaspect ruimte. Het tekstje onder aan paragraaf 10.1 gaat over hoe ze dat gedaan heeft. Als je alle begrippen kent die bij het beeldaspect ruimte verklaard zijn, is deze tekst duidelijk. Ook het onderschrift bij de tekening van Niels (blz. 285) gaat over ruimte.

Beeldaspecten op zich zijn inhoudsloos. Ze krijgen pas betekenis in de samenhang waarin ze gebruikt worden (in samenhang met het totale beeld waar ze deel van uitmaken).

Beeldende kunst
Dit boek gaat (voor zover het over kunst gaat) over beeldende kunst (in tegenstelling tot bijvoorbeeld danskunst en muziek). Beeldende kunst is een naam die geldt voor meer vormen van kunst:

- schilderkunst;
- tekenkunst;
- grafische kunst;
- beeldhouwkunst;
- filmkunst (en videokunst);
- textiele kunst.

We gaan nu niet discussieren over wat wel of niet kunst is omdat dit boek daarvoor niet bedoeld is. Bovendien kun je er iets over lezen in hoofdstuk 6.

Beeldend middel
Bij het maken van het beeld van haar huis gebruikt Ineke beeldende middelen. Er zijn drie groepen beeldende middelen:

- materialen en gereedschap (klei, stoffen, zink, draad, papier, kleurpotloden, vijl, naald);
- technieken (met een scherp voorwerp in leerharde klei krassen, breien, etsen, gelijkmatig en dun kleuren, plakken);

- beeldaspecten (Ineke gebruikte van de vele beeldaspecten die er zijn, kleur, vorm, ruimte en compositie). Let op, soms kom je de term beeldende aspecten tegen. Daarmee wordt precies hetzelfde bedoeld als met beeldaspecten.

Als je kijkt naar het beeld dat Ineke gemaakt heeft van haar huis en tuin, zie je welke beeldende middelen ze heeft gebruikt. Je ziet ook hoe die beeldende middelen gebruikt zijn.

Beeldmerk/logo
Afbeelding die staat voor een instelling, een firma, een product enzovoort. (De wissel van rails bij de NS.) De woorden *beeldmerk* en *logo* worden vaak door elkaar gebruikt. Om van logo te kunnen spreken, moet eigenlijk een woord of een lettercombinatie in het beeldmerk verwerkt zijn of zelfstandig zijn gebruikt. *Logos* betekent *woord* in het Grieks. Kleur kan een essentieel onderdeel zijn van een logo.

Beeldonderwijs
Verzamelnaam voor alles wat bij beeldende vakken aan onderwijs wordt gegeven. De naam is ontstaan om aan te geven waar het bij deze vakken om gaat: leren over beelden.

Cd-rom
Afkorting van Compact Disc-Read Only Memory. Naam die gebruikt wordt voor schijven met een opslagcapaciteit van 700 kilobyte. Wordt vooral gebruikt voor beelden. Je kunt de beelden bekijken en bewerken als je ze overbrengt naar je computer.

Concreet
Werkelijk waarneembaar (met je zintuigen).

Cultuureducatie
Onderwijs waarbij cultuur als doel of als middel wordt ingezet. In het beleid van het ministerie van OCW vallen hieronder: kunsteducatie, erfgoededucatie, media-educatie en literatuureducatie.

Cultuurprofielschool
School die zich onderscheidt omdat het leergebied kunstzinnige oriëntatie (basisschool) of een of meer van de kunstvakken (voortgezet onderwijs) extra aandacht krijgen.

'Hoe doen ze bij jullie huis suiker en melk in de koffie?', vroeg de leraar aan de kinderen. Naar aanleiding daarvan brachten kinderen van thuis suiker-en-melkstelletjes mee. Toen kon over vormgeving, materiaalverschillen, versiering (engobe) gepraat worden. Beeldonderwijs, cultuureducatie en erfgoededucatie.

Erfgoededucatie
Onderwijs waarbij materiële en immateriële sporen van het verleden als doel of middel worden ingezet.

Esthetisch
Bijvoeglijk naamwoord dat vaak gebruikt wordt om aan te geven dat men iets mooi vindt. De oorspronkelijke betekenis (in het Grieks) is: *waarneembaar*.

Dvd
Een dvd ziet er precies zo uit als een cd-rom, maar er kan meer op (filmpjes tot 4 gigabite bijvoorbeeld). De afkorting staat voor *digital video disc*.

Van Picasso kun je niet zeggen dat hij de werkelijkheid deformeert, want dan kom je in conflict met de opvatting (ook in dit boek) dat een kunstenaar juist een schepper van werkelijkheid is. Veilig is in elk geval te zeggen dat dit beeld figuratief is.

Figuratief /non-figuratief

Een figuratief beeld is een beeld waarvan je kunt zien wat er afgebeeld wordt (waar het naar verwijst): mensen, planten, een stilleven enzovoort. Wat in de voorstelling waarneembaar is, kan gedeformeerd zijn of gestileerd, maar zolang het een herkenbare voorstelling is noemen we die figuratief. In plaats van *gestileerd* zegt men ook wel *geabstraheerd*. Deze term is minder gelukkig.
Non-figuratief: zonder voorstelling.

Functie

Het begrip functie kun je in tientallen combinaties tegenkomen. Het verwijst naar meer doelen dan alleen die van het (dagelijks) gebruik. Men onderscheidt als belangrijkste functies:

- gebruiksfunctie (waarvoor moet het object gebruikt worden);
- communicatieve functie (een beeld om iets aan anderen mee te delen. Foto's in kranten, situatietekening);
- symbolische functie (bijvoorbeeld de auto als statussymbool, het leren jack als symbool voor onder andere stoerheid); versierende functie (een patroon in een lap stof kan een versierende functie hebben);
- beeldende functie (een rode vlek op een bepaalde plaats in het schilderij als contrast met de vele groenen).

Genrestuk

Schilderij met een al dan niet gefantaseerd tafereel uit het dagelijks leven, waarbij de (anonieme) menselijke figuur de hoofdrol speelt. (Grote bloei in de Hollandse schilderkunst uit de 17e eeuw)

Gulden Snede

Benaming voor een verhouding die in de natuur veel voorkomt en ook in de kunsten wordt toegepast. Harmonische verhouding. Het verdelen van een lijn op zo'n manier dat het kortste deel zich verhoudt tot het langste deel als het langste deel tot het geheel ($a : b = b : a + b$). Als a en b als de zijden van een rechthoek worden genomen, doet het oppervlak van die rechthoek prettig (harmonisch) aan voor het oog.

Icoon

Een geschilderd heiligenbeeld in de oosterse christelijke godsdienst. De afbeelding moest volgens bepaalde regels gelijkend zijn. Daarom gebruikt men het Engelse woord *icon* voor beeldjes die lijken op iets waar ze naar verwijzen (kijk maar eens hoe men dat geprobeerd heeft in de balken op je computerscherm).

Inhoud

Als we spreken van de inhoud van een beeld bedoelen we datgene waar het naar verwijst. De inhoud van een voorstelling van een vrouw met een kindje op de arm is: een vrouw met een kindje op de arm. We spreken ook van diepere inhoud. Dat zou in dit geval kunnen zijn: moeder met jongste zoon of misschien Maria met Jezus. Nog dieper: moederliefde of de liefde van God voor de mensen.

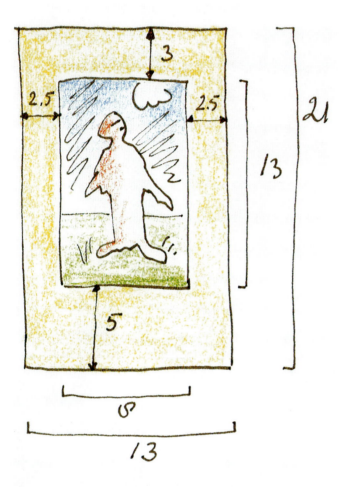

Tekenpapier en passe-partout zijn beide in de Gulden Snedeverhouding. De verhoudingen zijn anders dan die van de A viertjes die we gewend zijn.

Keramiek
Een meestal hol, dunwandig of plaatvormig object, gemaakt van klei, gebakken op minimaal 500 graden Celsius. Meestal met toevoeging van kleur door middel van engobe, glazuur of verf.

Kunsteducatie
Onderwijs waarbij kunst en/of kunstzinnige middelen en technieken als doel of als middel worden gebruikt (beeldende kunsten, audio-visuele vormgeving, muziek, dans, drama, literatuur).

Landschap
Werkelijk landschap waar je in kunt wandelen, maar ook benaming voor een schilderij met een voorstelling van een landschap. Het is ook een letterlijke vertaling van het Engelse woord *landscape*, dat in computertaal *liggend* betekent, tegenover *portrait* (portret) waarmee men *staand* aanduidt. (Zie ook liggend en staand.)

Lay-out
Ontwerp, meestal ten behoeve van uit te voeren drukwerk, waarmee keuze van lettertypes, plaatsing van tekst, tekstblokken, mogelijke foto's en/of illustraties vastgelegd zijn. Men spreekt ook over de lay-out van een pagina wanneer die klaar is.

Liggend
Aanduiding voor het formaat. Betekenis: met de lange kant onder. In het Engels: *landscape*.

Macramé
Een techniek waarbij draden met de hand worden geknoopt tot een patroon ontstaat. Verwant aan kantklossen. Vaak worden dikke grove draden gebruikt.

Media-educatie
Onderwijs waarbij de media als doel of als middel worden ingezet. Kundig en kritisch leren omgaan met klassieke (kranten, radio, tv) en nieuwe media (internet).

Mentaal beeld
Elk beeld dat je in jezelf kunt oproepen, dat je je voor de geest kunt halen. Ook geheugenbeeld genoemd. Bij het maken van een tekening of ruimtelijk beeld kun je mentale beelden oproepen om naar aanleiding daarvan een reëel beeld te maken.

Mythologie
Het geheel van verhalen van een volk over grote gebeurtenissen in de oertijd, godenwereld, het ontstaan van de wereld enzovoort.

Multiple
Een beeld of voorwerp waarvan er meer bestaan die identiek zijn.

Onderwerp
Waar het over gaat. Directer, beperkter dan thema. Als het thema seizoenen is, kan het onderwerp bijvoorbeeld de schooltuin zijn of nog beperkter, een opdracht om een hoed te maken voor het werken in de schooltuin.

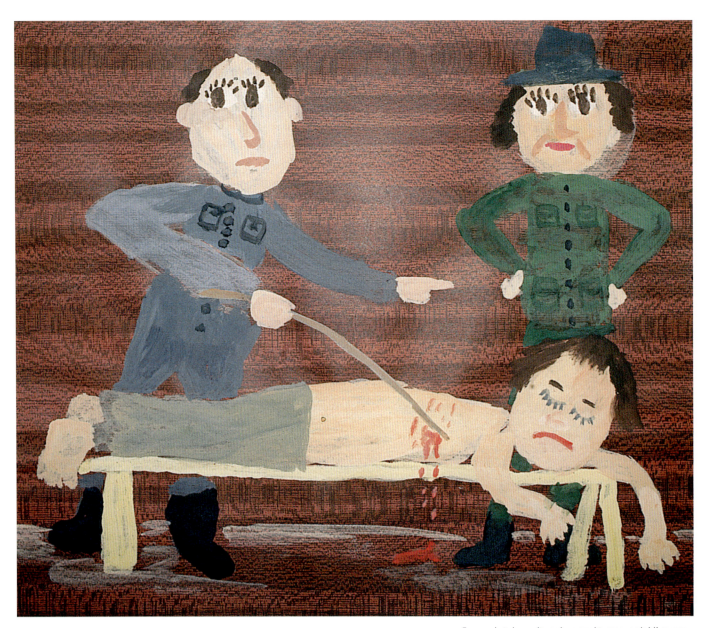

Een werkstuk wordt vaak gemaakt naar aanleiding van een onderwerp. Je kunt sprookjes, verhalen en vertellingen uit de Bijbel als onderwerp nemen en ook het dagelijks leven. In Scandinavische landen gebruikt men meer dan bij ons de mythologie als bron voor onderwerpen bij beeldonderwijs. Soms blijken onderwerpen waar kinderen mee bezig zijn heel onkinderlijk. Een tekening van de achtjarige Karmen uit Estland. Daarvan wil je weten wat erachter zit.

Oplage
Het aantal afdrukken dat van een drukvorm (etsplaat, linosnede enz.) is gemaakt. De kunstenaar schrijft dat doorgaans op de afdruk. 12/25 bijvoorbeeld betekent dat het de twaalfde afdruk is van een oplage van vijfentwintig exemplaren.

Organische vorm
Vorm ontleend aan of geïnspireerd op de vorm van een plant, dier of mens.

Ornament
Versiering.

Passe-partout
Letterlijk: *overal op passend*. Vlakke kartonnen lijst om een tekening. Heel fraai zijn passe-partouts met schuinstaande randjes aan de binnenkant. Bij het snijden van de opening houdt men vaak boven- en zijranden even breed en de onderzijde breder dan de bovenrand.

Patroon
Soort werktekening voor iets in textiel. Voor een kledingstuk teken je eerst een patroon. Het woord wordt ook gebruikt om een vorm van versiering aan te duiden. Je kunt zeggen dat er een mooi patroon in een doek geweven is. Je kunt met stippen of lijnen patronen maken in klei of op papier.

Prent
Afdruk van een etsplaat, linoleumsnede, litho(steen) en dergelijke.

Receptief
Aanduiding voor het aanwezig zijn bij een beeld, tentoonstelling of een voorstelling. Je bent nauwelijks actief, maar ondergaat wat er geboden wordt.

Reflectief
Aanduiding voor het actief betrokken zijn bij een beeld, tentoonstelling of voorstelling. Je reageert op wat er geboden wordt, je verwerkt het.

Reliëf
Driedimensionaal werk waarbij de vormen aan een vlak vastzitten en er min of meer bovenuit komen (beeldenaar van een munt) of er verdiept in zijn aangebracht.

Staand
Aanduiding voor het formaat. Betekenis: met de korte kant onder. In het Engels: *portrait*.

Stijl
Een manier van vormgeven (handelen, uitdrukken, kleden, leven) die onderscheidend en/of karakteristiek is voor een bepaalde tijd, streek, stad, groep of individu (kunstenaar).

Stilleven
Verzameling levenloze dingen, al of niet opzettelijk in een bepaalde compositie geplaatst, of de afbeelding (de voorstelling, het beeld) hiervan.

Thema
In de beeldende kunst: leidraad, hoofdgedachte voor een of meer werkstukken. Veelvoorkomende thema's zijn: landschappen, portretten, stillevens, naakten, zeegezichten, onderwerpen uit de Bijbel, de geschiedenis, de (klassieke) mythologie, de literatuur. Zie voor de betekenis van thema in onderwijskundige zin hoofdstuk 7.

Toegepaste kunst/toegepaste vormgeving/design
Soms worden beelden gemaakt om ergens voor te gebruiken:
- een wandschildering in een kerk;
- een cd-hoesje;
- een beeld om in te spelen;
- een lap stof met een patroon om gordijnen van te maken;
- een stoel om op te zitten.

In die gevallen spreken we (als we vinden dat het kunst is) van toegepaste kunst. Anderen spreken over functionele kunst of gebonden vormgeving of design. Leerlingen maken soms werkstukken met een gebruiksfunctie.

Torso
Beeld van een mens waaraan de ledematen ontbreken.

Vanitas
Er zijn stillevens die een eigen soortnaam gekregen hebben, zoals vanitas stilleven. Vanitas betekent

'Toegepaste vormgeving', zegt de een. *'Design'*, zegt de ander. Soms wordt het kunst, soms niet. Je kunt er in elk geval met kinderen over praten. Dit is een ontwerp voor een tuinverlichting van Dennis Henninger, *Gelati illuminati* is de titel.

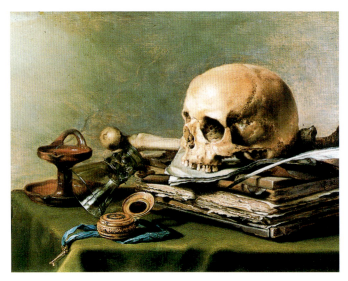

Zelfs het pitje in de olielamp brandt niet meer. Afgelopen, uit, alles is ijdelheid. Een vanitas stilleven van Pieter Claesz, uit de eerste helft van de 17e eeuw.

letterlijk: ijdelheid. In een vanitas stilleven zijn voorwerpen om hun symbolische betekenis opgenomen: een uitgebrande kaars, schedel, zandloper, bijbel, uurwerk enzovoort. Zij houden de beschouwer voor dat alles vergankelijk, betrekkelijk, ijdel is.

Vervreemding
Wanneer een beeld dat we waarnemen niet past in ons referentiekader, ervaren we dat als vreemd. Het verwisselen van eigenschappen veroorzaakt gevoelens van vervreemding (een slaphangende lantaarnpaal bijvoorbeeld).

Vignet
Versierend prentje aan het begin of eind van een hoofdstuk in boeken.

Virtueel
Schijnbaar aanwezig. Het woord wordt in de computerwereld gebruikt om aan te geven dat je iets (dat er niet is) ziet alsof het helemaal echt is. Virtual reality: net echt.

Voorstelling
Het herkenbaar afgebeelde of uitgebeelde. Ineke heeft een voorstelling van haar huis gemaakt. Voorstelling is niet altijd aanwezig. Bij non-figuratieve kunst is er geen voorstelling. Gebouwen en gebruiksvoorwerpen zijn doorgaans geen voorstelling van iets.

In de vroegere kerndoelen werd gesproken van *'op basis van een innerlijke voorstelling'* (onderscheiden van *'op basis van een waarneming'*). Daar werd met voorstelling het mentale beeld bedoeld. Je kunt een mentaal beeld hebben van een voorstelling, maar ook van iets dat geen voorstelling is, bijvoorbeeld een kleurpatroon. Je kunt je een bepaald kleurpatroon voorstellen.

Werktekening
Nauwkeurig ontwerp op papier van iets dat ruimtelijk gemaakt moet worden. Je kunt er maten en materialen nauwkeurig op aflezen.

10.3 ■ Begrippen die te maken hebben met het beeldaspect licht

Clair-obscur
Frans voor *licht-donker*. We gebruiken deze uitdrukking bij het praten over beeldende kunst om aan te geven dat het contrast tussen licht en schaduw heel erg groot is. In sommige tijden was het bij kunstenaars in om clair-obscur te gebruiken om daardoor dramatische effecten of sterke ruimtewerking te krijgen. (Caravaggio stond er om bekend.)

Diffuus licht
Soms weet je niet goed waar het licht vandaan komt. Op een mistige dag bijvoorbeeld. Het licht is dan verspreid, egaal, gelijkmatig of ook wel diffuus. Het heeft geen duidelijke richting. Tl-buizen geven een licht dat meer diffuus is dan licht van gloeilampen. Maar een gloeilamp geeft meer diffuus licht als je er de kap van een schemerlamp overheen zet.

Direct licht/indirect licht
Wanneer een chauffeur tegen de avond naar het westen rijdt, heeft hij soms last van de zon. Hij rijdt er recht tegen in, de zon staat laag en de lichtstralen vallen direct in zijn ogen. Direct licht is licht dat zo van de lichtbron ergens op valt. Een huis in de straat staat in het directe licht van de zon.
Wanneer de chauffeur later op de avond, als het donker is, nog achter het stuur zit, krijgt hij last van de lampen van auto's die hem tegemoet rijden. Die schijnen direct in zijn gezicht. Dat is direct licht. Maar hij heeft ook

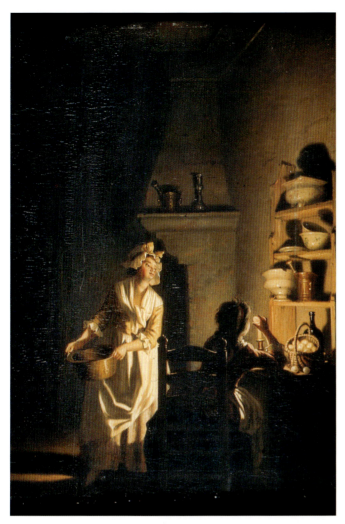

Een heel bijzondere manier om licht te gebruiken. Het zittende meisje houdt eieren tegen het licht om ze te controleren. Geen donkere delen: geen begin van een kuiken. Begrippen die je in dit beeld vindt, zijn: clair-obscur, tegenlicht, silhouet, kunstlicht.

Gebroken schaduw

Als je (met je rug naar de zon) met je gezicht naar een muur gaat staan, zie je de slagschaduw van je benen op de grond vallen en die van je lichaam op de muur. Het lijkt alsof de schaduw met een knik van de grond tegen de muur geplakt is. Zo'n schaduw noemen we gebroken schaduw. Een gebroken schaduw is dus een slagschaduw die op twee (of meer) vlakken of vormen valt.

Kernschaduw

Het donkerste deel van de eigen schaduw is goed te zien op ronde of bolle objecten. Kernschaduw ontstaat als zich aan de schaduwkant iets bevindt waardoor een beetje licht wordt teruggekaatst.

last van auto's achter hem. De lampen van die auto's schijnen niet direct in zijn ogen maar indirect, via de achteruitkijkspiegel en de buitenspiegel. Indirect licht is licht dat, van een lichtbron komend, ergens op valt waardoor het weerkaatst wordt. Dat weerkaatste licht heet dus indirect licht. Licht kan worden weerkaatst door een spiegelend oppervlak (spiegel, watervlak) of door een licht vlak (muur, bladzijde van een boek). Maanlicht is indirect licht van de zon. Meestal is bij indirect licht sprake van een zekere diffusiteit.

Eigen schaduw

De eigen schaduw is de schaduw die een object (mens, gebouw, voorwerp enz.) heeft aan zijn onbelichte kant. De eigen schaduw zit altijd *op* het object.

Eigen schaduw, slagschaduw en gebroken schaduw zijn met dit beeld duidelijk te demonstreren. Doordat de muur enig licht reflecteert op de zuil, ontstaat ook nog kernschaduw, want op de rechterrand van de zuil is de schaduw iets lichter.

Kunstlicht

Zon, maan en bliksem zijn natuurlijke lichtbronnen. Ze geven natuurlijk licht. Een lamp geeft kunstlicht. Kunstlicht kunnen wij mensen gemakkelijk zelf regelen, natuurlijk licht niet.

Licht

Licht is het deel van het spectrum dat waarneembaar is met het oog. De verschillende kleuren hebben elk een andere golflengte. Zonlicht bevat alle lichtkleuren. Licht kun je beschouwen als een beeldaspect. De kunstenaar gebruikt het licht en de beschouwer kan zien hoe het gebruikt is. Je kunt zien wat voor een lichtbron aanwezig was. Je kunt zien van welke kant het licht kwam en je ziet soms ook nog schaduwen en nog veel meer dat met licht te maken heeft.
In tweedimensionale voorstellingen wordt met licht vrijwel zonder uitzondering bedoeld: lichtsuggestie. Het licht is immers niet echt aanwezig. Het is een illusie te denken dat dit wel zo is.

Lichtbron

Dat wat licht geeft, noemen we een lichtbron. De zon is een lichtbron, een (brandende) olielamp ook. Andere lichtbronnen zijn bliksem, vuur, een tl-buis enzovoort. De maan noemen we ook een lichtbron (maanlicht), ook al weten we dat de maan alleen maar het licht van de zon weerkaatst.

Lichtkunst

Beeldende kunstenaars gebruiken soms (kunst)licht in hun (kunst)werken. (Je ziet dat het woord kunst ook verschillende betekenissen kan hebben.)
Lichtkunstenaars maken gebruik van de vormen en kleuren die lampen hebben. Lampen zijn gevuld met gas. De kleur van het licht hangt vooral af van het soort gas dat in de lamp zit. Soms speelt ook de kleur van het glas een rol.

Lichtrichting

Kijk naar een beeld (schilderij of foto bijvoorbeeld, of een beeld op een tafel). Er valt licht op. Het licht komt van één (soms van meer dan één) kant. Het gaat er altijd om van welke kant de beschouwer (jij) het licht ziet komen.

- Van jou uit gezien naar je toe
- tegenlicht.
- Van jou uit gezien van je af
- meelicht.
- Van jou uit gezien van links
- zijlicht (van links).
- Van jou uit gezien van rechts
- zijlicht (van rechts).
- Van jou uit gezien van boven
- licht van boven.
- Van jou uit gezien van onder
- licht van onder.

Schaduw

Waar licht is, is ook schaduw. Bij fel licht of bij licht van één kant (van opzij) zie je die schaduwen het beste. Bij heel diffuus licht heb je haast geen schaduw.

Slagschaduw

De schaduw van een object op de grond of op een ander object noemen we de slagschaduw. Als jij dus met je rug naar de zon staat, zie je op de grond de slagschaduw van je lichaam (je eigen slagschaduw).

Direct licht op de schouders van de man en indirect licht op zijn gezicht doordat het lichte papier van het boek het licht van buiten weerkaatst. Tegenlicht voor de beschouwer (fotograaf).

Strijklicht

Als de lichtbron en het belichte vlakke object bijna in hetzelfde vlak liggen, ontstaat strijklicht op dat object. Je ziet dan heel goed de bobbels en groeven van dat object. Elke kleine ongelijkheid geeft een schaduw en daardoor wordt goed zichtbaar hoe oneffen het oppervlak is. Vaak wordt de textuur, de huid, beter zichtbaar.

Weerkaatsing

We spreken van weerkaatsing als we het hebben over lichtstralen die op een oppervlak vallen dat die lichtstralen terugkaatst of een andere richting op kaatst. Door weerkaatsing ontstaat indirect licht. Vaak weerkaatsen glimmende ronde oppervlakken lichtstralen. We spreken dan van glimlicht. Weerkaatsing heet ook wel reflectie. Het licht wordt weerkaatst of gereflecteerd (reflector).

Weerspiegeling

Wanneer een beeld in een glad oppervlak wordt weerkaatst, spreken we van (weer)spiegeling. Als je in een spiegel kijkt, zie je jezelf weerspiegeld. Alles zit verkeerd om. Dat merk je goed als je een T-shirt aan hebt waar woorden op staan: niet meer te lezen. Bij weerspiegeling wordt het beeld (in de spiegel) omgekeerd weergegeven. *Spiegeling* en *symmetrie* zijn verwante begrippen.

10.4 ■ Begrippen die te maken hebben met het beeldaspect ruimte

Aanzicht

Bijvoorbeeld *zijaanzicht*, als je de zijkant ziet. *Vooraanzicht*, als je de voorkant ziet. En zo heb je ook *onder-*, en *bovenaanzicht*.

Afsnijding

Als iets zo (niet) getekend wordt dat het lijkt of het buiten het kader van de tekening doorgaat, noemen we dat afsnijding. De rand van het schilderij snijdt het beeld af. (*Oversnijding* is een contaminatie van afsnijding en overlapping en moet dus niet gebruikt worden.)

Een ruimtelijk beeld heeft drie dimensies, drie afmetingen. Wanneer men over de vierde dimensie spreekt, is dat de tijd. Bij een beeld dat beweegt kun je zeggen dat de dimensie tijd ook belangrijk is. Bij dit beeld (in een park in Bremen) is de bewegingssuggestie zo sterk dat je ook wel van een vierde dimensie zou kunnen spreken. Iemand schreef erop 'Mit Brille wäre das nicht passiert!' Heb je kinderen wel eens teksten laten schrijven bij kunst?

Dimensie

Letterlijk: afmeting. Het woord vinden we ook terug in *tweedimensionaal* (in het platte vlak) en in *driedimensionaal* (ruimtelijk). De drie dimensies zijn: hoogte, breedte, diepte. De vierde dimensie (tijd) komt aan bod bij kinetische (bewegende) kunst.

Doorzichtigheid

Bijzondere vorm van weergeven die je vooral in kindertekeningen tegenkomt, waarbij je dingen ziet die in werkelijkheid niet te zien zijn, zoals het interieur van een huis door de muur van het huis heen.

Horizon
Ogenschijnlijke scheiding tussen lucht en aarde. Aan de plaats (hoogte) van de horizon op een tekening kun je zien op welke (oog)hoogte de maker zich bevond.

Kikvorsperspectief
Gezien zoals een kikker het ziet: van een laag standpunt. Kikvorsperspectief levert een lage horizon op.

Lijnperspectief
Vorm van ruimtesuggestie die op een wiskundige manier, door middel van onder meer verdwijnpunten (vluchtpunten) en een horizon (ooghoogte) tot stand komt. Een weg wordt steeds smaller en de bomen erlangs staan dichter bij elkaar. Als er slechts gebruik wordt gemaakt van één vluchtpunt, wordt dit wel *centrale projectie* genoemd. Projectie omdat het beeld dat je ziet als het ware op het beeldvlak geprojecteerd wordt.

Omklapping
Omklapping, ook wel *rabattement* genoemd, is ook een vorm van ruimte-uitbeelding zonder ruimtesuggestie. (Een weg met de huizen aan weerskanten neergeklapt ernaast.)

Overlapping
Gedeelten van een object worden niet getekend omdat er iets anders voor zit (dat het overlapt).

Parallelprojectie
Een manier van tekenen waarbij alle evenwijdige lijnen ook precies evenwijdig (parallel) worden getekend en niet zodanig dat ze verder weg naar elkaar toe lijken te lopen.

Perspectief
Verzamelnaam voor enkele vormen van ruimtesuggestie. Het meest bekend is het lijnperspectief. Andere vormen zijn *atmosferisch perspectief* (wat verder weg is, teken je vager of maak je blauwer of minder fel van kleur) en *kleurperspectief* (als je iets naar voren wilt laten komen, kleur je dat rood, want rood is een kleur die naar je toe lijkt te komen, terwijl blauw van je af lijkt te gaan). Atmosferische perspectief wordt ook wel *luchtperspectief* genoemd.

Plattegrond
Bovenaanzicht van een landschap of gebouw met schematische aanduidingen van (landschappelijke) kenmerken.

Restruimte
Hetzelfde, maar dan driedimensionaal, als wat in het platte vlak *restvorm* genoemd wordt. Ook: *tussenruimte*.

Een tekening kan niet meer dan een suggestie van ruimte geven, een illusie van ruimte. Niels (elf jaar) heeft het op veel manieren geprobeerd: door het verkleinen van de bomen, het smaller worden van de rivier in de verte, de zon die ondergaat achter de horizon. De grote boom op de voorgrond werkt als een repoussoir, als een terugdringer van de andere objecten. Dat geeft een sterke ruimtesuggestie. Kleurperspectief en overlapping zitten er niet in en ook met de horizon in combinatie met het heuvelachtige landschap had Niels problemen. De boomstammen zijn ook niet ruimtelijk. Er is dus voor Niels nog heel wat te leren.

Ruimtelijk

De meetbare (driedimensionale) of ogenschijnlijk meetbare (tweedimensionale) ruimte, gezien vanaf de beschouwer. Je noemt iets *ruimtelijk* als het drie dimensies heeft of lijkt te hebben: breedte, hoogte en diepte. Diepte (naar achteren) is de derde dimensie.

Ruimtesuggestie

In een tekening of schildering zit geen echte ruimte (driedimensionaal) omdat het oppervlak waarop getekend is plat is (tweedimensionaal). Toch kun je wel zo tekenen dat het lijkt alsof er ruimte in je tekening zit. Je kunt ruimte suggereren zodat je de *illusie* krijgt dat er ruimte is. Dat kan onder andere door gebruik te maken van overlapping, verkleining, vervaging, schaduwwerking en lijnperspectief.

Ruimte-uitbeelding

Wijze waarop een vormgever (de illusie van) ruimte gebruikt. Dit resulteert in ruimtewerking van het werkstuk, wat in het tweedimensionale vlak op ruimtesuggestie neerkomt.

Standpunt

Bedoeld is: visueel standpunt. Dat is het punt vanwaaruit iets bekeken en in beeld gebracht is. De plaats waar (het oog van) de tekenaar zich bevond (bevindt) ten opzichte van het getekende (te tekenen) object. Als het standpunt erg hoog is, krijg je een perspectief zoals een vogel het ziet: *vogelvluchtperspectief*. Als het standpunt ongeveer op de grond ligt noem je het *kikvorsperspectief*.
Het standpunt dat de maker van het beeld aan de beschouwer opdringt, kan ook een psychologisch effect hebben. Als gevolg van het standpunt krijgt de kijker soms heel duidelijk een bepaalde rol opgedrongen (van bezitter, slachtoffer, mindere, voyeur). Een hoge sokkel van een standbeeld dwingt de beschouwer er tegenop te zien.

Stapeling

Bij handvaardigheid wordt stapeling letterlijk genomen, bij tekenen niet.
Stapeling (bij tekenen) is het volledig naast of boven elkaar tekenen van objecten of figuren (bomen bijvoorbeeld om een bos aan te duiden). Zo duid je ruimte aan zonder ruimte in dat platte vlak te suggereren.

De kunstenaar Fredy Wolf-Wubben maakte een echte stapeling van hout, steen, gietijzer en massief staal. Haar werkwijze is: materiaal verzamelen en stapelen. (78 × 34 × 33 cm)

NB Als je een stapel handdoeken tekent, spreek je niet van stapeling in de zin van ruimteaanduiding zonder ruimtesuggestie, dan suggereer je namelijk wel ruimte.

Vogelvluchtperspectief

Zoals een vogel het ziet: van een hoog standpunt. In beeld gebracht, levert het een hoge horizon op.

Volume

De hoeveelheid ruimte die door een ruimtelijke vorm wordt ingenomen.

10.5 Begrippen die te maken hebben met het beeldaspect lijn

Arcering

Veel lijnen evenwijdig aan elkaar getekend noemen we een arcering. Je kunt het gebruiken om een deel van je tekening donkerder te maken. Behalve een arcering van evenwijdige lijnen heb je ook een arcering waarbij groepen evenwijdige lijnen (meestal enigszins diagonaal) kruislings over elkaar liggen: *kruisarcering*.

Lijnsoort
Lijn met zijn concrete eigenschappen: dik, dun, recht, gebogen, gebroken, onderbroken.

Lineair
Uit lijnen opgebouwd (in tegenstelling tot kleurvlekken, grijswaarden of vlakken). Bij ruimtelijk werk: opgebouwd uit lijnvormige elementen zoals ijzerdraad, pitriet, touw of garen.

Liniaal
Apparaat om rechte lijnen langs te trekken, doorgaans met een aanduiding van centimeters erop (meetlat).

10.6 ■ Begrippen die te maken hebben met het beeldaspect vorm

Beeldvlak
Vlak waarin een tweedimensionaal beeld zich bevindt. Het tekenblaadje is een beeldvlak, maar je kunt op een stuk papier ook een gedeelte afbakenen om op te tekenen. Dan is dat het beeldvlak (binnen het kader).

Contour
De omtrek. Dat kan een omtreklijn zijn. Maar de begrenzing van een silhouet noemen we ook contour.

De harige geit van de tienjarige Jan. (25 × 16 cm)

Ulta, 10 jaar, schilderde in het kader om de voorstelling een verzameling fruit.

Een object wordt gekenmerkt door zijn contour. Een karakteristieke contour herken je gemakkelijk (olifant, stoel, vierkant).

Dynamisch
Beweging suggererend (tegenover statisch).

Kader
De afbakening van een beeldvlak (soms door een passepartout of een lijst). De rand om een beeldvlak.

Patroon
Er zijn twee betekenissen. (1) Schema dat aangeeft hoe iets gemaakt moet worden (breipatroon, naaipatroon). (2) Een ordening van vormen. Motieven (bijvoorbeeld spiraalvormen, bloemetje) die regelmatig of onregelmatig geordend zijn op een grondvlak, zijn onderdeel van een patroon. Men spreekt van het patroon van het behang. Als een patroon op een lap stof of behang doorloopt zonder dat je een begin of einde ervan ziet, spreekt men van *rapport*.

Plastiek
Een driedimensionaal, ruimtelijk beeld. *'Dat beeld is niet erg plastisch'* betekent: het is wel ruimtelijk, maar nogal plat.

Restvorm
Stel je een grote bladplant in de vensterbank voor. Tussen de bladeren door zie je de lichte achtergrond. Die vormen noemen we de restvormen. Vormen die overblijven tussen de eigenlijke vorm van het object of tussen delen van het object. Soms is tekenen gemakkelijker als je je concentreert op de restvorm. (Het begrip *negatieve vorm* kun je beter niet gebruiken als je restvorm bedoelt.) Bij ruimtelijke objecten spreek je van restruimte.

Silhouet
Een vlakke, egaal gekleurde, meestal donkere vorm die bepaald wordt door zijn omtrek en goed afsteekt tegen de omgeving (achtergrond). Bijvoorbeeld vormen in tegenlicht, schimmenspel. Door objecten als silhouet te tekenen, ergens vanuit het midden beginnend, kun je soms gemakkelijker de juiste vorm bepalen dan als je met de omtrek begint.

Statisch
Niet bewegend, geen beweging suggererend (tegenover *dynamisch*).

Vlak
Een tweedimensionale vorm.
Gebruikt als zelfstandig naamwoord: *'Je moet die vlakken wat meer accent geven'*, kan betekenen: je moet ze feller van kleur maken (in een tekening) of: je moet er een grovere draad in weven (bij textiel) of: je moet er eens goed met een spijker in krassen (bij klei, om de textuur te veranderen).
Gebruikt als bijvoeglijk naamwoord: zonder verheffingen of verdiepingen, niet ruw. *'Ik vind het niet vlak genoeg'. 'Een vlakke zijkant'. 'Je moet het iets afvlakkken (minder hobbelig maken).'*

Vorm
De uiterlijke gedaante. Vormen kunnen zowel driedimensionaal als tweedimensionaal zijn. Een tweedimensionale vorm noemt men ook wel een *vlak* (in het Engels *shape*, terwijl het Engelse *form* op een *driedimensionale vorm* duidt).

Vormen kunnen verschillende gedaanten hebben zoals rond-hoekig; geometrisch-organisch; symmetrisch-asymmetrisch; regelmatig-onregelmatig; enkelvoudig-samengesteld; gesloten-open; vrij (plantaardige vormen), lineair (lijnachtig).

Vormcontrast
Elk contrast tussen vormen, onder andere: recht-hoekig, groot-klein, rond-blokvormig.

10.7 ■ Begrippen die te maken hebben met het beeldaspect kleur

Aardkleuren
Kleuren die doen denken aan de kleuren van aarde, bijvoorbeeld *oker, siena*. Alle met veel bruin gemengde kleuren (groenbruin, roodbruin, grijsbruin).

Bloeden
Bij de indeling in verfsoorten kun je onderscheid maken tussen *verfstof* (kleurstof die een chemische verbinding met de drager aangaat) en *pigmentverf* (kleurstof met bindmiddel). De verfindustrie gebruikt vaak een hoeveelheid verfstof in bepaalde pigmentverven om die daardoor fraaier te doen lijken. De verfstoffen blijven ook nadat de verf gedroogd is nog actief. Zodoende gaat de kleur wit, die over een droge laag rood of groen geschilderd is, er soms rose of grauw uitzien als in dit rood en groen ook verfstof zit. Dit verschijnsel noemen we bloeden.

Complementaire kleuren
Elk kleurenpaar dat in de kleurencirkel recht tegenover elkaar ligt is complementair. Ze worden zo genoemd omdat ze elkaar aanvullen als je ze mengt. Als je complementaire verfkleuren met elkaar mengt, ontstaat er zwart (of iets smerigs dat erop lijkt omdat de verf van niet zo beste kwaliteit is). Complementaire kleuren versterken elkaar als ze naast elkaar gebruikt worden (complementaircontrast).

Heldere kleuren, kleurhelderheid, verhelderen
De mate waarin een kleur met wit gemengd is, bepaalt de helderheid. Verhelderen is dus: met wit mengen. *Verdonkeren* daarentegen is: met zwart mengen.

Kleur

Als in dit boek over kleur wordt gesproken, wordt in het algemeen bedoeld kleur die gebonden is aan materie (verf). Uitleg over kleur en begrippen die met kleur te maken hebben gaat hiervan uit en niet van lichtkleuren. Bij het mengen van rood en groen licht bijvoorbeeld ontstaat wit licht; vergelijk dat met het mengen van rode en groene verf.
Zwart en wit worden in het algemeen (ook in dit boek) tot de kleuren gerekend.

Kleurcodes

Sommige kleuren hebben betekenissen gekregen die berusten op afspraken. In heel veel gevallen staat rood voor gevaar. Een elektriciën weet dat een bruine draad de spanningsdraad is.

Kleurcontrast

Elk contrast tussen kleuren heet kleurcontrast.
- Licht-donkercontrast: tegenstelling die kan ontstaan bij het gebruik van lichte en donkere kleuren of tinten van een kleur.
- Warm-koudcontrast: oranjerood, geel en bruin worden als warm ervaren, blauwgroen en blauw als koud. Zet je een warme kleur naast een koude kleur dan heb je een warm-koudcontrast.
- Kwantiteitscontrast: contrast dat ontstaat wanneer de hoeveelheid van een kleur (of kleursoort) sterk afwijkt van die van een andere (bijvoorbeeld een reddingsboei in zee).
- Kwaliteitscontrast: contrast tussen twee kleuren uit dezelfde kleursoort (helderblauw tegen grijsblauw).

Kleurencirkel

Een systeem om kleuren te ordenen. Op de cirkel staan de drie primaire kleuren op gelijke afstand van elkaar, daartussen drie secundaire kleuren.

Kleurperspectief

Zie perspectief

Kleurtoon

Een kleur met een aantal nuances. Bij elkaar horende groep kleuren, bijvoorbeeld allemaal grijsgroene tinten of allemaal donkerblauwe.

Kleurzuiverheid/kleurverzadiging

De mate van zuiverheid van een kleur. Elke kleur *op* de kleurencirkel heeft een absolute kleurzuiverheid (is een zuivere kleur), maar een kleur met een beetje wit of zwart erin mist enige zuiverheid. *Zuiverheid* en *verzadiging* worden door elkaar gebruikt.

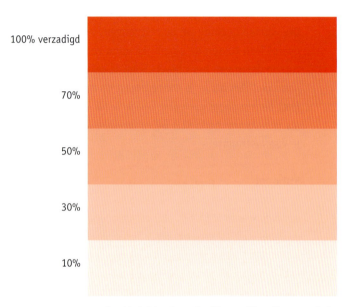

Een bladzijde uit een boekje over kleur. Een verzadigde kleur en een aantal stadia van verheldering.

Optische kleurmenging

Menging van verschillende kleuren door het oog. Optische kleurmenging kan ontstaan bij het schilderen met transparante verf (glacis) en door toetsjes of stippeltjes verf zodanig bij elkaar te zetten dat het lijkt alsof er een mengkleur gebruikt is (gepointilleerde schilderwijze, kleuren(raster)druk, weefstructuren). De kleurstoffen zijn niet gemengd. De Postimpressionisten maakten er gebruik van.

Pastelkleuren

Kleuren die met veel wit zijn gemengd, ook wel *zachte kleuren* genoemd.

Primaire kleuren

Kleuren waaruit alle (in theorie) andere kleuren kunnen worden gemengd. Maar dan moet je wel hele goede kwaliteit hebben. Meestal zegt men dat de drie primaire kleuren rood, geel en blauw zijn. Die kleuren zijn echter niet altijd dezelfde kleuren rood, geel en blauw. Dat hangt af van het kleursysteem dat je hanteert. Voor het

Mode beïnvloedt onze voorkeur voor kleur. Uit een advertentie uit 1988 blijkt wat toen mode was. Hoe is het nu?

mengen van verf kun je het beste magenta (lijkt op roze), cyaan (enigszins lichtblauw) en citroengeel nemen. Begin bij het mengen altijd met de lichtste kleur en doe daar een beetje van de donkerder kleur bij, dan zie je het beste wat er verandert. Bij het mengen van magenta en geel krijg je het vermiljoen dat je waarschijnlijk veel roder vindt dan de primaire kleur magenta.

Primaire kleuren worden ook wel *hoofdkleuren* genoemd.

Secundaire kleuren

Als je uitgaat van het kleurenschema van Itten, zijn er slechts drie secundaire kleuren (oranje, groen en paars) en die zijn door Itten heel precies beschreven. Je kunt ze (ongeveer) maken door twee primaire kleuren te mengen.

Symbolische kleur

Een kleur wordt symbolisch gebruikt als die kleur een betekenis krijgt. Dezelfde kleur kan, afhankelijk van thema, mode, cultuur, plaats en tijd, verschillende betekenissen krijgen:

- Zwart: droefheid, rouw, dwaling, dood.
- Wit: waarheid, eerlijkheid, goedheid, maagdelijkheid, geloof, in sommige oosterse landen rouw.
- Rood: liefde, gevaar, stop, warmte, lijden, offer, in sommige Afrikaanse landen rouw.

Pieter Drenth heeft in 1936 in zijn tekenschrift de symboolkleuren berijmd toegelicht. Ben je het eens met de uitleg?

Tertiaire kleuren
Alle kleuren behalve de drie primaire en de drie secundaire. Je hebt weinig aan deze benaming want hij geldt voor alle kleuren op zes na. Oranje met iets meer geel erin dan Itten bedoelde, is immers al een tertiaire kleur en ook alle mengsels met zwart en wit zijn dat.

Warm-koudcontrast, complementaircontrast, kwantiteitscontrast en kleurperspectlef. Een stukje Nederland op een winterse dag. Kun je alle begrippen aanwijzen?

Tint
Schakering van een kleur.

Verzadigde kleur
Hetzelfde als een zuivere kleur.

Zuivere kleuren
Elke kleur op de kleurencirkel is een zuivere kleur, dus alle mengingen van twee (maar dan ook niet meer dan twee) primaire kleuren.

10.8 ■ Begrippen die te maken hebben met het beeldaspect compositie

Compositie
Ordening van vormen, lijnen en kleuren. Bij tekenen spreekt men ook wel van vlakverdeling omdat de ordening uitsluitend plaatsvindt op het vlak. Alle beeldaspecten kunnen apart op compositie/ordening bekeken worden; zo kan men letten op: licht-donkerordening, ordening van kleur, ordening van ruimte, ordening van vormen.

Compositiegrondvormen
Bepaalde ordeningen van onderdelen van een beeld:
- (A)symmetrische compositie: (on)gelijkheid van links en rechts.
- Diagonaalcompositie: richting. Alles staat van rechtsonder naar linksboven of van linksonder naar rechtsboven. Zo'n compositie suggereert actie.
- Centraalcompositie: gegroepeerd rond een centrum.
- Driehoekscompositie: de onderdelen kunnen als het ware in een driehoek gesloten worden.
- 'Over all' compositie: onderdelen zijn verspreid, gestrooid over het vlak.

Ritme
Herhaling van een bepaalde vorm, richting, kleur enzovoort in een compositie met een bepaalde onregelmatigheid erin, in tegenstelling tot *maat* (of regelmaat), waarbij alleen herhaling aanwezig is. Maat is doorgaans saai, ritme boeit.

'Naakt, de trap afdalend', een futuristisch werk van Marcel Duchamp, is een schoolvoorbeeld van een diagonaalcompositie. Het begrip ritme is met deze afbeelding ook goed te demonstreren.

10.9 ■ Begrippen die te maken hebben met het beeldaspect textuur

Factuur
Waarneembare sporen in het oppervlak van beeldend werk als gevolg van het hanteren van gereedschap. (Latijn: facere = maken, doen)

Patina
Verwering (en verkleuring) van het oppervlak van beelden onder invloed van licht en lucht. Bij metalen beelden vaak kunstmatig versneld door zuren. Op brons zie je vaak een blauwgroen patina.

Stofuitdrukking
De geboetseerde, getekende of geschilderde suggestie van textuur noemen we stofuitdrukking.

Structuur
Structuur duidt op samenstelling, indeling, opbouw of op organisatie van afhankelijke kleine delen in een grotere geheel. Men spreekt van de structuur van een organisatie, de structuur van een spinnenweb, de structuur van een boomblad, de structuur van een weefsel.
Structuur wordt vaak verward met *textuur*.

De structuur van een muur is het metselverband van de stenen. De textuur is het verweerde oppervlak van de stenen.

Uitsnede
Een gedeelte van een vlakke vorm. Als je iets naar de natuur gaat tekenen of schilderen, weet je vaak niet welk stuk ervan je zult nemen. Je kunt dan een kijkraampje gebruiken, een stukje zwart papier met een rechthoekig gat in de verhouding van je tekenpapier. Als je dat niet bij de hand hebt, kun je met je vlakke handen tussen duimen en wijsvingers een kijkraampje maken. Zo kun je voordat je begint al een compositie kiezen. Het is alsof je door een raam kijkt.

Textuur
De oppervlakte, de huid. Textuur is heel interessant (maar vaak ook moeilijk) om weer te geven. Probeer maar eens de textuur van een tennisbal, een ei of een schaar te tekenen. De textuur van een harige geit is heel wat gemakkelijker. Probeer in klei eens de textuur van een schapenvacht. De huid van een kastanje is nog gladder dan die van een ei, er is textuurverschil. Strijklicht laat textuur meestal goed uitkomen.

10.10 ■ Begrippen met betrekking tot technieken

Applicatie
Textiele techniek waarbij vormen (draden, stukjes stof, knopen of kralen) op een ondergrond zijn bevestigd door naaien of lijmen.

Armatuur
Constructie van hout, metaal of kunststof die stevigheid geeft aan een vorm. Om die constructie heen wordt de vorm gemaakt van materialen die zelf geen stevigheid bezitten (bijvoorbeeld textiel, papier-maché en was). Bij gewapend beton heb je een armatuur van ijzer (wapening) waar het beton omheen gegoten is.

Assemblage
Samenvoeging van verschillende reeds bestaande ruimtelijke en vlakke vormen tot een reliëf of ruimtelijke plastiek. (Vergelijk collage.)

Batikken
Het verven van stoffen die eerst gedeeltelijk met warme was zijn bestreken zodat op die plaatsen de verfstof niet met het weefsel in aanraking komt.

Beeldhouwen
Naast *construeren* en *modelleren* is *beeldhouwen* een werkwijze om ruimtelijk werk te maken. Door het wegnemen van (hard) materiaal blijft de gewenste driedimensionale vorm over.

Beton
Cement met kiezelstenen erdoor. Gewapend beton maak je door beton om een vlechtwerk van ijzeren staven te gieten.

Boetseren
Vormgeven door middel van modelleren of construeren in kneedbaar materiaal (klei, was, brooddeeg, papier-maché).

Borduren
Versieringstechniek waarbij figuren of voorstellingen met gekleurde (zijden) draden (met behulp van een naald) in en op geweven textiel worden aangebracht.

Breien
Vorm van textiel bewerken waardoor stoffen ontstaan. Met twee of meer lange (brei)naalden lussen maken in draden zodat een samenhangend geheel (breiwerk) ontstaat.

Collage
Vorm van tweedimensionale werkstukken waarbij (eventueel verschillende) materialen worden opgeplakt. Het Franse woord *coller* betekent *plakken*.

Constructie
Werkwijze om ruimtelijk werk te maken door het samenvoegen van onderdelen. Bestaande of nieuwe onderdelen worden door middel van vaste of bewegende verbindingen tot een nieuwe eenheid gemaakt.

Doek
In de schilderkunst, meestal linnen waarop geschilderd wordt. Katoen is goedkoper, maar minder duurzaam.

Drager
Datgene waarop getekend of geschilderd wordt: papier, hout, doek of board.

Drijven
Metaal (plaatselijk) dunner maken door er met een hamer op te kloppen (op een harde ondergrond). Het metaal verandert daardoor van vorm. (Tegenovergestelde van *stuiken*)

Engobe
Kleislib. Vloeibare kleimassa. Om verschillende kleuren te krijgen worden verschillende kleisoorten gebruikt of worden metaaloxiden toegevoegd. IJzeroxide geeft bijvoorbeeld rode engobe.

Engoberen
Manier van versieren van aardewerk door dunne klei (kleislib, engobe) van een andere kleur op te brengen. Het *ringeloren*, waarbij op Fries roodbakkend aardewerk met witte kleislib figuren worden aangebracht (vroeger met een koehoorn of ringelhoorn), is een vorm van engoberen.

Fresco
Een schildering die gemaakt wordt als de kalk van de muur waarop geschilderd wordt nog nat is. *Al fresco* is Italiaans voor *in 't nat*. In tegenstelling tot *al secco*: schilderen op de muur als de kalk droog is.

Frottage (rubbing)
Franse (Engelse) naam voor een techniek waarbij op een papier de textuur van een onderliggend materiaal (munt, grafsteen) door wrijven met bijvoorbeeld een zacht potlood zichtbaar gemaakt wordt.

Glaceren
Het aanbrengen van een transparante laag verf over een (gedeelte van) een schildering. Met zo'n glacis kan een heel boeiend effect bereikt worden.

Glazuren
Het aanbrengen van een kleurige dekkende of transparante laag glaspoeder op een biscuit gebrand voorwerp van klei. Door het voorwerp nogmaals in de oven te verhitten, smelt het glazuur op het voorwerp vast.

Graveren
Lijnen ergens *in* aanbrengen door middel van snijden, krassen of slijpen.

Gravure
Een prent (afdruk) van een tekening die met een burijn in kops hout of in metaal gegraveerd is. Bij gravures wordt net als bij een ets en een droge naald, de inkt uit de diepliggende lijnen afgedrukt (diepdruktechniek). Bij een houtsnede en linosnede worden de hoge delen afgedrukt (hoogdruk). Direct een tekening in glas graveren kan ook.

Grafiek
Verzamelnaam voor alles wat ambachtelijk gedrukt is: linosnede, ets, gravure enzovoort.

Haken
Het aanbrengen van verschillende in elkaar grijpende lussen in een draad met behulp van een naald met aan het eind een haakje (haaknaald). Op die manier kan een lap ontstaan. Meestal gebruikt voor het maken van kleinere voorwerpen of een sierrand.

Hanteringswijze
De manier waarop leerling en kunstenaar materiaal en gereedschap of een bepaalde techniek gebruiken om tot een werkstuk te komen.

Ikatten
Het verven van stoffen nadat ze hier en daar afgebonden zijn.

Kalligrafie
Het schrijven van letters op een kunstzinnige manier. Oorspronkelijk Grieks voor *mooi schrift*.

Moderne kalligrafie: een alfabet van Sara Zoutewelle.

Monotype
Eenmalige afdruk van iets, aangebracht op een plat oppervlak. Bijvoorbeeld: met verf op een glasplaat schilderen, daarin met vingers werken en er vervolgens een afdruk van maken.

Paneel
Houten ondergrond om op te schilderen.

Patchwork
Textiele vormgeving, waarbij verschillende stukjes stof volgens een patroon tot een geheel worden samengevoegd.

Pointilleren
Het schilderen door middel van kleine stippen, punten, toetsjes van verschillende kleuren direct naast elkaar, opdat optische kleurmenging ontstaat. Schilderwijze van Seurat en Signac. Die manier van schilderen noemt men *pointillisme* en ook wel *divionisme* (het Latijnse werkwoord *dividere* betekent *scheiden*).

Sinteren
Het bakken van klei op een zo hoge temperatuur dat verweken, verdichten en samenkitten van kleiplaatjes ontstaat (voorafgaand aan smelten). Bij volledige sintering is het geboetseerde werk waterdicht (niet meer poreus).

Uitslag
Een tot een plat vlak teruggebrachte uitwerking van een ruimtelijk object. Door vouwen kan de oorspronkelijke ruimtelijke vorm weer worden gemaakt. Soms wordt begonnen met een uitslag, waarvan daarna een ruimtelijk object gemaakt wordt.

Walken
Verse klei intensief kneden zodat de eventuele lucht eruitgaat en de samenstelling homogener wordt.

Werkwijze
Het totale proces van vormgeven, van idee tot eindproduct. De manier waarop een kunstenaar werkt om tot een product te komen. De manier waarop een leerling werkt om een werkstuk te maken nadat hij een opdracht heeft gekregen.

Weven
Bij het weven worden draden in één richting gespannen (kettingdraden). Dwars daarop worden andere draden (inslag) om en om door de kettingdraden gevlochten. Veranderen van de regelmaat van om en om naar twee boven, twee onder of iets dergelijks, betekent een andere structuur maken, waardoor een andere textuur ontstaat.

Vragen en opdrachten

1. Bij deze lijsten met begrippen staan hier en daar afbeeldingen. Probeer of je samen met je studiegroep bij alle begrippen afbeeldingen kunt vinden die groot genoeg zijn om in klassikaal verband te gebruiken. Je kunt ze natuurlijk ook digitaal via een beamer laten zien.
2. Als je jezelf van een passend attribuut zou moeten voorzien, wat zou dat dan zijn? Ontwerp en maak zo'n attribuut op ware grootte van materiaal naar keuze.
3. Als je stageschool nog geen logo heeft, zou je er dan met je stagegroep een kunnen ontwerpen?
4. Snijd drie stukken tekenpapier uit van verschillende afmetingen met de Gulden Snede als norm.
5. Teken (naar de voorstelling) treden van een dichte trap met daarop de schaduw van een paal. Maak vervolgens van karton een trap van drie of vier gelijke treden. Zet schuin voor de trap een potlood of stokje met daarachter een bureaulamp. Controleer (naar de waarneming) of het klopt wat je getekend hebt. Je kunt overigens elk ander tweetal objecten nemen.
6. Zoek een aantal voorbeelden van het symbolisch gebruik van kleur. Ga na of je studiegenoten die functies kennen.
7. Zoek voorbeelden van het gebruik van codekleuren.
8. Wat is het verschil tussen kleurperspectief en atmosferisch perspectief?
9. Zoek kindertekeningen waarmee je de compositiegrondvormen kunt illustreren en zoek ook afbeeldingen van kunstwerken die daarbij passen.
10. Schrijf een bespreking van een ruimtelijk werkstuk van een leerling en gebruik daarbij begrippen uit dit hoofdstuk.
11. Verzamel een aantal krantenartikelen over beeldende kunst en noteer welke begrippen uit dit hoofdstuk daarin voorkomen. Noteer ook welke begrippen je mist en probeer daar zelf een omschrijving bij te maken.
12. Ken je een Latijnse spreuk waarin het werkwoord verdelen voorkomt? Met welke stijl van schilderen heeft het te maken?
13. Kies samen met een studiegenoot een beeldaspect. Bespreek welke techniek (ruimtelijk of vlak) zich het beste leent om dat beeldaspect (of een onderdeel ervan) tot uitdrukking te laten komen en ontwerp er voor jullie stagegroep een activiteit voor. Voer het met jouw groep uit en rapporteer over het geheel in je eigen studiegroep.
14. In de kleutergroepen wordt veel ontwikkelingsmateriaal gebruikt. Vaak gaat het daarbij om een speels omgaan met beeldaspecten. Zo raken kleuters ermee vertrouwd. Het wordt alleen niet zo genoemd. Welk ontwikkelingsmateriaal met een relatie tot beeldaspecten wordt op jouw stageschool gebruikt? Maak een lijst (zorgvuldig beschrijven met naam, uitgever en inhoud) en noteer over welke (onderdelen van) beeldaspecten het gaat.

> 'Wij kennen het materiaal in zoverre het door ons verwerkt is.'
> Van Gelder en Van Praag: 'De grondslagen van de handenarbeid.' (1957) p. 80.

Materiaal en gereedschap

11.1 **Introductie** *298*
11.1.1   Materiaal en gereedschap *298*
11.1.2   Coderen voor het opbergen *298*
11.2 **Papier, karton en bord** *299*
11.3 **Tekenen** *303*
11.4 **Schilderen** *307*
11.5 **Druktechnieken** *311*
11.6 **Werken met klei** *312*
11.7 **Werken met hout** *315*
11.8 **Werken met metaal** *316*
11.9 **Werken met textiel** *317*
11.10 **Kosteloos materiaal** *318*
11.11 **ICT** *318*
11.12 **Diversen** *319*
         Vragen en opdrachten *321*

11.1 ■ Introductie

De beschrijvingen in dit hoofdstuk zijn gebaseerd op het gegeven dat er in het basisonderwijs geen vakdocenten beeldonderwijs zijn die de kennis over materialen en technieken in hun opleiding ruimschoots verwerven. In dit hoofdstuk worden materialen en gereedschappen die in de basisschool in normale gevallen voorkomen of voor kunnen komen genoemd, beschreven en waar nodig voorzien van adviezen voor gebruik. Het gaat echter niet over 'ontwikkelingsmateriaal' dat in het onderwijs aan jonge kinderen wordt gebruikt en ook niet over informatiemateriaal zoals boeken en naslagwerken. Een EHBO-trommel (goed gevuld en regelmatig gecontroleerd) moet altijd bij de hand zijn, die noemen we dus ook niet.

Misschien heb je deze kennis niet direct nodig, want aankoopbeslissingen zullen al wel gedaan zijn wanneer je als leraar begint. Maar als ook jouw inbreng nodig is in beslissingen over de nieuwe aanschaf van materiaal en gereedschap, dan kun je dit hoofdstuk erop naslaan. In het algemeen gaat het hier over materiaal en gereedschap die je ook in het 'gewone dagelijkse leven' tegenkomt. Typische hobbyspulletjes (styrofoam bollen, houten kralen, glitterverf, emaille) zijn niet opgenomen.

Een catalogus van een firma in handenarbeidgereedschap is een goede bron van informatie als je wilt weten welk materiaal en gereedschap je zou kunnen gebruiken, maar vergelijk de prijzen ook met die in een doe-het-zelfzaak.

De indeling is gemaakt op basis van wat zo'n beetje bij elkaar hoort.

In dit overzicht zul je zeker zaken missen, en andere zul je overbodig vinden omdat je denkt ze nooit te zullen gebruiken in de basisschool. De lijst is beperkt tot de meestvoorkomende en tot dat materiaal en gereedschap waar wat speciaals over te zeggen is. Daarom niets over emailleerovens, leerbewerkingsgereedschap, breinaalden, tjantings en schroevendraaiers.

Kinderen hebben soms andere opvattingen over benodigd materiaal dan de leraar. Staat het een creatieve oplossing van het beeldend probleem niet in de weg, dan kun je het rustig zo laten.

11.1.1 ■ Materiaal en gereedschap

Bij beeldonderwijs rekenen we tot materiaal alles wat verbruikt wordt, wat op raakt in de loop van een schooljaar. Je moet er economisch mee omspringen, want je budget is niet onbeperkt. Je zou dus goedkoop materiaal kunnen kopen, maar je wilt ook graag beschikken over goede kwaliteit en dat is meestal weer duurder. Vaak is een betere kwaliteit te verkiezen. Voor verf bijvoorbeeld, omdat de kleuren fraaier zijn, langer blijven zoals je ze opbrengt en je er niet zo veel van nodig hebt. Je moet ook in de gaten houden of je één kleur bij kunt bestellen als die op is. Dat geldt ook voor krijt en potloden.

Kinderen kunnen soms in bepaalde perioden een enorme voorkeur voor een kleur aan de dag leggen. Als die kleur dan op is, moet je niet een heel nieuw doosje met alle kleuren hoeven bestellen. Soms is ook de verpakking van invloed op je keus. Een blikken doos met kleurpotloden gaat langer mee dan een van karton. Soms is materiaal goedkoop te krijgen als je daarvoor gebruikmaakt van bijvoorbeeld industriële restanten. Een lappenmand kan bevoorraad worden door lappenmanden bij kinderen thuis. Denk voordat je iets aanschaft ook goed na over wat je met het materiaal wilt gaan doen. Als je figuurtjes wilt laten boetseren van klei bijvoorbeeld, moet je geen pottenbakkersklei of gietklei aanschaffen.

11.1.2 ■ Coderen voor het opbergen

Het opbergen van gereedschap is op scholen vaak een vergeten onderwerp. Men doet gereedschap soms in bakken en plakt daar etiketten op. Als er weinig bergruimte is, kan dat de enig mogelijke manier zijn omdat het zo ook door verschillende groepen in het groepslokaal te gebruiken is, maar echt handig is het niet. Gereedschap moet zo opgeborgen zijn dat het overzichtelijk gerangschikt en gemakkelijk te pakken is. Een paar verticaal scharnierende schotten waaraan klemmen of haken voor het gereedschap bevestigd zijn, nemen weinig ruimte in. Veel gereedschap (hamer, winkelhaak) kun je ophangen aan een spijker als je er een gat in boort. Als gereedschap en materiaal voor elke les naar het groepslokaal verplaatst moet worden, kun je overwegen om een speciaal karretje daarvoor te (laten) maken waar het steeds op klaar staat. Uiteraard bestaat er een *inventarislijst* van al het gereedschap dat in de school aanwezig is.

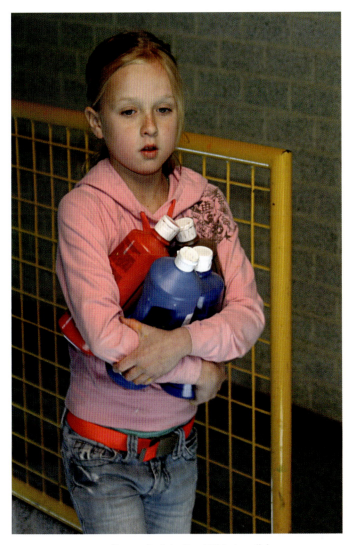

'Gewoon in de kast', zei Mirte toen ik haar vroeg waar ze met de verf naartoe ging. Maar ze wist precies in welke kast en op welke plank.

Als het gereedschap centraal wordt opgeborgen, kun je overwegen er een systeem voor te maken. Daar kun je vervolgens veel plezier van hebben omdat iedereen meteen ziet waar iets opgeborgen moet worden.
Dit geldt alleen als er een aparte ruimte is voor beeldonderwijs of als het materiaal centraal wordt opgeborgen.
Een voorbeeld (het kan natuurlijk ook heel anders): Zinkplaten (onderleggers) krijgen de code *PK 1-3*, omdat ze worden gebruikt bij het werken met papier en/of karton en worden opgeborgen in de eerste kast, op de derde plank.
Wanneer je ervoor zorgt, dat de kasten en planken genummerd zijn, kun je een heleboel opruimwerk aan het einde van de les door de leerlingen laten verrichten. Let erop dat je dozen en doosjes altijd zowel op het deksel als op een zijkant (bij het openen van de kast zichtbaar) voorziet van een naam of codering. Denk daarbij aan dozen voor naalden, spelden, figuurzaagjes, kraaltjes, ringetjes, schroefjes, moertjes, boutjes, paperclips, elastiekjes en dozen voor allerlei reservemateriaal.

11.2 ■ Papier, karton en bord

Van de tamelijk uitgebreide lijst papier- en kartonsoorten zul je er in de basisschool slechts enkele gebruiken. Voor een deel omdat je programma daarop toegesneden is, maar ook omdat sommige soorten nogal duur zijn. De soortnamen zijn afhankelijk van de fabrikant. Ga bij het aanschaffen ervan altijd uit van wat je eerst *op de hand* kunt beoordelen.

Grondstoffen

Papier en karton worden gemaakt van
- houtvezels/houtslijp (houthoudend papier, krantenpapier);
- houtcelstof/cellulose (houtvrij papier);
- plantenvezels (strobord);
- lompen (waardepapieren);
- gerecycled oud papier (grijsbord);
- combinaties van deze grondstoffen.

Behalve deze grondstoffen gebruikt men bij het vervaardigen van papier, karton en bord:
- vulstoffen om het materiaal soepel en wit te maken;

lijmstoffen om de zuiging van de vezel te verminderen; (schrijfpapier)
verf of kleurstoffen om inwendige kleuring aan te brengen (gekleurd tekenpapier).

Gewicht en opbouw

Papier en *karton* worden op dezelfde machine gemaakt. Het verschil is (letterlijk) een zaak van gewicht. Beide worden gewogen per vierkante meter. Daarbij geldt dat zwaardere soorten papier in het algemeen *karton* genoemd worden, maar er zijn geen absolute gewichtsgrenzen. Het ligt eraan waar een papier (of karton) bij hoort. Technisch gesproken neemt men de grens op ongeveer 165 tot 180 gr/m^2. Daaronder is het papier, daarboven karton. Maar je hebt in een reeks aquarelpapieren van een fabrikant ook aquarelpapier van 500 gr/m^2.

Goed tekenpapier is ongeveer 100 tot 120 gr/m^2, gekleurd karton 27 tot 290 gr/m^2 en zijdevloei 60 gr/m^2.

De grens tussen *karton* en *bord* is veel duidelijker. *Bord* bestaat uit een aantal op elkaar geplakte of *gekoetste* (in vochtige toestand op elkaar geperste) lagen. Je kunt dat gemakkelijk herkennen door een hoekje van een stuk bord tussen duim en wijsvinger heen en weer te bewegen of door er flink met de nagel van je duim langs te gaan. Er ontstaat dan een waaiertje van laagjes.

Pelbord is bord waarvan je de buitenste laag gemakkelijk kunt verwijderen. Leuk om te gebruiken voor hoogdruk.

Papiersoorten, waaronder een wel heel zware soort aquarelpapier.

Hoeveelheid

Meestal worden papier en karton aangeboden per riem of boek. Een *riem* is 500 vel. Een *boek* is 25 vel. Het formaat is daarbij niet van belang. Zware kartons en bord worden ook per gewicht aangeboden.

Formaat

De oorspronkelijk onoverzichtelijke hoeveelheid benamingen en formaten waarvan *kwarto* en *folio* nog de bekendste zijn, is inmiddels vervangen doort één genormeerde formaataanduiding, de bekende A-serie.

A0 = 840 × 1188 mm
A1 = 594 × 840 mm
A2 = 420 × 594 mm
A3 = 297 × 420 mm
A4 = 210 × 297 mm
A5 = 148 × 210 mm

Voor tekenpapier wordt vaak het formaat 50 × 65 cm als uitgangspunt genomen. Men noemt dat een *vel* en de daarvan afgeleide formaten hebben ook eigen namen.

50 × 65 cm = vel
32 × 50 cm = half vel
25 × 32 cm = kwart vel
16 × 25 cm = blad

Een vel *karton* meet 50 × 70 cm. De daarvan afgeleide maten hebben dezelfde namen als die bij papier.

Houthoudend

Papier, karton en bord dat gemaakt is van houtslijpsel. Houthoudend materiaal vergeelt snel.

Houtvrij

Wanneer tot spaanders gehakt naaldhout, stro, riet, espartogras en dergelijke met een waterige oplossing van natriumhydroxide samen met natriumsulfide onder druk gekookt wordt, ontstaat celstof. Papier- en kartonsoorten die hiervan vervaardigd worden noemt men *houtvrij*.

Bankpost

Goed radeervast papier. Het gewicht is 40 tot 80 gr/m^2. Veel pakken papier voor printers kun je hiertoe rekenen.

Cellofaan (papier)

Transparant taai materiaal in vellen, meestal in zeer krachtige kleuren. Vervaardigd uit organische stoffen.

Geschikt om bijvoorbeeld glas in lood na te bootsen. Er kan op worden getekend met viltstiften met watervaste inkt (permanent).

Courantdruk
Onbedrukt krantenpapier. Houthoudend en glad. Vanwege die gladheid niet geschikt om met potlood of kleurpotlood op te tekenen. 50 tot 80 gr/m².

Crêpepapier
Dunne papiersoort, machinaal sterk gekreukeld en daardoor rekbaar. Steviger dan zijdevloei. In diverse kleuren (ook zilver, goud en fluorescerende kleuren) op lengtes aangeboden. Een lengte (vouw genaamd) is 2,50 m. De kleuren geven gemakkelijk af als het papier vochtig wordt.

Naturelpapier
Door en door gekleurde papiersoort. Bij de fabricage is een beetje kleurstof toegevoegd, waardoor fletse kleuren ontstonden. 'Vouwblaadjes' zijn van naturelpapier gemaakt.

Werkdruk Kasaka
Houthoudend papier met enigszins ruw oppervlak. Heel geschikt voor schetsen, ook met houtskool. Ook *werkpapier* genoemd.
Kasaka heeft ongeveer dezelfde eigenschappen als *werkdruk*.

Zowel de leraar die zijn lessen goed voorbereidt als de leerling die zijn best doet een opdracht goed uit te voeren, heeft recht op een goede kwaliteit potlood en kleurpotlood en papier. (Monique, zes jaar, 29 × 21 cm)

Pakpapier
Bruinpak en *natronkraft* zijn goedkope, sterke en voor schooldoeleinden goede kwaliteiten. Ze zijn verkrijgbaar in grote rollen en zodoende erg voordelig. Je kunt er jaren mee vooruit. 50 tot 70 gr/m². De rollen zijn verschillend van breedte. Soms is een kant glad en de andere ruwer. Rollengte 300 meter.

Sitspapier
Papiersoort die aan een zijde is voorzien van harde glanzende kleuren.

Tekenpapier
Een goed radeervaste papiersoort. Je kunt er dus op gummen zonder dat het meteen vezelig wordt. Wit of gekleurd. Het gewicht is ongeveer 100 tot 120 gr/m².

Velijn
Papier dat in doorzicht egaal of wolkig is. Het meeste papier is velijnpapier.

Vergé
Papier waarvan je ziet dat het gestreept is als je het tegen het licht houdt. Het zogenoemde *Ingrespapier* is vergé.

Natuurlijk heb je geen duur tekenpapier nodig om je te uiten. Felipe (zeven jaar) had aan een schriftkaftje genoeg om mee te delen hoe Compa Nanzi van Curaçao naar Bonaire voer. (16 × 15 cm)

Vliegerpapier
Doorschijnende vet- en waterafstotende papiersoort in verschillende kleuren. Niet zo transparant als cellofaan. Niet geschikt om op te tekenen.

Zijdevloei
Zeer dunne papiersoort in veel mooie kleuren die echter wel verbleken. Geschikt voor collages, bloemen, vlinders, struikgewas en nog veel meer ruimtelijke verbeeldingen van organische vormen. Niet geschikt om op te tekenen.

Bristol
Dik ivoorkarton.

Etalagekarton
Aan een zijde met een effen kleur bedrukt karton van 300 gr/m². Het verflaagje barst gemakkelijk bij het vouwen.

Fotokarton
Ook *opzetkarton* of *Engels karton* genaamd. Wit of door en door gekleurd.

Glanskarton
Aan een zijde geglansd. Houtvrij, 250-400 gr/m². Wit en gekleurd. Goed te snijden en te ritsen. Geschikt voor maquettes.

Golfkarton
Er zijn verschillende varianten. De eenvoudigste is een gladde papierlaag met daarop een gegolfde laag. Dit werd vooral bekend door het gebruik als verpakkingsmateriaal voor breekbare spullen. Door ook tegen de andere kant van de gegolfde laag een gladde laag te plakken, ontstaat een stevige wand voor het maken van dozen. Karton van meerdere gegolfde lagen, afgewisseld met gladde, gebruikt men zelf om er meubels en (geluidsisolerende) scheidingswanden van te maken. Gekleurd golfkarton is tamelijk prijzig.

Grijsbord
Verkrijgbaar in verschillende dikten van 800 tot 2200 gr/m². Wordt in twee uitvoeringen geleverd: zonder verdere behandeling of tweezijdig wit beplakt. Wie bij het bouwen gebruik weet te maken van het contrast tussen het witte vlak en de grijze snijkant, zal regelmatig dit materiaal kiezen. Snijden met een hobbymes op een zinkplaat langs een stalen liniaal. Niet ritsen, maar afsnijden en koud tegen elkaar lijmen.

Honingraatkarton
Twee lagen met daartussen een honingraatstructuur. Zeer sterk en stijf en buitengewoon licht. Tot 3 cm dik. Geschikt voor grote ruimtelijke constructies.

Ivoorkarton
Wit, glanzend, houtvrij karton, 170-500 gr/m². Het zwaardere ivoorkarton wordt ook wel Bristolkarton genoemd. Het is tamelijk hard en vlekt gauw.

Museumkarton
Zuurvrije, houtvrije kartonsoort. Wordt gebruikt voor passe-partouts omdat het tekeningen niet aantast.

Liniaal
Om te meten is een lange maatlat (40 of 50 cm) prettiger dan een van 30 cm. Hij is dan voor vrijwel alle werkstukken lang genoeg. Met een maatlat die afgeschuinde kanten heeft, kun je zuiverder meten dan met een rechthoekige. Gebruik voor het snijden altijd een (roestvrij)stalen liniaal of (nog beter) een rei. Een rei is een stalen blokliniaal. Door de dikte loopt het mes er niet gemakkelijk bovenop.

Vouwbeen
Een vouwbeen is al lang niet meer van been, nu meestal van nylon. Je hebt een vouwbeen nodig om een mooie scherpe vouw te maken als je papier voor constructiedoeleinden gebruikt.

Messen
Om karton te snijden gebruik je meestal een zogeheten hobbymes (Stanleymes als het van de firma Stanley is).

Een kleuter maakt naar de waarneming van een beeld met een illusie van ruimte, een beeld met werkelijke ruimte. Bij beeldonderwijs komt het omgekeerde meer voor.

Het is nogal zwaar zodat jonge kinderen er niet goed mee kunnen werken. Omdat de mesjes verwisselbaar zijn, kun je ze altijd scherp houden. Een afbreekmesje is geschikter voor jonge kinderen.

Snijden kun je met een hobbymes op een zinkplaat of met een breekmesje (papiermes) op een snijmat. Gebruik je het papiermes op de zinkplaat dan loop je het risico dat het mesje meeloopt in een eerder gemaakte groef. Op een zinkplaat gebruik je dus een hobbymes.

Snijmat

Onderlegger van kunststof om papier of dun karton op te snijden. Als je een dun mesje gebruikt, sluit de snede die ontstaat zich nadien weer. Gebruik je het hobbymes, dat een dikker lemmet heeft, op de snijmat dan forceer je het materiaal zodat het zich niet meer sluit. En dat was juist de extra eigenschap van die snijmat (waardoor zijn prijs ook zo hoog is).

11.3 ■ Tekenen

Aquarel(kleur)potlood

Bij aquarelkleurpotloden is het pigment geperst met een in water oplosbaar bindmiddel. Daarom lossen de getekende lijnen een beetje op als je er met een nat penseel overheen gaat. Aquarelkleurpotloden zijn duurder dan gewone kleurpotloden en een echt aquareleffect is er niet mee te maken. Deze potloden zijn dus minder geschikt voor schoolgebruik.

Bordkrijt

Bordkrijt bestaat uit een gemalen kalksoort met of zonder kleurstoffen. Het bevat geen bindmiddel en laat daarom op het bord geen vettige sporen na.

Conté

Conté was oorspronkelijk de naam van een Franse firma die bekend was om zijn krijt. Als we het nu over *conté* (of *contépotloden*) hebben, bedoelen we meestal een geperste, enigszins vettige krijtsoort in de kleuren zwart, grijs, sepia (bruin), sanguine (roodachtig) en wit. Het is verkrijgbaar in vierkante staafjes en ook in potloodvorm. Omdat de firma Conté nog steeds bestaat, kun je ook ander materiaal van hen tegenkomen.

Fixatief

Fixatief om houtskooltekeningen te fixeren is te koop in spuitbussen en in flesjes. Bij het gebruik van flesjes heb je een fixatiefspuitje nodig waardoor je de fixatief op het papier blaast. Je moet wel hard blazen. Kinderen hebben er meestal niet genoeg energie voor. Wanneer je het aanzuigbuisje wat inkort, gaat het gemakkelijker. Denk er dan aan dat je de fixatief in kleinere flesjes overhevelt.

Houtskool

Houtskool wordt gemaakt door hout te verhitten terwijl maar weinig lucht wordt toegelaten (gereduceerd stoken). Goede soorten bevatten geen harde stukjes. Houtskool is verkrijgbaar in de vorm van verbrande stokjes maar ook in potloodvorm. De houtskool is dan gemalen en samengeperst. deze houtskool in potloodvorm tamelijk droog, in tegenstelling tot het zogenoemde *Siberisch krijt*.

Voor houtskool moet de drager (het papier) een klein beetje ruw zijn. Houtskool is niet goed te gebruiken op glad papier (krantenpapier). Gewoon tekenpapier is goed. Je kunt houtskool met de vingers mooi uitwrijven tot je een zachte toon hebt, Daaroverheen kun je dan weer lijnen tekenen of er met kneedgum lichte lijnen in uithalen. Als je houtskooltekeningen wilt bewaren, moet je ze fixeren: het droge poeder aan het papier vastkleven met *fixatief*.

Kneedgum

Samen met houtskool gebruikt men meestal *kneedgum*, een gemakkelijk vervormbaar gum dat houtskool opneemt. Het is niet geschikt op potloodlijnen uit te gummen.

Kleurpotlood

Kleurpotloden zijn in feite dunne waskrijtstiften met een houten omhulsel. Vanwege de uiteenlopende kwaliteiten moet je een merk/soort kleurpotloden altijd eerst proberen. Het is niet voldoende een of twee kleuren te testen; probeer het hele doosje. Kleurpotloden voor schoolgebruik moeten kleurkrachtig zijn. Ze moeten ook op glad papier nog afgeven. De stiften mogen niet al te zeer korrelen. Blikken doosjes met tien of twaalf kleuren die je per kleur kunt bijbestellen, voldoen het best. Ga bij doosjes ook altijd na of ze gemakkelijk opengaan en goed sluiten.

De zachte tonen van houtskool kunnen met kneedgum worden weggenomen en met fixatief worden vastgezet op papier. Voor kleine stukjes houtskool kun je een houder gebruiken.

Krijt

Oorspronkelijk gebruikte men de naam krijt alleen voor een (meestal witte) delfstof. We kennen krijt als (wit) bordkrijt of (in brokken) om op trottoirtegels te tekenen. Nu is krijt een verzamelnaam voor veel soorten droog tekenmateriaal. Vaak zijn er veel kleuren. Vraag altijd aan de leverancier of kleuren ook apart te koop zijn (kijk in de catalogus). Neem geen doosjes waarvan de kleuren niet kunnen worden bijgevuld. De kleuren geel en groen raken vaak snel op terwijl je dan nog massa's bruin en rood hebt.

Oliekrijt/oliecrayon/crayon

Pigment met een was/olie-combinatie als bindmiddel. Het uiterlijk is ongeveer hetzelfde als dat van waskrijt. De naam *oliekrijt* wordt gebruikt voor alle enigszins vettige krijtsoorten behalve *oliepastel*. Juist omdat er zoveel mogelijkheden zijn om ander materiaal in huis te krijgen dan je eigenlijk bedoelde, is het verstandig van een onbekende soort eerst een doosje op proef te vragen.

Oliepastel

Pigment dat samengeperst wordt met een olieachtig bindmiddel maakt een zachte krijtsoort die tamelijk gauw vlekt. Het uiterlijk van de tekening is enigszins dof, maar er zijn vele en fraaie kleuren en met deze krijtsoort kun je goed mengen. Maar jonge kinderen krijgen er ontzettend vieze handen van.

Oost-Indische inkt

Oost-Indische inkt is pikzwart. We gebruiken het meestal alleen om mee te tekenen. Kleine potjes kunnen nagevuld worden. Denk eraan dat je die potjes zo nu en dan goed schoonmaakt. Vuil en schimmels die ontstaan doordat de inkt te oud wordt, maken dat de inkt niet meer goed over de pen vloeit. Bij kleine inktpotjes met een smalle hals kom je met de schacht van de pen gemakkelijk aan de binnenkant van de hals, die meestal nat van inkt is. Zodoende wordt de schacht van de pen ook smerig. Bij potjes met een wijde hals heb je dat euvel niet. Oost-Indische inkt geeft smerige vlekken die alleen uit kleren te verwijderen zijn als je die direct in water dompelt.

Pastelkrijt

Pastel is nauw verwant aan *bordkrijt*. Echt pastel bestaat uit geperst pigment met heel weinig of geen bindmiddel. De doffe glans en de enigszins zachte kleuren ontstaan door de lichtbreking op de droge pigmentkorrels. Als je pasteltekeningen wilt bewaren, is het nodig ze te fixeren met pastelvernis (een niet glimmende vernis). Niet geschikt voor schoolgebruik.

Potlood

'Potlood' is gemalen *grafiet* gemengd met *klei*. Hoe meer klei, des te harder (en grijzer) wordt het potlood. De houten houder met een staafje *potlood* erin noemen we 'een potlood' en dat blijven we doen, ook als het niet meer om potlood (grafiet met klei) gaat zoals bij een *kleurpotlood*.
De hardtegraden van potloden worden aangegeven door cijfers en letters. Van hard naar zacht is er een ruime keuze. Maar de hardtegraad is niet genormeerd. Dat wil zeggen dat een 2B (doorgaans het meest geschikt voor tekenwerk) van het ene merk wel harder kan zijn dan de HB van een ander merk. Je zult daarom potloden ook altijd eerst moeten proberen voor je er een gros van aanschaft. Meestal staat de hardtegraad ergens achteraan op het potlood.
H = hard, F = fine, B = black.
Van hard naar zacht zijn er de volgende mogelijkheden: 9H 8H 7H 6H 5H 4H 3H 2H H F HB B 2B 3B 4B 5B 6B 7B 8B.

Een collectie potloden.

Waskrijt vraagt een stevige en een beetje ruwe ondergrond. Op glad papier geeft het niet goed af.

Daarnaast bestaat er nog een nummering in cijfers. De cijfers betekenen grofweg hetzelfde als de codering die er tussen haakjes achter staat: 5 (4H), 4 (2H), 3 (F), 2,5 (HB), 2 (B), 1 (3B).

Siberisch krijt

Siberisch krijt, ook wel *compressed charcoal* genoemd, is met lijnolie vermengde geperste houtskool. Het is in de handel in dikke ronde stiften en in potloodvorm.
Er zijn verschillende hardtegraden. 00 = zeer zacht en maakt diepzwart; 0 = minder zacht, 1 = nog iets minder zacht enzovoort. 5 = hard. Het maakt lichtgrijs. Een indeling in BBBB, BBB, BB, B, en HB bestaat ook. Siberisch krijt is moeilijker te hanteren dan houtskool. Omdat het enigszins vettig is, laat het zich niet zo goed van het papier verwijderen. Het moet wel gefixeerd worden.

Waskrijt

Pigment dat geperst wordt met *was* als bindmiddel, levert een krijtsoort die harder is dan oliepastel. Het uiterlijk van de tekening glanst meer dan bij oliepastel. Mengen is niet goed mogelijk. *Wasco* is een merknaam van de firma Talens voor waskrijt van deze firma.

Viltstiften

Viltstiften worden door een aantal tekendidactici verafschuwd. Kinderen grijpen er graag naar omdat ze zo sterk kleuren. Je kunt er felle kleuren en harde lijnen mee maken. Ofschoon er in een groot assortiment viltstiften ook tussentinten voorkomen, zijn de kleuren die meestal gebruikt worden: rood, geel, groen, blauw en zwart en daarmee kun je natuurlijk niet zulke fraaie combinaties maken. Bovendien is de inkt die in viltstiften wordt gebruikt niet zo lichtecht, zodat de tekeningen hun kleurkracht verliezen als je ze een poosje aan de muur laat hangen.

De inkt die in viltstiften wordt gebruikt is soms met water afwasbaar. Dat is voor schoolgebruik ook aan te raden. Viltstiften hebben het nadeel dat ze snel indrogen als kinderen vergeten de dop erop te doen. Dan wordt het gebruik van viltstiften nogal kostbaar. Overigens zijn de meeste viltstiften allang geen viltstiften meer. Ze hebben een nylon punt gekregen. Alleen de extreem brede punten zijn nog van vilt.

Paletten

Sommigen doen de verf in kleine potten. Voor kleuters, die immers niet echt mengend schilderen, maar kleur voor kleur gebruiken is dat prima geschikt. Oudere leerlingen willen meer eigen kleuren kunnen mengen. Daarvoor kun je bijvoorbeeld plastic eierdozen als paletten nemen. Wie zelden laat schilderen doet soms klodders verf op stukken krantenpapier. Er zijn ook paletten in de handel, maar wie deze meestal vrij kleine plastic schaaltjes met ronde en rechthoekige verdiepingen erin te onhandig vindt, is misschien geholpen met borden. Witte geëmailleerde of kunststof borden met een platte rand zijn de beste paletten voor schoolgebruik. Op de witte ondergrond zijn mengkleuren goed te onderscheiden, de borden zijn gemakkelijk schoon te maken en gaan niet gauw kapot. Het opbergen is nauwelijks een probleem. Een voorwaarde is wel dat de verf niet al te dun is. Klodderige, pasteuze verf is goed. Die blijft wel op de rand liggen.

Papiersnijmachine

Een papiersnijmachine is voor een school bijna vanzelfsprekend. Voor handenarbeid maak je er gebruik van als je bepaalde papierformaten zelf voorbereidt. Leerlingen zullen er in het algemeen niet

Een gewone kroontjespen (in een houder met een hefboompje) en een potje inkt (wijde hals) zijn ook voor een professionele kunstenaar doorgaans de eerste keus als het op pentekenen aankomt. Een peperdure vulpen ernaast heeft zelfs niet de mogelijkheden van een kroontjespen.

mee werken. Een machine waarop je A3-formaten kunt snijden verdient de voorkeur. Een goede papiermachine klemt het papier bij het snijden zelf vast. Een machine met een rollend mesje is voor schoolgebruik niet handig.

Penhouders

Voor schoolgebruik zijn penhouders met een dikke schacht het meest geschikt, die passen het best in de hand. Er zijn penhouders met een hefboompje waarbij de pen vastgeklemd wordt. Dat is gemakkelijk om pennen snel te verwisselen.

Pennen

Voor pentekenen zijn kroontjespennen het meest geschikt. Ze kunnen een behoorlijke hoeveelheid inkt bevatten en zijn niet te stug. Je moet ervoor zorgen ook inktlappen te hebben, omdat de pennen geregeld schoongemaakt moeten worden. Na gebruik de inkt eraf wrijven omdat ze anders al gauw slecht functioneren. Als een pen niet goed schrijft of tekent, kan dat ook aan de inkt liggen (zie aldaar).

Je kunt ook tekenen met gepunte stokjes en dergelijke, dat geeft aparte lijnen.

11.4 Schilderen

Verfsoorten
Het schema geeft een overzicht van verf en inkt.

Techniek	Basismateriaal	Soorten
Verven en drukken	Verfstoffen en inkten	Oost-Indische inkt stempelinkt (watervaste) tekeninkt verf om stoffen te verven, beits
Schilderen	Pigment + bindmiddel (waterig)	waterverf aquarelverf plakkaatverf gouache
	Pigment + bindmiddel (emulsie)	temperaverf
	Pigment + bindmiddel (olieachtig)	olieverf (alkyd is een sneldrogende olieverf)
	Pigment + bindmiddel (kunsthars)	acrylverf vinylverf

Verf om te verven en inkten

Er zijn twee soorten verf: verf om mee te verven en verf om mee te schilderen.
Verven is: stoffen een andere kleur geven. De materialen die we daarbij gebruiken noemen we *verfstof* of *inkt*. Verfstof en inkt verbinden zich chemisch met andere stoffen, een lap die je kleurt, papier waar je op tekent. De kleuren zijn dan een geheel geworden met die stoffen, zodat je die kleuren niet meer of slechts met grote moeite kunt verwijderen, wat soms ook de bedoeling is. Pas dus op voor vlekken. Voorbeelden ervan zijn thee, anilineverf, Oost-Indische inkt, stempelinkt. Haal bij de drogist een vlekkenwijzer (ook voor lijmresten) en hang die ergens in de klas op. Verfstoffen en inkten zijn *watervast*, eenmaal droog lossen ze niet meer op in water.
De benaming *watervaste tekeninkt* is eigenlijk niet juist. Als het niet watervast zou zijn, is het geen inkt maar dunne waterverf.

Lichtechtheid van verf en inkt

Verf is *meer lichtecht* naarmate hij beter in staat is weerstand te bieden aan de invloed van licht, en zijn oorspronkelijke kleur te behouden. Dat is een reden voor musea om aquarellen slechts bij gedempt licht te exposeren.

Textielverf

Textielverf is inkt. Textielverf heb je in flacons en in poedervorm. Met verf in flacons kun je soms rechtstreeks met de flacon tekenen en schilderen.
De in poedervorm oplosbare textielverf gebruik je voor batikken en ikatten.

Beits

Beits veroorzaakt een chemische reactie in het houtoppervlak waardoor het wordt gekleurd en beschermd. De structuur van het hout blijft na het beitsen zichtbaar. Beits kun je na drogen met was oppoetsen tot het gaat glimmen. Lakken kan ook. Beits wordt meestal binnen gebruikt.

Verf om te schilderen

We spreken van *schilderen* als we kleur aanbrengen op een drager (papier, doek, muur enz.). De verf die we daarbij gebruiken noemen we *pigmentverf*. Pigmentverf bestaat uit een kleurstof (pigment) en een bindmiddel. De verschillende pigmentverfsoorten onderscheiden zich vooral door de bindmiddelen die gebruikt worden. Het pigment is in veel gevallen dezelfde grondstof. De kwaliteit van het pigment heeft wel invloed. Betere pigmenten zijn zuiverder en krachtiger van kleur. Maar ze zijn ook zeldzamer en daardoor duurder. Een fijnere pigmentmaling maakt kleinere korrels en daardoor ook kleinere holten tussen de korrel, wat de kleurkracht ten goede komt. Door fijnere maling wordt de verf ook

Nou en of, met schoensmeer en jam kun je ook verven.

Rood, geel, lichtblauw, donkerblauw, wit en zwart. Op deze school gebruiken ze poederverf gemengd met een droog bindmiddel. Daar hoeft dan alleen nog water bij.

transparanter. Kleurkracht en doorzichtigheid worden minder naarmate er meer vulstoffen gebruikt zijn. Maar veel vulstoffen maken de prijs weer veel aantrekkelijker. Omdat de pigmenten voor de verschillende verfsoorten doorgaans dezelfde zijn, onderscheiden we verf meestal naar de gebruikte bindmiddelen. Bindmiddelen dienen om de pigmentkorrels bijeen te houden. Ze bepalen ook de soort verf.

Ecoline

Ecoline (niet watervast) is geen inkt, maar een vloeibare waterverf. Ecoline is een merknaam (van Talens). Dat je sommige kleuren ecoline ook heel moeilijk uit je kleren krijgt, komt doordat men er toch ook wel wat inkt aan toevoegt.

Waterverf

Waterverf bestaat uit een pigment met een waterig bindmiddel. Een waterig bindmiddel is bijvoorbeeld *Arabische gom*. Op bijna alle scholen worden een of meer van deze waterverven gebruikt.

- *Aquarelverf*. Bijna uitsluitend pigment van hoge kwaliteit. Fijne maling. Transparant. Het is verkrijgbaar in kleine tubetjes en in blokjes. Het is vrij duur.
- *Gouache*. Betere kwaliteit dekkende waterverf. Fijne maling. Weinig vulstoffen.
- *Plakkaatverf*. Dekkende verf van doorgaans mindere kwaliteit. Veel vulstoffen. Goedkoop en daardoor veel gebruikt op scholen. Ook wel genoemd: *poster colour*.
- *Vingerverf*. Dekkende verf met extra veel lijm erin.
- *Waterverf*. Benaming voor doorgaans dunnere soort plakkaatverf. Deze verf is dus ook dekkend.

Olieverf

Olieverf bestaat uit een pigment met een olieachtig bindmiddel. Het wordt op de basisschool niet gebruikt.

Temperaverf

Temperaverf bestaat uit een pigment met een *emulsie* als bindmiddel. Een emulsie is een innige (*colloïdale* zegt de chemicus) verbinding van twee stoffen die elkaar gewoonlijk afstoten. Olieachtige emulsies moet men met olie verdunnen. Waterachtige emulsies met water, maar waterachtige emulsies zijn na droging niet meer in water oplosbaar.
Soms wordt een ei-emulsie gebruikt maar meestal een caseïne-emulsie (heeft met kaas te maken).
Deze verfsoort wordt *temperaverf* genoemd (Latijn: temperare = mengen). Ofschoon temperaverf dus een emulsieverf is, wordt de naam temperaverf soms ten onrechte gegeven aan verf die (slechts) plakkaatverf is.

Cyaan, magenta en citroengeel: door drukkers en ook in het onderwijs veel gebruikt als primaire kleuren omdat hiermee de meeste kleuren te mengen zijn.

Polymeerverf

Bij deze verf is het bindmiddel een kunsthars die zich in water verdeeld heeft in kleinere korreltjes die de pigmentkorrels omgeven (Latijn: dispergere = verdelen, vandaar ook wel *dispersieverf*). Deze verven worden ook wel *polymeerverven* genoemd vanwege het chemisch proces dat plaatsvindt. Polymerisatie is een proces dat de eigenschappen van een stof verandert zonder de wezenlijke samenstelling te veranderen.
Polymeerverven kun je verdunnen met water, maar ze lossen na het drogen niet meer op in water.
Acrylverf en *vinylverf* zijn twee bekende polymeerverven.

Vulstoffen

Vulstoffen dienen om de verf meer body te geven (pastaverf) en ook wel om de verf beter dekkend te maken. In elk geval hebben vulstoffen tot gevolg dat de prijs lager wordt. Doorgaans is ook de kleurkracht geringer. Dat komt vooral tot uiting bij het mengen. Met goedkope verven ontstaat al snel een grauwe brij, terwijl de schilderingen er na droging soms uitzien alsof er een laag stof op ligt.

Welke kleuren plakkaatverf voor school?

In principe zou je kunnen volstaan met drie primaire kleuren en wit om te verhelderen. Maar omdat vooral de schoolverf niet van zulke goede, kleurkrachtige kwaliteit is, zul je het palet moeten uitbreiden. Voor de midden- en bovenbouw kun je rood, geel, blauw, oranje, lichtgroen, paars, wit en zwart nemen. Zwart is daar het minst nodig. In de onderbouw hebben de kinderen er wel graag zwart bij.

Met rood en blauw is het even oppassen. Je bent gewend een vermiljoenachtige kleur rood te gebruiken. Dat is al een mengsel van rood en geel. Het rood dat het best als basiskleur te gebruiken is, ziet er enigszins violetrose uit en wordt ook wel *magenta* genoemd. Voor blauw is een enigszins lichtblauwe kleur het meest geschikt: *cyaan*. Denk eraan dat je van sommige kleuren meer nodig hebt dan van andere. Wit, geel en blauw worden het meest verbruikt.

Verpakking van verf en inkt

- Tube. Duurdere verfsoorten (aquarelverf, drukinkt) worden wel verkocht in tubes. Tubes waren vroeger meestal van lood, nu veelal van aluminium, of van van plastic. Ze hebben het grote voordeel dat heel precieze dosering mogelijk is.
- Glas. Verf in glazen potten is meestal vrij pasteus. Het nadeel van glas is dat het gemakkelijk breekt. Inkt wordt gewoonlijk in glazen potjes verkocht of in grote plastic voorraadflessen. Bij het gebruik van inkt zijn potjes met een wijde hals te verkiezen.
- Plastic flacons (met doseerdop) worden het meest gebruikt voor plakkaatverf. Soms is de verf die erin zit heel erg dun. Controleer dat van tevoren als je dat een bezwaar vindt.
- Blik. Drukinkten op oliebasis worden meestal in blik verhandeld.
- Blokvorm. Waterverf (aquarelverf en ook wel plakkaatverf) is soms (afhankelijk van het merk) verkrijgbaar in grote of kleine blokjes. Er hoeft dan alleen maar water bij (vochtig penseel) om de verf te gebruiken.

Van boven naar beneden: een zogenoemde daskwast nummer 36 (dassen is de verf voorzichtig uitstrijken zodat een zachte overgang ontstaat); twee varkensharen penselen (lang- en kortharig); een runderharen penseel met een lange en een met een korte schacht; een veelgebruikte aquarelpenseel; en een penseeltje dat Chinezen gebruiken om te schrijven.

Nylon penselen
Deze penselen hebben doorgaans witte of bruinrode, veerkrachtige haren. Ze zijn te gebruiken in de plaats van varkensharen penselen en ook wel in plaats van runderharen penselen.

Runderharen penselen
Runderharen penselen worden meestal gebruikt voor het kleinere werk en voor dunne soorten waterverf. Deze penselen hebben bruine, zachte haren die beslist veerkrachtig moeten zijn. Vaak moeten kinderen zich behelpen met penselen die misschien voordelig ingekocht zijn, maar die van een zo inferieure kwaliteit zijn dat het werken ermee alleen maar ongenoegen geeft. Je merkt het als ze met het ijzer van de schacht aan het schilderen zijn terwijl de haren plat uitsteken.

Varkensharen penselen
Deze penselen hebben wit, vrij stevig stug haar dat aan het eind gespleten is. Langharige, platte penselen met een lange, gelakte steel zijn aan te raden.
Het haar van deze penselen is eigenlijk te lang voor plakkaatverf maar dat is te verhelpen door er twee millimeter af te knippen. Ze zijn dan ongeveer nog twee millimeter langer dan de kortharige (die ongeveer even duur zijn). Vind je de stelen van de penselen voor kleuters te lang, dan kun je er met een fijn zaagje (ijzerzaagje) een stukje afzagen. Als je de nummers 8, 12 en 16 neemt, heb je een sortering waar de leerlingen voldoende keus uit kunnen maken. Met platte penselen kun je zowel brede als smalle lijnen maken.

- Poeder. Sommige firma's bieden pigment aan in poedervorm. Je kunt er dan zelf verf van maken met het door jou gekozen bindmiddel. Soms is een bindmiddel al toegevoegd aan het pigment.

Penselen
Penselen die in de meeste catalogi van schoolbenodigdheden worden aangeboden, zijn van varkenshaar, runderhaar of nylon. Je kunt heel goedkope penselen kopen, maar de kwaliteit is er dan ook naar. Ze zijn niet veerkrachtig, bevatten te weinig haar, het haar valt uit, ze slijten gauw enzovoort. Als je een klein beetje zorgvuldig omgaat met penselen heb je meer en langer plezier van (iets) duurdere penselen die van betere kwaliteit zijn. Penselen die met het haar naar beneden een tijd blijven staan in water, gaan krom staan en worden uit zichzelf niet gemakkelijk weer recht. Om eenmaal kromgetrokken haren van een penseel weer recht te krijgen kun je in water oplosbare lijm erin smeren en ze dan rechtbuigen en laten drogen. Na verloop van tijd de lijm er weer uitspoelen.
Sommigen noemen (brede) platte penselen *kwasten*. Penselen zijn genummerd naar breedte, maar die breedtes zijn niet uniform. Wat de ene firma 8 noemt, kan overeenkomen met breedte 6 van een andere fabrikant. De hier gegeven nummers moet je dan ook met voorzichtigheid hanteren.

Als je voor elke kleur een pot en een penseel neemt, heb je geen spoelbekers meer nodig

Tamponneerwerk van de twaalfjarige Zareeg uit Rusland. (43 × 30 cm)

Tamponneerkwasten
Dit zijn harde varkensharen borstels (rond) waarvan de haren plat zijn afgesneden. Nr. 12 is geschikt voor tamponeerwerk.

Spoelbekers
Om de ellende van smerige blikjes, brekende glazen en omvallende plastic bekers te ontlopen zou je spoelbekers moeten hebben die aan de basis breder zijn dan bovenaan. De firma Reeves en Sons heeft ze. Ze hebben een rechte binnenkant en passen gemakkelijk in elkaar zodat ze haast geen bergruimte innemen. Maar ze zijn moeilijk te krijgen. Er zijn ook spoelbekers die bij het omvallen geen water kwijtraken.

11.5 ■ Druktechnieken

Drukinkt
Drukinkt (block print) voor scholen is er op waterbasis en op oliebasis. Drukinkt op waterbasis geeft minder fraaie resultaten maar heeft het voordeel dat gemorste inkt met water kan worden weggewassen. Een alternatief is plakkaatverf met wat vloeibare glycerine of een druppeltje afwasmiddel erdoor. Dat hecht goed.

Inktroller
Om een linosnede van een gelijkmatige dunne inktlaag te voorzien, heb je een roller nodig. Je kunt daarmee de drukinkt op een gladde ondergrond gelijkmatig uitrollen. Rollers met een doorsnee van ongeveer 5 centimeter verdienen de voorkeur boven modellen met een kleinere diameter. Met een grote rol kan gelijkmatiger en sneller ingeïnkt worden.

Linoleum
Walton linoleum (bruin, soms groen) is geschikt voor schoolgebruik. Na lang liggen wordt het hard. Je kunt het zachter maken door het te verwarmen (radiator). Deze linoleum heeft een enigszins vettig oppervlak. Schuur dat er met fijn schuurpapier af voordat je er met inkt een ontwerp op laat tekenen. Om stukken van een grotere plaat te snijden moet je de jutedraden achterop de plaat doorsnijden, daarna kun je er een stuk afbreken.
Kurkplaat is ook te gebruiken, maar alleen voor grof werk. Het is zachter en ruwer van oppervlak dan Waltonlinoleum.
Kunststof linoleum is wel zachter en daardoor gemakkelijker te snijden, maar is ook bijna vier keer zo duur.
Resten vloerbedekking zijn te hard.

Linomesjes
Voor schoolgebruik zijn linomesjes (gutsen) die gevat zitten in een hol handvat het beste. Je koopt ze in complete setjes en kunt de mesjes apart aanvullen als

De zevenjarige Janka maakte deze linosnede in drie kleuren uit een stuk linoleum. Eerst sneed ze alles weg dat je hier wit ziet en drukte met paarse inkt. Vervolgens sneed ze bijna de hele kat weg en drukte toen in grijsgroen. Ten slotte werd onderaan nog wat weggesneden en werd zwart als laatste kleur gedrukt. Als je van zo'n linosnede meerdere afdrukken wilt krijgen, moet je wel meteen van de eerste drukgang meer dan één afdruk maken. (35 × 27 cm)

er enkele zoek geraakt zijn (merk Abig). Met een stokje kun je een mesje uit het handvat stoten. Deze mesjes zijn door hun constructie erg stevig. Je hebt er wel een slijpsteentje (of een stukje fijn schuurpapier of beide) bij nodig omdat ze (nieuw) soms niet zo best geslepen zijn.

Linopers
Om linosneden af te drukken zijn er kleine linopersjes in de handel. Ze werken met een hefboompje. Je hebt ze niet echt nodig op school. Je kunt ook afdrukken door je eigen gewicht te gebruiken. Afdrukken gaat ook heel goed door met de bolle kant van een lepel over de achterkant van het papier te wrijven als dat boven op de ingeïnkte linosnede ligt. Met een stuk papier tussen lepel en afdrukpapier zorg je ervoor dat je de afdruk zelf niet beschadigt.

Steekplankje (bankplankje, snijplankje)
Omdat het werken met linoleummesjes voor kinderen nogal moeilijk is, gebruik je een steekplankje om beter te kunnen snijden en voor de veiligheid. Dat kun je zelf maken van een stukje triplex of hardboard (20 × 25 cm) en twee latjes (2 × 2 × 20 cm). De latjes bevestig je achter aan de bovenkant en voor aan de onderkant. Wanneer een leerling het linoleum tegen de bovenrand achter aan legt en van zich af snijdt, kan het niet meer wegglijden.
Dit plankje kun je ook gebruiken om een latje bij het zagen met een *kapzaag* vast te klemmen.

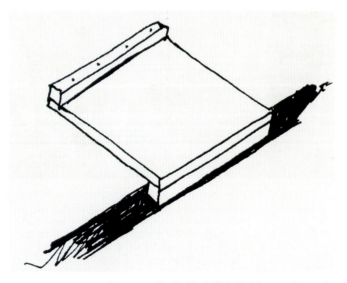

Een eenvoudig plankje (snijplankje) kan voorkomen dat kinderen zich in de vingers snijden bij linoleumsnijden.

Stempelkussen
Als je kinderen wilt laten stempelen, kun je als stempelkussentje een stukje vilt gebruiken dat je op een vlak schoteltje legt. Een gevouwen doekje kan ook, maar is niet zo handig. Giet er wat ecoline over om te stempelen.

11.6 ■ Werken met klei

Wanneer je leerlingen in de basisschool met klei wilt laten werken (kinderen vinden dat heerlijk) dan moet je een paar eenvoudige voorbereidingen treffen.
- Bedenk dat het misschien praktisch is om niet met de hele groep te boetseren, maar met een deel van de leerlingen (10 à 12), je moet dan wel duidelijk met ze afspreken dat de komende lessen ook de anderen aan de beurt komen.
- Leg op elk leerlingtafeltje een uitgevouwen krant met daarop een boetseerplank of leg over vier aaneengesloten tafeltjes een plastic tafelzeiltje.
- Geef per tafelgroep een doos of bus met elementair boetseergereedschap.
- Snij voor schooltijd voor iedere leerling van de tafelgroep(en) die je straks laat boetseren een stuk klei af (iets meer dan ze ongeveer nodig hebben) en zet dat voor in de klas klaar, afgedekt met een stuk plastic.
- Maak een plaatsje vrij waar de geboetseerde werkstukken kunnen worden neergezet.
- Werkstukken die niet af zijn kun je bewaren tot de volgende les.
- Overgebleven klei laat je bij elkaar doen en tot een kubus van 10 tot 12 cm kloppen.
- Wanneer een leerling klaar is met zijn werk, haalt hij de droge kluitjes klei van het gereedschap en de boetseerplank en wrijft hij zijn handen schoon boven zijn werktafel. Gereedschap en boetseerplanken worden dus niet afgewassen, maar alleen droog afgedaan. Daarna wast de leerling zijn handen wanneer er niet iemand anders bij de wastafel staat (ook een reden om niet met alle leerlingen tegelijk te boetseren). Denk eraan dat klei een afvoerbuis snel kan verstoppen; klei samen met zeep zorgt voor aankoeken van de afvoer.
- Boetseergereedschap ophalen, idem boetseerplanken. De krant voorzichtig in elkaar rollen en in de prullen-

bak deponeren. Het tafelzeil boven de prullenbak afschudden, met een vochtige doek afdoen en oprollen voor een volgende les.

Heb je op de pabo niet uitgebreid met klei leren werken, koop dan een goed handboek over het werken met klei en niet een of ander hobbyboekje met leuke voorbeelden. Ook over het gebruik van engobes, glazuren en andere technieken om boetseerwerk te kleuren vind je informatie in speciale boeken over die onderwerpen.

Kleiplankje
Plaatjes (oliegeperst masonite) hardboard als onderlegger zijn goed als je met klei werkt.

Klei bewaren
Resten klei kun je het beste direct tot een kubus duwen en kloppen. Maak in de kubus met je duim een gat, vul dat met water en stapel de kubussen op een dubbele bodem in een kleiketel of andere waterdichte, goed afsluitbare emmer of container. Wanneer je alle klei hebt opgestapeld, dek je de stapel af met een lap plastic. Daarna sluit je het deksel. Het water in het duimgat kan zich dan in alle rust door de hele kubus verspreiden. Bij het begin van de volgende les is het genoeg wanneer je de klei even licht doorkneedt om er de leerlingen weer mee te laten werken.

Kleiketel
Een met een deksel afsluitbare container (een oude aluminium wasketel is goed) met onderin een rooster. Een rooster is absoluut nodig omdat een brok klei die in een laag water komt te staan (bijna altijd in een kleiketel aanwezig) zijn homogeniteit verliest. Gooi klei niet los in de ketel, maar zorg voor duidelijk onderscheiden blokken.

Droge klei
Als de klei te hard geworden is om er nog mee te werken, moet je het in brokken helemaal onder water zetten en dagen (weken) wachten tot het pap is geworden. Die pap kun je uitgieten op een plak gips (die kun je zelf gieten op een glasplaat) zodat het water uit de klei in de droge gipsplaat trekt. Als de klei weer kneedbaar is, moet je de klei eerst goed walken. Zorg dat er geen stukjes gips in de klei terechtkomen, anders krijg je problemen bij het bakken.

Laten werken met klei eist weliswaar meer voorbereiding en organisatie dan het laten maken van een tekening, maar het levert vaak verrassende resultaten op.

Verse klei
Een aangebroken brood klei kan, met dichtgevouwen verpakking, naast de kubussen in de kleiketel. Een ongeopend brood kun je het beste op een donkere, koele plaats leggen. Wanneer er in de school zo'n plaats is (bijvoorbeeld een magazijn) dan is het verstandig twee of drie keer per jaar meerdere broden te laten bezorgen. Dat is namelijk heel wat voordeliger dan ieder keer bezorgkosten te moeten betalen voor een paar broden. Je zult zien dat er regelmatiger in school boetseerwerk wordt gemaakt als er constant een paar zachte broden klaarliggen en als het werken met klei goed georganiseerd is.

Spatel
Boetseerspatels zijn houtjes die doorgaans aan beide uiteinden verschillend gevormd zijn. Voor het boetseren met klei zijn spatels van palmhout het meest geschikt omdat het hout iets vettig is en de klei er daarom niet aan kleeft.

Mirette
Een mirette bestaat uit een gebogen ronde draad (draadmirette) of platte band (bandmirette) in een handvat. De draad is meestal van messing. Dat roest niet en is voldoende stevig.
Met een mirette neem je klei weg van een vorm.

Bandmirettes werken het plezierigst vanwege de scherpe zijkant.

Kleilatten

Twee even dikke latjes en een stuk rondhout heb je nodig om kleiplaten (tegels) te maken die overal even dik zijn.

Kleisnijder

Er zijn twee modellen kleisnijders. De ene heeft de vorm van een verende handgreep van dik staaldraad waartussen een dunne snijdraad is gespannen. De andere bestaat uit een dunne gevlochten staaldraad met aan ieder uiteinde een houtje dat dient als handvat. Als je een beetje handig bent, kun je de laatste eenvoudig maken van een oude gitaarsnaar, een nylondraad of dunne koperdraad en twee stukjes rondhout.

Kleiwerkstuk niet af?

Wanneer je aan je werkstuk over een paar dagen of een week verder wilt werken omdat het nog niet af is, kun je het beste het werk een keer natsproeien met de plantenspuit. Je kunt het ook in een vochtige doek wikkelen. Daarna zet je het in een plastic zakje, dat je aan de bovenkant dichtknoopt of met een stukje plastic plakband sluit, zoals de bakker dat ook doet met gesneden brood.

Kleisoorten

In het aanbod van de betere leveranciers van leermiddelen vind je globaal vijf soorten klei. Die heb je voor het onderwijs niet allemaal nodig, maar je moet wel weten wat je moet bestellen en waarom. Met uitzondering van de oefenklei zijn alle kleisoorten verkrijgbaar in zwart-, rood-, crème- en witbakkend.

Oefenklei

Deze klei wordt vaak aangeboden onder de naam *rivierklei*, wat wonderlijk is, aangezien alle andere klei die je in het onderwijs gebruikt ook rivierklei is. Oefenklei is een gezuiverde, maar ongemengde klei. Geschikt voor het maken van klein boetseerwerk. Het is de goedkoopste soort, maar verdient geen aanbeveling wanneer er een pottenbakkersoven in de school is, omdat werkstukken van deze klei nogal eens stukgaan bij het bakken.

Chamotteklei

Chamotte is op hoge temperatuur gebakken en daarna gemalen klei. Die korrels worden dan weer aan verse klei toegevoegd. Zijn de aan de klei toegevoegde chamottekorrels groot (2 mm of soms meer in doorsnee) dan spreken we over *grove chamotteklei*. Deze klei is vooral geschikt voor grotere vormen en wordt doorgaans niet op de basisschool gebruikt.

Boetseerklei

Wanneer chamotte als fijne korrels of als poeder aan de klei is toegevoegd, is de officiële naam *fijne chamotteklei*. Meestal spreken we dan over *boetseerklei*. Dit is de meest ideale klei voor het werken in de basisschool. Je kunt er dunwandig (keramisch) mee werken, je kunt er massieve beeldjes van maken en je kunt er kleine sieraden van boetseren. Mits je de tijd neemt om het werk goed te laten drogen, kun je al dat werk bakken in de pottenbakkersoven en eventueel glazuren, beitsen, verven of er een andere oppervlaktebewerking op toepassen.

Draaiklei

Draaiklei (ook wel *pottenbakkersklei* genoemd) is een kleisoort die vooral geschikt is voor het werken op de pottenbakkersschijf. Het is een tamelijk fijne kleisoort die niet zo geschikt is om ermee te boetseren. Heb je toevallig een brood van deze klei bij een zending ontvangen, dan hoef je hem niet te gaan ruilen. Houd hem apart voor een paar lessen sieraden maken met leerlingen uit de bovenbouw.
Een draaischijf (elektrisch of schopschijf) aanschaffen om te leren draaien heeft niet veel zin. Het vereist heel veel oefening om het onder de knie te krijgen.

Gietklei

Vloeibare klei voor het maken van vormen in gietmallen. Niet aanbevolen voor de basisschool.

Plasticine

Plasticine is een merknaam voor een kneedbare soort plastic. Er zijn (onder andere namen) verschillende van deze materialen in de handel, doorgaans in kleur. Kinderen kunnen ermee boetseren en je kunt het keer op keer gebruiken. Sommige soorten worden steeds harder. Als je na gebruik de kleuren niet uit elkaar haalt, krijg je na verloop van tijd een grauwe massa.

Pottenbakkersoven
Er is keus uit ovens met een deksel (bovenladers) en met een deur (voorladers). Beide zijn er in diverse maten. Er is ook keus uit het voltage: 220 volt (lichtnet) en 380 volt (krachtstroom).
Voor het stoken van een pottenbakkersoven raadpleeg je altijd de gebruiksaanwijzing bij het apparaat. Doorgaans wordt één teamlid gevraagd het beheer van de oven op zich te nemen.

11.7 ■ Werken met hout

Als je in de basisschool met hout wilt werken, moet je kleine groepjes leerlingen apart nemen. Vierendertig leerlingen met ieder een hamer is niet werkbaar. In de organisatievorm *tafelgroepen* is het heel goed mogelijk met weinig gereedschap toch met hout te laten werken. Afhankelijk van de beschikbare werktafels of werkbanken in het lokaal kun je zes tot tien leerlingen daarmee een plezier doen. De andere leerlingen laat je de beeldende opdracht met andere materialen uitvoeren.
Omdat er meestal constructief gewerkt wordt met hout, is het handig een kist met allerlei houtresten te hebben. Ouders willen je graag helpen die kist gevuld te houden. In die kist komen allerlei stukken rondhout (afvalstukken en resten van stokken die je bij de doe-het-zelfwinkel koopt), stukken van latten en plankjes die overblijven van klussen in en om het huis en daarbij allerlei stukken plaatmateriaal zoals MDF, triplex en multiplex. Af en toe een bezoek aan een meubelmakerij of timmerbedrijf levert een schat aan houtresten.
Voor een heel speciaal werkstuk kun je je dan van tijd tot tijd wel veroorloven een plaat berkentriplex en wat rondhout van verschillende doorsneden aan te schaffen. Van gereedschap voor houtbewerken schaf je steeds maar een paar stuks aan. Je gaat toch nooit met dertig kinderen tegelijk timmeren of figuurzagen.
Wanneer er aan de werktafel geen bankklemmen zitten, is het handig een paar steekplankjes te (laten) maken. Die kun je ook gebruiken bij het linoleumsnijden.

Hamer
Voor de verschillende groepen zijn hamers van verschillend gewicht nodig (200 gram en 300 gram). Gewone hamers (bankhamers) zijn goed. Leer kinderen de hamer achter bij de steel vast te houden. Als je ziet dat een kind de hamer dicht bij de kop vasthoudt, is hij waarschijnlijk te zwaar voor hem. Bovendien mist hij op die manier de slagkracht.
Behalve hamers heb je een paar kleine nijptangen en een assortiment draadnagels (spijkers) nodig.

Haak
Een blokhaak is een metalen of houten gereedschap om hoeken af te tekenen. Bij een *blokhaak* is een deel verdikt uitgevoerd zodat je het tegen de zijkant van het te bewerken materiaal kunt houden om het haaks of onder verstek af te tekenen. Een *winkelhaak* is altijd haaks (90 graden).
Een *zwei* is een verstelbare haak.

Boormachine
Een handboormachine is een eenvoudig samenstel van tandwielen met een handvat, een boorkop en een slinger. Kinderen kunnen er goed mee overweg, al blijft het rechthouden een probleem. Er kunnen spiraalboortjes in tot 8 mm. Voor zwaarder werk komt een borstboormachine in aanmerking. Zorg ervoor dat je het te boren materiaal goed vastzet, dat voorkomt ongelukken.
Voor de bovenbouw kun je een accuschroevendraaierboormachine overwegen.

Handzaag
De meest klassieke vorm: een handgreep met een vlak stuk staal, voorzien van tanden. Die tanden zijn *gezet*, dat wil zeggen om en om naar buiten gebogen zodat er een zaagsnede ontstaat die wijder is dan het zaagblad dik, om te voorkomen dat de zaag vastloopt. De tanden zijn ook *gevijld*, dat wil zeggen scherp gemaakt. Zorg ervoor dat de zaag regelmatig wordt gevijld en gezet (of koop nieuwe). Een botte zaag is een gevaarlijk stuk gereedschap.

Kapzaag (toffelzaag)
Een kapzaag is een zaag met kleine tandjes (fijne tanding) die aan de bovenkant (rug) versterkt is. Daardoor kun je er goed recht mee zagen. Een bijzondere vorm van kapzaag is een verstekzaagje, ook toffelzaag genoemd. Een toffelzaag heeft in het verlengde van de rug een recht handvat. Hij is relatief goedkoop en heeft een plezierige maat voor kinder-

handen. Handzaag en kapzaag zijn duwzagen. Je zaagt wanneer je de zaag van je af duwt.

Figuurzaag

Figuurzaagjes voor hout worden met de tandjes naar beneden in een lange figuurzaagbeugel gezet. Gebruik voor het figuurzagen ook een speciaal plankje dat je met een beugel aan een tafel schroeft. Daardoor zijn kleine stukjes hout gemakkelijker vast te houden en zaag je niet in de tafelrand. Omdat kinderen de neiging hebben de zaagjes heel strak aan te klemmen, verdienen de stuggere beugels van plat vernikkeld staal de voorkeur boven die van ronde buis.
Leer kinderen figuurzaagsleutels gebruiken om zaagjes vast te zetten, anders moet je het telkens zelf doen. Zaagjes vastklemmen met de tandjes wijzend naar het handvat toe. Je zaagt wanneer je aan het handvat trekt. Als je wilt figuurzagen heb je een tiental figuurzaagbeugels, vijf figuurzaagsleutels, tien figuurzaagplankjes met tafelklemmen, twee drilboortjes en twee fretboortjes nodig.

Nijptang

Neem in plaats van een gewone nijptang een zogeheten *moneertang*. Die heeft naar verhouding een langere steel zodat kinderen minder kracht hoeven zetten. Met de (voorsnij)bek kunnen ook kleine spijkerkopjes gemakkelijk gepakt worden.

Rasp

Om hout of kurk te bewerken heb je soms een rasp nodig. Raspen zijn fijn of grof getand en ze zijn er in verschillende vorm: rond, halfrond en plat.

11.8 ■ Werken met metaal

Aluminiumfolie

Aluminiumfolie is in verschillende dikten en kleuren verkrijgbaar. Soms zijn de voor- en achterzijde verschillend van kleur. Niet geschikt om op te tekenen. Wordt wel in collages gebruikt. Er is ook aluminium crêpepapier. Dikkere soorten aluminiumfolie kun je voor reliëfs gebruiken.

Latoenkoper

0,5 tot 1 mm. Dun koper. Geschikt voor reliëfwerk.

Staniol

Dun metaal (0,15 mm) op rollen. Het kan aan beide zijden verschillend gekleurd zijn.

IJzer- en koperdraad

IJzerdraad is in de handel in rollen (verschillende dikten) of in staafjes. Een recht staafje getrokken ijzerdraad is harder en minder buigzaam dan draad van een rol. IJzerdraad is meestal verzinkt, waardoor het zich ook laat solderen. Er is ook aluminiumdraad. Dat kun je niet solderen.
Van resten elektriciteitsdraad en wikkelingen uit elektromotoren kun je het koperdraad gebruiken voor allerlei doeleinden. Uit de dikke soorten kun je gemakkelijk figuren laten buigen.

Metaalzaag

Zogenoemde *junior zaagbeugels* (zaagdiepte 60 mm, zaagblad 150 mm lang) zijn geschikt voor kleine werkzaamheden zoals die zo nu en dan voor kunnen komen. Ze zijn een beetje te vergelijken met toffelzaagjes. Zaagjes moet je vastklemmen met de tandjes wijzend van het handvat af. Je zaagt wanneer je de zaag van je af duwt.

Buigtang

Buigtangen zijn er in verschillende uitvoeringen, klein en groot, met platte en ronde bek.

Een reliëf uit latoenkoper. De texturen ontstaan door het metaal van de achterzijde (hier zie je dus de voorkant) met verschillende harde vormen te bewerken terwijl het op een zachte ondergrond ligt.

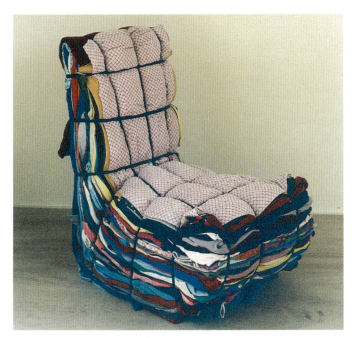

Hoeveel materialenkennis moet je hebben om kunst te kunnen maken? Dat kan aan het materiaal liggen. Tejo Remy van de groep Droog Design gebruikte oude lappen voor deze voddenstoel. Daar hoefde geen textielonderzoek aan vooraf te gaan. Met kosteloos materiaal kun je creatief experimenteren.

Draadkniptang
Met een *voorkniptang* of een *zijkniptang* kun je dun draad knippen.

Knipschaar
Een zogenoemde *allesknipper* is handig. Je kunt er ook blik en zink mee knippen. Voor heel dun metaal (latoenkoper) is er een *latoenschaar*.

Zink
Resten gebruikt zink zijn geschikt om mee te werken. Knip het zelf in handzame stukken.

Soldeerbout
Als een groepje kinderen wil solderen, heeft ieder een (elektrische) soldeerbout nodig. Neem bouten die een beugel hebben om de hete bout op te zetten als je hem niet gebruikt.

Soldeertin
Slodeertin is er in verschillende dikten, op kaartjes of op rollen. In sommige soorten zit een vloeimiddel verwerkt. Leer kinderen dat het materiaal dat aan elkaar gesoldeerd moet worden eerst heet moet zijn. Dan vloeit het soldeertin er vanzelf tussen.

11.9 ■ Werken met textiel

Voor het werken met textiel is een *lappenmand* bijna onontbeerlijk. Heb je veel textiel restmateriaal, dan kun je het in verschillende containers enigszins sorteren. In contrast met de tijd die in het onderwijs gegeven wordt aan het werken met textiel, is de hoeveelheid verschillend materiaal dat je zou kunnen gebruiken overweldigend, en wat je ermee kunt doen is al lang niet meer wat er traditioneel mee gedaan werd. Handwerken heeft immers al jaren geleden plaatsgemaakt voor textiele werkvormen waarin alles mogelijk is.
Als je iets speciaals wilt laten maken zul je bij de beschrijving ervan ook wel gevonden hebben wat je

Een raam voor weven en vlechten.

daarvoor nodig hebt. Hier slechts een paar opmerkingen.

Klittenband
Er is klittenband dat je ergens op moet naaien en zelfklevend band. Het bestaat uit band met twee verschillende oppervlakken. Je hebt beide nodig om ze aan elkaar te hechten.

Batikraam
Kijk je in een catalogus hoe een batikraam bestaat uit vier houten latjes, dan kun je het ook zelf maken.

Naalden
Je hebt soms een naald nodig om iets aan elkaar te naaien. Naalden zonder punt zijn stomp en zijn zeker voor jonge kinderen meer geschikt dan naalden met een punt. Voor het borduren heb je naalden met extra grote ogen.

Weefraam
Het meest eenvoudige weefraampje maak je zelf uit een stuk stevig karton waar je aan boven- en onderkant een gelijk aantal gleufjes maakt om de kettingdraden in vast te zetten. Weeframen zijn in verschillende vormen, maten en uitvoeringen in de handel.

Garen
Voor de meeste doeleinden is sterk garen gewenst. Neem het zogenoemde ijzergaren.

11.10 ■ Kosteloos materiaal

In elke school zou vanzelfsprekend een verzameling *kosteloos materiaal* aanwezig moeten zijn. Niet *waardeloos materiaal*, want het is heel waardevol. De belangrijkste eigenschap is dat het niets kost, zodat het gebruik van dit materiaal de kosten drukt voor beeldonderwijs. Het is vaak heel verrassend wat leerlingen van deze materialen kunnen maken (het wekt creativiteit op). De leerlingen vinden het plezierig wat variatie in het aanbod van materialen te krijgen en dan is het naast papier, karton, klei en hout een goede greep.
Zoals bij zoveel zaken in het onderwijs hoeft het geen meerwerk op te leveren, wanneer je op een paar grote dozen duidelijk vermeldt wat je er in wilt hebben. Bijvoorbeeld een doos voor eierdozen, voor closetrolletjes, voor allerlei kleine doosjes, voor kurken, voor lappen, voor hout.

11.11 ■ ICT

Computer en software
Elke basisschool beschikt over een of meerdere computers. Kinderen kunnen ze gebruiken voor het schrijven van teksten. Het beeldend element is de lay-out van een pagina. Ook is het mogelijk tekst en beeld te combineren. Voor tekenen zijn er eenvoudige programma's waarmee zelfs jonge kinderen al tekeningetjes kunnen inkleuren en dergelijke. Bekend is

Sommige materialen die bij de woningbouw gebruikt worden voor het metselen van binnenmuren, kun je gebruiken om te beeldhouwen. Als je het materiaal eerst nat maakt, stuift het minder. Op Aruba, Curaçao en Bonaire kun je aan de kust dood koraal vinden. Daarvan maakte Ellis Juliana een uil.

het (gratis) programma Paint, dat je vindt onder Windows.
Voor beeldbeschouwing is de computer een bron die steeds rijker vloeit. Zie hiervoor ook de website.
Ontwikkelingen in zowel hard- als software gaan zo snel, dat je je over deze materie geregeld zelf moet informeren.

Printer
Een tekst, reproductie of een eigen tekening op het scherm zien is al heel leuk, maar nog leuker is het als je hem ook kunt afdrukken. Als je kinderen in kleur laat werken op een computer dan hoort daar ook een kleurenprinter bij, ook al zal de afdruk beduidend minder van kleur zijn dan wat je op het scherm ziet. Het kan wel beter, maar dan moet je erg goed bij kas zijn.

Scanner
Met een scanner kunnen kinderen zelfgemaakte tekeningen digitaliseren en ze vervolgens in een tekstpagina invoegen of er met een beeldbewerkingsprogramma verder aan werken. Een flatbedscanner (A4) voldoet het beste.

Digitale fotocamera
Eenvoudig, robuust en gemakkelijk hanteerbaar zijn de basiskenmerken van een camera voor schoolgebruik. Er zijn een paar onderdelen waar je speciaal op moet letten bij de aanschaf.
Resolutie: Naarmate de resolutie hoger is, kun je een digitale foto beter vergroten zonder dat de beeldkwaliteit slechter wordt. Voor schoolgebruik is 2 megapixels al voldoende.
Geheugen: De meeste digitale camera's maken gebruik van een geheugenkaart om gemaakte foto's op te slaan. Hoe groter de geheugenkaart, des te meer foto's kunnen erop. Je kunt geheugenkaarten los kopen. Je kunt de foto's downloaden naar de computer, de kaart leegmaken en daarna weer foto's maken. Let er bij de aanschaf op dat een eenvoudige overbrenging van opnamen naar de computer mogelijk is. Doorgaans gaat dat met een usb kabeltje.
Accu: Neem een camera met een oplaadbare batterij of accu (NiMH) en koop er een extra zodat je nooit zonder energie zit. Uiteraard heb je een oplader nodig. Kun je meerdere camera's aanschaffen, koop dan gelijke, zodat je batterijen, geheugenkaarten en oplader onderling kunt gebruiken.
Netadapter: Gebruik zo veel mogelijk de adapter (stroombron) als je functies, zoals het bekijken van foto's en downloaden, gebruikt die veel stroom kosten.
Zoom: Als je een zoomlens wilt (aanbevolen) let dan alleen op de zogenoemde *optische zoom*.
Met de optische zoom wordt de uitvergroting van afbeeldingen gewijzigd door de cameralens te verplaatsen voordat de afbeeldingen de beeldsensor bereiken: een echte zoom. (Een *digitale zoom* vergroot alleen het gemaakte beeld op het kijkplaatje.)
Zoeker: Leer kinderen de optische zoeker te gebruiken (het kleine glaasje waar je doorkijkt). Bij het gebruik van het scherm achter op de camera raakt de batterij gauw leeg.

Beamer
Toen er nog veel met dia's gewerkt werd, was een diaprojector onmisbaar op school. Met de toegenomen belangstelling voor beeldbeschouwen zul je een *digitale videoprojector* (beamer) node missen. Het is een apparaat waarmee je digitale beelden (pc/video/dvd/tv) op een projectiescherm of muur kunt projecteren. Koop niet zomaar een goedkoop model, maar laat het zo mogelijk demonstreren en ga na of er de aansluitingen op zitten die je wilt gebruiken. Kijk ook of de lichtsterkte voldoende is voor schoollokalen die niet verduisterd zijn.

Digitaal schoolbord
Een digitaal schoolbord is een combinatie van een computer (daarin zit de software), een projector (beamer) en een beeldscherm. Helemaal compleet is het digitaal schoolbord als er ook een set speakers bij is. Het beeldscherm is tevens touchscreen, zodat je daarmee de computer kunt bedienen. Doorgaans kun je op het scherm ook schrijven en tekenen met speciale stiften.

11.12 Diversen

Scharen
Jonge kinderen geef je scharen met stompe punten (minder gevaarlijk). Voor oudere kinderen zijn nagenoeg alle gewone scharen geschikt. Zorg altijd voor een aantal scharen voor linkshandigen.

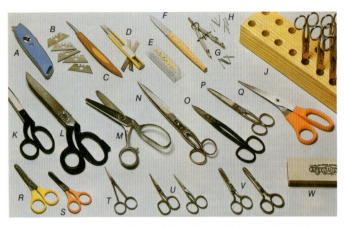

Leer je gereedschap kennen uit een catalogus. Het aantal scharen is indrukwekkend. K en L zijn kartonscharen; M is een schaar voor dikke stof (zakkenschaar); Q is ook voor stoffen; N is een handige lange papierschaar; O is een latoenschaar, voor heel dun koper (latoenkoper) en dun blik; T wordt gebruikt voor schaarsneden.

Zorg voor scharen voor verschillend gebruik. Een schaar die gebruikt is om een stuk uit een eierdoos te knippen, kun je daarna minder goed gebruiken om een lapje te knippen. Maak het ook voor leerlingen overzichtelijk. Bijvoorbeeld: alle leerlingen hebben behalve een pen, een potlood, een gummetje en een plakstift ook een schaar in hun etui. Daarmee knippen ze de plaatjes die nodig zijn bij de verwerking van andere lessen en voeren ze beeldend werk uit.
Verder houd je een blok met scharen in de kast speciaal voor het knippen van textiel en extra dunne materialen als zijdevloei en cellofaan. Deze scharen moeten direct na gebruik worden teruggezet om te voorkomen dat ze in de etuis verdwijnen.
Ten slotte heb je een doos met een verzameling oude scharen die je reserveert voor het knippen van allerlei kosteloos materiaal.
Wanneer je er zorgvuldig mee omgaat, hoef je slechts een keer in de twee jaar een nieuwe serie scharen per groep aan te schaffen.

Werkbank

Werkbanken of werktafels zijn er in allerlei uitvoeringen. Als er een in een groepslokaal staat, is die wat hoogte betreft meestal wel aangepast aan de leerlingen van die groep. In het handenarbeidlokaal moeten ze voor alle leerlingen geschikt zijn (en zijn ze dus meestal te hoog voor de jonge kinderen). Het blad moet van hout zijn en zo mogelijk kunnen worden afgedekt met een plaat Masonite (water- en oliebestendig). Een of twee houtbewerkingsklemmen maken een werkbank compleet. Soms is er een voorziening waardoor er op eenvoudige wijze een bankschroef op kan worden vastgezet.

Lijm

- *Papierlijm op waterbasis* is het meest geschikt voor licht werk. Papierlijm in flacons is gemakkelijk te hanteren: met de tuit kun je de lijm verdelen, de tuit droogt niet in en losse sluitdopjes raken niet zoek. Vaak is een lijmstift voldoende.
- *Houtlijm* (en sommige soorten hobbylijm) is een in water oplosbare lijmsoort die na drogen niet meer oplost in water. Als je daarbij kwasten gebruikt moet je die na gebruik direct goed met water schoonmaken.
- *Plasticlijm* (Collall, Technicoll en dergelijke) hecht verschillende materialen aan verschillende ondergronden. Omdat de lijm snel verdampende oplosmiddelen bevat, is hij snel droog. Het nadeel is dat de tuit van een tube ook gemakkelijk dicht gaat zitten. Een ander nadeel is dat dik aangebrachte lagen na het drogen bros blijken te zijn en niet buigzaam.
- *Rubbercontactlijm* (Bisonkit en dergelijke) geeft een buigzame verbinding.

Er bestaan lijmwijzers (meestal van een bepaalde fabrikant) waarin voor elke soort verbinding wordt aangegeven welke lijmsoort je kunt gebruiken.

Vragen en opdrachten

1. Welk formaat heeft dit boek? Is het A4?
2. Ga na welke van de genoemde krijtsoorten op je opleiding gebruikt worden en welke op de stageschool. Is er verschil?
3. Maak een lijst van materialen die in de verschillende groepen van de stageschool gebruikt worden. Wat kun je daaruit opmaken?
4. Ga voor jezelf na met welke materialen uit dit hoofdstuk je nog nooit gewerkt hebt. Denk je dat dat een gemis is?
5. Een goede manier om kinderen nieuw materiaal te leren is ze ermee laten experimenteren. Wat kun je er allemaal mee doen? Zoek zelf een materiaal dat je nog niet zo goed kent en experimenteer ermee. Noteer wat je van die experimenten leert.
6. Een trainer die zelf de sport waarin hij anderen traint niet heeft beoefend, is haast ondenkbaar. Zo is het ook met tekenen en handvaardigheid. Als je een les voorbereidt, probeer je dan zelf eerst uit welke materiaaltechnische problemen kinderen misschien tegenkomen? Zou je dat ook doen voor zover het inhoudelijke problemen betreft?
7. Ga na hoe op jouw stageschool het opbergen van materiaal voor beeldonderwijs georganiseerd is. Zou jij het ook zo doen? Hoe zou jij het doen? Kun je vragen of ze er op jouw stageschool tevreden mee zijn?
8. Bedenk een eenvoudig proefje om te constateren of je met temperaverf of plakkaatverf te maken hebt en pas het toe.
9. Leg een verzameling aan van verschillende papier- en kartonsoorten en schrijf erbij wat het is. Bedenk voor het gebruik van elk van de gevonden soorten een niet voor de hand liggende activiteit. Probeer het ook uit en maak er een foto van.
10. Kun je zonder te kijken vertellen wat voor een potlood je zelf gebruikt?
11. Maak een inventarislijst voor materiaal en gereedschap dat in jouw stagegroep nodig zal zijn voor de eerstvolgende les beeldonderwijs die je er gaat geven. Wat is de financiële consequentie van je keuze? Probeer met behulp van een recente catalogus uit te vinden wat een en ander je werkelijk zou kosten.

'Men zal een genoemd boek niet van a-z hoeven te kennen, maar wel de strekking moeten hebben begrepen en de mogelijkheid van gebruik kunnen aangeven.'
A. Groen: *De theorie van de handenarbeid* (1940) p. 171.

Literatuurlijst

- Literatuur *324*
- Psychologie *324*
- Methodiek en didactiek *326*
- Methoden *331*
- Cd-roms *333*
- Boeken voor leerlingen *335*
- Geschiedenis *340*

Literatuur

Beeldonderwijs en didactiek is een handboek waaruit je de basiskennis haalt om bekwaam beeldonderwijs te kunnen geven. Je legt er een fundament mee. Daarnaast is er de praktijk. Het zelf beoefenen van allerlei beeldende vaardigheden en het 'lesgeven'. Deze literatuurlijst geeft je inzicht in wat er nog meer is: boeken voor leerlingen die je voor de bibliotheek van de school kunt aanschaffen, methoden, hulpmiddelen als cd-roms en een aantal boeken om je inzicht te verdiepen. In een paar rubrieken ondergebracht staan de uitgaven alfabetisch gerangschikt op auteursnaam. Nederlands- en anderstalig door elkaar. Om het aantal rubrieken te beperken, staan sommige titels op een enigszins onverwachte plaats.

Psychologie

Altera, Jan (1938). *Leerplan voor het teekenonderwijs op de lagere school der Nederlandse vereniging voor teekenonderwijs, deel I : Historisch en psychologisch gedeelte*. Groningen: P. Noordhoff. 107 p.
In 80 pagina's heeft Altera zijn opvattingen over de kindertekening, eigenschappen, ontwikkeling van het beeldend vermogen enzovoort, vastgelegd. Hij heeft zich daarbij o.a. gebaseerd op een eerder geschrift van de Belgische psycholoog Br. M. Denijs ('Problemen uit de psychologie van het tekenende kind').

Altera, Jan (1953). *Tekenen als expressievak : Enkele grondslagen der expressie in spontane kindertekeningen in verband met het tekenonderwijs*. Groningen: P. Noordhoff. 194 p.
De dissertatie behandelt aspecten van tekenen als expressie. Daarnaast geeft Altera zijn mening over tekenen als communicatie (dat moet behouden blijven) en als psychologische interpretatie (dat kun je als leraar maar beter niet doen).

Andersen, Elke (1999). *Kindertekeningen begrijpen*. Aartselaar: Zuid-Nederlandse uitgeverij. 143 p.
Aan de hand van voorbeelden laat de auteur zien welke ontwikkelingen kinderen doormaken bij het tekenen en schilderen. Daarnaast vraagt ze aandacht voor de wijze waarop kinderen de realiteit verwerken in hun creaties en hoe ze mededelingen omtrent hun emoties kenbaar maken.

Boden, Margaret (1991). *Creativiteit : Mythen en mechanismen*. Utrecht: De Haan. 320 p.
Creativiteit als mysterieus, haast bovenaards proces wordt vaak toegeschreven aan schijnbaar onalledaags talent. In dit boek zet hoogleraar Boden uiteen hoe recente inzichten uit de wetenschap van kunstmatige intelligentie en informatica een nieuw licht werpen op het ontstaan van creatieve prestaties.

Breeuwsma, Gerrit (1993). *Alles over ontwikkeling : Over de grondslagen van de ontwikkelingspsychologie*. Amsterdam: Boom. 402 p.
Een pleidooi voor een grotere aandacht voor het onvoorspelbare in ontwikkelingen. Hoofdstuk 9 behandelt de ontwikkeling van de artisticiteit van kind tot kunstenaar.

Carlgren, Frans (1979). *De vrije school : Pedagogie van Rudolf Steiner in woord en beeld*. Zeist: Vrij geestesleven. 208 p.
Hét standaardwerk voor ouders over de Vrije Scholen. Hoofdstukken zijn: *De eerste zes levensjaren, Grondbeginselen van de pedagogie, De eerste acht schooljaren, De vier laatste schooljaren, Wereldproblemen*. Het boek is rijk geïllustreerd met werkstukken tekenen en handenarbeid van leerlingen.

Eng, Helga Kristine (1931). *The Psychology of Children's Drawings : From the First Stroke to the Coloured Drawing*. Londen: Routlege. 264 p.
Een van de eerste uitgebreide wetenschappelijke studies over het tekenen van kinderen. In 1999 verscheen een heruitgave.

Furth, G. (1991). *Tekeningen : Beeldtaal van het onbewuste*. Rotterdam: Lemniscaat. 158 p.
Furth geeft een populaire weergave van zijn proefschrift over de psychologische interpretatie van tekeningen.

Hij steunt daarbij vrijwel volledig op de psychoanalytische theorie van Jung. In zes heldergeschreven hoofdstukken geeft Furth een overzicht van zijn methode en uitgangspunten voor het gebruik van tekeningen als therapeutisch werkmateriaal. Hij wijdt een volledig hoofdstuk aan waarschuwingen ten aanzien van misbruik van deze techniek. Het gebruik van talrijke illustraties verhoogt de leesbaarheid. Er is toch behoorlijk wat therapeutisch inzicht nodig om het goed te begrijpen.

Gaarder, Jostein (1994). *De wereld van Sophie*. Antwerpen: Houtekiet. 560 p.
De wereld van Sofie is eigenlijk een studieboek over de geschiedenis van de westerse filosofie, maar de informatie over de filosofen en hun ideeën is verpakt in een verhaal over een meisje dat geheimzinnige brieven ontvangt. Ook geschikt voor leerlingen uit het voortgezet onderwijs. Een uitgebreid register maakt het mogelijk het boek eveneens te gebruiken als naslagwerk. Er is hierover ook een cd-rom gemaakt (Spectrum Software). In 2006 verscheen de 53e druk van het boek.

Gardner, H. (1980). *Artful Scribbles : The Significance of Children's Drawings*. New York: Basic Books. 280 p.
Aan de hand van talloze voorbeelden beschrijft Gardner het tweedimensionale beeldend werk van kinderen en jeugdigen. Hij gaat daarbij niet uit van de tekeningen, maar van het proces van het maken ervan.
De tekeningen komen voort uit de ontwikkeling die kinderen doormaken. Vaak wordt kinderwerk vergeleken met het werk van beeldende kunstenaars.

Gardner, Howard (2002). *Soorten intelligentie : Meervoudige intelligentie voor de 21ste eeuw*. Amsterdam: Nieuwezijds. 253 p.
In *Soorten intelligentie* maakt Howard Gardner de balans op van zijn theorie over meervoudige intelligentie. Hij geeft bovendien praktische tips voor het gebruik van zijn intelligentietheorie in het onderwijs, waarbij hij het belangrijker acht denkwijzen van vakken of disciplines te leren, dan veel feiten. Hij relativeert het belang van IQ-tests (die bepaalde intelligenties niet meten), zet zijn spraakmakende ideeën uiteen over creativiteit, leiderschap en morele intelligentie, en speculeert over de betekenis van meervoudige intelligenties op het werk in de toekomst.

Gerritse, A. (1974). *Beginselen van de beeldende vorming*. De Bilt: Cantecleer. 200 p.
Geritse behandelt bijna alle aspecten van beeldonderwijs. Aard en doelen worden duidelijk geformuleerd, met een filosofische inlag. Zijn opvattingen worden gerekend tot de dialectische didactiek.

Golomb, Claire (1991). *The Child's Creation of a Pictorial World*. Berkeley: University of California Press. 351 p.
De meeste beschrijvingen van het beeldend vermogen van kinderen gaan over de tweedimensionale beelden. Golomb besteedt ook uitvoerig aandacht aan de ruimtelijke beelden van kinderen. Golomb gaat diep in op de kwestie van het coderen.

Kellogg, Rhoda (1969). *Analysing Children's Art*. Palo Alto, Calif.: Mayfield. 308 p.
Met honderden afbeeldingen illustreert Kellogg de uitkomsten van haar onderzoeken naar de ontwikkeling in tekeningen van kinderen van 4 tot 8 jaar.

Kläger, Max (1989). *Phänomen Kinderzeichnung : Manifestationen bildnerischen Denkens*. Baltmannsweiler: Pädagogischer Verlag Burgbücherei Schneider. 152 p.
Kläger bekijkt de kindertekening als een esthetisch fenomeen dat ontstaat naar aanleiding van beeldend denken.

Kraaijpoel, D. (1997). *Was Pollock kleurenblind? Bouwstenen voor de beschrijving van de recente kunstgeschiedenis*. Amsterdam: Veen/Contact. 280 p.
Afkeer, agressie en laaiend enthousiasme vallen Kraaijpoel ook met dit werk weer ten deel. Heilige huisjes storten in en nooit genoemde namen stralen. Eerdere schreef hij *De nieuwe salon* en in 2001 *Reputaties*, met als ondertitel: *Hoe de kunstenaar aan zijn goede naam komt*.

Kwant, R.C. (1968). *Mens en expressie : in het licht van de wijsbegeerte van Merleau-Ponty*. Utrecht: Spectrum. 186 p.
Principiële overwegingen over het thema expressie bij beelden, taal en religie.

Malchiodi, Cathy A. (1998). *Understanding Children's Drawings*. 252 p.
Een brede benadering van de kindertekening vanuit het oogpunt van therapy.

Merleau-Ponty, Maurice (1945). *Phénoménologie de la perception*. Paris: Gallimard. 532 p.
Het hoofdwerk van Merleau-Ponty. Een eerste aanzet in het filosoferen over de waarneming.

Meykens, Simone & Gaston Cluckers (2000). *Kindertekeningen in ontwikkelingspsychologisch en diagnostisch perspectief*. Leuven: Acco. 176 p.
De auteurs bespreken hoe men via kindertekeningen vanuit diverse invalshoeken hypothesen kan vormen over de belevingswijzen en kernthema's van een kind en over de aard en de ernst van eventuele emotionele problemen. Een oriënterend kader. Enige klinisch psychologische en psychoanalytische voorkennis wordt bij de lezer verondersteld.

Parsons, Michael J. (1987). *How We Understand Art : A Cognitive Developmental Account of Aesthetic Experience*. Cambridge NY: Cambridge University Press. 159 p.
Parsons onderscheidt vijf stadia in het esthetisch oordelen met betrekking tot beeldende kunst.

Richter, Hans-Günther (1987). *Der Kinderzeichnung : Entwicklung, Interpretation, Ästhetik*. Düsseldorf: Schwann. 400 p.
Richter bekijkt de kindertekening van zoveel kanten, dat een soort totaalbeeld ontstaat. Vanuit elk gezichtspunt (ontwikkeling, interpretatie, esthetiek) worden daarbij alle onderzoekers die op dat punt iets bijgedragen hebben, door Richter gerecenseerd. Een totaalboek dus.

Ringelestein, W. van (1966). *Beeld en werkelijkheid*. Den Haag: Stok. 188 p.
Het complex van beeldende verschijnselen en de theorieën die daarop betrekking hebben worden op de meest reële wijze aangepakt door ze te beschrijven op grond van het werkelijkheidsbesef van de ongeschoolde kijker. Hoofdstukken zijn: *Beeld, De geschiedenis van het beeld – de voorbeelden, De geschiedenis van het beeld – de andere beelden, Beeld en onderwijs*.

Ritson, John E. & James A. Smith (1975). *Creative Teaching of Art in the Elementary School*. Boston: Allyn and Bacon. 371 p.
Een gedegen pleidooi om beeldonderwijs te zien als het ontwikkelen van creatief denken. Naast theorie een gezonde hoeveelheid praktische aanwijzingen. Zowel tekenen als handvaardigheid.

Widlöcher, D. (1968). *Het interpreteren van kindertekeningen*. Doornik: Desclée. 320 p.
Een analyse van de manier waarop een kindertekening tot stand komt en een beschouwing over de betekenis van de kindertekening voor het kind zelf. Uitvoerige studie over hoe men kindertekeningen (psychoanalytisch) kan beschouwen. Eerdere publicaties op dit gebied worden kritisch behandeld.

Wolters, B. J. (1977). *Creatief denken*. Groningen: Wolters-Noordhoff. 112 p.
Behandeling van theorie en onderzoek op het terrein van creatief denken, en een aantal opdrachten om creatief denken in het onderwijs te bevorderen.

Methodiek en didactiek

Altera, J. (1941). *Leerplan voor het tekenonderwijs op de lagere school der Nederlandse Vereniging voor tekenonderwijs : Beknopte uitgave*. Groningen: P. Noordhoff. 143 p.
Een beknopte uitgave van eerder in twee delen verschenen *Leerplan*. Hierin zijn de uitgewerkte lessen met het rijke illustratiemateriaal niet opgenomen. Wel zijn 80 vragen toegevoegd. Van deze beknopte versie verscheen in 1974 de 11de druk.

Altera, J. (1948). *Leerplan tekenonderwijs op de lagere school der Nederlandse vereniging voor tekenonderwijs*. Groningen: P. Noordhoff. 392 p.
In 1948 verscheen deze samenvoeging van de eerder verschenen delen 1 (Historisch en Psychologisch gedeelte, 1938), en 2 (Didactisch gedeelte,1940) van het leerplan, samengevoegd in een band. Het werd 'tweede druk' genoemd. Een standaardwerk op het gebied van tekenonderwijs op de basisschool. Na een uitgebreide uitleg over de kindertekening en richtlijnen voor de didactiek noemt Altera de doelstellingen voor

de basisschool. Daarna volgen uitgewerkte voorbeelden van 'leerstof' voor alle klassen.

Been, D. (1905). *Klei-, papier en kartonarbeid : Handleiding voor de school en voor de opleiding van leerkrachten*. Deventer: Kluwer. 334 p.
Een gids voor leraren die het vak op hun school willen invoeren. Na een algemene inleiding op handenarbeid in het onderwijs worden de in de titel genoemde vormen behandeld en met een aantal voorbeelden verduidelijkt. Het boek sluit af met de geschiedenis van de handenarbeid (in latere drukken telkens aangevuld).

Bodegraven, Nanda van & Tara Kopmels (2002). *Kriebels in je hersens : Activiteiten en gesprekken met jonge kinderen*. Amsterdam: SWP. 142 p.
Kleuters en peuters (van 3-6 jaar) worden uitgedaagd om te laten zien en horen wat ze denken. De gesprekjes met en tussen kinderen stimuleren de eigen ontdekkingsdrang van kinderen. Hiermee ondersteun je niet alleen de ontwikkeling van taal en denken, maar leren kinderen ook meer open te staan voor (de anderen in) hun omgeving. Deel I: Handleiding en praktische tips. Deel II: Werkmateriaal over thema's als waarnemen, mens en dier, echt of onecht, groot en klein. Deel III: Pedagogische achtergrond.

Bouwmeester, Tjitse e.a. (1994). *Filosoferen op de basisschool*. Enschede: SLO.
Een forse klapper met veel voorstellen voor concrete lessen en praktijksuggesties, telkens voor twee groepen. Daaraan vooraf gaan achtergronden en algemene didactische suggesties bij het filosoferen in de basisschool. Na de praktijksuggesties volgen elders verschenen artikelen over deze materie.

Burkhardt, Hermann (1974). *Zur Visuellen Kommunikation in der Grundschulpraxis : Ein Erfahrugsbericht aus dem Primarbereich*. Ravensburg: Otto Maier. 129 p.
Na 25 bladzijden inleiding op het onderwerp zijn in vier groepen 30 lessen ondergebracht: beeldtekenen en tekensystemen, de menselijke figuur, kleding/mode, beeldverhalen, reclame. Bedoeld voor groepen 3-6. Het leuke van dit boekje is dat er niet alleen 30 uitvoerig beschreven lessen in staan, maar dat na elke les ook over het verloop ervan bericht wordt. Bovendien worden bij elke les nog alternatieven genoemd.

Clement, Robert & Elisabeth Tarr (1992). *A year in the art of a primary school*. Corsham: NSEAD. 128 p.
Het verslag van wat in een jaar gebeurde bij beeldonderwijs op een basisschool. Een bijzonder inspirerend boek dat niet alleen vertelt wat er gebeurde, maar ook de didactische keuzes verantwoordt.

Clement, Robert & Shirley. Page (1992). *Knowledge and understanding in art*. Harlow, Essex: Oliver and Boyd. 112 p.
Aan de hand van praktijkvoorbeelden tonen de auteurs op inspirerende wijze hoe kinderen (5-14 jaar) uitgaande van kunst en vormgeving bij hun eigen beeldend werk verder kunnen komen dan clichébeelden. De werkwijze is gericht op eigen beeldvorming en uitdrukkingswijze. Aan de hand van thema's (woonomgeving, familie, circus, feesten) worden voorbeelden gegeven. Beeldende kunst wordt zinvol ingepast, bijvoorbeeld: bezoek aan de tropische afdeling van een dierentuin met het werk van Rousseau. Het boek is rijk geïllustreerd met bijbehorende kindertekeningen.

Clement, Robert & Shirley Page (1992). *Principles and practice in art*. Harlow: Oliver & Boyd. 128 p.
Britse kerndoelen primair onderwijs smakelijk opgediend. Ook over de ontwikkeling van het beeldend vermogen, beoordeling van kindertekeningen en beeldbeschouwen met kinderen staat er het een en ander in. Voorbeelden van praktijk, ook van integreren productief-reflectief. Rijk geïllustreerd met kindertekeningen. Zeer begrijpelijk geschreven.

Cortel, T. (1977). *Beeldend werken met kinderen*. IJmuiden: Vermande Zonen. 312 p.
Het geheel herziene *Beeldend werken met jonge kinderen*. Dit boek gaat over het beeldend werken (tekenen en handvaardigheid) met kinderen van vier tot dertien jaar en is dus eigenlijk een nieuw boek. Hoofdstukken zijn onder andere: *De historie van het tekenonderwijs, Het beoordelen en veroordelen van een werkstuk, Het verwerven van kennis, Afwachten of ingrijpen? Kleurboeken en kleuren*. Daarna volgen hoofdstukken met voorbeelden van onder andere schilderen, werken met papier, papier-maché, druktechnieken, textiel, timmeren. Een inspirerend boek.

Edwards, Carolyn e. a. (1998). *De honderd talen van kinderen*. Utrecht: SWP. 335 p.
Kinderen kunnen zich uiten in klanken, beweging, beelden en meer. In Reggio Emilia, een plaats in Italië, hebben de kindercentra een bijzondere manier ontwikkeld om kinderen zich op veel manieren te laten uiten. De auteurs vertellen de geschiedenis en de opvattingen en geven talrijke voorbeelden van activiteiten.

Egmond, J. D. e.a. (1960). *Handenarbeid*. Groningen: Wolters-Noordhoff. 112 p.
Een paar bladzijden geschiedenis en didactiek en vervolgens voorbeelden van wat je kunt doen met papier, karton, klei en hout. Stempelen, vlechten en poppenkast worden apart behandeld. Met een leerstofomschrijving voor de lagere school en de pabo sluit het boekje af. Dit is het derde deeltje uit een serie. In dezelfde serie ook: *Kinderen tekenen* en *Kunstbeschouwing*.

Eucker, Johannes, e.a. (2003). *Kunstunterricht in der Grundschule*. München: Oldenbourg. 152 p.
In vier thema's is telkens een tiental lessen ondergebracht waarin de kinderen werken naar aanleiding van kunst. Een goede mix van beeldbeschouwen en zelf iets maken. De thema's zijn: mens en omgeving, natuur en techniek, Droom en wens, De wereld van de media. Elke les wordt compleet behandeld, zodat de leraar ermee aan de slag kan. De kunstwerken zijn in kleur als overheadsheets bijgevoegd (eventueel scannen en in kleur afdrukken). Groepen 3-6 van de basisschool.

Gelder, L. van & J. E. van Praag (1956). *Beeldende expressie : Het tekenen van het kind*. Groningen: Wolters-Noordhoff. 168 p.
Duiding van de psychologische en didactische betekenis van de beeldelementen (lijn, kleur, vlak enz.) bij het tekenonderwijs vanuit het principe van de geleide expressie, uitgaande van de fenomenologische benadering. De ontwikkeling van het beeldend vermogen, de beeldelementen en het leerproces van tekenen. In 1978 verscheen de zesde druk.

Gelder, L. van & J. E. van Praag (1957). *Grondslagen van de handenarbeid : Beknopte theorie van de culturele, psychologische, didactische en praktische grondslagen van de handenarbeid*. Purmerend: Muusses. 128 p.
Een algemene basis voor de theorie van de handenarbeid. 1975 twaalfde druk.

Groen, A. (1940). *De theorie van de handenarbeid*. Groningen: J.B. Wolters. 190 p.
Het boekje bereidde de student van de kweekschool en de LO- akte voor op het mondelinge (theorie)examen handenarbeid. Het boekje bevat examengesprekken over verschillende aspecten van handenarbeid. Bespreking in Maandblad voor handenarbeid 1940-1941 april, nr 8 blz 72.

Groen, A. (1948). *Handenarbeid : Een handleiding waarin de noodzakelijkheid wordt aangetoond van arbeid als grondslag van opvoeding en onderwijs*. Groningen: J.B. Wolters. 435 p.
Een standaardwerk op dit gebied. De geschiedenis van de handenarbeid, psychologie van het kind, sociale opvoeding en een studie van het begrip arbeid beslaan de eerste zestig bladzijden. Daarna 200 pagina's over handenarbeid als leervak, met talrijke voorbeelden in allerlei technieken (papier/karton, klei, hout, metaal, leer, been, gips, weven). Het laatste deel is gewijd aan handenarbeid als leervorm (ten dienste van andere vakken).

Janssen-Vos, F. e a (1976). *Werken met kinderen : Deel 3 Werkboek Waarneming*. Assen: Van Gorcum. 90 p.
De didactische suggesties hebben betrekking op de ontwikkeling en de verfijning van de waarneming bij kleuters. Het gaat steeds om een combinatie van waarnemen, activiteiten en taal.

Barbara Nellestijn & Frea Janssen-Vos (2005). *Het materialenboek*. Assen: Van Gorcum. 172 p.
De jongste kinderen hebben veel behoefte aan materialen om mee te manipuleren en te experimenteren: zand en water, beeldende materialen, materialen voor rollenspel, voor de verteltafel en de verhalentafel, voor bouw- en constructieactiviteiten. Daarnaast zijn er diverse speelleermaterialen. Sommige materialen kun je beter zelf maken, samen met de kinderen. De computer, de scanner en digitale camera worden regelmatig ingezet. Welke educatieve computerprogramma's zijn echt de moeite waard?

Konst, G. H. Pijlman (1983). *Kinderen geven vorm aan hun wereld*. Purmerend: Muusses. 96 p.
Achtergronden en handreikingen voor het begeleiden van beeldende activiteiten van jonge kinderen (4-8 jaar). Nogal beknopt maar wel met kennis van zaken geschreven.

Krabbé, M. (1959). *Verborgen mogelijkheden : Een nieuwe systematiek bij het tekenen op de lagere scholen : A Theoretische inleiding*. Leiden: Sijthoff. 125 p.
'Een verrijking van de literatuur op het gebied der expressie' werd er indertijd van deze methode gezegd. *Elk kind herhaalt in het klein het historisch verloop van het tekenen*, zegt Krabbé, en ook: *creativiteit krijgt pas een kans als je het kind behoedt voor het kopiëren van de natuur*. In deeltje A staan de opvattingen van Krabbé, gebaseerd op Jung.
Het geheel van de methode zou bestaan uit A (Algemene inleiding), B (zes boekjes met voorbeelden voor elke klas), C (technieken om je vrij te uiten, veel handenarbeid, 240 blz.), D (tekenschriften voor kinderen), E (zes mappen met elk 50 reproducties beeldende kunst). D en E zijn nooit verschenen.

Lam, J. D. 't, W. van Ringelestein & J. van der Zouwen (1972). *Vormen maken, vormen zien : Een handleiding voor de onderwijzer – deel tekenen*. Den Haag: NOT. 19 p.
Voortzetting van *Kijk, als je tekent zie je meer*, Handleiding voor de onderwijzer bij serie van 5 tekenlessen op televisie in schooljaar 1972-1973 voor de middenbouw (3e en 4e klas basisonderwijs).
De aanpak gaat uit van fenomenologische principes ('Beeld en Werkelijkheid' van W. v. Ringelestein)

Lam, J. 't, W. van Ringelestein & J. van der Zouwen (1971). *Kijk, als je tekent zie je meer : een handleiding voor de onderwijzer*. Hilversum: NOT. 38 p.
Handleiding bij serie van 10 tekenlessen op televisie in schooljaar 1971-1972 voor de bovenbouw van de basisschool, gebaseerd op fenomenologische uitgangspunten.

Lancaster, John (ed.) (1987). *Art, Craft and Design in the Primary School*. Corsham, Wiltshire: NSEAD. 75 p.
Het boek gaat vooral over handenarbeid in het basisonderwijs en geeft inzicht in wat daarbij allemaal komt kijken. Het is bedoeld om leraren te inspireren.

Meager, Nigel (2006). *Creativity and Culture : Art Projects for Primary Schools*. Corsham, Wiltshire: NSEAD. 155 p.
Een ideeënboek voor de leraren in de onderbouw. Gedetailleerde beschrijvingen van projecten die kinderen leiden naar begrip voor hun eigen cultuur en die van anderen. De projecten gaan over eilanden, verhalen, legenden, persoonlijkheid, abstractie, verbeelding, geloof en met andere mensen samenleven. Alle beeldonderwijsactiviteiten komen voor, ook met camera en computer.

Meilink, A., G. van Leeuwen & W. J. A. Mennes (1966). *Tekenen, handenarbeid, handwerken en muziek*. Groningen: Wolters-Noordhoff. 132 p.
Meilink behandelt de leerstof voor alle genoemde vakken voor alle leerjaren van de lagere school (vanaf zes jaar). Uitgangspunt is expressie, gebaseerd op impressie. In een inleidend hoofdstuk wordt een en ander omschreven, daarna volgen de voorbeelden. Muziekonderwijs staat apart beschreven in de laatste 60 bladzijden.

Meilink, Ab & David Ruting (1950). *Vrij vormen : Suggesties voor handenarbeid het hele jaar rond. Deel 1*. Purmerend: Muusses. 83 p.
Voorbeelden van wat in handenarbeid mogelijk is in verband met jaargetijden, feesten en dergelijke. De eerste druk had 83 bladzijden, latere drukken 190.

Molkenboer, W. B. G. (1877). *Eenige bladzijden over het Natuurteekenen*. Amsterdam: Brinkman. 52 p.
Na de tekst zijn nog reproducties van de 44 wandplaten opgenomen die bij deze methode (*Het elementair teekenonderwijs*) horen. Natuurtekenen is om te beginnen het leren tekenen van meetkundige figuren en lichamen en de verkorting ervan. IJzerdraadmodellen, houten blokken, gipsafgietsels en dergelijke zijn materiaal in deze methode voor het elementair handtekenen op de HBS.

Mols, Pieter (1994). *Kijken met kunst : Een ideeënboek voor tentoonstellingsbezoek*. Tilburg: Zwijsen. 103 p.
Dit boekje, dat geschreven is voor leerkrachten van de groepen 6 en 7, geeft in vijf hoofdstukken een schat aan inspirerende suggesties en uitstekende tips over hoe kinderen kunst te laten beleven.

Morgan, Margaret (ed.) (1985). *Art in the First Years of Schooling 4-11*. Blackwell: Suffolk County Council. 218 p.
De titel, met de toevoeging 4-11 heeft alles te maken met het schoolsysteem in het land van herkomst (Engeland). Het gaat inderdaad over beeldonderwijs aan 4 tot 11-jarigen. Een verslag van wat er in een periode van twee jaar geobserveerd werd in een aantal scholen en alles wat daaromheen speelde. Ook het onderwerp beeldonderwijs zelf wordt belicht. vanaf blz. 150 worden activiteiten beschreven.

Müller, Brunhild (1987). *Schilderen met kinderen*. Zeist: Christofoor. 48 p.
Een kleuterleidster van een Vrije School vertelt over hoe ze tekenen met jonge kinderen combineert met de antroposofische levensbeschouwing. Informatie en ideeën vanuit een antroposofische visie om kinderen te leren kleuren te beleven en te gebruiken.

Oostra, B. (1981). *Beeldende vorming als proces en product*. Bloemendaal: Nelissen. 212 p.
Het eerste deel van het boek bevat een beknopte en praktische uiteenzetting over de pedagogische, psychologische en organisatorische kanten van de beeldende vakken. Het tweede deel geeft een uitvoerige beschrijving van een dertigtal thematisch opgezette leersituaties in het voortgezet onderwijs.

Parsons, Michael J. & H. Gene Blocker (1993). *Aesthetics and education*. University of Illinois Press: Urbana. 208 p.
Waar moet beeldbeschouwing over gaan bij jonge mensen en hoe kun je er in het onderwijs het best mee omgaan? Hoe kun je het combineren met het maken van beelden? Over dit soort vragen gaat dit boekje.

Pelt, Winny van & Toos Dijkhuis (1983). *Met kinderen naar het museum : Boekje voor ouders*.
Amsterdam/Utrecht: SKC/ LSBV. 46 p.
Het boekje is bestemd voor de ouders van kinderen uit de basisschoolleeftijd. Het gaat over dingen die allemaal wel op één of andere manier met kunst te maken hebben. Spelletjes, verhaaltjes en doedingen die kinderen zelf kunnen doen als voorbereiding op museumbezoek.

Pieters, Ad (1957). *Beeldende expressie in de praktijk*. Groningen: Wolters-Noordhof. 236 p.
De eerste honderd bladzijden bevatten de didactiek. Daarna volgen allerlei teken- en handenarbeidtechnieken. Een in vlotte taal geschreven boek.

Post, P. (1956). *Vrije expressie en esthetische vorming*. Groningen: J.B. Wolters. 144 p.
Sinds in 1933 een soortgelijk boekje *Teekenen en Teekenonderwijs* van Kohnstamm en Veen verscheen, waren inzichten over tekenonderwijs zodanig gewijzigd, dat een compleet nieuw boekje moest verschijnen. De instelling van de onderwijzer moest veranderen.

Read, Herbert (1943). *Education Through Art*. London: Faber & Faber. 320 p.
Ofschoon dit klassieke werk van Herbert Read hoofdzakelijk over het maken van beelden (in het onderwijs) gaat, worden ook over beeldbeschouwen fundamentele uitspraken gedaan. Read onderscheidt immers drie activiteiten: het maken van beelden naar de waarneming en naar de verbeelding en de activiteit van het waarderen van beelden.
Het boek is in het Nederlands als pocketuitgave verschenen onder de titel *De kunst in haar educatieve functie*.

Ronda, Arent (1962). *Experimentele expressie*. Den Haag: Lintel. 107 p.
Bevordering van het persoonlijk uiten van kinderen en jeugdigen vanaf 9 jaar, door schilderen, is het doel van dit boek. In een aantal vorbeelden wordt duidelijk hoe dat zou moeten.

Roozen, Inge & Hiltje Koopmans (1999). *Ogen open : beeldbeschouwen met kinderen uit groep 1 tot en met 8*
Enschede: SLO. 188 p.
Een boekje met een aantal interessante voorbeelden van hoe je met kinderen aan beeldbeschouwen kunt doen.

Röttger, Ernst & Dieter Klante (1960). *Punt en lijn*. de Bilt: Cantecleer. 144 p.
In dezelfde serie verschenen ook *Het vlak* en *De kleur*. In de serie *Handenarbeid als creatief spel* verschenen soortgelijke boekjes. Tekenen wordt geleerd door het begeleid leren spelen met de elementen punt en lijn. Met meer dan 500 afbeeldingen van tekeningen van kinderen van vier jaar en ouder en van volwassenen.

Schasfoort, Ben (2007). *De basis van beeldbeschouwen*. Assen: Van Gorcum. 194 p.
Geschreven voor studenten aan lerarenopleidingen voor het voortgezet onderwijs. Het boek geeft inzicht in wat beelden zijn, wat kunst is en hoe je er met leerlingen over kunt praten.

Seitz, R. (1984). *Kijkspelletjes voor kinderen van 3-8*. Nijkerk: Intro. 92 p.
Ideeënboek om door zelfwerkzaamheid spelenderwijs het zien en waarnemen bij jonge kinderen te bevorderen. Van dezelfde auteur is ook een boekje over tastspelletjes uitgegeven.

Stam, Jan (1892). *De slöjdmethode van Dr. O. Salomon te Nääs beoordeeld : Voorafgegaan door een bijdrage tot de geschiedenis van de handenarbeid in Nederland*. Amsterdam: Versluys. 37 p.
Het onderdeel geschiedenis geeft inzicht in wat er voor het eind van de negentiende eeuw gebeurde. Slöjd is een oud Scandinavisch woord dat zijn oorsprong heeft in het bijvoeglijk naamwoord slög dat handig betekent. Slöjd betekent 'handwerk' of 'handenarbeid'.

Zwier, W. G. Hzn & T. Jansma (1898). *Het teekenen naar vlakke figuren : Handleiding bij het voorbereidend teekenen, bij het teekenen naar vlakke voorwerpen en bij het teekenen naar de 125 wandplaten in kleur*. Tiel: Mijs.
De auteurs schreven er zelf over: 'Wij hebben een en ander getoetst aan het groote doel, hetwelk men vrij algemeen erkent, dat het teekenonderwijs moet hebben: leeren zien, – en waar wij in dit opzicht nieuwe, frissche gedachten aantroffen, zijn ze door ons dankbaar aanvaard. Toch misten wij tot dusver een werk, dat van de verschillende middelen, om het teekenonderwijs tot zijn recht te brengen, een voldoend overzicht gaf. Wij hebben getracht hierin te voorzien, door voor een groot onderdeel van het vak, een samenvatting te geven der denkbeelden, die hier en daar verspreid worden aangetroffen en den toets der practijk hebben doorstaan, – met het doel ze daardoor gemakkelijker tot gemeen eigendom te maken. Het is onze bescheiden meening, dat een dergelijke poging moet strekken ten bate van het teekenonderricht. Wij meenden ons hierin niet tot het plaatteekenen alleen te moeten bepalen, – wij meenden, dat wij mede moesten bespreken, wat daaraan voorafgaat, zoodat wij het ook gewaagd hebben, een oplossing voor het voorbereidend teekenen aan de hand te doen. In ons werk hebben wij derhalve het groote onderdeel: Teekenen naar Vlakke Figuren geheel besproken.'

Methoden

Bosch, Katja & Marleen van Wolferen (1999). *Blokboek tekenen 4, 5, 6, 7, 8*. Sleeuwijk: Kinheim. Per deel 32 p.
Methode voor de groepen 4-8 van de basisschool waarin tekenen en handenarbeid geïntegreerd zijn. Alleen praktijkopdrachten, geen beeldbeschouwen. Aparte boekjes (voor leraren) voor elk van de groepen. De boeken zijn bedoeld voor leerlingen, om te lezen en vervolgens een opdracht uit te voeren.

Chapman, Laura. H. (1992). *Maken is de kunst*. Amsterdam: Meulenhoff Educatief.
Op Amerikaanse leest geschoeid. Voor het basisonderwijs. Een combinatie van productieve en reflectieve activiteiten voor tekenen en handvaardigheid. De grote jumboboeken zijn voor klassikaal gebruik, de overige leerlingenboeken voor individueel gebruik. De methode bestaat uit: Klein Jumboboek (groep 1 en 2), Groot Jumboboek 1 (groep 3), Groot Jumboboek 2 (groep 4), Leerlingenboeken 3, 4, 5 en 6 (groep 5, 6, 7 en 8), Docentenhandleidingen 1, 2, 3, 4, 5 en 6.

Geens, Ilse & Brigitte Pattijn (2006). *Musische vorming voor de lagere school*. Averbode: Averbode.
Vlaamse uitgave. De lagere school in Vlaanderen omvat zes leerjaren, verdeeld in drie graden. De eerste, tweede en derde graad zijn vergelijkbaar met de Nederlandse groepen 3/4, 5/6 en 7/8. Voor elke graad is er een map. In een map (een klapper met 196 pagina's A4 met cd) per graad voor elk van de kunstvakken iets. Er zijn vijf thema's (voor elke graad dezelfde). Daarbinnen komen alle domeinen (beweging, beeld, drama, muziek en taal) in wisselende combinaties aan bod). Per graad negen lesvoorbereidingen voor elk domein. De hier genoemde auteurs zijn verantwoordelijk voor het domein *beeld*.

Goossens, Marie Louise e.a. (1986). *Textielvaardig* De Bilt: Cantecleer.
De pendant van *Tekenvaardig* en *Handvaardig*. Deeltjes zijn: Materiaal 1-2, Constructie 1-2, Vorm 1-2, Textuur 1-2, Structuur, Kleur

Greeven, J. & W. Jungschleger (1946). *Tekenen is een wereldtaal*. Amsterdam: Versluys.
Een methode voor tekenonderwijs op de lagere school in vier delen (I, II, III en IV). De boeken zijn handleidingen met een verantwoording van waarom tekenen op deze manier en daarna telkens 40 (20 in deel IV) goed onderbouwde lessen voor de klassen 1 t/m 6. De methode behandelt illustratief tekenen, natuurtekenen en decoratief tekenen. Naar believen werden de titels voorzien van verschillende ondertitels: *Richtlijnen bij het tekenen op de lagere school, ... op de R.K. lagere school, ... volgens de nieuwere richting*. 'Tekenen is een wereldtaal' schijnt een uitspraak van Liberty Tadd te zijn.

Groot, Ino de (red.) (2007). *Moet je doen*: Thieme Meulenhoff.
De in 2007 herziene methode bestaat nu uit drie modules: *kunst & cultuur*, *beeldende vorming* en *muziek*. Per leerjaar is er een groepsmap voor beeldende vorming en muziek samen (groep 1 en 2 delen de map). Bij elke groepsmap hoort ook een kijkboek.
De kunst & cultuurmodule biedt voor elke bouw (kleuter, onder, midden, boven) zes projecten, voor de domeinen afzonderlijk of in samenhang. De domeinen zijn: *cultureel erfgoed, drama, literatuur, audiovisueel, dans*. Bovendien zijn er voor deze module nog twee schoolbrede onderwerpen (*metamorfose* en *circus Wilhelmina*).

Hagenaars, Piet & Loek Melis (1978). *In beeld brengen*. Zeist: Dijkstra.
De methode is opgeslagen in een serie van zes kartons (voor de groepen 3 t/m 8) met in elk karton een boekje met lesideeën over resp.: *tekenen, ruimtelijke werkvormen* en *textiele werkvormen*. Ook in elk karton vijf boekjes met afbeeldingen bedoeld voor beeldbeschouwen. De lessen zijn uitvoerig beschreven. Na een opsomming inhoud, tijdsduur en benodigdheden volgen suggesties voor introductie, instructie, begeleiding en evaluatie.

Hanegem, Jan van & Ben de Reu (1978). *Tekenwerkplan 1 t/m 6*. Groningen: Wolters Noordhoff.
Zes deeltjes (voor elk jaar van de lagereschoolgroep 3-8 van de basisschool), met in elk deeltje bijna 50 suggesties voor lessen. Elke les bestaat uit een opgave van het te gebruiken materiaal, een inleiding (voor de leraar en hoe de les te introduceren) en een instructie (wat de leraar aan de leerlingen meedeelt, voordoet en leert). Bij veel lessen is een werk van een leerling geplaatst.

Hertog, Piet den e.a. (2002). *Uit de kunst : methode tekenen en handvaardigheid voor de basisschool*. Sprang-Capelle: Delubas.
Ideeënboeken en groepsboeken voor groepen 1/2, 3, 4, 5, 6, 7, 8. Een complete methode voor de expressievakken, tekenen, handvaardigheid en aspecten van techniek.
In het *Groepsboek* zijn inspirerende platen het uitgangspunt voor het eigen werk van de kinderen. Met foto's en voorbeelden van kinderwerk. Een *Ideeënboek* bevat beknopte lessen van 1 pagina.

Koppers, P. W. de Winter (1982). *Kinderen leren tekenen : Handboek bij de methode Tekenvaardig*. De Bilt: Cantecleer. 192 p.
Het didactiekdeel van de methode *Tekenvaardig voor de basisschool*. De onderscheiden boekjes kunnen worden gebruikt in groep 4-8.

Koppers, P. W. de Winter (1982). *Tekenvaardig*. de Bilt: Cantecleer.
Een serie boekjes met lessen over de verschillende beeldaspecten. De onderscheiden boekjes (48 p.) kunnen worden gebruikt in groep 4-8. De titels zijn: *Vorm; Compositie 1, 2; Ruimte 1, 2; Natuur 1, 2; Kleur 1, 2, 3; Contrast; Licht 1, 2; Feest; Foto-grafiek*.
De methode wordt didactisch onderbouwd door de uitgave *Kinderen leren tekenen*.

Krabbé, M. (1959). *Verborgen mogelijkheden : Een nieuwe systematiek bij het tekenen op de lagere scholen : A Theoretische inleiding*. Leiden: Sijthoff. 125 p.
'Een verrijking van de literatuur op het gebied der expressie', werd er indertijd van deze methode gezegd. *Elk kind herhaalt in het klein het historisch verloop van het tekenen*, zegt Krabbé, en ook: *creativiteit krijgt pas*

een kans als je het kind behoedt voor het kopiëren van de natuur. In deeltje A staan de opvattingen van Krabbé, gebaseerd op Jung.
Het geheel van de methode zou bestaan uit
A (Algemene inleiding), B (zes boekjes met voorbeelden voor elke klas), C (technieken om je vrij te uiten, veel handenarbeid, 240 blz.) D (tekenschriften voor kinderen), E (zes mappen met elk 50 reproducties beeldende kunst). D en E zijn nooit verschenen.

Leeuw, Ton van der e.a. (1985). *Handvaardig*. De Bilt: Bekadidact Cantecleer.
Ideeënboeken met uitgewerkte lessen voor 4-12 jarigen. Elk beeldaspect komt meerdere keren aan de beurt. De methode is een pendant van *Tekenvaardig*. Titels zijn: Ideeënboek 1 voor 4-5 jarigen *Spelend beelden* (dit is tevens het didactiekboek), Ideeënboek 2 voor 6-7 jarigen, 3 voor 7-8 jarigen, 4 voor 8-9 jarigen, 5 voor 9-10 jarigen, 6 voor 10-11 jarigen, 7 voor 11-12 jarigen.

Meijer, Anne-Ruth & Saskia de Vriendt (1997). *Beeldvaardig*. De Bilt: Cantecleer.
De methode *beeldvaardig* is te beschouwen als een soort lessenuitbreiding op *tekenvaardig* en *handvaardig*. De methode bestaat uit negen deeltjes.
Drie overeenkomstige thema's worden telkens behandeld voor de groepen 1-2, 3-4-5 en 6-7-8. De thema's zijn *fantasie, bouwen & wonen, dieren*. Tekenen, handenarbeid, textiele werkvormen en beeldbeschouwen krijgen aandacht.

Vanderdonckt, Moniek (1999). *Beeldopvoeding : Schildersmenu 1* Brugge: Die Keure. 70 p.
Bedoeld voor het Vlaamse onderwijs in beeldopvoeding. Een aantal basisvaardigheden wordt aangeleerd in voorbeelden die tot eenvoudige werkstukken leiden. Thema's uit de loop van het schooljaar. Handig voor opvangmoeders. Deel 2 is het vervolg op deel 1.

Ven, A. F. M. van de (1952). *Tekenonderwijs op de lagere school*. Groningen: J.B. Wolters. 112 p.
Van de Ven is voorstander van *geleide expressie*. Eerst moeten kinderen de techniek en de vormentaal waarin ze zich willen uiten min of meer beheersen. De methode geeft de leraar inzicht in deze opvatting van tekenonderwijs en daarna voorbeelden van lessen. Mooie illustraties. De methode bestaat uit drie deeltjes. Het is de neerslag van cursussen die Van de Ven aan leraren basisschool gaf.

Vial, C. C. (1969). *Beeldend Vormen: Deel 1, 2, 3, 4, 5, 6*. Amsterdam: Duwaer. 64 p.
Losse deeltjes, voor de basisschool. (Later zes deeltjes in één band.) *Takkenwerk, bouwen met houtbord, 'waardeloos materiaal', figuurzagen, vormen met papier*. Elk deeltje bestaat uit een aantal uitgewerkte lessen voor een bepaalde techniek.

Vuijst, Jan de (red.) (1997). *Moet je doen*. Amsterdam: Meulenhoff Educatief.
Moet je doen is een compleet pakket van vijf methoden voor de expressievakken. Het lesmateriaal is ontstaan vanuit de praktijk: leerkrachten hebben de lessen voor de verschillende vakgebieden geschreven. Hierbij heeft steeds de toegankelijkheid voor de niet-vakleerkracht vooropgestaan. Hierdoor is *Moet je doen* een laagdrempelige serie methoden geworden. *Moet je doen* bestaat uit methoden voor dans, drama, handvaardigheid, tekenen en muziek en een apart pakket voor kleuters. Elke methode omvat alle materialen voor de lessen aan groep 1 tot en met 8: handleidingen met stap-voor-stap lesbeschrijvingen (van de voorbereiding tot en met het opruimen en de evaluatie), kopieerbladen, cd's, video, illustraties, enzovoort.
In 2007 is de methode compleet herzien en uitgegeven in ringbanden.

Cd-roms

(1995). *With open eyes : Images from the Art Institute of Chicago*. New York, Voyager.
Kinderen worden ingeleid in beeldende kunst van het museum (Art Institute of Chicago) dat op deze cd-rom meer dan 200 schilderijen, beeldhouwwerken en ander werk laat zien. Op een wereldkaart kun je zien waar een werk gemaakt werd. Klik op de kaart of op de tijdlijn om meer werk uit die regio of periode te zien. Je kunt uit de werken een eigen collectie samenstellen. Er zijn ook allerlei spelletjes. Een aansprekend geheel.

(1997) *Topstukken van het Rijksmuseum*. Amsterdam: IDG.
Deze cd-rom biedt een interactieve rondwandeling aan langs meer dan 250 topstukken uit de collectie. Hij vertelt over de totstandkoming van de verschillende collecties, laat de belangrijkste stukken tot in detail zien en geeft informatie over de makers ervan en hun tijd. Een verzameling die goed kan dienen als voorbereiding op museumbezoek.

(1998) *Het Leukste Museum van Nederland*. Doorn: Kunst & Kids.
Een cd-rom over kunst voor kinderen vanaf 9 jaar. Ludieke interactieve rondleiding langs 50 topstukken uit vijf grote Nederlandse musea. Teksten door kinderen ingesproken. Leuke weetjes en grapjes binnen de 50 meesterwerken. Teksten in samenwerking met de educatieve diensten van de meewerkende musea tot stand gekomen (Rijksmuseum, Van Gogh Museum, Mauritshuis, Museum Boijmans van Beuningen en het Centraal Museum). Tijdbalk, meetlat, aardbol, uitleg bij details van het schilderij. Spelletjes als memo, zoek de verschillen, schuifspelletjes, sleep detail naar de juiste plaats, quiz- en kijkvragen enz. Kunstencyclopedie voor kinderen.

(1998) *A is for Art, C is for Cézanne*. Philadelphia: Philadelphia Museum of Art.
Kinderen maken hun eigen museum en leren hoe verschillende kunstenaars hetzelfde thema op verschillende manier schilderden. Een introductie op een aantal kunstenaars, hun kunst en de invloed die ze hadden. Paul Cézanne in animatie laat kinderen 33 werken uit het museum zien (mensen, plaatsen en dingen). Ook een paar spelletjes en een eigen schetsboek om in te tekenen.

(2000) *De verdwenen kleuren van Vincent van Gogh*. Tielt: Lannoo.
Deze cd-rom speelt zich af in de geschilderde wereld van Vincent van Gogh. De schilderijen hebben hun kleur verloren en de speler moet zorgen dat dat weer goed komt. Voor speurneuzen vanaf ca. 8 jaar.

(2000) *Het mooiste museum van de wereld*. Tielt: Lannoo.
Vanachter je pc kun je 150 schilderijen en beelden bekijken die in verschillende landen te zien zijn. Je krijgt informatie over elk kunstwerk. Wat in elk museum verboden is, mag hier: spelen met kunst.

(2000) *Kunst van 4 tot 12*. Utrecht: Cultuurnetwerk Nederland.
Deze uitgave, bestaande uit een cd-rom en videoband, bevat 189 voorbeeldlessen voor alle groepen in het basisonderwijs die kinderen dichter bij kunst moeten brengen. Aan bod komen alle kunstdisciplines: beeldende kunst, film/foto/video, muziek, dans, theater en literatuur. Het materiaal varieert van een les over het maken van een animatiefilmpje tot een les over de uitgangspunten en inspiratiebronnen van een kunstenaar. De uitgave is vooral een hulpmiddel voor consulenten van steunfunctie-instellingen kunstzinnige vorming bij het ontwikkelen en uitvoeren van lessen over kunst.

(2000) *National Gallery of Art, Washington*.
Meer dan 1500 werken uit de permanente collectie. Het leven en werk van meer dan 600 kunstenaars kan worden bestudeerd. Beelden kunnen tot in detail worden bekenen. Interactief kun je het werk ook thematisch ordenen. Er is een tijdlijn met historische en culturele context. Ook een woordenlijst met begrippen.

(2001) *Animals in Art 1*. Chicago: Clearvue & SVE.
Prima uitgevoerd en inspirerend. Deze cd-rom laat, samen met deel twee, zien hoe kunstenaars dieren – van grotschilderingen tot de moderne tijd – hebben afgebeeld. Een docentenhandleiding is ingesloten. Ander titels in deze serie zijn: Animals in Art 2, Art Adventure, Artists at Work, Color, Elements of Art

(2001) *Artur en de geest van het museum*. Tielt: Lannoo.
Muisje Artur moet op het museum passen. Helaas ontsnapt er uit een van de schilderijen een geest. Die wil de andere schilderijen kapot maken! De kijker moet meehelpen om alles weer goed te maken. En wie een kijkje neemt in een van de zes museumzalen krijgt van opa uitleg over de schilderijen. Voor 8 jaar en ouder.

(2002) *The Great Art Robbery : I.C. Well & the Case of the Missing Impressionists*. Glenview, IL: Crystal Productions.
De leerlingen worden assistenten van een beroemde detective om er achter te komen welke kunstwerken

vervalsingen zijn en welk echt. Een leuke manier om beter te leren kijken naar impressionistische kunstwerken. Het spel kan gespeeld worden in de graden gemakkelijk, gewoon en moeilijk. Vanaf 10 jaar.

(2002) *The Louvre Art for Kids*.
Maak met Mona en Leo een wandeling door het museum en omtdek 150 meesterwerken uit de collectie. Leer het (Engelse) verhaal achter elk werk en wie de makers waren en hoe ze leefden, Ook nog 150 spelletjes, 300 audio commentaren en 60 tekeningen.

(2003) *Art Adventure* Glenview, IL: Crystal Productions.
In een aantal thema's worden leerlingen gevraagd kunstdetectives in een museum te zijn om verschillende kunstwerken te onderzoeken. Zo leren ze dat een museum een plek is waar je op onderzoek uitgaat. Enkele thema's: *familie, kinderen, stad, land, verhalen*. In deze cd-rom komen de volgende kunstenaars aan bod: Mary Cassatt, Ghirlandaio, Winslow Homer, Thomas Cole, Betty LaDuke, Hale Woodruff, Romare Bearden, Edward Hopper, Francisco Goya, John Sloan, Giorgio Giorgione, Pieter Bruegel the Elder, William Hogarth, Allen Crite, Philip Vergood, George Inness, Sandro Botticelli, Emanuel Leutze. Voor basisschool leeftijd. Er is een docentenhandleiding bij.
Andere cd-roms uit deze serie zijn: *Color, Elements of Art, Artist at Work, Animals in Art 1, Animals in Art 2*.

(2003) *Rembrandt & Kids*. Amsterdam: Rijksmuseum.
'Rembrandt & Kids' is een computerspel voor alle kinderen die kunnen lezen. Gaaf om te spelen en heel boeiend. Een geweldige cd-rom voor kinderen die meer willen weten over een van de grootste schilders aller tijden: Rembrandt van Rijn. De cd-rom bevat heel veel leuke spelletjes. Je vindt er interessante gesproken informatie over het leven en het werk van Rembrandt in combinatie met gave animaties en gezellige muziek.

(2005) *Een schilderachtige ontmoeting*. Groningen: Groninger Museum.
Een cd-rom van het Groninger Museum. Voor de bovenbouw. De interface is een 'tijdmachine'. De leerlingen worden meegenomen naar de hoogtijdagen van De Ploeg, Groningen 1919-1928. De tijdsprong maken ze samen met Bart in 'Een schilderachtige ontmoeting'. Door middel van deze animatie maken de leerlingen kennis met enkele leden van De Ploeg. Begrippen als *landschapschilderen, duelportretten, kleurgebruik, abstract* en *figuratief* komen aan de orde. Andere onderwerpen zijn: *Achtergrondinformatie over Ploegleden, Hendrik Werkman, Opdrachten* (kleurenleer, evaluatievragen), *Spelletjes*. Doordat er op veel afbeeldingen (via animatie) iets gebeurt, moeten de kinderen goed kijken en zullen ze de schilderijen echt herkennen bij een bezoek aan het Groninger Museum.

(2005) *Van Gogh & Kids*: Kunst & Kids.
Van Gogh & Kids is een computerspel voor alle kinderen die kunnen lezen. Bevat spelletjes, gesproken informatie over het leven en het werk van Vincent van Gogh in combinatie met animaties en muziek.

(2006) *Kleurrijk geploegd*. Groningen: Groninger Museum.
Een cd-rom van het Groninger Museum. Voor de onderbouw (4-8 jaar). Jonge kinderen, die nog niet gehinderd worden door kunsthistorische kennis, ervaren de schilderijen van De Ploeg zeer direct. In deze cd-rom komt van alles aan de orde: het verlangen naar het paradijs van Werkman, de hoge horizon van Altink (die de kinderen zelf kunnen maken door het landschap naar beneden te trekken) en een vergelijking tussen de expressieve manier van schilderen van Jan Altink met de ingetogen sfeer van Alida Pott.
Doordat er op veel afbeeldingen (via animatie) iets gebeurt moeten de kinderen goed kijken en zullen ze de schilderijen echt herkennen bij een bezoek aan het Groninger Museum.

Boeken voor leerlingen

Armstrong, Carole & Anthea Peppin (1993). *All my own work: adventures in art*. London: Barrons. 48 p.
Van een twintigtal schilderijen uit de National Gallery in Londen zijn enkele onderdelen in zwart-witcontour op een bladzij groot aangegeven. Er staan inleidende verhaaltjes bij die de jeugdige lezer (vanaf negen jaar) opwekken de tekening in het boek zelf af te maken. Achterin staan de originelen klein in kleur. Er is ook een korte beeldbeschouwelijke tekst bij elke afbeelding.

Beckman, Thea (1992). *De stomme van Kampen*. Rotterdam: Lemniscaat. 176 p.
Hendrick Avercamp was de oudste zoon van een welgesteld apothekersgezin. Hij was een half jaar oud, toen zijn ouders erachter kwamen dat hij doofstom was. In de zestiende eeuw betekende dat, dat je niet meetelde in de maatschappij. Hij werd echter een beroemd kunstschilder. Thea Beckman schetste een prachtig en verbazingwekkend portret van deze boeiende historische figuur, die leefde aan het einde van de zestiende en het begin van de zeventiende eeuw. Realistisch, ontroerend en boeiend tot de laatste bladzijde. 10-12 jaar.

Blizzard, Gladys S. (1993). *Exploring Landscape Art with Children*. Charlottesville, Virg.: Thomasson-Grant. 32 p.
Een dozijn schilderijen die te maken hebben met landschappen, wordt besproken voor vijf- tot tienjarigen. De jongsten kan men eruit voorlezen. Als hulp staan er bij elk schilderij ook enkele vragen om een gesprekje te starten. Ook in deze reeks: *Art in Early America, World of Play, Exploring Modern Art, Animals in Art, Woman in Art, Enjoying Art with Children*.

Carroll, Colleen (1998). *Animals*. Abbeville. 48 p.
Kinderen leren kijken zoals een kunstenaar kijkt. Ze leren ook kritisch te kijken en vragen te stellen om zo het werk van de kunstenaar te kunnen begrijpen. Uitstekende tekst en prima afbeeldingen. Er hoort ook een docentenhandleiding bij voor de gehele serie.
10 jaar en ouder.
In deze serie, van dezelfde auteur: *America, Artists, Cities, The Elements, Families, Feelings, Heroes, People, Play, The Weather, Work*.

Dubelaar, Thea & Ruud Bruijn (1990). *Op zoek naar Vincent*. Amsterdam: Ploegsma. 48 p.
In een gefingeerd verhaal van een jongetje met een schilderende tante wordt Vincent van Gogh opgevoerd. Al met al spannend genoeg om te worden uitgelezen door tienjarigen. Zo zal er ook wel wat blijven hangen.

Erftemeijer, Antoon & Vera Backker (1996). *Frans Hals kijk- en doe-boek*. Haarlem: Frans Hals Museum.
Schilderijen en voorwerpen uit het museum in lijn getekend, worden als uitgangspunt gekozen voor knip-, plak- en knutsel-, kleur- en tekenwerk. 8-10 jaar.

Ernst, Bruno (1998). *Escher : Tovenaar op papier*. Zwolle: Waanders. 32 p.
Tot in detail leidt Bruno Ernst kinderen door beroemde en minder bekende prenten, zonder de magie ervan aan te tasten. Integendeel: de eindeloze vindingrijkheid van Escher zorgt ervoor dat de betovering intact blijft. Escher stimuleert de creativiteit van kinderen en ontwikkelt hun ruimtelijk inzicht. 8-12 jaar.

Fontanel, Béatrice e.a. (1995). *Bouwkunst*. Baarn: Bosch & Keuning. 46 p.
Met veel plaatjes (ook stickers om zelf in te plakken) en goede tekst is dit een boekje waar leerlingen heel wat uit kunnen opsteken. Van Pyramide via Arabische paleizen en Japanse papieren huizen naar betonbouw. Een boek uit dezelfde serie waarin ook *De uitvinding van de schilderkunst*. Vanaf 10 jaar.

Fontanel, Béatrice e.a. (1995). *De uitvinding van de schilderkunst*. Tielt: Lannoo. 46 p.
Een boekje met een een paar heel bijzondere, maar zinvolle grapjes. Een grotschildering op het voelbare reliëf van een rotswand bij het hoofdstuk over de grotschilderingen, een echt stuk papyrus, een altaar waarvan je de vleugels kunt uitklappen en een aquareldoos die je kunt openklappen. Er is ook een blad met figuren om ergens op te plakken. Met uiterst weinig tekst is veel gezegd. Het gaat onder andere over het beschilderen van Griekse vazen, schilderen op hout, met inkt op zijde, fresco's, olieverf, potlood, aquarelleren, restaureren en ateliers van kunstenaars (Warhol, Picasso, Pollock). Aan het slot wordt een aantal begrippen verklaard. Met een tijdtafel besluit het boekje. Met veel plaatjes (ook om zelf in te plakken) en weinig, maar wel goede, tekst is dit een boekje waar leerlingen heel wat uit kunnen opsteken. Een boek uit dezelfde serie waarin ook *Bouwkunst*. Vanaf 10 jaar.

Friedländer, Renate von (1974). *Mein Museumsbuch : Kinderkatalog des Wallraff-Richartz-Museum, Köln*. Köln Wallraff-Richartz-Museum. 124 p.
In verschillende onderwerpen brengt Von Friedländer telkens een paar werken uit het museum bij elkaar, vertelt erover en geeft er opdrachten bij om te schilderen of te boetseren. Vanaf 10 jaar.

Friesen, Astrid von (1993). *Tiere mit anderen Augen sehen : Das Kunstbuch für Kinder*. Luzern: Kinderbuchverlag. 40 p.
Met andere ogen naar dieren kijken gold voornamelijk voor de vijftien kunstenaars wier werk hier besproken wordt. Prima teksten waarin de werken in hun context worden besproken. Bij elk werk een suggestie voor het zelf maken van iets. 10-12 jaar.

Gaff, Jackie (2003). *20ste eeuw kunst : 1900-10 : Nieuwe manieren van kijken : Van Post-Impressionisme en Fauvisme tot Expressionisme en Kubisme*. Etten Leur: Ars Scribendi. 32 p.
Een goed boek om de elementaire ideeën van verschillende richtingen te leren. Vanaf 10 jaar.
Een ander deel uit de serie heet *20ste eeuwse kunst: 1910-20*. Daarin gaat het over het ontstaan van abstractie kunst: van orfisme, futurisme en dada tot suprematisme en constructivisme. Het derde deel gaat over de kunst van 1920-1940.

Ganeri, Anita (2001). *De Oude Grieken*. Etten Leur: Ars Scribendi. 32 p.
De Oude Grieken leefden duizenden jaren geleden, maar de erfenis van hun ongelooflijke beschaving leeft tot op de dag van vandaag voort. Toneelstukken die voor het eerst 2000 jaar geleden werden opgevoerd zijn over de hele wereld nog steeds te zien. Het ontwerp van vele moderne gebouwen is beïnvloed door de stijl van de Oude Grieken. Met behulp van afbeeldingen van voorwerpen uit de oudheid en moderne fotografie biedt dit boek een boeiende kijk op de erfenis van het oude Griekenland. 10-14 jaar.
In dezelfde serie en van dezelfde schrijver ook: *Het Oude China*, *Het Oude Egypte* en *Het Oude Rome*.

Gettings, Fred (1985). *De kunst van het kijken : De (beeld)taal van de schilderkunst*. Amerongen: Gaade. 96 p.
In niet al te diepgaande hoofdstukken komen vooral beeldaspecten aan bod. 10-12 jaar.

Harcourt, Claire d' (2001). *Kunst in de kijker*: Lemniscaat. 64 p.
In dit grote formaat boek zijn kleurreproducties opgenomen van kunstwerken vanaf de Egyptische tijd tot nu. Rondjes met uitvergrote onderdelen van de werken zijn in de kantlijnen geplaatst. Hierdoor lijkt het alsof je door een kijker naar de afbeelding kijkt. Door heel goed te kijken kun je de uitvergrote details opsporen op de grote afbeelding. Kom je er niet helemaal uit dan staan achter in het boek achter flapjes de oplossingen verborgen. Daar vind je ook een beschrijving van de kunstenaars van de werken. 9-12 jaar.

Harcourt, Claire d' (2002). *Dieren uit de kunst*: Lemniscaat. 96 p.
In *Dieren uit de kunst* neemt Claire d'Harcourt je mee langs een bonte verzameling dieren, waarbij zij steeds twee kunstwerken met eenzelfde dier als onderwerp naast elkaar plaatst. Zo staat een kat van Picasso naast een bronzen beeld uit de 7e eeuw v. Chr. en zijn de haan van Calder en het hanengevecht van Frans Snyders uit 1615 tegenover elkaar gezet. Achter in het boek staat van elk werk een beknopte beschrijving. 9-12 jaar.

Heller, Eva (1994). *Die wahre Geschichte von allen Farben : Für Kinder, die gern malen*. Oldenburg Lappan. 50 p.
De kleuren worden als personen opgevoerd en ze kunnen vrienden zijn en samen allerlei streken uithalen of de pest hebben aan elkaar. Het is een boek om uit voor te lezen of om jonge kinderen zelf te laten lezen. Kleurtheorie (Itten) voor kinderen, geestig en spannend. 4-8 jaar.

Jensen, Virginia & Allen D. W. Haller (1977). *Wat is dat?* Amsterdam: Ploegsma.
Plaatjes die je kunt voelen, bedoeld voor blinde en slechtziende kinderen die nog geen braille kunnen lezen. Om voor te lezen en te laten voelen. Eenvoudige figuren en geometrische vormen. Een bijzonder boekje om het beeldaspect textuur te ervaren.

Krontira, Lyda (1987). *In the Days of King Minos*. Athens: Ekdotike Athenon. 120 p.
De vroege geschiedenis van Kreta, verteld aan de hand van talrijke afbeeldingen van kunst, bouwkunst en gebruiksvoorwerpen. Vanaf 10 jaar.

Kutschbach, Doris (1996). *The Blue Rider : The yellow cow sees the world in blue*. München: Prestel. 35 p.
Paginagrote prima afbeeldingen met enige tekst ter ondersteuning. Vanaf 10 jaar.

In dezelfde serie kwamen uit: *Keith Hering, The Duke and the Peasant, Claude Monet, Rousseau, Dreaming Pictures : Paul Klee.*

Le Saux, Alain & Grégoire Solotareff (1996). *Het kleine museum*. Amsterdam: Querido. 308 p.
Elke letter van het alfabet geïllustreerd met details van verschillende schilderijen. Schilderijen gedocumenteerd op titel, jaar van ontstaan, kunstenaar en museum. 150 verschillende fragmenten uit oude en moderne schilderijen, met daarop mensen, planten, dieren en/of dingen. Rechts het fragment, links het woord dat bij het betreffende fragment hoort en eronder beknopte informatie over de schilder, de naam van het schilderij en de plaats waar het te bezichtigen is. 4-8 jaar.

Macaulay, David (1975). *De kathedraal*. Amsterdam: Ploegsma. 80 p.
Een van de boeken uit een serie plezierig informatieve uitgaven met veel tekeningen over de praktijk van het bouwen van verschillende objecten. Vanaf 10 jaar.
Andere boeken uit de serie zijn: *het kasteel, de pyramide, de stad ondergronds, de wolkenkrabber, architectuur, Amsterdam gebouwd op palen, de moskee* (2004).

Macdonald, Fiona (1998). *Leonardo da Vinci*. Etten Leur: Ars Scribendi. 48 p.
Met gebruikmaking van schilderingen, manuscripten en afbeeldingen van voorwerpen uit een ver verleden, geeft dit boek een beschrijving van de wereld in de tijd van Leonardo da Vinci. Vanaf 10 jaar.

Maesham, T. Frances Kennett (1978). *Kijken naar schilderijen*. De Bilt: Cantecleer. 45 p.
Maesham begint met acht schilderijen uitvoerig te beschrijven. Daarna gaat het over verschillende manieren waarop hetzelfde onderwerp geschilderd kan worden en ten slotte komen verschillende beeldaspecten aan bod. 9-12 jaar.

May, Susie & Heather Whitely (2005). *Shape*. Arthur Schwartz. 28 p.
Bochten, bogen, slingers, vierkanten, kubussen en cirkels en patronen in een aantal kunstwerken. Eenvoudig beeldaspecten leren. 6-8 jaar.
De National Gallery of Victoria leverde de kunst voor een serie boekjes waarin voor deze leeftijdsgroep ook nog *Line* en *Colour*.

Mayhew, James (1999). *Katie Meets the Impressionists*. Londen: Orchard Books. 32 p.
Katie laat haar oma lekker dutten op een stoel, terwijl zij vijf schilderijen in- en uitgaat om wat van de wereld van de schilder te laten zien. Vrolijk, met aandacht voor details die kinderen opvallen in kunst. De tekeningen van Mayhew sluiten perfect aan bij de stijl van de impressionisten. 4-8 jaar.
In dezelfde reeks: *Katie and the Mona Lisa* (1999), *Katie's Picture Show* (1989), *Katie and the Sunfouwers* (2001), *Katie's Sunday Afternoon* (2004).

Nilsen, Anna (2000). *Art Fraude : Spot the difference, solve the crime!* New York: Kingfisher.
Een boek als een spel om verdwenen schilderijen op te sporen door goed te letten op details van schilderijen (er zijn vervalsingen opgehangen).

Parker, Graham (2005). *1, 2, 3 : The Art of Counting*. 24 p.
Hoeveel hopen hooi zijn in dit schilderij? Leren tellen en kunst kijken. 3-5 jaar.
De National Gallery of Victoria leverde de kunst voor een serie boekjes voor deze leeftijdsgroep, waarin ook nog *Animals in art* en een *ABC*-boek.

Raboff, Ernest (1980). *Marc Chagall*. Haarlem: Gottmer.
Een korte biografie met 15 werken voorzien van goed en voor kinderen begrijpelijk commentaar, vertaald en bewerkt door Anne-Marie Vels-Heyn. Uitstekende boeken voor kinderen van 7-12 jaar. De originele Amerikaanse boeken zijn geheel handgeschreven door de auteur. Dat maakt het laten verschijnen in andere talen niet eenvoudig.
De complete serie bevat boeken over *Marc Chagall, Leonardo da Vinci, Albrecht Durer, Paul Gaugin, Paul Klee, Henri Matisse, Michaelangelo, Pablo Picasso, Raphael Sanzio, Rembrandt van Rijn, Frederic Remington, Pierre-August Renoir, Henri Rousseau, Henry de Toulouse-Lautrec, Vincent van Gogh* en *Diego Velasquez*.

Reynolds, Peter (2003). *De Stip*. Rotterdam: Lemniscaat. 32 p.
Wat doe je met een kind dat zegt dat het niet kan

tekenen? Juf weet wel raad met de onwillige Floor. Ze laat haar een stip zetten op een leeg vel papier en vraagt haar het te ondertekenen met haar naam. De volgende dag vindt Floor haar stip aan de muur in een gouden krullenlijst – ze weet niet wat ze ziet! Maar... die stip kan beter. 6-8 jaar.

Richardson, Joy (1997). *Looking at Pictures : An Introduction to Art for Young People*. New York: Abrams. 80 p.
Thematisch opgezet. Een thema per hoofdstuk. Dit boek geeft een uitstekende uitleg van de doelstellingen van musea (kunst toegankelijk maken voor iedereen), van wat er achter de schermen gebeurt (zoals restaureren en onderzoek doen naar de herkomst van kunstwerken), van verhalen in schilderijen, symbolen, kleur, lagen van verf, trompe l'oeil, portretten, stillevens en landschappen. Telkens een grote en ondersteunende kleine afbeeldingen met begrijpelijke tekst.

Salvi (2000). *Impressionisten*. Etten Leur: Ars Scribendi. 64 p.
In dit boek wordt verhaald over de impressionistische schilders en over het werk dat hen beroemd maakte. Beschreven wordt hun persoonlijk leven en de verstandhouding die ze hadden met elkaar, en hun problemen met officiële instanties en de conservatieve kunstwereld uit die tijd. Ook wordt uitgebreid ingegaan op de technieken, materialen en onderwerpen die ze gebruikten en waarmee een heel andere kijk op de wereld werd geboden. Verteld wordt onder andere over het leven en werk van Manet, Monet, Renoir, Degas, Cézanne, Pissarro, Sisley, Morisot, Cassatt, Guillaumin en Caillebotte.
In deze serie zijn verschenen: Architectuur, Chagall, Geschiedenis van de beeldhouwkunst, Van Gogh, Impressionisten, Leonardo da Vinci, Michelangelo, Picasso, Rembrandt, Renaissance.
De boeken bevatten reconstructies in detail van de grote werken, verklaringen van de karakters en geven een biografie van de kunstenaars. Daarnaast wordt een analyse gegeven vanuit een historische, sociale en culturele achtergrond. Het zijn grootformaat kijkboeken met prachtige tekeningen.

Schippers, K. (1994).'s *Nachts op dak : Vijftig kindervoorstellingen*. Amsterdam: Querido. 64 p.
Voor kinderen van tien jaar en ouder geschreven bespiegelingen (50 stuks) over zeer uiteenlopende beelden. Schippers zet kinderen aan tot filosoferend kijkgedrag. Inspirerend voor leraren. 10 jaar en ouder.

Schippers, K. (1998). *Sok of sprei : Vijftig kindervoorstellingen*. Amsterdam: Querido. 64 p.
Schippers schreef de stukjes voor de kinderpagina van de NRC. Schippers kiest heel willekeurige plaatjes en schrijft er voor kinderen bijzondere teksten bij. De stukjes prikkelen de fantasie van kinderen op een bijzondere wijze. 10 jaar en ouder.

Simmonds, Posy (1988). *Lulu and the flying babies*. London: Jonathan Cape.
Leuk getekend verhaal van het meisje Lulu dat geen zin in het museum heeft en dan door een stel putties van het ene schilderij naar het andere wordt gevlogen. 7-9 jaar.

Skira-Venturi, Rosabianca (1993). *Degas*. Bloemendaal: Gottmer. 56 p.
De boeken uit de serie *Op bezoek bij...* zijn veel meer leesboeken dan die uit de serie *De schilder en zijn verhaal*; Er worden aanmerkelijk minder feiten genoemd. De kunstenaar is hier zelf aan het woord, als het ware sprekend tegen leerlingen van groep 7. Enkele boeken uit beide series gaan over dezelfde kunstenaar. Dat levert aardig materiaal om leerlingen zelf verschillen en overeenkomsten te laten vinden.
In deze serie onder andere ook boeken over Rembrandt, Rousseau en Picasso.

Taaldrukwerkplaatsen (2001). *Poes is bang*. Rotterdam: Lemniscaat.
Poes is bang is een door leerlingen van groep drie van een basisschool gemaakt boekje. Het is gemaakt op de taaldrukwerkplaatsen in Rotterdam. Eerst hebben de kinderen allerlei technieken gebruikt om kleurige bladen papier te maken. Bij het door henzelf bedachte verhaal hebben ze vervolgens illustraties gemaakt door uit die stukken papier vormen en figuren te knippen en op te plakken. De teksten zijn er onder getypt. Draai je het boek om dan heb je een tweede boek in handen. Dat boek beschrijft hoe de kinderen op een taaldrukwerkplaats te werk gaan.

Uhde-Stahl, Brigitte (1982). *Ich seh' etwas was Du auch siehst : Malerei*. Stuttgart: Belser. 40 p.
Kinderen kunnen het alleen lezen of samen met hun ouders en grootouders en dan zo mogelijk ook in een museum ervaren of het klopt. Schilderijen uit diverse musea. Grote afbeeldingen en niet al te veel tekst. 5-8 jaar.

Venezia, Mike (1998). *Alexander Calder*. New York: Grolier. 32 p.
Een korte levensbeschrijving met een aantal werken om een rijtje basale feiten en clichés aan te dragen. Kinderen die dit lezen krijgen geen inzicht in de unieke visie van de kunstenaar en evenmin weten ze waarom hij zo beroemd werd. Voor acht- tot tienjarigen.
In deze serie is een groot aantal boekjes verschenen over beeldende kunstenaars, alle van dezelfde auteur: Picasso, Rembrandt, Da Vinci, Goya, Rockwell, van Gogh, Matisse, Monet, O'Keeffe.

Verein der Freunde des Wallraf-Richartz-Museum, enz. (1991). *Kunst für Kinder : Entdeckungsreise durch ein Kunstmuseum*. Köln: Wienand. 80 p.
Het 'Kunstmuseum' is in dit geval het Wallraf-Richartz Museum en het Museum Ludwig in Keulen. Negentien schilderijen en drie beelden worden hier besproken op een onorthodoxe manier, alsof de verteller reageert op vragen van kinderen voor het werk. Elk werk heeft een eigen hoofdstuk met titels als *'Hoera ik ben vader!!!'* (bij het beeld *Vrouw met kinderwagen* van Picasso), *'Hoe de pauw aan zijn ogen kwam'* (bij het schilderij *Juno en Argus* van Rubens) en *'Het kunstenaarskind'* (bij het schilderij *De groene sofa* van Max Pechstein). 10-12 jaar.

Walda, Dick (2006). *Het mysterie van de Nachtwacht*. Baarn: De Fontein Jeugd. 188 p.
Een spannende en sfeervolle jeugdroman over de het ontstaan van de Nachtwacht door de ogen van Wiggert, Rembrandts hulpje. 10-12 jaar.

Wolfrum, Christine e. a. (1994). *Das Kunst Buch*. Ravensburg: Otto Maier. 144 p.
Zestig kunstenaars worden besproken aan de hand van thema's als *'Der Mensch als Mittelpunkt der Welt'*, *'Waren alle Griechen schön?'*, *'Wen der Staat bestimmt was Kunst is, wo sind denn die Frauen in der Kunst?'* Toegankelijke tekst. Vanaf 10 jaar.

Zak, Monica & Bengt-Arne Runneström (1990). *Het geheim van de piramidestad*. Leuven: Infodoc.
Als het Mexicaanse meisje Paloma in het Jaguarpaleis van de Piramidestad op een gekregen fluitje blaast, gaat ze plotseling 1000 jaar terug in de tijd en ziet ze hoe de mensen toen leefden. Een leesboek voor tienjarigen en ouder met weinig tekst en veel grote platen over de Mayacultuur.

Geschiedenis

Asselbergs-Neessen, V. (1989). *Kind, kunst en opvoeding : De Nederlandse beweging voor beeldende expressie*. Amersfoort: Acco. 318 p.
De ontwikkeling van de vrije expressiebeweging en de Reformpedagogie in Nederland. Dissertatie met bronnen en register en veel afbeeldingen in kleur.

Been, D. (1905). *Klei-, papier en kartonarbeid : Handleiding voor de school en voor de opleiding van leerkrachten*. Deventer: Kluwer. 334 p.
Een gids voor leraren die het vak op hun school willen invoeren. Na een algemene inleiding op handenarbeid in het onderwijs worden de in de titel genoemde vormen behandeld en met een aantal voorbeelden verduidelijkt. Het boek sluit af met de geschiedenis van de handenarbeid (in latere drukken telkens aangevuld).

Efland, Arthur D. (1990). *The History of Art Education : Intellectual and Social Currents in Teaching the Visual Arts*. New York: Teachers College, Columbia University. 305 p.
De geschiedenis van beeldonderwijs in Noord-Amerika in relatie tot die in Europa. Een hoofdstuk over de voorgeschiedenis beschrijft de geschiedenis in Europa tot aan de 19e eeuw. Hoofdstukken 3-6 gaan over de ontwikkelingen in de negentiende eeuw, de laatste twee beschrijven de tijd tot 1980. Efland verbindt beeldonderwijs telkens met ontwikkelingen in de maatschappij.

Fey, Iris (1979). *Schoonheids- en kunstonderwijs voor het volk : De invloed van de reformpedagogiek op het tekenonderwijs in Nederland rond 1900*. In: Nederlands kunsthistorisch jaarboek nr. 30.
Levensvernieuwende bewegingen rond de eeuwwisseling hadden invloed op onderwijs, ook op beeldonderwijs.

Gerritse, A. (1974). *Geschiedenis van de beeldende vorming*. De Bilt: Cantecleer. 166 p.
De geschiedenis van beeldonderwijs vanaf de vroegste tijden tot 1974, beschreven tegen een algemene culturele achtergrond.

Groen, A. (1948). *Handenarbeid : Een handleiding waarin de noodzakelijkheid wordt aangetoond van arbeid als grondslag van opvoeding en onderwijs*. Groningen: J.B. Wolters. 435 p.
Een standaardwerk op dit gebied. De geschiedenis van de handenarbeid, psychologie van het kind, sociale opvoeding en een studie van het begrip arbeid beslaan de eerste zestig bladzijden. Daarna 200 pagina's over handenarbeid als leervak, met talrijke voorbeelden in allerlei tchnieken (papier/karton, klei, hout, metaal, leer, been, gips, weven). Het laatste deel is gewijd aan handenarbeid als leervorm (ten dienste van andere vakken).

Hasselberg, Kirsten, Britt-Marie Kühlhorn & Ulla Lind (eds.) (1977). *Shifting Images : 150 years of teaching art in school*. Stockholm: School of Art Education. 141 p.
Een aantal opstellen over de geschiedenis van het tekenonderwijs in Zweden.

Kerbs, Diethart e.a. (Red.) (1976). *Kind und Kunst : Zur Geschichte des Zeichen- und Kunstunterrichts*. Hannover: BDK. 246 p.
Talrijke auteurs hebben ieder een deel van de geschiedenis van het beeldonderwijs in Duitsland voor hun rekening genomen. Zeer rijk geïllustreerd. Het boek was de catalogus van de gelijknamige tentoonstelling.

Koevoets, Ben, Herbert van Rheeden e.a. (1980). *Geen dag zonder lijn : 100 jaar tekenonderwijs in Nederland 1880-1980*. Haarlem: Van Dishoek. 176 p.
Uitgegeven bij gelegenheid van het honderdjarig bestaan van de NVTO. Geen dorre opsomming van feiten, maar een verhaal dat zich concentreert langs kenmerkende situaties. Indeling in periode en onderwerp. De hoofdstukken zijn afzonderlijk te lezen. Veel interessante afbeeldingen.

Lako, D. (1899). *Overzicht van de geschiedenis van het teekenonderwijs, meer bepaald met het oog op de ontwikkeling van het teekenonderwijs in Nederland*. Tiel: Mijs. 246 p.
Lako, secretaris van de NVTO, schreef dit zeer gedegen werk over de geschiedenis van het tekenonderwijs in Nederland. Vooral de begintijd komt uitgebreid aan de orde. Zonder afbeeldingen. Het boek bevat een uitgebreide geannoteerde literatuurlijst.

Rheeden, H. van (1989). *Om de vorm : Een eeuw teken-, handenarbeid- en kunstnijverheidsonderwijs in Nederland*. Amsterdam: SUA. 198 p.
Van Rheeden gaat uitvoerig in op de spanning tussen de vaak verheven idealen en de weerbarstige onderwijspraktijk (vooral VO) van alledag. Markante persoonlijkheden als Molkenboer, Merema, Post, Citroen, Ros, Meilink en Boeke passeren de revue. In de jaren zestig van de vorige eeuw, toen de romantische opvatting definitief de overhand kreeg, zijn de positieve aspecten van de meer zakelijke en formele traditie verlorengegaan in het kunstonderwijs. Het boek is rijk geïllustreerd.

Ringelestein, Wout van (2003). *Tekenen leerde zien : ervaringen in scholen academies en atelier*. Den Haag: Peradres. 59 p.
Een autobiografie van een markante figuur in het Nederlandse tekenonderwijs. Geschreven bij gelegenheid van zijn erelidmaatschap van de NVTO.

Soucy, Donald & Mary-Ann Stankiewicz (eds.) (1990). *Framing the Past : Essays on Art Education*. Reston, Virginia: NAEA. 221 p.
Het boek begint met een geschiedenis van de geschiedschrijving over beeldonderwijs, daarna komen in verschillende opstellen de verschillende stromingen in de Amerikaanse Art Education aan de orde.

Register

Verwijzingen naar items in hoofdstuk 10 en 11 zijn niet opgenomen.

abstract 16, 56, 169
academie 68, 80, 139, 172, 234
activiteitenplan 122, 208
activiteitenkiesschijf 97
afsnijding 42, 44
afzonderlijke plaatsing 43
Altera, J. 77, 233
ambachtsschool 69
analysevragen 181
anatomisch 57
arbeidsschool 75
associatie 56, 127, 192, 214
authentiek 174
autonome vormgeving 13

Bauhaus 80, 238
beeld 12, 168
beeldanalfabetisme 15
beeldaspect 14
beeldbeschouwen 54, 84, 173
beeldtaal 15, 33, 170, 178
begrippenweb 214
betekenis 14, 15, 173
blokmodel 69

centraalperspectief 50
Chinese mandje 176
codering 34
codeteken 35
cognitieve ontwikkeling 101
collage 52
Comenius, J.A. 69
communicatiemiddel 60
competentie 20
compositie 226
computer 247

creatieve ontwikkeling 101
cultureel erfgoed 95
cultuureducatie 84, 184

decoderen 36
Decroly, J.-O. 75
Dewey, J. 75
dialectiek 81
dialectische didactiek 81, 235
didactisch concept 22
differentiatie 210
dimensie 39
dingkleur 44, 50
doelstelling 98
doeschool 75
draadmodel 69
Dupuis, gebrs. 73

educatief ontwerper 97
emotionele ontwikkeling 100
erfgoededucatie 185
ergonomisch 163
evaluatie 132, 134
exemplarisch 44
existentialisme 81
expressie 67, 80, 236

fenomenologie 81
Fey 75
flexibility 263
fluency 263
fotoproject 246
Fröbel, F. 70
functies van onderwijs 93

geheugentekenen 75
geleide expressie 79
geometrie 70
Groen, A. 78
groepswerk 49
grondlijn 40, 50

ideografisch 38, 39
inhoud 14, 15, 169, 178, 272
inspireren 124
interactie 28
Itten, J. 80

Jung, C.G. 77
juxtapositie 43

kerndoelen 84, 95
kijkschema 54, 59
kleur 225
kleurnuances 148
kopvoeter 39
krabbelen 31
kubistisch 41, 57
kunst 170
kunstbeschouwing 84
kunsteducatie 84
kunstenaar 170
kunstenaar op school 185
kunstkritiek 59
kunstzinnige oriëntatie 94
kwaliteit 59

leerlijn 221
leerplicht 72
leerstofkeus 220
leervak 72, 80
leervorm 72, 80
licht 223
Ligthart, J. 75
lijn 223
lijnperspectief 50
liquideren 47
Locke, J. 69
Luquet 74

Mammoetwet 80
media-educatie 84, 185
mentaal 12, 13
Merema, B. 77
Merleau-Ponty, M. 81
methode 221
monotype 52
motivatie 124
motoriek 31
motorische ontwikkeling 101
museumbezoek 186

nabespreking 130
naturalistisch 13
natuurtekenen 73,

non-figuratief 16, 169
normering 134

objectief 59
objectkleur 44
omklapping 42, 51
onderzoeksvragen 180
ontwikkelingsgericht onderwijs 29, 211
ontwikkelingsmateriaal 15, 71
oordelen 181
overlapping 42

parallelprojectie 51
Parsons, M. 55
perspectief 50
Pestallozzi, J.H. 70
plaattekenen 73
pop-up 154
portfolio 20
probleemoplossend handelen 260
programmagericht onderwijs 212
puberteit 31, 52

rabattement
receptie 15
referentiekader 132
reflecteren op het eigen werk 131
reflectie 15
Reformpedagogie 75
Reggio Emilia 93
Ricci, C. 74
ritme 70
Rousseau J.-J. 69
ruimte 223
ruimtelijk 31
ruimtesuggestie 34

samenhang 218
schema 45
schemakleur 50
schematekenen 35
schoolgids 206
schoolplan 206
schrijfhelling 44
schutkleur 158
sensomotorisch 40
slöjd 72

sociale omtwikkeling 99
sociaal-culturele ontwikkeling 174
speculatieve vragen 181
standpunt 114
startvragen 180
stigmografisch tekenen 74
subject 55
subjectief 54, 59
Sully, J. 74

tactiel 55
textuur 226
thematisch werken 213

verdringing 44
verhalend ontwerpen 214
visualiseren 13
visuele communicatie 82
vluchtpunt 50
vogelvluchtperspectief 50
vormgeving 12
vormleer 72
vrij tekenen 75, 234
vrije expressie 79
Vrije school 241

walken 98
Werkschuit, De 79